高速铁路新技术系列教材——机车车辆

高速列车网络与控制技术

（第二版）

倪文波　王雪梅　编著

李　芾　主审

西南交通大学出版社
·成　都·

内 容 简 介

本书主要介绍应用于我国铁道机车车辆上的计算机通信网络技术及主动控制技术。全书分：计算机网络及通信技术原理与基础；应用于我国铁道机车车辆的 TCN 网络技术、LonWorks 网络技术、ARCNET 网络技术、WorldFIP 网络技术、CAN 总线技术；主动控制原理；主动控制应用实例等内容。

本书是高等学校铁道机车车辆专业教材，也可供铁路职业技术学院相关专业师生及从事铁道机车车辆专业的工程技术人员学习参考。

图书在版编目（CIP）数据

高速列车网络与控制技术 / 倪文波，王雪梅编著
—2 版．—成都：西南交通大学出版社，2010.7（2019.7 重印）
（高速铁路新技术系列教材．机车车辆）
ISBN 978-7-5643-0730-1

Ⅰ．①高… Ⅱ．①倪… ②王… Ⅲ．①计算机网络－应用－高速列车－教材②计算机控制－应用－高速列车－教材 Ⅳ．①U292.91－39

中国版本图书馆 CIP 数据核字（2010）第 127242 号

高速铁路新技术系列教材——机车车辆

高速列车网络与控制技术
（第二版）

倪文波　王雪梅　编著

*

责任编辑　王　旻
封面设计　本格设计

西南交通大学出版社出版发行
（四川省成都市二环路北一路 111 号西南交通大学创新大厦 21 楼
邮政编码：610031　发行部电话：028-87600564）
http://www.xnjdcbs.com

成都蓉军广告印务有限责任公司印刷

*

成品尺寸：185 mm × 260 mm　　印张：22.25
字数：556 千字
2008 年 5 月第 1 版　2010 年 7 月第 2 版　2019 年 7 月第 7 次印刷
ISBN 978-7-5643-0730-1
定价：49.00 元

图书如有印装质量问题　本社负责退换
版权所有　盗版必究　举报电话：028-87600562

前 言

本教材是根据高等学校铁道机车车辆专业"列车控制网络"课程教学大纲编写的。

随着中国铁路跨越式发展，我国已经开行了 200 km/h 的高速动车组，中国铁路进入了高速时代。计算机技术在机车车辆上的应用日益增多，列车通信网络及主动控制成为了高速列车控制中不可或缺的关键技术。介绍列车通信网络及主动控制技术的教材，有利于学生较快掌握相关先进技术。

应用于铁道机车车辆上的计算机通信网络种类较多，本着少而精、举一反三的原则，着重介绍了符合国际标准的 TCN 网络技术和 LonWorks 网络技术，并对 ARCNET 网络技术、WorldFIP 网络技术、CAN 总线技术也进行了阐述，以期达到启发性教学的目的。

本书在编写过程中，根据铁道机车车辆专业学生初次接触计算机网络及车辆主动控制的特点，从理论基础开始，以工程应用实例为对象展开论述。同时，还介绍了国外技术的发展动态。

本书内容主要包括计算机网络及通信技术原理与基础；应用于我国铁道机车车辆的 TCN 网络技术、LonWorks 网络技术、ARCNET 网络技术、WorldFIP 网络技术、CAN 总线技术，主动控制原理，主动控制应用实例等。

本书由西南交通大学倪文波、王雪梅主编，李芾主审。

在编写过程中，铁道部司机培训考试中心提供了大量新型高速动车组的资料，西南交通大学教务处提供了到日本考察高速铁路的机会，中国北车集团唐山机车车辆工厂孙邦成总工程师、中国南车集团浦镇车辆工厂袁伟也提供了相关资料，研究生于凤辉绘制了书中插图，在此表示深深地感谢！

编　者
2008 年 1 月

目 录

第1章 绪 论 ··· 1
    1.1 国内外铁道车辆主动控制与网络技术的发展 ······················· 1
    1.2 国内外铁道机车车辆主动控制发展概况 ····························· 3
    1.3 国内外列车通信网络技术发展概况 ···································· 11
    1.4 本书的主要内容 ·· 20

第2章 网络与通信基础 ··· 21
    2.1 数据通信基础 ·· 21
    2.2 网络互联参考模型 ··· 53
    2.3 串行通信接口技术 ··· 66
    2.4 高级数据链路控制规程（HDLC） ··································· 79

第3章 列车通信网络 ··· 94
    3.1 TCN 应用范围 ·· 94
    3.2 TCN 总述 ·· 95
    3.3 MVB 总线 ·· 96
    3.4 WTB 总线 ·· 108
    3.5 实时协议 ··· 125
    3.6 TCN 协议与 OSI 的一致性比较 ······································· 145
    3.7 TCN 网络管理 ··· 147
    3.8 TCN 在我国高速动车组上的应用 ···································· 148

第4章 其他控制网络 ··· 190
    4.1 LonWorks 网络控制技术及其应用 ·································· 190
    4.2 ARCNET 网络 ··· 221
    4.3 WorldFIP 总线 ··· 243
    4.4 CAN 总线 ·· 252

第5章 主动控制技术 ··· 274
    5.1 主动控制的基本原理 ·· 274
    5.2 主动控制和半主动控制 ·· 280
    5.3 半主动减振器的基本原理 ··· 283

5.4 控制理论……288
5.5 半主动控制技术的应用实例："蓝箭"动车的二系横向半主动悬挂系统……294

第6章 列车通信网络与主动控制技术应用实例：摆式列车倾摆控制系统……304

6.1 摆式列车的基本原理……304
6.2 摆式列车的倾摆控制系统结构与功能……305
6.3 摆式列车的相关技术……317
6.4 摆式列车倾摆作动系统设计实例……340

参考文献……346

第 1 章 绪 论

高速、舒适是世界铁路发展的主要目标和方向。

1964 年 10 月 1 日,世界上第一条高速铁路——日本东海道新干线(全长 515.5 km)通车,最高运行速度达到 210 km/h,从而拉开了世界高速铁路的序幕。利用高速铁路的主干作用和现代化技术,带动了铁路自身的技术进步,逐步使有"夕阳产业"之称的铁路运输转变成为"朝阳产业"。其后,又有法国(1981 年始)、德国(1991 年始)、意大利(1992 年始)、西班牙(1992 年始)和英国、瑞典、韩国等国家取得了高速铁路的成功经验。此外,美国、俄罗斯、比利时、荷兰、中国以及中国台湾省等国家和地区也正在筹建或已建成高速铁路,高速铁路已成为推动国家和地区经济发展的强大动力。目前世界上高速列车的最高运行速度已达到 350 km/h。2007 年 4 月 3 日,法国阿尔斯通(ALSTOM)公司的 V150 高速动车组试验速度已达到 574.8 km/h。2007 年 4 月 18 日,我国铁路进行第六次大提速,开行了 200 km/h 的高速动车组,部分线路区段运行速度达到了 250 km/h。2009 年 12 月 9 日,在武广客运专线上达到了两车重联情况下的世界高速铁路最高 394.2km/h 的运营速度。

1.1 国内外铁道车辆主动控制与网络技术的发展

列车速度的提高涉及诸多问题,需克服许多技术难点,其中之一是要求机车车辆在高速运行时满足平稳性的要求,使乘客感到舒适,与此同时还要保证行车安全。由于列车运行速度越高,列车的振动受长波、长轨道不平顺的影响就会越大;轨道不平顺波长越长,所拥有的激扰能量就越大,车辆的振动也因此而增大。所以要求高速机车车辆自身具有较高的改善振动性能的能力,特别是改善横向振动性能的能力。以系统动力学的观点,欲改善系统的性能,可以从两方面进行考虑:要么从系统的输入来考虑,要么改进系统本身结构。对铁道机车车辆来说,既需要通过提高线路标准,依靠保持高水准的轨道状况降低轨道不平顺来改善系统输入,又要通过改进系统本身结构使车辆适应各种不同的线路工况和不同的速度级别。目前,通过改善机车车辆悬挂系统以获得较好的振动性能已成为各国铁道机车车辆工作者争先研究的热点。

机车车辆悬挂系统的结构和参数,一般是根据实际运用条件,包括车速、曲线半径、超高,以及线路不平顺等,综合考虑机车车辆各方面动力学性能,经过综合优化设计得出的。

悬挂参数的选择对机车车辆动力学性能的三个方面(平稳性、稳定性和曲线通过性能)有不同的影响,常常发生冲突,互为矛盾。如一系悬挂参数的选择要兼顾横向稳定性和曲线通过性能这一对矛盾,二系悬挂参数的选择要考虑舒适性和横向位移的关系。

传统的机车车辆悬挂系统设计只能是一种折中方案而不可能使各个方面的性能都达到

最佳。

传统的机车车辆悬挂系统主要由弹性元件和阻尼元件组成。它们在工作时并不需要外界能源，只能耗散或暂时存储能量，因此也称为被动悬挂。被动悬挂的最大缺陷在于其悬挂系统特性仅与连接悬挂元件的局部相对运动有关，其悬挂特性在车辆运行过程中不能够调节，即悬挂系统的特性与外部激扰无关，只能表现为非"软"即"硬"的特性，不具有适应复杂线路的能力，从而限制了机车车辆动力学性能的进一步改善。

随着机车车辆运行速度的进一步提高，运行平稳性、稳定性和曲线通过性能三者之间的矛盾将进一步加剧，被动悬挂的局限性也愈来愈明显，传统被动悬挂方式的潜力随着车速的不断提高也逐渐达到极限。

从20世纪70年代开始兴起的主动控制技术为进一步提高机车车辆动力学性能开辟了新的途径。从理论上说，合理的主动悬挂设计可以兼顾车辆动力学的平稳性、稳定性和曲线通过性能，使三方面性能都达到最优。

随着计算机技术、信息技术、机电和自动控制技术、现代加工技术及新材料、新工艺等一系列高新技术的蓬勃发展，使得列车高速运行时为保证其平稳性、舒适性与安全性而采用主动控制技术已成为可能。

计算机技术的发展使其在机车车辆上的应用日益增多，如牵引、供电、制动系统，以及主动控制等都广泛应用了计算机技术，导致车载计算机设备的数量增加。如何将这些大量的信息安全、快速、可靠、准确地在整个列车上传输，以及如何实现整个列车所有车辆计算机设备之间的信息交换和共享，从而实现列车安全运行、远程故障诊断和维护成为机车车辆的另一个重要研究方向。

另外，列车控制的特点也促进了列车通信网络的发展。由于列车设备具有分散的特点，各个设备是分散在各个编组的机车车辆中，要使分布于列车中各车辆的设备协调工作，就必须借助于一个分布式的计算机控制系统，即列车通信网络来实现。例如，在动力分散的列车中，如何保证在牵引过程中各动车上的牵引电机协调工作或柴油机的重联控制，以及在列车制动时如何协调各车辆间的制动力分配；在摆式列车中如何让每节车辆在进入曲线时依次及时倾摆，等等。这些控制技术离开列车通信网络是难以实现的，故列车通信网络成为了列车中不可或缺的关键。

列车通信网络也是伴随着计算机技术在机车车辆上的应用而发展的。20世纪70年代末至80年代初，车载微机的雏形分别在西门子（Siemens）公司和BBC公司出现，开始仅仅是用于传动装置的控制。随着微机技术和通信技术的发展，列车通信网络在初期的串行通信总线的基础上应运而生，并从原来不同公司的企业标准发展为国际标准，逐步形成了列车通信与控制系统的标准化、模块化的硬件系列以及全方位的开发、调试、维护、管理软件工具。

TCN和LonWorks这两个网络标准因各自的优良特性而被相关国际组织确定为国际列车通信网络标准。

1999年，IEC（International Electron Committee）把TCN（Train Communication Network）作为标准（IEC 61375-1）。

1999年，IEEE（Institute Electrical and Electronics Engineers）制定的列车通信标准IEEE 1473—1999包含了TCN和LonWorks，即1473-T（TCN）和1473-L（LonWorks）。

除此之外，法国阿尔斯通（ALSTOM）公司将WorldFIP作为标准通信协议应用于其开发的 AGATE 列车控制系统,并成功应用于 TGV 高速列车。日本采用 ARCNET 网络技术应用于新干线高速列车的控制系统,都取得了巨大的成功。目前,我国很多自行开发的动车组都已采用了列车通信网络技术。

随着人们生活水平的不断提高,旅客对乘坐舒适性以及对旅行中的娱乐和资讯的需求也更大。因此,在世界高速铁路列车运行速度达到 300 km/h 之后,发展列车主动控制与网络技术、提高旅客乘坐的软环境成为各个国家机车车辆发展的另一重要技术方向。

1.2 国内外铁道机车车辆主动控制发展概况

主动控制装置的雏形可追溯到 20 世纪 20 年代出现的采用电磁阀控制的缓冲器,直到 1960 年前后才出现较复杂的振动主动控制系统,其中以解决航空工程中出现的振动问题为主。较为成功的运用实例是飞机突风减缓。50 年代末期,在大型柔性高速飞机研制过程中,要求降低结构的动载荷,而结构模态主动控制是一个有效的方法。1959 年为对 B-52 型飞机机身侧向弯曲模态进行主动控制,综合了一个机身侧向阻尼系统,用置于后机身作反馈用的加速度传感器的输出来操纵方向舵调整片,达到控制机身 1.25 Hz 反对称模态振动的目的。接着在美国空军飞行动力实验室(AFFDL)的规划下,进行了两项大规模的关于结构模态控制的研究,一项是 1966 年开始的"载荷减轻与模态镇定"(LAM6),另一项是 1967 年开始的"突风减缓与结构动力增稳系统"(GASDSAS)。前者通过飞行控制系统用常规的操纵面降低亚音速柔性大型飞机的突风载荷与控制机翼结构模态,能降低机翼疲劳损伤率近 50%;后者在 XB-70 型飞机上进行,将结构模态的主动控制推广用于超音速飞机上。到 1971 年 9 月为止,B-52G、B-H 型飞机都装上了抑制低频结构模态振动的系统。

在航天工程领域,由于大柔性结构(如空间站、大型天线、太阳能电池板、光学系统等)的出现,其模态频率低且密集、阻尼小,这类结构在太空运行时,一旦受到外界干扰,其大幅度的自由振动要延续很长的时间,对其正常工作将造成不利影响,甚至引起失效。有些柔性航天器属精密空间结构(如光学干涉仪等),对其外形及对中性都有很高的要求。基于上述的特点与严格的要求,传统的被动振动控制难以满足要求,人们寄希望于新颖的振动主动控制技术,使其成为在振动主动控制研究领域中最为活跃的一个方面,研究的中心问题是提高结构的模态阻尼与减小对外扰的响应。

近年来,利用材料压电、磁致伸缩、形状记忆等特性研制的新型元件和作动器的出现,为振动主动控制的实现扫除了一大障碍。另外,还出现了主动结构,即将结构中受力元件与作动器合一,使结构更加紧凑、重量减轻。

近 30 年来,振动主动控制的研究已从航空、航天工程扩展至其他各工程领域,吸引了越来越多的从事力学、控制、计算机及材料等科学的研究人员,促进了这门交叉学科的发展。

在土木工程领域,由于高层建筑与大跨度桥梁的出现,为保证结构的完整性与其他要求(如建筑中人的舒适性等),都要对由随机性外载(如风、地震等)引起的响应进行控制。近几年来研制的主动式有阻尼动力吸振器取得了很好的减振效果。

在机械工程领域,采用主动控制技术消除机器人臂在终端位置处的振动。机器人自带作动器(如力矩马达)、传感器与控制计算机,这些为主动控制的实现准备了现成的条件。随着机器人臂从刚性向柔性发展，必然带来更为突出的、需解决的振动问题。

抑制挠性转轴通过临界转速的振动主动控制研究，是当今转子动力学的研究热点之一。磁轴承及可控油膜轴承的出现，为这类控制的实现创造了有利的条件。超精细加工要求其装置有很好的抗外扰能力，近年来出现利用压电或磁致伸缩材料构成的作动器来实现六自由度主动隔振。

在交通运输工程领域，为改善乘坐品质，人们在车辆主动、半主动控制方面做了大量的理论与试验研究工作，目前已研制出用于车辆减振的主动悬挂系统和半主动悬挂系统。

从20世纪70年代开始，英国、美国、日本及德国等铁路发达国家对主动控制技术在机车车辆的推广运用方面进行了大量的理论和试验研究工作，已经取得了一些阶段性成果，并开始应用于实际。

在铁道机车车辆主动控制研究领域，人们的研究工作主要集中在以下几个方面：① 曲线上的平稳性研究——摆式列车的研究。② 直线上的平稳性研究——横向、垂向平稳性研究。③ 稳定性研究。④ 可控径向转向架研究。⑤ 可控独立轮对研究。

经过几十年的研究，在上述领域中，目前已经在①、②和④方面取得了成功应用，如摆式列车、高速动车组的横向性能主动控制、城轨车辆主动径向转向架方面，并取得了较好的经济效益。

1.2.1　摆式列车的国内外发展

摆式列车是主动控制技术在机车车辆上取得最大成功应用的典范。

机车车辆在通过曲线时产生离心力，其离心力的大小同质量和速度的平方成正比，与曲线半径的大小成反比。为了降低离心力，通常采用的办法是设置外轨超高。在有超高的曲线上，车体向曲线内侧倾斜，使得离心加速度被重力加速度的横向分量抵消一部分。

超高的大小是根据曲线半径和列车通过曲线的速度来确定的，考虑到列车运行的安全性，一般在客货混跑的线路上，超高是根据货车的平均速度来确定的，所以此超高的大小对于客车是远远不够的。为改变这种状况，可以在列车进入曲线时，使车体向曲线内侧除超高倾斜角外再附加一个倾摆角度。这实际上相当于增加外轨的有效超高，以提高抵消离心加速度的重力加速度的横向分量，从而提高列车通过曲线的速度。

车体向曲线内侧的倾斜角度越大，则曲线通过速度提高就越大。使车体倾摆的方法有两种：被动倾摆和主动倾摆。靠车辆在通过曲线时的离心力作用，使车体绕其摆心转动，不需要外加动力，这种倾摆的方式被称为被动倾摆；主动倾摆是通过附加作用力的方式使车体倾摆。被动倾摆的倾摆角比较小，其结构简单，不需要作动器、控制及信号采集系统。而主动倾摆的倾摆角大，提高速度的幅度大，但必须具备一套可靠的作动器、控制和信号采集系统。根据欧洲国家的运用经验，采用主动式摆式车体，可将未平衡离心加速度从 1.2 m/s^2 提高到 2.3 m/s^2，这样可使列车速度提高30％左右，旅行时间下降25％左右。摆式列车的基本原理及倾摆控制技术将在后面章节详细介绍。

早在1928年，德国人Kruckenberg就提出了摆式列车的原理并画出了设计图，但由于当时制造和控制技术的限制，其设计思想直到1935年才由瑞士SIG公司在BLS铁路上实现。其基本原理是将车体通过滚子支撑在转向架上的弧形枕梁上，当离心力作用于车体时能使其在枕梁上摆动，从而产生一个附加倾摆角度，并采用 Jacob 径向转向架。但这个试验车并没有得到真正的运用，真正付诸实际运用的摆式车体设计思想是 1943 年西班牙 Talgo 公司开发的摆式系统。在经历了近 40 年的不断改造和试验后，Talgo 公司终于在 1980 年将按此开发的 Talgo Pendular 摆式系统正式投入批量生产。

法国是摆式列车的创始国之一，继 1940 年试验以后，法国于 1956 年研制成功了车体最大倾摆角为 18° 的电动摆式列车。在该车进行了 10 年的试验后，法国于 1970 年试制了 2 辆摆式客车，并进行了试验。因该车结构过于复杂而导致维修困难，于是法国铁路选择了通过改进曲线来提高车速的途径，开始发展高速铁路。直到 20 世纪 90 年代中期，法国才又开始研制摆式 TGV，并制造出样车。

英国的摆式列车研究可以追溯到 20 世纪 60 年代中期，并于 70 年代研制出了 APT-P 型摆式电动车组，1980 年 12 月开始进行试验。几经挫折之后，于 1981 年进行了试运营。在此间的一次以 210 km/h 速度运行中，由于倾摆机构出现故障，发生旅客在车内摔倒等事故。此外，其受电弓的中间位置保持机构也经常发生故障，以及其他一些原因，英国停止了 APT 摆式列车的研究。

意大利是研究主动摆式列车的发源地，同时也是研制和开发最为成功的国家。因为意大利是一个山区国家，山地和丘陵占全国面积的 80%，铁路曲线较多，为提高曲线区段的列车速度，1957 年 Fiat 公司开始研究并制造出模拟试验样机。1975 年，该公司制造了两辆编组的实用性样车 ETR-401 电动车组，即第一代 Pendolino。它采用加速度传感器和陀螺仪来检测进入曲线的状态，并发出车体倾摆指令，利用液压作动器使车体倾摆。随后，Fiat 公司又开发了第二代和第三代 Pendolino 摆式列车，并出口到其他国家或转让其技术。

早在 20 世纪 60 年代，德国 Wegmann 公司开发的被动摆式系统就在一辆内燃动车组上进行了试验，但其效果不尽如人意。70 年代中期，又在其他动车组上进行试验，其性能虽有所改善，但仍未达到预想的结果。80 年代末，为适应提速的需要，德国联邦铁路（DB）对具有主动倾摆的意大利 ETR401 列车和被动倾摆的西班牙 Talgo 列车进行了线路试验，并订购了 6 列 Talgo 摆式列车和 20 列采用意大利 Fiat 倾摆技术的 VT610 摆式内燃动车组。

此举激发了德国机车车辆制造业对开发和研制摆式列车的热情。AEG 公司首先在 1995 年研制出世界上第一列采用机电式倾摆系统的摆式内燃动车组 VT611，随后德国 Talbot 公司首次在世界上采用了在抗侧滚扭杆上安装作动器的倾摆技术，并于 1996 年在 VT614 内燃动车组上进行了成功试验。1998 年，Talbot 公司得到了向挪威铁路（NSB）提供 13 列摆式动车组的订单。西门子（Siemens）公司也不甘落后，利用其下属的奥地利 SGP 公司在 80 年代末就开始致力于摆式列车的研究工作，同意大利 Fiat 公司合作研制摆式列车，并先后开发出 ICT-ET 摆式电动车组和 ICT-VT（VT605）摆式内燃动车组，并于 1999 年开始给德国铁路提供 43 列 ICT-ET。该车采用了新型的 SF600 转向架，运用机电倾摆技术并装有横向气动半主动悬挂装置。另外，ADtranz 公司也提供了采用机电作动器的 20 列 ICT-VT。

瑞士也是摆式列车的创始国之一，但一直没有达到实用的程度。20 世纪 70 年代末，SIG 公司又开始研制摆式列车，并于 80 年代研制出试验样车。但在之后的线路试验中，由于倾摆装置发生故障而停止继续试验，直到 90 年代，试验和研制工作才又重新展开。1997 年，SIG 公司和 Schindler 公司同瑞士联邦铁路（SBB）达成 2000 年开始提供 27 列 ICN2000 摆式电动车组的协议。

1969 年，瑞典进行了摆式列车的首次试验，其目的是在既有线路或稍加改造的既有线路上提高列车的运行速度。1973 年，瑞典铁路（SJ）和 ASEA 公司制订了联合开发 X15 摆式列车的计划，1975 年研制出了第一列样车并进行了 8 年的试验，1986 年该车开始批量生产并改名为 X2000。

与欧洲国家相比，北美国家在研究摆式列车方面要落后得多。加拿大 Bombardier 公司在 20 世纪 70 年代研制出摆式列车试验样车，经试验后小批量投入生产，并于 1981 年投入运营。但该车的使用效果并不理想，因而未能推广应用。1996 年 3 月，美国 Amtrak 公司宣布购买 18 列由加拿大 Bombardier 和 ALSTOM 公司联合设计和制造的"美洲飞人"（American Fly）摆式列车，用于波士顿经纽约到首都华盛顿的东北走廊铁路，全程 734 km。1999 年交付使用和运行，最高速度为 240 km/h。采用美国飞人号后，纽约到波士顿之间的旅行时间从原来的 4.5 h 缩短为 3 h，纽约至华盛顿的旅行时间由 3 h 缩短为 2.5 h。

亚洲国家中日本是第一个研制和开发摆式列车以及世界上第一个建造和运行高速铁路的国家。日本首先开发的实用性摆式列车是 381 电动车组，并于 1973 年投入运行。该列车运用德国 Wegmann 的被动倾摆原理，车体置于转向架的滚子上，车辆通过曲线时，车体通过离心力作用产生倾摆。日本也是世界上第一个在窄轨铁路（1 067 mm）上采用摆式列车的国家。此后，日本研制和成功开发了其他形式的摆式列车并投入运行。

意大利 Pendolino、西班牙 Talgo 和瑞典 X2000 摆式列车在 20 世纪 80 年代的成功经验以及在既有线路提速的愿望，引起了欧美许多国家对摆式列车的极大兴趣。进入 90 年代，摆式列车的技术日趋成熟，各国开始看好摆式列车的广阔前景，纷纷以各种不同的方式来发展和运用摆式列车。

我国在 1998 年，广深铁路公司租用瑞典 Adtranz 公司的 X2000 摆式列车在广州—香港间以"新时速"号动车组进行运行，取得了很好的效果，因此在 1999 年将所租赁的摆式列车购买下来，开创了我国摆式列车应用的新局面。同年，铁道部组织路内机车车辆工厂、高校和研究所开展摆式列车的研制工作，采用动力集中方式，大连机车车辆工厂制造出了一台动力车，唐山机车车辆工厂制造了采用迫导向转向架的一辆拖车，浦镇车辆工厂制造了采用自导向转向架的一辆拖车，由于种种原因，都没有进行线路试验。2002 年，唐山机车车辆工厂为三茂铁路公司生产了我国第一列商业运营的动力分散内燃动车组，编组为三动两拖，设计速度 160 km/h，已在铁道科学院环形试验线进行了线路试验。

1.2.2 机车车辆主动控制的国内外发展

机车车辆领域采用主动控制技术控制其平稳性的研究始于 20 世纪 70 年代，对此领域研究较多的国家是英国、美国和日本。英国和美国最早开展这方面的研究，日本则是从 20 世纪 80 年代才开始进行主动控制技术的研究，进入 90 年代，研究内容更加深入。

1. 英 国

20 世纪 70 年代初，英国铁路协会研究发展部开始致力于主动控制在铁路机车车辆上的可行性研究，并做了大量的理论性研究工作，对垂向和横向主动控制进行了一系列的试验研究，其研究工作非常有价值的一部分是对配置不同作动器的车辆悬挂性能进行了评价。

① 液压伺服横向系统。
② 可控空气弹簧垂向系统。
③ 电磁垂向系统。
④ 电磁横向系统。

表1.1是英国铁路主动控制作动器配置的一个总结，他们的研究工作是针对实车上安装主动悬挂系统进行的。

表1.1 不同主动悬挂方式的结构比较

载荷支承	控制力	优 点	缺 点
空气弹簧（带伺服阀）		容易加装，比较简单，可实现倾摆控制	空气消耗量大，需要大容量伺服阀
空气弹簧	气动伺服装置	可以加装，可以实现倾摆控制	空气消耗量大，只能在低频区使用
液压悬挂装置（伺服阀）		可实现宽频带控制，容易实现倾摆控制	动力源容量大，价格高，维护费用大
空气弹簧	液压伺服装置	可实现宽频带控制，容易实现倾摆控制	价格高，维护费用大
电磁铁悬挂装置		可实现宽频带控制，简单且坚固	动力消耗大，位移和力受限制，不能用于倾摆控制
空气弹簧	电磁铁	可实现宽频带控制，简单且坚固	位移和力受限制，不能用于倾摆控制

2. 美 国

1969年，美国Westinghouse公司首先研究了主动悬挂的可行性，该公司参照美国DOT高速试验车，从理论和试验两方面研究评估了采用电液伺服作动器主动悬挂装置的可行性。1970年，G. N. Sarma在其博士论文中考虑7个自由度主动悬挂计算模型（车体摇头、横移、侧滚及每台转向架的横移和摇头），研究目的是提高横向稳定性，在二系横向布置2个作动器，如图1.1所示。Sarma借助前后转向架的横移量作为测量值，进行了计算机仿真分析。

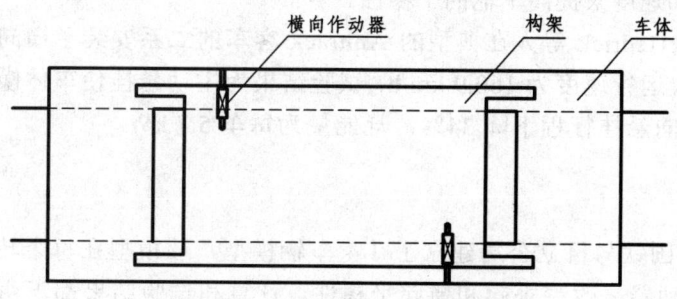

图1.1 二系横向作动器布置图

Sinha的计算模型是在每台转向架上布置两个横向作动器，以及一个抗摇头的扭转作动器。研究结果表明，简单地用转向架与车体的相对横移量以及转向架的横向速度作为测量值，则车辆的稳定性和曲线通过能力可以解耦，通过产生与转向架横向速度成一定关系的作用力使稳定性得到很好的控制，而曲线通过能力则通过扭转作动器产生与车体和转向架之间相对横移量成一定关系的力得到改善。

Celnicker考虑15个自由度的车辆模型，受的激扰力为横向不平顺和纵向不平顺，该模型作动器的布置方式与Sinha一样，但观测值为车体与转向架的横向及摇头的相对与绝对位移、速度和加速度。研究内容包括在现有运行速度下提高横向乘坐品质和在提高车速的情况下衰减运动模态保持车辆稳定性。研究计算结果表明，对横向主动悬挂有两种控制结构，一种是平稳性控制器，在远低于临界速度运行时，用车体横向加速度和横向力作动器能有效改进横向平稳性，这种形式的主动悬挂控制器消耗的能量较小，在运行速度为 160 km/h，美国 6 级线路条件下，该控制器使横向加速度均方根值下降 3 倍，使悬挂行程均方根值降低 17%，能量消耗为每车 7 kW，作动器频宽为 3 Hz；另一种是模态控制器，在高速运行时，用扭转作动器及转向架横向速度和摇头角速度来衰减运动模态，这种形式的主动悬挂控制器需消耗较多的能源且需要高频宽作动器，在运行速度为 296 km/h 时，线路条件同上，该控制器使加速度均方值从 $0.2\ g^2/Hz$ 降到 $0.05\ g^2/Hz$，能源消耗为每车 60 kW，作动器频宽为 7 Hz，如图 1.2 所示。

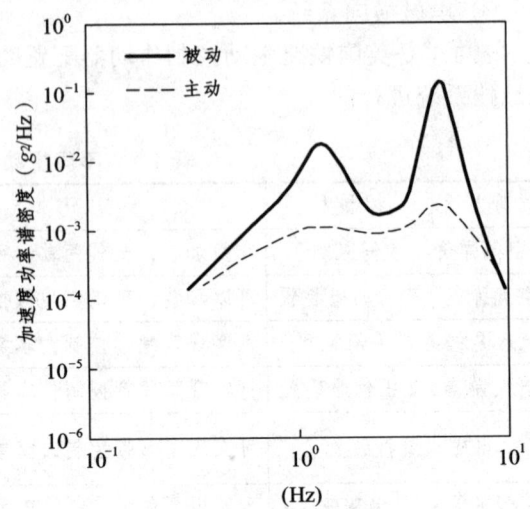

图 1.2 车速 296 km/h 时主动悬挂与被动悬挂计算结果的比较

1974 年，美国加州大学戴维斯分校机械工程系（University of California, Davis, Calif）D.E.Karnopp 教授等人提出了半主动悬挂，即利用可控的阻尼器，根据预定的阻尼控制规律，实时调节阻尼力。他们还利用电液式主动减振器在 Lord 公司做了半主动振动试验，结果证明可以降低共振峰值。Margolis 等提出了 on-off 半主动控制策略，其特点是当悬挂质量和非悬挂质量同向运动，且非悬挂质量的速度较大时，减振器将不产生阻尼力或产生较小的力，在其他情况下产生较大的阻尼力，其主要思想是通过降低悬挂质量的加速度和速度来提高车辆的平稳性。

1985 年，Cho&Hedrick 等人在典型的 Amtrack 客车的二系安装了横向主动悬挂系统，进行了实车测试。试验运行速度为 160.9 km/h，试验结果为主动悬挂使车体横向加速度均方根值下降 46%，二系横向悬挂行程下降 34%，耗能量为每车 5.7 kW。

3. 日本

1981 年，日本国铁与日立公司建立了 1/4 车辆模型，该模型在每个转向架上用两个垂直和一个横向气动作动器来改善垂向和横向平稳性，计算和试验结果都表明，低频段振动幅值降低了 50%；1987 年，又进行了实车测试，在每个转向架上布置两个横向气动作动器，横向加速度计布置在作动器正上方的车体地板上（见图 1.3），测试速度为 120 km/h，试验结果为每个作动器最大出力 12.2 kN，在小于 3 Hz 范围内的振动幅值下降 50%。

1994 年，谷藤克也等建立了三自由度车辆模型（车体的横移、侧滚及摇头），两个液压式作动器布置在二系的横向，电磁激振器作用于构架，采用 LQ 和 LQG 控制方法。试验结果表明，振动在 5 Hz 以下控制效果较好，共振点的加速度 PSD 从 $10\ (m/s^2)^2/Hz$ 下降至 $0.1(m/s^2)^2/Hz$。

东京大学的藤冈健彦等建立了半车简化三自由度模型（车体的横移、侧滚及构架横移），如图 1.4 所示。采用 LQR 与 LQG 控制方法，进行了大量的试验对比研究，考察车体质量、采样周期,以及不同状态反馈测量值对控制效果的影响。结论为考虑转向架的横向加速度测量值以及车体与转向架之间的相对位移测量值,对控制效果有明显的改善。当车体质量比控制器设计值小时,控制性能和稳定性都将恶化,采样周期为 2 ms 时达到最大隔振效果。

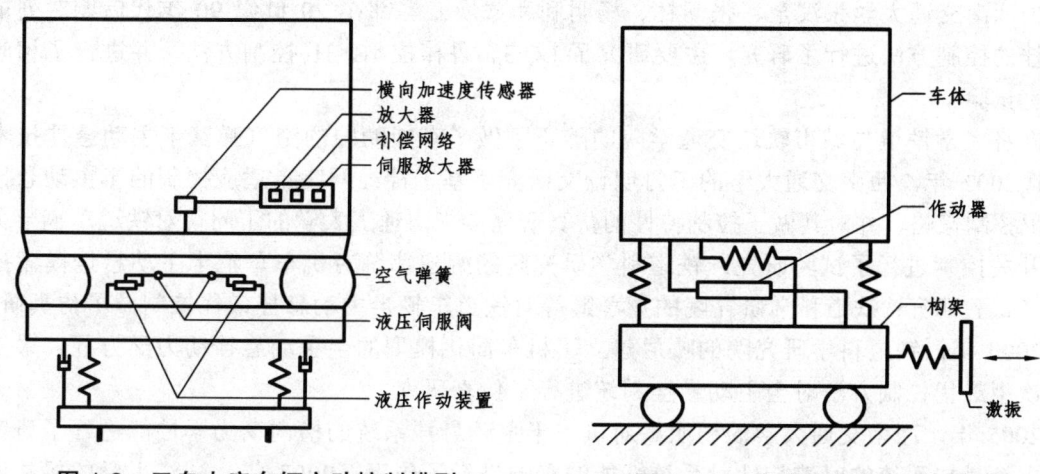

图 1.3 三自由度车辆主动控制模型　　　　图 1.4 三自由度半车体试验模型

川崎重工的西义和等建立了三自由度半车体试验模型(包括车体横移、侧滚及转向架的横移),控制作动器为气动式。试验结果为,在共振点 0.55 Hz 控制效果较好,在 0.3~6 Hz 范围内减振效果也较明显,用频率 0.6 Hz 振幅 15 mm 的正弦波加载,车体横向加速度从 0.53 g 降至 0.09 g,侧滚加速度也降低近 3/4。

近年来,随着 H^∞ 控制理论的出现,日本的铁路科技人员对 H^∞ 控制方法产生浓厚的兴趣,相关的研究论文也不断发表,采用最新控制理论进行机车车辆主动悬挂的研究正在积极探索之中。

1993 年,JR 东日本公司在 STAR21 型试验车上进行了二系横向主动悬挂的样机研制,并在 425 km/h 速度下进行了性能试验;2000 年,JR 东日本公司和德国铁路公司共同开发了 ICE2 型车辆的二系横向主动悬挂系统,在线路试验中取得良好效果;2002 年 12 月 1 日,日本新干线新型 E2-1000 系列"疾风"号成为世界上第一个装车使用主动悬挂系统的高速列车。图 1.5 为日本对于采用主动控制技术的高速列车的实测效果图。

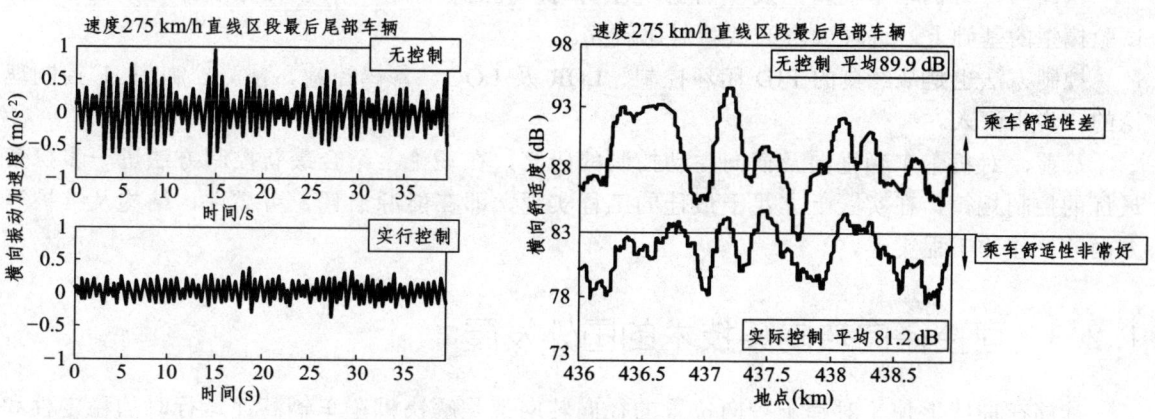

图 1.5 主动控制实测效果图

4. 中国

国内机车车辆主动悬挂技术的研究落后于国外，在 1995 年铁道部提出列车提速计划、广深线引入（瑞典）X2000 摆式列车后，国内关于铁道车辆的主动振动控制研究才进入新的阶段。如西南交通大学张汉全、张开林、杨明利和戴焕云等都在 20 世纪 90 年代后期对列车主动悬挂的控制方法进行了研究，主要研究了 LQG、鲁棒控制、H^∞ 控制方法，并进行了相应的实验室试验。

同济大学铁道与城市轨道交通学院的陆正刚做了有辅助腔的空气弹簧半主动悬挂技术的研究；2002 年，西南交通大学的王月明论文研究了基于神经网络自适应控制的半主动悬挂连续阻尼控制策略，并对其做了控制特性的仿真研究；华南理工大学的丁问司对铁道车辆半主动悬挂开关控制进行了试验研究；铁道科学研究院的姚建伟等对机车车辆半主动悬挂模糊控制进行了试验研究；铁道科学研究院的董孝卿等对铁道车辆半主动悬挂最优控制做了仿真研究。

2000 年，铁道科学研究院的嘎尼建立了机车简化模型的全主动悬挂动力学方程，采用线性二次型最优控制方法对全主动悬挂系统进行了仿真研究。

2005 年，西南交通大学的杨明辉对机车半主动悬挂系统的横向动力学性能进行了研究，对半主动悬挂系统的时滞特性对系统性能的影响进行了仿真；2003 年，浙江大学的杨礼康对基于磁流变技术的车辆半主动悬挂系统进行了理论与试验研究，针对磁流变减振器，应用 S 型滞环模型，对基于状态判断归一法、加速度法和参考模型法的 H^∞ 控制策略进行了试验验证和对比分析，结果表明状态归一法应用于车辆半主动悬挂系统效果佳，能耗低；2003 年，中南大学的饶大可以经过简化的具有两系悬挂的二轴车为研究对象，建立了一个 11 自由度的整车（单车）车辆主动悬挂数学模型，建立了以高速开关阀流量为控制量的 1/2 主动悬挂预见控制数学模型，并进行了实验室试验分析。

2005 年，同济大学铁道与城市轨道交通学院的陆正刚，采用 ADAMS 与 MATLAB 的联合仿真技术，对采用半主动控制策略的整车性能进行了仿真研究，在车辆二系悬挂采用了磁流变阻尼器，研究结果显示所采用的最优控制策略可较好抑制车体第一阶弯曲模态的结构振动。

2006 年，铁道科学研究院的杨建伟对采用磁流变阻尼器的高速车辆横向振动半主动控制系统进行了研究，提出了一种阻尼 A 控制方法，并在实验室进行了 1/4 车辆模型的试验研究。

2007 年，西南交通大学的刘增华对空气弹簧的垂向主动控制进行了研究。

从国内外对机车车辆垂向及横向主动控制的研究过程来看，其研究方法都是在建立简化试验模型的基础上，进行大量的试验对比研究。

控制方法也是从经典的 PID 闭环控制、LQR 及 LQG、鲁棒控制、预测控制到 H^∞ 控制理论的一步步深入。

目前，对机车车辆垂向及横向主动控制的研究，在理论上结合最新控制方法进一步探索最优的控制规律，在实践上立足于最佳的工程实现，即在能源消耗、可靠性、结构及维护等方面的最佳的工程实现。

1.2.3 可控径向转向架技术的国外发展

能够在曲线上使轮对趋于径向位置的径向转向架是解决机车车辆高速运行时的稳定性和曲线通过性能之间矛盾的有效措施之一。

采用机械连杆装置的径向转向架已经在相当多国家投入实际运行，如较成功的南非 Scheffel 转向架（货车转向架）、德国 VT611 摆式列车使用的自导向转向架、我国眉山车辆工厂生产的副构架转向架、唐山机车车辆工厂生产的摆式列车采用的迫导向转向架。图 1.6 为日本的主动径向转向架。

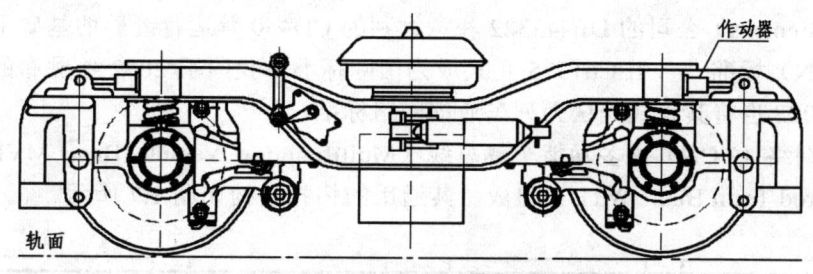

图 1.6 日本的主动径向转向架

日本从 20 世纪 80 年代开始研究各种径向装置。例如，采用液压装置代替机械式连杆，将转向架前后轮对连接起来；或者使转向架前后支承刚性非对称化设计以提高径向调节功能。在转向架的轴箱支承刚性转换装置中，采用了液压作动装置。依据列车所处地点信息（如进入直缓点或缓直点），操纵前后转向架与轴箱之间的液压作动器，给出轮对的转向角，并利用实车进行了验证试验。由于主动控制的径向转向控制涉及列车运行安全性，这种方式至今尚未得到实际应用。

类似于迫导向的主动径向转向架技术由于采用车辆进入曲线时相邻两车间的夹角作为控制指令，具有较大的安全性，因此目前在城市轨道交通中得到了应用，它可以在城市中较小的线路曲线半径条件下很好地运行。如奥地利 JENBACH 公司生产的 Integral 动车组采用了主动径向转向架；德国利渤海尔（Liebherr）公司与 DUEWAG 公司为法兰克福生产的城市轻轨车辆也采用了主动径向转向架。

1.3 国内外列车通信网络技术发展概况

为了实现列车中分散于各车辆中设备的协调工作，列车通信网络在初期串行通信总线的基础上逐步发展起来，它能够实现整列车中所有设备的信息共享、协调工作，以及故障的远程诊断和维护，为旅客提供信息服务等功能。

世界各国铁道机车车辆生产企业在各自发展过程中使用了不同的列车通信网络技术。目前广泛使用的列车通信网络有符合 IEC 标准的 TCN 网络（IEC61375）、符合 IEEE 标准的列车通信网络（IEEE1473，包括 TCN 网络和 LonWorks 网络），以及其他工业控制网络，如应用于 TGV 高速列车 ARGAT 控制系统的 WorldFIP 网络、应用于日本新干线高速列车的 ARCNET 网络等。

1.3.1 列车通信网络（TCN）

1988 年，受国际电工委员会（IEC）第 9 技术委员会（TC9）的委托，来自 20 多个国家

（中国、欧洲国家、日本和美国，它们代表了世界范围的主要铁路运用部门和制造厂家）以及UIC（国际铁路联盟）的代表组成的第22工作组（WG22），共同为铁路设备的数据通信制订一项标准。

1999年6月，经过长达11年的工作，IEC/TC9/WG22在ABB公司的MICAS的基础上，以及西门子（Siemens）公司的DIN43322和意大利的CD450等运行经验的基础上制订的列车通信网络（TCN）标准——IEC61375正式成为国际标准。我国于2002年颁布的铁道部标准TB/T3025—2002也将其正式确认为列车通信网络标准。

列车通信网络（TCN）由多功能车辆总线（Multifunction Vehicle Bus，MVB）和绞线式列车总线（Wired Train Bus，WTB）组成。其通用的拓扑结构如图1.7所示。

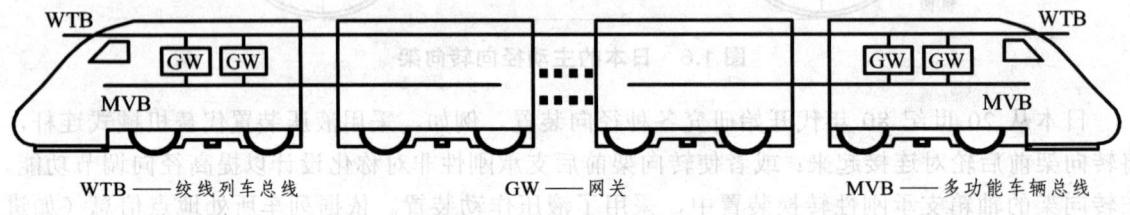

图1.7 TCN通用总线结构

WTB与MVB之间通过网关（节点）进行协议转换。列车总线WTB是对Siemens的DIN43322总线的改进，主要用于车辆之间的重联通信，其最大特点是具有列车初运行和烧结（通信连接器触点去氧化）等功能，能自动识别车辆在列车编组中的位置和方向，从而满足开式列车需要频繁编组等特殊要求；车辆总线MVB则来源于ADtranz公司的MICAS总线（后更名为多功能车辆总线MVB），主要用于车辆内控制设备的互联。TCN网络采用基于总线管理器（BA）的集中式介质访问控制，并支持介质和总线管理器的冗余，因而具有强实时性和高可靠性等特点。

目前TCN在国际上得到了广泛应用，近年来，TCN网络技术在欧盟范围内还得到了一些控制部件供应商的开发支持，除Siemens的SIBAS16、SIBAS32系统，ADtranz（目前属于Bombardier公司）的MICAS-S2、MITRC系统外，芬兰的EKE电子公司、意大利的Far-system公司以及捷克的Unicontrol公司都开发出了符合TCN和UIC标准的网关产品，瑞士的Duagon等公司则开发出了基于FPGA的系列MVB网卡和I/O设备，用户可以通过购买网络部件来进行TCN网络控制系统的集成和应用开发。

1.3.2 LonWorks网络

LonWorks（以下简称LON）是美国Echelon公司1991年推出的全开放智能分布式测控网络技术。LON采用LonTalk协议，其遵循OSI参考模型的全部七层协议。LonTalk协议被封装在称之为Neuron的神经元芯片中。

LON支持总线形、星形和环形等多种拓扑结构，网络结构可以是主从、对等或客户/服务式，传输介质可以是双绞线、同轴电缆、电力线、无线电和光纤等。采用双绞线通信时，最高通信速率为1.25 Mbit/s/130 m，直线传输距离可达78 kbit/s/2 700 m。

LON采用带预测P-坚持CSMA的通信介质访问方式，既具有CSMA/CD的实现简单、带宽利用率高、单点故障不影响网络通信和节点可灵活进退网络等优点,又改善了一般 CSMA/CD 在网络重载时的性能。优先级机制使紧急数据具有优先的响应时间,使 LON 可以适应控制网络的要求。

LON 具有完整的七层协议,具备了局域网的基本功能,与异型网的兼容性比现存的任何现场总线都完善。它还提供了与 LAN 互联的接口,从而可实现两者的有机结合。

1997 年 5 月,美国铁路协会 AAR 将 LON 作为其列车内部通信规范,编号为 S-4230。1999 年 8 月,IEEE 将 LON 作为其制定的列车通信协议标准 IEEE1473—1999 的一部分,即 IEEE1473-L。IEEE1473 定义了 T 型(TCN)、L 型(LonWorks)和 T/L 混合型(WTB/LonWorks)多种组网方式。新泽西的"彗星"号列车,由采用 TCN 的 ADtranz 机车和采用 LonWorks 的 ALSTOM 客车组成,ADtranz 已着手开发 WTB/LonWorks 网关。实际上,将 WTB 网卡与 LonWorks 网卡的双口 RAM 数据通过第三方 CPU 定时调度即可实现网关功能。

2002 年 7 月,我国铁道部制定了列车通信网络标准:TB/T 3035—2002,其也将 LonWorks 网络作为列车通信网络的一部分,并开始正式在我国机车车辆上进行应用。

目前,LonWorks 网络在北美及亚洲一些国家应用较多,如纽约地铁车辆、"美洲飞人"高速列车、重载列车的 ECP 电空制动系统、日本的单轨车辆,以及我国都有一些应用。

1.3.3 WorldFIP 总线

1987 年 3 月成立的 WorldFIP 组织以法国几家大公司为主要成员,开发了 FIP(FIP,Factory Instrumentation Protocol)现场总线技术。

FIP 最初为法国标准,后经 WorldFIP 用户组织推荐,于 1999 年被采纳为现场总线国际标准 IEC61158-2,后来成为 WorldFIP,现在 WorldFIP 是欧洲现场总线标准 EN50170-3 和国际标准 IEC61158-type7。

WorldFIP 采用了三层结构:物理层、数据链路层和应用层。

① 物理层:保证信息从一个设备安全地传送到接在总线上的其他设备,传输介质为屏蔽双绞线或光纤,传输速率可为 31.25 kbit/s、1 Mbit/s 和 2.5 Mbit/s 等。

② 数据链路层:负责数据传输和差错、访问控制,具有周期和非周期两种数据交换、变量寻址和报文寻址两种寻址空间,采用生产者/消费者、单播和多播等通信模式,基于总线仲裁器(BA)的集中式介质访问控制,总线仲裁器和生产者分别具有时空唯一性。

③ 应用层:WorldFIP 应用层提供变量和消息两种访问服务。

WorldFIP 与 TCN 网络类似,使用曼彻斯特编码进行信号的传输,支持介质和总线仲裁器的冗余,并且还具备完备的网络管理能力。网络系统由总线仲裁器和若干用户站组成,系统具有实时性、同步性、可靠性等特点。

WorldFIP 是开放的现场总线,WorldFIP 产品的设计者、用户或集成商都可以得到 WorldFIP 组织的技术培训、一致性测试等支持。WorldFIP 用户组织目前有 100 多个成员,经过十多年的应用与改进,WorldFIP 已经是一项完全成熟的技术,具有品种齐全的通信部件、产品和开发工具。

WorldFIP 在带宽的分配和提供的服务上非常灵活。WorldFIP 具有极强的抗干扰能力,满足 IEC 关于电磁兼容性的 EMC 标准;通信模式支持后台传输消息、周期和事件变量,保证诊断信息传输不影响实时控制;物理层采用 IEC 标准,支持电缆冗余,大部分协议固化在硬件上,具有稳定性好的特点。

WorldFIP 不论高速还是低速,只有一套通信协议,所以不需要任何网桥或网关,低速和高速的衔接只用软件就可实现。

WorldFIP 技术已经被广泛使用在世界上 70 多个国家的能源、化工、电力、空间技术、汽车制造等工业领域。WorldFIP 在铁路上也有成功的应用,法国 ALSTOM 公司将 WorldFIP 作为标准通信协议应用于其开发的 AGATE 列车控制系统,成功应用于 TGV 高速列车、城市轨道交通等领域,并且在 2007 年 4 月创造了 574.8 km/h 的世界最高运行记录。我国上海轻轨明珠线上的轻轨车辆也使用了 WorldFIP 技术。

1.3.4 ARCNET 网络

ARCNET(Auxiliary Resource Computer Network)是一种基于令牌传递(Token Passing)协议的现场总线,其最初是美国 Datapoint 公司在 20 世纪 70 年代末作为办公自动化网络发展起来的。该系统具有快速性、确定性、可扩展性和支持长距离传输等特点,非常适合过程实时控制,近年来被广泛应用在各种自动化领域,是一种理想的现场总线技术。

ARCNET 是一个开放标准协议,1999 年成为美国国家标准 ANSI/ATA-878.1。从 OSI 参考模型来看,ARCNET 位于 ISO/OSI 七层网络体系模型中的数据链路层和物理层。它开放底层接口,允许用户自行开发嵌入式设备。每个 ARCNET 物理节点包括一个数据链路层的通信控制器芯片和一个物理层的收发器芯片。在数据链路层,它采用令牌环机制,各节点通过传递令牌来协调网络使用权。节点使用唯一的 MAC 地址标识自己,单个 ARCNET 子网最多可有 255 个节点,ARCNET 支持点对点的定向消息和单点对多点的广播消息。在物理层,ARCNET 支持总线形、星形以及分布式星形拓扑结构。ARCNET 速率为 2.5 Mbit/s,传输的介质有同轴电缆、双绞线、光纤,可满足绝大多数自动控制应用对速度、抗干扰性和物理介质的要求。使用光纤时的新型 ARCNET plus 速率已从原来的 2.5 Mbit/s 增加到 100 Mbit/s。

在 ARCNET 网中,采用令牌传递协议,任何节点都不能独占网络,只有在持有令牌后才成为网络的临时主节点,才能发送一次有限长的信息。一旦信息发送完毕,必须将令牌传递给逻辑环上的下一个节点,收到令牌的节点就成了网络的临时主节点,如此循环,构成令牌环。ARCNET 由于使用令牌传递机制来仲裁各网络节点对网络的访问权,不存在竞争,因此在传递时间上是可预测的(事实上,能够计算出在最坏情况下节点间传递信息所需的时间),这一点与使用冲突检测机制的工业以太网和 CAN 有显著的不同。ARCNET 网即使在网络负载重、流量较大的情况下,也不会造成网络阻塞。

与办公自动化网络不同,现场总线必须能够在预先确定的时间内完成信息的传输。ARCNET 所采用的令牌传递协议能满足这个要求。在现场总线中,传递的消息通常是短消息,ARCNET 支持长度可变的数据帧(0~507 字节),再加上其数据速率较高,使其具有良好的快速响应性能和适应性。现场总线必需坚固可靠,ARCNET 具有内置的 16 位 CRC 校验、出错重传等机制,支持包括光纤在内的多种连接介质,可以适应各种环境下对通信质量的需求。另外,现场总线要求的软件开销小,由于数据链路层协议固化在控制器芯片内部,因此 ARCNET 不用软件就能自动完成诸如错误检测、流量控制以及网络配置等功能。

ARCNET 的可靠、高速及稳定的性能已被许多工业领域认同，成为工业自动化系统的重要组成部分。现在全世界已有大约 450 万个 ARCNET 节点应用于工业领域中，加入 ARCNET 行业协会（ATA）的企业已经遍布了工业领域的几乎所有行业。并每年不断增加。

日本的高速列车所使用的列车通信网络主要采用 ARCNET 网络，我国南车集团四方车辆股份公司引进日本川崎公司的高速动车组（CRH_2）也使用了 ARCNET 技术的 TIMN 列车信息管理网络。

1.3.5 CAN 总线

CAN，全称为"Controller Area Network"，即控制器局域网，是国际上应用最广泛的现场总线之一。该总线最初由德国 Bosch 公司在 20 世纪 80 年代初期提出，为汽车监测、控制系统而设计开发的一种串行数据通信总线。CAN 被设计作为汽车环境中的微控制器通讯，在车载各电子控制装置 ECU 之间交换信息，形成汽车电子控制网络。在发动机管理系统、变速箱控制器、仪表装备、电子主干系统中，均嵌入 CAN 控制装置。目前世界上一些著名的汽车制造厂商，如 BENZ（奔驰）、BMW（宝马）、PORSCHE（保时捷）、ROLLS-ROYCE（劳斯莱斯）和 JAGUAR（美洲豹）等都已采用 CAN 总线来实现汽车内部控制系统与各检测和执行机构间的数据通信。

1991 年 9 月，Philips Semiconductors 制定并发布了 CAN 技术规范（Version2.0）。该技术规范包括 A 和 B 两部分，2.0A 给出了曾在 CAN 技术规范版本 1.2 中定义的 CAN 报文格式，而 2.0B 给出了标准的和扩展的两种报文格式。

1993 年 11 月，ISO 正式颁布了道路交通运载工具 — 数字信息交换 — 高速通信控制器局部网（CAN）国际标准（ISO11898），为控制器局部网标准化、规范化推广铺平了道路。

标准的 CAN 协议仅定义了 OSI 参考模型中的物理层和数据链路层。CAN 采用多主竞争式结构，其信号传输介质为双绞线、同轴电缆或光纤。采用双绞线通信时，速率最高可达 1 Mbit/s/40 m，直接传输距离最远可达 5 kbit/s/10 km，可挂接设备数量为 110 个。

CAN 的通信介质访问方式为带优先级的 CSMA/CD。CAN 信号传输采用短帧结构，每帧的有效字节数为 8 个，传输时间短，受干扰的概率低，错误严重的 CAN 节点能自动切断该节点与总线连接，避免对总线上其他节点造成影响。

应用层协议可以由用户定义成适合特殊工业领域的任何方案，已在工业控制和制造业领域得到广泛应用的标准是 DeviceNet，CANopen 等。由于 CAN 总线具有较高的实时性和总线利用率、极低的成本、极高的抗噪声性能和灵活性，目前已经在汽车、航空、工业控制、安全防护等领域中得到了广泛应用。

近年来，CAN 与 CANopen 协议在轻轨、地铁、货车等轨道车辆以及车门、空调、倾摆、制动、牵引，以及旅客信息等控制子系统中获得了广泛应用。比如：SAB-Wabco 的基于 CANopen 的制动控制系统、德国货运和法国国铁的货车车辆网络、捷克 Unicontrol 公司开发的基于 CANopen 的模块化的控制系统 UnitrackII、芬兰 EKE 电子公司开发的 WTB/CAN 网关、Selectron 在车辆翻新改造项目中使用的基于 CANopen 的分布式控制系统等。另外，Kontron、MEN、SMA 等公司可为用户提供满足铁路要求的带 CAN 接口的 CPU 控制板。Siemens、Alstom、Bombardier、Fiat、Stadler Rail、GE 等公司在其内燃机车、轻轨车辆、地铁等产品中也使用了 CAN 和 CANopen。

CiA 非赢利组织（CAN in Automantion）负责 CANopen 应用层协议规范的开发。近年来，CANopen 轨道车辆特殊兴趣组织（SIG）正专注于轨道车辆网络应用规范的开发，而 CANopen 轨道车辆特殊市场组（SMG）则通过一些公共活动来推进这些规范的应用。这些规范详细说明了通过 CANopen 网络连接的即插即用设备的接口协议。

CANopen 轨道车辆集成网络规范（CiA421）用于连接由不同公司制造的子系统，这些子系统包括司机操纵台、牵引控制、主变流器、门控器等。

目前，在德国的高速磁悬浮列车上，其连接各个磁浮控制器的车辆总线就采用了 CAN 总线。我国的一些动车组也采用了 CAN 总线完成动车之间的重联控制。

1.3.6 我国列车通信网络应用

我国对列车通信网络的应用始于机车微机控制系统的应用，我国铁路列车的微机控制系统是从机车的牵引控制开始的。在引进的 6K、8K 微机控制机车和与美国 GE 公司合作研制的内燃机车微机控制系统的基础上，开发研制了两种用于牵引控制的微机系统。

一种是国产化的 MICAS-S 微机系统，用于 SS_{4B} 和 SS_8 等电力机车；另一种是基于美国 GE 公司 20 世纪 80 年代的 C39-8 机车上所用的微机控制系统，用于 DF_{11} 和 DF_{8B} 等内燃机车。这两种系统都采用 80186 为 CPU，单机结构，但 MICAS-S 系统允许有多个处理器。

MICAS-S 系统是 1989 年从瑞士 ABB 公司引进的机车模拟控制装置；1991 年研制出样机在 $SS_{4}0038$ 机车上，至 1996 年 9 月，完成车载微机系统试验；之后在 SS_8 客运机车、SS_{4B}、SS_{3B} 货运机车上得到了广泛应用。

1995 年铁道部开始立项研制自主知识产权的 ARCNET 列车通信网络，由株洲电力机车研究所联合铁路相关单位进行研究，它是一种令牌总线网络，通信速率为 2.5 为 Mbit/s，可降到 1 Mbit/s 使用。已制造出了网关等设备，但最后未完成系统，使我国如今处于无自主知识产权的列车通信网络的尴尬境界，令人惋惜。

国内各铁路工厂为满足新型机车车辆、动车组，以及城市轨道交通车辆的需要，纷纷采用了各种类型的计算机通信网络，从简单的 RS485 高速总线到符合 TCN 标准的德国 ADtranz 公司的 WTB 系统和 MVB 系统都有成功应用。即使在 2002 年颁布了列车通信网络（TB/T3035—2002）标准之后，中国铁路招标采购的 200 m/h 以上速度等级的电动车组、120 km/h 重载货运电力机车所采用的列车通信网络包括了 TCN 网络、WorldFIP 网络，以及 ARCNET 网络等技术，因此我国列车通信网络呈百花齐放的现象将长期存在。

表 1.2 给出了在我国近几年来所开发的新型机车车辆使用列车通信网络的情况。

表 1.2 我国列车通信网络在机车车辆的应用情况

车 型	编组	列车总线	车辆总线	子系统总线	总线供应商	出厂日期
TM1 出口伊朗 EMU	2M10T	FSK 动车重联	MVB 连接显示和牵引控制	RS485 连接机车级和传动级	ADtranz 株洲所	1997
"庐山"号双层 DMU	2M2T	RS485	—	—	西门子	1998

续表 1.2

车 型	编组	列车总线	车辆总线	子系统总线	总线供应商	出厂日期
"春城"号 EMU	3M3T	远程 RS485 连接 MMI 和 3 个动车	—	RS485 连接机车级和传动级	株洲所	1998
四方厂液力传动 DMU	2M4T	高速 RS485	—	—	日本新泻铁工所	1999
"新曙光"号 DMU	2M9T	Lonworks 动车重联	—	—	株洲所	1999
"大白鲨"号 EMU	1M6T	FSK 连接动车和控制车	MVB 连接显示和牵引控制	RS485 连接机车级和传动级	ADtranz 株洲所	1999
"蓝箭"号交流传动 EMU	1M6T	WTB 连接全列车所有车辆	—	—	ADtranz	2000
"神州"号 DMU	2M10T	Lonworks 动车重联	—	—	株洲所	2000
"神州号" DMU	2M10T	CAN 动车重联	—	—	武汉正远	2000
"先锋"号动力分散 EMU	4M2T	FSK 连接全列车所有车辆	MVB 连接制动系统、辅助系统、车辆设备、显示器	远程 RS485 连接牵引控制、ATP	株洲所	2001
哈尔滨局 DMU	2M5T	RS485 动车重联	—	—	长春客车厂	2001
"中原之星"号动力分散交流传动 EMU	4M2T	FSK 连接 2 个各由 2M1T 三节车组成的车组单元	MVB 连接 1 个车组单元内所有智能设备	—	株洲所	2001
"奥星"号交流传动	机车	—	MVB 连接机车内所有智能设备	—	株洲所	2001
集通 DMU	2M6T	Lonworks 动车重联	—	—	株洲所	2001
"中华之星" EMU	2M8T	WTB 连接全列车所有车辆	MVB 连接制动系统、辅助系统、车辆设备、显示器	—	ADtranz 株洲所	2003
CRH₁ 动车组	5M3T	WTB / MITRAC 系统	MVB	—	Bombardier	2007
CRH₂ 动车组	4M4T	ARCNET	点对点串行传输，20mA 电流环	—	日本日立	2007
CRH₃ 动车组	4M4T	WTB / SIBAS32 系统	MVB	—	Siemens	2008

续表 1.2

车 型	编组	列车总线	车辆总线	子系统总线	总线供应商	出厂日期
CRH_5 动车组	5M3T	WTB	MVB	CAN	ALSTOM	2007
HX_D1 机车 HX_D1B 机车 HX_D1C 机车	电力机车	WTB / SIBAS32 系统	MVB		Siemens	2007
HX_D2 机车 HX_D2B 机车	电力机车	WorldFIP / AGATE			ALSTOM	2007
HX_D3 机车	电力机车	Ethernet（以太网）	RS485		日本东芝	2006
HX_D3B 机车	电力机车	WTB / MITRAC 系统	MVB		Bombardier	2008
HX_N3 机车	内燃机车		EM2000 微机系统	Ethernet / CAN	EMD	2008
HX_N5 机车	内燃机车	Ethernet（以太网）	ARCNET		GE	2008

1.3.7 列车通信网络标准的最新动向

IEC 国际标准化组织制定 TCN 标准的初衷是为了从根本上解决列车以及车载控制设备之间的互操作性的问题，从而最大限度地降低列车控制系统的研发、生产、运用和维护成本，保证了用户的最大利益。尽管理论上根据 IEC 标准用户可以完成 TCN 网络技术的开发，但是，近年来由于总线控制芯片（MVBC）等核心技术均由 Bombardier，Siemens 等公司所控制，市场上很难以合理的价格自由购买，同时还没有一个真正的非赢利有影响的组织来负责 TCN 网络的技术培训、一致性测试等技术支持工作，使得 TCN 网络产品开发的技术门槛很高，从而限制了其应用范围。

随着其他现场总线技术的发展和在铁路领域应用的不断深入，特别是铁路用户对控制网络技术在开放性、性价比、应用的多样性和灵活性等方面要求的提高，以及一些新的应用需求的出现，在铁路用户、业内专家和各现场总线用户组织的共同推动下，IEC 于 2003 年开始成立列车通信网络临时工作组 TAHG（Train Communication Network AD Hoc Group）专门负责 TCN 网络在开放性、互操作性改进以及未来发展等方面的研究工作。TAHG 近期的主要工作是根据新的用户需求和专家建议，对新的候选总线进行评估，并建立各种车辆总线与 WTB 列车总线的互联模型，目标是在 2007 年底前完成新的 TCN 标准文献的开发。

目前，TAHG 已决定采用模块化形式来重构 TCN 标准文献，新文献主要将补充原标准文献所缺少的网关、过程数据排列（PDM）以及 UIC556 的通信和应用规范，并引入了诸如 WorldFIP，CANopen，LonWorks，TIMN 等车辆总线规范。推荐的新 TCN 标准文献结构及主要内容如表 1.3 所示。

表 1.3 新 TCN 标准文献结构及主要内容

序号	标题	主要内容
61375-1	TCN 体系结构	结构概述；列车网络；车辆网络；主要接口；网络使用实例；实现举例
61375-2	列车网络	
61375-2-1	绞线式列车总线 WTB	概述；物理层；数据链路层；实时协议；应用层；网络管理 附录 A：WTB 指南；附录 B：一致性测试指南
61375-2-2	WTB 一致性测试	现行 IEC61375-2 标准中 WTB 规范部分
61375-2-3	UIC 通信规范	UIC556 中通信规范部分
61375-2-4	UIC 应用规范	UIC556 中应用规范部分
61375-2-5	基于以太网的列车网络	基于 IEEE802.3 以太网和 TCP/IP 协议的 ISOOSI 1~4 层
61375-3	车辆网络	
61375-3-1	MVB	概述；物理层；数据链路层
61375-3-2	MVB 一致性测试	现行 IEC61375-2 标准中 MVB 规范部分
61375-3-3	CANopen	引用的相关标准和与 WTB 的连接模型和适应性陈述
61375-3-4	T-Ethernet（基于以太网的车辆总线）	引用的相关标准和与 WTB 的连接模型和适应性陈述
61375-3-5	WorldFIP	引用的相关标准和与 WTB 的连接模型和适应性陈述
61375-3-6	LonWorks	引用的相关标准和与 WTB 的连接模型和适应性陈述
61375-3-7	TIMN（列车信息管理网络）	概述；物理层；数据链路层；与 WTB 的连接模型和适应性陈述

近年来，工业以太网技术正在工业自动化和过程控制市场上迅速发展。以太网技术已渗透到工业控制中，出现了现场总线形网络技术与以太网/因特网开放型网络技术的自然结合。随着基于网络的远程诊断与维护、旅客信息与舒适性支持等新的用户需求的提出，以太网不仅可以成为列车网络中的高层信息网络，也极有可能上下贯通直接与下层车载控制设备相连，从而形成车辆控制与信息服务的新型宽带网络系统，实现控制网络与信息网络的有机融合。

随着计算机及其通信技术的发展，列车通信网络也必定会有更新换代的时候，就像手机通信将从现有的 GSM 时代进入 3G 时代一样。目前日本日立公司已经开始研究下一代的列车通信网络，其带宽高达 10 M，除可以传输机车车辆的牵引控制等信息外，还可以传输声音、图像等多媒体信息，更好地给旅客提供娱乐信息，营造更为舒适的乘车环境。

抓住当前时机，发展我国有自主知识产权的列车通信网络是刻不容缓的大事，这样才能在将来新一代列车通信网络出现需求时，在研发新型机车车辆产品时不再受其制约，以提高机车车辆产品的可靠性和安全性。

中国北车集团电力牵引研发中心与大连理工大学合作，经过几年的自主研发，目前已经掌握了 TCN 网络通信比较全面的技术，包括 MVB1 类设备协议控制器设计、MVBC 协议控制器驱动设计、WTB 协议控制器设计、TCN 协议栈软件，并在此基础上形成了 TCN 网关、MVB1~4 类设备、MVB-CAN 的网关、MVB-485 网关、星形耦合器、中继器等产品。相关产品已经和 Dugeon 公司及 Unicontrol 公司的产品完成了基本互联测试。同时将进行 TCN-LonWorks 网关、TCN-WorldFIP 网关等研究工作，从而实现采用不同网络通信标准和协议的轨道车辆通信网络车辆内或车辆间的通信。中国南车集团株洲电力机车研究所从芬兰 EKE 公司引进了较完整的 TCN 网关技术，并在此基础上形成了 TCN 网络通信系列模块。武汉正远铁路电气有限公司与华中科技大学合作，开发了具有自主知识产权的 TCN 网关设备、MVB 总线接口装置等产品，并应用于"蓝箭号"动车组的网络重联改造工作。中国南车集团浦镇车辆厂电气研究所与相关科研院所合作正在开发基于光纤技术的千兆列车网络。可以预计在不久的将来，在我国的机车车辆上将出现具有自主知识产权的列车通信网络的应用。

1.4　本书的主要内容

本书主要涉及目前机车车辆研究和应用最前沿的两个新技术——主动控制技术和网络技术。

在介绍世界铁道机车车辆主动控制技术和网络技术发展概况的基础上，将分别对这两个技术进行论述。首先介绍列车网络技术。为了更好地理解列车网络技术的基本概念，从计算机数字通信技术基础开始介绍，从现场总线的角度来讲解计算机网络的基本知识，并对两个目前成为国际标准的 TCN 和 LonWorks 网络进行详细分析，从网络拓扑、通信协议、具体应用等方面进行阐述。此外，对目前我国引进的 CRH_2 动车组的 ARCNET 网络作了简要介绍，对应用于我国机车车辆上的 WorldFIP 网络技术、CAN 总线技术也作了阐述。

对于主动控制技术，从主动控制的基本原理开始，对主动控制的分类、系统结构及控制规律等进行讲述，并以机车半主动控制和摆式列车两个实例对基于列车网络的分布式主动控制技术的实际应用作全面介绍，给读者建立一个主动控制技术与列车网络技术相结合的概念。

第 2 章 网络与通信基础

列车通信网络（包括地铁列车、城市轨道交通车辆上的通信网络）是面向控制的一种连接车载设备的数据通信系统，是分布式列车控制系统的核心组成部分。它对标准车载数据通信系统的需求也可以看做是整个工业界对标准的现场设备数据通信系统需求的一个缩影。是计算机网络技术在列车通信上的具体应用。因此，在介绍列车通信网络之前，有必要简述总线、数字通信、计算机局域网络方面的基础知识。

2.1 数据通信基础

2.1.1 基本概念

1. 总线的基本术语

（1）总线与总线段

从广义来说，总线就是传输信号或信息的公共路径，是遵循同一技术规范的连接与操作方式。一组设备通过总线连在一起称为"总线段"（Bus Segment），其可以通过总线段相互连接，把多个总线段连接成一个网络系统。

（2）总线主设备

能在总线上发起信息传输的设备叫做"总线主设备"（Bus Master）。也就是说，主设备具备在总线上主动发起通信的能力，又称命令者。

（3）总线从设备

不能在总线上主动发起通信，只能挂接在总线上，对总线信息进行接收查询的设备称为总线从设备（Bus Slaver），也称基本设备。

在总线上可能有多个主设备，这些主设备都可主动发起信息传输。某一设备既可以是主设备，也可以是从设备，但不能同时既是主设备又是从设备。被总线主设备连上的从设备称为"响应者"（Responder），它参与命令者发起的数据传送。

（4）控制信号

总线上的控制信号通常有三种类型。一类控制连在总线上的设备，让它进行所规定的操作，如设备清零、初始化、启动和停止等。另一类是用于改变总线操作的方式，如改变数据流的方向，选择数据字段的宽度和字节等。还有一些控制信号表明地址和数据的含义，如对于地址，可用于指定某一地址空间，或表示出现了广播操作；对于数据，可用于指定它能否转译成辅助地址或命令。

（5）总线协议

管理主、从设备使用总线的一套规则称为"总线协议"（Bus Protocol）。这是一套事先规定的、必须共同遵守的规定。

2. 总线操作的基本内容

（1）总线操作

总线上命令者与响应者之间的"连接—数据传送—脱开"这一操作序列称为一次总线"交易"（Transaction），或者叫做一次总线操作。"脱开"（Disconnect）是指完成数据传送操作以后，命令者断开与响应者的连接。命令者可以在做完一次或多次总线操作后放弃总线占有权。

（2）总线传送

一旦某一命令者与一个或多个响应者连接上以后，就可以开始数据的读写操作规程。"读"（Read）数据操作是读来自响应者的数据；"写"（Write）数据操作是向响应者写数据。读写数据都需要在命令者和响应者之间传递数据。

（3）通信请求

通信请求是由总线上某一设备向另一设备发出的请求信号，要求后者给予注意并进行某种服务。它们有可能要求传送数据，也有可能要求完成某种动作。

（4）寻　址

寻址过程是命令者与一个或多个从设备建立起联系的一种总线操作。通常有以下三种寻址方式。

① 物理寻址。用于选择某一总线段上某一特定位置的从设备作为响应者。由于大多数从设备都包含有多个寄存器，因此物理寻址常常有辅助寻址，以选择响应者的特定寄存器或某一功能。

② 逻辑寻址。用于指定存储单元的某一个通用区，而并不顾及这些存储单位在设备中的物理分布。某一设备监测到总线上的地址信号，看其是否与分配给它的逻辑地址相符，如果相符，它就成为响应者。物理寻址与逻辑寻址的区别在于前者是选择与位置有关的设备，而后者是选择与位置无关的设备。

③ 广播寻址。广播寻址用于选择多个响应者。命令者把地址信息放在总线上，从设备将总线上的地址信息与其内部的有效地址进行比较，如果相符，则该从设备被"连上"（Connect）。能使多个从设备连上的地址称为"广播地址"（Broadcast Addresses）。命令者为了确保所选的全部从设备都能响应，系统需要有适应这种操作的定时机构。

每一种寻址方法都有其优点和使用范围。逻辑寻址一般用于系统总线，而现场总线则较多采用物理寻址和广播寻址。不过，现在有一些新的系统总线常常具备上述两种，甚至三种寻址方式。

（5）总线仲裁

总线在传送信息的操作过程中有可能会发生"冲突"（Contention）。为解决这种冲突，就需进行总线占有权的"仲裁"（Arbitration）。总线仲裁是用于确定下一个占有总线的设备。某一时刻只允许某一主设备占有总线，等到它完成总线操作，释放总线占有权后才允许其他总线主设备使用总线。总线主设备为获得总线占有权而等待仲裁的时间叫做"访问等待时间"（Access Latency），其占有总线的时间叫做"总线占有期"（Bus Tenancy）。总线主设备发起的数据传送操作，可以在叫做"听者"（Listener）和"说者"（Talker）的设备之间进行，而更常见的是在主设备和一个或多个"从设备"之间进行。

（6）总线定时

总线操作用"定时"（Timing）信号进行同步。定时信号用于指明总线上的数据和地址在什么时刻是有效的。大多数总线标准都规定命令者可置"控制"（Control）信号，用来指定操作的类型，还规定响应者要回送"从设备状态响应"（Slave Status Response）信号。

主设备获得总线控制权以后，就进入总线操作，即进行命令者和响应者之间的信息交换。这种信息可以是地址和数据，定时信号就是用于指明这些信息何时有效。定时信号有异步和同步两种。

（7）出错检测

在总线上传送信息时会因噪声和串扰而出错，因此在高性能的总线中一般设有出错码校验机制，以实现传送过程的出错检测。传送地址时的奇偶错会使要连接的从设备连不上；传送数据时如果有奇偶错，通常是再发送一次。也有一些总线由于出错率很低而不设检错机制。

（8）容　错

设备在总线上传送信息出错时，如何减少故障对系统的影响，提高系统的重配置能力是十分重要的。故障对分布式仲裁的影响就比菊花链式仲裁小，后者在设备出故障时，会直接影响它后面设备的工作。总线系统应能支持软件利用一些新技术，如动态重新分配地址，把故障隔离开来，关闭或更换故障单元。

2.1.2　通信系统的组成

通信系统是传递信息所需的一切技术设备和信道的总和。通信系统有很多种类型，按消息的物理特性，通信系统可分为电报通信系统、电话通信系统、数据通信系统和图像通信系统等；按调制方式，又可分为基带传输和频带（调制）传输系统；按传输信号的特征，又可分为模拟通信系统和数字通信系统，等等。无论哪一种通信系统一般都是由信息源和信息接收者、发送设备、接收设备、传输介质等几部分组成。典型的数字通信系统的一般模型如图 2.1 所示。

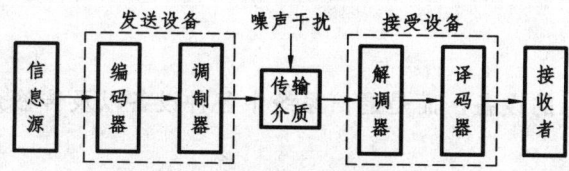

图 2.1　数字通信系统的组成

图中各部分作用如下：

1. 信息源和接收者

信息源是信息的来源，是信息的产生者。其作用是把各种可能的信息通过相应的传感器转换成原始电信号（称为基带信号）。信息源可根据输出信号的性质不同分为模拟信息源和离散信息源。模拟信息源（如电话机、电视摄像机）输出幅度连续变化的电信号；离散信息源（如计算机）输出离散的数字信号。模拟信息源可通过抽样和量化变换为离散信息源。随着计算机和数字通信技术的发展，离散信息源的种类和数量愈来愈多。

信息接收者是信息的使用者。在数字通信系统中传输的信息是数据，是数字化的信息。这些信息可能是原始数据，也可能是经计算机处理后的结果，还有可能是某些指令或标志。

2. 发送设备

发送设备的基本功能是将信息源和传输介质匹配起来，即将信息源输出的原始电信号变换成适合在信道中传输的信号。它通常包括编码器和调制器等。

对于数字通信系统来说，发送设备的编码常常又可分为信源编码与信道编码两部分。信源编码是把连续信号变换为数字信号，即 A/D 转换；而信道编码则是为了克服数字信号在信道中传输时，由于噪声、衰减以及人为干扰等引起的差错，按一定的规则在传输的信息码元中加入监督码元，进行差错控制编码。接收端的信道译码器按相应的逆规则进行译码，从中发现错误或纠正错误，从而提高通信系统的抗干扰能力。数字调制是把所传输的数字序列的频谱搬移到适合在信道中传输的频带上，即把基带数字信号变换为频带数字信号。

发送设备还要为达到某些特殊要求而进行各种处理，如多路复用、保密处理等。

3. 传输介质

传输介质指发送设备到接收设备之间信号传递所经媒介。它可以是无线的，也可以是有线的（包括光纤）。有线和无线均有多种传输介质，如电磁波、红外线为无线传输介质；各种电缆、光缆、双绞线等为有线传输介质。

介质在传输过程中必然会引入某些干扰，如热噪声、脉冲干扰、衰减等。介质的固有特性和干扰特性直接关系到变换方式的选取。

4. 接收设备

接收设备的基本功能是完成发送设备的反变换，即进行解调、译码、解密等。它的任务是从带有干扰的信号中正确恢复出原始信息来，对于多路复用信号，还包括解除多路复用，实现正确分路。

5. 噪声源

噪声源不是人为加入的设备，而是通信系统中各种设备以及传输介质中噪声与干扰的集中表示。

2.1.3 通信系统的性能指标

通信系统的任务是快速、准确地传递信息，因而信息传输的有效性和可靠性是通信系统最主要的性能指标。有效性是指信息传输的"速度"，即快慢。对数字通信系统，常用传输速率和频带利用率来衡量。可靠性是指信息传输的"质量"，即好坏，常用误码率来度量。通信有效性实际上反映了通信系统资源的利用率。通信过程中用于传输有用报文的时间比例越高越有效。同样，真正要传输的数据信息位在所传报文中占的比例越高也说明有效性越好。

1. 有效性指标

（1）数据传输速率

数据传输速率是单位时间内传送的数据量。它是衡量数字通信系统有效性的指标之一。当信道一定时，信息传输的速率越高，有效性越好。要注意区分码元传输速率（波特率）和信息传输速率（比特率）两个概念。

① 比特率 R_b：比特（bit）是数据信号的最小单位。通信系统中的字符或者字节一般由多个二进制位即多个比特来表示。例如，一个字节往往是 8 位或 16 位。通信系统每秒传输数据的二进制位数被定义为比特率，记作 bit/s 或 bps。

如比特率为 9 600 bit/s，意味着每秒可传输 9 600 个二进制脉冲。

② 波特率 R_B：波特（Baud）是指信号大小方向变化的一个波形。把每秒传输信号的个数，即每秒传输信号波形的变化次数定义为波特率，单位为波特（Baud）。

比特率和波特率较易混淆，但它们是有区别的。二者在数量上有一定的关系，它取决于传输的数字信号是几元制，或者说，每个信号波形包含几个二进制位。

$$R_b = R_B \text{lb} M \quad (\text{bit/s}) \tag{2.1}$$

式中　M——信号的进制数；

　　　lb——以 2 为底的对数。

例如，若二进制信号的信息传输速率为 9 600 bit/s，则其波特率为 9 600 Baud，其意味着每秒可传输 9 600 个二进制脉冲。可见，对于计算机通信系统使用的二进制编码，比特率和波特率在数值上是相等的。如果信号波形由 2 个二进制位组成，即采用四进制，当传输速率为 9 600 bit/s 时，则其波特率为 4 800 Baud。

在讨论信道特性，特别是传输频带宽度时，通常采用波特率；在涉及系统实际的数据传送能力时，则使用比特率。

（2）频带利用率

频带利用率是指单位频带内的传输速度，其是衡量数据传输系统有效性的重要指标。单位为（bit/s）/Hz，即每赫兹带宽所能实现的比特率。由于传输系统的带宽通常不同，因而通信系统的有效性仅仅看比特率是不够的，还要看其占用带宽的大小。

（3）协议效率

协议效率是衡量通信系统软件有效性的指标之一。协议效率是指所传输的数据包中的有效数据位与整个数据包长度的比值。一般是用百分比表示，它是对通信帧中附加量的量度。不同的通信协议通常具有不同的协议效率。协议效率越高，其通信有效性越好。在通信参考模型的每个分层，都会有相应的层管理和协议控制的附加码。从提高协议编码效率的角度来看，减少层次可以提高编码效率。

（4）通信效率

通信效率被定义为数据帧的传输时间同用于发送报文的所有时间之比。其中数据帧的传输时间取决于数据帧的长度、传输的比特率及要传输数据的两个节点之间的距离。这里用于发送报文的所有时间包括竞用总线或等待令牌的排队时间，数据帧的传输时间及用于发送维护帧等的时间之和。通信效率为 1，就意味着所有时间都有效地用于传输数据帧。通信效率为 0，就意味着总线被报文的碰撞、冲突所充斥。

2. 可靠性指标

数字通信系统的可靠性可以用误码率来衡量。误码率 P_e 是衡量数字通信系统可靠性的指标。它是接收错误的码元数在传送总码元数中所占的比例（码元在传输系统被错传的概率），其数值上近似为

$$P_e \approx \frac{N_e}{N} \tag{2.2}$$

式中　N —— 传输的二进制码元总数；

N_e —— 被传输错的码元数，理论上应有 $N \to \infty$。

实际使用中，N 应足够大，才能把 N_e/N 近似为误码率。理解误码率定义时应注意以下几个问题：

① 误码率应该是衡量数据传输系统正常工作状态下传输可靠性的参数。

② 对于一个实际的数据传输系统，不能笼统地说误码率越低越好，要根据实际传输要求提出误码率要求。在数据传输速率确定后，误码率越低，数据传输系统设备越复杂，造价越高。

③ 对于实际数据传输系统，如果传输的不是二进制码元，则要折合成二进制码元来计算。差错的出现具有随机性，在实际测量一个数据传输系统时，被测量的传输二进制码元数越大，越接近于真正的误码率值。在实际的数据传输系统中，需要对一种通信信道进行大量、重复的测试，求出该信道的平均误码率，或者给出某些特殊情况下的平均误码率。根据测试，目前当电话线路的传输速率为 300~2 400 bit/s 时，平均误码率在 $10^{-4} \sim 10^{-6}$ 之间；当传输速率为 4 800~9 600 bit/s 时，平均误码率在 $10^{-2} \sim 10^{-4}$ 之间。而计算机通信的平均误码率要求低于 10^{-9}。因此，普通通信信道若不采取差错控制，则不能满足计算机通信的要求。通信系统的有效性与可靠性两者之间是相互联系和相互制约的。

例 2-1　已知某八进制数字通信系统的信息速率为 12 000 bit/s，在接收端半小时内共测得出现了 216 个错误码元，求系统的误码率。

解　R_b = 12 000 bit/s

$R_B = R_b / \text{lb} 8 = 4\ 000$ Baud

$P_e = 216/(4\ 000 \times 30 \times 60) = 3 \times 10^{-5}$

3. 通信信道的频率特性

信道是指电信号沿发送器至接收器所传输的通路，它包括传输介质及其有关的中间通信设备。通信信道的频率特性描述通信信道在不同频率的信号通过以后，其波形发生变化的特性。

频率特性分为幅频特性和相频特性。幅频特性指不同频率信号通过信道后，其幅值受到不同衰减的特性；相频特性指不同频率的信号通过信道后，其相角发生不同程度改变的特性。理想信道的频率特性应该是对不同频率产生均匀的幅频特性和线性相频特性，而实际信道的

频率特性并非理想。因此,通过信道后的波形会产生畸变。如果信号的频率在信道带宽范围内,则传输的信号基本上不失真,否则,信号的失真将较为严重。

信道频率特性不理想是由于传输线路并非理想线路造成的。实际的传输线路存在电阻、电感、电容,由它们组成分布传输系统。由于电感、电容的阻抗随频率而变,故信号的各次谐波的幅值衰减不同,其相角变化也不尽相同。当然,信道的频率特性不仅与介质相关,而且和中间通信设备的电气特性有关。

4. 介质带宽

通信系统中所传输的数字信号可以分解成无穷多个频率、幅度、相位各不相同的正弦波。这就意味着传输数字信号相当于传送无数多个简单的正弦信号。信号所含频率分量的集合称为频谱。频谱所占的频率宽度称为带宽。发送端所发出的数字信号的所有频率分量都必须通过通信介质到达接收端,接收端才能精确再现该数字信号;如果其中一部分频率分量在传输过程中被严重衰减,就会导致接收端信号变形;如果能接收到具有主要振幅的那部分分量,则仍可以按适当的精度复制出发送端所发出的数字信号。介质带宽与信号畸变如图 2.2 所示。

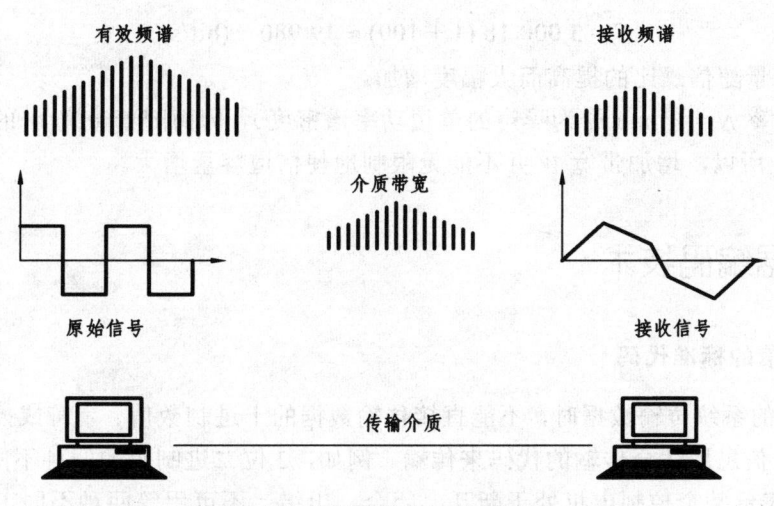

图 2.2 介质带宽与信号畸变

5. 信道容量

信道容量是指在某种传输介质中单位时间内可能传送的最大比特数,即该传输介质容许的最大数据传输速率。

设信号的传输速率为 x(单位为 bit/s),传送一个 8 位字符所需时间 T(单位为 s)为 $8/x$,因此其第一次谐波频率(单位为 Hz)为 $x/8$。一般电话线的截止频率约为 3 000 Hz。这个限制意味着该线路能通过的最高谐波数为 24 000/x。如果试图在电话线路上以 9 600 bit/s 的数据传输速率传送信号,则此时该线路能通过的最高谐波数仅为 2,接收到的信号无疑将产生畸变,即不能正确接收原来的信号。在电话线路上即使传输设施完全无噪声,当数据速率高于 38.4 kbit/s 时,能通过的最高谐波数只能为 0,说明信号的传输已不可能。所以传输介质的带宽限制了信道的数据传输速率。或者说,数据的传输速率应该在信道容量容许的范围之内。

只要信号速率低于信道容量,总可以找到一个编码方式,实现低误码率传输。若实际传输速率超过信道容量,则即使只超过一点,其传输也不能正确进行。

6. 信噪比对信道容量的影响

在有噪声存在的情况下,由于传递出现差错的几率更大,因而会降低信道容量。而噪声大小一般由信噪比来衡量。信噪比是指信号功率 S 与噪声功率 N 的比值。信噪比一般用 $10 \times \lg(S/N)$ 来表示,单位为分贝(dB)。

信道容量 C 跟信道带宽 W 和信噪比 S/N 之间的香农计算公式为

$$C = W \text{lb}\left(1 + \frac{S}{N}\right) \quad \text{(bit/s)} \tag{2.3}$$

由香农公式可以看到,提高信噪比可以增加信道容量。在信道容量一定时,带宽与信噪比之间可以相互弥补。

如果介质带宽 W 为 3 000 Hz,当信噪比为 10 dB ($S/N = 10$) 时,其信道容量为

$$C = 3\,000\, \text{lb}\,(1 + 10) \approx 10\,380 \quad \text{(bit/s)}$$

如果信噪比提高为 20 dB,即 $S/N = 100$ 时,其信道容量为

$$C = 3\,000\, \text{lb}\,(1 + 100) \approx 19\,980 \quad \text{(bit/s)}$$

可见信道容量随信躁比的提高而大幅度增加。

由于噪声功率 $N = W n_0$(n_0 为噪声的单边功率谱密度),因而随着带宽 W 的增大,噪声功率 N 也会增大。所以,增加带宽 W 并不能无限制地使信道容量增大。

2.1.4 数据编码技术

1. 数据通信的标准代码

在用图 2.1 的系统传输数据时,不能直接传输数据的十进制数值、字符或控制字符,应将这些数据或字符信息用适合传输的代码来传输。例如,2 位二进制码的四种不同组合 00、01、10、11 可分别表示某个控制电机处于断开、闭合、出错、不可用等四种不同工作状态。通过编码把一种组合与一个确定的内容联系起来。

已经使用过的代码有:波多码(Baudo)、BCD 码、ASCⅡ码、EBCDIC 码、ISO/R646 七单位码和信息交换用汉字编码字符集代码。

目前,ISO 已经制定出供信息交换用的新型国际性标准代码——ISO/CCITT,并建议世界各国统一使用。

国际通用的标准代码 128 个字符可分为控制字符(32 个)和图形字符(96 个)两类,如表 2.1 所示。

每个字符由唯一的七个二进制数表示,如位于 1 列 11 行的字符"ESC"的代码为"0011011"(即 $b_7 b_6 b_5 b_4 b_3 b_2 b_1$ 的顺序)。

传输代码是按照串行排列的,在发送端先发送低位码元,后发送高位码元,它们的发送顺序为 $b_1 b_2 b_3 b_4 b_5 b_6 b_7 b_8$。

表 2.1　国际通用的标准代码表

				b_7	0	0	0	0	1	1	1	1
				b_6	0	0	1	1	0	0	1	1
				b_5	0	1	0	1	0	1	0	1
b_4	b_3	b_2	b_1	列行	0	1	2	3	4	5	6	7
0	0	0	0	0	NUL	TC_7(DEL)	SP	0	@	P	`	p
0	0	0	1	1	TC_1(SOH)	DC_1	!	1	A	Q	a	q
0	0	1	0	2	TC_2(STX)	DC_2	"	2	B	R	b	r
0	0	1	1	3	TC_3(ETX)	DC_3	#	3	C	S	c	s
0	1	0	0	4	TC_4(EOT)	DC_4	$	4	D	T	d	t
0	1	0	1	5	TC_5(ENQ)	TC_8(NAK)	%	5	E	U	e	u
0	1	1	0	6	TC_6(ACK)	TC_9(SYN)	&	6	F	V	f	v
0	1	1	1	7	BEL	TC_{10}(ETB)	'	7	G	W	g	w
1	0	0	0	8	FE_0(BS)	CAN	(	8	H	X	h	x
1	0	0	1	9	FE_1(HT)	EM	)	9	I	Y	i	y
1	0	1	0	10	FE_2(LF)	SUB	*	:	J	Z	j	z
1	0	1	1	11	FE_3(VT)	ESC	+	;	K	[	k	{
1	1	0	0	12	FE_4(FF)	IS_4(FS)	,	<	L	\	l	|
1	1	0	1	13	FE_5(CR)	IS_3(GS)	-	=	M	]	m	}
1	1	1	0	14	SO	IS_2(RS)	.	>	N	^	n	~
1	1	1	1	15	SI	IS_1(US)	/	?	O	—	o	DEL

2. 数字数据编码

在计算机与设备之间传递数据必须将数据按编码转换成适合信道传输的物理信号。数据编码就是指通信系统中以何种物理信号的形式来表达数据。分别用模拟信号的不同幅度、不同频率、不同相位来表达数据的 0、1 状态的，称为模拟数据编码；用高低电平的矩形脉冲信号来表达数据的 0、1 状态的，称为数字数据编码。下面讨论几种数字数据编码波形。

（1）单极性码

信号电平是单极性的，如逻辑 1 用高电平，逻辑 0 用零电平的信号表达方式，如图 2.3、2.4 所示。

（2）双极性码

信号电平为正、负两种极性的。如逻辑 1 用正电平，逻辑 0 用负电平的信号表达方式，如图 2.5、2.6 所示。

（3）归零码（RZ）

在每一位二进制信息传输之后均返回到零电平的编码。例如，其逻辑 1 只在该码元时间中的某段（如码元时间的一半）维持高电平后就回复到低电平，如图 2.4、2.6 所示。

（4）非归零码（NRZ）

在整个码元时间内都维持有效电平的编码，如图 2.3、2.5 所示。

（5）差分码

用电平的变化与否来代表逻辑"1"和"0"的编码。电平变化代表"1"，不变化代表"0"，按此规定的码称为信号差分码。根据初始状态为高电平或低电平，差分码有两种相位恰恰相反的波形。显然，差分码不可能归零，其波形如图 2.7 所示。

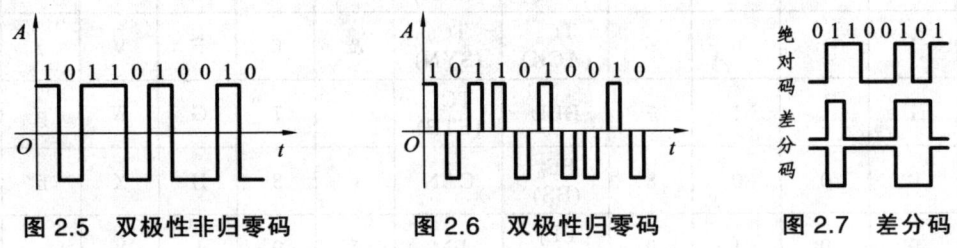

图 2.5　双极性非归零码　　图 2.6　双极性归零码　　图 2.7　差分码

根据信息传输方式，还可分为平衡传输和非平衡传输。平衡传输指无论"0"或"1"都是传输格式的一部分；而非平衡传输中，只有"1"被传输，"0"则以在指定的时刻没有脉冲来表示。

实际的传输过程往往是上述几种方式的组合，常见的几种波形如图 2.8 所示。

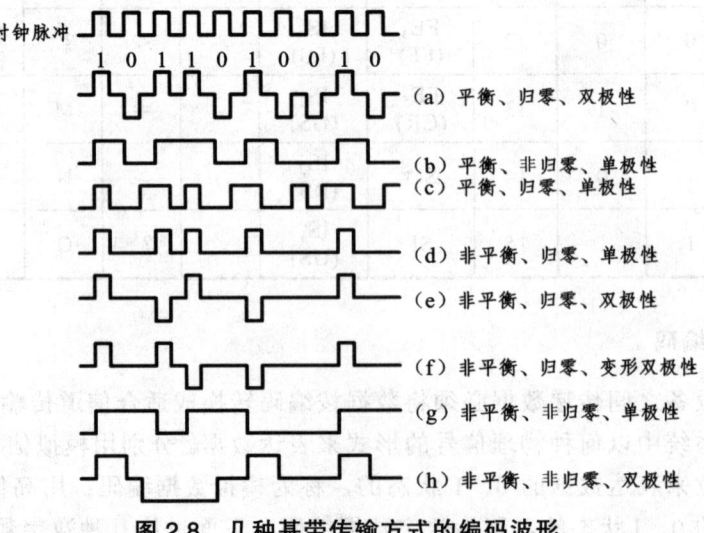

图 2.8　几种基带传输方式的编码波形

① 平衡、归零、双极性：在这种方式中，信息是通过两种极性的脉冲传输，而且在脉冲之间保留一定的空闲间隔。主要用于低速传输（如 600 bit/s），其优点是比较可靠。

② 平衡、非归零、单极性：这是最普遍采用的传输形式，主要用于串行传输，适用于传输速率为 600／1 200／2 400 bit/s 的范围，它能够比较有效地利用信道的带宽。

③ 平衡、归零、单极性：该方式具有对称形式，在每个比特期间内均有跳变，可以简化同步的处理。后面讨论的曼彻斯特编码就属于此类。

④ 非平衡、归零、单极性：这种方式除了"0"脉冲被取消之外，其余与（a）形式相同。

⑤ 非平衡、归零、双极性：此方式与（d）形式的区别在于：每相邻脉冲的极性总是交替变化的。此方式有助于差错检测，通常用于高速传输。

⑥ 非平衡、归零、变形双极性：此方式与（e）形式的区别在于：只有在出现相邻的"1"信号时，脉冲极性才发生变化。由于进一步减少了脉冲之间的干扰，所以有助于较好地利用信道带宽。

⑦ 非平衡、非归零、单极性：这种方式是，凡是遇到"1"，脉冲幅值便发生变化，故也称为"跳 1 法"，又名不归零编码 1 方法，广泛用于磁带记录中，也可以用于数据传输中。

⑧ 非平衡、非归零、双极性：这里"0"用零电平表示，而"1"用双极性形式表示。当两个"1"之间的"0"是奇数个时，"1"的脉冲极性发生变化，否则保持相同极性。

（6）曼彻斯特编码（Manchester Encoding）

这是一种常用的基带信号编码。它具有内在的时钟信息，因而能使网络上的每一个系统保持同步。在曼彻斯特编码中，时间被划分为等间隔的小段，其中每小段代表一个比特。每一小段时间本身又分为两半，前半个时间段所传信号是该时间段传送比特值的反码，后半个时间段传送的是比特值本身。因此，从高电平跳变到低电平表示 0；从低电平跳变到高电平表示 1。可见在一个时间段内，其中间点总有一次信号电平的变化。因此，携带有信号传送的同步信息而不需另外传送同步信号。

（7）差分曼彻斯特编码（Differential Manchester Encoding）

差分曼彻斯特编码是曼彻斯特编码的一种变形。其既具有曼彻斯特编码在每个比特时间间隔中间信号一定会发生跳变的特点，也具有差分码用电平变化代表逻辑"1"，不变化代表逻辑"0"的特点，通过检查信号在每个周期起点处有无跳变来区分 0 和 1，这种检查信号跳变的方式往往更可靠。即使作为通信传输介质的两条导线颠倒了，对该编码信号的状态判别结果依然有效。

如图 2.9 表示曼彻斯特编码与差分曼彻斯特编码的信号波形。从频谱分析理论知道，理想

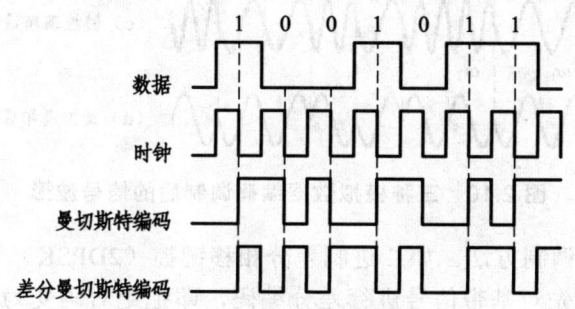

图 2.9　曼彻斯特编码与差分曼彻斯特编码的信号波形

的方波信号包含从零到无限高的频率成分，由于传输线中不可避免地存在分布电容，故允许传输的带宽是有限的，所以要求波形完全不失真地传输是不可能的。为了与线路传输特性匹配，除很近距离传输外，一般可用低通滤波器将图2.9中的矩形波整形成为变换点比较圆滑的基带信号。而在接收端，则在每个码元的最大值（中心点）取样复原。

3. 模拟数据编码

模拟数据编码采用模拟信号来表达数据的0，1状态。幅度、频率、相位是描述模拟信号的参数，可以通过改变这三个参数，实现模拟数据编码。幅度键控 ASK（Amplitude-Shift Keying）、频移键控 FSK（Frequency-Shift Keying）、相移键控 PSK（Phase-Shift Keying）是模拟数据编码的三种编码方法。

幅度键控 ASK 中，载波信号的频率、相位不变，幅度随调制信号变化。例如，一个二进制数字信号，在调制后波形的时域表达式为

$$S_A = a_n A \cos \omega_c t \tag{2.4}$$

式中　　A —— 载波信号幅度；
　　　　ω_c —— 载波频率；
　　　　a_n —— 二进制数字0或1，当a_n为1时，S_A所描述波形代表数字1；当a_n为0时，$S_A = 0$就代表0。

图2.10（b）表示了幅度键控调制后的波形与数据信号的关系。

频移键控 FSK 中，载波信号的频率随着调制信号而变化，而载波信号的幅度、相位不变。例如，在二进制频移键控 FSK 中，可定义信号0对应的载波频率大，信号1对应的载波频率小，调制后信号波形如图2.10（c）中所示。现场总线的 HART 通信信号即采用这种载波方式。

相移键控 PSK 中，载波信号的相位随着调制信号而变化，而载波信号的幅度、频率不变。例如，在二进制相移键控 PSK 中，通常用载波的初相位为0°和180°来分别表示1或0，调制后信号的典型波形如图2.10（d）中所示。

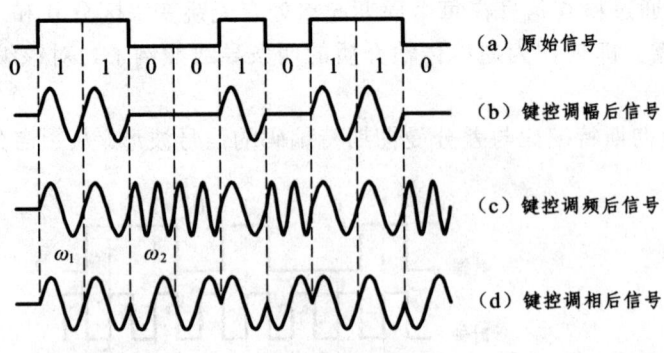

图 2.10　三种模拟数据编码调制后的信号波形

还有其他一些编码调制方法。如二进制差分相移键控（2DPSK）等。2DPSK 采用载波相位传送数字信息。它首先对基带信号进行差分编码，即把绝对码变为相对码，然后再进行绝对调相。

2.1.5 网络传输介质

传输介质是网络中连接收发双方的物理通路,也是通信中实际传送信息的载体。网络中常用的传输介质有双绞线、同轴电缆、光纤、无线与卫星通信。列车通信网络以有线介质为主。

传输介质的特性对网络中数据通信质量影响很大,主要特性如下:

① 物理特性:传输介质物理结构的描述。

② 传输特性:传输介质允许传送数字或模拟信号以及调制技术、传输容量、传输的频率范围。

③ 地理范围:传输介质最大传输距离。

④ 抗干扰性:传输介质防止噪声与电磁干扰对传输数据影响的能力。

1. 双绞线的主要特性

无论对于模拟数据还是对于数字数据,双绞线都是最通用的传输介质。电话线路就是一种双绞线。其主要特性如下:

(1) 物理特性

双绞线由按规则螺旋结构排列的 2 根或 4 根绝缘线组成。一对线可以作为一条通信线路,各个线对螺旋排列的目的是使各线对之间的电磁干扰最小。

(2) 传输特性

双绞线最普遍的应用是语音信号的模拟传输。在一条双绞线上使用频分多路复用技术可以进行多个音频通道的多路复用。如每个通道占用 4 kHz 带宽,并在相邻通道之间保留适当的隔离频带,双绞线使用的带宽可达 268 kHz,可以复用 24 条音频通道的传输。

使用双绞线或调制解调器传输模拟数据信号时,数据传输速率可达 9 600 bit/s,24 条音频通道总的数据传输速率可达 230 kbit/s。

(3) 连通特性

双绞线可以用于点—点连接,也可用于多点连接。

(4) 地理范围

双绞线用作远程中继线时,最大距离可达 15 km;用于 10 Mbit/s 局域网时,与集线器的距离最大为 100 m。

(5) 抗干扰性

双绞线的抗干扰性取决于一束线中相邻线对的扭曲长度及适当的屏蔽。在低频传输时,其抗干扰能力相当于同轴电缆。在 10~100 kHz 时,其抗干扰能力低于同轴电缆。

2. 同轴电缆的主要特性

同轴电缆是网络中应用十分广泛的传输介质之一,其主要特性如下:

(1) 物理特性

同轴电缆由内导体、外屏蔽层、绝缘层及外部保护层组成。同轴电缆的特性参数由内、外导体绝缘层的电参数和机械尺寸决定。

(2) 传输特性

根据同轴电缆通频带,同轴电缆可以分为基带同轴电缆和宽带同轴电缆两类。基带同轴电缆一般仅用于数字数据信号传输。宽带同轴电缆可以使用频分多路复用技术，将一条宽带同轴电缆的频带划分成多条通信信道，使用各种调制方案，支持多路传输。宽带同轴电缆也可以只用于一条通信信道的高速数字通信，此时称之为单通道宽带。

（3）连通特性

同轴电缆支持点一点连接，也支持多点连接。宽带同轴电缆可支持数千台设备的连接；基带同轴电缆可支持数百台设备的连接。

（4）地理范围

基带同轴电缆最大距离限制在几 km 范围内，而宽带同轴电缆最大距离可达几十 km。

（5）抗干扰性

同轴电缆的结构使得其抗干扰能力较强。

3. 光纤的主要特性

光纤是网络传输介质中性能最好、应用最广泛的一种，其主要特性如下：

（1）物理特性

光纤是一种柔软、能传导光波的介质，各种玻璃和塑料可以用来制造光纤，其中用超高纯度石英玻璃纤维制作的光纤可以得到最低的传输损耗。在折射率较高的单根光纤外面用折射率较低的包层包裹起来，就可以构成一条光纤通道，多条光纤组成一束就构成光纤电缆。

（2）传输特性

光导纤维通过内部的全反射来传输一束经过编码的光信号。由于光纤的折射系数高于外部包层的折射系数，因此可以形成光波在光纤与包层界面上的全反射。光纤可以看做频率从 $10^{14} \sim 10^{15}$ Hz 的光波导线，这一范围覆盖了可见光谱与部分红外光谱，以小角度进入的光波沿光纤按全反射方式向前传播。

光纤传输分为单模与多模两类。所谓单模光纤是指光纤的光信号仅与光纤轴成单个可分辨角度的单光纤传输；而多模光纤的光信号与光纤轴成多个可分辨角度的多光纤传输。单模光纤性能优于多模光纤。

（3）连通特性

光纤最普遍的连接方法是点一点方式，在某些实验系统中也可采用多点连接方式。

（4）地理范围

光纤信号衰减极小，它可以在 6～8 km 距离内不使用中继器，实现高速率数据传输。

（5）抗干扰性

光纤不受外界电磁干扰与噪声的影响，能在长距离、高速度传输中保持低误码率。双绞线典型的误码率在 $10^{-5} \sim 10^{-6}$ 之间，基带同轴电缆为 10^{-7}，宽带同轴电缆为 10^{-9}，而光纤误码率可以低于 10^{-10}。光纤传输的安全性与保密性极好。

2.1.6 数据传输方式

1. 并行传输和串行传输

根据数据代码的传输顺序，数据传输方式有串行传输与并行传输之分。

（1）并行传输（Parallel Transmission）

采用并行传输方式时，多个数据位同时在通信设备间的多条通道上传输，并且每个数据位都有自己专用的传输通道。这种传输方式的数据传输速率相对较快，适于在近距离数据传输中使用。若在远距离传输中采用这种工作方式，则需要支出较高的费用。图 2.11 描述了通信设备之间具有 8 条传输通道时并行传输的工作情况。

（2）串行传输（Serial Transimission）

采用串行传输方式时，数据将按照顺序一位接一位地在通信设备之间的一条通道上传输。由于设备内部往往以并行方式传输数据，所以在数据传输至线路之前需先被送入发送端的并/串行转换器，通过这个转换器，数据将逐位传至线路上。而在数据到达目的地时，数据则需先进入接收端的串/并行转换器实现逆转换过程，使数据传输从串行方式转换成并行方式，如图 2.12 所示。由于这种方式只需一个传输通道，因而它具有简单经济、易于实现的特点。与并行传输相比，它在远距离传输和位数较多的情况下具备更为明显的优势。然而数据传输速率较低是这种方式的不足之处。

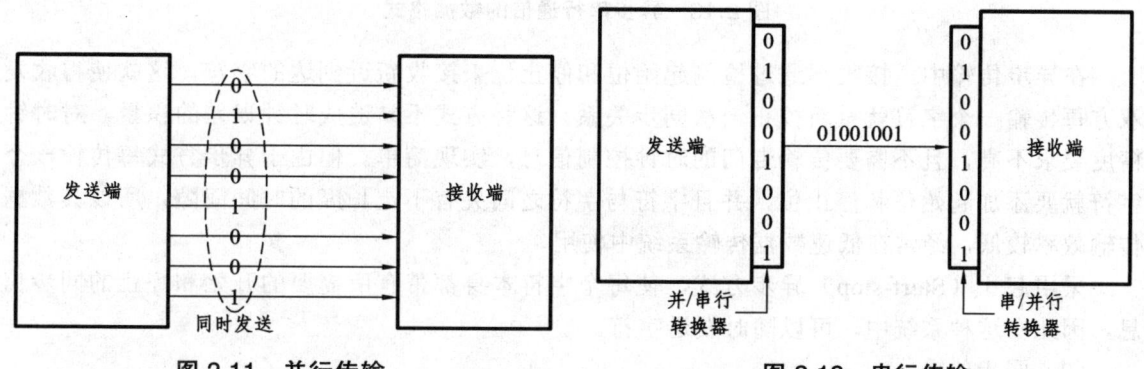

图 2.11　并行传输　　　　　　　图 2.12　串行传输

2. 异步传输与同步传输

在串行传输过程中，数据是一位一位依次传输的，而每位数据的发送和接收均需要时钟脉冲的控制。发送端通过发送时钟确定数据位的起始和结束。而接收端为了能正确识别数据，则需要以适当的时间间隔在适当的时刻对数据流进行采样。也就是说，接收端与发送端必须保持步调一致，否则将会出现漂移现象，最终导致数据传输出现差错。但要使两个独立的时钟保持同步并非容易。目前，经常采用两种方法来解决这一问题：异步传输和同步传输。

（1）异步传输

在异步传输方式中，字符是数据传输单位。当采用这种方式传输数据时，字符既可以一个一个地连续发送，也可以随机地进行单独发送，因此接收端无法通过计时方式对字符传输的起始时刻加以预测。可是在这种传输方式下一个字符的传输一旦开始，那么组成这个字符的各个数据位将被连续发送，并且每个数据位所持续的时间是相等的。接收端可以根据这个特点与数据发送端保持同步，以便正确恢复数据。也就是说，在异步传输过程中发送端和接收端在数据位这个级别上仍是保持同步的，而在字符这个级别收发双方则不必进行同步。

在实现异步串行通信的过程中，当没有字符被发送时，传输线路保持空闲状态，其信号电平与二进制 1 对应的电平相同。而在发送字符时，为了通知接收端新字符的到来，在字符的前面将附加一个起始位。这个起始位的长度为 1 位，其信号电平与二进制 0 对应的电平相同。接收端通过检测信号电平发生的跳转来判断新字符的到达，从而与发送端取得同步。同样，为了通知接收端目前一个字符已传输结束，在字符代码的最后将附加一个停止位。这个停止位的长度可以是 1，1.5 或 2 位，其信号电平与二进制 1 对应的电平相同。图 2.13 描述了异步通信的数据格式，其中停止位的长度是 2 位。值得一提的是，字符代码的长度取决于所采用的编码方案。例如，ASCⅡ编码中每个字符的代码长度是 7 位，EBCDIC 编码中每个字符的代码长度是 8 位。有时为了提高数据传输的可靠性，也可以在字符代码和停止位间设置一个校验位。

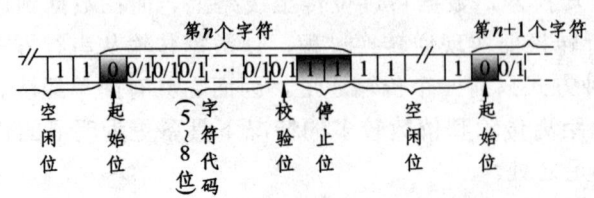

图 2.13 异步串行通信的数据格式

在异步传输中，接收端通过检测起始位和停止位来接收新近到达的字符，这就使得收发双方每传输一个字符就重新校正一次同步关系。这种方式不易造成时钟误差的积累，对时钟精度要求不高，且不需要传输专门的时钟控制信息，实现简单。但由于异步方式每传输一个字符就要添加起始位和停止位，并且字符与字符之间夹有不定长度的时间间隙，所以其数据传输效率较低，经常在低速数据传输系统中使用。

采用起止（Start-stop）异步方式，使每个字符本身都带有所需要的开始和停止的同步信息，因此在这种系统中，可以随时发送字符。

（2）同步传输

在同步传输方式中，数据被封装成更大的传输单位——帧。每个帧中含有多个字符代码，而且字符代码与字符代码之间没有间隙以及起始位和停止位。然而数据传输单位的加长容易积累时钟误差，最终引起时钟漂移。为了保证接收端能正确区分数据流中的每个数据位，收发双方必须通过某种方法建立起同步的时钟。为此，既可以在发送端和接收端之间设置专门传输时钟脉冲的线路，也可以通过采用嵌有时钟信息的数据编码为接收端提供同步信息。

此外，在进行同步传输的过程中，收发双方还需在数据帧这个级别上实现同步。为此，在每个帧的开始和结束部位都应有相应的标志序列，接收端通过检测这些标志来与发送端取得同步。由于具体方案不同，这些标志序列可以是一些特殊字符，也可以是一些比特组合。

采用面向字符的方案时，帧将被视为一个字符序列，即使其中包含的控制信息也采用字符形式。每个数据帧以一个或多个同步字符作为开始标志，在 ASCⅡ码中字符 SYN（0010110）专门作为同步字符，接收端通过检测同步字符来确定数据帧传输的开始。数据帧中位于同步字符后面的字符和帧结尾处的控制字符则与具体的传输控制规程有关。

而在常用的面向比特的高级数据链路控制规程（HDLC）中，帧则被视为一个比特序列。每个数据帧以比特组合 01111110 为标志序列，它既可以位于数据帧的首部作为开始标志，又可以位于数据帧的尾部作为结束标志。此外，数据帧中还含有少量的控制信息，而帧中数据字段的长度往往不是固定的。为了避免在数据中出现同样的比特组合，发送端在发送数据时一旦发现数据中连续出现 5 个比特 1，就在其后添加一个比特 0；接收端则是在检测到 5 个连续的比特 1 时便检查下一个比特，若它是比特 0 则将其删除。

同步传输每次传送的是一个完整的数据帧，发送端无需在字符间加入附加位和间隙，因而同步传输的效率比异步传输的效率高。但由于收发双方需建立准确的同步关系，所以实现起来比较复杂。同步传送方式如图 2.14 所示。

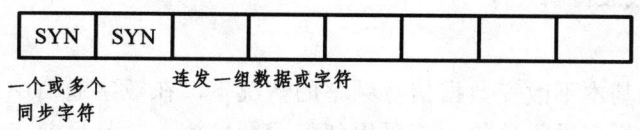

图 2.14　同步传送方式

3. 单工、半双工和全双工传输

根据数据在通信线路上的传输方向及其与时间的关系，串行数据通信可分为三种方式：单工方式、半双工方式和全双工方式。

（1）单工方式

单工方式只允许数据始终在一个固定方向上传输。如图 2.15 所示，对于站点 A，B 而言，只有 A 能够向传输线路上发送数据，而 B 却只能从线路上接收数据。也就是说，在这种方式下数据的流向只能是从 A 到 B，而不能是从 B 到 A。

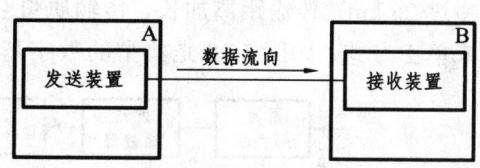

图 2.15　单工方式

（2）半双工方式

半双工方式允许数据在两个方向上传输，但在某一时刻数据只被允许在一个方向上传输。如图 2.16 所示，采用半双工方式时，数据可以由 A 传向 B，也可由 B 传向 A。从这个角度来讲，这种方式似乎是双向工作方式，但由于 A，B 之间只有一个传输通道，所以信号只能分时传送。换言之，在某一时刻只能进行一种传输，而不能进行双向传输，故将其称为半双工方式。在这种工作下，或者 A 发送数据，由 B 进行接收；或者 B 发送数据，由 A 进行接收。当不工作时，令 A，B 均处于接收方式，以便随时响应对方的呼叫。图中的收发转换开关并不是物理开关，而是由软件控制的电子开关。

（3）全双工方式

虽然半双工方式比单工方式灵活，但其效率依然较低，这是因为发送方式和接收方式之间的切换将花费一定的时间，一般需要数毫秒。重复线路切换又将引起相当可观的延迟积累。而采用半双工方式时，同一时刻只能工作在一种方式下的特点正是该方式效率不高的根本原因。解决的方法就是增加一条传输通道，允许数据同时在两个方向上传输，这种方式就是全双工方式。如图 2.17 所示，站点 A，B 均可以同时接收数据和发送数据。正是因为全双工方式下存在着两条传输通道，所以不再通过开关的切换便可实现双向传输，从而提高了传输速率。

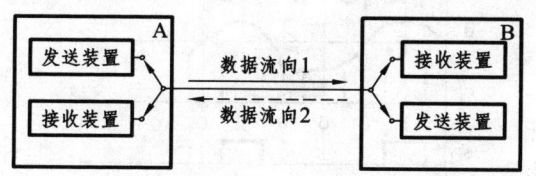　　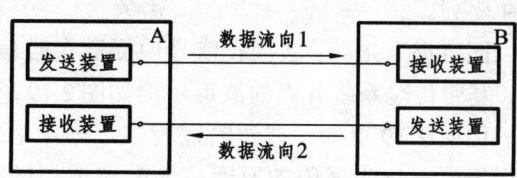

图 2.16　半双工方式　　　　　　　　图 2.17　全双工方式

值得一提的是,虽然全双工与半双工相比其信号传输速率有很大的提高,但是这是以增加一条传输通道为代价的,因而系统的成本也将增加。于是在实际应用中,特别是在异步通信中,大多数情况是采用半双工方式。虽然这样的系统发送效率较低,但线路简单、实用。

4. 基带传输与载波传输

(1) 基带传输

基带传输是指在基本不改变数据信号频率的情况下,在数字通信中直接传送数据的基带信号,即按数据波的原样进行传输,不采用任何调制措施。它是目前广泛应用的最基本的数据传输方式。

目前大部分计算机局域网,包括控制局域网,都采用基带传输方式。其特点如下:信号按数据位流的基本形式传输,整个系统不用调制解调器,这使得系统价格低廉。系统可采用双绞线或同轴电缆作为传输介质,也可采用光纤作为传输介质。与宽带网相比,基带网的传输介质比较便宜,可以达到较高的数据传输速率(一般为 1~10 Mbit/s),但其传输距离一般不超过 25 km,传输距离加长,传输质量会降低。基带网的线路工作方式一般只能为半双工方式或单工方式。如图 2.18 是典型的数字基带传输系统的方框图,系统各部分的功能简述如下。

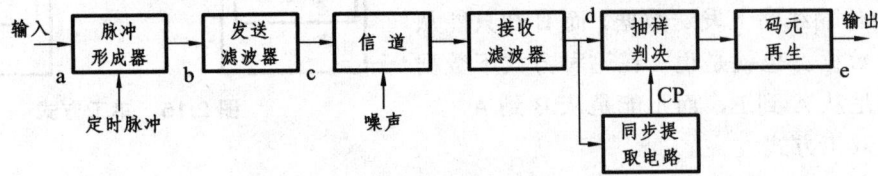

图 2.18　数字基带传输系统方框图

脉冲形成器:把输入的二进制数据序列变换成为比较适合信道传输的码型并提供同步定时信息。

发送滤波器:将输入的矩形脉冲变换成适合信道传输的波形。因为矩形脉冲含有丰富的高频成分,直接送入信道传输,容易产生畸变。

信道:传输数据信息的通道。由于噪声和频谱特性不理想(理想的频率特性:理想低通)会对数字信号造成损害,使波形产生畸变,严重时产生误码。

接收滤波器:滤除噪声并对接收波形均衡。

抽样判决器:对接收滤波器的输出信号在规定的时刻(由定时脉冲控制)进行抽样,然后判决各码元是"1"还是"0"。

码元再生电路:对判决器输出的"0"、"1"进行原始码元再生,以获得与输入码型相应的源脉冲序列。

同步提取电路:从接收信号中提取定时信息。

基带传输系统各点的波形示例如图 2.19 所示。

由图 2.19 可知,在传输过程中,第 4 个码元发生误码。产生误码的原因可能是信道加性噪声和频率特性不理想引起的波形畸变或者码间窜扰。

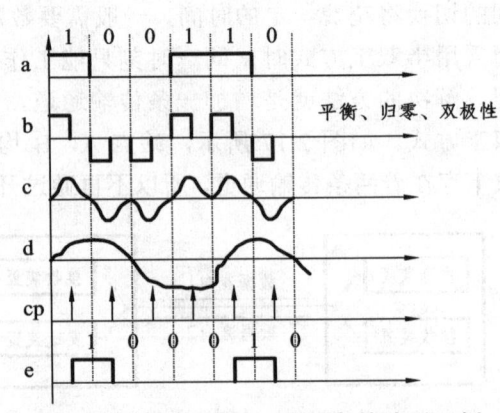

图 2.19　基带传输系统各点的波形示例

(2) 载波传输

载波传输是先用数字基带信号对载波进行调制，然后进行传输的模式。最基本的调制方式有幅值键控（ASK），频移键控（FSK）和相移键控（PSK）三种。

在载波传输中，发送设备首先要产生某个频率的信号作为基波来承载信息信号，这个基波就称为载波信号，基波频率称之为载波频率；然后按幅值键控、频移键控、相移键控等不同方式改变载波信号的幅值、频率、相位，形成调制信号后再发送。

(3) 宽带传输

由于基带网不适于传输语言、图像等信息，随着多媒体技术的发展，计算机网络传输数据、文字、语音、图像等多种信号的任务愈来愈重，因此出现了宽带传输的要求。

宽带传输与基带传输的主要区别：一是数据传输速率不同，基带网的数据传输速率范围为 0~10 Mbit/s，宽带网可达 0~400 Mbit/s；二是宽带网可划分为多条基带信道，能提供良好的通信路径。一般宽带局域网可与有线电视系统共建，以节省投资。

(4) 异步转移模式（ATM）

ATM（Asynchronous Transfer Mode）是一种新的传输与交换数字信息的技术，也是实现高速网络的主要技术，被规定为宽带综合业务数字网（B-ISDN）的传输模式。这里的转移包含传输与交换两方面的内容。它支持多媒体通信，包括数据、语音和视频信号，按需分配频带，具有低延迟特性，速度可达 155 Mbit/s~2.4 Gbit/s，也有 25 Mbit/s 和 50 Mbit/s 的 ATM 技术。

在 ATM 网络中，所有报文以固定长度的数据单元发送。分报文头（Header）和有效信息域（Payload）两部分。数据单元长度为 53 字节，报文头为 5 字节，其余 48 字节为有效信息域。有效信息域采用透明传输，不执行差错控制。数据流采用异步时分多路复用。

2.1.7 差错控制技术

在数据通信过程中，由于衰减、失真和噪声，会使通信线路上的信号发生错误。为了减少错误，提高通信质量，除了改善传输信道的电气特性，使误码率达到要求外，更常用的方法是采取检错、纠错技术，即差错控制。

差错控制的核心是抗干扰编码，简称编码。其基本思想是通过对信息序列作某种变换，使原来彼此独立、互不相关的信息码元列产生某种规律性（相关性），从而在接收端有可能根据这种规律性来检查，进而纠正传输信号序列中的差错。抗干扰编码可分成两大类，一类是检错码，另一类是纠错码。采用检错码的差错控制系统可以在一定程度上发现传输错误，但不能自动纠正，通常用反馈重传等方式来降低系统的传输误码率；采用纠错码的差错控制系统能自动纠正传输错误，从而使传输系统的误码率降低到符合传输的质量要求。

差错编码方法大多是按照某种规律在用户信息序列中插入一定数量的新码元，这些新插入码元称为监督码元。若信道所允许的传输速率一定，则为了引入差错编码，就要降低用户输入的信息速率。由此可见，通过差错编码来提高传输的可靠性是以降低传输速率为代价换取的。

1. 常用差错控制编码方法

为了提高计算机通信系统的检错和纠错能力，人们创造出各种差错控制编码，下面介绍几种计算机通信中常用的差错控制编码方法。

(1) 奇偶校验码

奇偶校验码又称奇偶监督码,也叫垂直冗余校验(VRC,Vertical Redundancy Check),是最简单、最常用和费用最低的差错检错码。其特点是构成简单,而且插入的冗余度又低。因此,在实际通信系统中应用最多。奇偶校验编码只需在信息码后加一位校验位(或称监督位),使得码组中"1"的个数为奇数或偶数即可。两种编码的原理相同,效果也相同。在这种编码中,无论信息位有多少,监督位都只有一位。

在奇偶监督码中,它的规则是码组中"1"的个数为奇或偶数。设码组的长度为 n,则奇偶校验满足下列条件:

偶校验 $\qquad a_{n-1} \oplus a_{n-2} \oplus \cdots \oplus a_1 \oplus c_0 = 0 \qquad$ (2.5)

式中,c_0 为监督码,其他为信息码。

奇校验 $\qquad a_{n-1} \oplus a_{n-2} \oplus \cdots \oplus a_1 \oplus c_0 = 1 \qquad$ (2.6)

奇偶校验码的校验方法也很简单。在接收端,只需按照式(2.5)和式(2.6)将码组中的码源相加(模 2),并进行判断即可。在偶校验中,若结果为"0",则传送无误;否则,传送出错。奇校验的判断与偶校验的判断相反。

值得说明的是,奇偶校验码只能发现奇数个错,对于偶数个错则无能为力。

(2) 方阵校验码

方阵校验码也称行列监督码或纵向冗余校验码(LRC,Lognitudinal Redundancy Check),它的码元受到行和列两个监督。行列监督码是二维的奇偶监督码,又称为矩阵码,这种码可以克服奇偶监督码不能发现偶数个差错的缺点,并且是一种用以纠正突发差错的简单纠正编码。其基本原理与简单的奇偶监督码相似,不同的是每个码元要受到纵向和横向两次监督。

具体编码方法如下:将若干个所要传送的码组编成一个矩阵,矩阵中每一行为一码组,每行的最后加上一个监督码元,进行奇偶监督;矩阵中的每一列则由不同码组相同位置的码元组成,在每列最后也加上一个监督码元,进行奇偶监督。如果用 X 表示信息位,⊗ 表示监督位,则矩阵码的结构可如图 2.20 所示。这样,它的一致监督关系按行及列组成,每一行每一列都有一个奇偶监督码。当某一行(或某一列)出现偶数个差错时,该行(或该列)虽不能发现,但只要差错所在列(或行),没有同时出现偶数个差错,则这种差错仍然可以被发现。矩阵码只有一种情况不能发现差错,即差错数正好是 4 的倍数,而且差错位正好构成矩形的四个角,如图 2.20 所示,此时行、列均不能发现错。由此可见,矩阵码发现错码的能力是十分强的,但它的编码效率比奇偶监督码要低。

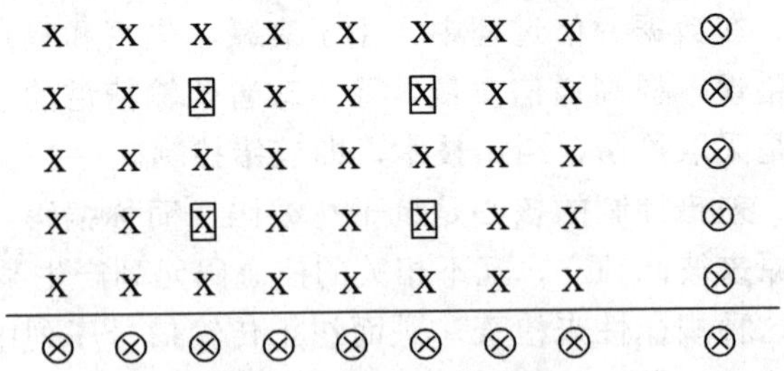

图 2.20 矩阵码结构

方阵监督码的特点总结如下:

① 可以克服奇偶监督码不能发现偶数个错的缺点。

② 常用于纠正突发性出错，但长度有限。
③ 可使误码率降到原来的 1%～0.01%。
④ 不能纠正差错数正好是 4 的倍数，且位置在矩形的四个角的差错。

（3）循环冗余校验码（CRC）

在计算机通信中用得最广泛的检错码是一种漏检率很低，也便于实现的循环冗余码（CRC，Cyclic Redundancy Code）。CRC 码又称多项式码。这是因为，任何一个由二进制数位串组成的代码都可以和一个只含有 0 和 1 两个系数的多项式建立一一对应的关系，即任何一个 n 位的二进制数都可以用一个 $n-1$ 次的多项式来表示：

$$B(X) = B_{n-1}X^{n-1} + B_{n-2}X^{n-2} + \cdots + B_1X^1 + B_0X^0 \tag{2.7}$$

例如，二进制数 11000001，可写为 $B(X) = X^7 + X^6 + 1$。此多项式称为码多项式。而多项式 $X^5 + X^4 + X^2 + X$ 对应的位串是 110110。

CRC 校验的基本思想是利用线性编码理论，在发送端根据要传送的一个 n 比特的帧或报文，发送器生成一个 r 比特的序列，称为帧检验序列（FCS）。这样所形成的帧将由 $(n+r)$ 比特组成。这个帧刚好能被某个预先确定的数整除。接收器用相同的数去除接收到的帧。如果无余数，则认为无差错。

循环冗余校验（CRC）与奇偶校验不同，后者是一个字符校验一次，而前者是一个数据块校验一次。在同步串行通信中，几乎都使用这种校验方法。例如 HDLC 协议以及大部分现场总线协议。

二进制码多项式的加减运算为模 2 加减运算，即两个码多项式相加时，对应项系数进行模 2 加减。所谓模 2 加减就是各位做不带进位、借位的按位加减。这种加减运算实际上就是逻辑上的异或运算，即加法和减法等价。

$$B_1(X) + B_2(X) = B_1(X) - B_2(X) = B_2(X) - B_1(X) \tag{2.8}$$

二进制码多项式的乘除法运算与普通代数多项式的乘除法运算是一样的，符合同样的规律。

$$\frac{B_1(X)}{B_2(X)} = Q(X) + \frac{R(X)}{B_2(X)} \tag{2.9}$$

其中，$Q(X)$ 为 $B_1(X)$ 除以 $B_2(X)$ 的商，也称整数多项式，$R(X)$ 为余数多项式。若能够除尽，则 $R(X) = 0$。n 位循环码的格式如图 2.21 所示。

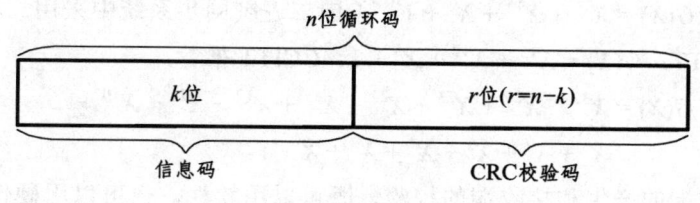

图 2.21 n 位循环码

从图 2.21 中可以看出，一个 n 位的循环码是由 k 位信息码加上 r 位校验码组成的，其中 $r = n - k$。

表征 CRC 码的多项式称为生成多项式 $G(x)$。k 位二进制数加上 r 位 CRC 码后，即信息位

要向左移 $(n-k)$ 位，这相当于 $B(X)$ 乘以 X^r。$X^r B(X)$ 被生成多项式 $G(X)$ 除，得整数多项式 $Q(X)$ 加上余数多项式 $R(X)$。即

$$\frac{X^r B(X)}{G(X)} = Q(X) + \frac{R(X)}{G(X)}$$

移项得

$$X^r B(X) - R(X) = Q(X)G(X)$$

根据式（2.8），上式可写为

$$X^r B(X) + R(X) = Q(X)G(X) = V(X) \tag{2.10}$$

式（2.10）说明信息多项式 $B(X)$ 和余数多项式 $R(X)$ 可以合并成一个新的多项式 $V(X)$（称为循环码的码多项式），则该多项式是生成多项式 $G(X)$ 的整数倍，即能被 $G(X)$ 整除。根据这一原理，在发送端用信息码多项式 $B(X)$ 除以生成多项式所得的余数多项式 $R(X)$，就是所要加的监督位。将循环码的码多项式 $V(X)$ 除以生成多项式 $G(X)$，若能除尽，说明传送正确，否则说明出差错。

由以上分析可知，CRC 校验的关键是如何求出余数，此余数即为校验码（CRC 码）。

例 2-2 已知二进制信息码为 110011，设其生成多项式 $G(X) = X^4 + X^3 + 1$，若按 CRC 方式，发送方发送的二进制序列是多少？

解 发送数据比特序列 110011。生成多项式比特序列 11001。将发送数据比特序列乘以 2^4，得 1100110000。相除，按模 2 算法（减法不借位，加法不进位。异或）

```
                100001   ----> 商
        11001 ) 1100110000
                11001
                -----
                 10000
                 11001
                 -----
                  1001   ----> 余数
```

所以，发送方发送的序列为 1100111001。

CRC 生成多项式 $G(X)$ 由协议规定，目前已有多种生成多项式列入国际标准中。例如：

CRC-16：$G(X) = X^{16} + X^{15} + X^2 + 1$，美国二进制同步系统中采用。

CRC-CCITT：$G(X) = X^{16} + X^{12} + X^5 + 1$，CCITT 推荐。

CRC-32：$G(X) = X^{32} + X^{26} + X^{23} + X^{22} + X^{16} + X^{12} + X^{11} + X^{10} + X^8 + X^7 + X^5 + X^4 + X^2 + X + 1$。

CRC 码在发送端的产生和接收端的校验，既可以用软件，也可以用硬件实现。CRC 编码简单，纠错能力强，特别适合于检测突发性错误，在计算机通信系统中得到广泛的应用。目前很多超大规模集成电路芯片都具有此功能。

除以上介绍之外，还有恒比码、卷积码等差错控制编码方法，但常用的方法是奇偶校验码和循环冗余码。

2. 差错控制方法

利用差错编码来控制传输系统的传输差错的方法称作差错控制。按照差错编码结构的不同和利用差错编码控制差错的方法不同形成了不同的差错控制工作方式。差错控制的工作方式主要基于这样的两种基本思想：一是通过差错编码，使得在系统接收端译码器能发现错误并能准确地判断差错的位置，从而自动纠正它们；二是在系统接收端仅能发现错误，但不知差错的确切位置，无法自动纠错，必须通过请求发送端重发等方式来达到纠正错误的目的。

按照这些基本思想，在数据通信中，利用差错控制编码进行系统传输的差错控制的基本工作方式可分成四类：自动请求重发（ARQ，Automatic Repeat Request），前向纠错（FEC，Forward Error Correction），混合纠错（HEC，Hybrid Error Correction），信息反馈（IRQ，Information Repeat Request）。

（1）自动请求重发（ARQ）方式

自动请求重发也称为反馈重发，是发送端首先对发送序列进行差错编码，生成一个可以检测出错误的校验序列，然后连同数据一起发出。接收端根据校验序列的编码规则判决是否传错，并把判决结果通过反馈通道传回给发送端。若无错，接收端确认接收，同时发送端缓冲器清除该序列。当出现差错时，接收端通过回送确认信号自动地控制发送端的原先帧的重发，直到接收端接收正确为止。

通常处理传输差错的办法如下：

① 肯定确认：接收端对收到的帧校验后未发现错误，回送一个肯定确认信号，用 ACK 表示，发送端收到 ACK 信号后即知道该帧传输成功。

② 否定确认：接收端收到一个帧后，经校验发现有错误，则回送一个否定确认信号，用 NAK 表示，发送端收到 NAK 后必须重发该帧。

③ 超时重发：发送端在发出一个帧后开始计时，如果在规定时间内没有收到关于该帧的确认信号（ACK 或 NAK），则认为发生帧丢失或确认信号丢失，必须重新发送。

（2）前向纠错（FEC）方式

FEC 方式发送端首先根据需要先进行差错控制编码，然后由发送端发送这种能纠错的码，在接收端解码器根据码的冗余度进行译码，并自动纠正能纠正的传输差错。

FEC 方式的主要特点为：

① 接收端自动纠错，解码延迟固定，故采用 FEC 方式传输系统的实时性好。

② 无需反馈信道，能用于单向传输信道，特别适用于单点向多点同时传送的方式，如同播系统（广播方式）、移动通信等。

③ 为了获得较高的纠错能力，所采用的纠错码通常需较大的冗余度（通常大约 25%～50%），从而传输效率下降较大。

④ FEC 方式控制规程简单，但实现的译码设备比较复杂。

⑤ 纠错码须与信道特性相匹配，对信道变化的适应性较差。

（3）混合纠错（HEC）方式

HEC 方式是 FEC 和 ARQ 方式的结合，发送端发送不仅能检测错误，而且能够在一定程度内纠正错误的码，接收端译码器收到码组后，首先检验传输差错的情况，如果差错在码的纠错能力以内，则自动进行纠错，若错误超出了纠错能力，但能检测出来，则通过反馈信道给发送端发送一个反馈信息，请求重发出错的信息（码组）。一言以蔽之，HEC 方式就是能纠则纠，不能纠则要求重发。

HEC 方式的特点：

① 可以降低 FEC 方式的复杂性。

② 可以改善 ARQ 方式的信息连贯性差，通信效率低的缺点。

③ HEC 方式可使整个通信系统的误码率达到很低，近年来，在卫星通信中得到了较多的应用。

（4）信息反馈（IRQ）方式

IRQ 方式也称为回程校验方式，其特点是在发送端检测错误。其工作过程为：发送端不对信息进行差错控制编码，而直接将用户信息传送给接收端，接收端收到信息后，将它们存储下来，再原封不动地通过反馈信道送回发送端，发送端将其与原发送信息进行比较，若无传输差错（或差错在允许范围内）则发送新的信息，接收端收到后将上一次存储的信息传给用户；反之，若发现传输差错（或差错超出某个限度），将信息重新传输，直到发送端认可为止。IRQ 方式原理图如图 2.22 所示。

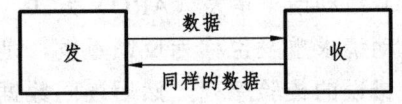

图 2.22　信息反馈（IRQ）方式原理图

IRQ 方式的特点：

① 无需采用接收、检错编码，故设备和控制规范比较简单。

② 需要一条与前向信道相同的反馈信道。

③ 由于采用发送端检错，相当于信息传输距离增大一倍，可能导致额外的差错和重传。例如，信息前向传输时本无错，但反馈传输时却出错，以至于发送端判断传输有错而重传；另外，也有可能出现这种情况：前向信道传输时，某些信息出错（由"0"变为"1"），但经过反馈传输时，这些信息又恰巧出错（由"1"变为"0"），使得发送端不能发现错误，从而不重传，造成接收端将错误信息输出。

④ 系统发、收端均需较大容量的存储器来存储传输信息，以备检错和输出。

⑤ 这种方式可能使得整个通信系统的传输率很低，因此除少数较简单的通信系统外，目前已很少采用。

（5）其他差错控制方式

除了上面介绍的四种差错控制方法之外，人们还研究了许多其他方法。特别是随着计算机在通信中的应用，将会有更多的、更有效的差错控制方法出现。下面介绍几种其他差错控制方法。

① 冗余法：冗余法的基本思想是发送端发送两份完全相同的文件，接收端接收完两份文件后，首先进行比较，如果两份文件完全相同，则接受此文件。否则，接收端将要求发送端再重发。其原理如图 2.23 所示。

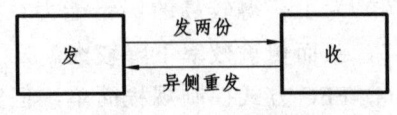

图 2.23　冗余原理图

② 多数表决法：多数表决法也叫重复码。最简单的能纠正错误的办法是将有用信息重复传送几次，只要正确的次数多于传错的次数，就用少数服从多数的原则排除差错，这就是简

单的重复码的原理。多数表决法如图 2.24 所示。

重复的方式有以下两种：

a．逐位重复：即每个信息连续传几次。例如，若原始信息为 10110100 … 则三重码为 111000111111000111000000…

图 2.24 多数表决法原理图

b．分段重复：即所传信息按固定位数分段，每段信息连续传几次，例如，若四位为一段，那么对上述同样的信息 10110100 … 可得三重码为：1011，1011，1011，0100，0100，0100，… 逐位重复的方式，可节省设备容量，但分段重复可抗成群差错。因为当成群差错的长度小于一段的长度时，任一位信息最多破坏一次，而正确传输次数至少有两次，故一次表决就把错误排除了。

重复次数一般需取奇数，以避免出现一半"对"与一半"错误"的僵局。很明显，重复码的编码效率比较低，对 n 重码而言，其效率仅为 $1/n$，这是重复码的缺点，但从纠错及检错能力来看，重复码是相当好的。例如，三重码可以纠正一位差错，发现两位差错；五重码可以纠正两位差错，发现四位差错。至于分段重复码，它的纠错能力还取决于每段长度。

③ 正反码：正反码是一种能简单纠正错码的编码，多用于 10 单位电码的前向自动纠错设备中，这种 10 单位电码本质上就是 5 单位电码的重复，能纠正一位差错，发现大部分两位以上的差错。

3．差错控制的应用

差错控制技术的应用问题，要具体情况具体分析，一般应综合考虑设备成本、平均差错率和平均数据速率等因素，从而决定采用哪一种技术。

① 当出现少量错误，在接收端能纠正时，可选用前向纠错法。

② 当错码较多超过纠错能力时，可用反馈纠错法。

③ 当希望用现成的高速低质量信道传输低速高质量的数字信息时，可以采用适当的编码及选择适当的差错控制方式，以降低有效信息传输速度为代价，来换取较低的信息传输差错率。

④ 当同一信道传输几种信息时，信道的差错率指标可按信息组成中主要部分的差错要求来挑选，而对要求较高的那部分信息，则采用纠错编码措施来满足。

⑤ 具体情况具体分析：

a．当数据不能随便抛弃而又没有反馈系统时，就必须采用前向纠错技术。

b．如果设备允许，则可采用反馈纠错系统。

c．有些情况可将检错纠错结合使用。

在时变信道中，由于这种信道中差错的特点是"成群"加"随机"，相当复杂，要具体计算差错控制技术的效果比较困难。但是从实际测量的数据看，差错控制技术在这个领域中的应用是很有前途的。

2.1.8 多路复用技术

多路复用技术是把许多单个信号在一条线路上进行传输的技术，其目的是提高传输介质的使用效率。其作用相当于把单个传输通路划分为多个信道，以实现通信链路的共享。

多路复用的理论依据是信号分割原理。实现信号分割的依据是信号之间的差别，这种差别可以体现在频率参量上，也可以体现在时间参量上。因此，多路复用技术可分为频分多路复用（FDM，Frequency Division Multiplexing）、时分多路复用（TDM，Time Division Multiplexing）、波分多路复用（WDM，Wave Division Multiplexing）和码分多址复用（CDMA，Code Division Multiplex Access）。时分多路复用还可以进一步分为同步时分多路复用（TDM）和统计时分多路复用（STDM）。实现多路复用的设备称为多路复用器（MUX）。

1. 频分多路复用（FDM）

频分多路复用通过使用不同的频率，实现在一条传输媒体上（如宽带同轴电缆即电视电缆、微波等）同时传输多路信号的技术。只要通信的设备使用不同的频率，而且这些频率不重叠，那么每个频率都可以被看成一个独立的通信通道，这些设备就可以同时进行通信。频分多路复用工作原理如图 2.25 所示，一条传输媒体按频率划分为多个通道，每个通道都有一定的带宽，可支持两台设备之间的数据传输，各通道之间没有重叠。若传输媒体的频率宽度超过信号传输所需要的频率宽度，则考虑采用这种办法。频分多路复用是一个模拟过程，多用于模拟信号的传输。

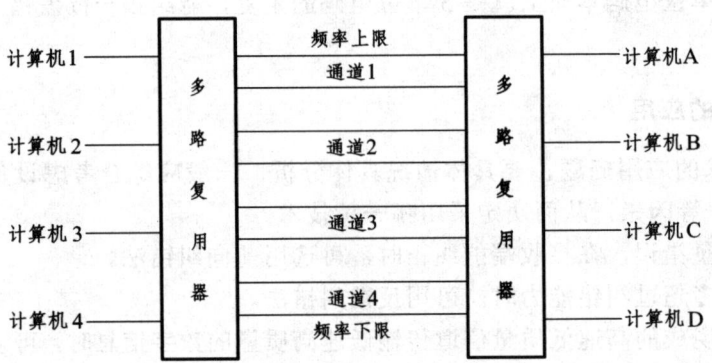

图 2.25 频分多路复用

2. 同步时分多路复用（TDM）

同步时分多路复用是将传输媒体的传输能力或传输速率按时间划分成时间片（即一小段时间），把每个时间片固定地分配给需要通信的每台设备，这样利用信号在时间上的交叉，就可以在一条传输媒体上传输多路数据信号。

如图 2.26 所示，通道被分割成三个时间片 1，2，3，计算机 1，2，3 只能在分配给它们的

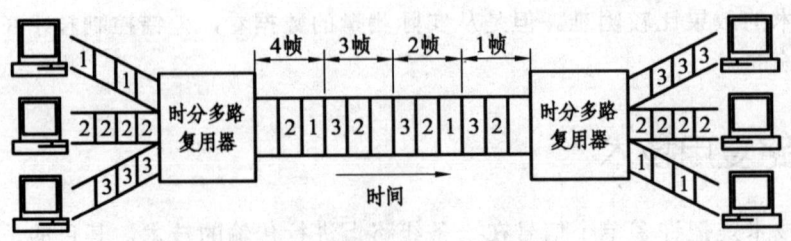

图 2.26 同步时分多路复用

时间片上发送数据,若没有数据或没有准备好数据发送,那么分配给它的时间片上就没有任何数据,即时间片是空的。由于时间片是预先按次序分配给每一台设备的,而且固定不变,所以这种 TDM 又被称为同步 TDM。

3. 统计时分多路复用(STDM)

同步时分多路复用把时间片固定地分配给某一台设备。这样就会产生一个问题:即使该设备没有数据要发送,但仍然不断有时间片分配给它用,而另一台有大量数据需要传输的设备只能等待分配给它的时间片到来才行。显然,这是一种对系统资源的浪费。

统计时分多路复用是对同步时分多路复用的一种改进,采用智能分配时间片的方法,即根据发送方的要求动态地分配时间片。如图 2.27 中的三个设备并不是每时每刻都在发送数据。统计时分多路复用器根据需求动态地分配时间片。复用器扫描各条输入线路,只要有数据传送就分配时间片,没有数据传送则继续扫描下一条线路而不分配时间片,循环往复直到扫描完所有的输入线路。当复用器进行第一次扫描时,只有设备 3 有输入数据,因此第一帧只有一个时间片。第二次扫描,发现设备 1,2,3 都有输入数据,因此第二帧具有三个时间片。同样道理,第三帧具有三个时间片,第四帧具有两个时间片。STDM 帧的长度可以是不固定的,同时时间片的位置也不再是固定的。为了使接收端的复用器能正确分离各路数据,就必须使每一时间片带有地址信息,也就是说,每个数据中既包含数据又包含地址。所以,STDM 的每个时间片存在额外开销。

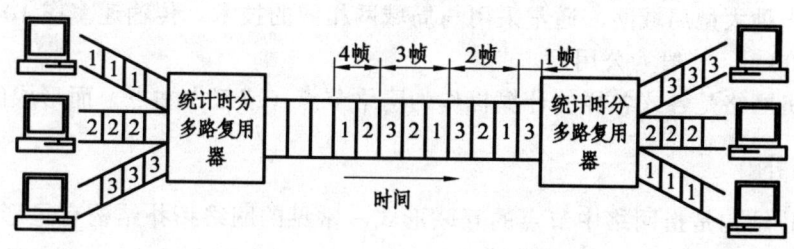

图 2.27 统计时分多路复用

4. 波分多路复用(WDM)

波分多路复用技术主要用于光纤传输介质。该方法与频分多路复用相似,只不过它是利用不同波长的光在一条光纤上传输多路信号。波分多路复用技术的起步较晚,直到有了合适的光源以后才得到了发展。该方法采用两种分光技术,可在一条光纤上发送、传输多路信号,每路信号使用不同波长的光。由于光纤的传输容量很大,如果采用 WDM 技术就可在一条光纤中同时传输数据、语音、图像等多路信号,从而在网络上提供高性能的综合服务。

5. 码分多址复用(CDMA)

码分多址复用(CDMA)是另一种共享信道的方法,是一种全新的技术。在 CDMA 系统中,发送端用互不相干、相互正交(准正交)的地址去调制所需发送的信号,接收端则利用码型的正交性,通过地址从混合的信号中选出相应信号。码分多址复用最初是用于军事通信,因为这种系统发送的信号有很强的抗干扰能力,其频谱类似于白噪声,不易被敌方发现。CDMA 技术主要用在无线电通信系统,如移动通信。它不仅可以提交通信的语音质量和传输的可靠性,减少干扰对通信的影响,而且增加了通信系统的容量。

2.1.9 计算机网络及其拓扑结构

1. 计算机网络

由于计算机的广泛使用,为用户提供了分散而有效的数据处理与计算能力。计算机和以计算机为基础的智能设备一般除了处理本身业务之外,还要求与其他计算机彼此沟通信息,共享资源,协同工作,于是,出现了用通信线路将各计算机连接起来的计算机群。它们将地域分散、具有独立功能的多台计算机,通过通信线路和通信设备相互连接在一起,在网络软件的支持下形成资源共享和作业分布处理的系统,这就是计算机网络。Internet 就是当今世界上最大的非集中式的计算机网络的集合,是全球范围成千上万个网连接起来的互联网,并已成为当代信息社会的重要基础设施——信息高速公路。

计算机网络的种类繁多,分类方法各异。按地域范围可分为远程网、城域网和局域网。远程网的跨越范围可从几十 km 到几万 km,其传输线造价很高。考虑到信道上的传输衰减,其传输速度不能太高,一般小于 100 kbit/s。若要提高传输速率,就要大大增加通信费用,或采用通信卫星、微波通信技术等。局域网的距离只限于几十 m 到 25 km,一般为 10 km 以内,往往为某个单位或某个部门所有,用于连接单位内部的计算机资源。其传输速率较高,达到 100 Mbit/s,甚至更高。具有多样化的通信介质,如同轴电缆、光纤、双绞线、电话线等。城域网实际上是一种大型局域网,通常采用与局域网相同的技术。传输速率在 10 Mbit/s 以上,距离约为 5~50 km,一般为公用网。

普通计算机网络是各式各样的计算机作为网络节点(或工作站点)而形成的网络系统。

2. 网络拓扑

网络的拓扑结构是指网络中节点的互联形式。常见的网络拓扑结构有星形、环形、总线形和树形等。

(1) 星形拓扑

在星形拓扑中,每个节点通过点—点连接到中央节点,任何两站之间通信都通过中央节点进行。一个站要传送数据,首先向中央节点发出请求,要求与目的站建立连接。连接建立后,该站才向目的站发送数据。这种拓扑采用集中式通信控制策略,所有通信均由中央节点控制,中央节点必须建立和维持许多并行数据通路,因此中央节点的结构显得非常复杂,而每个节点的通信处理负担很小,只需满足点—点链路简单通信要求,结构很简单。

星形拓扑结构如图 2.28 所示。在星形拓扑连接中,一条线路受损,不会影响其他线路的正常工作。

(2) 环形拓扑

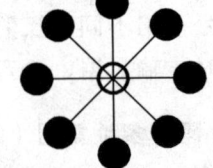

图 2.28 星形拓扑结构

在环形拓扑中,网络中有许多中继器进行点—点链路连接,构成一个封闭的环路。中继器接收前站发来的数据,然后按原来速度一位一位地从另一条链路发送出去。链路是单向的,数据沿一个方向(顺时针或逆时针)在网上环行。每个工作站通过中继器再连至网络。一个站发送数据,按分组进行,数据拆成分组加上控制信息插入环上，通过其他中继器到达目的站。由于多个工作站要共享环路，需有某种访问控制方式，确定每个站何时能向环上插入分组。它们一般采用分布控制，每个站有存取逻辑和收发控制。

环形拓扑正好与星形拓扑相反。星形拓扑的网络设备需有较复杂的网络处理功能，而工作站负担最小，环形拓扑的网络设备只是很简单的中继器，而工作站则需提供拆包和存取控制逻辑较复杂功能。环形网络的中继器之间可使用高速链路（如光纤），因此环形网络与其他拓扑相比，可提供更大的吞吐量，适用于工业环境。信号只能单向传输是环形拓扑的一个缺陷。另外，在环路中一个设备的故障会导致整个网络瘫痪，因而在一些重要场合需要采用双环。环形拓扑结构如图2.29所示。

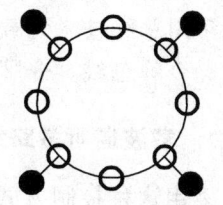

图 2.29　环形拓扑结构

（3）总线形拓扑

在总线形拓扑中，由一条主干电缆作为传输介质，各网络节点通过分支与总线相连。图2.30为总线形拓扑的连接示意图。

总线上一个节点发送数据，所有其他节点都能接收。由于所有节点共享一条传输链路，某一时刻只允许一个节点发送信息，因此需要由某种介质存取访问控制方式来确定总线的下一个占有者，也就是下一个可以向总线发送报文的节点。经过地址识别，把报文送到目的节点。总线形拓扑上可以发送广播报文，使多个节点能同时接收。报文也可以在总线上分组传送。

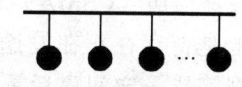

图 2.30　总线形拓扑结构

总线形拓扑是工业数据通信中应用最为广泛的一种网络拓扑形式，易于安装，比星形、树形和环形拓扑更节约电缆。随着信号在网段上传输距离的增加，信号会逐渐变弱。将一个设备连接到总线时的分支也会引起信号反射，从而降低信号的传输质量。因此，在给定长度的电缆上，对可连接的设备数量、空间分布（如总线长度、分支个数、分支长度）等都要进行限制。

（4）树形拓扑

树形拓扑的传输介质是不封闭的分支电缆。可以认为它是星形拓扑的扩展形式，图2.31给出了树形拓扑的连接形式。

树形拓扑的适应性很强，可适用于很宽范围，例如，对网络设备的数量、传输数据率和数据类型等没有太多限制，可达到很高的带宽。如果把多个总线形

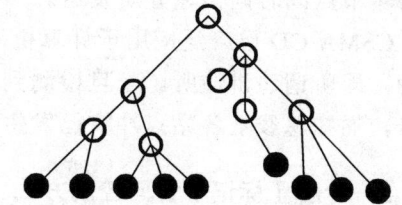

图 2.31　树形拓扑结构

或星形网连在一起，或连到另一个大型机或一个环形网上，就形成了树形拓扑结构。树形结构非常适合于分主次、分等级的层次型管理系统。

在实际应用中，经常会把几个不同拓扑结构的子网结合在一起，形成混合型拓扑的更大网络。

2.1.10　介质访问控制方式

如前所述，在总线形和环形拓扑中，网上设备必须共享传输线路。为解决在同一时间有几个设备同时发起通信而出现的争用传输介质的现象，需采用某种介质访问控制方式，协调

各设备访问介质的顺序。

通信中对介质的访问可以是随机的,即网络各节点可在任何时刻随机地访问介质,也可以是受控的,即采用一定的算法调整各节点访问介质的顺序和时间。在随机访问方式中,常用的争用总线技术为载波监听多路访问/冲突检测(CSMA/CD)。在控制访问方式中则常用主从式、令牌总线、令牌环(或称之为标记总线、标记环)、多路存取等方式。

1. 载波监听多路访问/冲突检测(CSMA/CD)

采用这种控制方式时,网络上任何节点都没有预定的发送时间。节点的发送是随机的。若同一时刻有多个节点同时向传输线路发送信号,则这些信号会在传输线上相互混淆而遭破坏,称为"冲突"。为尽量避免由于竞争引起的冲突,每个节点在发送信息之前,都要监听传输线上是否有信息在发送,这就是"载波监听"。

载波监听(CSMA)的控制方案是先听再讲。一个节点要发送,首先需监听总线,以决定介质上是否存在正在发送信号的其他节点。如果介质是空闲的,则可以发送;如果介质是忙的,则等待一定间隔后重试。当监听总线状态后,可采用以下三种 CSMA 坚持退避算法:

第一种为不坚持 CSMA。假如介质是空闲的,则发送;假如介质是忙的,则等待一段随机时间,重复第一步。

第二种为 1-坚持 CSMA。假如介质是空闲的,则发送;假如介质是忙的,继续监听,直到介质空闲,立即发送;假如冲突发生,则等待一段随机时间,重复第一步。

第三种为 P-坚持 CSMA。假如介质是空闲的,则以 P 的概率发送,或以 $(1-P)$ 的概率延迟一个时间单位后重复处理,该时间单位等于最大的传输延迟;假如介质是忙的,继续监听,直到介质空闲,重复第一步。

由于传输线上不可避免地存在传输延迟,有可能多个节点同时监听到线上空闲,并开始发送,从而导致冲突。故每个节点发送信息之后,还要继续监听线路,判定是否有其他节点正与本节点同时向传输介质发送。一旦发现,便中止当前发送,这就是"冲突检测"。

CSMA/CD 已广泛应用于计算机局域网中。每个站点在发送报文帧的同时还有检测冲突的能力,即所谓边讲边听。一旦检测到冲突,就立即停止发送,并向总线上发一串阻塞(Jam)信号,通知总线上各站点冲突已发生,使信道不致传送已损坏的帧。

2. 令牌(标记)访问控制方式

CSMA 访问产生冲突的原因是由于各站点发起通信是随机的。为了解决冲突问题,可对通信发起采取某种方式进行控制。令牌方式是一种按一定顺序在各站点传递令牌(Token)的方法。谁得到令牌,谁才有发起通信的权力,从而避免了几个节点同时发起通信而产生的冲突。令牌访问原理可用于环形网络,构成令牌环形网络,也可用于总线网,构成令牌总线网络。

(1)令牌环(Token-Ring)方式

令牌环是环形结构局域网采用的一种访问控制方式。令牌在网络环路上不断地传送,只有拥有此令牌的站点,才有权向环路上发送报文,而其他站点仅允许接收报文。一个站点在发送完毕后,便将令牌交给网上下一个站点,下一个站点如果没有报文发送,便把令牌顺次传给它的下一个站点。因此,表示发送权的令牌在环形信道上不断循环。环路上每个站点都可获得发送报文的机会,而任何时刻只会有一个站点利用环路发送报文,因而在环路上保证不会发生访问冲突。

（2）令牌传递总线（Token-Passing Bus）方式

这种方式和 CSMA/CD 方式一样，采用总线形拓扑，但不同的是在网上各节点按一定顺序形成一个逻辑环。每个节点在逻辑环中均有一个指定的逻辑位置，末站的后站就是首站，即首尾相连。总线上各站的物理地址与其逻辑位置无关。

2.1.11 数据交换技术

数据交换技术是计算机网络技术中十分重要和基本的内容。在计算机网络中，数据交换的基本方式有两类：线路交换和存储转发交换。存储转发交换又分为报文交换和报文分组交换。报文分组交换又有数据报方式和虚电路方式。

1. 线路交换方式

采用线路交换方式（Circuit Switching）在两台计算机之间通过网络进行数据交换之前，需要首先在网络中建立一个实际的物理线路连接。

例如，主机 A 要向主机 B 传输数据，线路交换方式的通信过程分为三个阶段：

① 线路建立阶段：通过网络在 A 与 B 之间建立线路连接，首先发送"连接请求包"。"连接请求包"内含有需要建立线路连接的源地址与目的地址。

② 数据传输阶段：通过该连接，实时、双向交换报文（或报文分组）。

③ 线路释放阶段：数据传输完成后，进入线路释放阶段，结束此次通信。

线路交换方式的特点是节点成为电子或机电结合的交换设备，完成输入线路与输出线路的物理连接。线路连接过程完成后，在两台主机之间建立起直接的物理线路连接，为此次通信所专用。节点交换设备不存储数据，不能改变数据内容，不具备差错控制能力。

线路交换方式的优点是通信实时性强，适用于交互式通信；缺点是对突发性通信不适应，系统效率低；系统不具有存储数据的能力，也不具备差错控制能力。

2. 存储转发交换方式

存储转发交换（Store and Forward Exchanging）方式与线路交换方式的主要区别表现在发送的数据与目的地址、源地址、控制信息按一定格式组成一个数据单元，即报文或报文分组；通信站点的通信控制处理器要完成数据单元的接收、差错校验、存储、路选和转发功能。

存储转发交换方式的优点主要有：

① 由于通信控制器可以存储报文（或报文分组），因此多个报文（或报文分组）可以分时共享一条节点到节点的通信信道，线路利用率高。

② 通信控制器具有路选功能，可以动态选择报文（或报文分组）通过通信网络的最佳路径，同时可以平滑通信量，提高系统效率。

③ 报文（或报文分组）在通过每个通信控制器时均要进行差错检查与纠错处理，因此可以减少传输错误，提高系统可靠性。

④ 通过通信控制处理器，可以对不同通信速率的线路进行速率转换，也可以对不同数据代码格式进行交换。

存储转发交换方式可以分为两类：报文交换（Message Switching）和报文分组交换（Packet Switching），其结构如图 2.32 所示。发送数据时，可以不管发送数据的长度是多少，都把它作为一个逻辑单元，在发送的数据上加上目的地址、源地址与控制信息，按一定的格式打包后组成一个报文。而报文分组方法是限制数据的最大长度（典型的最大长度是一千或几千比特）。在发送站将一个长报文分成多个报文分组，在接收端再将多个报文分组按顺序重新组织成一个新报文。

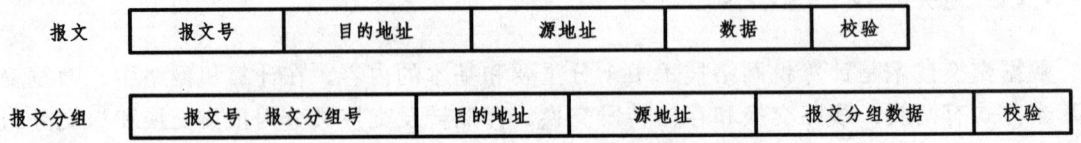

图 2.32 报文和报文分组结构

由于报文分组长度较短，传输差错检错容易，出错重发花费时间较少，有利于提高存储转发节点存储空间利用率和传输效率，因此成为公用数据交换网中主要的交换技术。采用报文分组交换技术的通信子网称为分组交换网。

报文分组交换技术在实际应用中又分为两类：数据报（Data Gram，DG）方式和虚电路（Virtual Circuit，VC）方式。

（1）数据报方式

数据报方式的数据交换过程如图 2.33 所示。其报文分组交换过程如下：

① 源主机 H_A 将报文 M 分成多个报文分组户：P_1，P_2，…，依次发送到与其直接连接的通信控制处理器 A（即节点 A）上。

② 节点 A 每接收一个报文分组均要进行差错检测，以保证 H_A 与节点 A 的数据传输正确性；节点 A 接收到报文分组 P_1，P_2，…后，要为每个报文分组进入通信网络的下一节点启动路选算法。由于网络通信状态是不断变化的，报文分组 P_1 的下一个节点可能选择为 C，而报文分组 P_2 的下一个节点可能选择为 D，因此同一报文的不同分组通过子网的路径可能是不相同的。

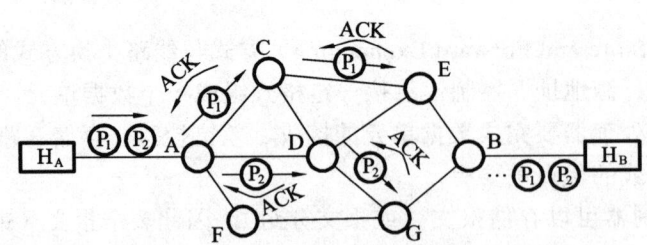

图 2.33 数据报方式工作原理示意图

③ 节点 A 向节点 C 发送报文分组时，节点 C 要对 P_1 传输的正确性进行检测。如果传输正确，节点 C 向节点 A 发送正确传输的确认信息 ACK；节点 A 接收节点 C 的 ACK 信息后，确认 P_1 已正确传输，则废弃 P_1 的副本。其他节点的工作过程与节点 C 的工作过程相同。报文分组 P_1 通过通信子网中多个节点存储转发，最终正确到达目的节点 B。

数据报工作方式具有以下特点：

① 同一报文的不同报文分组可以由不同的传输路径通过通信网络。
② 同一报文的不同报文分组到达目的节点时可能出现乱序、重复和丢失现象。
③ 每一个报文分组在传输过程中都必须带有目的地址和源地址。
④ 数据报方式的报文传输延迟较大,适用于突发性通信,不适用于长报文、会话式通信。

（2）虚电路方式

虚电路方式试图将数据报方式与线路交换方式结合起来,发挥这两种方式的优点,达到最佳数据交换效果。虚电路交换方式的工作过程如图 2.34 所示。

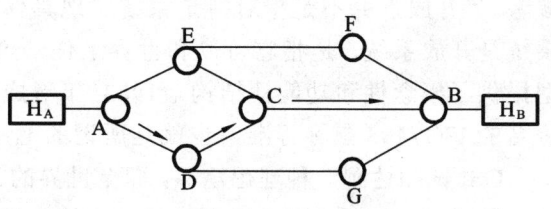

图 2.34 虚电路方式工作原理示意图

在数据报工作方式中,报文分组发送之前,发送方与接收方之间不需要预先建立连接。虚电路方式在报文分组发送之前,需要在发送方和接收方之间建立一条逻辑连接的虚电路。在这一点上,虚电路方式与线路交换方式相同,整个通信过程分为三个阶段:虚电路建立阶段、数据传输阶段和虚电路拆除阶段。

在虚电路建立阶段,节点 A 启动路选算法,选择下一个节点（例如 D）,向节点 D 发送"连接请求分组";同样,节点 D 也要启动路选算法选择下一个节点。依此类推,"连接请求分组"经过 A→D→C,送到目的节点 B。目的节点 B 向源节点 A 发送"连接接收",至此虚电路建立。在数据传输阶段,虚电路方式利用已建立的虚电路逐站以存储转发方式顺序传送报文分组。传输结束后进入虚电路拆除阶段。

虚电路方式的特点如下:
① 在每次报文发送之前,必须在发送方与接收方之间建立一条逻辑连接。
② 一次通信中所有报文分组都从这条逻辑连接的虚电路上通过,因此报文分组不带目的地址、源地址等辅助信息,报文分组到达目的节点不会出现丢失、重复和乱序的现象。
③ 报文分组通过每个虚电路的节点时,节点需要做差错检测,而不需要做路径选择。
④ 通信网络中每个节点可以和任何节点建立多条虚电路连接。

由于虚电路方式保留了报文分组交换与线路交换这两种方式的优点,因此在计算机网络中得到了广泛的应用。

不同的交换方式适合于不同的应用场合。线路交换方式适合于高负荷的持续通信要求,尤其是会话式通信与语音、图像通信,不适合于突发性通信;报文交换方式适合于长报文、无实时要求的通信,不适合会话式通信;数据报方式适合于灵活的突发性短报文传输,不适合会话式和有实时性要求的通信;虚电路方式既适合于定时、定对象、长报文通信,也适合会话式通信和语音、动态图像和图形通信要求。

2.2 网络互联参考模型

一般情况下,网络中连接的计算机可能是不同类型、不同型号,即由不同厂家生产的、具有不同的体系结构、其运行操作系统不同的计算机。因此,导致早期的计算机通信网络相当封闭,只有相同厂家生产的同一系列的计算机彼此才能进行通信,而不同厂家的网络产品之间很难相互沟通。随着通信技术的不断发展，人们迫切希望打破以往封闭式的网络，实现不同厂家网络产品之间的互联，这样就需要一套标准化的体系结构，使得各种网络产品都符合标准的统一规定。20 世纪 70 年代后期，由国际标准化组织（ISO）制定了一套完整的参考模型，即开放系统互联（Open System Interconnection，OSI）参考模型。这是为不同计算机互联提供的一个共同基础和标准框架，并为保持相关标准的一致性和兼容性提供了共同的参考。"开放"并不是指对特定系统实现具体的互联技术或手段，而是对标准的认同。一个系统是开放系统，是指它可以和世界上任一遵循相同标准的其他系统互联通信。OSI 参考模型提供了概念性和功能性结构。1983 年形成了开放系统互联基本参考模型的正式文件，即著名的 ISO7498 国际标准，也就是所谓的七层协议体系结构。

OSI 试图达到一种理想境界，即全世界的计算机网络都遵循这一统一标准，因而全世界的计算机都将能够很方便地进行互联和交换数据。

OSI 开放系统互联参考模型共包括 7 层，如图 2.35 所示，第 1~7 层依次为物理层（Physical Layer）、数据链路层（Data Link Layer）、网络层（Network Layer）、传输层（Transport Layer）、会话层（Session Layer）、表示层（Presentation Layer）和应用层（Application Layer）。

7 个层次可以划分为低层和高层两部分，1~3 层为低层，主要负责设备间的通信；5~7 层为高层，主要面向信息处理；传输层是高层与低层之间的接口，负责将高层和低层连接起来。

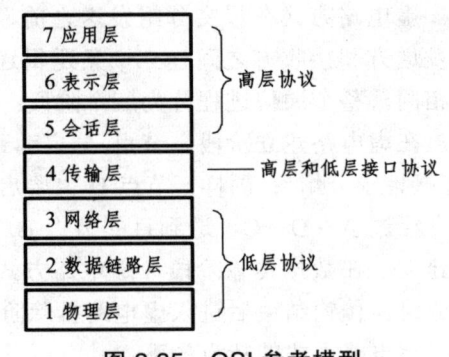

图 2.35 OSI 参考模型

2.2.1 OSI 模型的层次体系结构

在 OSI 模型中下一层为上一层提供服务，各层内部的工作与相邻层无关。第 N 层使用下一层（第 $N-1$ 层）提供的服务，并为上一层（第 $N+1$ 层）提供服务，也就是说，第 N 层既是第 $N-1$ 层的用户，又是第 $N+1$ 层的服务提供者。而第 $N+1$ 层的用户虽然只能直接使用本层提供的服务，但实际上还间接使用了第 N 层和其下各层提供的服务。因此，当一台计算机的第 N 层与另一台计算机的第 N 层进行通信时，并不是该计算机的第 N 层直接将数据传递给另一计算机的第 N 层（在 OSI 模型中物理层除外），而是每一层将数据和相应的控制信息通过层间接口传递给与其相邻的 $N-1$ 层，直至最低层（物理层）为止。在物理层中通过物理媒介实现与另一计算机物理层的通信，进行数据的直接传送。

现举例说明在 OSI 参考模型中，信息在实体间的流动过程。例如，有两台网络设备 A，B，其上运行两种不同的操作系统，设备 A 上运行 Windows 操作系统，而设备 B 上运行 UNIX 操作系统，现要求实现将数据由 A 传递到 B 的操作。信息从网络设备 A 传向另一台网络设备 B 时，会在发送方即 A 端的协议堆栈层向下移动，在接收方即 B 端的堆栈层里向上移动，如图 2.36 所示。

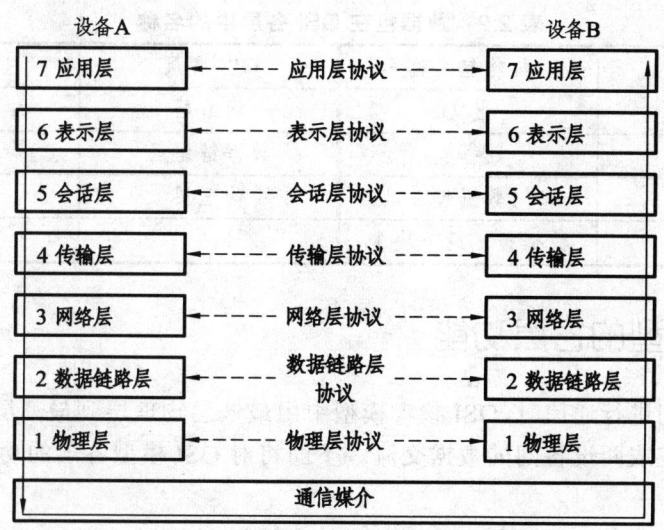

图 2.36 信息从一个同级层向另一个同级层发送

信息在第一个堆栈里向下移动时,每经过一层(物理层除外),都会在信息中添加一个信息头(也叫报文头或报头)。这些信息头包含了可由接收方堆栈与之相对应的层进行读取和处理的信息。信息在另一设备的堆栈层里向上移动时,每个层都会提取出由同级层添加的信息头。如图 2.37 所示,在应用层 Windows 应用程序需要从 UNIX 应用程序中获得某些信息,这个请求随后将发送至 Windows 应用程序的表示层,在这一层中以数据包的信息接收请求,并在其中添加自己的信息头,再向下传递给会话层。会话层重复上述的处理过程,依此类推,随着请求数据包不断向下传递,不同的层会在其中添加不同的信息头,直至物理层(该层不会添加自己的信息头)。随之,请求数据包会沿着网络传输媒介传输,并在 UNIX 应用程序的层内向上传递。在 UNIX 应用程序的数据链路层,将取出由 Windows 应用程序数据链路层添加的信息头,并执行该信息头内的指令,然后将请求数据包上传至更高一层,更高一层再重复这一处理过程,直到 UNIX 应用程序的应用层接收到数据包,并对其中的请求进行解释。

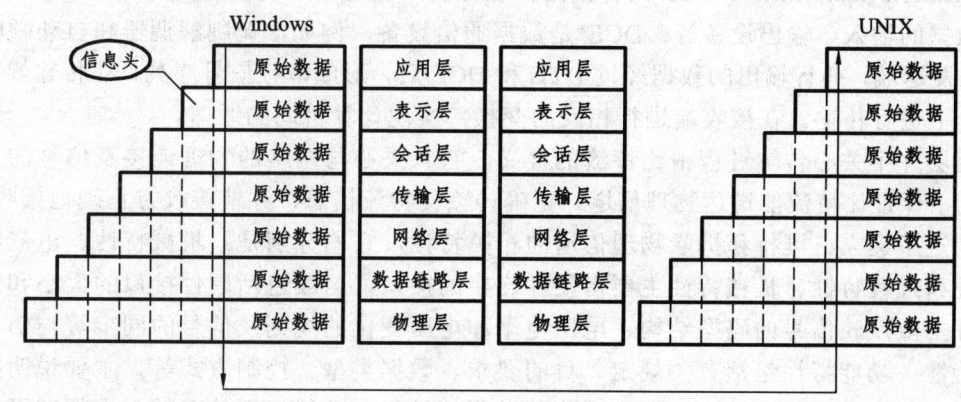

图 2.37 带信息头的 OSI 模型

在每一层中数据包(协议数据单元)均由来自上一层的数据与信息头组成,因而,数据包通常在不同的层中有不同的名称,如表 2.2 所示。

表 2.2 数据包在 OSI 各层中的名称

OSI 各层	数据包名称	OSI 各层	数据包名称
应用层	报文	网络层	数据报
表示层	数据包	数据链路层	帧
会话层	数据包	物理层	位
传输层	数据报、段（块）		

2.2.2 OSI 模型的各层功能

当不同的设备间进行通信时，OSI 参考模型中由最低层物理层到最高层应用层都相应完成不同的功能，从而完成两设备间的数据交流。下面将对 OSI 模型各层的功能逐一介绍。

1. 物理层

（1）物理层概述

该层是 OSI 模型的第一层，也是最低层。它向下是物理设备之间的接口，直接与传输介质相连接，使二进制比特流通过该接口从一台设备传递给另一台设备，向上为数据链路层提供位流传输服务，通过建立物理连接和数据传输等向数据链路层提供服务，如图 2.38 所示。

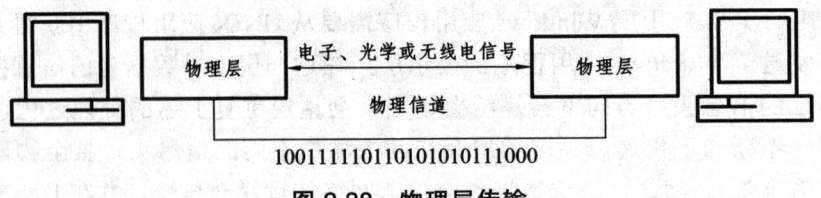

图 2.38 物理层传输

物理层实体间的物理数据单元的传输是在两台相邻的通信设备之间进行的。通信设备分为两类，即数据终端设备（DTE，Data Terminal Equipment）和数据通信设备（DCE，Data Communication Equipment）。DTE 具有根据协议控制数据通信的功能，例如，网络中连接的计算机和数据的输入、输出设备等；DCE 是数据通信设备，例如，调制解调器和自动呼叫应答机等。在发送端，并行输出的数据经过 DTE 和 DCE 后，形成串行信号序列，在传输媒介（如双绞线）上进行传输。在接收端进行相反的变换，实现计算机间的通信。

物理层并不关心传输过程中比特流的含义，它只关心与网络的物理连接及信号的发送和接收。为了保证比特流能送达物理信道，正确传输比特流信息，并使接收方正确地接收信息，其协议规定了建立、维持和拆除物理信道的相关特性，它们分别是：机械特性、电气特性、功能特性和过程特性。机械特性主要指硬件连接的接口，一般包括硬件接口的大小和形状；电气特性主要反映信号的码型结构、电压电平和电压变化的规则及信号的同步等与信号有关的功能特性；功能特性包括有关规定、目的要求、数据类型、控制方式等，主要说明接口引脚的功能和作用，以反映接口电路的功能；过程特性是在功能特性的基础之上规定了接口的功能函数，传输数据的顺序等，它涉及信号的传输方式。

（2）物理层解决的主要问题

设计一个物理层需要解决一系列问题，主要包括如下：

① 实现位同步。在物理层实体间的信号传输是按位进行的，即一位一位地传输。信号的状态只有两种（"0"和"1"），系统要通过有效的方法实现信号的发出、传送和接收，并保证信号发出的正确性和发送与接收的一致性。

② 数据信号的传输。数据是以信号位的形式在实体之间进行传输的，采用什么方式传输、传输的速度是多少、传输持续多少时间、如何解决传输中的信号失真问题等，都直接影响系统的性能。

③ 接口设计。数据信号在实体间进行传输，发送和接收双方要有接口，接口标准要一致。要实现信号的传输，必须解决好接口问题，例如，在两个紧密相连的设备间需要共享什么数据，共享该数据最有效的方法是什么等。

④ 信号传输规程。在信号传输过程中，要有一个良好的传输规程，例如，在两个设备间传输的比特流是单向的还是双向的，是否会改变方向等，要对整个传输过程和事件发生的顺序进行合理的安排。

（3）物理层的功能

① 实现实体之间的按位传输，并保证按位传输的正确性，同时向数据链路层进行一个透明的位流传输。

② 监督比特流转换成电磁信号，并通过通信介质传输的过程。

③ 在数据终端设备、数据通信和交换设备间完成对数据传输的物理信道的建立、保持和拆除。

2. 数据链路层

（1）数据链路层概述

OSI 模型的第二层是数据链路层，该层的主要任务是提供一种可靠的通过物理介质传输数据的方法。数据链路层的传输如图 2.39 所示，该层将输入的数据分解成帧，然后按顺序传输帧，并处理接收端发回的确认收到的帧。在该层为帧添加一个报头和一个报尾，这些报头和报尾允许目标设备查看帧在物理介质上开始传输和结束传输的时间。

IEEE 协会将数据链路层划分为两个子层（见图 2.40）：介质访问控制（MAC，Media Access

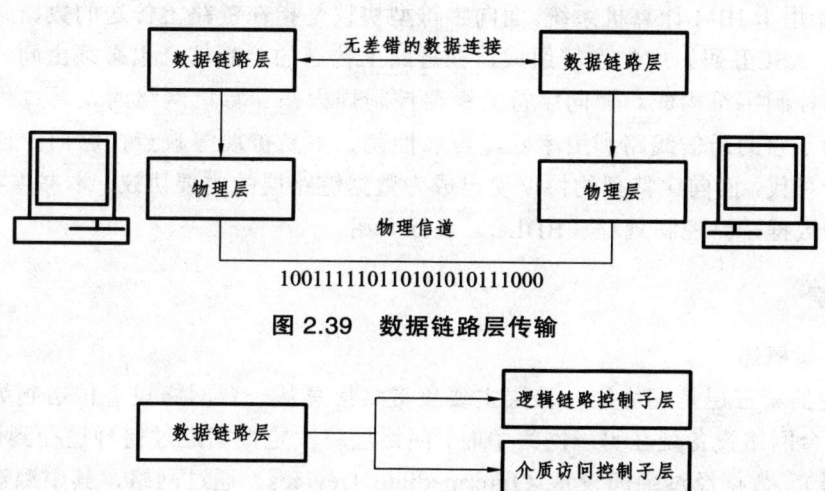

图 2.39 数据链路层传输

图 2.40 IEEE 协会将数据链路层划分为 LLC 子层和 MAC 子层

Control）子层和逻辑链路控制（LLC，Logic link Control）子层。

介质访问控制（MAC）：提供访问控制，负责物理寻址和对网络介质的物理访问；逻辑链路控制（LLC）：提供出错纠正和数据流控制，建立和维护网络设备间的数据链路连接。

（2）数据链路层的主要功能

① 帧同步。在数据链路层数据的传送单位是帧，帧是指将由物理层传送的比特流按照一定的格式进行分割后形成的若干个信息块。数据一帧一帧地进行传递，这样可以在出现差错时，将有差错的帧重新传送一遍，从而避免将全部信息重新传递。帧同步就是指接收方可以从接收到的比特流中准确地区分出一帧的开始和结束的位置。

② 寻址。在该层加入报文头和尾部的信息，包含了最近节点和下一节点的物理地址，从而保证每一帧都能送到正确的地址，同时接收方也知道发送方是哪一个站。

③ 访问控制。当两个以上的设备连接到同一条链路上时，数据链路协议必须能决定在任意时刻由哪个设备来获取对链路的控制权。

④ 流量控制。为了防止接收方过载，数据链路协议约束了发送方一次可以发送的数据量和发送数据的速率，同时加上了序号标志，使接收节点可以控制数据帧的顺序。

⑤ 差错控制。在计算机通信中，通常都要求极低的比特差错率，因此，采用编码技术来进行差错控制。差错控制方法主要有向前纠错法和反馈重发法两大类。常用的差错控制编码方法是循环冗余校验法（CRC）。

⑥ 链路管理。当网络中的两个相邻的节点进行通信时，数据的发送方必须知道接收方是否处在准备接收的状态。因此，通信双方必须事先交换一些必要的信息，建立一条数据链路。在传输数据时要维持数据链路，通信完毕还要释放数据链路。

⑦ 透明传输。透明传输就是无论所传输的数据是什么样的比特组合，都应当能够在链路上传送。当所传数据中的比特组合恰巧与某一个控制信息完全一样时，就必须采取有效措施，使接收方不会将这样的数据误认为是某种控制信息，从而保证数据链路层的透明传输。

（3）数据链路层协议

数据链路层协议分为面向字符型协议和面向比特型协议。

由 IBM 公司制定的二进制同步通信规程（BSC）是典型的面向字符的数据链路控制规程，从 1968 年开始用于 IBM 计算机系统。面向字符型协议是指在链路上传送的数据必须是由规定的字符集（如 ASCⅡ码）中的字符组成，在链路上传送的控制信息也必须由同一字符集中的若干个指定的控制字符构成。面向字符的链路控制规程在计算机网络的发展过程中起了重要作用，但是由于它的通信线路利用率低、可靠性差、不易扩展等缺点，因而，逐渐被面向比特型的协议所替代，面向比特型的协议现已成为数据链路层的主要协议。本书将在 2.4 节对面向比特的高级数据链路控制规程（HDLC）进行介绍。

3. 网络层

（1）网络层概述

OSI 模型的第三层是网络层，该层主要负责将信息从一台网络设备传送到另一台网络设备。当其中一台网络设备处在另一网络中时，网络层将决定数据通过何种途径到达目的地（即进行路由选择）。数据经过中间设备（Intermediate Devices）通过网络，其中源设备和目标设备称为终端系统（Terminal System）。数据在网络层的两台设备间的传送过程如图 2.41 所示。

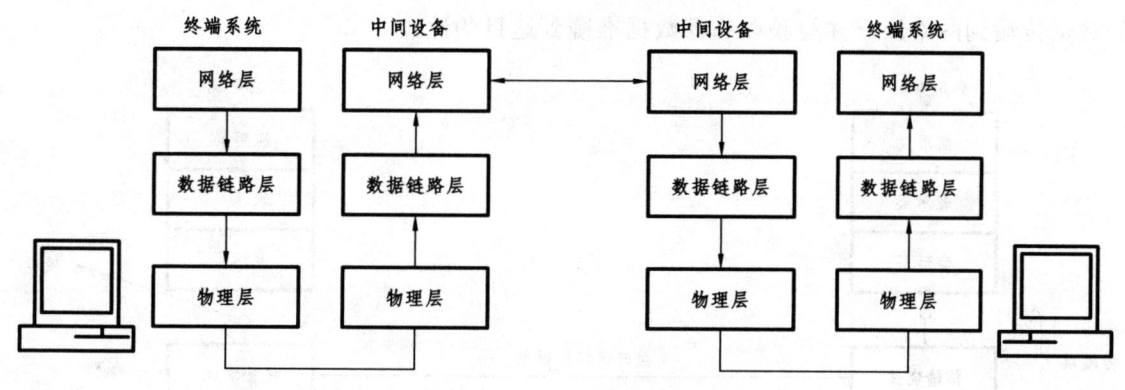

图 2.41 网络层传输

网络层从源设备接收报文，将报文转换成数据包，并确保数据包直接发往目标设备。该层还负责决定数据包经过网络的最佳途径，如果目标设备在另一网络中，该层必须决定数据包发往何处，以使其到达目的地。另外，与物理层和数据链路层不同，该层中设备的连接一般被视为无连接（Connectionless），不需要进行连接的建立和维护。

（2）网络层的主要功能

① 定址及寻址，包括网络地址及设备地址。网络层涉及将数据由一台网络设备传送到另一台网络设备（这些网络设备可以在同一网络中，也可以在不同网络中），因此网络层要使用网络地址。网络中的设备不仅具有设备地址，而且具有网络地址，以便告知其他网络设备如何找到自己。使用该地址发送数据可以判断目标设备是位于同一网段（本地），还是位于另一个网段（远程），使数据能准确地到达目的地。

② 线路、报文及数据包交换。线路交换（Circuit Switching）的优点是不会产生阻塞和延迟，缺点是线路得不到充分利用且建立连接需等待的时间较长。报文交换（Message Switching）采用存储转发技术，其优点是介质的利用率高，可以控制阻塞，可以设置信息的优先级，从而保证重要的数据优先到达。缺点是实时性较差，不适用于语音或视频数据的传送。数据包交换（Packet Switching）由于数据已经被分割成小段，所以传输数据的设备只需将报文保存在内存中，而不必将整个信息存储到物理存储设备中。

③ 路由选择。网络层还负责数据包通过网络时的路由选择，为使数据包能够选择正确的路由，需要建立一个表示两个网络间最短路由的表，该表可以是静态（Static）的也可以是动态（Dynamic）的。

④ 连接服务。包括网络层流量控制、网络层差错控制和数据包顺序控制。流量就是网络中的通信量，也就是网络中的报文流或分组流，流量控制的作用是为了保证通信子网提供能使信息在节点间畅通无阻，顺利流通。

4. 传输层

（1）传输层概述

OSI 模型的第四层是传输层，它介于高层和低层之间，实质上它是高层和低层之间进行衔接的接口层。传输层利用下面 3 层提供的服务向高层用户提供端到端的可靠的透明传输，它是通信子网和资源子网的界面。两台设备间传输层间的通信及传输层与高层间的关系，如图 2.42 所示。传输层从会话层取得数据，并在必要的时候对数据进行分割，然后，再将处理好的数据传输到网络层，并检验以确保数据准确到达目的地。

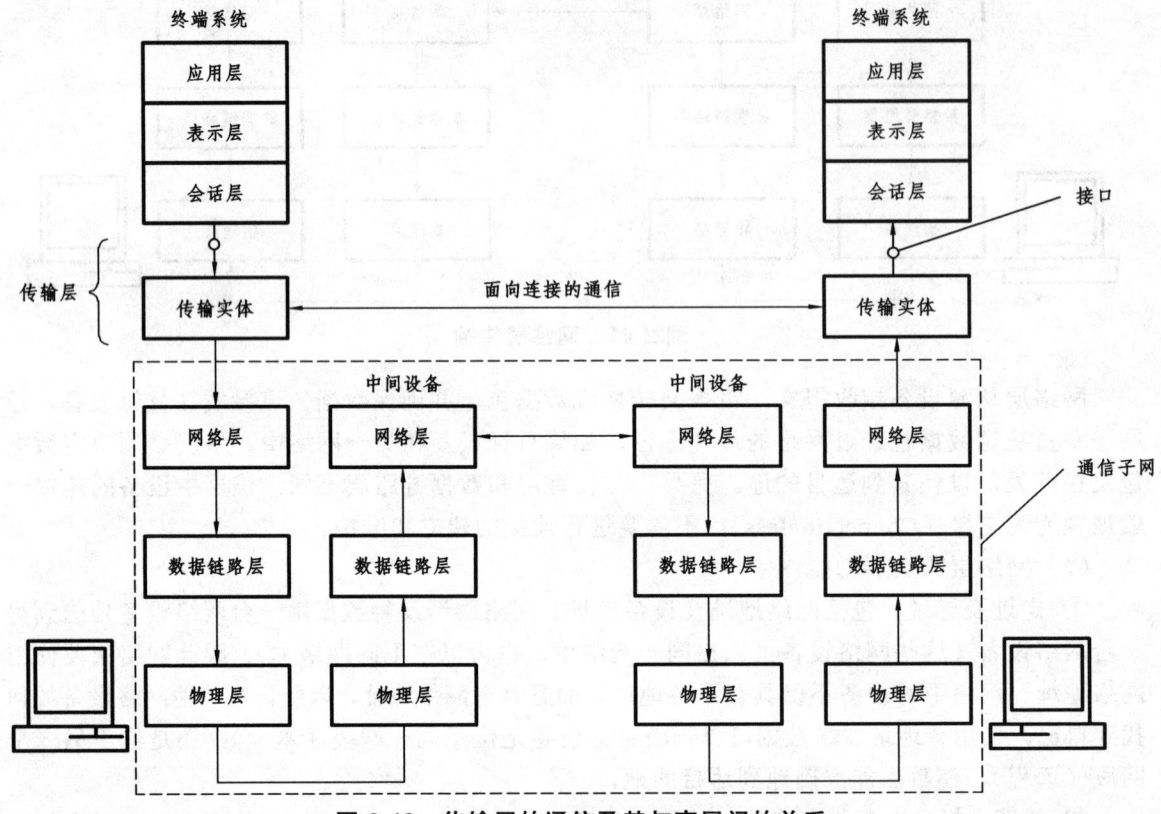

图 2.42　传输层的通信及其与高层间的关系

（2）传输层的功能

传输层对于高层用户来说，屏蔽了下面通信子网的细节，使高层用户感到就好像是在两个传输实体之间有一条端到端的可靠的通道，它向会话层提供独立于网络层的传输服务。传输层从下层获得的服务，包括由下层发送和接收的数据块序列，其构成了传输层的数据，还获得了网络层的地址。传输层向上层提供的服务主要是从会话层接收数据，在需要的情况下，将数据分割成小块，把数据传送给网络层，并保证数据块正确到达网络层，在会话层和网络层之间起承上启下的作用，实现两层间数据的透明传输。具体讲，包括以下几个方面：

① 建立传输连接。传输层建立的连接分为两类：面向连接的传输服务和无连接的传输服务。一般采用面向连接的传输服务，两个用户用面向连接的传输服务进行通信，要经历三个阶段。

a. 传输连接的建立。首先在两个用户之间建立传输连接，该连接应由双方的传输地址构成，根据双方对于服务质量的要求，相互协商服务的功能和参数，意见取得一致后，建立正式连接。

b. 数据交换。在建立了连接之后，双方按照事先协商好的约定，在该连接上进行数据交换，即数据的发送与接收。

c. 传输连接的拆除。在完成了通信任务之后，就要关闭相应的连接；或者是在相互通信过程中，如果出现异常情况，任一方用户都可以主动关闭该连接。这时，双方通过交换信息可以将该连接拆除。

② 数据块排序。当利用网络传输大量数据的时候，必须将数据分割成小块，由于网络层的数据包交换方式，可能导致被分割的数据块到达目标设备时处于无序的状态，因此，传输层在将数据发送给会话层之前要将这些数据块重新排序，以确保其顺序正确。

③ 差错控制。传输层能利用校验和等方法来检验数据中的错误，而且如果差错控制通过跟踪数据包的序列号，发现没有收到某一段数据，它还能请求重新发送数据。

④ 流量控制。传输层通过使用确认信息来进行流量控制。在接收到目标设备已收到上一段数据包的确认信息之前，发送设备不会传送下一段数据。

⑤ 多路复用。传输层提供的服务还包括多路复用，在该层进行的多路复用分为两种方式：向上多路复用和向下多路复用。

向上多路复用是指把多个连接多路复合到一个下一层连接上实现多路复用，如将若干条不同的传输连接同时采用网络层的一条虚电路连接到远程主机上。向上多路复用可以使用户充分利用虚电路资源，但是其缺点是一旦过多的连接被映射到同一条虚电路上，虚电路的性能就会减弱，增加传输延迟，因而用户只能选择等待。

向下多路复用是指把单个连接进行分割，连接到多个下一层连接上实现多路复用。如将一条传输连接分割，通过网络层的四条虚电路连接至远程主机。向下多路复用可以改善吞吐量，利用向下多路复用在传输层同时打开多个网络连接，并在其间循环地分配报文信息，则有效带宽实际上就被增加了数倍。

5. 会话层

（1）会话层概述

OSI 模型的第五层是会话层，从这一层开始进入 OSI 模型的高层。前面的四层为数据的交换提供了可靠的手段，提供了良好的数据通路。会话层的基本任务是负责两台设备之间原始报文的传输，为两个用户之间的会话和活动提供组织和同步所必需的手段，并对数据的传输进行控制和管理。所谓的会话，就如同两个人之间进行的对话，在两个人进行对话时应考虑的问题包括：会话方式、会话协调、会话同步及会话隔离（不同内容之间的界限）等。设备与设备之间的会话就是会话实体依靠会话协议，在传输连接的基础上，会话实体建立会话连接服务，并且支持有序交换数据的机制。两台设备间会话层的通信，如图 2.43 所示。

（2）会话层的功能

会话层向表示层提供的服务包括会话连接的建立与释放、数据交换、同步、活动管理和异常报告等。

① 会话连接的建立与释放。一次会话要经历三个阶段：会话连接的建立、使用和释放。会话连接的建立是指在两个设备的表示层即两个表示实体间建立一条会话连接，并利用会话地址来识别表示实体。会话连接的建立阶段也包含对等实体间协商如何设置各种参数的过程。会话连接的释放有两种方式：有序释放和突然释放。前者包括完整的握手过程，即请求、指示、响应和确认，如果对方不同意，会话还可以继续进行。后者可以由会话的任一方发出，一旦发出，会话即刻终止，就不可以再将数据交给该连接了。

② 数据交换。会话层的数据交换一般采用半双工的方式，符合人的会话方式，会话层协议维持一种轮番讲话的方式。

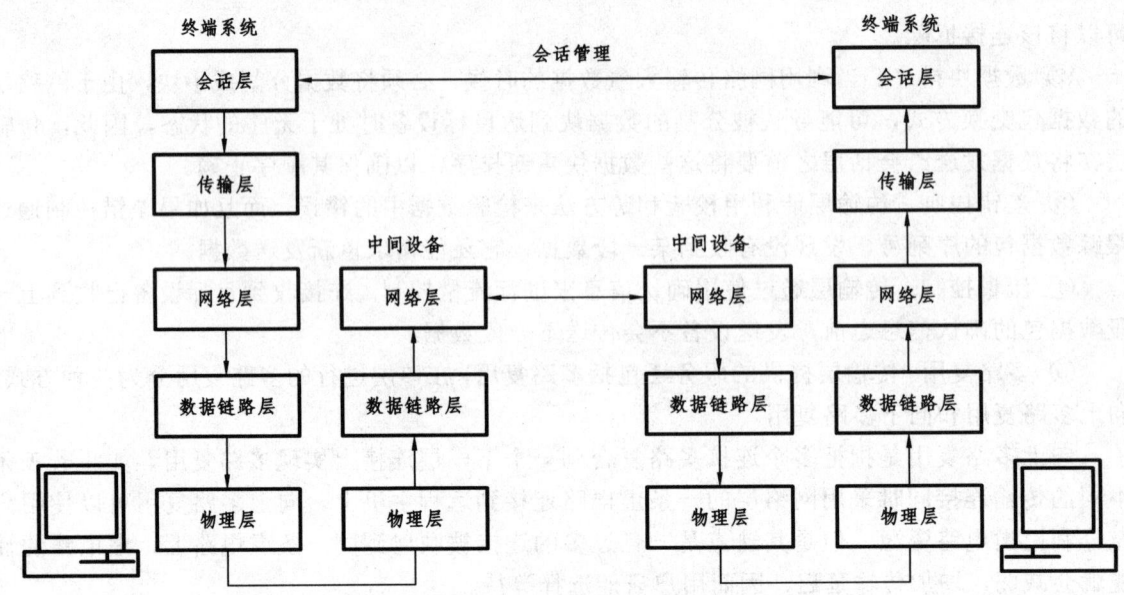

图 2.43 两台设备间会话层的通信

③ 会话同步。是指在发生错误或不符合协议的事件的情况下，让会话实体返回到一个已知的状态。

实现会话同步的方法是会话用户可以把报文分割成若干个数据单元，并在相邻的两个数据单元之间插入同步点，并给其编号。当出现问题时，就可以将会话的状态复位到一个先前的同步点上，并由此继续进行。

④ 活动管理。是指让用户把报文流分成被称为"活动"的逻辑单元，每一个活动完全独立于其他的活动，活动可以被中断，且在以后重新执行时不会丢失信息。

⑤ 异常报告。如果一方用户遇到麻烦，可以通过会话异常报告来通知另一方的用户。

6. 表示层

（1）表示层概述

OSI 模型的第六层是表示层，表示层直接面对应用层，所以要求表示层传送的信息与下面的五层传送的有序的比特流不同，表示层要保持信息的原有含义。它要处理通信双方传输数据代表的问题。由于通信双方表示数据的内部方法往往不一致，所以需要建立数据交换格式和约定来确保通信双方能够相互理解。同时表示层还要处理其他一些与数据传送和表示相关的问题，如数据加密和解密、压缩和解压缩等。两台设备间表示层的通信如图 2.44 所示。

（2）表示层的功能

① 数据转换。数据转换的方法一般有三种：位顺序、字节顺序和字符代码转换。计算机读取由 0 和 1 组成的字符串时，是从左到右还是从右到左？不同的制造商有不同的做法，表示层要按照正确的顺序发送数据。

采用按字节顺序时，不同的计算机以不同的方式读取字节顺序。一些计算机采用小末位方法，而另一些计算机则采用大末位方法。

计算机内部使用 0，1 代码来表示一切，即只能使用数字，这就需要一种方法，将数字与字母用某种约定相对应起来，进行字符与二进制代码的转换。

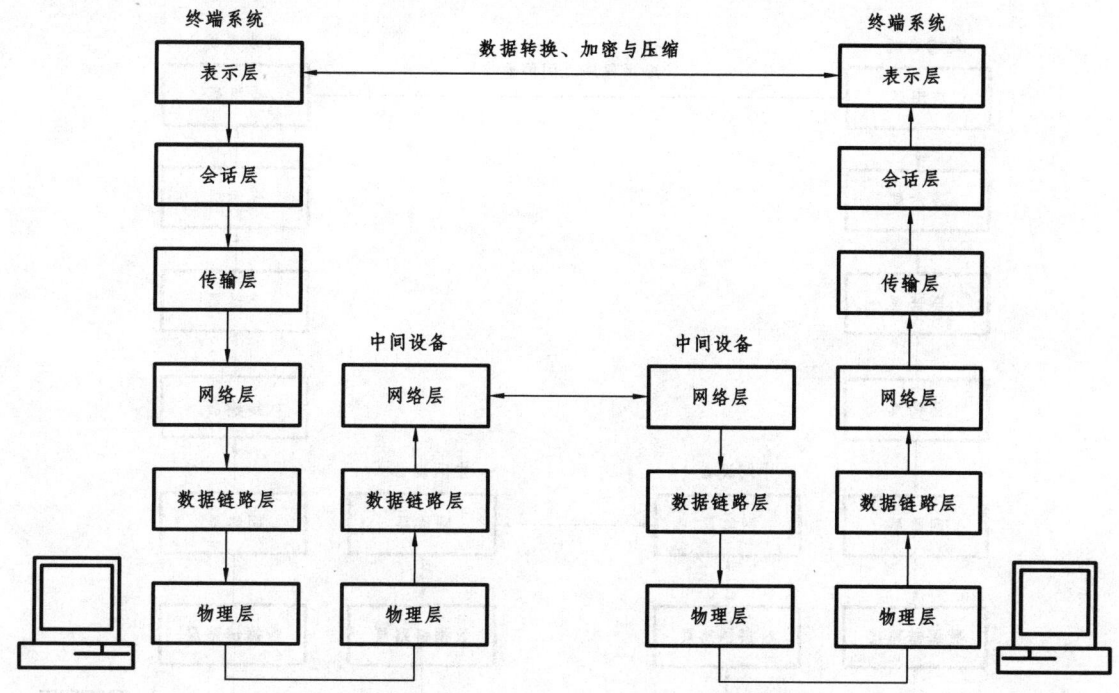

图 2.44　两台设备间表示层的通信

② 数据的格式化。将输入的数据按照一定的格式进行组织和改变。

③ 数据压缩。是表示层要完成的一项重要任务，因为通信数据要占用海量的存储空间和大量的通信信道带宽，所以要进行数据压缩。数据压缩的方法可以分为有损压缩和无损压缩，无损压缩又分为符号有限集编码及替换、依赖于符号使用的相对频度或符号出现的上下文编码等三类。数据压缩大多是通过一些编码方法，如霍夫曼编码等来实现的。

④ 数据加密。在网络中进行数据传输，数据的安全问题是相当重要的。为了保证数据的安全性，可以通过数据加密的技术来实现。事实上，在 OSI 模型中，从物理层到应用层，每一层都可以实施加密。加密可以通过软件实现，也可以用硬件来完成。

7. 应用层

（1）应用层概述

OSI 模型的第 7 层是最高层也是应用层，该层是用户的应用程序与网络的接口。应用层是直接面向用户的一层，用户相互通信的内容要由应用层来处理，这就要求应用层要采用不同的应用协议来解决不同类型的应用要求，并且保证这些不同类型的应用协议所采用的低层通信协议相同。由于应用类型的负责性和多样性，以致目前应用层还没有一套完整的标准。

应用层的作用不是把各种应用进行标准化，而是把一些应用程序经常使用到的应用层服务、功能，以及实现这些功能所要求的协议进行标准化，即应用层直接为用户的应用程序提供服务。在该层允许用户看见应用程序传输文件、收发电子邮件、进行数据库访问等，允许应用程序与其他计算机上的应用程序通信，如同这些应用程序都位于同一台机器一样。两台设备间应用层的通信，如图 2.45 所示。

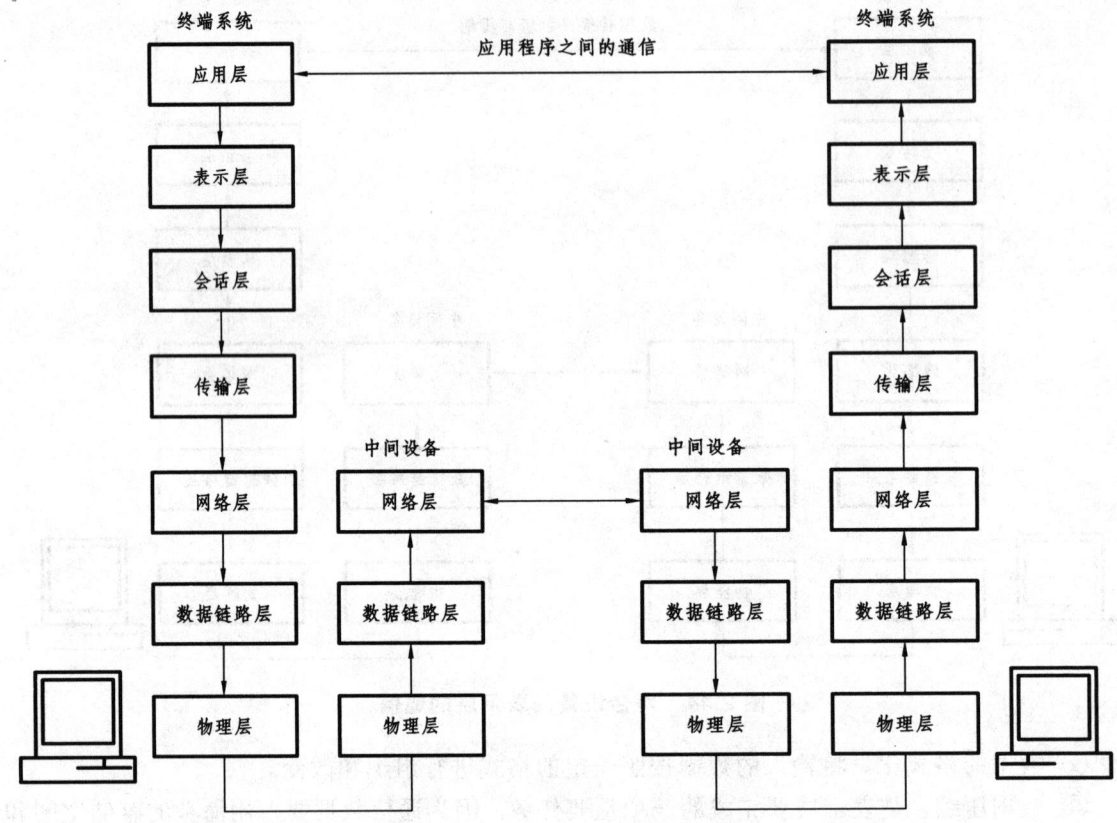

图 2.45 两台设备间应用层的通信

（2）应用服务元素

由于应用层被划分成不同的子层和应用元素，所以其应用是由许多应用服务元素组成的，应用服务元素分成两类：特定应用服务元素（SASE，Specific Application Service Elements）和公共应用服务元素（CASE，Common Application Service Elements）。

① 特定应用服务元素。SASE 完成某一方面的特定应用，如文件的传送、访问和管理（FTAM，File Transfer Access and Management），虚拟终端协议（VTP，Virtual Terminal Protocol），作业传送与操作（JTM，Job Transfer and Manipulate），报文处理系统（MHS，Message Handling Systems）和目录服务（DS，Directory Service）等。

② 公共应用服务元素。CASE 是为各种应用程序提供共同的服务，其本身由许多协议元素组成，这些协议元素包括：联系控制服务元素（ACSE，Association Control Service Element）、可靠传输服务元素（RTSE，Reliable Transfer Service Element）、远程操作服务元素（ROSE，Remote Operation Service Element），以及委托、并发与恢复（CCR，Commitment Concurrency and Recovery）元素。

2.2.3 OSI 模型的具体应用

在了解了 OSI 模型的各层及各层的功能之后，下面来看一下其具体应用，比如有两个网络设备需要进行连接，假设用户 A 在其计算机上运行一个聊天程序，通过该程序用户 A 的计算机与另一用户 B 的计算机相连，并能同用户 B 进行会话。

在发送端（用户、A 端）信息通过 OSI 模型的流动过程如图 2.46 所示。

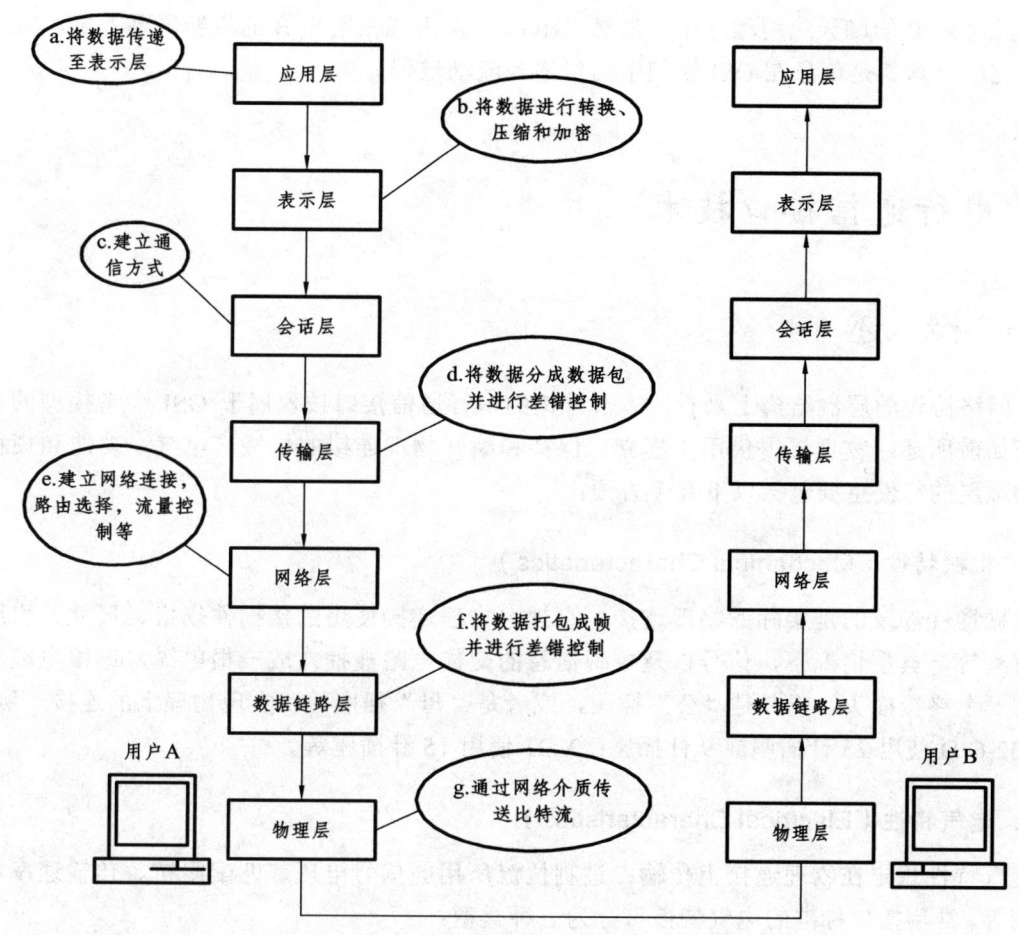

图 2.46　用户间进行通信时 OSI 模型的流程

① 用户 A 输入消息"Hello"，应用层便将数据从用户 A 的应用程序传递至表示层。
② 表示层将对数据进行转换和加密，然后将数据传送至会话层。
③ 在会话层建立通信方式，如半双工的通信方式，数据继续下传至传输层。
④ 传输层将数据分割成小的数据块，并将接收设备的名称解析成相应的 IP 地址，同时添加校验和，进行差错检验，然后下传至网络层。
⑤ 在网络层数据被打包成数据报，并检查 IP 地址，如果发现用户 B 位于同一网络中，数据下传至数据链路层，反之，还要添加中间设备的 IP 地址作为下一个目标地址，利用中间设备进行过渡，最终到达目标设备。
⑥ 在数据链路层数据被打包成帧格式，并解析设备的物理地址，继续沿 OSI 模型下传至物理层。
⑦ 在物理层数据被打包成位，并通过网络介质进行发送。

在接收端（用户 B 端）重复与上述相反的流程，目标设备在物理层读取网络介质上传递的位；数据链路层将数据打包成帧，同时目标设备的物理地址被解析成 IP 地址；网络层将数据打包成数据报，且数据以正确的顺序被记录下来；然后数据传递到传输层，数据被打包成数据块，并进行差错检验；会话层确认已收到数据；表示层将数据转换和解密；应用层将数据传递至用户 B 的聊天应用程序中，消息"Hello"便出现在用户 B 的机器屏幕上了，一条消息传送完毕。这就是信息在 OSI 模型中的传递和流动过程。

2.3 串行通信接口技术

2.3.1 概述

从网络协议的层次结构上来看，本节讨论的串行通信接口技术属于 OSI 参考模型的物理层。正如前所述，物理层提供用于建立、保持和断开物理连接的机械、电气、功能和规程条件。物理层的特性主要包括以下几个方面：

1. 机械特性（Mechanical Characteristics）

机械特性涉及的是实际的物理连接。它规定物理连接使用的接插件规格、尺寸、引脚数量和排列等。典型情况下，信号以及控制信息的交换电路被捆扎成一根电缆，这根电缆的两端各有一个终接插头，或者是"公"插头，或者是"母"插座，以实现物理上的连接。例如，EIA-232-C/D 使用 25 针插座或 9 针插座；X.21 使用 15 针插座等。

2. 电气特性（Electrical Characteristics）

电气特性规定在物理连接上传输二进制位流所用的信号电压、匹配阻抗、传输速率和距离限制等。常用接口标准的电气特性可分为三种类型：

（1）非平衡型（见图 2.47）

信号发生器和接收器均采用非平衡工作方式。每个信号使用一根导线，所有信号公用一根地线。其特点是简单，但抗干扰能力较差。例如，EIA-232-D。

（2）半平衡型（见图 2.48）

发送器采用非平衡工作方式，而接收器采用平衡工作方式。每个信号使用一根导线，但把发送方的信号地线作为差分接收器的一个输入。例如，EIA-423-A。

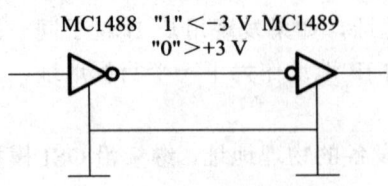

图 2.47 单端驱动非差分接收电路

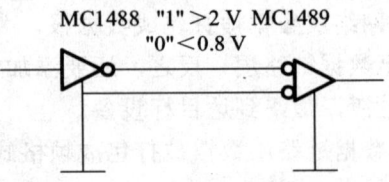

图 2.48 单端驱动差分接收电路

（3）平衡型（见图2.49）

平衡型不使用信号地线，每个信号使用两根导线。差动发送、差分接收，使得抗干扰能力大大增强。例如，EIA-422-A，EIA-485。

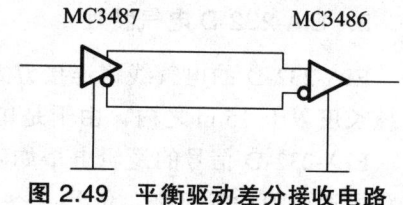

图 2.49 平衡驱动差分接收电路

3. 功能特性（Functional Characteristics）

功能特性是指给各个信号线分配的确切信号含义。信号线一般分为数据、控制、定时和地线等若干类型。

4. 过程特性（Procedural Characteristics）

过程特性定义了利用信号线进行二进制位流传输的一组操作过程，是指在建立、维持物理连接和交换信息时，以及连接释放时通信双方在各个电路上的动作序列。

2.3.2 EIA-232-D 接口标准

EIA-232-D 是美国电子工业协会（EIA，Electronic Industries Association）制定的物理接口标准，也是目前数据通信中使用最早、应用最广的一种异步串行通信标准。它的前身是 EIA 在 1969 年制定的 RS-232-C 标准。RS 是 Recommended Standard 的缩写，232 是该标准的标准号，C 表示第 3 版。1987 年修改后，称为 EIA-232-D。由于两者相差不大，因此 EIA-232-D 和 RS-232-C 在物理接口标准中基本成为等同的标准，人们经常简称它们为"RS-232"标准。

1. EIA-232-D 机械特性

EIA-232-D 标准总线为 25 条线，采用 25 针 D 型（DB-25）插头和插座。

早期 PC、PC/XT 计算机都是采用 DB-25（支持 20 mA 电流环）；PC/AT 计算机，采用 DB-9 插头和插座（取消电流环）。

机械特性涉及接口分界面上的物理结构，主要是接线器的形状、插脚引线及引脚的排列顺序，如图 2.50 所示。

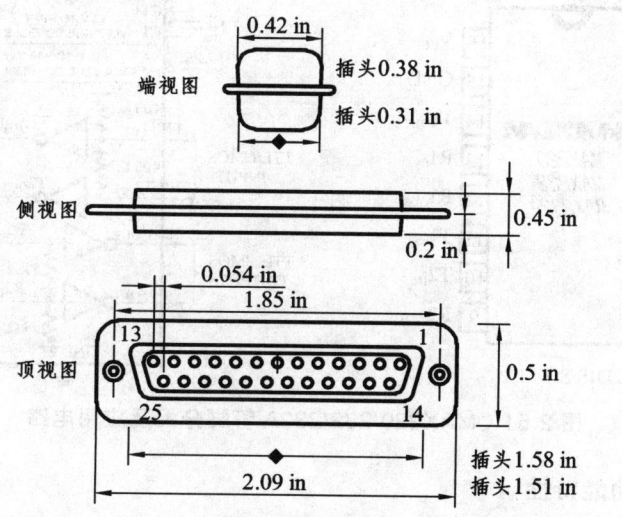

图 2.50 DB-25 接插件的机械图（1 in = 2.54 cm）

2. EIA-232-D 电气特性

EIA-232-D 的电气线路连接方式采用图 2.47 所示的非平衡型。信号速率限于 20 kbit/s 内，电缆长度限于 15 m 之内。由于是单线，线间干扰较大。

EIA-232-D 信号的逻辑电平如表 2.3 所示，使用负逻辑。当传输电平的绝对值大于 5 V 时，电路可有效地检测出来。介于 –5～+5 V 之间的电压无意义；低于 –15 V 或高于 +15 V 也认为无意义。采用正负电压表示信号的逻辑状态，与 TTL 以高低电平表示逻辑状态的规定不同。由于 EIA-232-D 的逻辑"1"和逻辑"0"用相反的电压表示，使两种状态之间的电压差较大，可提高数据传输的可靠性，提高抗干扰能力，增加传输距离。

表 2.3　EIA-232-D 信号的逻辑电平

电压值 逻辑状态	数据信号 TxD, RxD	控制信号 RTS, CTS, DSR, DTR, CD
逻辑"1"	–5～–15 V　Mark（传号）	–5～–15 V　Off（断）
逻辑"0"	+5～+15 V　Space（空号）	+5～+15 V　On（通）

由于 EIA-232-D 电平与 TTL 电平不兼容，因此为了与 TTL 器件相连必须进行电平转换。可使用专门的集成电路器件进行电平转换，例如，MOTOROLA 公司生产的 MC1488 驱动器和 MC1489 接收器；TI 公司生产的 SN75188 驱动器和 SN75189 接收器及 MAXIM 公司生产的 MAX232 多路驱动和接收器。

MAX232 是具有两个线路驱动器（Tx）和两个接收器（Rx）的 16 脚 DIP/SO 封装型工业级 RS-232-C 标准接口芯片。内部有电压倍增电路和转换电路，可实现 TTL/CMOS 电平与 RS-232 电平的双向电平转换。采用单一的 +5V 电源供电，使用方便。

MAX232 系列收发器引脚及内部逻辑原理图如图 2.51 所示。

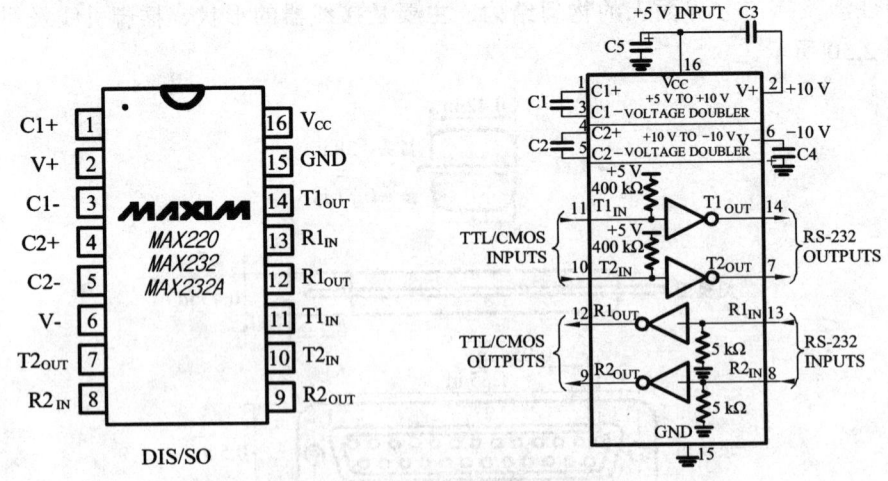

图 2.51　MAX220/232/232A 管脚分配及应用电路

3. EIA-232-D 功能特性

EIA-232-D 的功能特性是指它的每一个管脚的名称及功能，并说明相互间的操作关系。在

25 芯的连接器中，仅对 20 条线做了规定，剩下的 5 条线未做规定，其中 9，10 脚为测试保留，11，18 和 25 脚未指定，如图 2.52 所示。

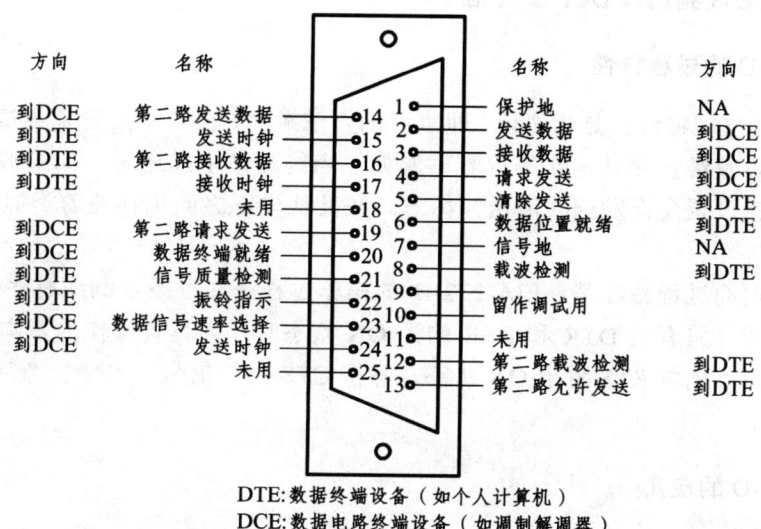

图 2.52　EIA-232-D 引脚排列图

这些信号分为两类，一类是 DTE 与 DCE 交换的信息：TxD 和 RxD；另一类是为了正确无误地传输上述信息而设计的联络信号。下边介绍这两类信号。

（1）传送信息信号

① 发送数据（TxD，Transmitting Data）：由发送终端（DTE）向接收端（DCE）发送的信息，按串行数据格式，即先低位后高位的顺序发出。正信号是一个空号（Space）（二进制 0），负信号是一个传号（Mark）（二进制 1）。当没有数据发送时，DTE 应将此条线置为传号状态，包括字符或文字之间的间隔也是这样。

② 接收数据（RxD，Receive Data）：用来接收 DTE 发送端（或调制解调器）输出的数据，当收不到载波信号时（管脚 8 为负），这条线会迫使信号进入传号状态。

（2）联络信号

这类信号共有 6 个：

① 请求传送信号（RTS，Request To Send）：这是 DTE 向 DCE 发出的联络信号，当 RTS = 1 时，表示 DTE 请求向 DCE 发送数据。

② 清除发送（CTS，Clear To Send）：这是 DCE 向 DTE 发出的联络信号。当 CTS = 1 时，表示本地 DCE 响应 DTE 向 DCE 发出的 RTS 信号，且本地 DCE 准备向远程 DCE 发送数据。

③ 数据准备就绪（DSR，Data Set Ready）：这是 DCE 向 DTE 发出的联络信号。DSR 将指出本地 DCE 的工作状态。当 DSR = 1 时，表示 DCE 没有处于测试通话状态，这时 DCE 可以与远程 DCE 建立通道。

④ 数据终端就绪信号（DTR，Data Terminal Ready）：这是 DTE 向 DCE 发送的联络信号，DTR = 1 时，表示 DTE 处于就绪状态，本地 DCE 和远程 DCE 之间建立通信通道，而 DTR = 0 时，将迫使 DCE 终止通信工作。

⑤ 数据载波检测信号（DCD，Data Carrier Detect）：这是 DCE 向 DTE 发出的状态信息，

当 DCD = 1 时，表示本地 DCE 接到远程 DCE 发来的载波信号。

⑥ 振铃指示信号（RI，Ring Indication）：这是 DCE 向 DTE 发出的状态信息。当 RI = 1 时，表示本地 DCE 收到远程 DCE 振铃信号。

4．EIA-232-D 的过程特性

EIA-232-D 的过程特性就是指协议，即事件的合法顺序。协议中规定了各接口间的相互关系、动作顺序，以及维护测试操作等内容。例如，当终端请求发送时，如果调制解调器能够接收数据，则它就设置允许发送（清送）标志。在其他电路之间也存在着类似的行为——反馈关系。

需要再次强调的过程特性是，EIA-232-D 的操作过程是在各条控制线有序的 ON 和 OFF 状态配合下进行的。只有当 DTR 和 DSR 均为 ON 状态时，才具备操作的基本条件。若 DTE 要发送数据，则应首先将 RTS 置于 ON 状态，等待 CTS 应答信号为 ON 状态后，才能在 TxD 上发送数据。

5．EIA-232-D 的应用

在一般的串行通信接口中，即使是主信道，也不是所有的线都一定要用，最常用的也就是其中的几条最基本的信号线。根据具体的应用场合不同，EIA-232-D 有下面几种连接方式。

（1）使用 MODEM 连接

计算机通过 MODEM 或其他数据通信设备（DCE）使用一条电话线进行通信时，一般只需要 1～8 号这 8 条线，如图 2.53 所示。

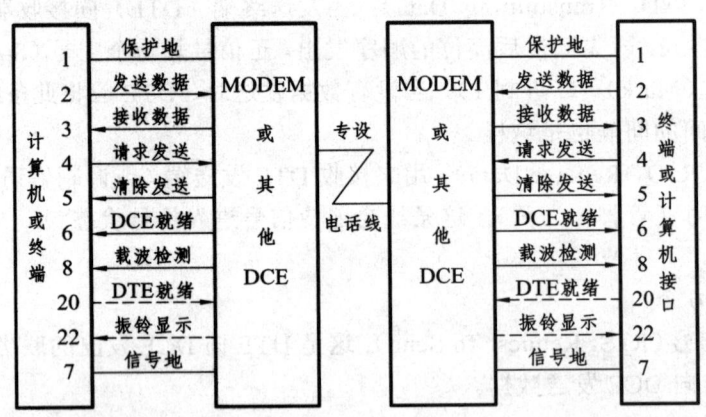

图 2.53　使用 MODEM 时 EIA-232-D 引脚的连线

在图 2.53 中，计算机终端（DTE）向远程终端（DTE）发送数据的过程如下：首先 DTE 向本地 DCE（MODEM）发出 DTR = 1 和 RTS = 1 的信号，表示 DTE 请求发送数据，同时为本地和远程 DCE 之间建立通道开了绿灯，一旦通道建立好了，DCE 发回信号 DSR = 1。当 DCE 做好发送数据准备后，又向 DTE 发回信号 CTS = 1。只有当 DTE 收到从本地 DCE 发回肯定的 DSR 和 CTS 信号后，DTE 才能由 TxD 线向 DCE 发送数据。因此，RTS，DTR，DSR 和 CTC 四个信号同时为 1 是 TxD 发送数据的条件。

当接收数据时，DTE 先向本地 DCE 发出 DTR = 1 信号，表示本地和远程 DCE 之间可以

建立通道。一旦通道建立，DCE 向 DTE 发出 DSR = 1 信号。这时，数据就可以通过 RxD 线传到 DTE。因此，RxD 信号产生的条件是 DTR 和 DSR 两个信号同时为 1。这只是 RxD 信号的产生条件，至于 RxD 线上是否有信号，取决于远程 DCE 是否发送数据。

（2）直接连接

当计算机和终端之间不使用 MODEM 或其他通信设备（DCE）而直接通过 EIA-232-D 接口连接时，通常称之为空调制解调器（Null MODEM）。一般只需要 5 根线（不包括保护地线，以及本地 4，5，8 之间的连线），但其中多数应采用反馈与交叉相结合的连接法，如图 2.54 所示。

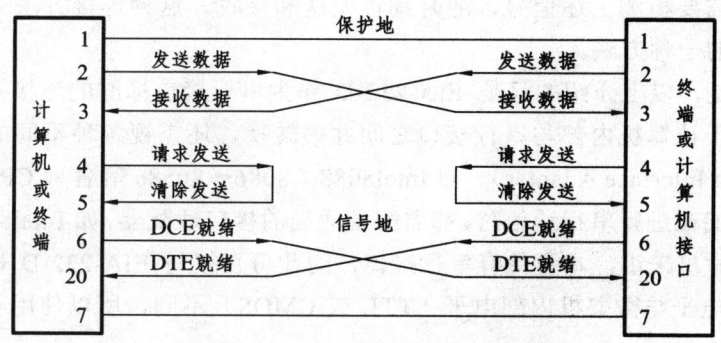

图 2.54　EIA-232-D 直接连接法

在图 2.54 中，2→3 交叉线为最基本的连线，以保证 DTE 和 DCE 间能正常地进行全双工通信。6→20 也是交叉线，用于两端的通信联络，使两端能相互检测出对方"数据已就绪"的状态。4→5 为反馈线，使传送请求总是被允许的。由于是全双工通信，这根反馈线意味着任何时候都可以双向传送数据，用不着再去发"请求发送"（RTS）信号。这种没有 MODEM 的串行通信方式，一般只用于近程通信（不超过 15 m）。

（3）三线连接法

这是一种最简单的 EIA-232-D 连线方式，只需 2→3 交叉连接线及信号地线，而将各自的 RTS 和 DTR 分别接到自己的 CTS 和 DSR 端，如图 2.55 所示。

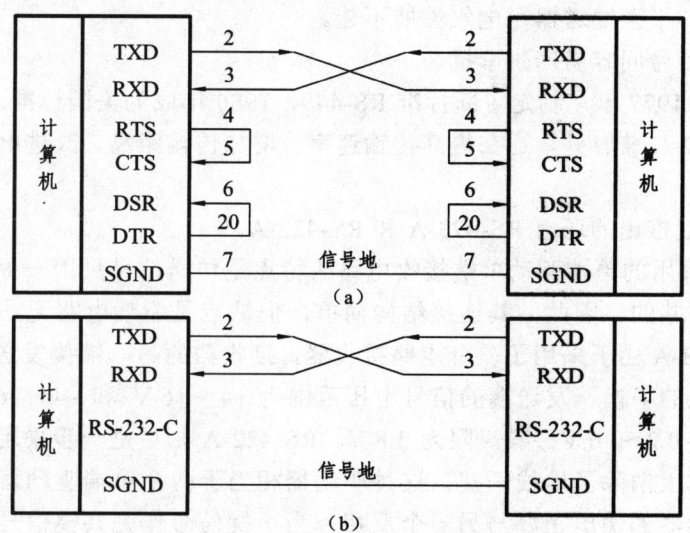

图 2.55　最简单的 EIA-232-D 连接方式

在图 2.55（a）中，只要一方使自己的 RTS 和 DTR 为 1，那么它的 CTS，DSR 也就为 1，从而进入了发送和接收的就绪状态，这种接法常用于一方为主动设备，而另一方为被动设备的通信中，如计算机与打印机或绘图仪之间的通信。这样，被动的一方 RTS 与 DTR 常置 1，因而 CTS，DSR 也常置 1。因此，使其长处于接收就绪状态，只要主动一方令线路就绪（DTR = 1），并发出发送请求（RST = 1），即可立即向被动的一方传送信息。

图 2.55（b）为更简单的连接方法，如果说图 2.55（a）所示的连接方法在软件设计上还需要检测"清除发送"（CTS）和"数据设备就绪"（DSR）的话，那么图 2.55（b）所示的连接方法则完全不需要检测上述信号，随时都可发送和接收。这种连接方法无论在软件和硬件上，都是最简单的一种方法。

值得说明的是，以上介绍的只是 EIA-232-D 作为串行接口标准的连接方法，当然不限于这几种方式。至于计算机内部与串行接口之间并串转换，还需视各种不同的微型机而采用不同的接口适配器（Interface Adapter）。如 Intel8088 / 8086～80586 等各种 CPU，其内均没有串行接口。因此，它们在进行串行通信时，都需配备适当的接口适配器，如 Intel8250 及 Intel 8251。但对于大多数单片机来讲，本身带有串行接口，因此可直接与 EIA-232-D 串行接口相连。但由于 EIA-232-D 电平与微型机内部电平（TTL 或 CMOS）不同，所以使用相应的电平转换电路是必不可少的。

2.3.3　EIA-485 接口标准

RS-232 接口标准虽然使用广泛，但由于推出时间比较早，所以在现代通信网络中已暴露出明显的缺点，主要表现如下：

① 传送速率不够快。RS-232-C 规定为 20 kbit/s，虽然这种传送速率与异步通信可以很好地匹配，但对某些同步系统，其传送速率却不能得到满足。

② 传送距离不够远。根据 RS-232-C 标准，各装置之间电缆长度不超过 15 m，即使在较好的信号通信中，电缆长度也不超过 60 m，故不能满足现代工业控制的要求。

③ 接口使用非平衡发送器，电气性能不佳。

④ 接口处各信号间容易产生串扰。

为此，EIA 在 1977 年，制定了新标准 RS-449，1980 年成为美国标准。在制定新标准时，除了保留与 RS-232-C 兼容外，还在提高传输速率、增加传输距离、改进电器特性等方面做了很多努力。

与 RS-449 一起推出的还有 RS-423-A 和 RS-422-A。

RS-232-C 所采用的单端驱动单端接收电路的特点是传送信号只用一根导线，对于多根信号线，其地线是公共的。因此，其连接结构简单，但缺点是驱动电路无法区分有用信号及干扰信号。而 RS-423-A 由于采用了差分电路接收器，接收器的另一端接发送端的信号地，因而大大地减少了地线的干扰。发送端的信号电压范围为 +4～+6 V 和 −4～−6 V；接收端的范围为 +0.2～+6 V 和 −0.2～−6 V；噪声限为 3.8 V。RS-422-A 则更进一步采用了平衡驱动和差分接收方法，从根本上消除了地线干扰。这种驱动器相当于两个单端驱动器，其输入是同一个信号，而一个驱动器的输出正好与另一个反相。当干扰信号作为共模信号出现时，接收器则接收差分输入电压。只要接收端具有足够的抗共模电压工作范围，就能识别这两种信号而正确接收传送信号。发送端的信号电压范围为 +0.2～+6 V 和 –0.2～–6 V；接收端的电压范围与发送端相同，噪声限为 1.8 V。

与 RS-232-C 相比，RS-423-A 和 RS-422-A 的数据传输速率和传输距离都有明显提高。例如，RS-422-A 的最高数据传输速率可达到 10 Mbit/s（距离≤10 m）；互联电缆的最大长度可达 1 000 m（速率≤100 kbit/s）。

此外，RS-423-A/RS-422-A 也是负逻辑且参考电平为地，但不同的是 RS-232-C 规定为 –15～+15 V，而这两个标准规定为 –6～+6 V。

虽然在 RS-232-C 系统中可以使用多个接收器循环工作，但它每一时刻只允许一个接收器工作。在许多工业过程控制中，通信节点多、位置分散及通信距离远，因此往往要求用最少的信号线来完成通信任务。例如，利用两根连线实现多节点互联。目前广泛应用的 EIA-485 串行接口总线就是在这一应用需求的驱使下应运而生的。

1. EIA-485 的技术特点

采用如图 2.50 所示的平衡差分电路是 EIA-485 的最大特点。其一根导线上的电压是另一根导线上的电压值取反。接收器的输入电压为这两根导线电压的差值。EIA-485 总线是 RS-422 总线的变形。RS-422 采用两对平衡差分信号线，而 EIA-485 只需其中的一对。

EIA-485 价格比较便宜，支持比 RS-232 更长的距离、更快的速度以及更多的节点。EIA-485，RS-422，RS-232 之间的主要性能指标的比较如表 2.4 所示。

表 2.4　EIA-485，EIA-422，EIA-232 的主要技术参数

规　范	EIA-232	EIA-422	EIA-485
最大传输距离	15 m	1 200 m（速率 100 kbit/s）	1 200 m（速率 100 kbit/s）
最大传输速度	20 kbit/s	10 Mbit/s（距离 12 m）	10 Mbit/s（距离 12 m）
驱动器最小输出电压（V）	±5	±2	±1.5
驱动器最大输出电压（V）	±15	±10	±6
接收器敏感度（V）	±3	±0.2	±0.2
最大驱动器数量	1	1	32 单位负载
最大接收器数量	1	1	32 单位负载
传输方式	单　端	差　分	差　分

可以看到，EIA-485 更适用于多台计算机或带微控制器的设备之间的远距离数据通信。应该指出的是，EIA-485 标准没有规定连接器、信号功能和引脚分配。要保持两根信号线相邻，两根差动导线应该位于同一根双绞线内，引脚 A 与引脚 B 不能调换。

2. EIA-485 的端口连接

利用 EIA-485 接口可以使一个或者多个信号发生器与接收器互联，在多台计算机或带微控制器的设备之间实现远距离数据通信，形成多节点网络。

（1）EIA-485 的半双工连接

大多数应用条件下 EIA-485 端口连接都采用半双工通信方式。多个驱动器和接收器共享

一条信号通路。

EIA-485 收发器种类较多，如 MAXIM 公司的 MAX485，TI 公司的 SN75LBC184、SN65LBC184，高速型 SN65ALS1176 等，它们的引脚是完全兼容的。图 2.56 是 MAX481E 的结构及管脚图。MAX481E 采用单一的 +5 V 电源，每一个芯片内都含有一个驱动器和一个接收器，采用 8 脚 DIP/SO 封装。和 MAX481E 相同的系列芯片还有 MAX483E/485E/487E/1487E 等。

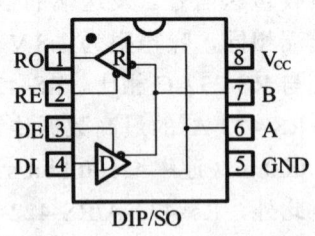

图 2.56 MAX481E 结构及管脚图

图 2.57 是 EIA-485 端口半双工连接的电路图。图中两个 120 Ω 电阻是作为总线的终端电阻存在的。当终端电阻等于电缆的特征阻抗时，可以削弱甚至消除信号的反射。

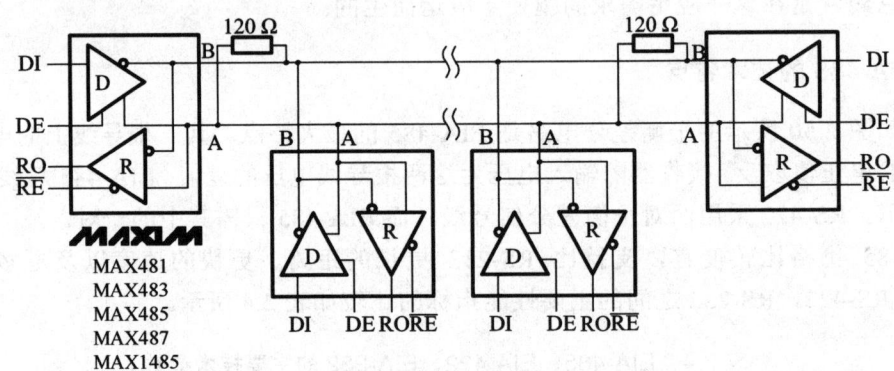

图 2.57 EIA-485 端口的半双工连接电路图

特征阻抗是导线的特征参数，它的数值随着导线的直径、在电缆中与其他导线的相对距离以及导线的绝缘类型而变化。特征阻抗值与导线的长度无关，一般双绞线的特征阻抗为 100～150 Ω。

EIA-485 的驱动器必须能驱动 32 个单位负载加上一个 60 Ω 的并联终端电阻，总的负载包括驱动器、接收器和终端电阻，一般不低于 54 Ω。图中两个 120 Ω 电阻的并联值为 60 Ω，32 个单位负载中接收器的输入阻抗会使得总负载略微降低；而驱动器的输出与导线的串联阻抗又会使总负载增大，最终满足不低于 54 Ω 的要求。

还应该注意的是，在一个半双工的连接中，在同一时间内只能有一个驱动器工作。如果发生两个或多个驱动器同时启动，一个企图使总线上呈现逻辑"1"，另一个企图使总线上呈现逻辑"0"，则会发生总线竞争，在某些元件上就会产生大电流。因此所有 EIA-485 的接口芯片上都必须包括限流和过热关闭功能，以便在发生总线竞争时保护芯片。

（2）EIA-485 的全双工连接

尽管大多数 EIA-485 的连接是半双工的，但是也可以形成全双工 EIA-485 连接。图 2.58 是用于全双工连接的 EIA-485 总线收发器 MAX488/490 的内部结构及管脚图。由于是全双工的，所以信号线分开为 A，B，Z，Y 四条。

图 2.59 和图 2.60 分别是两点和多点之间的全双

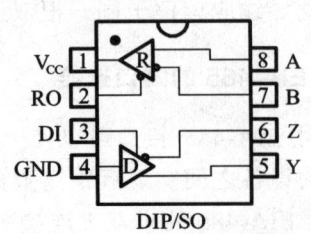

图 2.58 MAX488/490 结构及管脚图

工 EIA-485 连接。在全双工连接中信号的发送和接收都有它自己的通路。在全双工、多节点连接中，一个节点可以在一条通路上向所有其他节点发送信息，而在另一条通路上接收来自其他节点的信息。

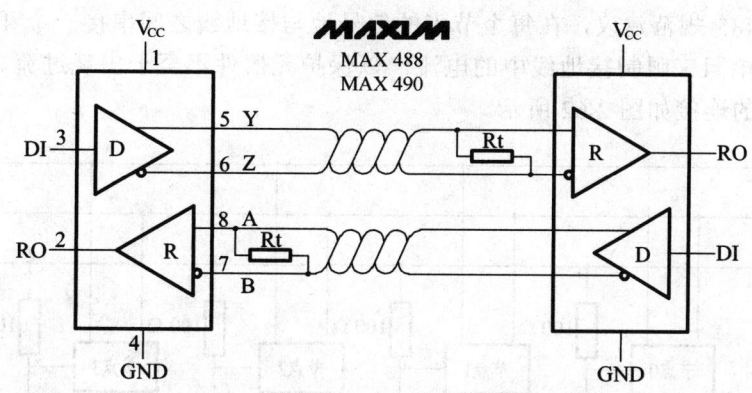

图 2.59　两个 EIA-485 端口的全双工连接

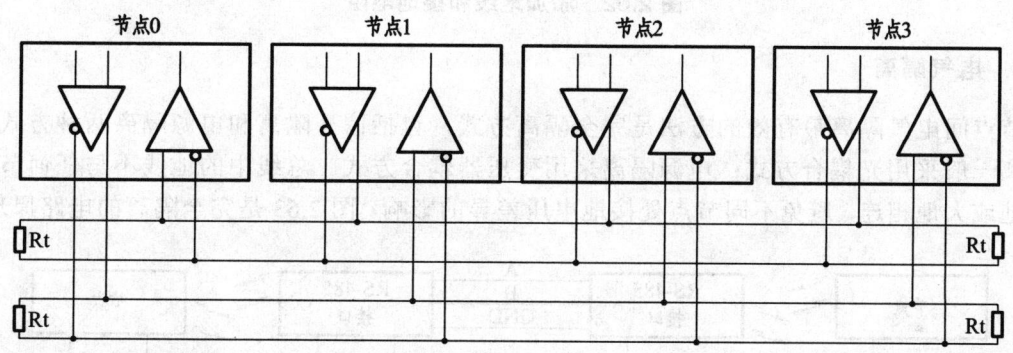

图 2.60　多个 EIA-485 端口的全双工连接

两点之间全双工连接的通信在发送和接收上都不存在问题。但当多个节点共享信号通路时，需要以某种方式对网络控制权进行管理。这是在全双工、半双工连接中都需解决的问题。

2.3.4　EIA-485 的网络连接

1. 网络拓扑

工业数据通信中的 EIA-485 网络大多采用总线或树形拓扑。如果 EIA-485 网络中的每个节点都具有全双工端口，还可以使用环形拓扑。图 2.61 表示了 EIA-485 总线拓扑和树形拓扑的连接示意图。

按 EIA-485 的规定，一个网段最多可以连接 32 个单位负载。如果超过这个限制，可以加中继器。

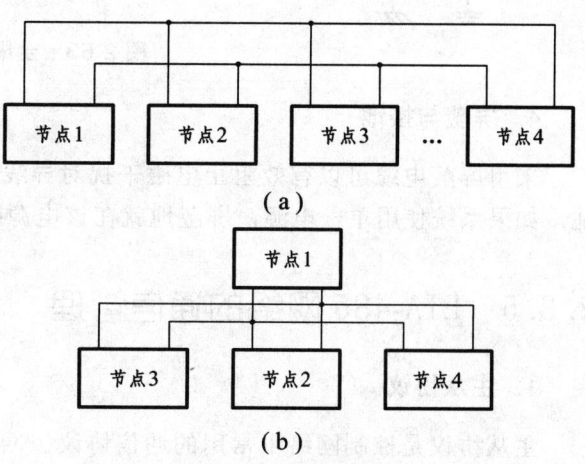

图 2.61　EIA-485 总线拓扑和树形拓扑

2. 添加地线

由于 EIA-485 节点间的信号传输需要通过接地线形成电流通路。在节点连接中添加一根接地线是确保节点间形成接地通路的可行方法,此时需要 3 根线作为节点间的总线通路。

另外,EIA-485 规范建议,在每个节点的信号地与接地线之间串接一个 100 Ω/0.5 W 的电阻。通过这个电阻来限制接地线中的电流,以保护元器件不至于出现过流。添加地线和接地电阻后节点间的连接如图 2.62 所示。

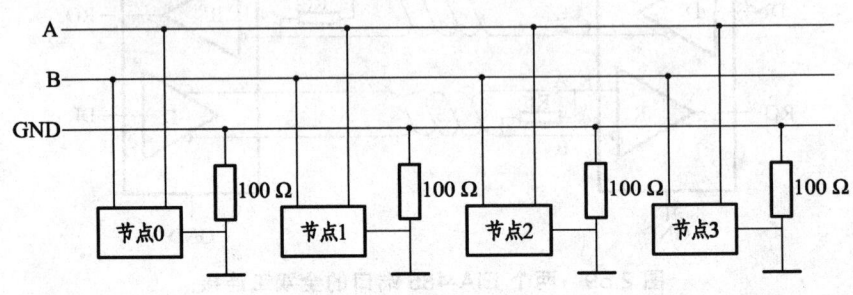

图 2.62 添加地线和接地电阻

3. 电气隔离

节点间电气隔离最有效的方法是完全隔离方式,包括信号隔离和电源隔离两种方式。信号隔离一般采用光耦合方式;电源隔离采用变压器耦合方式。总线中的地线不与任何节点的信号地或大地相连,避免不同节点处接地电压差异的影响。图 2.63 是完全隔离的电路原理图。

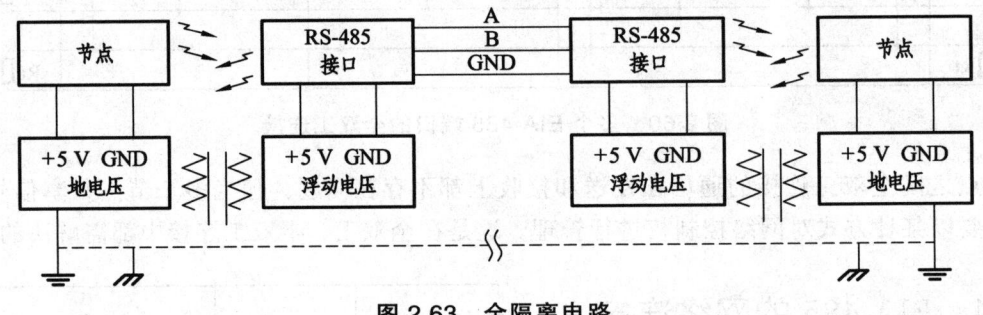

图 2.63 全隔离电路

4. 屏蔽与接地

采用屏蔽电缆可以有效阻止电磁干扰对导线上通信信号的影响。屏蔽层通常只在一点接地,如果系统使用单一电源,屏蔽地就在该电源附近。

2.3.5 EIA-485 网络的通信管理

1. 主从协议

主从协议是控制网络中常用的通信协议。网段的一个节点被指定为主节点,其他节点为从节点。由主节点负责控制该网段上的所有通信连接。为了保证每个节点都有机会传送数据,主节点通常对从节点依次逐一轮询,形成严格的周期性报文传输。主节点不停地传送报文给从节点,并等待相应的从节点的应答报文。

如果从节点收到了一个正确无误的报文,且报文中的地址与自己的节点地址相同,则需要应答,才能得到发送报文的机会;如果主节点在规定的时间内收到了应答报文,就表明主节点与从节点之间已经建立好连接,可以进行数据传输。

任何时刻只允许一个节点向总线发送报文,所有从节点只有得到主节点许可才有发送报文的机会,从节点与从节点之间不能直接通信。

采用这种 EIA-485 网络可以构成主从式监控系统。系统中的主节点采用工业 PC 机,通过 485 总线实现对若干现场设备的监视和控制。

2. 通用串行协议

通用串行协议（Universal Serial Protocol）是一种采用串行通信和主从式介质访问控制方式实现自控设备间通信的工业控制网络协议。通用串行协议有以下主要特点:

① 采用 RS-485 接口,支持多点通信连接,一个网段最多能连接 32 个节点。
② 采用主从访问技术,构成单主控制网络。
③ 报文结构简单、可靠。报文长度可变,也可以固定,配置灵活。
④ 通信速率可选:9.6 kbit/s、19.2 kbit/s、38.4 kbit/s、93.75 kbit/s、187.5 kbit/s。

与其他主从式协议一样,由主节点对从节点的轮询组成周期性的报文通信。从节点只有对主节点的轮询做出应答后,才能得到发送报文的机会。通用串行协议一般利用周期性的报文通信传递 I/O 数据;利用非周期性报文通信传递服务和诊断信息（不需要从节点应答）。

通用串行协议还支持广播式通信。在广播方式下,主节点给总线上所有从节点发送报文,广播报文地址域的字段无效,从节点无需应答。

通用串行协议报文结构如图 2.64 所示。

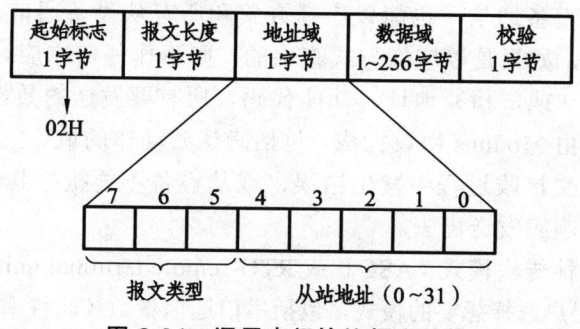

图 2.64 通用串行协议报文结构

通用串行协议的报文由一个字节的起始标志开始,起始标志字节的值固定为 02H,接着用一个字节表示报文长度,其能表达的报文最大长度为 255 字节。此处的报文长度不包括开始字节和报文长度字节。

接下来的地址域也为一个字节。它指明从节点的地址值和报文类型。地址字节的低 5 位表示从站地址,因此它可表达的从站地址号可以从 0～31;地址字节的高 3 位表示报文类型。例如,高 3 位为 000 表示标准报文;001 表示广播报文;010 表示镜像报文;1××表示特殊报文。

数据域又分为参数区和过程数据区,其长度随控制任务的变化而变化。参数区用来定义控制通信双方参数传送的机制、参数定义以及与参数相关的内容。过程数据区是对从节点读写的参数值。过程数据区中的数据根据报文的传送方向不同而不一样。当报文从主节点传向从节点时，过程数据包括控制字和控制输出值。当报文从从节点传向主节点时，过程数据返回从节点的状态字和实际测量值，例如转速测量值。

校验字节是通信报文的校验和。其初始值为 0，然后从起始字节开始，与报文中的每个字节按位进行异或运算，得到最后的校验字节值。

3. Modbus 协议

Modbus 协议是应用于 PLC 或其他控制器上的一种通用语言。通过此协议，控制器之间、控制器通过网络（如以太网）和其他设备之间可以实现串行通信。该协议已经成为通用工业标准。采用 Modbus 协议，不同厂商生产的控制设备可以互联成工业网络，实现集中监控。

此协议定义了一个控制器能识别使用的报文结构，而不管是经过何种网络进行通信。其描述了控制器请求访问其他设备的过程，如何响应来自其他设备的请求，以及怎样侦测错误并记录，制定了消息域格式和内容的公共格式。

当在 Modbus 网络上通信时，此协议要求每个控制器必须知道它们的设备地址，识别按地址发来的报文，决定要产生何种动作。如果需要响应，控制器将生成反馈信息并用 Modbus 协议发出。

标准的 Modbus 接口使用 RS-232-C 兼容串行接口，它定义了连接器的引脚、电缆、信号位、传输波特率、奇偶校验。控制器能直接或通过调制解调器组网。

控制器通信采用主-从方式，即仅某一设备（主设备）能主动传输（查询），其他设备（从设备）根据主设备查询提供的数据作出响应。典型的主设备有：主机和可编程仪表。典型的从设备为可编程控制器。

主设备可单独和从设备通信，也能以广播方式和所有从设备通信。如果单独通信，从设备返回一报文作为响应，如果是以广播方式查询的，则不作任何响应。Modbus 协议建立了主设备查询的格式：设备（或广播）地址、功能代码、所有要发送的数据、一个错误检测域。

从设备响应报文也由 Modbus 协议构成，包括确认要动作的域、任何要返回的数据和一个错误检测域。如果在报文接收过程中发生错误，或从设备不能执行其命令，从设备将建立一个错误报文并把其作为响应发送出去。

控制器能设置为两种传输模式（ASCⅡ或 RTU-remote terminal unit）中的任何一种在标准的 Modbus 网络通信。用户选择想要的模式，包括串口通信参数（波特率、校验方式等），在配置每个控制器的时候，在一个 Modbus 网络上的所有设备都必须选择相同的传输模式和串口参数。

ASCⅡ模式的报文帧格式如图 2.65 所示，RTU 模式的报文帧格式如图 2.66 所示。

起始标志	设备地址	功能代码	数据	LRC校验	结束符
1个字符	2个字符	2个字符	n个字符	2个字符	2个字符

图 2.65　ASCⅡ模式报文帧格式

起始标志	设备地址	功能代码	数据	CRC校验	结束符
T_1-T_2-T_3-T_4	8 bit	8 bit	n个8 bit	16 bit	T_1-T_2-T_3-T_4

图 2.66　RTU 模式报文帧格式

Modbus 通信协议定义了在这些网络上连续传输的报文帧的每一位，并决定怎样将数据打包成报文帧以及如何解码。

（1）ASCⅡ报文帧

ASCⅡ格式报文帧以冒号":"字符（ASCⅡ码 3AH）开始，以回车换行符（ASCⅡ码 ODH，OAH）结束。其他域可以使用的传输字符是十六进制的 0~9，A~F。网络上的设备不断侦测":"字符，当有一个冒号接收到时，每个设备都解码下一个地址域来判断是否是发给自己的。报文帧中字符间的发送时间间隔最长不能超过 1 s，否则接收的设备将认为传输错误。

（2）RTU 报文帧

RTU 格式的报文以传递一段空闲时间开始，这段时间不短于 3.5 倍的字符发送时间，一般取 4T，并以同样 4T 的标志来表示报文的结束。地址域为被查询的从节点的地址，它所表示的从节点的有效地址范围是 0~247，其中 0 表示广播地址。功能域的有效编码为 1~255，用于说明从节点要完成的功能。数据域包括本帧数据域的字节数量、数据字节 1~数据字节 n，这些数据可以是 I/O 值、状态数据或其他测量控制信息。帧校验采用 CRC 循环冗余校验，CRC 校验从地址域开始对报文帧的所有数据进行校验。16 bit 的 CRC 校验码，低字节在前，高字节在后。

整个报文帧必须作为一连续的流传输。如果在帧完成之前有超过 1.5 个字符的停顿时间，接收设备将认为下一个字节是一个新报文帧的地址域。同样，如果一个新报文帧在小于 3.5 个字符时间内接着前一个报文开始，接收设备将认为它是前一报文的延续。这都将导致一个错误，因为在最后的 CRC 域的值不可能是正确的。

2.4 高级数据链路控制规程

网络上两个相邻节点之间的通信，特别是通信双方的同步，是由规则和约定来支配的，这种规则和约定称为数据链路控制。数据链路（Data Link）层的主要功能是在物理层提供的通信线路连接和比特流传输功能的基础上，相邻两台计算机之间在链路层上提供可靠和有效的通信。

由于通信线路不可避免地会存在传输差错，而且只能支持有限的数据速率，并且同一数据的发送和接收之间的传播延时也必然存在，所以这些因素对数据传输效率有很大的影响。在设计数据链路层的协议时，必须把这些因素都加以考虑，通常处理的任务包括数据编码、信息格式、帧同步、寻址、流量控制、差错控制、透明传输、链路管理和异常状态的恢复等。由于流量控制、差错控制在前面已介绍过，本节主要讲述链路层中的有关规程。

数据链路规程是用来实现数据链路层的规范。现有的数据链路控制总体上可以分为面向字符（又称面向字节）和面向比特两种类型。大多数字符规程的控制段位于帧内不固定的位置，而比特规程的控制段通常都位于帧内的固定位置。更重要的是，字符规程与所用的代码有关，使用特定的代码（ASCⅡ，EBCDIC 等）来决定控制段的含义。比特规程对代码是透明的，因为对规程控制的解释是基于一个个比特，而不是依赖某种特定的代码。

为了克服面向字符型协议的缺点，1975 年，IBM 首先研究开发了面向比特的规程——同步数据链路控制（SDLC），并且期望 ISO 接受 SDLC 规程，将其作为标准。1979 年，ISO 在 SDLC 基础上提出了高级数据链路控制（HDLC，High Level Data Link Control）规程，ISO 委员会提出的 HDLC 规程逐渐被其他组织所接受和采用。ITU-T 是最早接受 HDLC 规程的组织之一。从 1981 年开始，ITU-T 开发了一系列基于 HDLC 规程的规程，叫做链路访问协议（LAPS：LAPB 协议，LAPD 协议，LAPM 协议，LAPX 协议，等等）。其他由 ITU-T 和 ANSI 研制的协议（如帧中继，PPP 协议，等等）也是从 HDLC 规程发展而来，大多数局域网访问控制协议也是如此。简而言之，现在使用的所有面向比特的规程要么是 HDLC 规程派生出来的，要么是来源于 HDLC 规程。绞线式列车总线（WTB）在数据链路层也是采用了 HDLC 规程。因此，通过了解 HDLC 规程就有了理解其他网络及其规程的基础。

面向比特型规程的基本特征主要有以下几点：

（1）透明传输

比特型规程的命令和响应采用了统一的帧格式，即在主站和从站之间无论是传输数据或传输链路控制信息，都用唯一的标志符 F（01111110）作界符。除标志符 F 外的所有信息不受任何限制，具有良好的透明性。而字符型规程的许多控制序列往往会引起多义性。因此，传输信息的透明性已成为比特规程的基本属性和主要优点。

（2）可靠性高

比特型规程在所有数据和控制帧里，都采用循环冗余的差错控制校验序列。并且将信息帧按顺序编号，以防止信息码组的漏收和重收。而在字符规程中，传输过程中正文是采用组校验序列，而控制序列仅仅用字符的奇偶校验，不带有校验序列，受不到较好的保护。

另外，比特型规程由于数据和控制信息都采用帧格式，控制简单，如果要扩充功能，只要改变帧内控制字段的内容和规定即可，与字符型规程那样采用转义字符的办法相比，大大提高了可靠性。

（3）传输效率高

比特型规程在链路上传输信息采用连续发送方式，即发送一帧信息后，无需等待对方的应答就可发送下一帧信息。对连续发送的信息帧实行编号制，可以防止信息的丢失或重复。如进行双向通信，应答还可插入到对方的信息帧中，不必单独发送。与字符型规程采用的等待发送方式比，能显著提高传输效率。

（4）可进行双向同时传输

面向字符型规程只适用于半双工通信，而且链路结构采用主/从型结构，不管有多少个站，规定其中只有一个是主站，在信息传输过程中负责对整个链路的控制，其余的站均为从站，仅执行主站指示的各种操作。主站和从站的规定是固定的，不能动态变换。而比特型规程能适应全双工通信，而且扩展了字符型规程的链路结构，允许由两个主站共同控制一条通信链路，在两个方向上采用类似的方式组织数据的发送和接收。每个站既能起主/从型结构中的主站作用，又能起从站的作用，成为主/主型的结构。显然，这样的系统能直接用于多点链路计算机之间的通信。

由于上述种种原因，ISO 的 HDLC 规程在计算机通信和网络领域得到了一致公认。

2.4.1　HDLC 协议的基本内容

为了满足各种应用的需要，HDLC 定义了三种类型的站点，两种链路结构，三种数据传输操作模式。

1. 站点类型

HDLC 规程有三种不同类型的站点：主站点，从站点以及复合站点。

在 HDLC 规程中，主站点是在点到点或多点线路结构中对链路具有完全控制功能的设备。其主要功能是发送命令（包括数据信息）帧，接收响应帧，并负责对整个链路进行管理，如数据传输、流量控制、差错控制和恢复等。

从站点的功能是接收主站来的命令帧，向主站发送响应帧，并且配合主站进行差错控制等，其相互的关系类似于计算机和终端的关系。

一个复合站点具有主站和从站两种功能，既可以发命令也可以进行响应。复合站点是一组互相连接的对等站点中的一个，这些站点被安排来根据传输的属性和方向的不同而按照主站点或从站点方式工作。

2. 链路结构

链路结构是指链路上硬件设备的关系。设备可以按照主从方式或是对等方式组织。根据选择的交互模式的不同，对等设备可以同时是主设备或是从设备。主站点、从站点以及复合站点可以有三种结构方式：非平衡式、对称式和平衡式，如图 2.67 所示。任何一种结构都能够支持半双工和全双工传输。

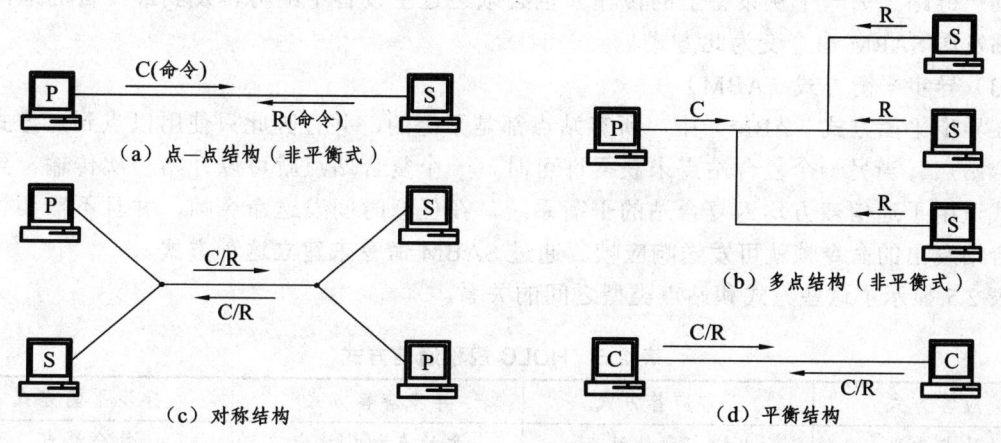

图 2.67 HDLC 规程的链路结构

P—主站；S—从站；C—混合站

非平衡结构（也称为主/从结构）是一个设备为主设备，另外一个（或几个）为从设备的结构方式。非平衡结构在只涉及两台设备时可以是点—点式，见图 2.67（a）。更多情况下是多点式，其中一台计算机控制着几个外围设备，见图 2.67（b）。非平衡结构的一个例子是一台计算机及一台或多台终端。

对称结构是指链路上每个物理站点都有两台逻辑站点。一个是主站点，一个是从站点，见图 2.67（c）。独立的线路将一台物理站点的逻辑主站点和另一个物理设备的逻辑从站点链接在一起。对称结构就像非平衡结构一样工作，只是链路控制权可以在两个站点之间交换。

平衡结构是指在点到点拓扑中两个站点都是复合型的。站点之间由一条线路连接，并且该链路可以由任一方控制,见图 2.67(d)。

HDLC 规程并不支持多点平衡结构。这使得局域网中有引入介质访问规程的必要性。

3. 操作方式

HDLC 规程中的方式就是在一次交互中涉及的两台设备之间的关系,主要描述由谁控制链路。HDLC 规程支持站点间的三种不同操作方式:正常应答方式(NRM,Normal Response Mode)、异步应答方式(ARM,Asynchronous Response Mode),以及异步平衡方式(ABM,Asynchronous Balanced Mode)。通常非平衡结构进行的交互总是采用正常应答方式的。对称和平衡结构进行的交互可以通过为传递命令设计的帧(在关于 U-帧的一节中讨论)设置成特定的方式。

(1)正常应答方式(NRM)

正常应答方式(NRM)是指标准的主从关系。在这种方式下,从设备必须在传输前获得许可。一旦获得了许可,从设备可以开始一次具有一帧或多帧数据的传输响应。正常响应方式适用于非平衡多点链路结构,从站是由主站发送 SNRM 命令而置于此方式的。

(2)异步应答方式(ARM)

在异步应答方式(ARM)中,只要信道空闲,从设备可以在没有得到许可的情况下发起一次传输。ARM 在其他方面并没有改变主从关系。从一个从设备发出的所有传输(甚至是发送到同一链路上另一个从设备上的传输)也必须经过主设备中继再转发到最终目的地,从站由主站发送 SARM 命令变为此方式。

(3)异步平衡方式(ABM)

在异步平衡方式(ABM)中,所有站点都是平等的,并且因此只使用以点到点方式连接的复合站点。当另一个复合站点未获得许可时,一个复合站点就可以开始一次传输。异步平衡方式适用于通信双方均为复合站的平衡系统,在任意时间发送命令帧,并且不需要收到对方复合站发出的命令帧就可发送响应帧。通过 SABM 命令来建立这种方式。

表 2.5 显示了这些方式和站点类型之间的关系。

表 2.5 HDLC 规程通信方式

应答方式	正常应答方式	异步应答方式	异步平衡方式
站点类型	主站点和从站点	主站点和从站点	复合站点
发起者	主站点	两者之一	任何一个

此外,还有三种扩充方式,它们分别与基本方式相对应,不同之处在于扩充方式采用的是扩充顺序编号,其他功能和用途都相同。

2.4.2 HDLC 的帧结构

HDLC 是在链路上以帧作为传输信息的基本单位,无论是信息报文还是控制报文都必须符合帧的格式,HDLC 的帧格式如图 2.68 所示。

在图 2.68 中,位于信息字段前面的标志字段、地址字段,以及控制字段统称为首部(header),而跟在信息字段后面的 FCS 和标志字段称作尾部(tailer)。

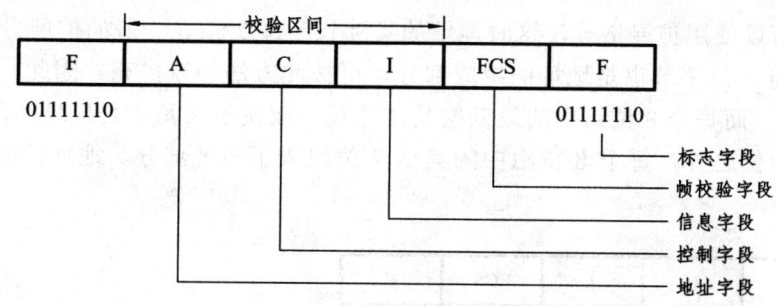

图 2.68　HDLC 的帧格式

1. 标志字段（F）

标志字段以唯一的 01111110 模式在帧的两端起定界作用。某个标志字段可能既是一个帧的结束标志，也是下一个帧的起始标志。在用户网络接口的两侧，接收方不断搜索标志序列，用于一个帧起始时的同步。当接收到一个帧之后，站点继续搜索这个序列，用以判断该帧的结束，如图 2.69（a）所示。在帧与帧的空载期间，可连续地发送 F，用来作时间的填充，如图 2.69（b）所示。

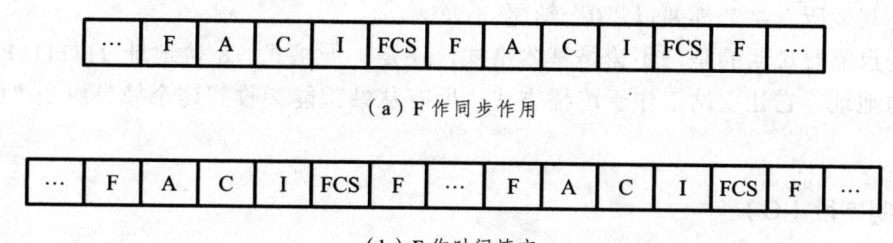

（a）F 作同步作用

（b）F 作时间填充

图 2.69　标志位 F 的作用

然而，模式 01111110 有可能出现在帧中间的某个地方，因而破坏了帧一级的同步。为了避免出现这种情况，通常使用一种称为"0"比特插入、删除技术。在一个帧的传输起始标志和结束标志之间，每当出现 5 个连续的二进制"1"后，发送器就会插入一个附加的"0"。这就保证了除标志帧以外，所有的帧均不会有多于 5 个连续"1"的比特帧出现。接收方在检测到起始标志后，会时刻注意检查 5 个连续"1"之后的比特。如为"0"，则删除；如为"1"，再检查下一个比特。如果第 7 个比特是"0"，那么这一组合被认为是标志字段。如果第 7 个比特是"1"，表示是错误序列，接收方拒绝接收此帧。

使用位填充后，在帧的信息字段中可以插入任意的比特模式。这种性质称为数据的透明性，该传输方式称为透明传输方式。

2. 地址字段（A）

对于命令帧而言，地址字段给出的是执行该命令的从站和复合站的地址。对于响应帧来说，地址字段给出的是做出应答的从站和复合站的地址。点对点的链路不需要这个字段，但是为了统一，所有的帧都含有这个字段。地址字段通常为 8 bit，可寻址 256 个地址。但在早先的协定中，可以使用扩展格式，这时地址的实际长度是 7 bit。一般的扩展方法是末位置 0，表示后面紧跟的 8 位字节也是地址的组成部分，可按此方法加以扩充。因此，单个 8 位地址范围变成了 128。而每个 8 位组中的最低位是 1 还是 0 取决于它是不是地址字段的最后一个 8 位字段。除了该位之外，每个 8 位组中的其他 7 位组成了地址部分。地址帧的构成如图 2.70 所示。

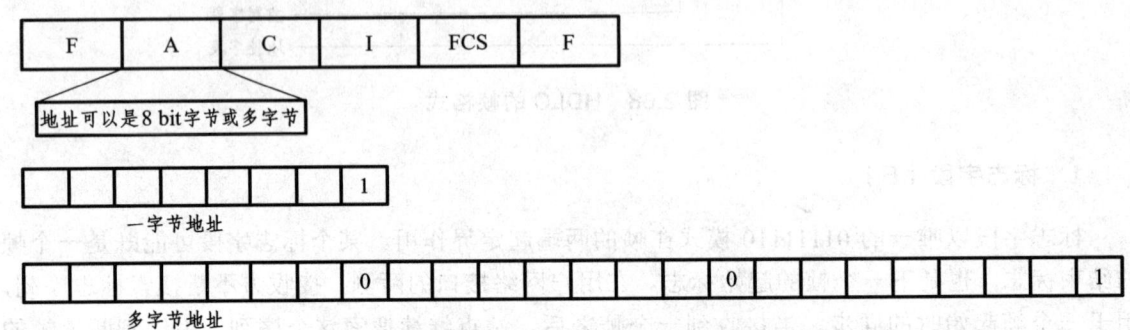

图 2.70 HDLC 规程地址帧的构成

从图 2.70 可以看出，如果地址只有一个字节，最后位总是"1"。如果是多字节，除最后一个字节外其他所有字节都要以"0"结尾。

还有两点需要说明的是，不论是基本格式，还是扩展格式，8 位地址 11111111 被解释为所有站点的地址。它让主站工作于广播方式，所有从站都能接收到这个帧。而全"0"则视为无站地址。

3. 控制字段（C）

控制字段用来标志帧的类型和功能，使对方站执行特定的操作。根据帧类型不同，控制字段也不同。如果控制字段的第一个比特是 0，该帧就是一个信息帧（I 帧）。如果第一个比特是 1 而且第二个比特是 0，就是一个监控帧（S 帧）。如果第一和第二个比特都是 1，则意味着一个无序号帧（U 帧）。所有这三种类型的帧的控制字段都包含一个查询/结束（P/F）位。

一个 I 帧在 P/F 位两侧具有两个 3 比特的流量和错误控制序列，叫做 N（S）和 N（R）。N（S）描述了当前发送帧的序号（帧自身的识别号码）。N（R）指明了在双向交流中期望返回的帧序号，因此 N（R）是应答字段。如果最近接收的一帧是正确的，N（R）字段中的值将是序列中下一帧的序号。如果最近接收的一帧有错误，N（R）字段的值将是这个损坏帧的序号，表明该帧需要重传。

在 S 帧中的控制字段包含一个 N（R）字段却没有 N（S）字段。S 帧是用来在接收方自己并没有数据发送时返回 N（R）值，否则应答消息将包含在 I 帧的控制字段中。S 帧并不传输数据因此并不需要 N（S）字段来识别帧。S 帧中在 P/F 位之前的两位是携带编码后的流量和错误控制信息。

U 帧既没有 N（S）字段也没有 N（R）字段，并且不是为用户数据交换和应答设计。相反，U 帧在 P/F 位两侧有两个编码字段，一个是两位的，另一个是三位的。这些编码是用来识别 U 帧类型以及其功能。如果 U 帧的控制字段有两字节长而不是一字节，通信方式 NRM，ARM 及 ABM 就叫做 NRME，ARME 和 ABME，其中增加的 E 表示扩展。所有三种帧类型的控制字段如图 2.71 所示。其中基本控制字段是 8 位字长，扩展的控制字段的长度是 16 位字长。

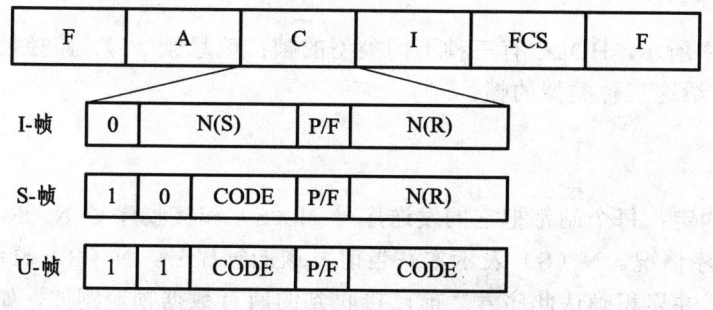

图 2.71　HDLC 规程控制字段

N(S)—发送帧序号；N(R)—接收帧序号；CODE—监控帧或无序号帧的编码

P/F 位是具有双重功能的单个比特位。仅当该位被设置为 1 时才是有意义，意味着查询或结束。当帧是从主站点发送到从站点时（当地址字段含有接收方地址时）它意味着查询（P）。当帧是从从站点发送到主站点时（当地址字段含有发送方地址时），意味着结束（F）。

4. 信息字段（I）

紧跟在控制字段之后的是信息字段。信息字段表示链路所要传输的实际信息，它不受格式或内容的限制，但实际的信息长度受有关站缓冲区的容量和链路差错特性的限制，一般规定最大信息长度不超过 256 个字节。

不是所有的 HDLC 的帧都含有信息字段（I），只有信息帧和某些 U 帧才含有信息字段。信息帧里包含的是用户数据，U 帧中包含的是网络管理信息，如图 2.72 所示。

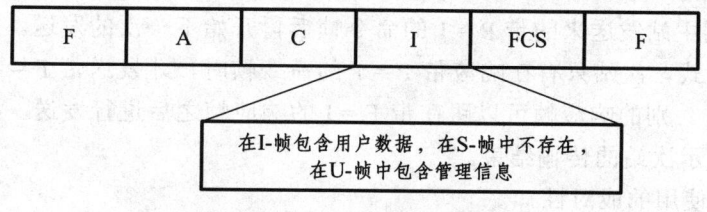

图 2.72　HDLC 的信息字段

5. 帧校验序列（FCS）

在所有的帧里均包含一个 16 位的帧校验序列，用于检测差错。HDLC 差错校验是对整个帧的内容做 CRC 循环冗余校验，但标志序列和按透明规则插入的所有"0"不在校验范围内。循环码的生成多项式是 16 bit 的 CRC-CCITT 码或 CRC-32，如图 2.73 所示。

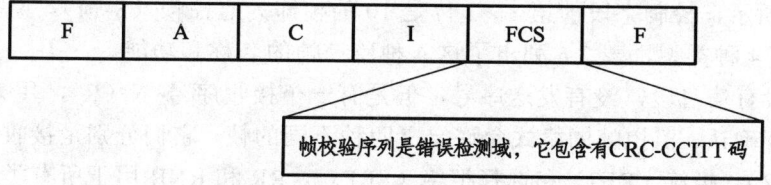

图 2.73　HDLC 的帧校验字段

2.4.3　HDLC 帧类型和功能

正如图 2.72 中所示，HDLC 有三种不同类型的帧：信息帧（I）、监控帧（S）和无编号帧（U）。下面详细介绍这三种类型的帧。

1. 信息帧

HDLC 规程约定：每个站都把它的发送序号 N（S）和接收序号 N（R）保存下来，用以指示发送/接收顺序情况。N（S）表示本站当前发送的帧序号，N（R）表示本站期望接收到对方站的帧序号，并累积确认此序号之前已接收到的所有数据帧。例如，如果 N（R）段的值是 5，那么收到带有该 N（R）的帧所属的站明白，它所发送的 0 号、1 号直至 4 号帧都已被正确接收，对方站正期待接收发送序号为 5 的信息帧。另外，为了保证 HDLC 规程的正常工作，在全双工通信的双方需要各自设置两个本地状态序号，由这两个值确定发送序号 N（S）和接收序号 N（R）的值。

P/F 位称为"询问/终止"位，当 P/F 位用于命令帧时，称为询问位；当 P/F 位用于响应帧时，称为终止位，表示接收站确认该帧。其具体功能如下：

（1）询问功能

按照 NRM 方式，带 P=1 的命令帧表示主站对次站的响应请求。例如，主站可以通过带 P=1 的 I 帧或 S 帧来要求次站作出传输数据帧的响应。次站不能自行发送数据帧。

按照 ARM 方式，次站可以主动发送 I 帧，主站利用带有 P=1 的命令帧，请求次站尽快发出带有 F=1 的响应帧，强迫次站作出响应。

（2）终止功能

对于 NRM 方式，次站必须把最后一个响应帧的 P/F 比特置为 1，即 F=1，然后次站停止发送，直到又收到主站发送来的带 P=1 的命令帧后再开始下一次的发送。

对于 ARM 方式，次站只有在响应带 P=1 的命令帧时，才发送带 F=1 的响应帧，但次站不需要停止发送。别的响应帧可以跟在带 F=1 的响应帧之后进行发送。因此，在 ARM 方式中，F 比特不表示次站的传输结束。

（3）P/F 比特使用的成对性

带 P 比特的命令帧和带 F 比特的响应帧总是成对出现，也就是说，主站发送了一个带 P 比特的命令帧后，次站必须在适当的时候发送一个带 F 比特的响应帧，否则不允许出现下一次 P/F "握手"。而且，在一条数据链路上，在给定的时间内，只可能有一个带 P=1 的命令帧还未确认。利用 P/F 比特的成对性和 N（R），可以较早地发现 I 帧的顺序差错。

2. 监控帧

如图 2.73 所示，控制字段的第 1，2 位是 10 的帧即为监控帧（S-帧）。监控帧根据第 3，4 位的编码共有 4 种类型，表 2.6 列出了这 4 种监控帧的名称和功能。

监控帧中没有信息段，没有发送序号，但是有一个接收序号 N（R），用来对从发送站收到的信息帧进行确认。监控帧的格式允许定义四种不同的帧，它们分别是接收就绪（RR）、接收未就绪（RNR）、拒绝（REJ）和选择拒绝（SREJ）。RR 和 RNR 用于所有类型的链路，REJ 和 SREJ 仅用于全双工通信。

表 2.6　HDLG 监控帧的名称和功能

格式	控制字段比特编码								命　令	响　应
	1	2	3	4	5	6	7	8		
信息帧	0	N(S)			*	N(R)			I——信息	I——信息
监控帧	1	0	0	0	*	N(R)			RR——接收就绪	RR——接收就绪
	1	0	0	1	*	N(R)			REJ——拒绝	REJ——拒绝
	1	0	1	0	*	N(R)			RNR——接收未就绪	RNR——接收未就绪
	1	0	1	1	*	N(R)			SREJ——选择拒绝	SREJ——选择拒绝

注：*表示 1 或 0。

（1）RR——接收就绪

被一个站用来表示它已做好接收信息帧的准备。还可以用其中的 N(R) 段来确认前面收到的帧。如果这个站原先曾用 RNR 表示它处于忙状态，那么它用 RR 命令表示它现在已经可以接收数据。主站还可以用 RR 来轮询次站。

（2）RNR——接收未就绪

可以被一个站用来表示它暂时不能够接收。RNR 中的 N(R) 段也可以确认前面正确收到的帧。要清除接收未就绪状态，可以发送一个 RR 帧。

（3）SREJ——选择拒绝

用来请求重发某一个帧。这个帧的编号在 N(R) 中指定。由于采用的是合并确认方式，因此，N(R)-1 及以前的所有信息帧都得到了肯定确认。SREJ 帧一旦发出，在后面接收到的帧都保留下来，直到收到要求重发的那个帧为止。

（4）REJ——拒绝

用来请求重发由 N(R) 段中指定的序号开始的全部信息帧，而对序号为 N(R) - 1 及以前的帧进行肯定确认。

RR 帧和 RNR 帧具有流量控制的作用。RR 帧表示已做好接收帧的准备，期望对方继续发送，而 RNR 帧则表示期望对方停止继续发送（这可能是由于来不及处理到达的帧，或缓冲区已存满）。如果以前曾发出 RNR 帧并处于忙状态，当本站有能力接收 I 帧时，可以发送 RR，REJ，无编号帧或者带 P = 1 的 I 帧，表示本站消除了忙状态。另外，主站可用带 P = 1 的 RR 命令帧来请求次站作出响应。

监控帧不需要带有发送序号 N(S)，但监控帧中的接收序号 N(R) 是至关重要的。在前两种监控帧中的 N(R) 具有相同的含义，因此这两种监控帧都相当于以前所述的确认帧 ACK。REJ 帧和 SREJ 帧相当于否定确认帧 NAK，而 N(R) 就是所否定的帧的序号。不过 REJ 帧和 SREJ 帧还具有某种确认的意义，即确认序号为 N(R)-1，即其先前的所有帧均已正确收到。当收到一个包含的 N(S) 等于 REJ 帧（或 SREJ 帧）的 N(R) 的 I 帧时，REJ（或 SREJ）的异常状态即可被清除。需要注意，任一站在给定时间内，只能建立一个 REJ（或 SREJ）异常状态，必须在前一个异常状态清除以后，才能再发送 REJ（或 SREJ）帧。

3. 无编号帧

如图 2.72 所示，控制字段的第 1，2 位是 1，1 的帧即为无编号帧（U-帧）。无编号帧本身不带编号,即无 N(S)和 N(R)字段,而是用 5 比特(图 2.72 中标有 CODE 的比特组)来表示不同作用的无编号帧。虽然总共有 32 种组合,但实际上目前只定义了 13 种命令和 8 种响应,如表 2.7 所示。

表 2.7 HDLC 无编号帧的名称和功能

格式	控制字段比特编码								命 令	响 应
	1	2	3	4	5	6	7	8		
信息帧	0	N(S)			*	N(R)			I——信息	I——信息
无编号帧	1	1	0	0	*	0	0	0	UI——无编号信息	UI——无编号信息
	1	1	0	0	*	0	0	1	SNRM——置正常响应方式	
	1	1	0	0	*	0	1	0	DISC——断链	RD——请求断链
	1	1	0	0	*	1	0	0	UP——无编号轮询	
	1	1	0	0	*	1	1	0		UA——无编号确认
	1	1	0	0	*	1	1	1	TEST——测试	TEST——测试
	1	1	1	0	*	0	0	0	SIM——置初始化方式	RIM——请求初始化方式
	1	1	1	0	*	0	0	1	FRMR——帧拒绝	FRMR——命令拒绝
	1	1	1	1	*	0	0	0	SARM——置异步响应方式	DM——断链方式
	1	1	1	1	*	0	0	1	RSET——重置	
	1	1	1	1	*	0	1	0	SARME——置扩展的异步响应方式	
	1	1	1	1	*	0	1	1	SNRME——置扩展的异步通常方式	
	1	1	1	1	*	1	0	0	SABM——置异步平衡方式	
	1	1	1	1	*	1	0	1	XID——交换标志	XID——交换标志
	1	1	1	1	*	1	1	0	SABME——置扩展的异步平衡方式	

现将表 2.7 中各无编号命令和无编号响应的定义说明如下:

① SNRM,SARM,SABM(方式设置命令):SNRM 把次站置为正常响应方式,SARM 把次站置为异步响应方式,而 SABM 则把一复合站置为异步平衡方式。

② SNRME,SARME,SABME(置扩充方式命令):其作用与上面的方式设置命令一样,不同的只是把次站设置成扩充方式,控制段可扩展成两个字节。其中 SNRME 或 SARME 把次站置为扩展的正常响应方式或扩展的异步响应方式,SABME 把一复合站置为扩展的异步平衡方式。

③ DISC(断链命令):用于中止已建立的各种操作方式。当一个主站或复合站要关断链路时,它就发送一个 DISC 命令。它所期待的回答是 UA。此后,该命令的接收方进入断链方式,在此方式下仅能接收置方式命令。

④ UA(无编号确认):对收到无编号命令后的确认响应。这是对一些置方式命令,以及 SIM,DISC,RSET 命令的肯定确认。UA 也被用来报告一个站接收未就绪(忙)状态的结束。

⑤ FRMR(帧拒绝):接收端通知发送端收到一个错误的帧。该无编号帧既可以用做命令,

也可以用做响应。起初它仅定义为一个响应，现在当这样使用该帧时仍然称作命令拒绝（CMDR）。它的作用是允许接收方通知发送方，接收方收到了一个不能理解或违犯协议规则的帧。如果违犯帧是一个命令，那么就返回一个 FRMR（CMDR）响应；如果违犯帧是一个响应，那么就返回一个 FRMR 命令。帧拒绝是一个含有信息段的无编号帧，信息段的大小对于模 8 编号是 20 位，对于模 128（扩展型）是 36 位。对于一个特别的实现，这些段可以填充 0 来匹配所使用的字符（8 位）宽度。图 2.74 表示 FRMR 信息段的格式。开头 8 位（扩展方式使用 16 位）包含接收到的引发 FRMR 传送的帧的控制段。最后 4 位的每位当置 1 时指定帧拒绝的原因如下：

W 表示一个无效帧或一个不属于本站实现的 HDLC 子集的帧；

X 表示所收到的帧包含一个其类型不允许的信息段；

Y 表示一个信息帧带有的数据段超过本站所能支持的最大数据长度；

Z 表示一个控制段包含一个肯定确认了但尚未被发送的帧的 N（R），前面已提到，N（R）表示下一个期待接收的编号，同时确认了编号顺序在 N（R）前面的所有帧。

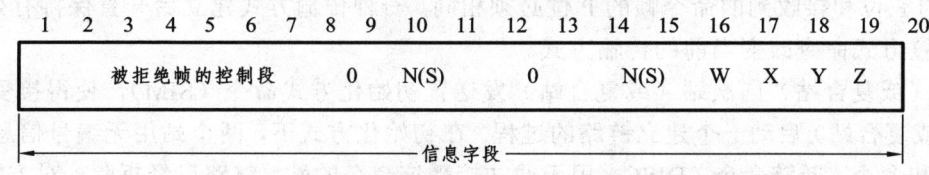

图 2.74　HDLC 帧拒绝 01（MR）的信息段格式

如果所有 4 位都置 0，那么帧被拒绝而没有指出原因，用 FRMR 返回 N（S）和 N（R）分别是发送 FRMR 的站下一个要发送的帧号和下一个要接收的帧号。

当一个站发送一个 FRMR 时，就进入了"帧拒绝"状态，并且期待接收一个置方式命令重新初始化链路。在主从配置中仅采用 FRMR 响应（CMDR），用做次站重新进行初始化的请求，同时向主站提供为什么必须这样做的信息。在 CMDR 中包括次站下一个要接收的帧的 N（R），在发 CMDR 之前向主站说明次站正确地收到了哪些信息帧。在 CMDR 中包括次站下一个要发送的帧，允许主站计算次站在发送 CMDR 之前发出的所有信息帧是否都被正确地收到。返回违犯命令的控制段使得主站的监控进程能够诊断两个站之间操作的不兼容性。

⑥ UI（无编号信息帧）：允许发送数据超过 HDLC 规定的范围，但不影响任何站的发送、接收变量。

⑦ UP（无编号轮询命令）：探询一个站或同时探询多个站址。当 P 位没有置 1 时响应是可选的。该命令仅用于非平衡的多投点配置，它跟广播或组寻址结合使用。当使用 UP 时，必须特别注意解决如果两个或多个次站同时响应时可能产生的竞争问题。

⑧ SIM（置初始化方式命令）：用于重新进行初始化链路。当收到 UA 应答后初始化操作完成。它与置方式命令有相同的功能。当需要对一个站进行远程初始化时发送 SIM 命令。所期待的响应是 UA 帧。在初始化方式中，所需要的信息（如适用于站的微码）可以用无编号信息（UI）帧发送。

⑨ RIM（请求初始化方式应答）：RIM 由次站发送，用于催促主站发送 SIM 命令。当不能执行一个置方式命令所要求的功能时，次站可以使用 RIM 响应。主站应该随后发一个 SIM 命令启动具体的实现所定义的初始化序列。

⑩ RSET（重置命令）：在数据传送过程中，组合站用它来重新初始化链路上一个方向的数据流。

⑪ XID（交换标志命令）：用于请求一个站的标志或传送有关信息，应答也用 XID。

⑫ RD（请求断链应答）：请求对方把链路置成断开方式。当次站想终止链路操作时，就可以发 RD 响应，主站随后应该发送 DISC 命令。

⑬ DM（断链方式应答）：用于对各种置方式命令的否定应答。该响应可以用来报告一个站处于逻辑上断链的状态，例如在收到 DISC 命令之后。在此状态下，对除了置方式之外的所有命令的响应通常都是 DM。然而，如果一个站对置方式命令所要求的动作不能够或不愿意执行，它也可以用 DM 应答。

⑭ TEST（测试）：实现数据链路控制的基本测试，应答也用 TEST。

无编号帧用于链路的建立和拆除及多种控制功能。下面具体说明如何利用无编号帧中的参数来管理数据传输。

设置数据传输方式的命令由主站（或复合站）发送给次站（或复合站），表示设置或改变 UA 帧中的 F 位和接收到的命令帧的 P 位必须相同。一种传输方式建立后一直保持有效，直到另外的设置方式命令改变当前的传输方式。

主站（或复合站）向次站（或复合站）发送置初始化方式命令（SIM），使得接受该命令的次站（或复合站）启动一个建立链路的过程。在初始化方式下，两个站用无编号信息帧（ｍ）交换数据和命令。断链命令（DISC）用于通知接受该命令的站，链路已经拆除，对方站以 UA 帧响应，表示已接受该命令，链路随之断开。

除 UA 帧之外，还有几种响应帧与传输方式的设置有关。断链方式应答（DM）可用于响应所有的置传输方式的命令，表示响应的站处于逻辑上断开的状态，即拒绝建立指定的传输方式。请求初始化方式（RIM）也可用于响应置传输方式的命令，表示响应站没有准备好接受命令，或正在进行初始化。请求断链（RD）则表示响应站要求断开逻辑连接。

信息传输的命令和响应用于两个站之间交换信息。无编号信息帧（UI）可作为命令帧，也可作为响应帧。UI 帧传送的信息可以是高层的状态、操作中断状态、时间、链路初始化参数等。主站（或复合站）可发送无编号轮询（UP）命令请求接收站送回无编号响应帧，以了解其状态。

在 ARQ 机制不能正常工作的情况下，接收站可用帧拒绝响应（FRMR）表示接收的帧中有错误，例如，控制字段无效、信息帧太长、帧类型不允许信息字段、捎带的 N（R）无效等。重置命令（RSET）表示发送站正在重新设置发送顺序号，这时接收站也应该重新设置接收顺序号。

此外，交换标志（XID）帧用于两个站之间交换它们的标志和特征，实际交换的信息依赖于具体的实现。测试命令（TEST）用于测试链路和接收站是否正常工作，接收站收到测试命令后须尽快以测试帧作出响应。

2.4.4　HDLC 操作规程

HDLC 操作一般可分为三个阶段：① 数据链路的建立；② 数据（信息帧）传送；③ 数据链路释放（或拆除）。由"置传输方式命令-UA 响应"的成功握手，来建立数据链路，从而使两个站能半双工或全双工传输数据。当传输数据完成后，双方又以"DISC-UA 响应"握手来完成拆除链路。拆链成功后，两个站处于静止等待状态。

1. 数据链路的建立

任何一方都可以通过置位模式命令来请求数据链路的建立。这些命令的作用是：
① 通知对方请求数据链路的建立；
② 指出通信方式（NRM，ABM，ARM）；
③ 指出使用的序号位数（3 bit 或 7 bit）。

如果另一方接受这个请求，那么它的 HDLC 模块向初始方返回一个无编号确认（UA），如果这个请求被拒绝，那么它发送一个断链模式（DM）帧。

2. 数据传送

当数据链路建立后，双方都可以通过 I 帧开始发送用户数据，帧的序号从 0 开始。I 帧的 N（S）和 N（R）字段是用于支持流量控制和差错控制的序号。HDLC 模块在发送 I 帧序列时，会按顺序对它们编号，并将序号放在 N（S）中，这些编号以 8 或 128 为模，取决于使用的是 3 bit 序号还是 7 bit 序号。N（R）是对接收到的 I 帧的确认，有了 N（R），HDLC 模块就能够指出自己希望接收的下一个 I 帧的序号。

S 帧同样也用于流量控制和差错控制。其中，接收就绪（RR）帧通过指出希望接收到的下一个帧来确认接收到的最后一个 I 帧。在缺少能够捎带确认的反向用户数据流（I 帧）时就需要使用 RR 帧。接收未准备好（RNR）帧和 RR 帧一样，都可用于对 I 帧的确认，但它同时还要求对等实体暂停 I 帧的传输。当发出 RNR 帧的实体再次准备就绪之后，会发送一个 RR 帧。REJ 对返回 N 帧 ARQ 进行初始化。它指出最后一个接收到的 I 帧已经被拒绝，并要求重发以 N（R）序号为首的所有后继 I 帧。选择拒绝（SREJ）帧用于对某一个帧的重发请求。

3. 拆　链

连接中的任何一方的 HDLC 模块都可以启动拆链操作，可能是由于模块本身因某种错误而引起的中断；也可能是由于高层用户的请求。HDLC 通过发送一个断链（DISC）帧宣布连接中止。对方必须用 UA 帧作回答，表示接受拆链。

4. 操作举例

为了更好地理解 HDLC 的操作，下面以图例说明 HDLC 的操作过程。在例图中，每个帧命令都有详细的附图，图中指出这个帧的名称及其代码，它的 P/F bit 的设置（1 或 0），以及在适当的时候还有 N（R）和 N（S）的值。

其中帧类型以 I 表示数据帧，RR，RNR，REJ，SREJ 表示监控帧，但监控帧中没有 N（S）。

例 2-3 链路建立和拆除的过程。

链路建立和拆除是 HDLC 操作规程中最常用的操作规程之一。主要由接收站地址、命令名称等组成。图 2.75 表示一种链路建立和拆除的过程。

在图 2.75 中，A 站发出异步平衡方式（SABM）命令并启动定时器。B 站收到此命令后，以 UA 帧响应，并对本站的局部变量和计数器进行初始化。A 站收到应答后也初始化本地的局部变量和计数器,并停止计时。这时逻辑链路就建立起来,双方可以交换数据,两个站均为复合站,并且,两个站点具有相同的地位和采用点对点的链路连接。如果在一定时间内没有得到应答信号,A 将重发同一命令。如果 A 站重复发送 SABM 命令已经达到预定的次数,还收不到任何响应,则表示链路不能建立,这时 A 站放弃建立链路,向上层实体报告建链失败,请求干预。拆除链路的过程由双方中的任何一个站发起,本例中,B 站发一个 DISC 命令,而 A 站则以 UA 作答,表示同意拆除链路,B 收到肯定回答 UA 后,双方链路拆除。另外,在实际使用中,如果接收站想要拒绝任何一种方式的建立命令,则可以返回一个 DM 帧作为响应,此时也将终止传送。

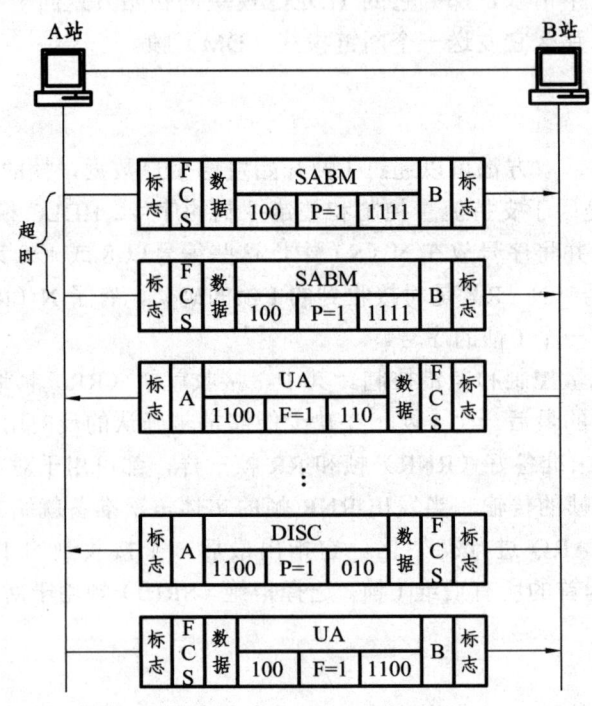

图 2.75 链路建立和拆除的过程

例 2-4 全双工信息交换过程。

当例 2-3 中的数据链路建立起来以后,A、B 两站即可开始通信。图 2.76 表示全双工交换信息帧的过程。首先 A 站发送一个序号为 0 的信息帧到 B,如果 B 站正确地收到这一信息,则 B 站也发送一个序号为 0 的信息帧到 A,同时后跟一个序号 1,表示下一个要接收的信息序号为 1。A 站收到此信息后,则发送下一个序号为 1 的信息。当一个站连续发送了若干帧而没有收到对方发来的信息帧时,N(R)只能简单地重复,例如,A 发给 B 的 I,N(S) = 1,N(R) = 1 和 I,N(S) = 2,N(R) = 1。此时若 B 回答一个 I,N(S) = 1,N(R) = 3,对 A 站的 I,N(S) = 1,N(R) = 1 和 I,N(S) = 2,N(R) = 1 作出应答并指明期待的下一帧是 3 号帧。A 站收到此信息后,又发一个 I,N(S) = 2,N(R) = 3,B 再次对 A 作出应答。最后,A 站没有信息帧要发送时用一个监控帧 RR,N(R) = 4,F = 1 对 B 站给予应答。图中也表示了肯定应答的累积效应,例如,B 站发送的 I,N(S) = 1,N(R) = 3 一次应答了 A 站的两个数据帧,A 站发送的 RR,N(R) = 4,F = 1 也一次应答了 B 站的两个数据帧。

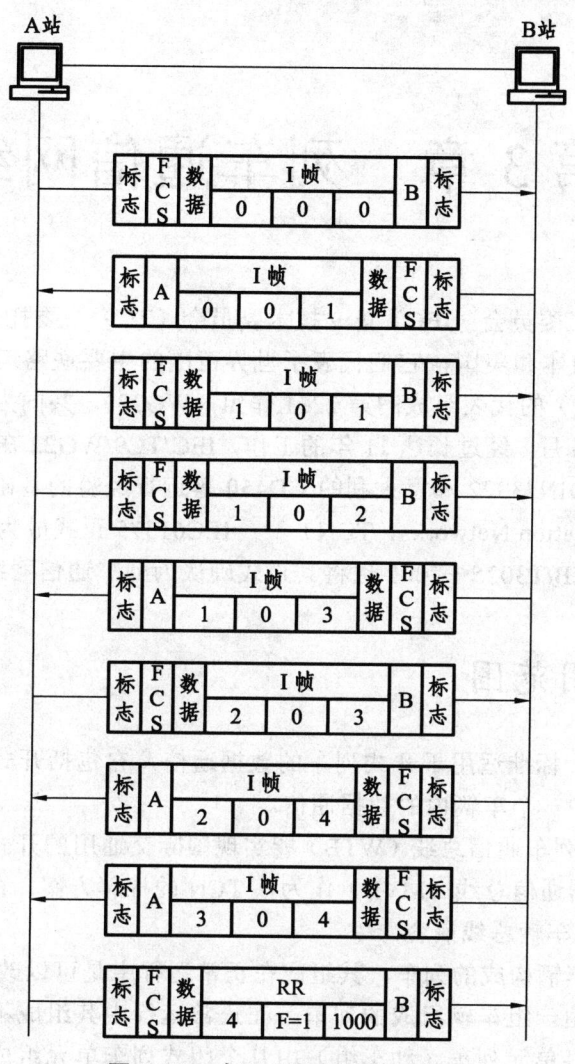

图 2.76 全双工数据交换过程

第 3 章 列车通信网络

1988年,国际电工委员会(IEC)第9技术委员会(TC9),委托由来自20多个国家(包括中国、欧洲国家、日本和美国,它们代表了世界范围的主要铁路运用部门和制造厂家)以及UIC(国际铁路联盟)的代表组成的第22工作组(WG22),共同为铁路设备的数据通信制定一项标准。1999年6月,经过长达11年的工作,IEC/TC9/WG22在ABB公司的MICAS基础上,以及西门子的DIN43322和意大利的CD450等运行经验的基础上制定的列车通信网络标准(Train Communication Networks,TCN)——IEC61375正式成为国际标准。我国于2002年颁布的铁道部标准TB/T3025—2002也将其正式确认为列车通信网络标准。

3.1 TCN 应用范围

TCN(IEC61375)标准适用于开式列车的数据通信,它包括开式列车的车辆与车辆间的数据通信及开式列车中一个车辆内的数据通信。

应用TCN标准的列车通信总线(WTB)能实现国际交通用的开式列车中各个车辆的协同操作。车辆内部的数据通信总线(MVB)作为该TCN的推荐方案。在任何情况下,供应商应保证WTB与所建议的车辆总线兼容。

开式列车由一组车辆构成的列车,其组成在正常运行中是可以改变的,如UIC范围内的过轨列车;闭式列车由一组车辆组成的列车,在正常运行中其组成不会改变,如地铁,城郊列车或高速列车组;多单元列车(动车组)由几个闭式列车单元组成,在正常运行中,组成列车的单元数量可以改变。TCN的应用范围如图3.1所示。

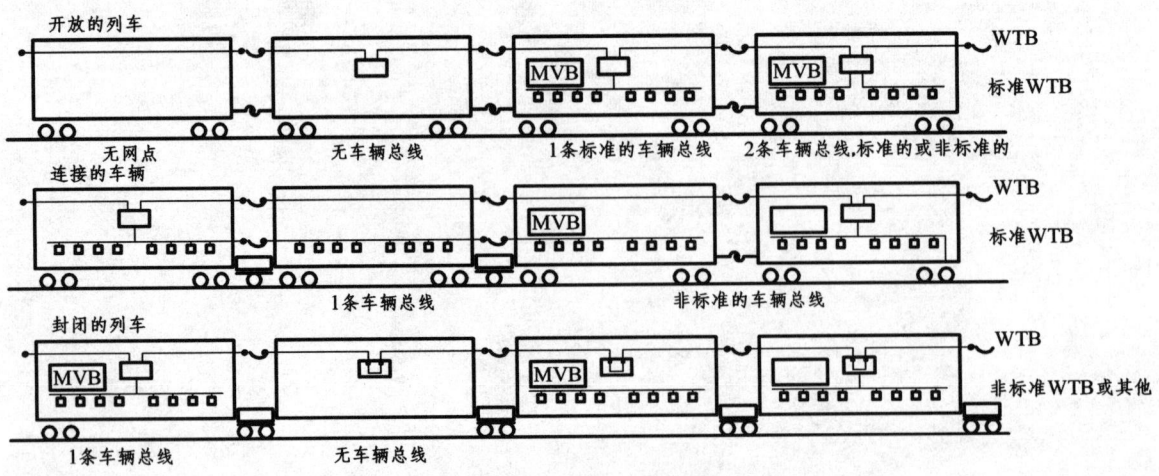

图 3.1 TCN 的应用范围

3.2 TCN 总述

列车通信网络（TCN）连接铁路机车车辆上车载可编程设备，其功能如下：
① 牵引和机车车辆的控制（遥控、门、灯……）。
② 远程诊断及维护。
③ 旅客信息及舒适性。

列车通信网络的基本结构是两条总线组成的三层结构，如图 3.2 所示。列车通信网络包含了两种总线：连接一个车辆内设备的多功能车辆总线（MVB），总线能快速响应，工作速率为 1.5 Mbit/s，介质为双绞线或光纤；连接列车中各车辆的绞线式列车总线（WTB），总线能自己组态，工作速率为 1 Mbit/s，介质为屏蔽双绞线。

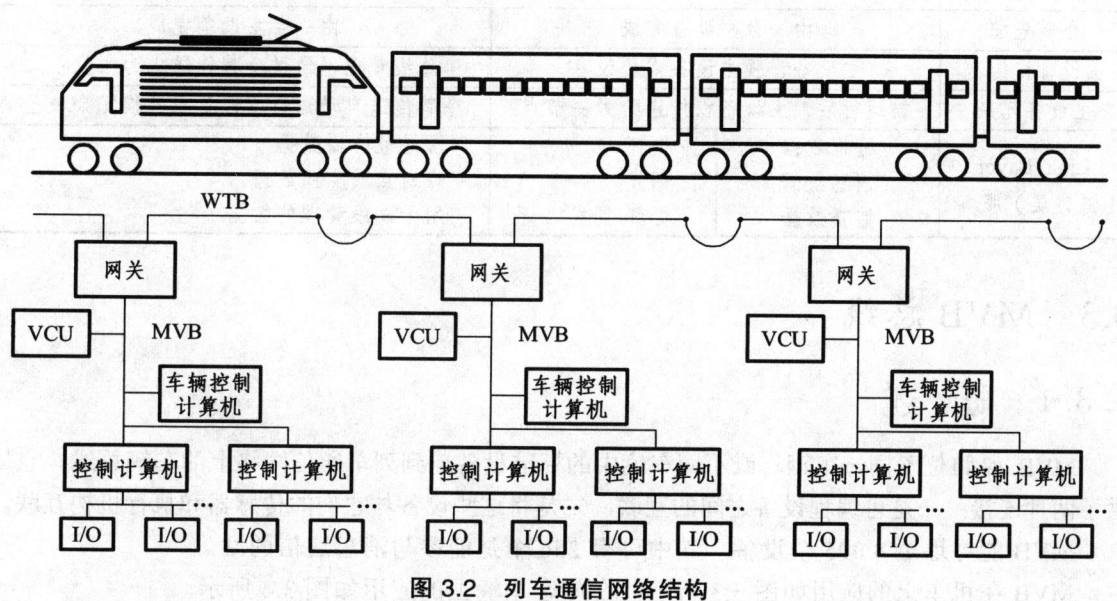

图 3.2 列车通信网络结构

三层结构是列车级控制、车辆级控制、设备级控制三层。
两条总线在链路层提供了相同的两种服务：
① 过程数据：周期性的，源寻址广播数据。
② 消息数据：按需传送的，目标寻址的数据报文。
在更高层，TCN 实时协议提供两种与总线独立的应用服务：
① 变量群（分布式过程数据库）。
② 消息群（呼叫/应答及多播消息）。

它的网络管理支持组态、维护及操作。有一组一致性测试导则支持各设备的协同工作。
表 3.1 综合了列车通信网络的特性。

表 3.1 列车通信网概要

特 征	绞线式列车总线 WTB	多功能车辆总线 MVB
结 构	结构可变，构成改变时，具有适应性	结构及设备的地址固定不变

续表 3.1

特 征	绞线式列车总线 WTB		多功能车辆总线 MVB
介 质	屏蔽双绞线（860 m，32 个节点，相当于 22 个 UIC 车厢）		双绞线，RS-485（20 m，32 个设备）；变压器隔离屏蔽双绞线（200 m，32 个设备）；星形光纤网（2 000 m，2 个设备）
物理冗余	双份物理层		双份物理层
信号	带 16～32 位前同步码的曼彻斯特编码		带定界符的曼彻斯特编码
信号速率	1 Mbit/s		1.5 Mbit/s
地址空间	8 bit 地址		12 bit 地址
物理地址	点对点及广播		点对点及广播
有效的帧长度	在 4～132 个字节之间可变		量化的：16，32，64，128，256 bits
完整性	帧 FCS-16，帧校验以及曼彻斯特编码		IEC60870 校验序列及帧尺寸校验
介质分配	由一台主设备完成		由一台主设备完成
主设备权传送	主设备，强主设备或弱设备		总线管理器通过令牌传送成为主设备
主设备冗余	初运行后，主设备权传递给另一节点		令牌传送自动进行主设备权转换冗余校验
Link_Layer（链路层）服务	过程数据 消息数据 监督数据	循环 偶发 循环/偶发	源寻址广播数据 点对点或广播数据 用于总线管理的数据

3.3 MVB 总线

3.3.1 概 述

MVB 是将位于同一车辆，或不同车辆中的标准设备连到列车通信网络上的车辆总线。它提供了两种连接：一是可编程设备之间的互联，二是将这些设备与它们的传感器和执行机构互联。

MVB 能寻址至 4 095 个设备，其中可有 256 个是能参与消息通信的站。

MVB 在机车上的应用如图 3.3 所示，在旅客车辆上的应用如图 3.4 所示。

MVB 也能用作正常运行中不分开的列车的列车总线。MVB 传送三种类型的数据：

① 过程数据：源寻址数据的周期性广播，最快的周期为 1 ms。

② 消息数据：根据需要，目标寻址的单播或广播。

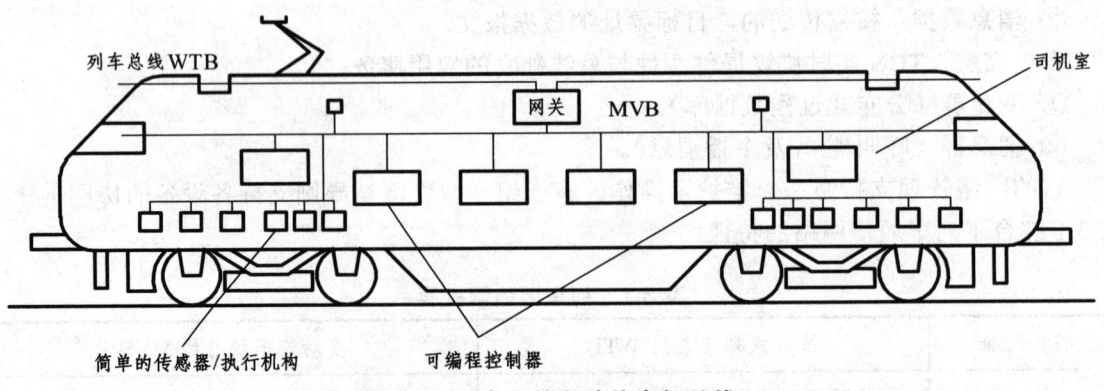

图 3.3　机车上的多功能车辆总线

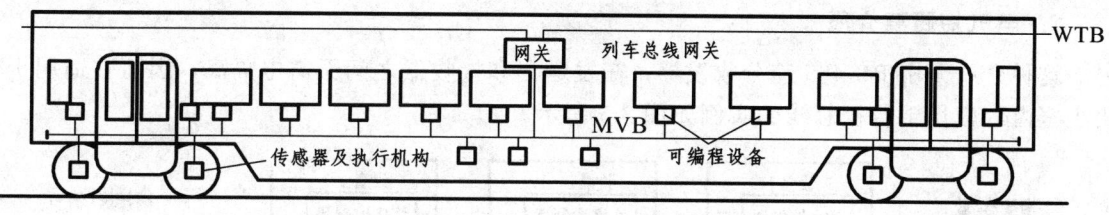

图 3.4　车辆上的多功能车辆总线

③ 监视数据：传输事件分解、主设备权传送、设备状态等数据。

表 3.2 是多功能车辆总线摘要。

表 3.2　多功能车辆总线摘要

拓　扑		总线（电气的），星形（光纤）	
介质（可选）	电短距离 电中距离 光　纤	双绞线，RS-485 屏蔽双绞线，变压器耦合 200 / 240 μm 光纤，星形连接器	
长　度	电短距离 电中距离 光　纤	20 m，每段 32 个设备 200 m，每段 32 个设备 2 000 m	
物理冗余		备份的物理层介质（同步发送）	
信号表示		曼彻斯特 Ⅱ 编码，9 个比特源分界符	
信号速率		1.5 Mbit/s	
地址空间		12 bits 设备地址；0～255 留给带消息数据设备 12 bits 逻辑地址用于过程数据（每个为 16～256 bits）	
物理寻址		单播和广播	
帧长度（有用的数据）		16，32，64，128，256 bits	
完整性		每 64 bits 带 8 位 CRC 校验码 + 曼彻斯特编码，主设备帧和从设备帧 带有不同的源定界符防止失同步，接收时间窗口监督	
介质分配		由中央总线主分配	
通　信		周期性的（过程数据）；偶发性的（消息数据）；监督（监督数据）	
主权转移		通过令牌传递，几个总线管理器轮流获得主设备权	
主权冗余		作为备份的冗余总线管理器	
链路层服务		链路过程数据接口 链路消息数据接口 链路监督接口	源地址数据广播 报文 链路层管理

3.3.2　MVB 物理层

MVB 可采用三种不同的物理介质，它们都在相同速度下工作：

① 20 m 以内采用电气短距离介质（ESD），允许使用标准的 RS-485 收发器，每段最多可支持 32 个设备。

② 200 m 以内采用电气中距离介质（EMD），每段最多支持 32 个设备，采用双绞屏蔽线和变压器作电气隔离，允许使用标准的 IEC1158-2 变压器和收发器。

③ 2 000 m 以内采用的光纤介质（OGF），采用点对点或星耦连接。

1. 电气短距离介质

这种介质采用 RS-485 差分收发器,在发送器和接收器之间无需电隔离,因而它适用于封闭小室内。应用于背板总线的实例如图 3.5 所示。

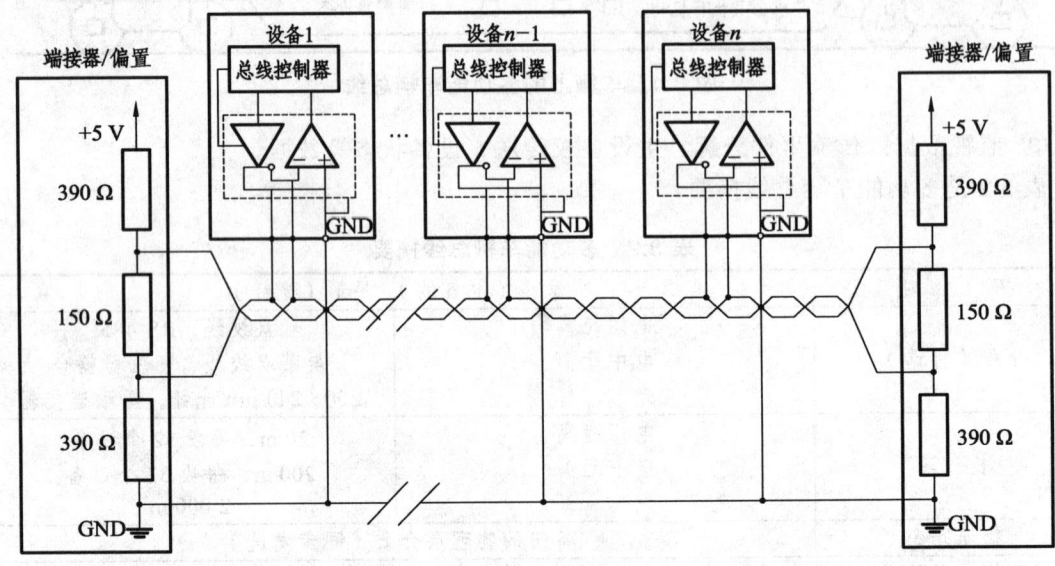

图 3.5 电气短距离介质

2. 电气中距离介质

在闭式列车组中,MVB 可以穿越几个车辆,此时可使用电气中距离介质,最长距离为 200 m,相当于 4 节车辆而无需中继器。这种介质也推荐连接运行中经常连挂和解连的车辆,如图 3.6 所示。

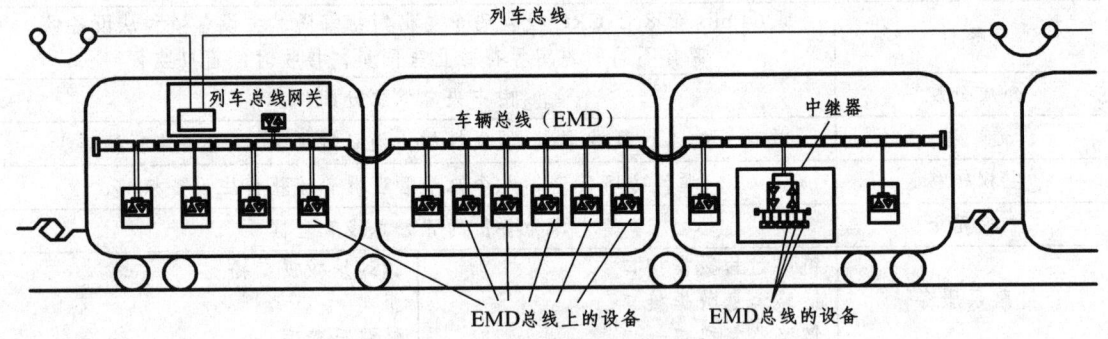

图 3.6 贯通三个车辆的 MVB

MVB 的设备地址在组态时分配,运行中它不能改变。

一个车辆中可以有不同的车辆总线,各有自己的总线管理器,相互间通过总线网关连接。

3. 光纤介质

光纤介质推荐用于有高电磁噪音的区域,如机车或动车组上。

像电气介质有总线拓扑一样,光纤介质通常有一个以有源或无源星形耦合器为中心的星形拓扑。当设备数量少到足以能采用有源或无源的光纤抽头时,光纤介质亦可按总线敷设。图 3.7 展示了设备间采用星形耦合器、插件箱内采用电气总线的典型组态。

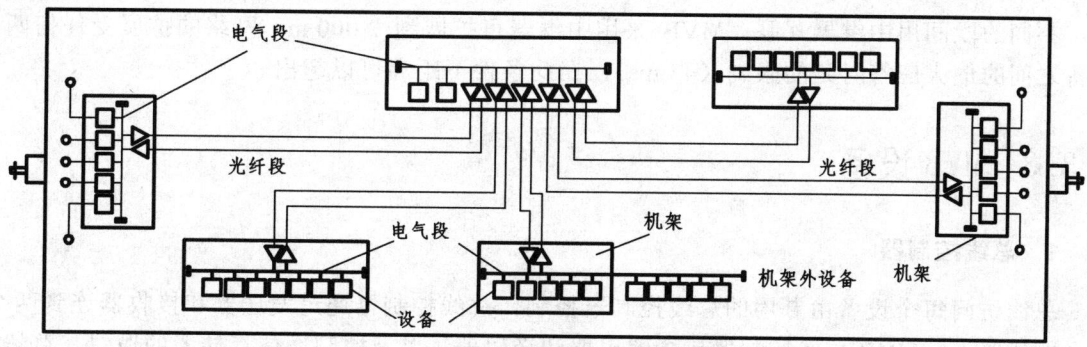

图 3.7 车辆总线星形耦合器的组态

一个 MVB 结构应该包括一个或多个总线段,总线段可由上述的三种介质构成。各总线段必须经由耦合器相互连接:采用连接不同介质的中继器,或将光纤汇入总线的星形耦合器。图 3.8 给出了一个 MVB 结构的例子,含有两个电气短距离段、一个电气中距离段和一个光纤

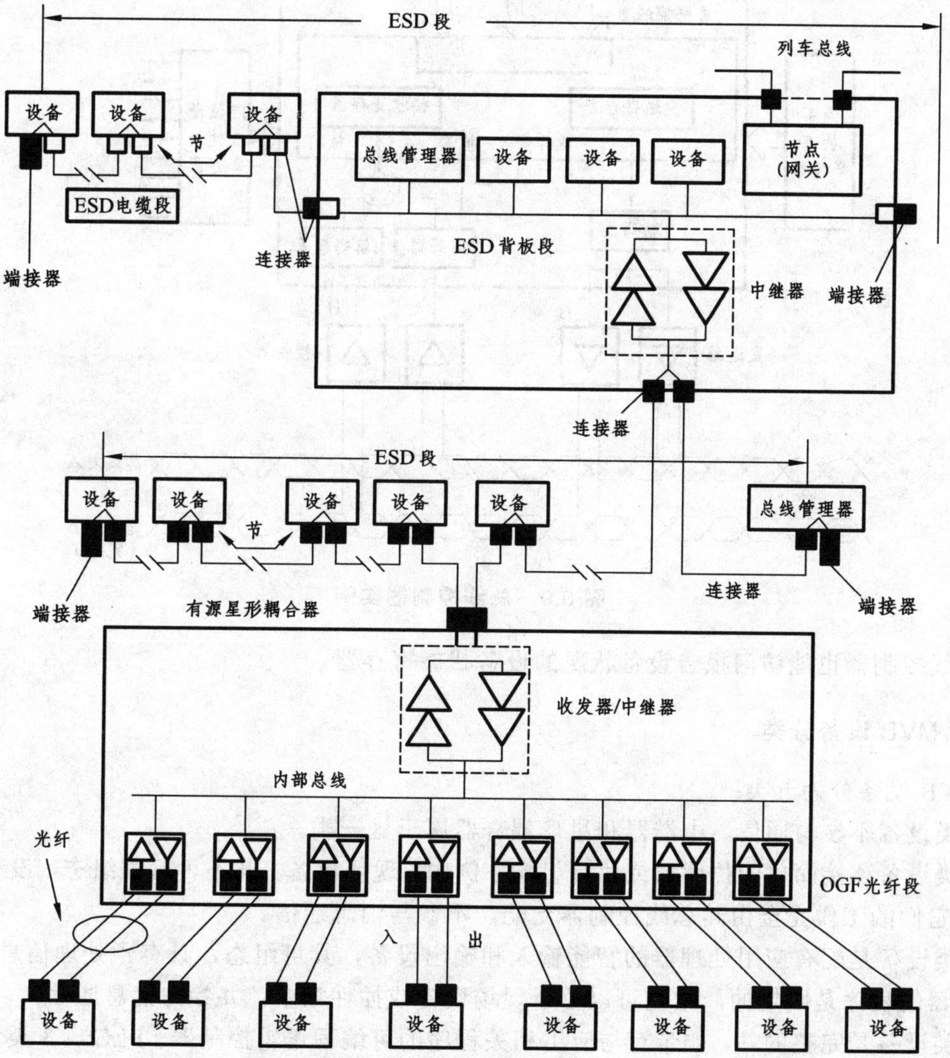

图 3.8 车辆总线拓扑

段，不同的段间用中继器互联。MVB 采用中继器可扩展到 2 000 m，网络的扩展受任何两个设备之间的最大应答时延的限制（43 ms），在此条件下距离可以超出。

3.3.3 MVB 设备

1. 总线控制器

总线访问每个设备由专用的总线控制器控制。总线控制器通过发送器和接收器连到两个冗余的线路上。MVB 总线控制器包含编码器和译码器，以及控制通信存储器的逻辑。总线控制器对到达的帧译码并寻址相应的通信存储器。MVB 总线控制器的实例如图 3.9 所示。

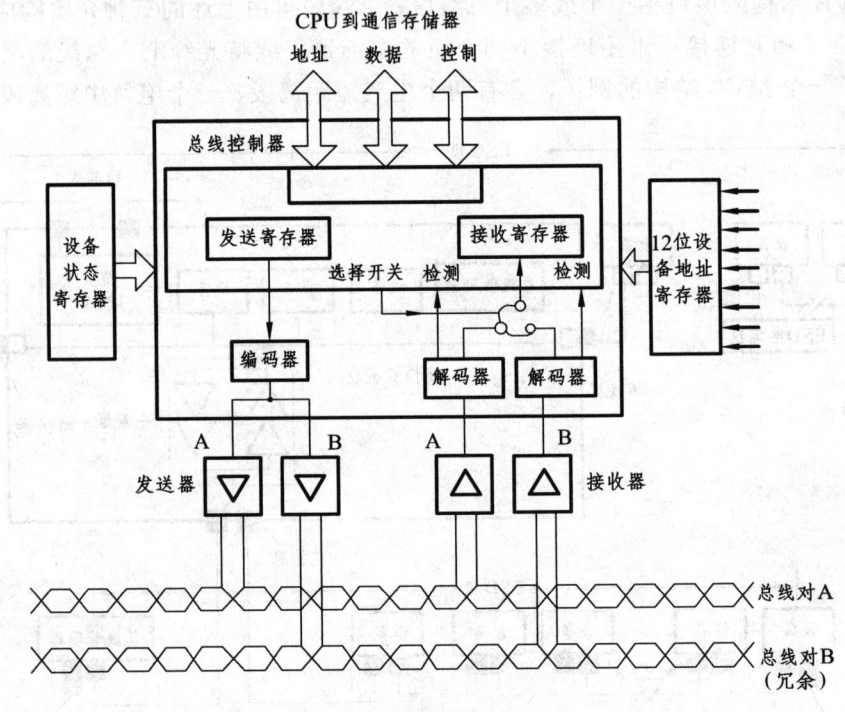

图 3.9 总线控制器实例

总线控制器也能访问报告设备状况的设备状态寄存器。

2. MVB 设备分类

MVB 设备分为五类：

0 类设备不参与通信。中继器和星形耦合器属于这一类。

1 类设备连接简单的传感器或执行机构，例如，现场设备。其不可远程组态，没有应用处理器，它们的工作完全由其总线控制器支配，不参与消息通信。

2 类设备是配有应用处理器的智能输入和输出设备，其可组态，具有预处理信息的功能，但处理器的程序是固定的，它们可以位于现场设备或插件箱中，并参与消息通信。

3 类设备是完整的站，如带有与应用相关程序的可编程逻辑控制器（PLC）。3 类设备含有大量的端口，典型的是 256 个。

4 类设备有与 2～3 类设备相同的结构，但提供更多的服务，其拥有大量的端口，甚至能预订所有的总线通信（参与总线的管理与控制）。四类设备的例子有：

① 控制总线的总线管理器。
② 用于网络管理的经营者（开发、调试工具）。
③ 连接列车总线和车辆总线的网关。

（1）1 类设备

1 类设备不带处理器，对 I/O 设备作简单连接。

在现场设备中，总线控制器直接控制输入和输出寄存器。

端口由 16 位寄存器组成，有一个设备状态端口和几个输入/输出连接端口。

1 类设备只响应有限的一组从设备地址导出的地址。1 类设备如图 3.10 所示。

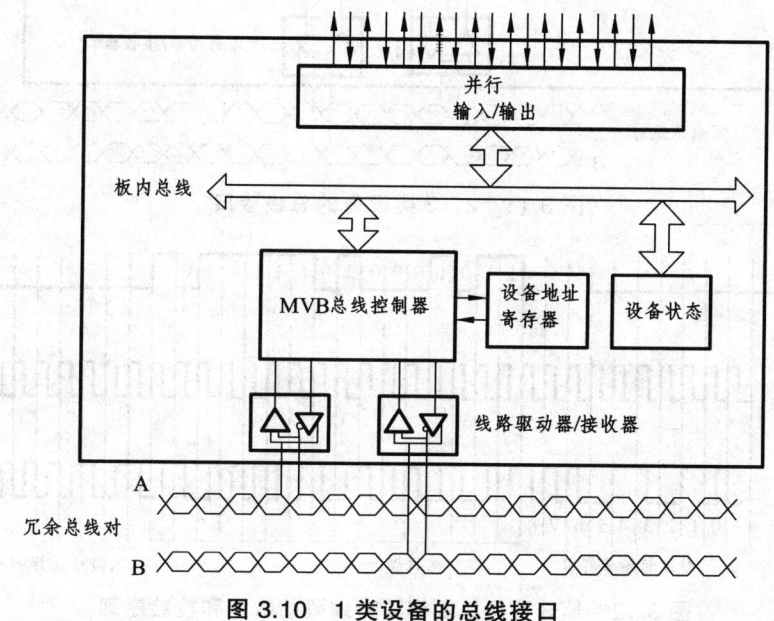

图 3.10 1 类设备的总线接口

（2）2 类和 3 类设备

2 类及更高级的设备包含有应用处理器，如图 3.11 所示。

总线控制器与应用处理器通过被称为通信存储器的双访问存储器进行通信。这个存储器可以是双口存储器，但在大部分情况下，能共享的普通存储器也可满足要求。

应用处理器把它时间的一小部分用于总线通信，例如，周期性数据的刷新管理及执行协议。而总线控制器因有总线主权，具有适应工作负荷大的特点。

3.3.4 MVB 的信号表示

所有 MVB 的介质都工作在统一的 1.5 Mbit/s 速度下。

数据编码采用曼彻斯特编码，它把数据和时钟组合成一个信号。"1"用位元中间负跳变传送，"0"用位元中间正跳变传送。

帧数据前为 9 位起始分界符，帧数据后为 8 位校验序列，如图 3.12 所示。

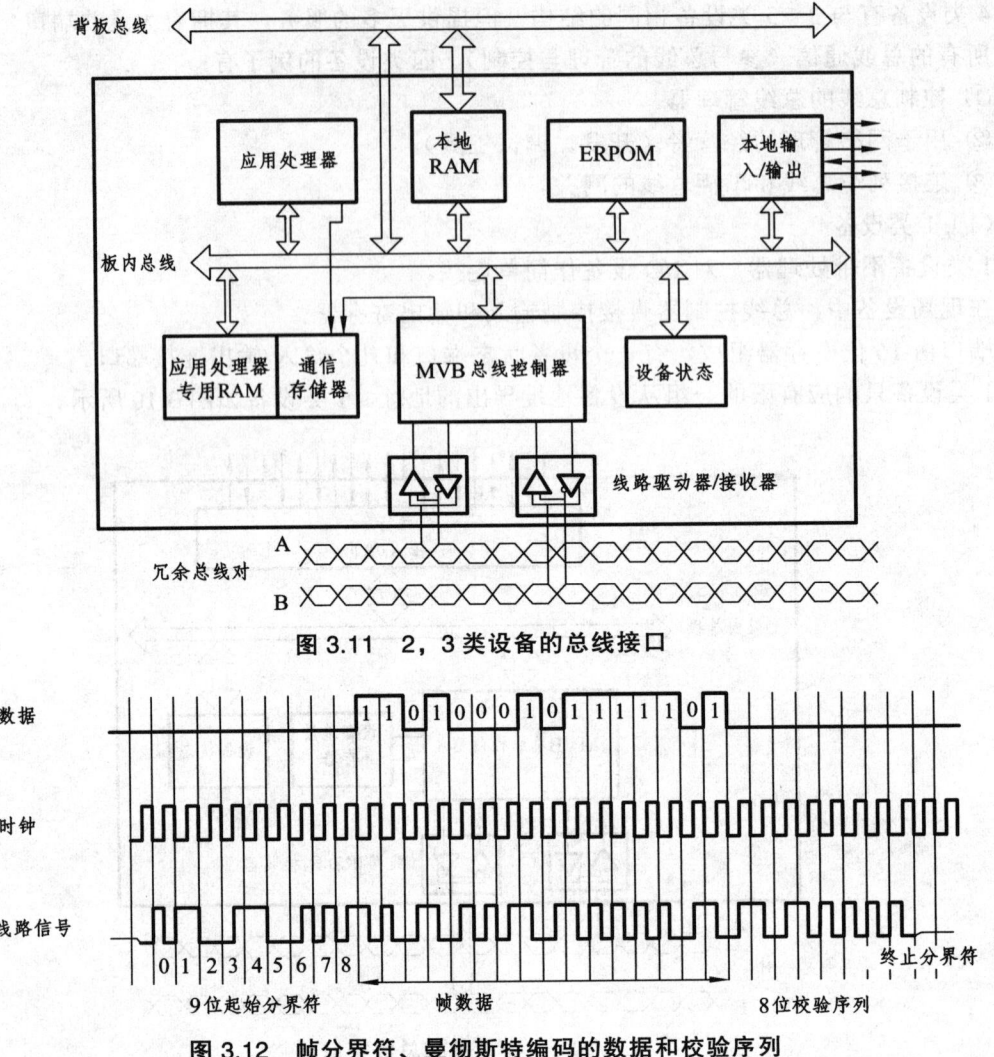

图 3.11　2，3 类设备的总线接口

图 3.12　帧分界符、曼彻斯特编码的数据和校验序列

起始分界符包括三个变形的曼彻斯特代码（两跳变间有 1.5 位元长），以便将它们与数据位序列区分开。有两种类型的分界符：一是主帧起始分界符，二是从帧起始分界符。

校验序列最多可有 64 位，较长的字可有几个校验八位位组，校验序列使用高完整性 IEC60870-5-1 算法，汉明距为 4。

曼彻斯特编码也提供了附加的完整性，因为只有一个位元的两半都反相才会得到一个出错的位。

帧用终止分界符结束，终止分界符用于检测帧的结束。

在光纤或 RS-485 传送中，终止分界符简单地由把线路置为闲置状态至少一位时间，以使线路返回空闲状态。但在中距离介质中，终止分界符必须无直流分量、形状对称，以免线路振铃。

3.3.5　MVB 帧

MVB 有两种类型的帧：

① 仅由总线主设备（简称总线主，总线管理器之一）发布的主帧。
② 从设备响应主帧而发送的从帧。
一个主帧及其相应的从帧形成一个报文，如图 3.13 所示。

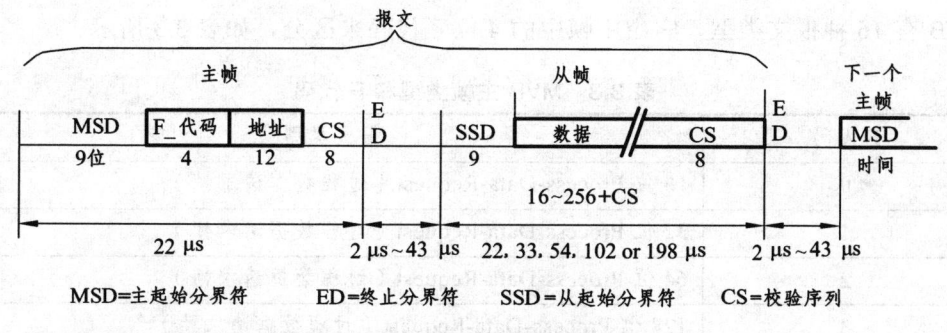

图 3.13　MVB 报文

主帧起始分界符和从帧起始分界符是不同的，以防止同步滑移。
主帧的长度固定为 33 位，包括：
① 9 位主起始分界符。
② 4 位 F 代码，它指明所期望的从帧类型和长度。
③ 12 位的地址或参量。
④ 8 位的校验序列。
所有设备都对主帧译码，随后被寻址的源设备回答一个从帧，该从帧可被几个其他的设备所接收。
从帧可能有五种长度：33，49，81，153 或 297 位，包括：
① 9 位从起始分界符。
② 16～256 位的数据。
每个 64 位序列有一个 8 位校验序列，如图 3.14 所示。

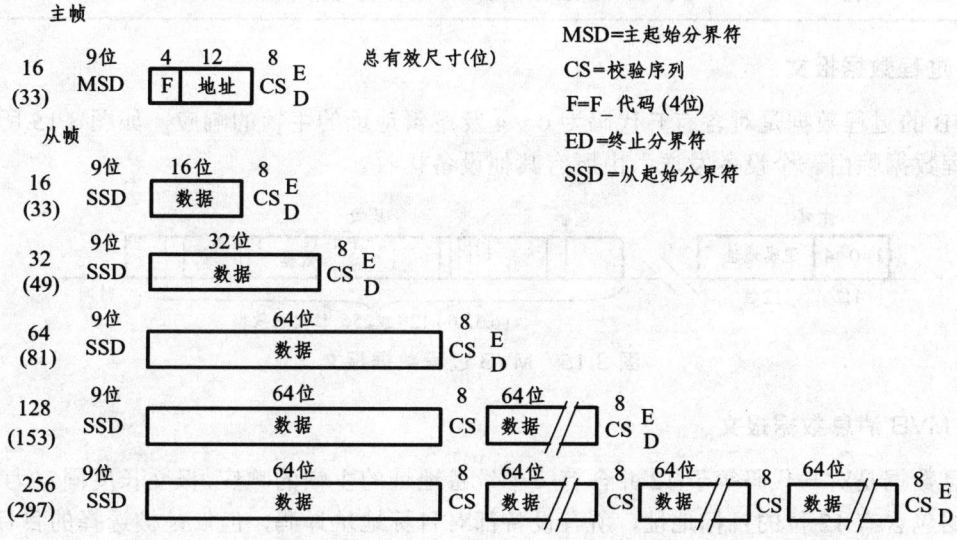

图 3.14　主帧和从帧格式

3.3.6 MVB 报文

1. 报文类型

MVB 有 16 种报文类型，它由主帧中的 4 位 F 代码来区分，如表 3.3 所示。

表 3.3 MVB 主帧类型和 F 代码

F 代码	报文类型
0	16 位 Process-Data-Request（过程数据请求帧）
1	32 位 Process-Data-Request（过程数据请求帧）
2	64 位 Process-Data-Request（过程数据请求帧）
3	128 位 Process-Data-Request（过程数据请求帧）
4	256 位 Process-Data-Request（过程数据请求帧）
5	（保留）
6	（保留）
7	（保留）
8	Mastership-Transfer-Request（主设备权传送请求帧）
9	General-Event-Request（常规事件请求帧）
10	（保留）
11	（保留）
12	256 位 Message-Data-Request（消息数据请求帧）
13	Group-Event-Request（组事件请求帧）
14	Single-Event-Request（单事件请求帧）
15	Device-Status-Request（设备状态请求帧）

2. 过程数据报文

MVB 的过程数据是对含有 F 代码为 0~4 及逻辑地址的主帧的响应，如图 3.15 所示。过程数据帧由一个设备发送，由所有其他设备接收。

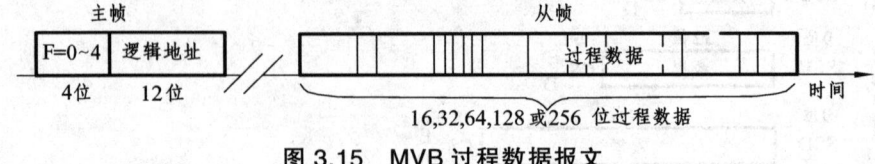

图 3.15 MVB 过程数据报文

3. MVB 消息数据报文

消息数据是对 F 代码等于 12 并含有一个设备地址的主帧的响应，报文长度固定为 256 位。消息数据包含有 12 位的目标地址，所有设备都对目标地址译码，但仅是被选择的目标设备才接收该帧，如图 3.16 所示。

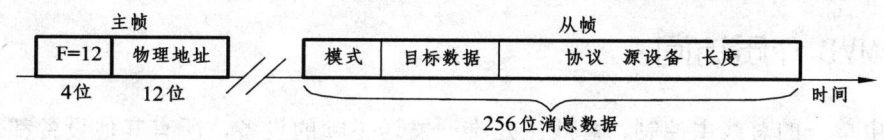

图 3.16 MVB 消息数据报文

4. MVB 监视数据报文

监视数据是对 F 代码为 8，9，13，14 和 15 的主帧的响应，其长度为 16 位，如图 3.17 所示。

特例：F 代码 = 15 为读设备状态，总线主可以轮询以检查各设备的状态。

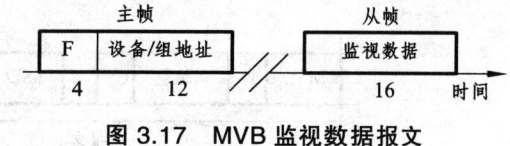

图 3.17 MVB 监视数据报文

3.3.7 MVB 端口

主帧与响应它的从帧间的间隔小于 4 ms，为了能在这样短的时间内作出响应，设备应事先准备好从帧以备发送。为此，设备把它的数据放在称为端口的寄存器中，每个设备可有几个端口，分别为源端口和宿端口。

有两种类型的端口，物理端口和逻辑端口，它们由主帧中的 F 代码来区分。

① 逻辑端口（F 代码为 0～4）：每个设备都有许多逻辑端口，典型的为 256 个，组态时这些逻辑端口或是作为源端口；或是作为宿端口。它们的长度可以为 16，32，64，128 或 256 位，逻辑端口为过程数据提供了基本通信。

② 物理端口（F 代码 8～15）：每个设备都有 8 个物理端口，供监视数据和消息数据用。除了消息数据端口外其他端口的长度都固定为 16；256 位的消息端口（F 代码=12）仅用于消息数据。仅是主帧中规定的设备才发出消息数据。

MVB 设备端口的例子如图 3.18 所示，端口位于通信存储器中，共享存储器由应用处理器及总线控制器共同访问。

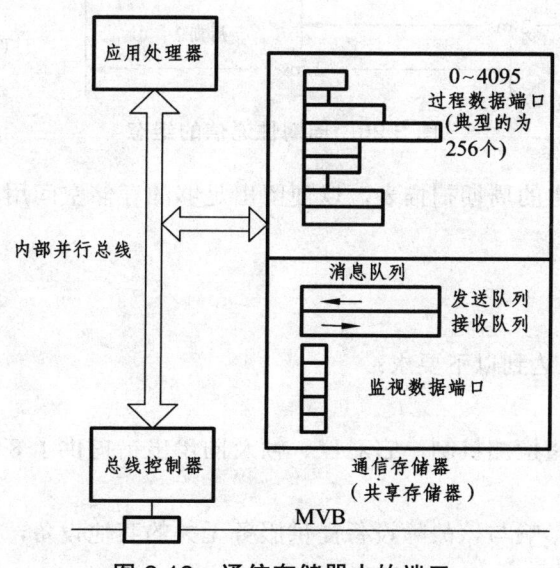

图 3.18 通信存储器中的端口

3.3.8 MVB 介质访问

MVB 由单一的总线主控制，总线主是唯一发送主帧的设备，所有其他设备都是从设备，它们不可随意发送。有几个设备如总线管理器，可以成为总线主，但在每个时刻只有一个，总线主在持续数秒后可依次轮换。

总线主可位于总线的任何部分，它按预定的顺序周期性地轮询各个端口，如图 3.19 所示。

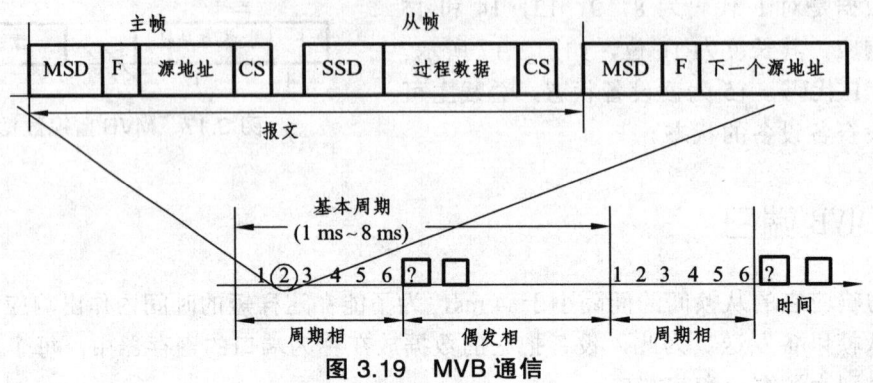

图 3.19 MVB 通信

在正常运行前，要建立总线主读端口的顺序，对每个端口，应用定义了特征轮询周期，其总是基本周期的 2^n 倍（$n=1\sim10$）。有同样特征周期的设备属于相同的周期。

周期 1 在每个基本周期中都予以轮询，周期 2 是每两个周期轮询 1 次，周期 4 是每 4 个周期才轮询 1 次，依次类推。大的周期可以分成子周期，延伸到几个周期里，如图 3.20 所示。

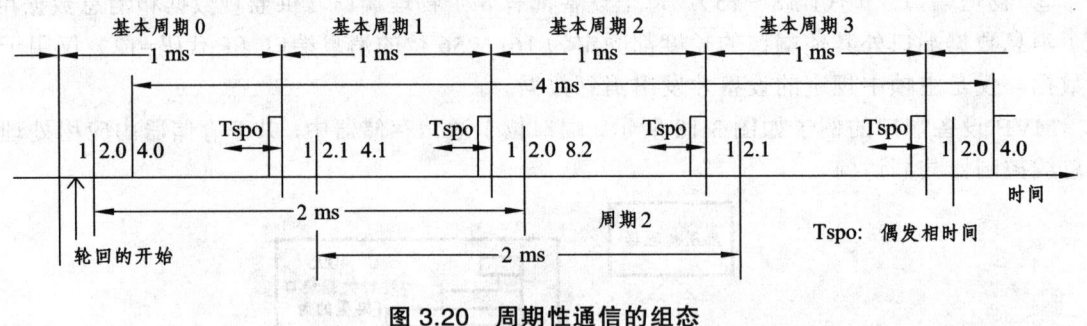

图 3.20 周期性通信的组态

应用程序配置总线主的周期扫描表，以便留出足够的存储空间用于偶发性通信。

3.3.9 MVB 容错

MVB 通过容错设计达到以下要求：
（1）传送的完整性

链路层中有扩展出错检测机制，它对位、帧及同步出错提供了 8 位汉明距。

（2）故障的独立性

一个设备的故障不影响与该故障设备提供服务无关的其他设备，持续的发送者可被解连。

（3）传送的可用性

由于采用双份介质和冗余总线管理器而提高了可用性，无单点故障的组态亦是可能的。

（4）组态能力

系统可由单线及备份混合组成。

1. 介质冗余

总线控制器能在两对线上发送，但只从一对线上接收。载波检测逻辑持续监视另一对线，检查是否正常。

电气和光纤介质可以全部备份。图 3.21 展示了全备份总线，它由一个双份电气段 U，通过一双份光纤段连到一双份电气段 V。

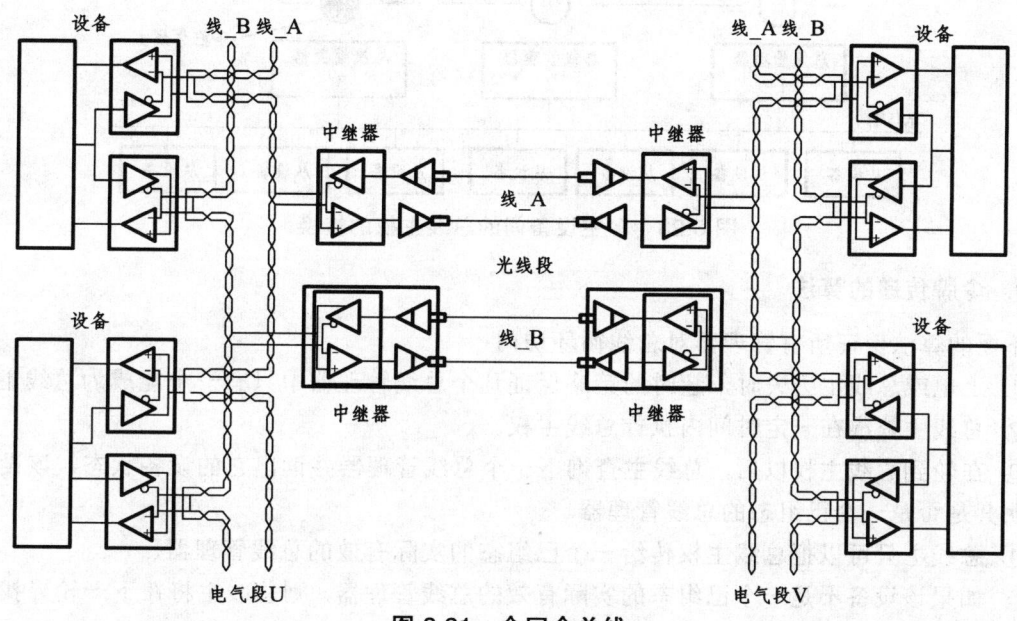

图 3.21　全冗余总线

总线也可以部分备份，双线段可通过中继器与单线段互联，如图 3.22 所示。

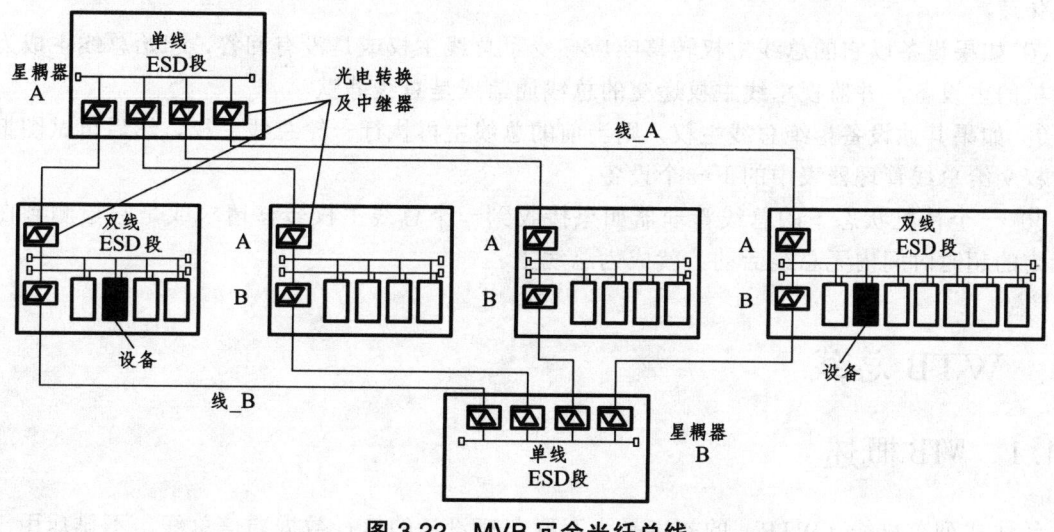

图 3.22　MVB 冗余光纤总线

2. 总线管理器冗余

由于单一总线主可成为单点故障，总线主权需在几个总线管理器间转移，一个时刻只有一个总线主。

为提高可用性，总线主权可由两个或更多的总线管理器共享，它们依次执行总线主权。

在故障情况下，总线主权从一个总线管理器转移到另一个总线管理器只需几毫秒。为实现冗余，每经几秒总线主权按令牌帧转移。为此，所有总线管理器构成逻辑环，如图 3.23 所示。令牌传递机制保证只能有一个总线管理器成为总线主。

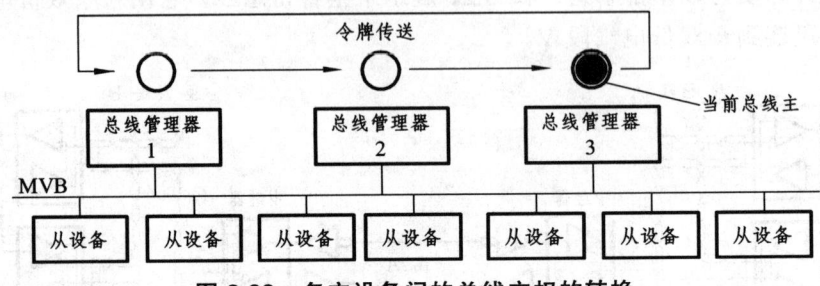

图 3.23 多主设备间的总线主权的转换

3. 令牌传递的算法

下面的算法保证所有管理器对总线循环访问：

① 上电或总线主丢失时，超时的策略保证几个总线管理器中只有一个能成为总线主。

② 总线主依次在一定时间内执行总线主权。

③ 在轮到总线主权以后，总线主查询下一个总线管理器并读出它的设备状态，该设备状态指明其是否是一个已组态的总线管理器。

④ 总线主只可以把总线主权传给一个已组态的实际有效的总线管理器。

⑤ 如果该设备不是一个已组态的实际有效的总线管理器，则总线主将在下一轮寻找下一个总线管理器。

⑥ 如果该设备是一个已组态的实际有效的总线管理器，总线主发送总线主权转移请求将主权传递。

⑦ 如果设备以它的总线主权转移响应接受了总线主权或是没有回答，起始总线主成为退休待机的主设备，并监视总线主权递交的总线通信或是总线静默。

⑧ 如果其他设备拒绝总线主权，则当前的总线主再执行一轮总线主权，然后再试图把总线主权交给总线管理器表中的下一个设备。

⑨ 一个待机状态下的总线管理器如果接收到一个总线主权转移请求或是它检测到在大于规定的超时时间内无总线活动，就成为总线主。

3.4 WTB 总线

3.4.1 WTB 概述

绞线式列车总线（WTB）的初衷是为互联车辆设计的串行数据通信总线，不排斥用于其他场合。这些互联车辆在每天作业中需要连挂和解连，如国际 UIC 列车。

WTB 满足 UIC 活页 556 的要求，它定义了由最多 22 个客车组成的 UIC 列车的通信要求。表 3.4 给出了 WTB 的特性总结。

表 3.4 WTB 特性摘要

拓 扑	形成总线的电缆节的链
介 质	屏蔽双绞线，120
长 度	长 860 m，带有 32 个节点的特定电缆； 可以有更长的长度和更多的节点（最大节点数 62 个）
物理冗余	双电缆物理层介质
信号表示	带有 16～32 bits 前同步码的曼彻斯特编码
信号数据速率	1.0 Mbit/s
寻 址	单播（初运行时分配 6 bits 地址） 广播
帧长度	有效数据：每个 HDLC-Frame（HDLC 帧）4～132 字节
完整性	每帧 16 bits 的帧检测序列，帧尺寸监督和曼彻斯特编码
介质分配	由一个主设备决定
通 信	循环（周期 25 ms）（用于 Process-Data（过程数据）） 偶发（用于 Message-Data（消息数据）和 Supervisory-Data（监督数据）
主 权	每个节点可以在初运行中通过应用命令或初始化时的争论或失效时成为主设备
总线主冗余	初运行时主设备权传到其他节点
链路层服务	Process-Data（过程数据）源寻址变量的广播 Message-Data（消息数据）报文 Supervisory-Data（监督数据）总线监督
链路层管理	链路层管理接口
可选项	用于清理连接器的清除电路

3.4.2 WTB 拓扑

WTB 采用总线拓扑，可互联最多 32 个节点，长度最长至 860 m。更长的距离和更多的节点（最多 62 个）也可以实现。WTB 介质是由不同车辆上的电缆链接而成，如图 3.24 所示。

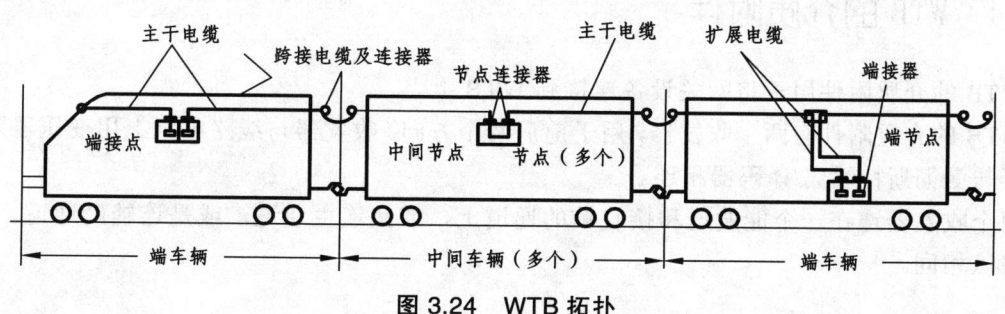

图 3.24 WTB 拓扑

节点可以直接或是通过扩展电缆连到主干电缆上,因为电缆没有抽头,所以它没有残段(无端接电缆节)。因而扩展电缆的长度不受信号反射的限制。

正常运行时,每个节点插入主干电缆,并连接两个总线节:

① 位于总线中间的节点,或中间节点,连接两个与它连接的总线段,中间节点自己有被断开的端接器。

② 位于总线两端的节点,或端节点,它不连接两个电缆段:它有一段是朝向列车中间,另一段是朝向敞开的端部。端节点电气上用与它连接的端接器来终止两个总线段以减少反射(端接器的电阻器与电缆的特征阻抗相匹配)。

WTB 在一给定时间内只由一个单一的总线主控制。

在总线主控制下,WTB 周期性地广播牵引和列车控制使用的过程数据;它也按需发送比较长但不太紧迫的消息数据,如旅客信息、诊断和维护信息。

在组成发生改变或节点出现故障时总线主权可以转移。当列车组成改变时,例如,车辆连挂,WTB 自动重新组态,给各节点指定地址和取向、分发新的拓扑。

为此,总线主指示中间位置上的节点连接电缆节,命令末端的端节点插入端接器,这个过程称做初运行,也就是给每个节点指出它的位置地址和它相对于总线主的取向,于是所有节点认可相同的方向为向前,相同的侧面为左侧,而与运行方向无关。

一个节点可同时成为总线主和从节点,虽然总线主只有一个,但多个节点可成为总线主,这样为总线主故障时提供了冗余。

3.4.3 WTB 介质

WTB 介质为规定型号的屏蔽双绞线,为连接各个车辆,它需要有较高的机械稳定性。

所规定的电缆允许传输速度 1.0 Mbit/s,860 m 长,这相应于 UIC 标准的 22 个车辆组成的列车,每个车辆长 26 m 再考虑到弯曲增加 50%。这种电缆最多可挂 32 个节点,因为每个车辆中可有一个以上的节点。

为连接不同的车辆,WTB 可以使用密接式车钩(如城郊列车)的接点,也可用手动插拔电缆。

由于车辆的取向不可预定,电气布线通常在车辆的两个端部断开,通过两个连接器再连通。

WTB 电缆的两个跨接电缆都应该插好,每一个连接不同的 WTB 线,这样自然成为冗余布线,如图 3.25 所示。

3.4.4 WTB 的介质附件

WTB 的介质附件用于将网关设备连接到 WTB 上。

WTB 的介质附件有两个收发器,用于前后两个方向。收发器与线路电气上用变压器隔离。收发器与曼彻斯特编码/译码器相连。

每个收发器连在一个能发送和接收帧的通道上,或是连主通道,或是连辅助通道。两个通道可以相同。

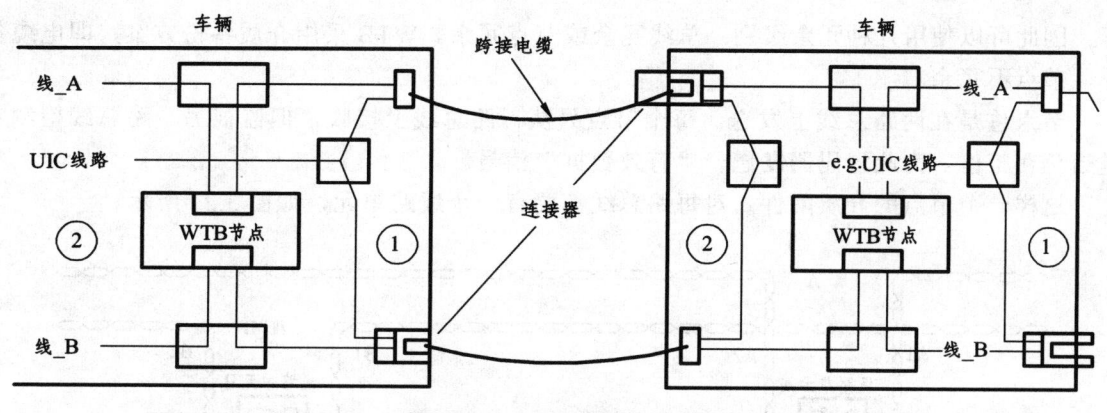

图 3.25 WTB 电缆的布置

图 3.26 表明了一个端节点中的开关位置。当总线开关打开时它不连总线段。端接开关闭合时插入端接器。方向开关将主通道连到一个方向,并将辅助通道连到另一个方向。

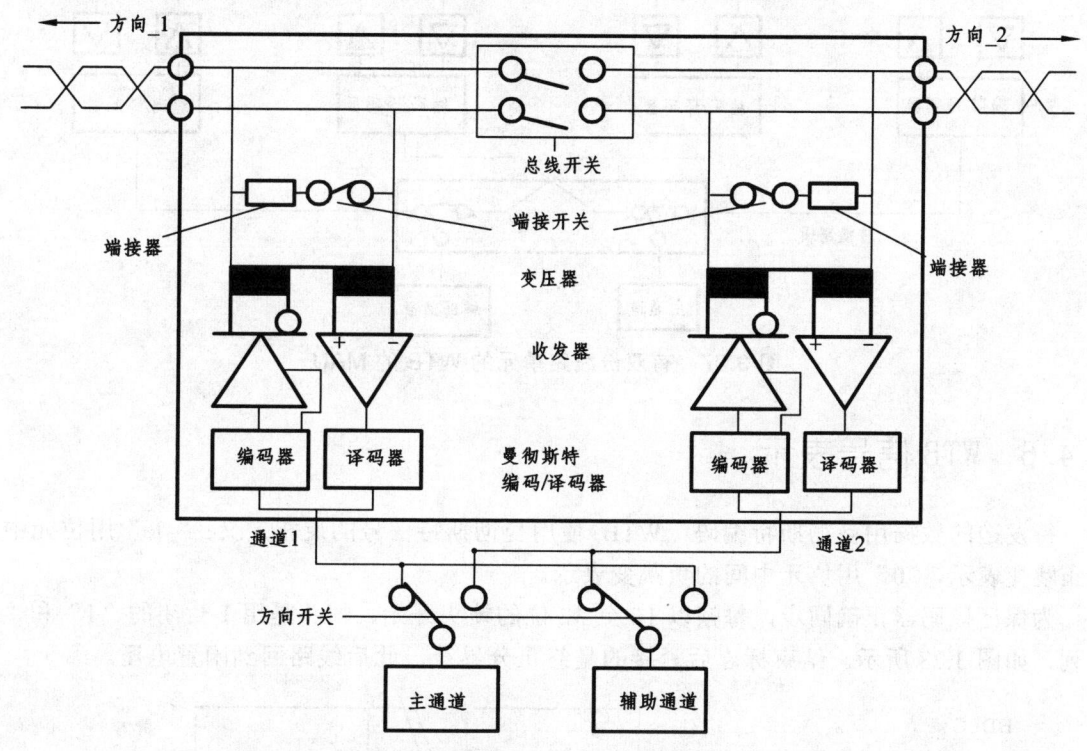

图 3.26 WTB 的介质附件(展示了端节点的各个开关)

在列车中间的中间节点连接总线节点,端接器解连,它只用主通道,断开辅助通道。

为克服车辆之间连接器触点的氧化或晶须,可选用加电清除电路,在总线上叠加直流电流对连接器触点进行电清除。

3.4.5 WTB 介质备份

即使在列车总线上传送的信息不直接与安全有关,列车总线的故障也能导致列车不能运行。因此可以使用几种冗余级别：总线冗余或节点冗余。WTB采用介质备份方案，即电缆备份，节点不冗余。

节点总是在两路总线上发送，每个节点只从一路总线上接收，但监视另一路总线检测它是否仍在工作。为此译码器发送一"有效数据"信号。

这样一个节点的介质附件，对每路总线都要有一个线路单元，如图3.27所示。

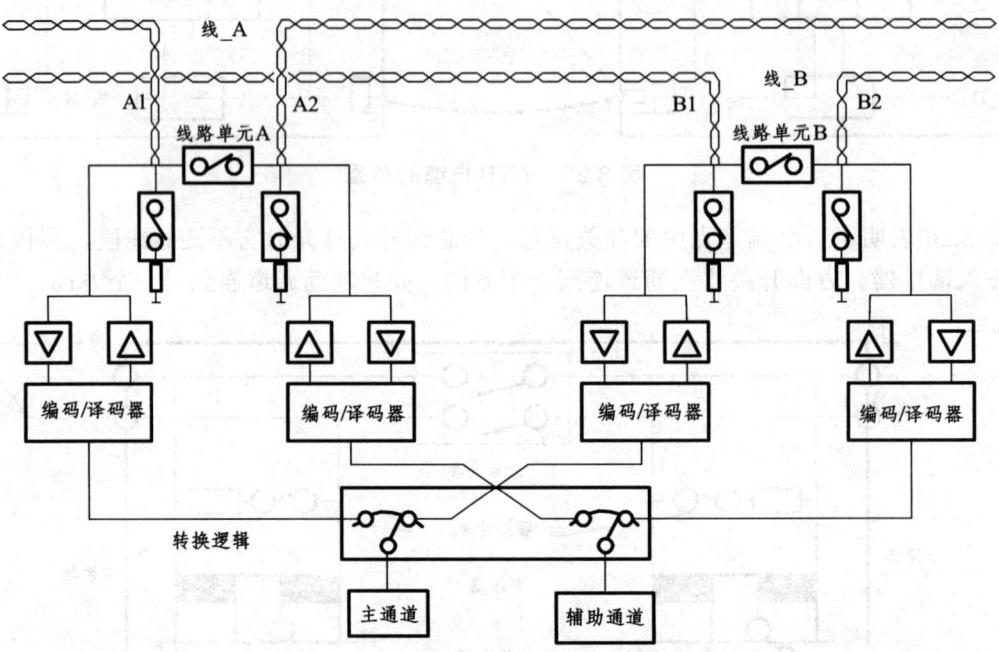

图 3.27　有双份线路单元的 WTB 的 MAU

3.4.6　WTB 信号表示

待发送的数据用曼彻斯特编码，WTB 使用曼彻斯特信号的反相定义："1"用位元中间的正跳变表示，"0"用位元中间的负跳变表示。

为保证译码器正确同步，每帧以 16 至 32 位的帧头开始，帧头是用 1 封闭的"1"和"0"序列，如图 3.28 所示。结束标志后紧接的是终止分界符，此后线路回到闲置电压。

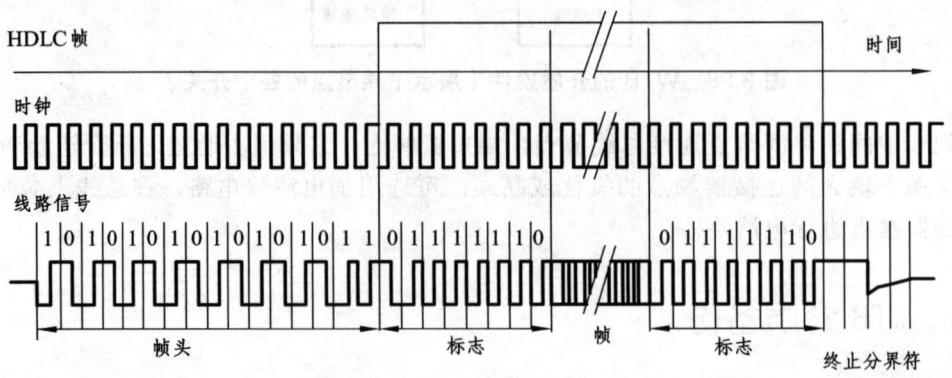

图 3.28　WTB 信号编码

3.4.7 WTB 帧

WTB 所有的帧编码相同，遵守 HDLC（ISO/IEC3309）标准，如图 3.29 所示。

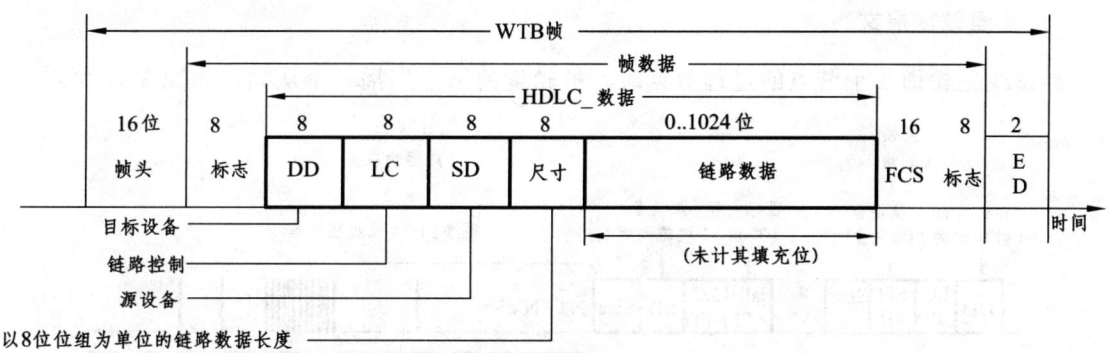

图 3.29 WTB 的帧格式

每帧开始的帧头由曼彻斯特编码器产生，而由曼彻斯特译码器去掉，它不是帧数据的一个部分，其长度为 16~32 位，但默认值是 16 位。

帧数据用两个 8 位的标志分界（01111110B）。

HDLC 数据以 8 位目标设备的地址开始，它是目标节点的节点地址（或广播地址），由 HDLC 控制器译码；接下来是 8 位链路控制字段，这是 WTB 特定的；再下来 8 位源设备是源节点的设备地址，"长度" 8 位位组指明后随的链路数据 8 位位组的总数；链路数据后接 16 位帧校验序列，它与 HDLC 一致，能检测几种类型的出错；8 位结束标志后是终止分界符，它由曼彻斯特编码器产生，而由曼彻斯特译码器去掉。

两个标志间的帧数据为 134 字节或 1 072 位。由于 HDLC 的位填充机制，最坏情况下帧数据为 1 289 位时间，加上帧头、标志及终止分界符的 34 位时间，总数为 1 323 位时间。

3.4.8 WTB 报文

总线主发送一个主帧建立一个源从设备与一个或几个目标从设备间的通信，被选定的从设备用一个从帧响应。主帧和从帧都采用广播方式被所有节点接收。

图 3.30 展示了报文的定时，由一个主帧和一个响应而发送的从帧组成。

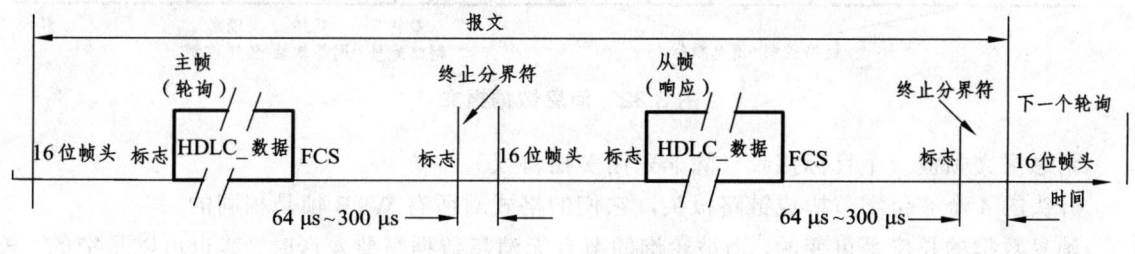

图 3.30 WTB 报文

WTB 有三种类型的报文：
① 过程数据报文。

② 消息数据报文。
③ 监视数据报文。

从设备总是以与它接收的主帧相同类型的帧来回答。

1. 过程数据报文

当总线主轮询一个节点的过程数据时，被轮询的节点广播一个从帧，如图 3.31 所示。

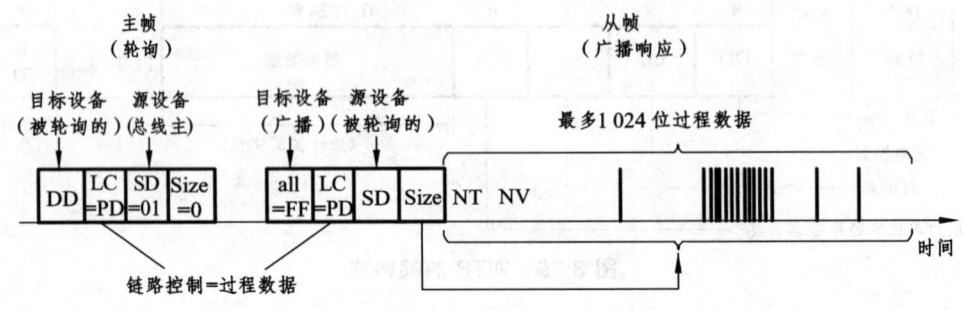

图 3.31 WTB 过程数据报文

该帧可被所有其他节点接收，因为 WTB 上的所有节点都是用户，是所有其他节点过程数据的宿。节点以固定格式的过程数据帧响应，这种固定格式在每次组成改变时建立。为增加组成改变时的完整性，过程数据帧的开头两个 8 位位组是留给帧内容的标志。

当总线主自己发送过程数据时，它先发送一个轮询帧。然后按与从设备相同的定时发送一个从帧。这称为自轮询。

2. 消息数据报文

当总线主轮询一个节点的消息数据时，节点用包含一个消息包的从帧来响应，这样就形成一个消息数据报文，如图 3.32 所示。

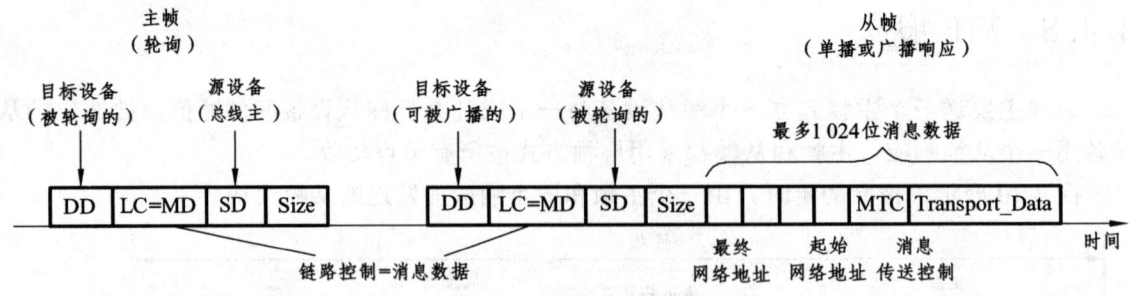

图 3.32 消息数据报文

消息报文帧被一个目标接收（除非采用多播协议）。

开头的 4 个 8 位字节构成链路报头，它们的格式对所有 WTB 帧是相同的。

消息数据的长度是可变的，当被轮询的节点无消息数据需要发送时，其也可以是空的（长度 = 0）。

与过程数据不同，消息数据的长度是可变的，当被轮询的节点无消息数据需要发送时，其也可以是空的（长度 = 0）。

当总线主自己需发送消息数据时，它先发送一个轮询帧，然后，它作为从设备按相同的定时发送从帧，这称为自轮询。

3. 监视数据报文

除了过程数据帧和消息数据帧外，WTB 为初运行及组态控制还要发送监视数据报文。如图 3.33 所示。

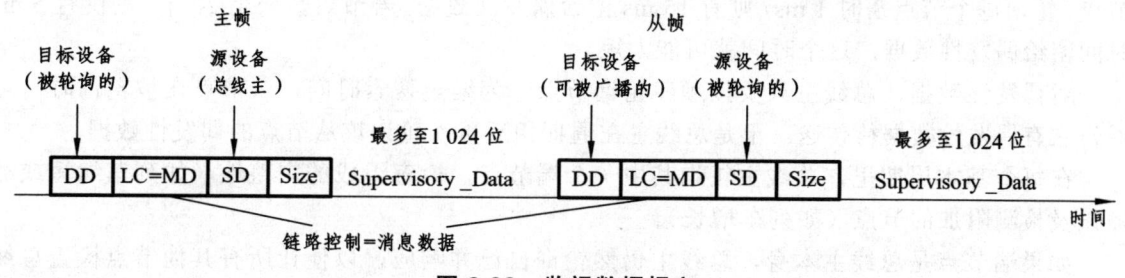

图 3.33 监视数据报文

一个监视主帧可有一个广播的目标设备，这种情况下没有从帧，但总线主等待超时，好像在期待从帧来到。

3.4.9 WTB 介质访问

总线主节点负责介质访问，所有其他从节点只有当总线主对其轮询时才响应。

在正常运行时，总线主循环工作，它把总线活动分成基本周期，每个基本周期由周期相和偶发相组成，如图 3.34 所示。

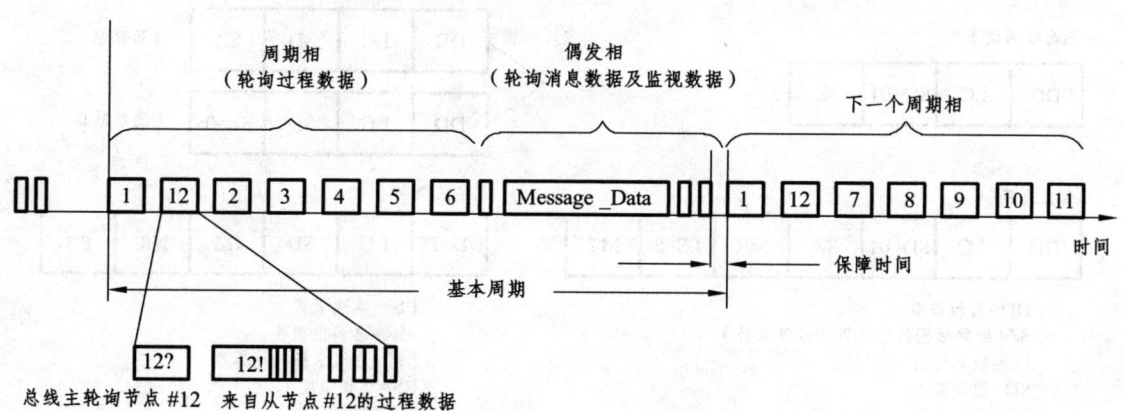

图 3.34 WTB 周期性和偶发性传送

为保证确定和及时分发过程数据，总线主在预定的间隔（它的特征周期）内轮询每个节点的周期性数据；在两个周期相间的固定时间内总线组轮询节点的偶发性数据：消息数据及监视数据。

当列车组成改变时，每个节点都通知总线主自己所需被轮询的周期，总线主据此建立轮询策略。

基本周期固定为 25 ms，具有紧迫过程数据的节点（即牵引机车车辆，如图中节点 1 和 12）可以请求每个基本周期都被轮询，而具有不紧迫过程数据的节点（如客车）可请求按特征周期轮询，一个特征周期是基本周期的整倍数。

随着车辆的增加，周期相增长而偶发相收缩，这样维持过程数据的分发时延与节点数量无关，这点与消息数据相反。

应用程序必须保证有足够的时间留给偶发性数据。例如，若总线主每隔 25 ms 轮询 10 个节点，轮询每个节点需时 1 ms，则有 15 ms 留给偶发性数据。若节点数增至 20 个，则仅有 5 ms 时间留给偶发性数据，这个时间就可能太短。

对偶发性数据，总线主只要按顺序轮询节点。为缩短搜索时间，从节点在被轮询时，可通告它有偶发性数据待传送。于是总线主在周期相后再次轮询该从节点的偶发性数据。

在每个基本周期里，总线主轮询其中一个端节点，检查组成的完整性（如列车缩短或故障）及检测附加的节点（如列车增长）。

如果端节点是总线主本身，总线主仍然轮询自己并响应，以便让所有其他节点检查总线主的存在。

图 3.35 给出了在正常运行时所有可能的主帧和从帧。

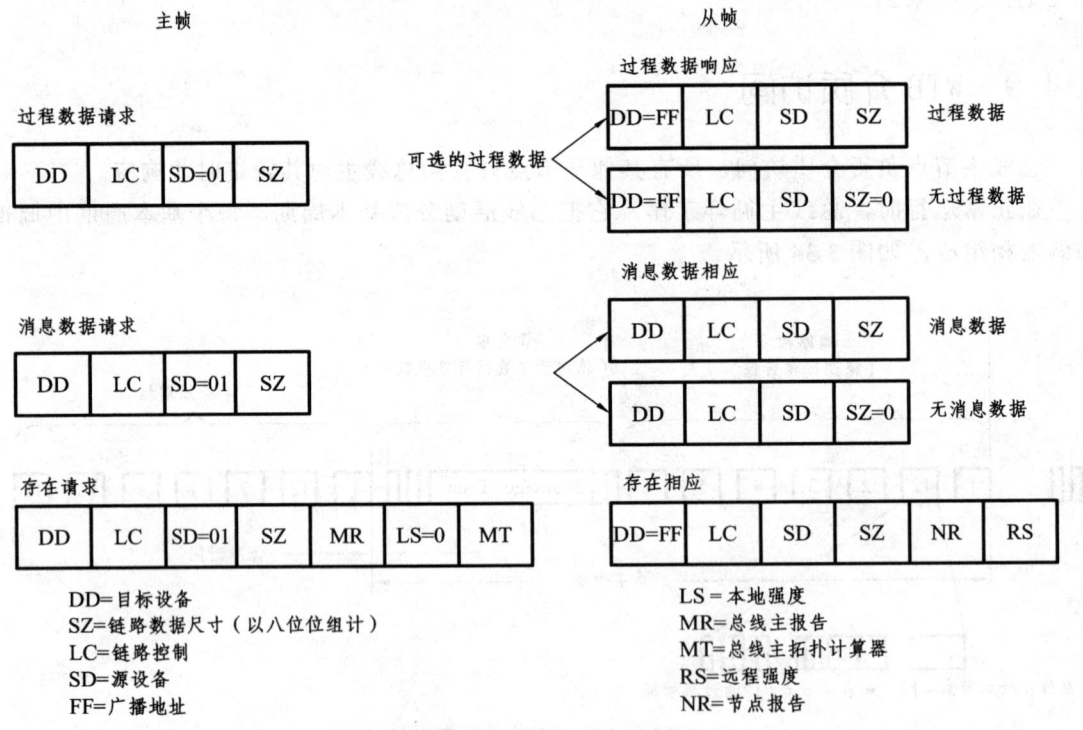

图 3.35　正常运行时的帧摘要

3.4.10　WTB 初运行

当列车组成改变时，特别是每次车辆连挂或解连时，总线主要重新组态总线，这个过程称为初运行。

1. 车辆节点地址的指定

列车初运行过程中根据下列约定给每个节点分配一位置地址，如图 3.36 所示。

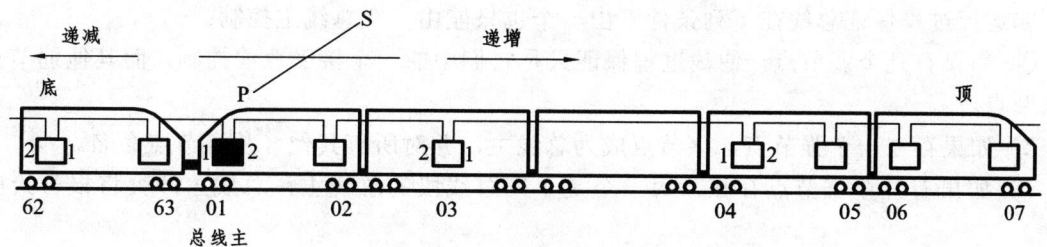

图 3.36 车辆节点位置寻址

① 总线主（它执行初运行）接收 01 地址。
② 总线主在方向 1 定义"底"，在方向 2 上定义"顶"，而不管实际运行方向。
③ 总线主在方向 1 上以递减的次序命名节点，起始地址为 63，在那个方向上最后命名的节点为底节点。
④ 总线主在方向 2 上以递增的次序命名节点，起始地址为 02，在这个方向上最后命名的节点称为顶节点。
⑤ 总线主最多可命名 62 个节点。
⑥ 一个未命名的节点在它的主通道和辅助通道上都以"未命名"地址来响应（两个通道可都按辅助通道考虑）。

在初运行完成之后，每个节点都得知：
① 自己的地址。
② 冗余的布线中，线 A 和线 B 中的哪根线与总线主的线 A 相对应,对应的线命名为"P"，另一根命名为"S"。
③ 自己的命名是按递增次序还是按递减次序。
④ 拓扑，指明所有节点的地址、位置和类型。

这种方案要求所有车辆合适地布线，也就是节点的方向 1 应该朝向每个车辆的 1 端。

2. 强节点和弱节点

应用程序只能指定一个节点为总线主，这个节点称为强节点。如果总线上无其他强节点，其将控制总线。在该总线中也不应有其他强节点。

为了使 WTB 在没有指定总线主的情况下工作，应用程序应允许几个节点（弱节点）成为总线主。当一个弱节点检测到总线上已有一定时间无总线活动时，使之成为一个弱总线主，并开始对它邻近的节点命名。

在应用程序控制下，扮演总线主的节点可以改变。例如，推拉式列车在终点改变方向时，司机从司机台取出钥匙，走到列车的另一端再把钥匙插到相反端的司机台。

当钥匙取出时，总线主维持对总线的控制，但降为弱总线主，并通知所有节点其已降级。总线继续工作，各节点中的应用程序被告知总线主强度改变后采取相应动作，例如禁止牵引。

在另一节点插入钥匙就把该节点升级成强节点。当弱总线主检测到某个节点已经升级，把它所控制的节点消名，退到从节点状态，然后由新总线主对所有节点再次命名。

总线完全由弱节点操作也是可能的。这种弱节点的机制用来克服总线主故障。

3. 初运行要求

初运行过程保证总线在下列条件下由一个也只能由一个总线主控制：

① 如果有几个弱节点，仲裁过程保证只是它们中的一个接受总线控制，而其他弱节点成为从节点。

② 如果存在一个强节点，该节点成为总线主，并对所有其他（从）节点命名。

③ 如果有几个强节点存在，每一个是不同总线段的总线主，总线主冲突将报告给应用程序。

另外，任何时候节点都可作为从节点参与初运行，除非它处于休眠或非激活状态；完成初运行过程需时大于25 ms，对32个节点，不超过1 s，所需的最少时间要保证在正常运行开始前所有节点都能给它们的应用程序报告这次初运行；一个中间节点的故障可以仅影响该节点自己，除非在很少情况下不慎进入休眠模式；初运行在帧丢失时可被终止，当一个节点没有响应三个连续的请求时，总线主认为该节点有故障；在一个节点重复试图成为总线主时，不应妨碍正常运行，但可以引起偶然的干扰；所有节点接收它的拓扑和它相对于总线主的位置号和取向，而不管它的命名是按递增或是递减次序。

总线主在任一个已命名节点的节点描述符改变或它自己强度改变时都要分发拓扑。

初运行由以下几种原因启动：

① 由一个清晰的应用命令（即使总线已经初运行）。

② 在正常运行中检测到附加的节点（总线变长），但节点可以禁止消名并对该段重新命名。

③ 在正常运行中，起始时不是总线主的弱节点升级成强节点。

④ 由于节点重新插入，倘若所有节点允许的话。

⑤ 一定时间内无总线活动，这可能是启动时的正常情况，也可能是由于总线中断（节点插入）、总线缩短或总线主故障引起的例外情况。

4. 初运行涉及的 MAU 部件

为了完成初运行，WTB 采用了两种 MAU 部件：总线开关和端接器开关，如图 3.37 所示。

每个节点能自动设定为以下两种设定中的一种：

① 末端设定：总线开关打开，两个端接器插入，主通道和辅助通道连到相反的方向上。

② 中间设定：总线开关闭合，两个端接器断开，辅助通道关断。

应用程序提供节点控制并接收节点状态。

5. 正常运行时已命名的列车组成

图 3.38 表示了典型的已经完成初运行的列车总线，所有节点已经命名，节点01为总线主，其可以作为端节点，也可以是中间节点。

两个端节点按末端设定，它们总线开关打开，端接器接入，而其他的中间节点按中间设定即它们总线开关闭合，端接器断开，辅助通道（图中的白三角）禁用。它们的主通道（图中用黑三角表示）指向总线主，总线主通过主通道轮询过程数据和消息数据。

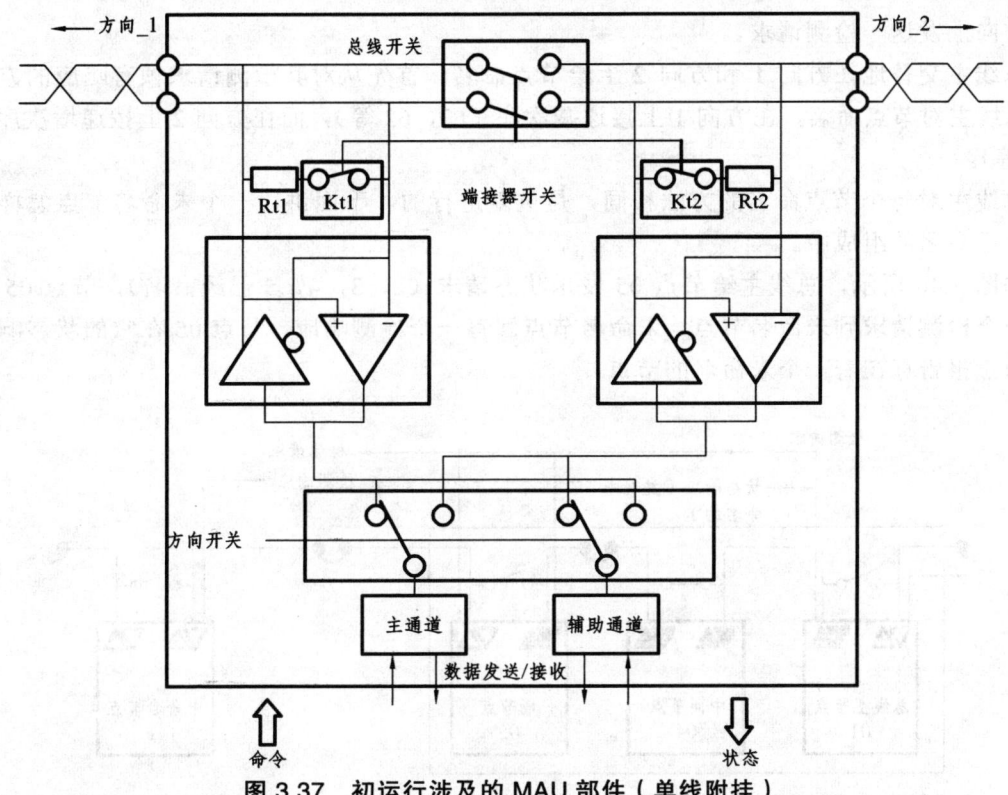

图 3.37 初运行涉及的 MAU 部件（单线附挂）

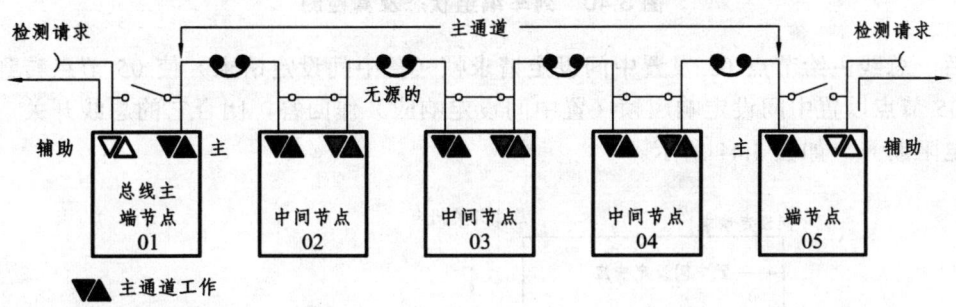

图 3.38 已完成初运行的列车组成

6. 初运行的起始过程

如图 3.39 是一个未命名的列车编组，为给列车编组中各车辆节点命名，总线主交替地在

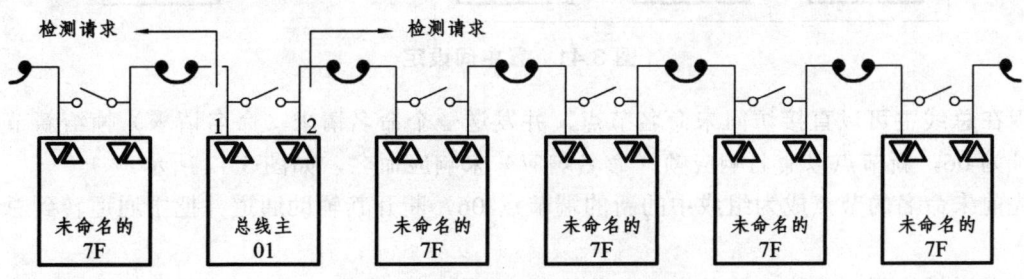

图 3.39 未命名的列车编组

每个方向上发送一检测请求。

总线主交替地在方向 1 和方向 2 上给节点命名,首先从对其检测请求帧有响应的方向开始。总线主对节点命名,在方向 1 上按递减次序(63,62 等),而在方向 2 上按递增次序(2,3,4 等)。

总线主对每个节点命名的方法相同,是重复进行的。下面讲述一个未命名节点怎样加入到一个已命名的组成中。

如图 3.40 所示,总线主给节点 05 发送状态请求(2,3,4,5 已经命名),节点 05 继而发送一个检测请求到未命名节点,未命名节点回答一个检测响应,节点 05 在它的状态响应中向主节点报告存在着一个未命名的节点。

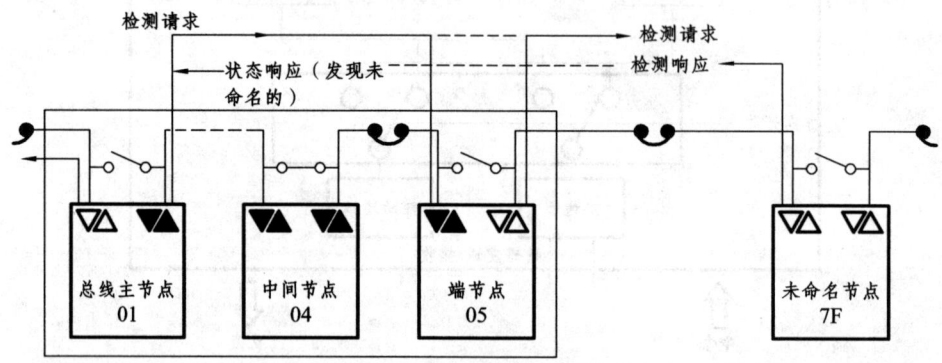

图 3.40　列车编组状态及其检测

然后,总线主给节点 05 发置中间设定请求帧(置中间设定请求)使 05 节点转到中间设定,而 05 节点以置中间设定响应帧(置中间设定响应)作回答,闭合它的总线开关,并将它的端接电阻断开,如图 3.41 所示。

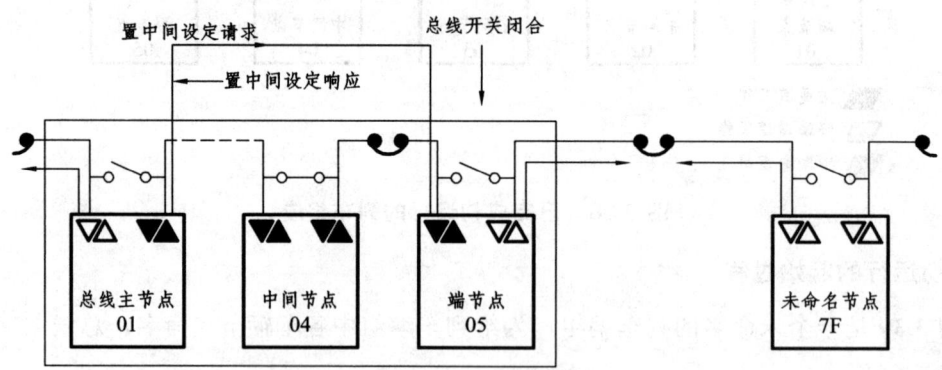

图 3.41　置中间设定

现在总线主可以直接访问未命名节点,并发送一个命名请求(命名请求)帧给新节点指定地址为 06,新节点以命名响应帧(命名响应)来响应命名,如图 3.42 所示。

先前未命名的节点成为组成中的新的端节点 06,断开其辅助通道并把主通道转到总线主方向。

在通道转换后,总线主给节点 06 发状态请求帧(状态请求),新端节点对此以一状态响

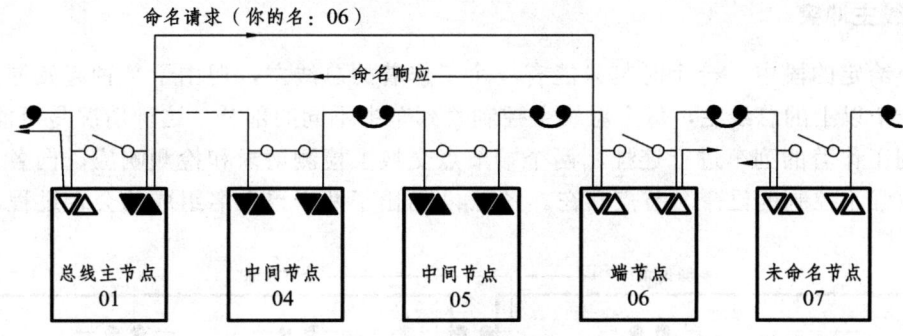

图 3.42 给节点命名

应(状态响应)帧响应,该帧中包含节点描述符(指示最新命名节点的类型和版本)、过程数据的帧长度及希望的轮询周期。

端节点(像节点 05)有向其开放的一端发送检测请求以检测更多节点的作用。如果在状态响应中报告有附加节点,总线主将给端节点 06 发送置中间设定请求将它置中间设定,再命名下一节点为 07。直到找到编组中所有的节点。

每个附加节点的加入列车网络需要 4 个报文,每个报文约需 250 μs:
① 状态请求/状态响应。
② 检测请求/检测响应(插在上一项报文中间)。
③ 置中间设定请求/置中间设定响应。
④ 命名请求/命名响应。

节点从末端设定转移到中间设定需要等待 10 ms,在这期间不可使用总线。总线开关继电器的闭合时间决定了命名的间隔。

由于总线主能每 25 ms 命名一个节点,命名 32 个节点需时约 800 ms。

每次在一个方向上命名一个节点,总线主用状态请求向相反方向通告它已命名的节点数,这样也可同时报告那一侧是否有更多的节点。

当端节点对连续三次状态请求未报告有更多的节点时,总线主将结束初运行。

总线主计算新的周期扫描表和每个节点的特征周期,这基于每个节点所希望的周期(节点周期)及它的帧长度。总线主为所有节点建立拓扑,数据结构包括地址、节点类型和版本号、唯一标志这次初运行的总线主拓扑,如图 3.43 所示。

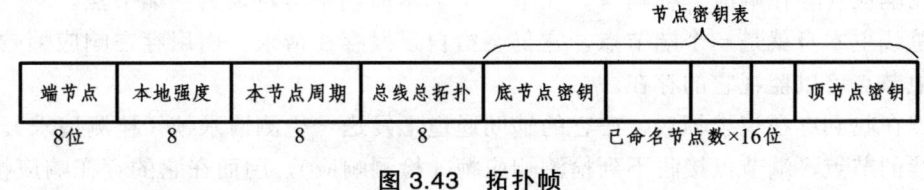

图 3.43 拓扑帧

然后,总线主通过一个拓扑请求帧(拓扑请求)给每个从节点分别分发拓扑,每个从节点通过拓扑响应帧(拓扑响应)对此响应。

在所有从节点都确认已收到新的拓扑后,再等待一个基本周期,让所有节点更新它的过程数据解释,然后总线主进入正常运行阶段,开始轮询节点的过程数据。

7. 总线主冲突

在一个给定的段中，一个时刻只能有一个工作着的总线主，但由于某种起始原因，一列车上可有一个以上的总线主，每个总线主控制着列车中不同的部分。这种情况是可能出现的，例如，两列工作着的列车进行连挂，两个端节点交换了检测请求和检测响应，向各自的总线主报告有由强主控制的已命名节点存在。图3.44给出了两个已命名组成的会合过程。

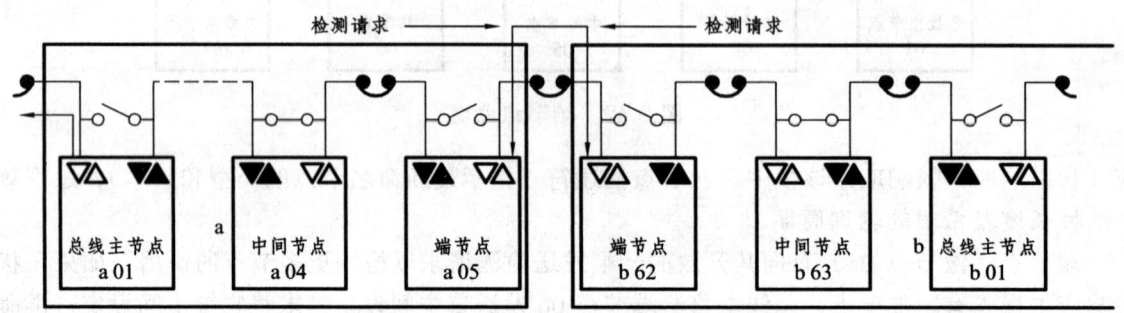

图 3.44　两个已命名组成的会合过程

由于两个组成都已命名，两个端节点（a 05 及 b 62）都发送检测请求。通常两个端节点中有一个首先发送，例如，a 05 首先送出检测请求帧到 b 62 节点，节点 b 62 将回答一个检测响应。

如果节点 a 05 和 b 62 同时送出它们的检测请求，将出现碰撞，这些帧将被丢弃和忽略，过后节点将再次试图发送检测请求帧。

为解决重复的碰撞，检测请求间的间隔是随机的。经过一段时间，两个总线主都被告知远程组成的强度，对方的组成是否已命名或是否已由强总线主命名。

如果是这样，总线主不能对另一段进行命名，但它们通知应用（列车司机）另一组成的存在（总线主冲突）。一个总线主必须退位让其他总线主对它的节点重新命名。例如，当第 2 个列车的司机取出它的钥匙，这样就将该主节点降级为从节点状态，先前由这个总线主控制的节点将消名而由其他总线主来重新命名。

8. 增加新的车辆节点

WTB 在每个基本周期中，总线主用存在请求（存在请求）帧轮询一个端节点，该端节点对此以存在响应（存在响应）帧响应。在下一个基本周期中再轮询另一端节点。

如果总线主本身就是一个端节点，它仍会给自己发存在请求，而用存在响应帧响应，这样所有其他节点可以监视它的存在。

端节点在收到存在请求帧后，在它的辅助通道上发送一检测请求帧（检测请求）。只要没有连接后续的节点，端节点接收不到检测响应帧（检测响应），因而在它的存在响应帧中报告"没有发现"。

图 3.45 表示了有一个新的未命名车辆节点 7F 与一个已命名的组成相连的情况。为使图简化，在已命名的组成中，只画了一个中间节点（04）。

当新车辆与已命名的列车组成连挂上后，只要两个端节点电气上匹配，通信就可建立。当未命名的节点 7F 收到端节点 05 发来的检测请求时，它以检测响应帧来响应表明它是一个未命名的节点。端节点 05 收到这个检测响应后用存在响应帧通知总线主存在着一个未命名的节点。

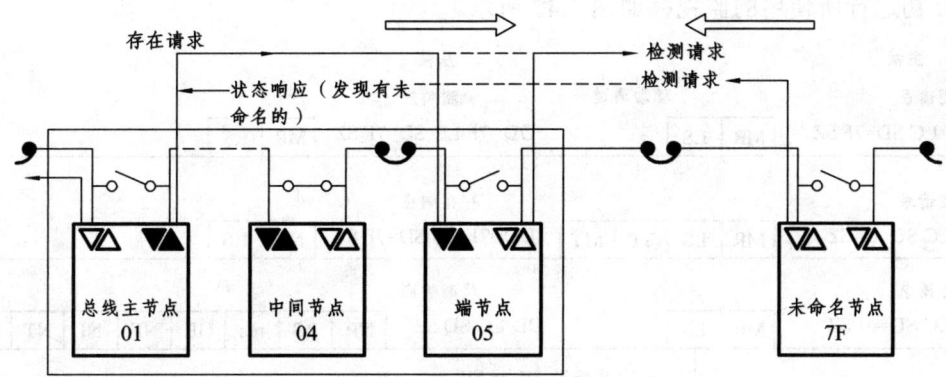

图 3.45 已命名组成与新未命名节点的连接

然后总线主给节点 05 发置中间设定请求帧（置中间设定请求）使 05 节点转到中间设定，而 05 节点以置中间设定响应帧（置中间设定响应）作回答，闭合总线开关，并将端接电阻断开。然后总线主可以直接访问未命名节点，并发送一个命名请求（命名请求）帧给新节点指定地址为 06。其过程同前初运行的起始一样。这样，新增加的车辆就可以纳入到整个列车网络中去了。

9. 总线收缩

当列车编组或列车总线发生分离，不论是预定的还是事故性的，节点或节点组也被分开。由于收缩中断总线，即使应用禁止初运行，总线收缩也将引起初运行。

图 3.46 表示一个列车组成可分成两个半段 a 和 b。

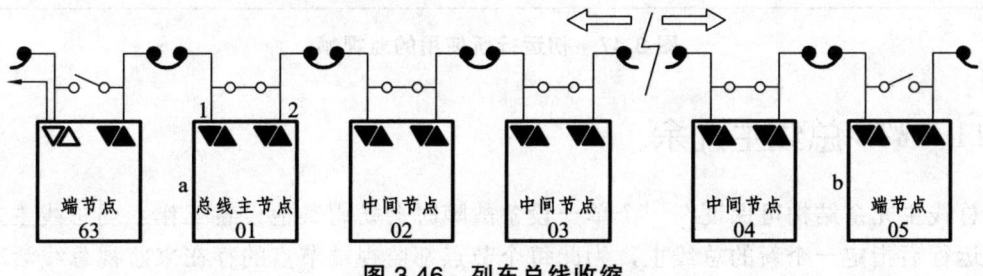

图 3.46 列车总线收缩

先前组成的节点对总线收缩有不同的解释：

（1）半段 b 中的节点由于没有总线主，再也收不到任何帧。

（2）半段 a 中的节点继续与总线主相连，但由于总线端接不合适，有些帧可接收到，有些帧收不到。总线主可能没注意到这种情况而继续轮询。

在两个半段中，总线主恢复过程用于总线收缩的恢复，节点并不区分是总线主故障或是总线收缩。

如果一个节点连续三次丢失存在响应，它解释为是总线中断（甚至可以继续收到其他帧），在与先前地址有关的超时 T 等待命名后给自己消名。

由于超时的交错，先前的总线主将对与它相连的段中留下的节点重新命名，在另一半段，其中一个节点，很可能是离分开点最近的节点成为总线主。

WTB 初运行所使用的监视帧如图 3.47 所示。

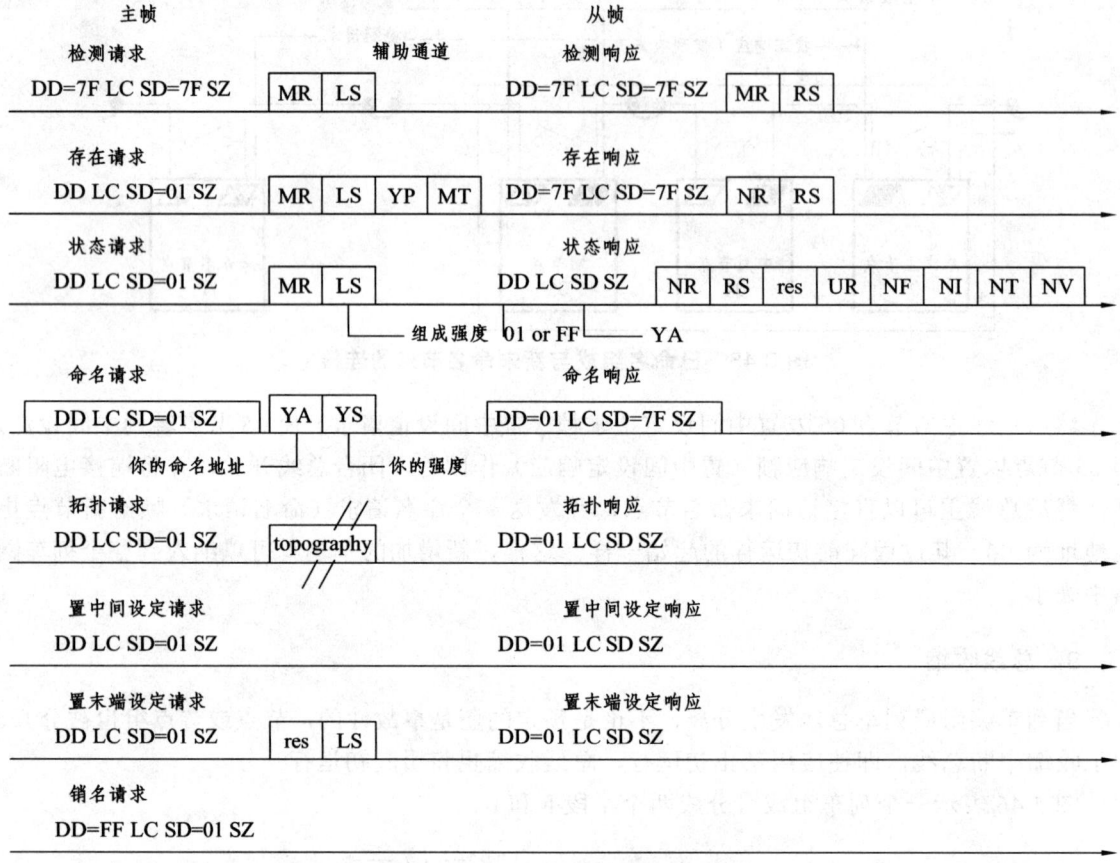

图 3.47　初运行所使用的监视帧

3.4.11　WTB 总线主冗余

多总线主冗余结构可保证在一个单一设备故障时会妨碍其他设备工作。弱总线主方案允许在初运行后指定一个新的总线主，为此每个节点都监视端节点的存在来监视总线活动，如果没有活动，说明总线主已丢失或线路被中断，节点将自己消名，经过一定超时后，弱节点成为弱总线主并开始对其他节点命名。这个超时取决于先前节点的地址，以防同时唤醒其他弱总线主从而减少冲突。总线在短时内回到工作状态，该时间长短取决于节点数。

对依赖于强节点的应用，有必要指定其他的节点作为待机强节点，TCN 标准没有包含这一方法，因为它与应用密切相关，在系统设计时由用户确定。

WTB 标准中没有推荐强总线主冗余的机制，但可使用一个在线总线主而把其他作为待机总线主来解决强总线主冗余。两个总线主物理上是分开的，但直接同步通信，如图 3.48 所示。

待机总线主性能上类似于在线总线主，但不发送帧，其将持续监视主总线主的活动，如果失效，在一定时间内停止发送，待机总线主将其取代。

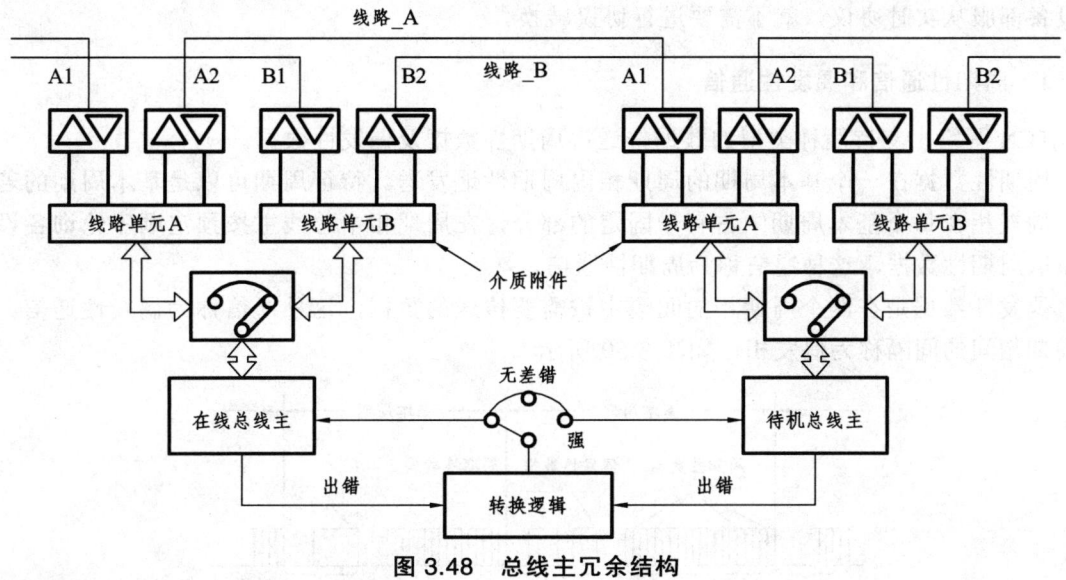

图 3.48　总线主冗余结构

对于作用非常重要的从节点，例如，动车上的节点，也可以冗余。

由于把两条冗余线连到同一节点上会引入共模故障，因此，只有完全双份的组态才能得到可证明的可靠性提高。

3.5　实时协议

3.5.1　列车通信网络服务

实时协议（Real Time Protocol，RTP）为一个应用与另一个应用在列车通信网络上通信提供协议和服务。这两个应用可以位于不同车辆上、在同一个车辆内或在同一个设备内。

实时协议可用于多功能车辆总线、绞线式列车总线或有相同基本服务的其他总线的通信。

图 3.49 展示了由不同类型的车辆构成的列车，其中一个车辆用 MVB，一个车辆用未规定的车辆总线，一个车辆上没有车辆总线。列车总线可以是 WTB，也可以是其他总线。如果所

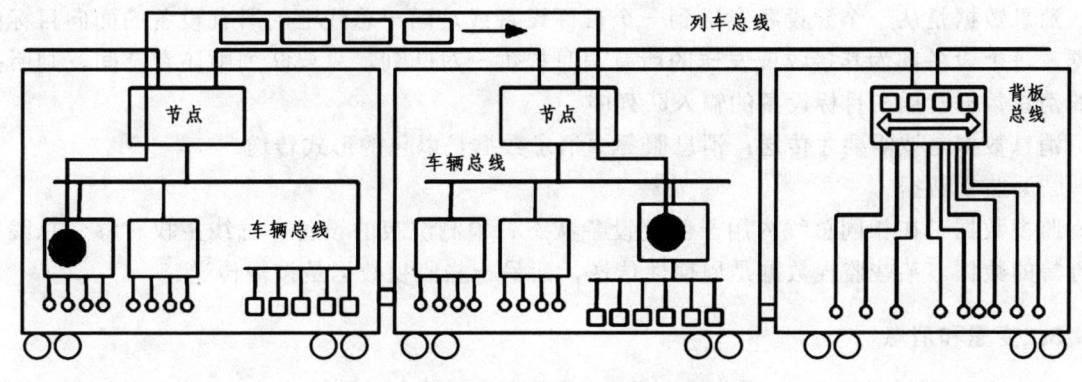

图 3.49　列车通信网络上的数据传送

有设备都服从实时协议,就不需要进行协议转换。

1. 周期性通信和偶发性通信

TCN 网络上支持两种类型的数据传送:周期性数据及偶发性数据。

周期性数据在一个基本周期的周期相内周期性地发送。特征周期可以是基本周期的若干倍;周期相在每个基本周期中占有一固定的部分,在周期相中总线主按预定顺序轮询各设备以获取周期性数据,这种通信称为周期性通信。

偶发性数据是在两个周期相的间隔中按需要传送的数据,这种通信称为偶发性通信。两个周期相间的间隔称为偶发相,如图 3.50 所示。

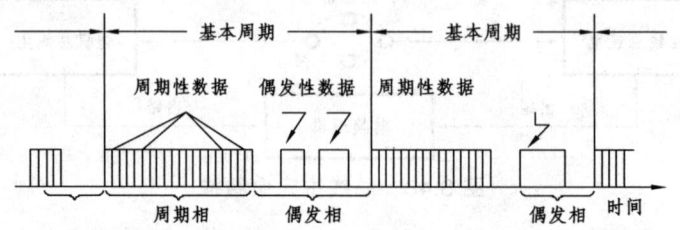

图 3.50 周期性数据和偶发性数据传送示例

MVB 和 WTB 总线总是处于总线主控制下,从设备即使在偶发相中也不能自发地发送。这样可维持过程数据发送的确定性。

2. 被发送的数据

列车总线或车辆总线传送三种类型的数据:

(1) 过程数据

过程数据是由发行者设备至多个用户设备的广播数据,并由它们的逻辑地址来标志,这种类型的传送称为源寻址广播。每个过程数据有对应的发行者设备中的源缓冲区(端口)及每个用户设备中的宿缓冲区(端口)。

总线主呼叫逻辑地址请求从源缓冲区发送给定的数据,符合该逻辑地址的用户设备将所接收的数据插进它们的缓冲区,用所收到的值覆盖先前的值。

过程数据是周期性传送的周期性数据。在过程变量服务中,过程变量以数据集的形式传送。

(2) 消息数据

消息数据是从一个源设备发送到一个目标设备或是同一总线上的所有设备的面向目标的数据。每个设备都为其接收或发送的所有消息提供一对队列。只要队列中还有空间,则所接收的消息数据就插在目标设备的输入队列中。

消息数据是按需要才传送;消息服务中消息数据是以包的形式传送。

(3) 监视数据

监视数据是在相同总线内用于监视设备状态、检测沉寂的设备、总线主权转移、总线初运行等的数据。某些监视数据是周期性传送,而另一些监视数据是按需传送。

3. 变量和消息

TCN 的三种链路层服务(过程数据、消息数据及监视数据)以及相应的传送模式(周期性和偶发性的）提供三种基本的服务：变量、消息和网络管理。

一个节点上运行的应用过程（如通过任务实现）与它依赖的 TCN 服务有相同的操作模式。例如，过程变量是由周期性过程接收和产生，一般用于控制算法；相反，消息是事件驱动的过程间的交换，一般用于诊断任务。

实时协议的分层与 OSI 分层相类似，如图 3.51 所示。表 3.5 给出了实时协议的性能摘要。

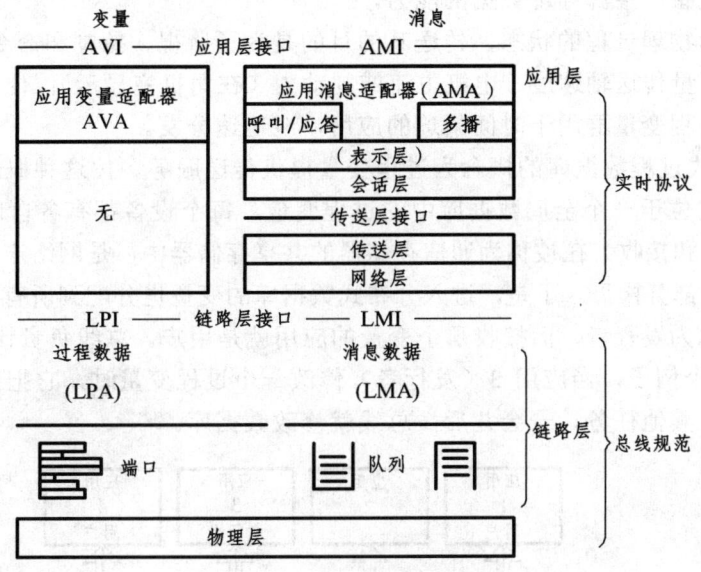

图 3.51　实时协议的分层

表 3.5　TCN 实时协议摘要

	变　量	消　息
应用层	单个访问，组成访问，集合访问	Call-Messages/Reply-Message（调用/应答消息）和多点广播消息
表示层	统一的原语和结构变量类型	
会话层	不存在	会话的建立 Call-Messages（调用消息）和 Reply-Message（应答消息）的配对
传输层	不存在	将消息段成包，通过滑动窗口协议进行流控和差错恢复 在多播消息中，否定确认和重发
网络层	不存在	分层寻址方案，索引及路由选择
	期望来自总线的服务	
	变　量	消　息
Link-Layer（链路层）控制	数据集，刷新监督	无连接 Link-Layer（链路层）
介质访问	周期传输	偶发传输

TCN 标准规定了两种接口：

① 链路层接口（LPI 及 LMI）它定义了总线所需要的服务（不论是否使用）。

② 应用层接口（AVA 及 AMI）它分别定义了提供给应用的变量及消息服务。

TCN 标准也规定了相应的协议及传送数据的编码。

3.5.2 变量服务

1. 过程变量

实时协议为时间紧迫的数据或过程变量在列车通信网络上传送提供变量服务。变量服务依赖总线对所有设备广播源寻址数据的能力。

过程变量表示物理过程的状态，传送其的目的是为了监视、控制和命令。

例如，过程变量传送轴速度、电机电流或制动力（在司机室显示）；传送司机的命令、控制闭环调节等。过程变量群用于时间紧迫的应用，应迅速分发。

TCN 用分布式过程数据库的概念为过程变量提供传送服务。按这种概念，不同设备中的应用程序可以访问位于一个全局数据库中的过程变量，每个设备都有各自的过程变量，它的产生或消费（发送和接收）在被称为通信存储器的共享存储器中，是网络产生的全局数据库的本地（本设备）的部分拷贝。于是，进入分布式数据库的变量也分配到所有其他拷贝上，产生那个变量的应用称为发行者，而接收那个变量的应用就是用户。总线负责该数据库的现实化。

图 3.52 是一个例子，当应用 3（发行者）修改一个过程变量时，它把值放进它的通信存储器中，然后执行其他任务，一会儿后，总线就修改数据库。

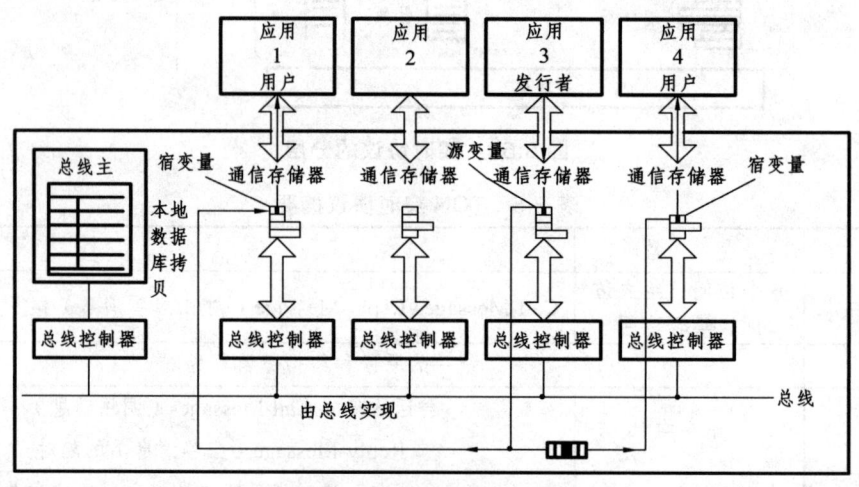

图 3.52 变量传输和端口

为此，源设备总线控制器读出该值并在总线上广播，而用户宿设备的总线控制器将接收的值存储到它们的通信存储器中，改写了以前的值。过一会儿，应用 1 或 4（用户）从通信存储器中取出该值。

（1）源寻址广播

变量采用源寻址广播方式传输。过程变量有较小的长度：二进制变量用 1 位或 2 位来表示；大部分的模拟变量用 16 位表示。由于单个传送它们效率很低，因而将同一设备产生的几个过程变量组合成过程数据帧来发送。

总线的广播能力为分布式数据库的实现提供了手段。由于同一过程数据常有几个地方需要它，过程数据采用广播可增强通过能力。过程数据使用它们自己的源地址标志，而不采用目标地址标志，因而被称为源寻址广播。

MVB 和 WTB 都由一个总线主控制，其也控制过程数据发送。

总线主首先广播一个含有过程数据帧标识符（源地址）的主帧，总线上所有设备接收该信息，判断是否自己的地址与该帧指明的源地址相同。如果相同，则作为源设备响应并广播一个从帧，总线上所有其他设备接收该从帧。

所有对从总线上发送的这些过程数据有兴趣的设备，将其全部接收下来，放入信息存储器中如图 3.53 所示。

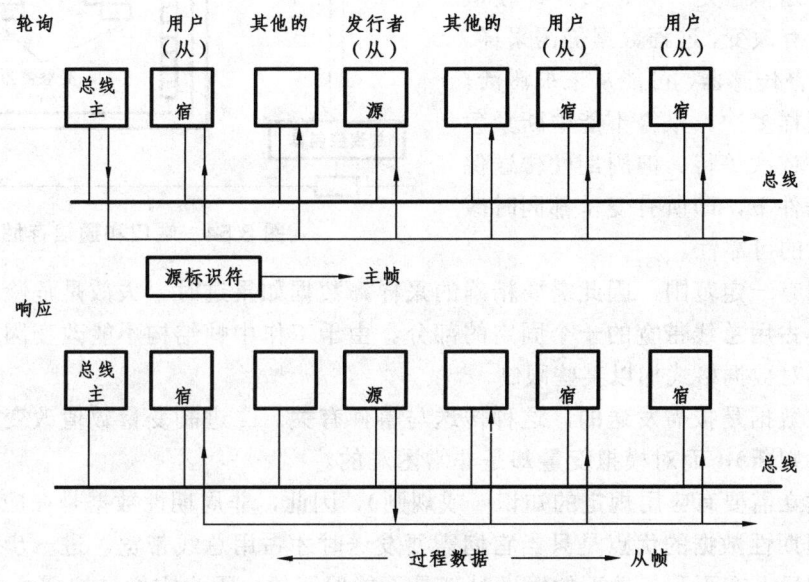

图 3.53 具有源地址寻址的广播

由于过程数据是用源标识的，组态是在正常工作之前进行的，这样就保证总线主、源和宿三者对给定标识符的数据格式和含义的一致性。

总线主通常不参与数据交换，它只起中介的作用。担任总线主的设备也可以作为从设备工作，像任何其他设备一样参与通信。

（2）端　口

源从设备在总线主轮询时立即响应，不允许其他设备发送，因而在总线主轮询后的很短时间内（MVB 上为几微秒）来自从设备的过程数据就可到达。同样，应用读写变量的时延也只有几微秒。因此，如此短的应答时延需要在应用和网络间使有共享的存储器来完成，如双端口存储器。

源应用把它的过程数据放入端口，端口是处理整个总线帧的寄存器，总线上的主帧寻址一个源端口和多个宿端口，源端口和宿端口有同一标识符，虽然它们属于不同的设备。

双端口存储器的端口应保证当总线控制器和应用处理器同时访问时数据读出的坚固性。一般采用端口至少由两个页面交替工作的方法。

一个设备的端口位于通信存储器中，它是应用处理器（CPU）和总线控制器共享的存储器。在简单设备中，没有通信存储器，端口简化为寄存器，如图 3.54 所示。

（3）过程数据的介质访问

由于过程变量用于时间紧迫的闭环控制中，它们的传送应有相对严格的定时。为此，过程数据采取周期性的传送,其频率取决于紧迫性。

过程变量可以周期性发送,也可以按需发送。周期性传送时不论其值改变与否都进行传送;相反非周期性传送时仅当数据值改变时才传送。

周期性传送似乎是一种浪费:即使从上次采样后没有改变,过程数据仍需采样。例如,一个火警传感器,可能从未被激活,但仍需每秒采样多次。报警不能中断紧急处理过程,要依次等待。但周期性传送保证在最不利条件下,即所有变量都同时改变时变量传送的可靠性。

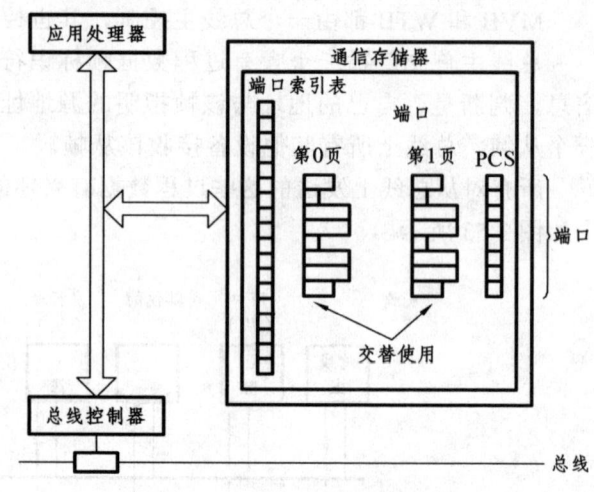

图 3.54 端口和通信存储器

响应时间有一定范围,因此需要精确的采样,数据如果过时、失效是危险的。周期性数据的缺点是其占用总线带宽的一个固定的部分。由于工作中帧结构不能改变因而相对不太灵活。这样就要对数据格式加以某些限制。

非周期性数据是按需发送的,这种传送与事件有关。二进制变量数值改变,作为一个事件易于申报(判断),而对模拟变量却是非常困难的。

事件的建立需要有应用规定的知识(或规则),因此,非周期性数据是在应用控制下的消息传送。非周期性数据的优点是只当它们需要发送时才占用总线带宽,进一步的应用扩展相对容易些。相反,在不利条件下的发送时延是不能保证的,因为它们是按需才传送的。

周期性数据与非周期性数据在恢复过程中的区别是显而易见的:如果周期性数据丢失,不需要恢复。偶然性丢失数据不会引起麻烦,下一周期将有刷新了的数据,丢失的数据可看成是噪声。如果非周期性数据丢失,丢失项应重复传送,因而每次传送需要有回答。

无论是周期性数据或是非周期性数据,接收器应检查过程变量是否周期性地刷新,以便应用能处理过时失效的数据。这意味着即使是非周期性数据也有某些刷新。因而有必要在初始化时或是故障时建立车辆整个状态的映像。因此,列车通信网络支持过程变量以一个固定的周期性地传送;当需要非周期性数据时,列车通信网络提供由用户负责的消息服务。

2. 过程控制协议

(1)流量控制

由于用户只保留最近的值所以无需流量控制。如果端口先前的内容没有被应用及时读出,则将丢失,应用也不必检取每个值。

(2)差错恢复

差错恢复是隐含的,因为不需要重新传送。丢失的样本将被下一次传送刷新。应用应允许样本的偶尔丢失。

(3)刷新管理

当一个设备出现故障时,将不再产生新值。宿设备按先前的值工作,尽管该值已过时失效。为指出这种情况,链路层为每个数据集提供刷新管理。

简单设备的管理由硬件定时器来实现。对有许多端口的设备，由背景任务修改端口的刷新计数器来实现。

（4）同　步

总线上，发行者应用过程与用户应用过程是分别工作的，但也有一些应用需要通知它一个特定的数据集已经发送或接收，例如，在网关中车辆总线和列车总线需同步工作。

为此，端口中可能加上一个指示过程。但这并不打算介入一个过程数据偶发性传送，因为端口仍是周期性轮询。

（5）WTB 与 MVB 的总线差异

在多功能车辆总线中，一个过程数据帧只包含一个端口的数据，一个设备典型的可有 256 个端口，总线上的源端口总数最多为 4 095 个。特殊设备如网络监控器可有 4 095 个宿端口。端口的（逻辑）地址与设备地址无关（现场设备除外）。

在绞线式列车总线中，端口地址与节点地址捆在一起，一个节点有一个源端口，其拥有本节点发行的所有过程变量；该节点对总线上的其他节点都有一一对应的宿端口。一个过程数据帧，也就是一个端口，最多可以有 128 个 8 位位组，如图 3.55 所示。

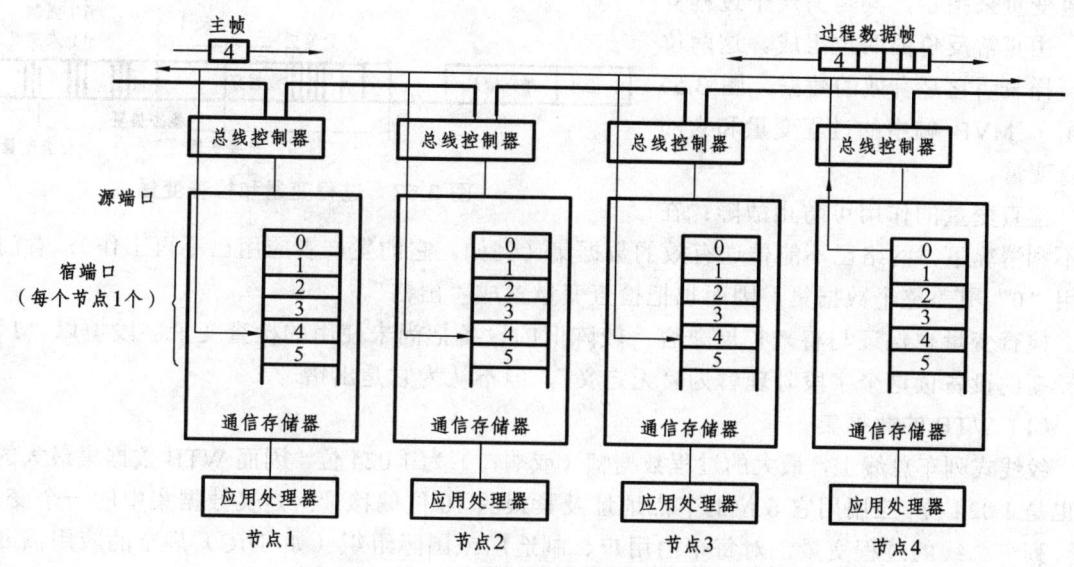

图 3.55　绞线式列车总线上的端口

3. 数据集

由于大部分过程变量的数据项小，把它们组合在同一帧中传送可提高传送效率。通常二进制数据要拼成一组，如 16 位数据发送，由于列车总线上每个节点源只有一个过程数据帧，组合很有必要，该过程数据帧广播该节点发行的所有过程数据。被发送的过程变量结合形成一个数据集。

数据集中的各个过程变量可以由不同的设备接收（消费），但数据集只由一个设备发行。数据集的长度为 16～1 024 位。

数据集只含有数值而没有地址。在一个数据集内，过程变量用它们变量偏置来标志，变量偏置是它相对于数据集开始位的位置。图 3.56 是由模拟及二进制过程变量混合在一起的数据集的例子。图中，过程变量"开灯"在数据集中变量偏置为 66。数据集可以包含不同类型的以任意次序排列的过程变量。数据集作为一个整体，即要么发送全部数据，要么什么都不发送。数据集是静态的，其格式和长度在没有预先通知所有发行者和用户前不能修改。

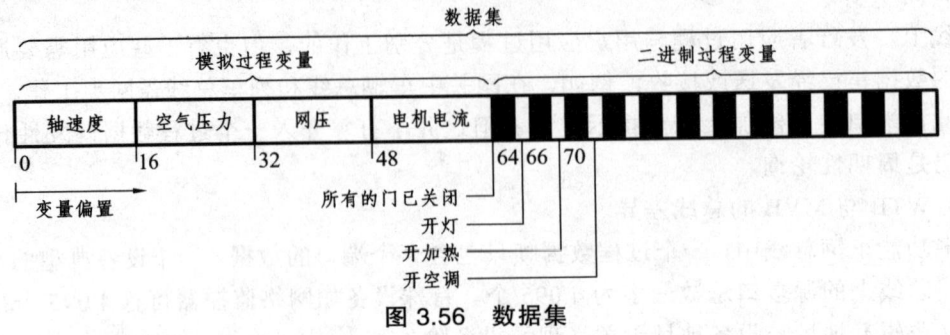

图 3.56 数据集

WTB 上数据集格式在初运行后可以改变；在 MVB 上，数据集格式在组态时固定。

为了检查过程变量的有效性，采用过程变量接收有效性指示的方法，指明是否出错或无定义。这个有效性由同一数据集中的检查变量来指示，其是另一个过程变量，由正常反价的两位组成。这两位不一样表明它是有效的数据。图 3.57 给出了 MVB 帧中的过程变量和它的检查变量。

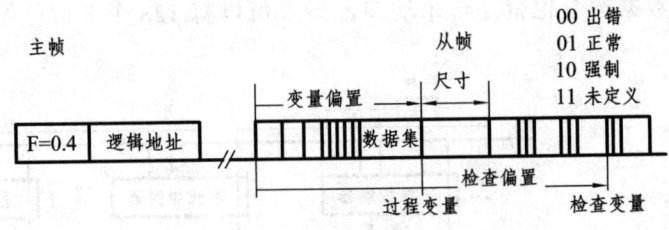

图 3.57 过程变量和检查变量

检查变量的作用可防止故障：在最不利情况下，网络已不能传送有效的数据集（例如，它的生产者应用已不再工作），看门狗可用"0"覆盖整个数据集，因而也把检查变量置成"出错"。

检查变量也保证与将来扩展兼容：较陈旧的设备把尚未使用的检查变量字段填以"1"，而较新的设备读这个字段时理解为"无定义"，但不认为它是出错。

（1）WTB 的数据集

绞线式列车总线上，最大的过程数据帧（或端口）为 1 024 位，因而 WTB 数据集最大的长度也是 1 024 位。应用用它 6 位的节点地址及紧跟的 10 位偏移量来定义数据集中的一个变量。

列车总线的过程变量，对每个由用户、制造厂或国际组织（如 UIC）规定的应用需要标准化，各用户将指定设备目录及一组标准帧。

初运行时，每个车辆都通知其所支持的设备，对每个设备，帧的类型和内容是标准化的。例如，有当班司机室的车辆将广播某个类型的帧，支持牵引电机设备的车辆将广播另一格式的帧。如果一个车辆，例如一个机车，装有不同类型的设备，其将每个设备的过程变量连成一个帧。

实例：下列帧长度反映了一个典型的应用：
- 当班司机室 8 个 8 位位组；
- 牵引引导车 14 个 8 位位组；
- 牵引尾车 9 个 8 位位组；
- 客车 9 个 8 位位组。

如果一个车辆包括当班司机室、牵引引导车及旅客客车，该车辆需发行 31 个 8 位位组的帧。

帧长度有实际限制，在速率 1.0 Mbit/s 下，128 个 8 位位组的最大的过程数据集传送需

1.4 ms，轮询 20 个车辆需 28 ms，超出了 25 ms 的基本周期，因此，对最大的数据集不可能在每个基本周期内轮询所有车辆。

减小 WTB 通信负荷的方法主要有：缩短帧长度和采用不同优先级（特征周期）。

（2）MVB 的数据集

在多功能车辆总线上，数据集的长度规定为 16，32，64，128 或 256 位，应用统一用 12 位的端口地址来标志一个数据集，用 8 位偏移量来标志数据集中的变量。

对于差异较大的车辆，车辆总线上数据集格式只对同一类型的车辆有效，不能对所有车辆都标准化。对于现场设备数据集的格式由硬件确定，对于复杂的设备，则由网络管理组态。组态仅在网络组态期间确定，运行期间将不会改变。

4. 过程变量的入网

（1）网关操作

过程变量没有网络地址。因而过程变量网络层是空白的。过程变量由应用任务发起总线上的传送，车辆总线和列车总线通过网关相连，网关是这两层总线的接口，如图 3.58 所示。

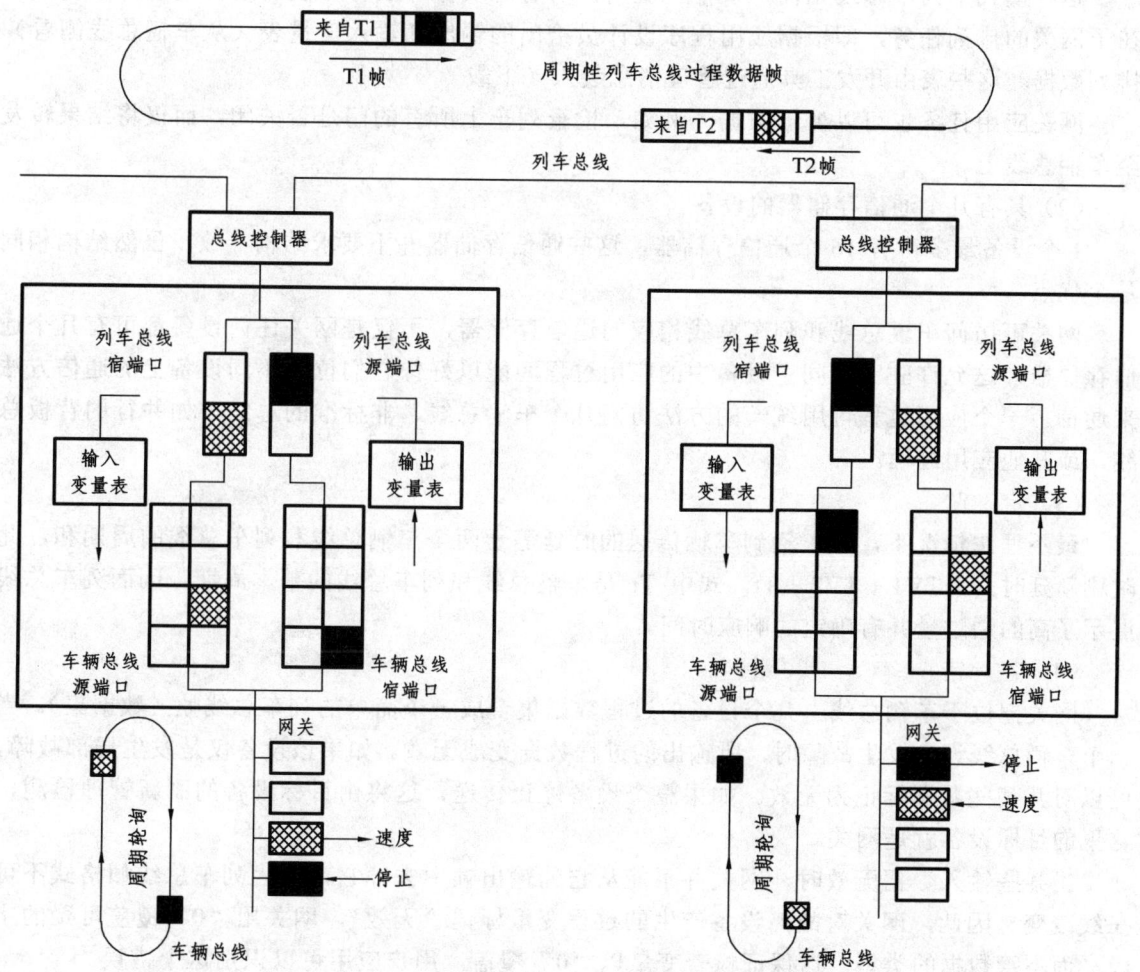

图 3.58　周期性数据在网络上的传输

网关与应用有关,需要对网关进行编程,亦即它们的组态对每个应用是不同的,这个组态告诉网关,哪个过程数据应从总线到总线传送。

图 3.58 中一个过程变量(如速度)在一个车辆总线上读出并通过列车总线传送到另一个车辆总线。在车辆总线和列车总线上,过程数据帧都不传送网络地址。因而网关需观察车辆总线和列车总线上的通信以便标识(识别)这些变量。

并不是所有车辆总线上的变量都要输出,因为要列车总线传送各车辆总线通信的总和是没有意义的,网关应该对发送的过程变量进行过滤。

网关作为车辆总线上的设备,从车辆总线端口接收的变量中,提取一组输出变量,并复制到列车总线端口中以便发行,网关建立一个包含输出变量的帧,形成为包含它源(节点)地址的广播帧。

在一段时间后,网关取得对列车总线的访问,将广播这一帧。这一帧将被其他车辆中的网关接收,这些变量将被接收存于列车总线端口中。宿网关滤出输入变量中它所感兴趣的变量,并存于车辆总线端口中,以便下次有机会时传送。

数据(如停止信号)以类似的方式在相反方向传送。

这种模式下列车总线无需"事件"驱动,所有总线循环工作。因而过程变量入网的能力在于网关的排列任务,即根据应用程序设计员给出的输出和输入变量表(从车辆总线侧看)排列数据。这些表由开发工具通过管理消息装入(下载)。

网关应用任务也可以处理数据,例如,检查列车上所有的门是否关闭,而仅将结果转发至车辆总线上。

(2)具有几个通信存储器的设备

1 个设备最多可有 16 个通信存储器,这些通信存储器并不要求结构一致,虽然结构相同是个优点。

网关可访问车辆总线和列车总线相应的通信存储器,不仅是网关任何设备都可有几个通信存储器,这允许驻留在同一设备中的应用过程间能以好像它们位于不同设备上的通信方法来通信。一个应用过程可用统一的方法访问几个车辆总线、非标准的总线,如并行的背板总线,或其他应用过程。

(3)定 时

最不理想情况下,从车辆到车辆传送的时延等于两个车辆总线和列车总线的周期和,此时刷新延时为:TV1 + TV2 + Tt,式中 Tt 是车辆总线和列车总线的基本周期。因而列车总线展示了高的通过量并有确定的响应时间。

(4)容 错

网关把位于车辆总线上几个设备的过程数据集合成一个简单的列车总线帧(数据集)。当一个车辆总线设备发生故障时,所输出的过程数据变成无效。如果该设备仅是发生局部故障,可以对其某些数据标记为无效。如果整个设备停止传送,这将由目标设备的刷新管理检测,这里的目标设备就是网关。

当某些输入数据无效时,网关并不能从它的输出帧中去掉它,因为列车总线帧格式不可在线改变。因此,网关对故障设备产生的过程变量标记"无效",网关用"0"覆盖可疑的字段,而不管数据的类型。这保证检查变量以"0"覆盖,用户应用可以识别这个错误。

目标网关向车辆总线上转发这些无效值,目标设备中的应用接收它,用"无效"指示取代这些值并进行相应处理。

5. 应用变量接口

应用接口是应用程序访问列车通信网络的唯一通路，该通路简化了不同类型设备的应用端口。为访问变量服务的那部分接口称为应用变量接口 AVI。

（1）单个变量的读写

在应用接口中，过程变量是单个访问的，尽管其是数据集的一部分。

发行应用（程序）为修改它所发行的变量，通过"ap_put"过程（函数），把数值从所属的地址空间复制到通信存储器。

用户应用调用"ap_put"过程，把数值从通信存储器复制到它自己的地址空间，如图 3.59 所示。

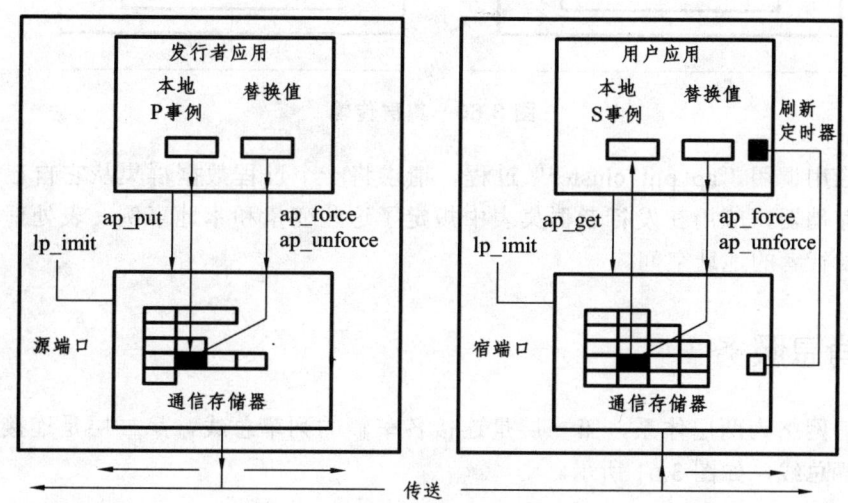

图 3.59　单个变量的拷贝

拷贝与数据表示有关，例如，一个布尔过程变量以应用所期望的方式，即 0 为假，1 为真，储存在本地事例中，另一个应用可以期望另一种表示方式。

单个变量的强制（SET）：

为了达到测试目的，可以人为地引入事例间的差异。任何应用，特别是网络管理代理者（调试者），能强制一个变量到某个值。强制只留给代理者功能，正常运行中不能使用。

如果应用强制所发行的数据集中的一个变量，强制值分配到实际值所在的地方，这样就可影响用户，因为用户无法区分实际值和强制值。如果应用强制用户数据集（宿端口）中的一个变量，这个强制只影响本设备上的所有用户，不影响其他设备。如果变量是同一设备的源和宿，则会影响所有用户。

强制数据集中的一个变量不会影响同一数据集中的其他变量。

应用程序可在检查变量中指出该变量是被强制的。

（2）变量群集

对一个变量的单个访问极为费时，希望一次将本任务所需的所有变量在任务周期开始时一起读出，而在任务周期结束前一起写进。这也是使用梯形图或功能块语言的可编程逻辑控制器首选的访问模式。为此，一个设备要具有发行者和用户群集表，如图 3.60 所示。

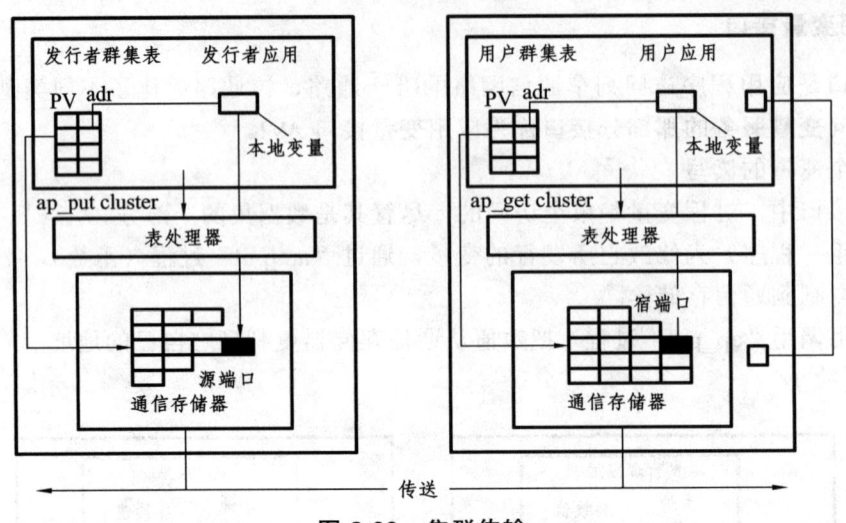

图 3.60 集群传输

发行者应用调用"ap_put_cluster"过程，请求将一个过程数据群集从它自己的地址空间传送到通信存储器，应用在发行者群集表中规定了这些变量和本地事例。表处理器根据这个表直接访问发行者的地址空间。

3.5.3 消息服务

列车通信网络为两层体系，第一层是连接各车辆的列车总线，第二层是连接同一车辆内各设备的车辆总线，如图 3.61 所示。

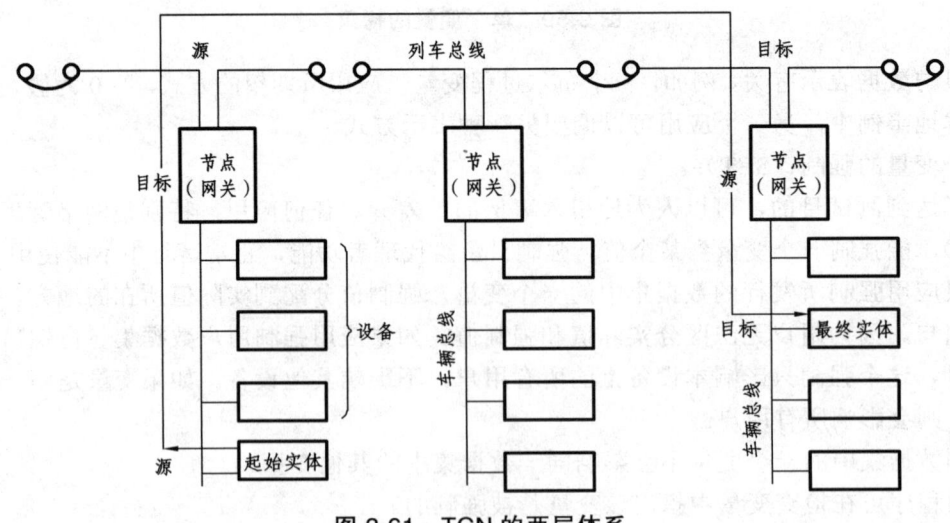

图 3.61 TCN 的两层体系

呼叫者用发送呼叫消息来启动消息交换的应用。呼叫消息被转发到网络上的另一个应用，即应答者，其将注意呼叫消息的到来。

呼叫者是呼叫消息的生产者（发送者）；应答者是其消费（接收）者。应答者接受呼叫消息，并给呼叫者返回一个应答消息。呼叫者也注意应答消息的到来。应答者是应答消息的生产者；而呼叫者是其消费者。

一次会话由呼叫消息和相关的应答消息组成。

消息分为系统消息和用户消息。系统消息指经营者与代理者之间为网络管理所交换的呼叫消息和应答消息。其互相按自己的系统地址来标志。用户消息是在用户应用（程序）间交换的消息，互相按用户地址来标志。

应用对大的数据项（如诊断信息或设备下载）是按消息而不是按变量发送的。消息也可用于发送短的命令（如关闭某一个门），如果采用周期性发送就太累赘。

消息服务有赖于总线按需发送面向目标的数据报文（消息数据）的能力。

为保证端对端发送的可靠性，应用间的相互通信采用应答方式：呼叫应用给应答应用发送一个消息，应答应用对此回答一个应答消息，如图 3.62 所示。

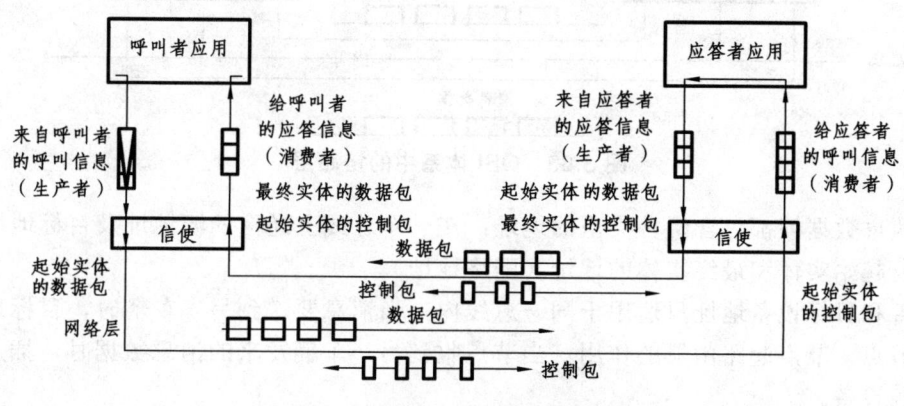

图 3.62　呼叫消息/应答消息的交换

在每个站中协议由通信调度程序执行，概念上说，通信调度程序作为独立的过程与应用并行运行。

1. 消息的链路层

（1）消息链路层协议

链路层保证同一总线上两个设备间的帧传送。虽然列车总线与车辆总线有各自的链路层，但链路层与其上一层（网络层）的接口两者是相同的。图 3.63 是 TCN 链路层对应于 OSI 模型的位置。

TCN 的链路层是无连接的，即没有预先的连接建立，所有消息数据帧都包含从端到端发送它们所需的地址。链路层既不进行流量控制，也不对丢失的帧进行恢复，只是基于其目标地址接收帧并进行排队。

（2）消息数据格式

消息数据以数据报文发送，报文类似于一封信，每个报文都包含从端到端（包括确认返回）路由选择所需的所有地址。当有几种总线互联时这种方案是有优点的，因为路由器无需保留对先前消息群的确认。

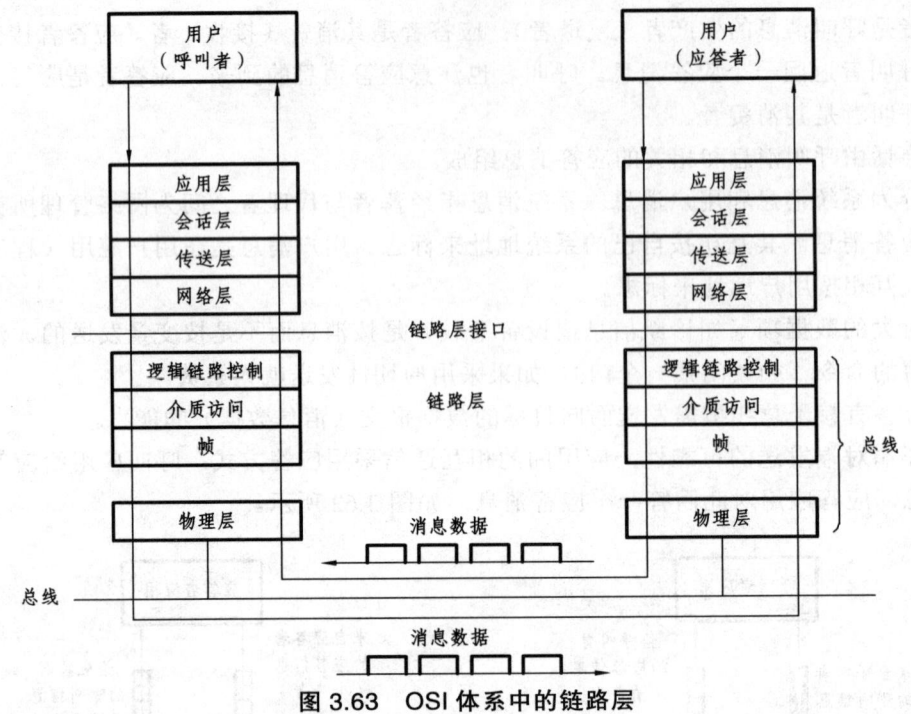

图 3.63　OSI 体系中的链路层

每个消息数据帧都包含两种类型的地址：在一个总线上通信的源地址及目标地址（设备地址）以及起始实体和最终实体的地址（网络地址）。

源设备和目标设备地址只适用于同一总线内，当消息要送到另一车辆时，目标地址就是列车总线节点，节点起路由器的作用。当节点收到另一车辆发来的消息数据时，插入其设备地址作为源设备。

消息数据含有两种类型的地址：

• 由总线特定的源地址和目的地址，它用于标志在同一总线上通信的设备。这些地址在链路层规定。

• 用于标志网络上通信的各个站的起始地址和最终地址，既标志生产者及消费者，又标志呼叫者和应答者。

WTB，MVB 或其他总线的帧差别仅在于链路报头不同，如图 3.64 所示。

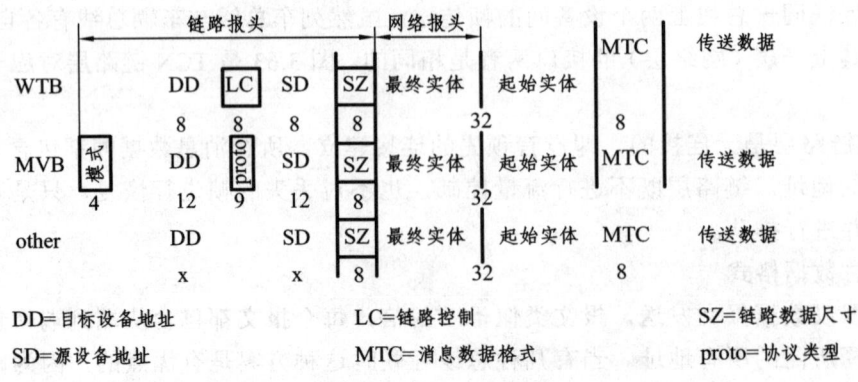

图 3.64　消息数据格式

2. 消息网络层

（1）列车总线寻址

铁路工作人员可以使用不同的方法对一列车中的车辆编号。列车通信网络提供一种寻址方案，从这方案可导出其他的寻址方案。

TCN 只考虑节点，不考虑车辆。其命名方法允许列车以任选（可变）的方向运行，每节车辆上可有不同数量的节点。列车的每个节点有两个方向：称为方向 1 和方向 2。车辆的布线使节点的方向 1 与车辆的方向 1 相同。如果一个车辆上有几个节点，则方向 1 是相同的。

UIC 定义的方向 1 指向有停放制动的车辆末端，而我国规定有乘务员室的车辆末端为方向 1。车辆的两侧称为 A 侧和 B 侧，A 侧和 B 侧与方向 1 和方向 2 有关，若方向 1 朝北，A 侧则朝西。其与运行方向无关，列车总线用相对于主节点的位置来标志节点，主节点的地址总是 01，如图 3.65 所示。

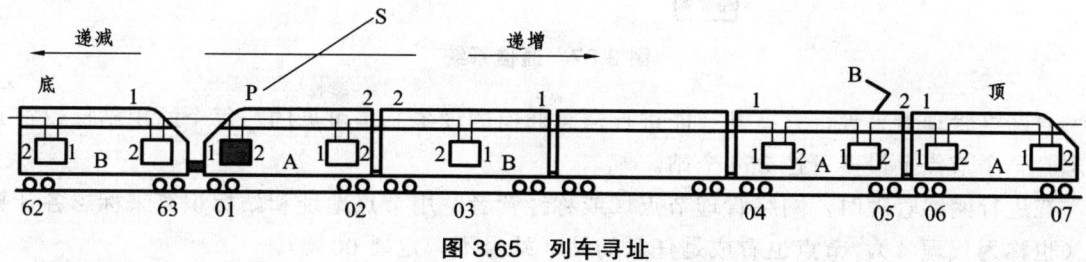

图 3.65 列车寻址

在总线主方向 2 上的节点，从 02 开始按递增顺序依次编号，最后命名的节点为顶节点。在总线主方向 1 上的节点，从 63 开始按递减顺序依次编号，最后命名的节点为底节点。每个节点都知道其地址，其方向（1 或 2）指向主节点以及哪个方向是主节点顶侧或底侧。

例如图 3.65 中，节点 03 认为它的方向 2 是指向底，而节点 05 认为它的方向 2 是指向顶。于是所有节点认可同一个方向作为"底"或"顶"，也知道它们的车辆与总线主所有的车辆是同向或反向。与总线主所在车辆 A 侧相应的车辆侧称为"P"，而另一侧称为"S"。这样如果应用命令打开 P 侧（相应于总线主 A 侧）的门，与总线主取向相同的所有节点将打开"A"门；其他节点将打开"B"门，而无需知道运行的方向。

（2）系统观点

在调试或查错时，系统工程师有必要通过管理消息来访问设备。但由于组态的多样性，一般不能使用物理设备地址。

图 3.66 实例中，车辆 02 没有车辆总线，而车辆 05 有几个车辆总线，车辆 03 有两个能独立访问的列车总线节点，此外还存在有传感器总线。

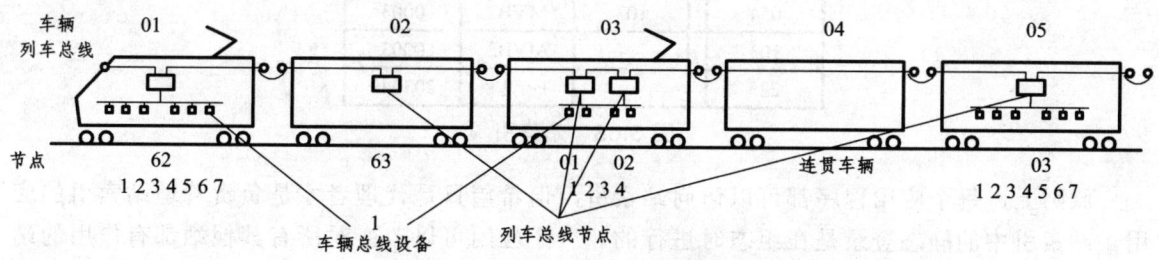

图 3.66 节点和车辆总线设备

为了在各种拓扑下寻址设备，网络管理者把列车通信网络看成是挂在每个节点上的多个站（计算机），节点本身也是其中的一个站，如图 3.67 所示。

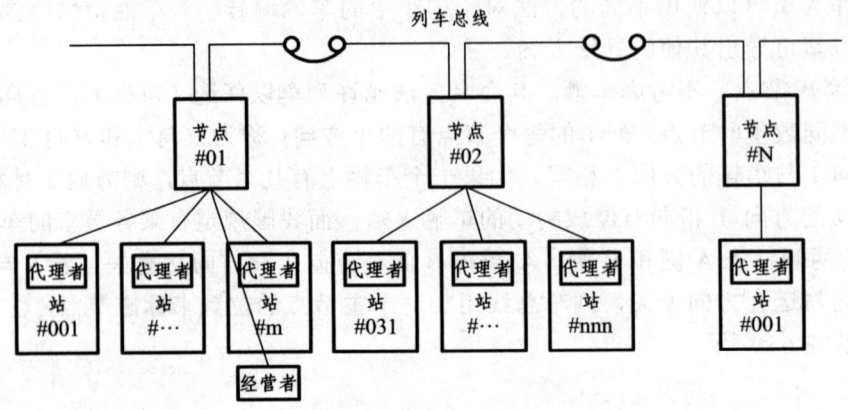

图 3.67　通信系统

对网络管理者来说，只有站（能进行消息通信的设备）是可见的，每个站用站标识符来标志。一个节点上最多可挂 254 个站。

在进行网络管理时，网络管理节点（或称经营者）用节点地址和站标识符来标志各计算机（也称为代理者），节点也看成是任意的站（站号不一定要 001#）。

网络管理节点如要访问组合的几个站（在不同的节点上）可使用组地址代替节点地址。对某些特殊用途，网络管理节点和代理者可规定路由站，它用下一站标识符来标志，能转发包到预定的站。在同一总线上，下一站标识符用于访问一特定的站。

站通过系统地址来访问，系统地址由节点地址（或组地址）和站标识符以及一个可选的下一站标识符组成。

网络管理节点用站标识符而不是设备地址来访问设备。这样使其与特定总线或几条车辆总线的寻址方式无关。因而站标识符与设备的链路地址（总线标志和设备地址）间要有一一对应的映像。站索引提供了一个总映像：对每个站标识符指明了相应的总线标志及总线上的设备地址，如图 3.68 所示。

最终站	下一站	链路地址	
		总线标识	设备地址
#003	—	MVB1	0003
005	—	MVB1	0005
054	103	MVB2	0003
103	—	MVB2	0003
223	—	并行总线	203040

图 3.68　站索引

原则上，每个应用程序都可以访问站索引，但希望只是代理者才是负责管理站索引的应用。站索引中的静态登录是在组态时进行的。一个应用可以改变对所有其他站都有作用的站索引，但在正常运行中，站索引的改变将存在破坏或误传消息的危险。

如果链路地址能直接从站标识符推导出来，站索引就可由一种算法而不是用表来实现，这被称为简单的路由选择。

例如，MVB 上的设备地址可直接从 8 位站标识符外扩高 4 位 0 而得到，这要求站标识符从设备地址导出，反过来说站标识符也可从设备地址来求得，即忽略站地址中的高 4 位（如果它们是 0）。这种方法也可用于连有多个车辆总线的路由器。这种情况下，每个总线上的设备数量需减少。

例如，站 1～31 挂在总线 1 上，站 32～127 挂在总线 2 上，简单的路由选择限制了车辆总线结构的自由度，但比站索引路由选择更为有效。

实例，用系统地址进行寻址。如图 3.69 所示，挂在节点 05 上的站#004 发送一个包到挂在节点 07 上的站#125。

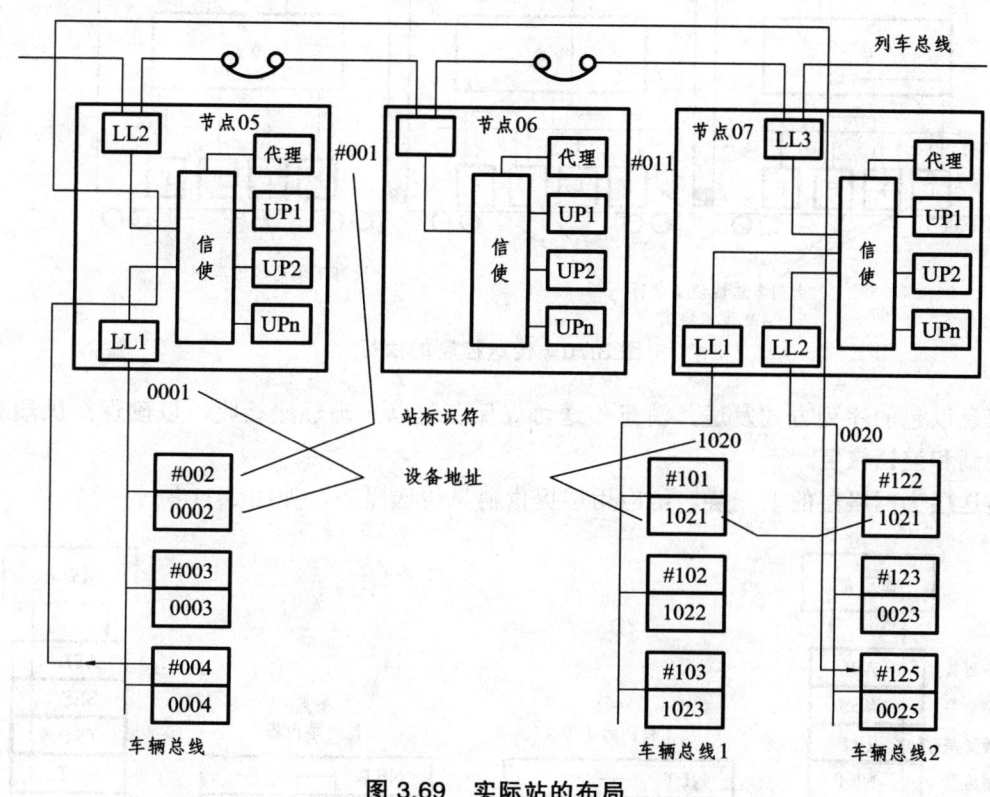

图 3.69 实际站的布局

约定：
- 用 4 位数字表示车辆总线设备的设备地址；
- 用 3 位数字并加 "#" 号表示站标识符；
- 用 2 位数字表示一个节点的地址；
- 用 1 位数字表示一个传感器总线设备的设备地址。

当节点 07 接收了一个打算发到站#125 的包，它从站索引中查到站#125 位于车辆总线#2（总线标志=LL2）上的设备地址为 0025 的设备中。

挂在同一节点不同总线上的两个设备可以有相同的设备地址（如 1021），但必须有不同的站标识符，路由器根据总线标识符（LL1 或 LL2）识别该设备。

3. 消息的传送层

传送层从生产者传送一个完整的消息到消费者，传送层把长的消息分段成包的序列，传送协议保证丢失的包可以重新传送，生产者发送包的速率与消费者的消费的速率适配。

由于列车通信网络仅发送数据报文，执行功能的设备应满足流量控制和差错恢复。而中间的设备在协议中不起作用。于是车辆总线设备或列车总线设备可以执行传送协议，如图 3.70 所示。

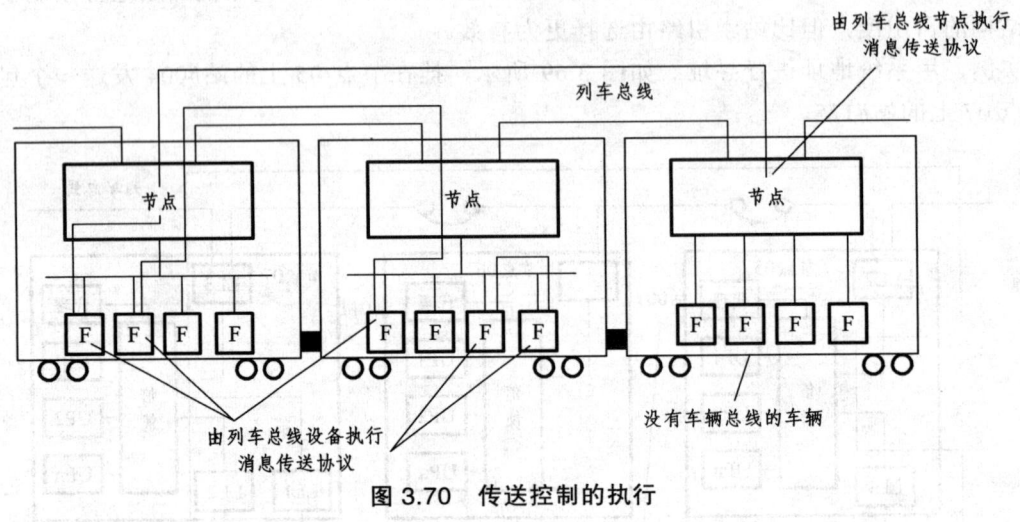

图 3.70 传送控制的执行

消息以包的序列方式发送，消息传送协议保证包以正确顺序接收，以确保提供端对端的流量控制和差错恢复。

传送层为网络层的上一层，给应用层提供消息传送服务，如图 3.71 所示。

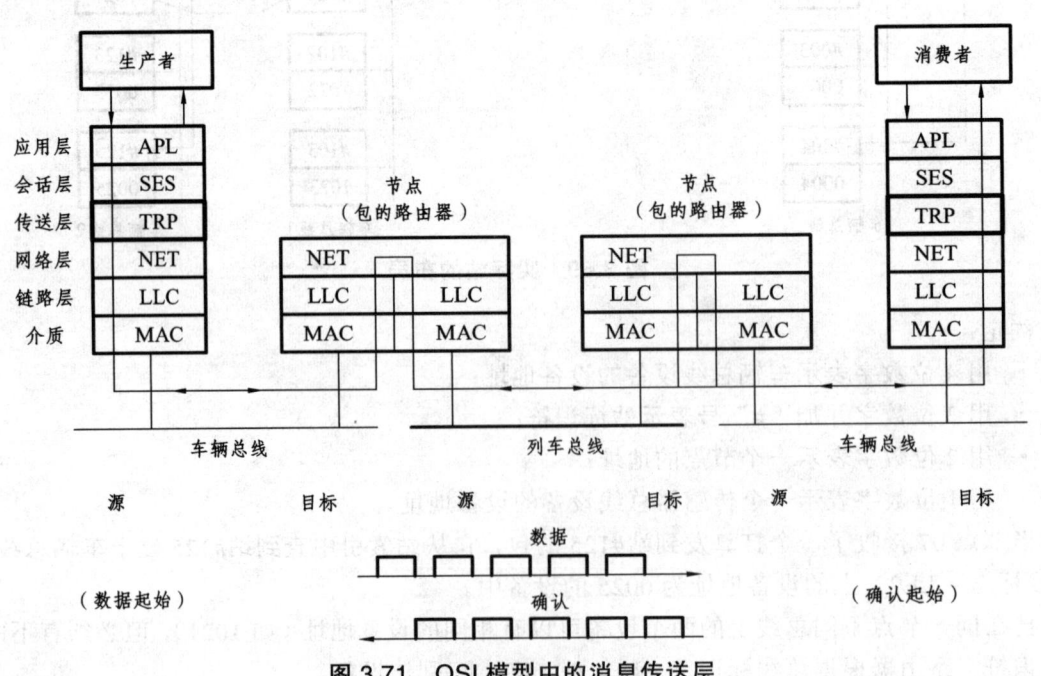

图 3.71 OSI 模型中的消息传送层

传送层通过滑动窗口协议提供流量控制和差错恢复。该协议描述在 ISO8073 中，列车通信网络只使用简化协议。

传送层将长的消息分段成多个小包，各包按顺序编号，顺序号占 3 位，包编号的模为 8，亦即它从 0 至 7 循环。

消费者侧的传送层可以对每个包单个确认，亦可几个包合起来确认，此时给出其所期望的下一个包号。

滑动窗口协议在即使先前的包尚未得到确认时仍允许发送包。生产者在未收到对所发包任何确认时所能发送包的最大数量称为"窗口长度"。最简单的是窗口长度为 1，这意味着包的生产者必须接收到确认后才能发送下一个包。最大的窗口长度为 7。

包的传送分成四种类型，如图 3.72 所示，图中窗口长度等于 4。

① 包已经发送并得到接收者确认。
② 包已经发送但尚未得到确认。
③ 仍可发送的包而无需对先前的包进行确认。
④ 由于窗口长度已超出，不可发送的包。

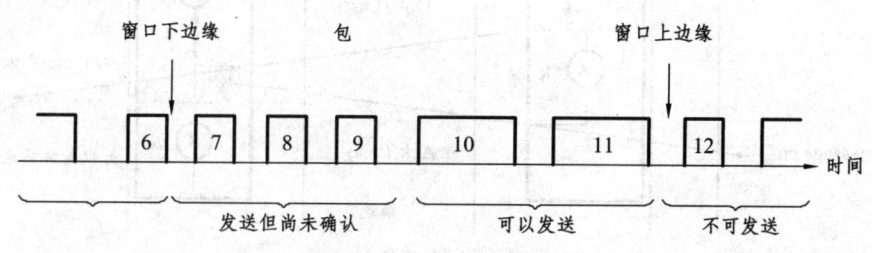

图 3.72 滑动窗口协议

如果接收者的缓存区空间已满，不能再储存来到的帧，将不再发出确认帧。由于超时是不能修改的，所以不会再有"接收未准备好"的响应。

根据网络负荷可以改变窗口长度。如果窗口长度设置为 1，只有在先前的帧得到确认后，才可发送下一帧。窗口长度在消息传送时是不可以改变的。在消息开始时，窗口长度是可以协商的：包的发送者建议一个长度（信用值），而包的接收者对此作出回答，可以比此长度更小或相同。接收者返回的长度（信用值）适用于以后的消息。

可以用一个确认包来确认所有先前的包。如果消费者确认包 8，这意味着也对先前的 5、6、7 包的确认，就这样，用单个的确认包来确认几个数据包。对开放帧的重发策略是不同的，在余下的消息发送前，必须得到对开放帧的应答，如果一个完整的窗口已发送完毕而没得到应答，生产者将重发第一个包并等待应答后才可能发其他的包，这样可避免路由器阻塞。

典型的帧交换如图 3.73 所示，例中窗口长度等于 1，生产者在发下一包以前应得到消费者对每个包的应答。

生产者首先发送连接请求包的消息，说明传送层的参量：窗口长度、包长度和总的长度。第 1 次交换的窗口长度总是 1，亦即生产者等待它的接收者发出一个连接确认，解连确认或超时。

如果消费者被正确寻址并有足够的资源，将发送连接确认包并准备接收消息。否则将发出解连请求而拒绝该消息。消费者可调节其接收能力，亦即可规定小于生产者建议的参量。

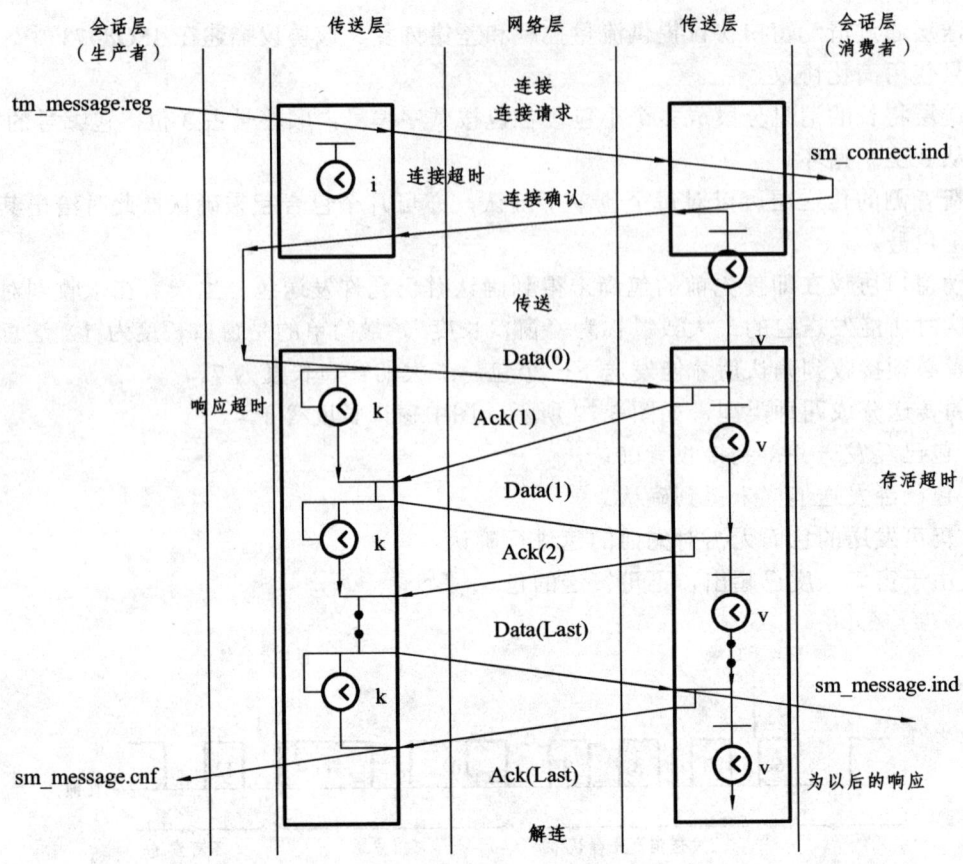

图 3.73 传输层的帧交换

4. 消息的会话层

会话层用成对的两次呼叫为应用提供远程呼叫（呼叫/应答）协议。一个远程呼叫由两相组成：
- 呼叫相，将呼叫消息从呼叫者传送到应答者应用；
- 应答相，将应答消息（可以是一种响应）从应答者传送到呼叫者，如图 3.74 所示。

会话层协议是半双工的：在呼叫相期间，数据包从呼叫者传送到应答者，而响应包在相

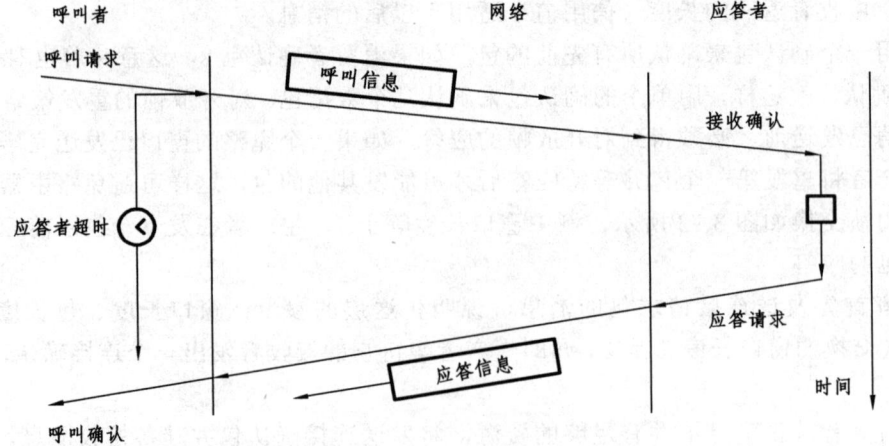

图 3.74 远程呼叫

反方向上发送。在应答相期间,数据包从应答者传送到呼叫者,而响应包在相反方向上传送。呼叫相和应答相是类似的,两者不会同时发送数据包。

通信实体(呼叫者和应答者)是位于同一设备或不同设备中的应用过程,应用过程的特性不予规定。它可以是一个任务、一个过程、一个线索表或是另一种并行结构。

一个呼叫/应答对称为一次会话,由通信实体——呼叫功能和应答功能来统一定义。呼叫者和应答者用其相应的节点地址、功能标识符及可选的站标识符来标志。

虽然发起远程呼叫的呼叫者未作规定,但会话层可区分三种情况:
- 呼叫者和应答者位于同一设备中,此时无需网络通信;
- 应答者和呼叫者在同一总线上的不同设备中,消息通信在车辆总线上;
- 应答者位于另一车辆的设备中,消息需送到列车总线上。

三种情况下的用户接口是相同的。

会话层负责存放消息的缓存区的管理。

静态缓存区易于管理:每个消费者为到来的消息事先准备好一个缓存区,该缓存区应有足够大的容量,足以接收它所期望的最长的消息。由于大部分的应答者是不活跃的,其静态缓存区占存储器的大部分,换句话说,即使在最不利条件下,也总是有缓存空间。

动态缓存区可以更好地利用存储空间,其特别适合于只有小的存储器预算的系统。当接到连接请求时,会话层从动态存储器中分配一合适长度的缓存区。当会话层唤醒应答者或呼叫者时将其送入缓存区。

呼叫者应用或应答者应用在缓存区不再使用时负责释放缓存区。由于一个不守约定的用户可以使整个系统崩溃,会话层期望限制分配给一个应用的动态存储器的数量。

在图 3.75 给出的典型消息交换中,在发送下一包以前,每个包都得到响应。

5. 消息的表示层

消息数据的表示层没有协议,典型的变换是遵守数据传送的标准格式。传输数据类型的规则与过程变量相同,特别是对多个 8 位位组帧首先传送最高位,消息本身为 8 位字的数组。

6. 消息的应用层

消息的应用层提供一个应用消息接口(Appli cation-Meassage-Interface,AMI),让用户程序可通过网络来发送和接收消息。AMI 提供呼叫/应答服务,以及初始化、缓冲区管理和多播服务。

AMI 定义为一套直接访问会话层(表示层和应用层无协议)的过程。

3.6 TCN 协议与 OSI 的一致性比较

TCN 的结构遵循 OSI 模型(ISO/IEC7498-1)。TCN 的体系已考虑了 ISO 的许多标准,特别是 ISO/IEC4335(HDLC),ISO/IEC88022,ISO/IEC88023,ISO/IEC88024(局域网),ISO/IEC8473(无连接网络),ISO/IEC8073(面向连接的传送)以及 ISO/IEC9072(远程操作)。但是,基于下述考虑,TCN 也有一些区别和简化:

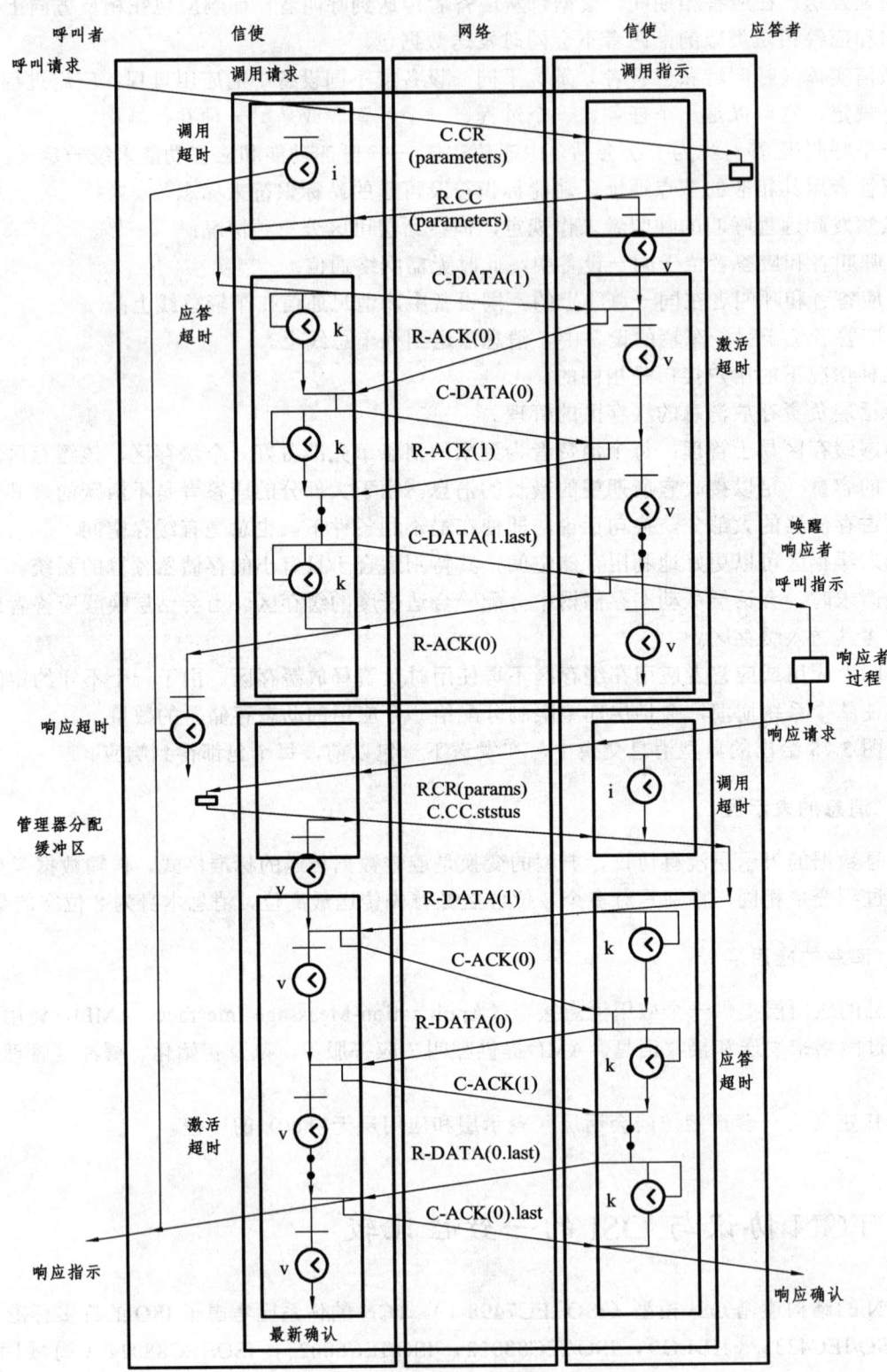

图 3.75 在会话层交换消息的例子

① OSI 模型是针对互相连接的复杂网络的总体框架设计的，它支持的应用范围很广（如办公室自动化、制造工厂、联合网络）。而列车通信网络为特定应用，其与外部世界的通信仅通过网关，许多 OSI 的服务在 TCN 中是多余的。

② TCN 标准强调整体兼容性，不同来源的设备可以安装插件兼容，可选项的数量保持到最少。

③ 列车通信网络是实时工作的，虽然国际标准如法国 UTEC46-602（FIP）区分了实时变量服务及非紧迫的消息传送。但 ISO 标准中未考虑传输距离短，但频繁、时限紧迫的数据，因而 TCN 对在 ISO 工作中未涉及的服务作了定义，如过程数据的源寻址广播。

④ 由 OSI 报头引起的总开销是巨大的，这个总开销对高速网络（10 Mbit/s）是可以承受的，但 WTB 的带宽仅 1 Mbit/s，而 MVB 的帧长度仅 256 位，因而需要对数据译码和协议进行优化。

⑤ 符合 OSI 模型的软件太复杂，不能与在列车通信网络上连接的大量小设备的目标相兼容，所以在 TCN 中对几个 OSI 层进行了简化。

⑥ 列车通信网络上的通信由于引入部件相互之间的约定而大大简化。例如，当所有设备都按约定使用相同的格式，在表示层就不必进行数据格式的协商。

3.7 TCN 网络管理

3.7.1 网络管理的作用

为便于列车通信网络的测试、调试、运行及维修，列车网络管理（Train Network Management，TNM）提供了许多服务，如：
- 站的标志和控制；
- 组态的控制（控制配置）；
- 路由选择信息及拓扑的分发；
- 过程变量的远程读出和强制。

列车网络管理（TNM）通过一个管理站提供了人与网络的接口，如图 3.76 所示。

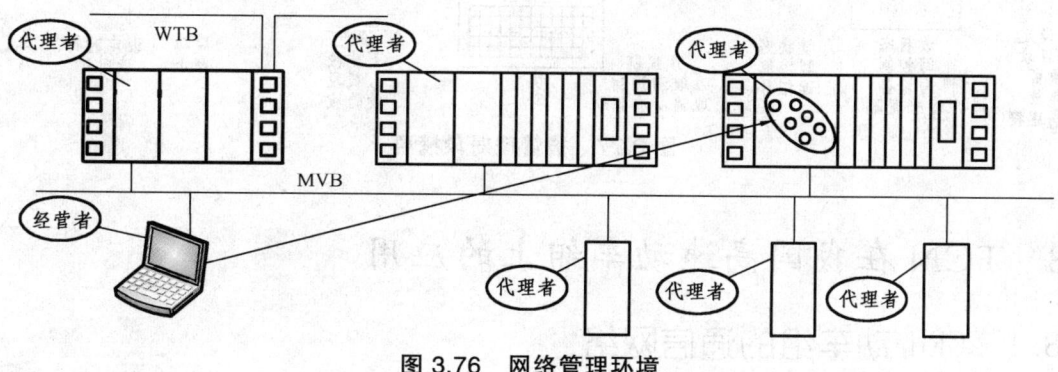

图 3.76 网络管理环境

管理站中的一个应用过程称之为管理器（管理者），与每一个站中的应用过程——计算机（即代理者）通信。

管理器提供一个人性化界面，接受指令并存储取得的信息。管理器也能处理接收到的信息并且显示统计结果或配置。

管理器和代理协同工作，代理执行各站中的管理服务。代理能够在本地处理一些实体，这些实体被称为"管理对象"。例如，管理器能够发出指令让代理下载一些代码，被操纵对象是存放这些代码的内存区域，称之为"domain（域）"。

每个代理所能提供的服务取决于代理所在站的性能：Bus-Administrator（总线管理器）、路由器、Train-Node（列车总线）节点等。所有的代理都提供一些基本的服务，例如，提供自身能力的清单。

简单设备（第一类）只能通过 Device_Status（设备状态）访问。不过管理器也可以通过 Bus-Administrator（总线管理器）的代理来访问它们。管理器也有一个本地代理，该代理可以访问其他的任何代理。

管理站还可提供其他的服务，比如网络监督和程序开发等。

3.7.2 被管理对象

TNM 有九种特级对象，某些对象可以存在于同一站中一个以上的事例中。但它们可能只是一个站和站中的一个时钟对象。图 3.77 为被管理对象及它们访问过程的概况。

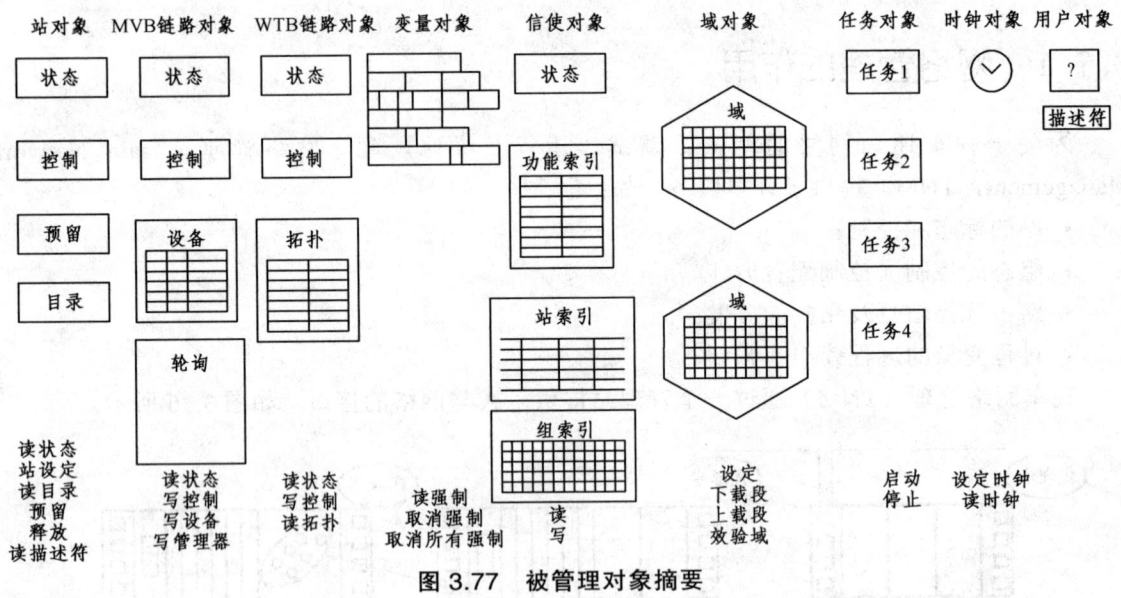

图 3.77 被管理对象摘要

3.8 TCN 在我国高速动车组上的应用

3.8.1 CRH$_1$ 动车组的通信网络

1. CRH$_1$ 的通信网络的拓扑

CRH$_1$ 的列车通信网络（TCN）采用的是 Bombardier 公司（其并购了原 ADtranz 公司）的

MITRAC 系统。

CRH$_1$ 为 5M3T 编组形式。根据对 CRH$_1$ 的列车基本单元 TBU 的划分，整个列车控制管理系统（TCMS）在网络通信上也分成三段 MVB 总线区段：TBU1 段，TBU2 段，TBU3 段。

CRH$_1$ 的网络拓扑结构可说明如下：基本的本地控制按 TBU 划分，即基本的本地控制及被监控在 MVB 区段内进行，对于 TBU1 和 TBU2，MVB 区段控制和监控范围为两动一拖；TBU3 为一动一拖，如图 3.78 所示。

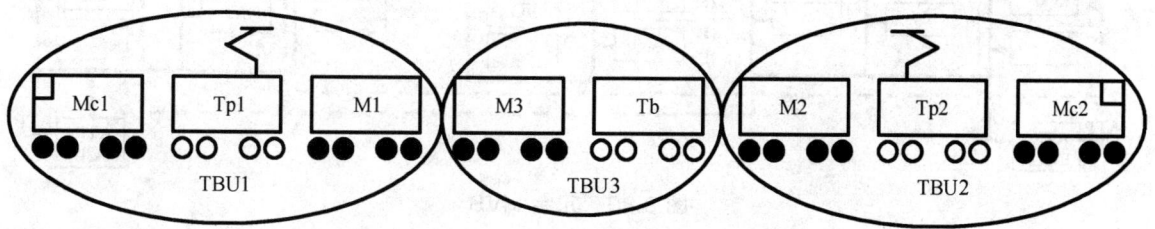

图 3.78　CRH$_1$ 的列车基本单元（TBU）

在各区段内部，TC CCU（Train Control CCU）为控制和监控功能的核心。由 TC CCU 控制和监视所有模块（如列车诊断、制冷空调、充电机等）。综合起来就是一些对 TC CCU 输入或从 TC CCU 输出模块，由于这些模块本身具有完整的控制作用，即具有智能，所以可以看做是智能 I/O。这些智能 I/O 由 TC CCU 来控制，如图 3.79 所示。

图 3.79 中用椭圆线围起来的部分是装在 Mc 车和 Tb 车上用于与 ATP, PIS, GPS, 烟火探测等功能部件进行串行通信的接口部件。

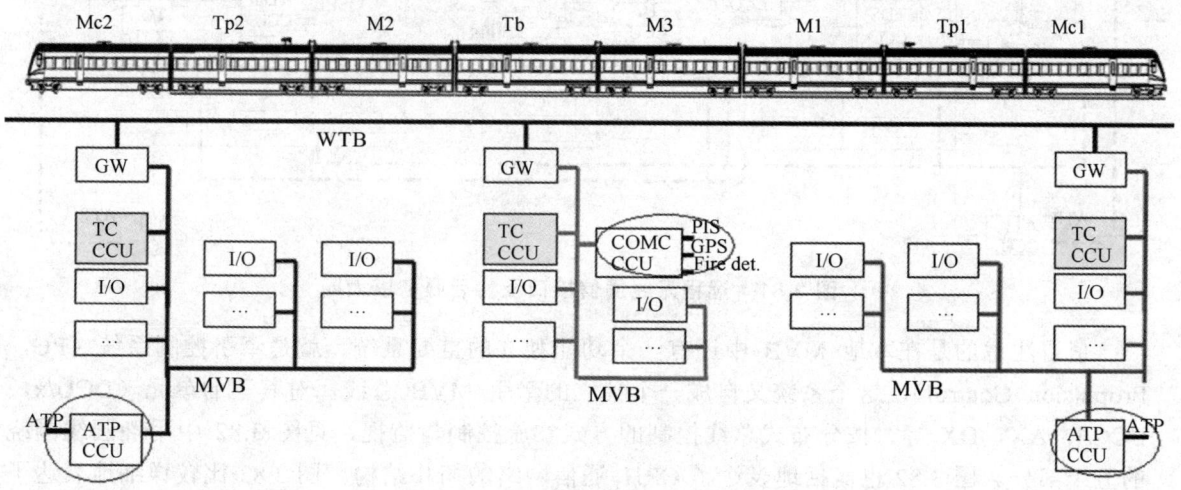

图 3.79　分区段的 MVB 总线

MVB 区段并不是完全独立的，基本的司机操作控制功能、高压（网侧）控制功能在列车两端的 Mc 车之间可互为冗余，该功能是通过列车内部贯穿整车的冗余 MVB 总线来实现，如图 3.80 中的虚线部分。当处于工作状态的司机室发生故障时，列车不会停止下来，司机的操作通过冗余总线由另一个司机室的控制设备自动接管，此时司机可以在屏幕上看到故障情况，但不影响列车运行。

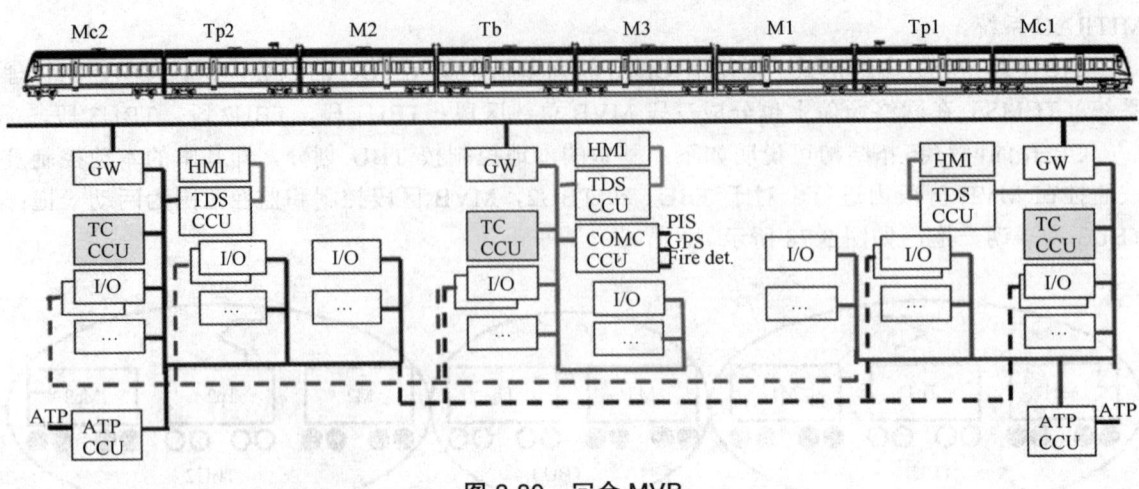

图 3.80 冗余 MVB

挂在 Tb 车 MVB 总线上的远程模块 AXS CCU（如图 3.81 中用圆圈围起来的部分）可通过 GSM 建立与地面之间通信通道，贯穿整车的以太网（图中最外围的双点划线）为乘务员提供列车维护、服务等方面的通信与接口。

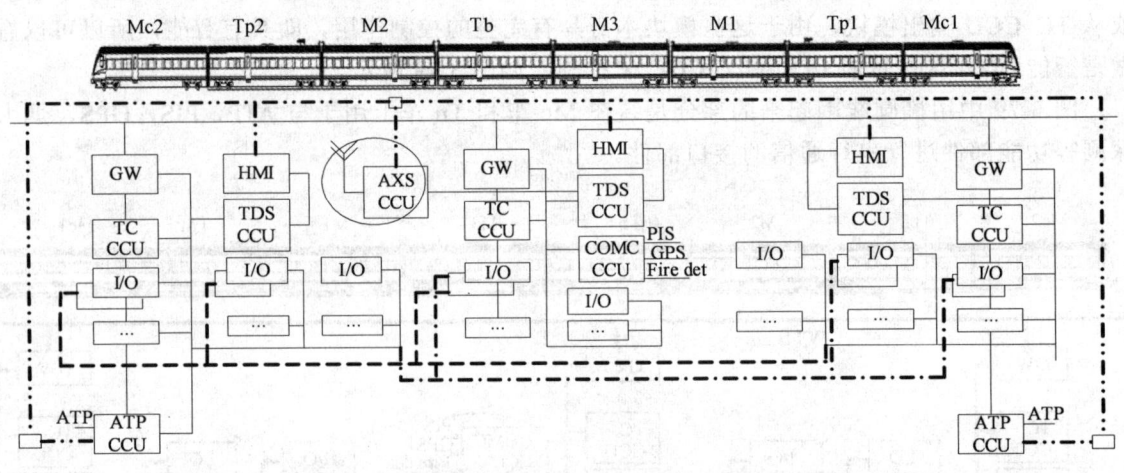

图 3.81 远程无线通信接口及售后服务以太网

值得注意的是在本地 MVB 中还有一个功能独立的重要系统，就是牵引控制系统（PC，Propulsion Control），这个系统又自成一个独立的牵引 MVB 总线，对其下的单元（DCU/x，BCC/I，AX，DX 等）按分布式总线控制的方式实施控制与监视，见图 3.82 中用椭圆线围绕的五个部分。图 3.82 也概括地表达了 CRH_1 通信网络的拓扑结构。图 3.83 比较详细地表达了 CRH_1 通信网络的拓扑结构，图中将挂在总线上的功能部件都标示了出来。

2. 列车级网络设备及配置

CRH_1 列车级的网络是以双绞线为物理介质，由网关 GW 管理的通信速率为 1.0 Mbit/s 的总线网络，即 WTB（Wire Train Bus）网络。

（1）中央控制单元（CCU）

① 硬件：中央控制单元（CCU）的硬件是通用处理器 VCU-Lite，CHR1 上有两种 VCU-Lite：

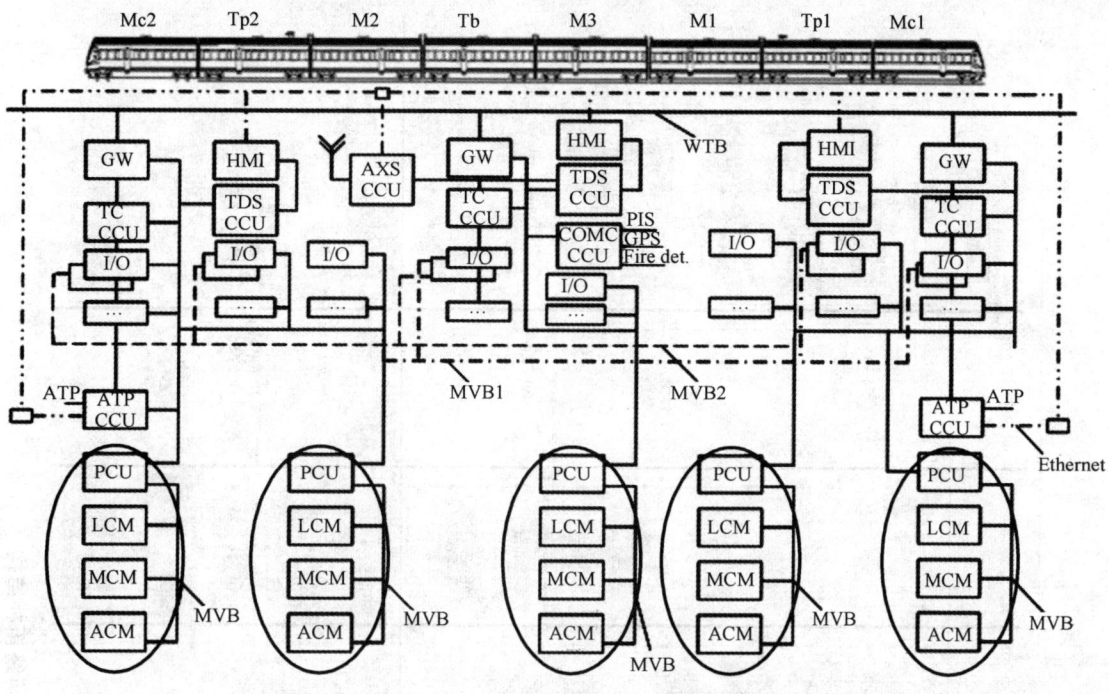

图 3.82 独立的牵引 MVB 总线

VCU-Lite（DCB 0911A），VCU-Lite M（DCB 0911B）。这些设备之间的不同之处是：DCB 0911A 有一个 MVB 通信接口，两个电绝缘的 RS485 串行通信信道，其中一个可能被用作全双工或半双工，另外一个为半双工。

DCB 0911B 有双重 MVB 功能，即有两个电绝缘 MVB 通信接口。VCU-Lite 的外形如图 3.84 所示。

VCU-Lite（DCB 0911A）的功能总结如下，其电路原理方框图如图 3.85 所示。

- DC/DC 变流器；
- MVB 通信（ESD+）；
- MVB 服务端口；
- 一个全双工通信信道（电绝缘）；
- 一个半双工通信信道（电绝缘）；
- 4M E^2PROM；
- 4M SRAM（带备用电池）；
- 一个 10Base-T 通道（仅用于开发）；
- 一个 RS232 通道（仅用于开发）。

a. VCU-Lite 的供电。直接蓄电池供电，内置的 DC/DC 变换器能够支持多种蓄电池配置，如冗余或非冗余、悬浮或非悬浮等，该装置允许 10 ms 的断电。

b. MVB 连接与终结。X1（插头）和 X2（插座）为两个 9 引脚 D-SUB 连接器，引脚分配相同，但极性相对（"插头"对"插座"），便于网络连接。

几个 VCU-Lite 连到同一个 MVB 总线上的情况如图 3.86 所示，如果处于网络的终端，需要在空的 D-SUB 连接器上接一个终端电阻连接器，即端接器。

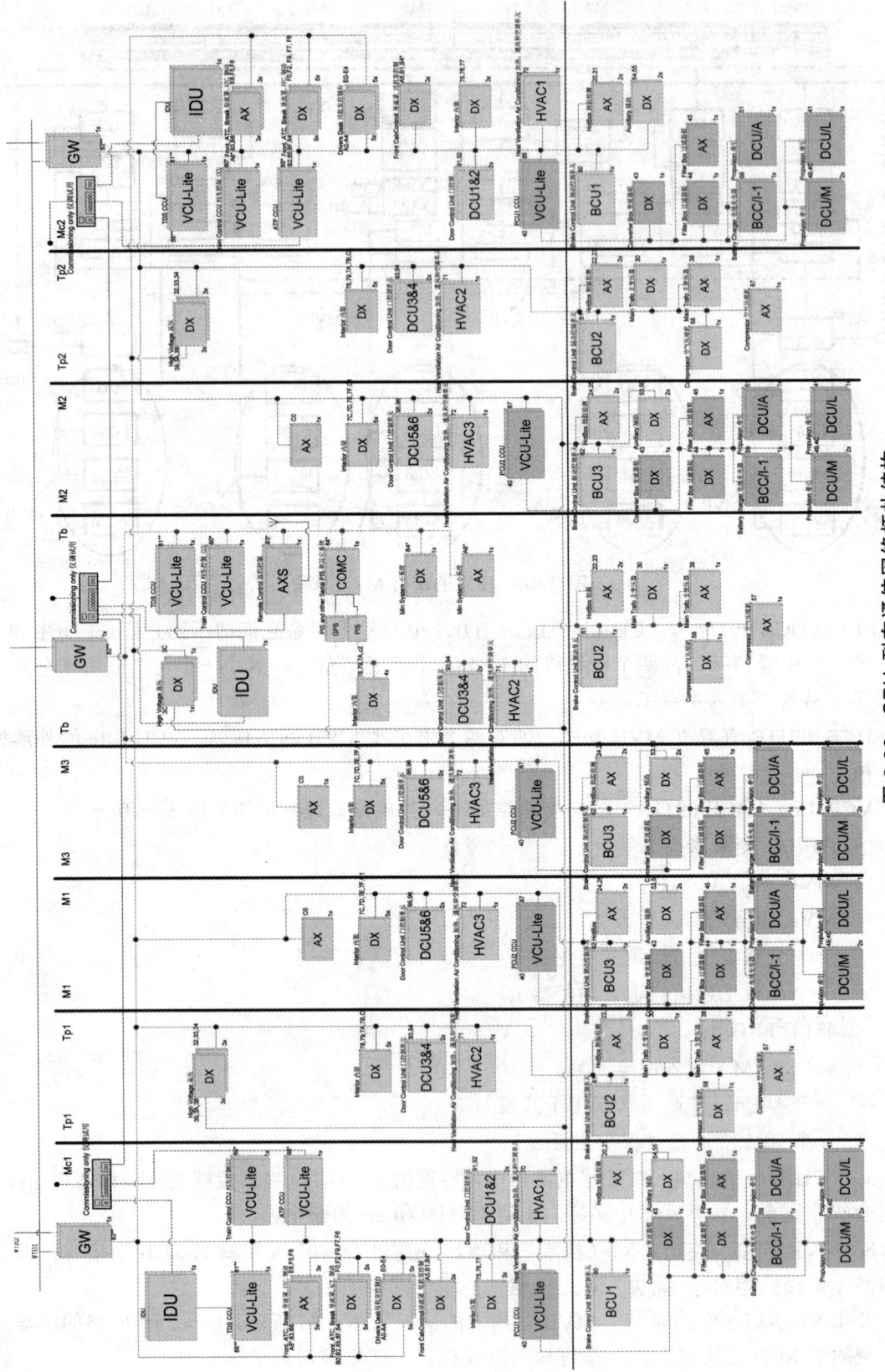

图 3.83 CRH₁ 列车通信网络拓扑结构

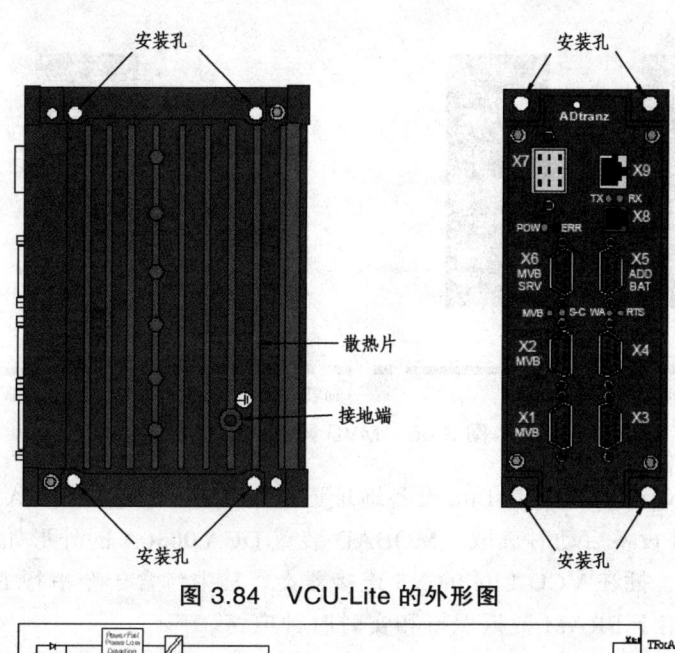

图 3.84　VCU-Lite 的外形图

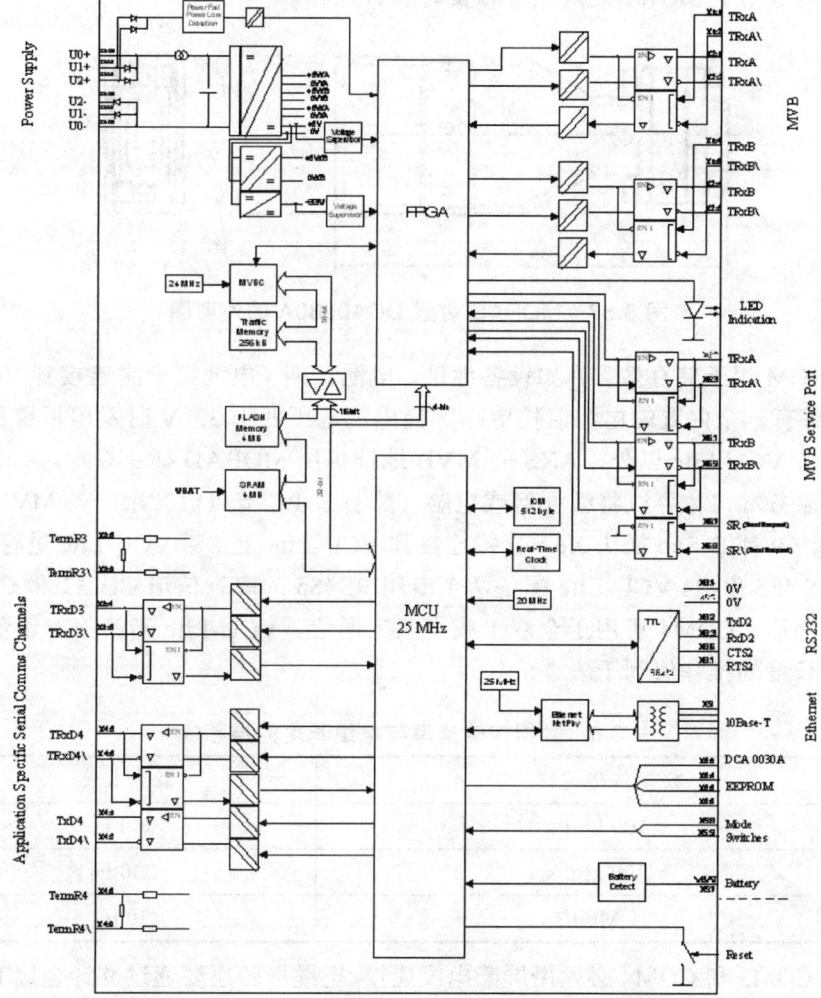

图 3.85　VCU-Lite（DCB 0911A）的电路原理框图

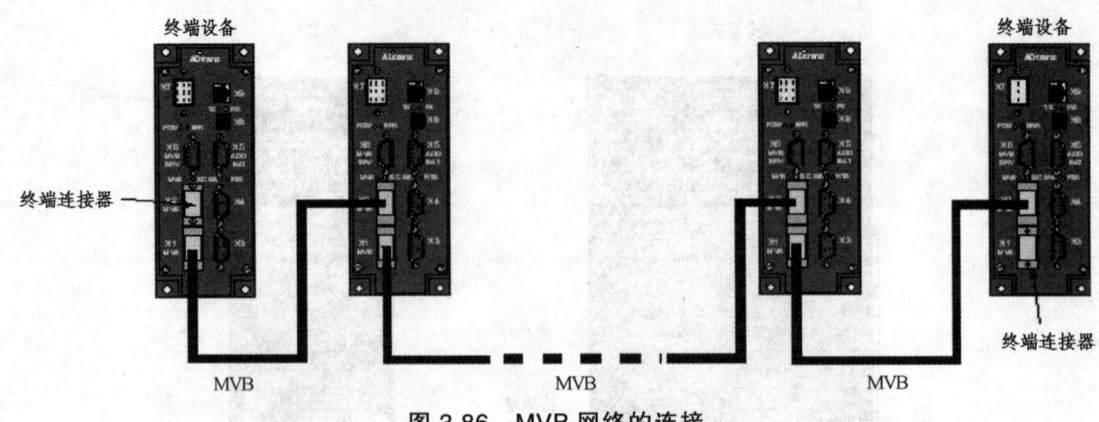

图 3.86　MVB 网络的连接

c. 设备地址与 MOBAD。VCU-Lite 设备地址通过 MOBAD(DCA 0030A)上的串行 E^2PROM 进行编程，在 MVB 设备启动时读取。MOBAD 装置 DCA 0030A 的外形如图 3.87 所示，它与 VCU-Lite 一起使用，插在 VCU-Lite 的 X5 连接器上，其中包含一个串行 E^2PROM、模式选择开关和电池，电池用于 SRAM 数据保持和实时时钟电路。

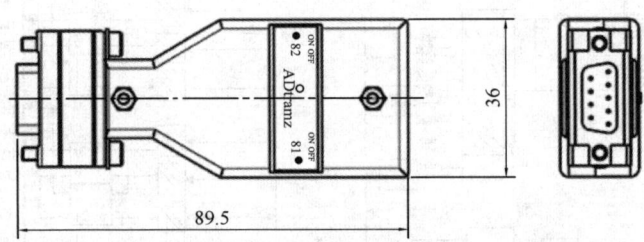

图 3.87　MOBAD 装置 DCA0030A 的外形图

串行 E^2PROM 用于储存数据，如设备地址、电池日期（电池第一次连接到 VCU-Lite 的日期），VCU-Lite 有一个内置的电池监控电路，当电池电压低于 3.0 V 时发出报警信号。

注意：除了 VCU-Lite 以外，AXS 的 MVB 地址也用 MOBAD 插头设定。

d. MVB 服务端口。可以将编程器或电脑（配有备 PC 节点板）用一条 MVB 电缆，通过 MVB 服务端口（9 针 D-Sub 插头 X6）直接连接到 VCU-Lite 上，对 VCU-Lite 进行编程或测试。

e. 专用 RS 485 串口。VCU-Lite 配备两个专用 RS485 的串行信道 COM3 和 COM4，COM3 可用于半双工通信，COM4 可用于全双工或半双工通信。VCU-Lite 和第三方设备间的数据传输速率与电缆长度的推荐值列于表 3.6 中。

表 3.6　数据传输速率与电缆长度的推荐值

数据传输速率	最大长度
< 100 kbit/s	300 m
< 200 kbit/s	200 m
< 1 Mbit/s	30 m

专用串口 COM3 和 COM4 必须用屏蔽电缆连接，电缆屏蔽层要通过 9 针金属 D-Sub 连接器连到 VCU-Lite 的外壳，而且要在 360°C 下屏蔽连接。

RS485 建议屏蔽层在电缆两端都接地。

f. RS 232 端口

VCU-Lite 配有 RS 232 串行通信通道，使用时需有终端通信电缆（Terminal Communication Cable），电缆的 RJ-12 端连到 VCU-Lite 的 X8 上，另一端（9 针 D 型插座）连到 PC 机的串口上。

g. 以太网。VCU-Lite 有一个 10Base-T 以太网接口，通过 RJ-12 连接，它提供了 RS 232 通信的另外一种选择，主要用于调试、下载应用程序及其他开发。

注意：以太网通道不能用于内部的车辆通信。每个 VCU-Lite 装置都有自己独特的 MAC 地址，在生产时保存在 ICM 存储器中。

h. 发光二极管（LED）指示。VCU-Lite 有 8 个 LED，其显示含义如表 3.7 所示。

表 3.7 LED 含义

LED 名称	颜　　色	描述（亮时）
POW	绿色	电源正常
TX	黄色	在 RS 232 上或 10 基础-T 串行信道上传输数据
RX	黄色	在 RS232 上或 10 基础-T 串联信道上接收数据
ERR	红色	检测到错误
MVB	黄色	MVB 通信信道上的活动
S C	黄色	应用专用串行通信信道上的活动
WA	黄色	警　　告
RTS	黄色	运行时间系统

i. 系统复位。可用多种方式启动 VCU-Lite 的系统复位：

- 电源故障；
- 时钟故障；
- 内部看门狗（watchdog）；
- 软复位；
- 手动复位。

靠近 X9 插头（座）标有"RES"的是复位开关，手动复位时，先拧下 Phillips 螺丝盖，然后用一个细螺丝刀或类似工具按压开关，VCU-Lite 立刻重启。

② 软件：TC CCU 的应用软件在 Mc1，Mc2 和 Tb 车的 VCU-Lite 硬件中执行，是 TCMS 的主软件，也是 TCMS 的核心，其他系统（如 HVAC，brakes，doors，lights 等）都受该软件的控制和监视，如图 3.88 所示。

（2）网关（GATEWAY）

① 硬件：列车组的网络设备就是网关 GW，CRH_1 的计算机通信与控制系统的硬件基本上以 MITRAC 计算机为骨架，GW 就是 MITRAC 产品。

列车总线 WTB 网关 GW 是多功能车辆总线 MVB 和列车总线 WTB 之间不同物理介质和不同通信协议的转换接口。

网关在两种总线的通信之间进行数据的管理、分析和过滤。网关能够支持强、弱主机（strong and week master）的概念，也能在列车编组改变时自动标志、配置列车总线上的激活（active）节点。

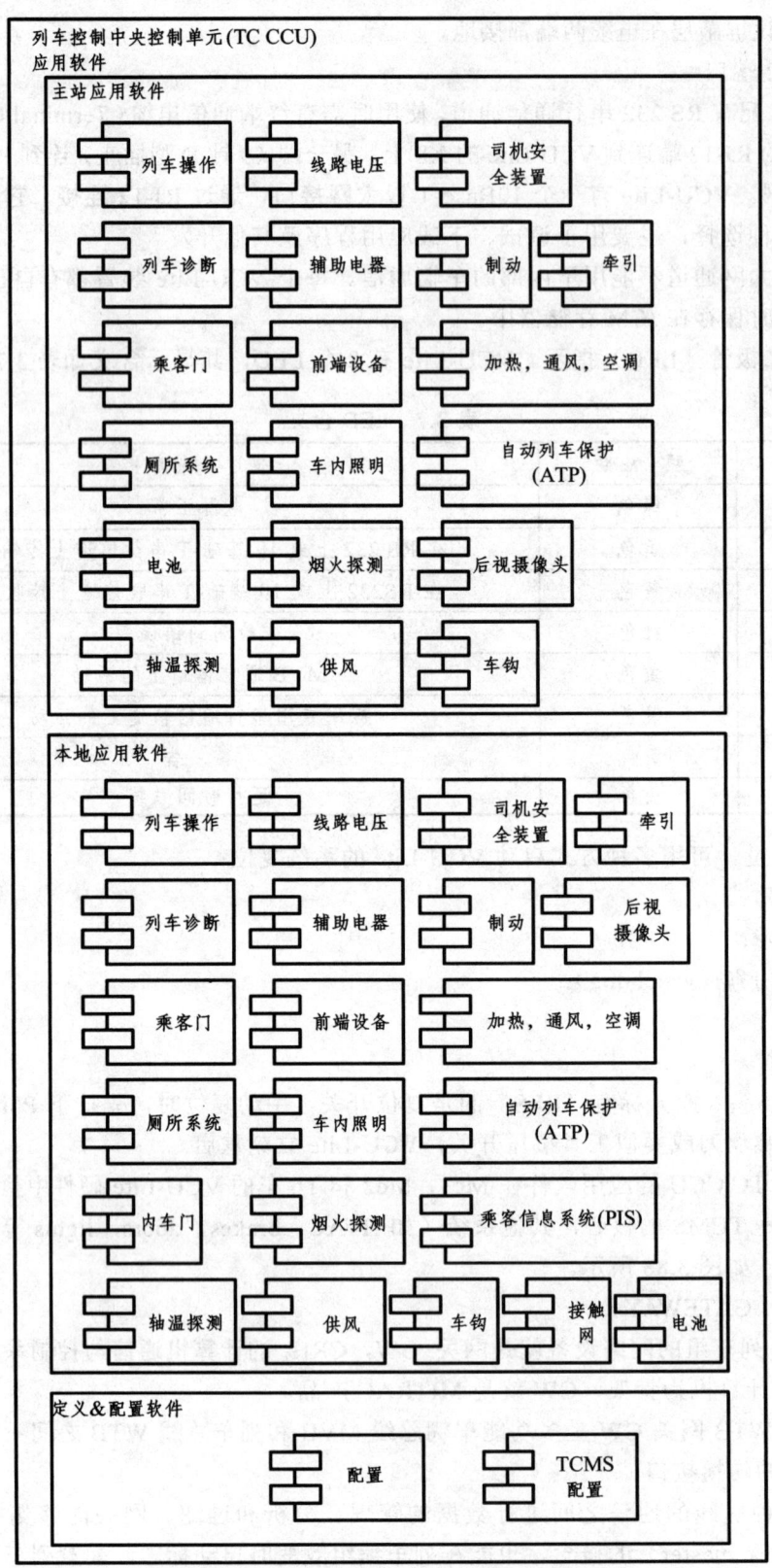

图 3.88 TC CCU 控制和监视的系统概览

通信网关中含有每个动车组项目特别指定的应用软件（只有 WTB 信号定义）。在 CRH_1 动车组中，指定了 GW 应用软件。

网关的外形图如图 3.89 所示，包括：
- 两个 MVB 通道（ESD+）；
- 两个 WTB 通道；
- E^2PROM 内存。

与 VCU 类似，GW 也有 MVB 地址，但地址的设定不同，GW 的地址由连接器中的接线片设置（见图 3.90），AS，DX 和 COMC 的 MVB 地址与 GW 一样。

图3.89 网关外形图

GW 的 WTB 地址设置插头为 125X02，其外形如图 3.91 所示。

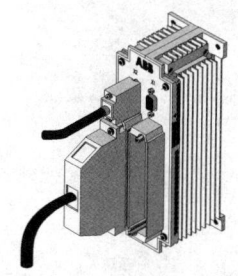

图 3.90 GW 的 MVB 地址设置

图 3.91 GW 的 MVB 地址设置插头照片

② 网关软件：WTB 网关（GW）应用软件的作用是建立起不同物理层上采用不同通信协议的 MVB 和 WTB 总线之间互联，网关可操纵、分析及过滤两种总线间的数据传输。网关应用软件由 Mc1，Mc2 和 Tb 车内的网关 GW 硬件执行。网关的主要功能由标准的软件和固件（firmware）来实现。CRH_1 的网关应用软件与通过 WTB 的不同数据报文数量有关（例如，主机到从机报文，从机到主机报文），当列车编组改变或强主机和弱主机功能切换时，在 WTB 上识别和配置节点的功能也由网关实现。图 3.92 示出了该网关应用软件控制和监视系统。

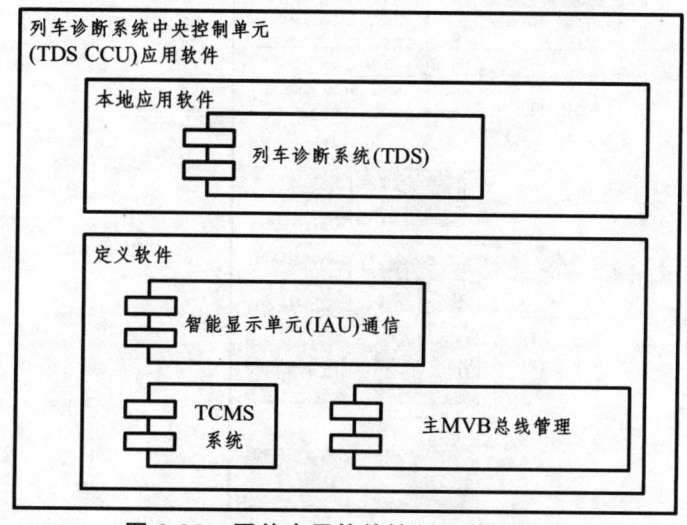

图 3.92 网关应用软件控制和监测系统

3. 车辆级网络设备及配置

车辆级通信网络结构参见本节前面描述。

图 3.93 示出 Mc 车 MVB 总线上所挂的设备,其硬件设备有：VCU-Lite 列车控制单元（运行不同的软件,具有不同的功能）,AXS 远程控制模块（仅 Tb 车）,IDU（Intelligent Display Unit）

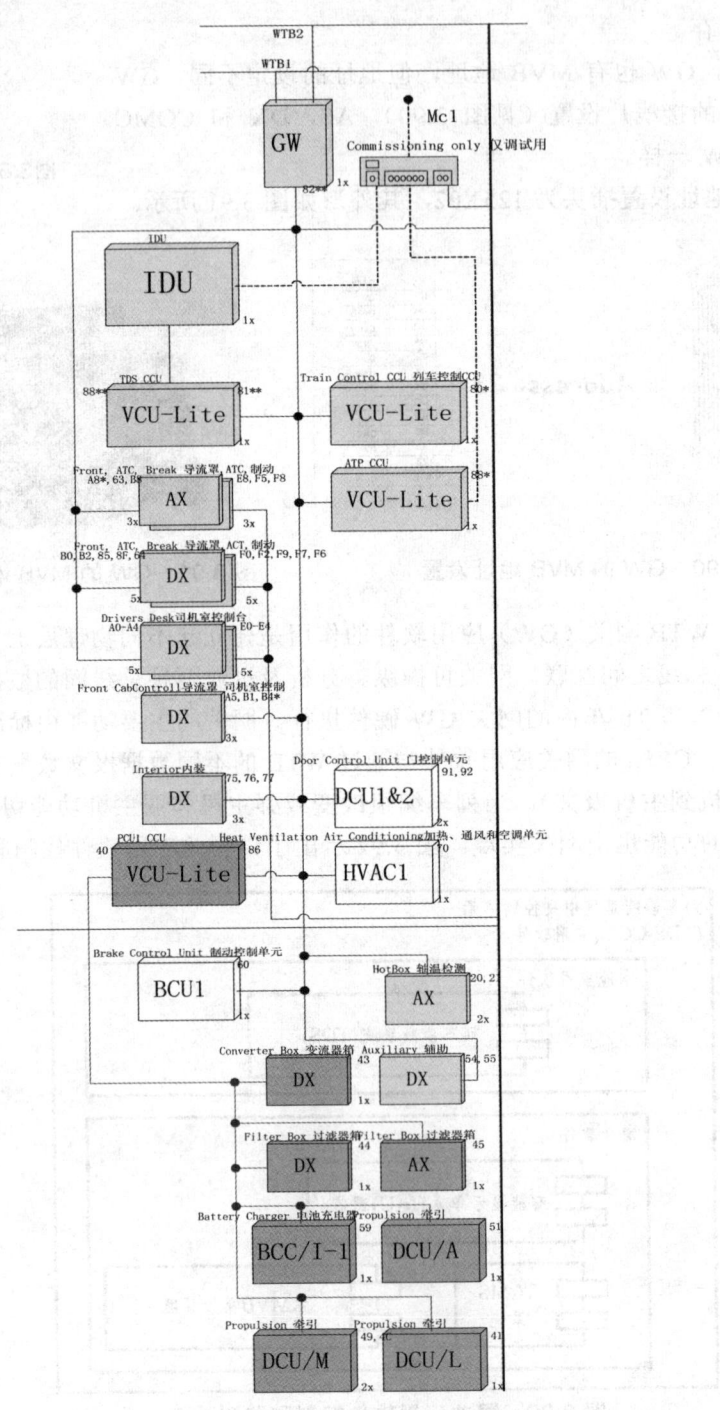

图 3.93　Mc 车 MVB 总线所挂的设备

智能显示单元，DX（Digital Input/Output Unit）数字输入/输出单元，AX（Analog Input/Output Unit）模拟输入/输出单元，BC（Bus Coupler）总线连接（仅 Tb 车），COMC（Communication Controller）通信控制器（仅 Tb 车）。所配置的硬件大多为 MITRAC 系统单元，如图 3.94、表 3.8 所示。

（1）中央控制单元（CCU/VCU）

车辆级网络设备的中央控制单元的硬件与列车级网络的情况一样，区别是在通用处理器 VCU-Lite 上运行不同的软件。

图 3.94　MITRAC 系统单元

表 3.8　车辆总线主要设备

MITRAC 单元	硬件开发	基本软件开发
VCU	瑞典	瑞典
GW	德国	德国
AX	瑞典	—
DX	瑞典	—
IDU	国外供应商	瑞典、德国和瑞士
COMC	瑞典	瑞典
BC	瑞士	

应用于车辆上的车辆控制单元 VCU-lite，如图 3.95 所示，其主要包括：
- Motorola 68040 处理器；
- MVB 接口；
- 服务 PC 接口；
- 以太网（Ethernet）接口。

CRH_1 列车上有两种 VCU-lite：
- 带一个 MVB 接口，带 RS-485 接口；
- 带两个 MVB 接口。

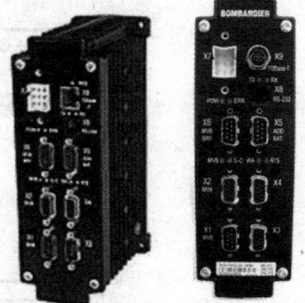

图 3.95　车辆控制单元 VCU-lite

（2）司机显示单元（IDU/TS/TD/MMI）

① IDU 概述：智能显示单元（IDU），彩色触摸屏显示，作为 TCMS 的人-机界面（HMI）用以进行事件显示和车辆监控。IDU 对司机、乘务人员和维护人员来说可以做到：
- 在显示屏上进行监控和检查（Check）；
- 集中显示列车的不同部位；
- 代替了传统司机操作台上的许多显示与控制；
- 显示列车系统状态、故障和事件信息；
- 报警；
- 启动指令。

与 IDU 直接相接的是列车诊断系统（TDS，Train Diagnosis System），其连接方式为以太网接口，IDU 中运行基于项目的应用软件（project specific application software）。

IDU 包括：
- 彩色触摸屏；
- 两个 10Base-T 通信通道（Ethernet）；
- USB & COM；
- 处理器和内存等。

IDE 尺寸规格为：264 × 202 × 53（宽 × 高 × 厚）。厚度包括底盘安装连接器，但不包括电缆连接器，重量最大 1.7 kg。外形如图 3.96 所示。

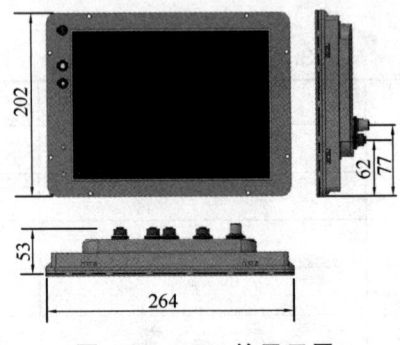

图 3.96　IDU 的显示屏

② IDU 应用软件：智能显示单元（IDU）应用软件用于向司机和乘务人员提供诊断数据和列车运行状况信息。IDU 设置在 Mc1，Mc2 和 Tb 车上，IDU 应用软件还可用于司机和乘务人员对列车进行控制，图 3.97 示出了该 IDU 控制软件控制和监测的系统。

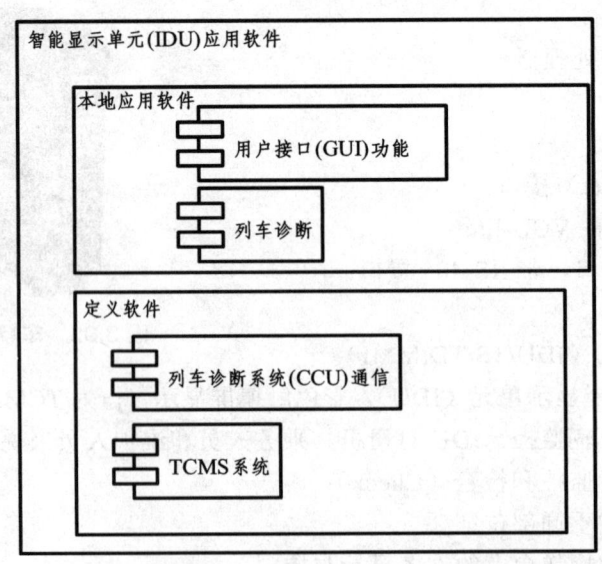

图 3.97　由智能显示单元（IDU）应用软件控制和监测的系统框图

③ 列车诊断系统中央控制单元（TDS CCU）应用软件：设计列车诊断系统中央控制单元（TDS CCU）应用软件的目的是储存列车诊断数据和与智能显示单元进行通信，TDS CCU 应

用软件也可用作 MVB 上的总线管理器,图 3.98 示出了 TDS CCU 应用软件控制和监测的系统。

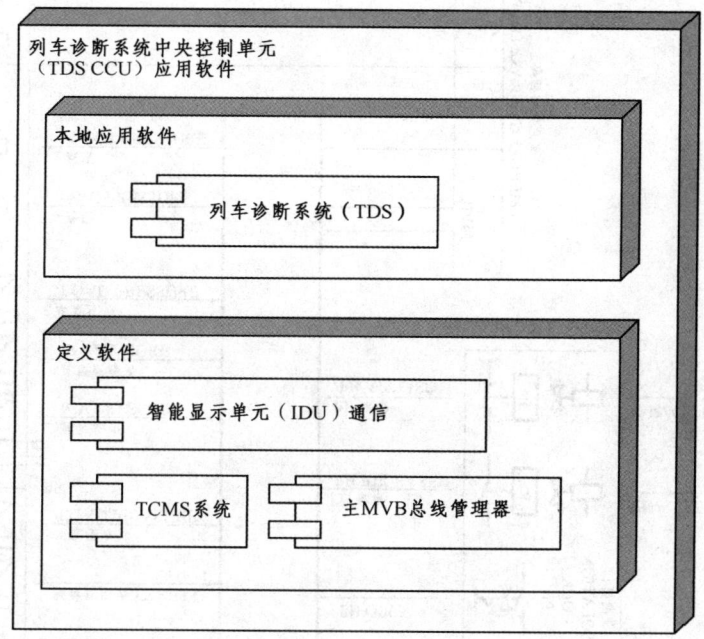

图 3.98　由 TDS CCU 应用软件控制和监测的系统框图

（3）牵引控制单元（PCU/DCU）

牵引控制 PCU（Propulsion Control Unit）的硬件有：网侧变流器驱动控制单元 DCU/L（Drive Control Unit for the Line Converter）、电机变流器驱动控制单元 DCU/M（Drive Control Unit for the Motor Converter）、辅助变流器驱动控制单元 DCU/A（Drive Control Unit for the Axuiliary Converter）、蓄电池充电控制单元 BCC/I（Battery Charger Control for IGBTs）。这些硬件设备分别安装在各自控制的主电路模块箱体中，如 DCU/L 安装在网侧变流器 LCM 箱中等。电路板上均有计算机板和光纤通信板，计算机板实现运行控制、故障诊断与 MVB 通信等功能，光纤通信板的作用是电气隔离、滤除干扰等。

（4）制动控制单元（BCU）

① 制动控制单元概述：CRH_1 的每个转向架上安装一个制动控制单元（BCU），共有 16 个 BCU。制动控制单元是 MITRAC 产品，有 MVB 接口，直接挂在本地 MVB 总线上。BCU 是一个具有独立控制功能的计算机单元，它的上一级控制就是车辆本地的 VCU Lite/TC CCU，通过 MVB 接受 TC CCU 的指令并传回状态及故障信息，图 3.99 是 Mc 车的制动控制电气原理图，此处略去其他车的 BCU 电气线路图。

CRH_1 的制动是一种电空制动（EP-BGE，The electro-pneumatic brake）方案，包括电空制动微机控制系统、动车车轮上的制动盘、拖车车轴上的制动盘以及制动机卡钳装置，由中央制动控制模块进行自动控制，制动控制模块主要功能如下：

- 对所有制动信号进行电子处理；
- 为直接和间接制动系统生成制动缸压力；
- 车辆制动系统的所有诊断（TCSM 的列车级诊断）；
- 防滑行保护。

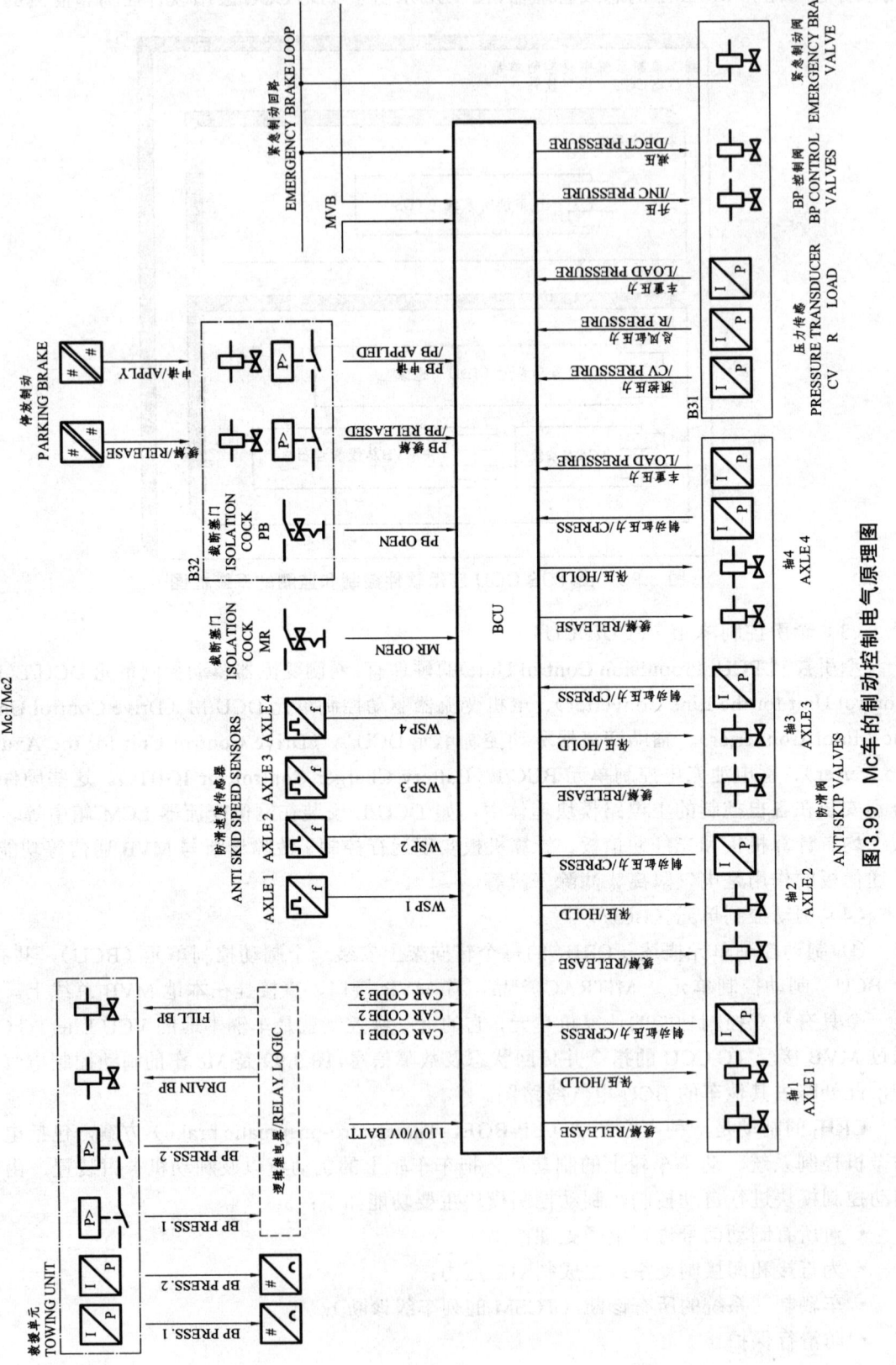

图3.99 Mc车的制动控制电气原理图

制动系统与以下系统相关：
- 压缩空气系统（Compressed air system）；
- 控制和通信（Control and communication）；
- 列车自动控制系统（ATC system）；
- 司机安全装置 DSD（Driver's Safety Device）；
- 电池 Battery（BPS）；
- 转向架 Bogie。

动力转向架的动力制动（ED，Electrodynamic brake）是优先使用的一种制动方式，空气制动是动力制动的后备和补充，根据制动的具体需要、车速、载重和每个制动器的直接可用制动力来调整。

在动力制动发生故障时，由 BCU 启动转向架的摩擦制动，以完全偿补动力制动力。紧急制动是纯空气制动（直接制动），由另一个电磁阀执行，并由动力制动在作为后备时触发启动，紧急制动也能根据实际载重进行防滑行控制。

当速度在 7～10 km/h 以下时，从牵引电机得到的可用功率减小，在大约 2 km/h 时减到零。为了在低速下得到制动力，随着速度的减小，逐步加入摩擦制动，最后全部用摩擦制动取代，如图 3.100 所示。

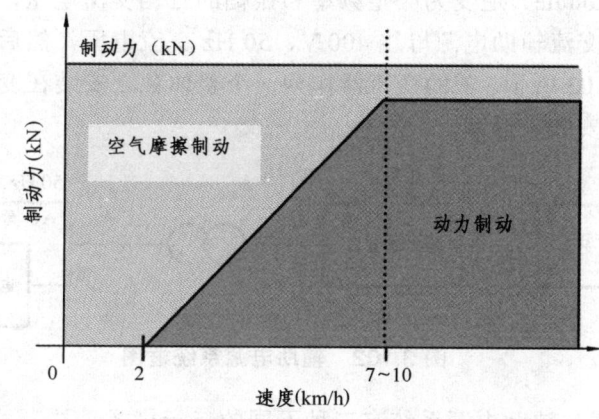

图 3.100　低速时电气动力制动与空气制动的比例

② 防滑行控制：当加上制动力时，摩擦力迅速上升，车速降低。车速与车轮线速度之差称为蠕滑率（slippage），如果制动力过大，蠕滑就会变为滑行（sliding），如果不采取措施，车轮就会被锁死（"抱死"）。滑动摩擦（sliding friction）的制动力会比黏着（adhesion）时减小四倍，增加了制动距离，不利于停车，除此之外车轮高速滑行会导致轮对的踏面和轨面擦伤，造成严重后果。所有最大制动力在一个很小的速度范围内出现，蠕滑率在 2%～3% 时达到最大的制动力。防滑行检测如图 3.101 所示。

如果车速是 100 km/h，为了达到最大的制动力，

图 3.101　防滑行检测

车轮线速度必须是 98 km/h，所以滑行控制不需等到车轮被锁死后才起作用，可以判断车轮快要被锁死的时候。控制系统能够记住第一次出现滑行时的制动缸压力，并立刻给出一个低于该值的新的制动缸压力，当车轮重新获得旋转速度时，只要还能进行稳定的制动就慢慢（试着）增加制动缸压力。

测速装置安装在轴箱里，每轴有一个测速装置。测速装置检测安装在带齿轴端上，可产生速度脉冲信号。该信号被传递到防滑控制模块，保证轮轴不会锁死，防止轮对损坏。

（5）辅助控制单元（ACU）

辅助系统（auxiliary systems）是列车运行不可缺少的一部分，是维护列车许多重要功能所必需的，比如制动、照明、排热扇、泵、控制单元等。本书把辅助系统狭义理解为辅助电力系统。辅助电力系统的任务是将 230/400 V 交流电分配到列车内的三相负荷中，电力来源是辅助逆变器模块 ACM，或外部三相电源插座。

CRH_1 的辅助系统包括辅助电源系统和辅助用电设备。辅助用电设备包括 HVAC（采暖、通风、空调）系统、空压机、风机、电池充电模块及车辆控制、照明等装置。辅助电源系统是一个连接在各车厢之间的电源供配电系统，提供三相四线制 50 Hz、400 V 交流电源和 110 V 直流电源，供列车辅助交流和直流设备使用。

辅助电源系统从网侧变流器的 1 650 V 的直流输出接受电能，通过辅助变流器（ACM，Auxiliary Converter Module）逆变为固定频率和振幅的三相交流电压，再通过辅助变压器和交流滤波器输出给三相交流辅助电源母线 400 V、50 Hz 交流电压，然后再通过三相母线分配给不同的负载，如图 3.102 所示。辅助变流器作为一个整体独立安装在变流器箱内置于每个动车的底架，可以方便地安装与拆卸。

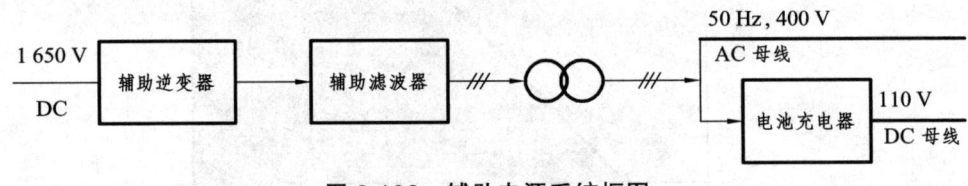

图 3.102 辅助电源系统框图

① 辅助供电方式，辅助电源系统有三种不同的运行模式：

a. 正常运行模式：正常牵引工况下，从 25 kV 电网获取电能；

b. 回送模式：是指在没有 25 kV 电网电压时，以牵引电机作为发电机（类似动力制动时的情况），提供牵引 EMU 所需的辅助三相电源和蓄电池充电电源（EMU 制动也需要辅助电源）；

c. 外部电源供电模式：在没有 25 kV 电网电压时，牵引电机也不发电，直接输入外部电源。

② 外部电源：由于下列原因，列车需要连接外部电源（External power supply）：

a. 牵引（Towing）回送他车，就是说牵引回送一个因蓄电池已耗尽（flat batteries）而无法运行的车；

b. 因蓄电池电源耗尽（flat batteries）而被牵引（Towed）回送；

c. 当没有接触网或不用接触网，而在维护列车时，需要连接外部电源时，如果贯穿整列车的辅助电气母线无断线，仅需要一个连接器（connector）向整列车供电；此时，如果另外一个连接器也接上外部电源，则不允许连接到母线上。

连接外部电源的连接器有两种，一种是在列车前部，另一种是在车体侧面。列车前部连接器（connectors）既可在牵引回送他车时提供其电源，也可在被牵引回送时接受电能（因蓄电池电源耗尽或在车间时）。侧面连接器只能用于接受外部电源（或车间电源）的供电。

辅助电源系统原理图，如图 3.103 所示，其核心是静止变流装置，主要的功能单元有：① 交流部分：辅助逆变器、三相变压器、三相滤波器、接地故障指示、三相外部电源连接接触器、三相外部电源相序监视逻辑；② 直流部分：电池充电器、电池、用于电源总线分配的接触器；③ 两条贯穿整列车的公共电源母线：一是辅助逆变器并联供电的公共三相交流母线；另一条是蓄电池充电器并联连接的公共蓄电池电压母线。

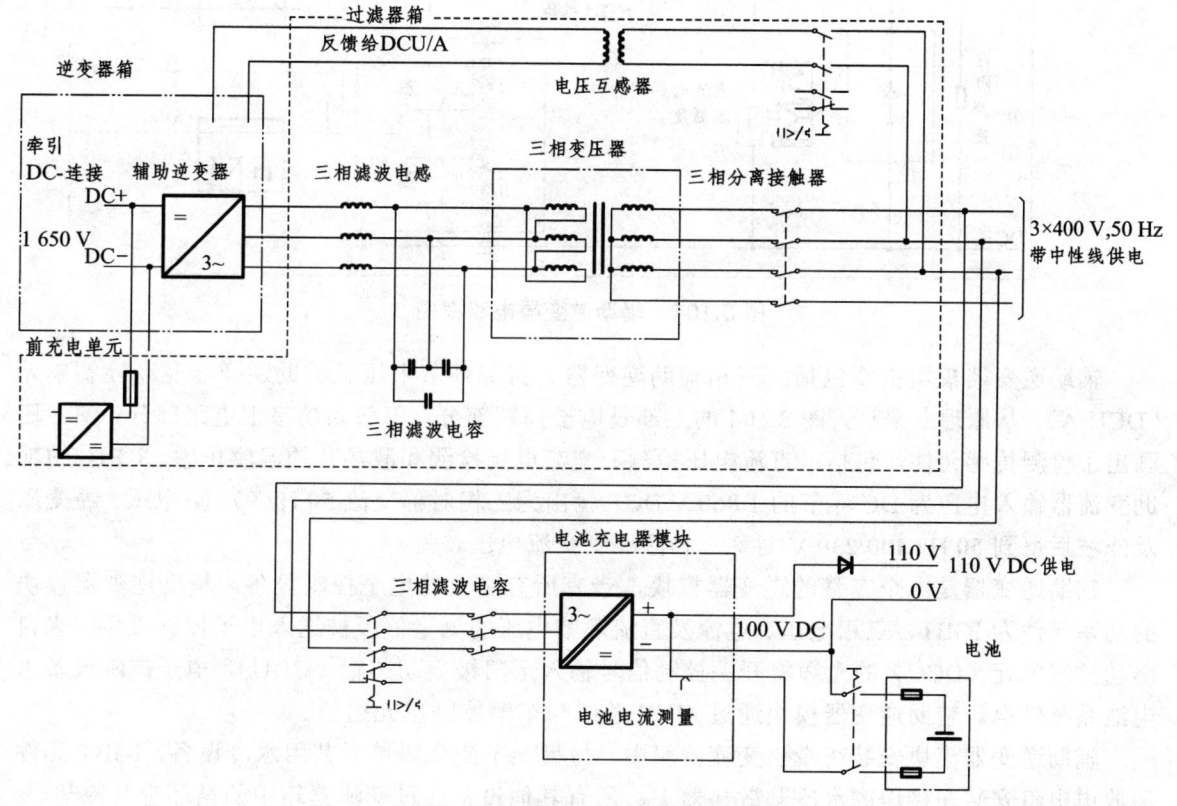

图 3.103 辅助电源系统原理图

蓄电池充电器是一套整流装置，将三相 400 V、50 Hz AC 电压转换成直流充电电压供给蓄电池。电池接触器将电池和充电器连到电池母线，电池母线提供电源给列车的 110 VDC 负载。电池开关用于断开电池母线的电池电压，这是手工操作的，只有当没有其他电池充电和电池接触器断开时才使用，也可以通过机械方式将断开开关锁定在断开位。

正常情况下，辅助逆变器提供给线路列车母线三相 230/400 V、50 Hz 的交流电源，所有辅助逆变器都并联工作；当受电弓降下时，所有的逆变器都处于断开状态。列车可以直接接受外部三相电源，这时，其负载容量将受到很大的限制，只有电池充电器模块和冷却风扇能够启动。

③ 辅助逆变器概述：辅助逆变器模块的功能是将直流环节电压转换成固定频率和幅值的三相交流电压，三相交流电压经变压和滤波之后向辅助电力系统供电，负载包括电池充电器、空调和空气压缩机等。其组成如图 3.104 所示。

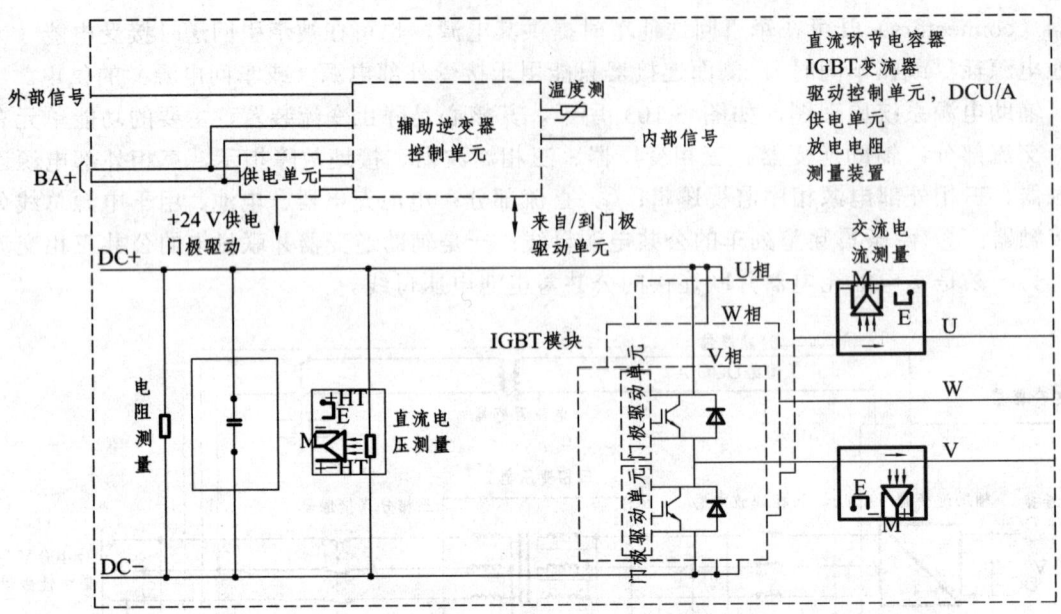

图 3.104 辅助逆变器电路框图

辅助逆变器模块主要包括：三相辅助逆变器、直流环节电压、辅助逆变器驱动控制单元（DCU/A）。从原理上来讲，图 3.104 的上部是电子控制部分，下部为功率主电路部分。图中还画出了检测传感元件，包括：直流电压检测、交流电流检测和散热片的温度传感。CRH_1 的辅助变流器输入电压为 DC 环节的 1 860 V DC，输出为三相对称交流 50 Hz/970 V 电压，经变压及滤波后得到 50 Hz 400/230 V 对称三相四线制交流电压。

辅助逆变器是一个完整的逆变器模块，带有所有必要的电子控制设备。辅助逆变器模块的功率元件为 IGBT，三相电压、电流及直流环节电压的测量值段被送入电子控制设备，来自驱动控制单元（DCU）的光缆将开关控制信号输入至门极驱动装置（GDU），电子控制设备由电池系统供电。辅助逆变器模块通过 MVB 总线与车辆控制单元通信。

辅助逆变器模块安装在牵引变流器箱中，与另一个变流器单元共用水冷设备，IGBT 元件和放电电阻安装在接地的水冷却散热器上，所有其他设备通过变流器箱中的循环空气冷却。

功率模块的换流驱动是由门极控制单元（GDU）完成的，而门极控制单元的控制是由辅助逆变器模块的驱动控制单元（DCU/A）实现的，逆变器的控制方式采用脉宽调制（PWM），CRH_1 的辅助逆变器采用一种特殊的脉冲宽度调制算法，切换频率使用随机重叠频率法，最大限度地降低了输出交流的谐波成分。

驱动控制单元（DCU/A）是车辆分布式计算机系统的一部分，监控辅助逆变器模块的大部分功能。也就是说，辅助逆变器模块是在驱动控制单元控制下的独立的单元模块，不依赖外部计算机，仅需要少数几个输入和输出信号。驱动控制单元是牵引控制 MVB 总线的一个单元，受 PCU（Propulsion Control Unit）的控制，PCU 和 DCU/A 中需要交换的重要信号如下：

• 从 PCU 输入到 DCU/A 的信号包括：关闭 DCU/A 命令；断开负载接触器请求；辅助母线的额定频率。

• 从 DCU/A 输出到 PCU 的信号包括：ACM 母线处于激活状态；DC 环节电压值；辅助变流器功率值。

驱动控制单元（DCU/A）通过 MVB 总线，与主车辆控制单元连接在一起，和车辆控制单元之间传输的最重要的信号是：直流环节电压、相电流、故障信号和状态信号。驱动控制单元对功率模块的门极驱动是通过光纤传输的光信号，从而实现了电源电路和驱动控制电路之间的电气隔离，降低了对干扰的敏感性。辅助逆变器模块的驱动控制单元还具有监控功能，主要监控：直流环节电压、相电流、驱动控制单元温度、散热器温度、三相电压、试验功能、故障信号。

（6）充电机（BC）

充电机在 CRH_1 中就是蓄电池充电模块 BCM（Battery Charger Module），是一个静止的变流装置，其作用是将三相交流电压转变成直流电压，用来向蓄电池充电，并为直流母线提供电能，为其他直流负载供电。

BCM 的主电路原理框图如图 3.105 所示，有三个主要子系统：一个三相桥式输入整流器，一个 IGBT 逆变器和一个输出整流器。

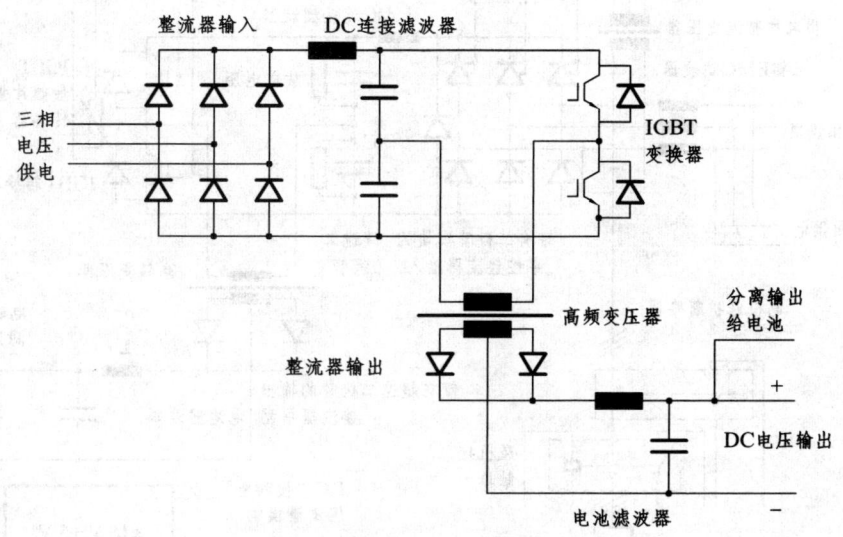

图 3.105　BCM 的主电路简图

输入整流器是一个半控三相桥式整流器，对三相输入电压整流；IGBT 对直流电压进行高频斩波，两个 IGBT 轮流切换，在高频变压器原边产生高频矩形交变电压，带中心抽头的次级线圈经两个二极管再次整流，输出直流电压。

滤波器的作用是防止电磁干扰和改善输出品质。直流环节滤波器减小整流电压的纹波，电池滤波器改善了输出直流的平滑性。

控制 IGBT 的开断比（控制比）可得到期望的直流输出，可使直流输出电压保持在恒定值。

如果总输出电流或蓄电池充电电流超过最大允许值，输出电压就会降低，此时 IGBT 的控制比要以输出电流为控制指标，蓄电池充电器以恒电流方式运行。

BCM 的电路原理如图 3.106 所示，除主电路外，图中还给出了整流触发单元（DYTP600A）、电池充电控制单元（BCC/I，Battery Charging Control unit）、控制计算机、冷却风扇、控制器电源和测试信号等部分。BCM 主要由下列部件构成：

- 输入整流器；

- 直流环节滤波器（电感和电容）；
- IGBT 变流器；
- 高频变压器；
- 输出整流器（两个二极管）；
- 蓄电池滤波器（感应和电容）；
- 控制单元 BCC/I；
- 冷却风扇；
- 保护传感器和测量传感器。

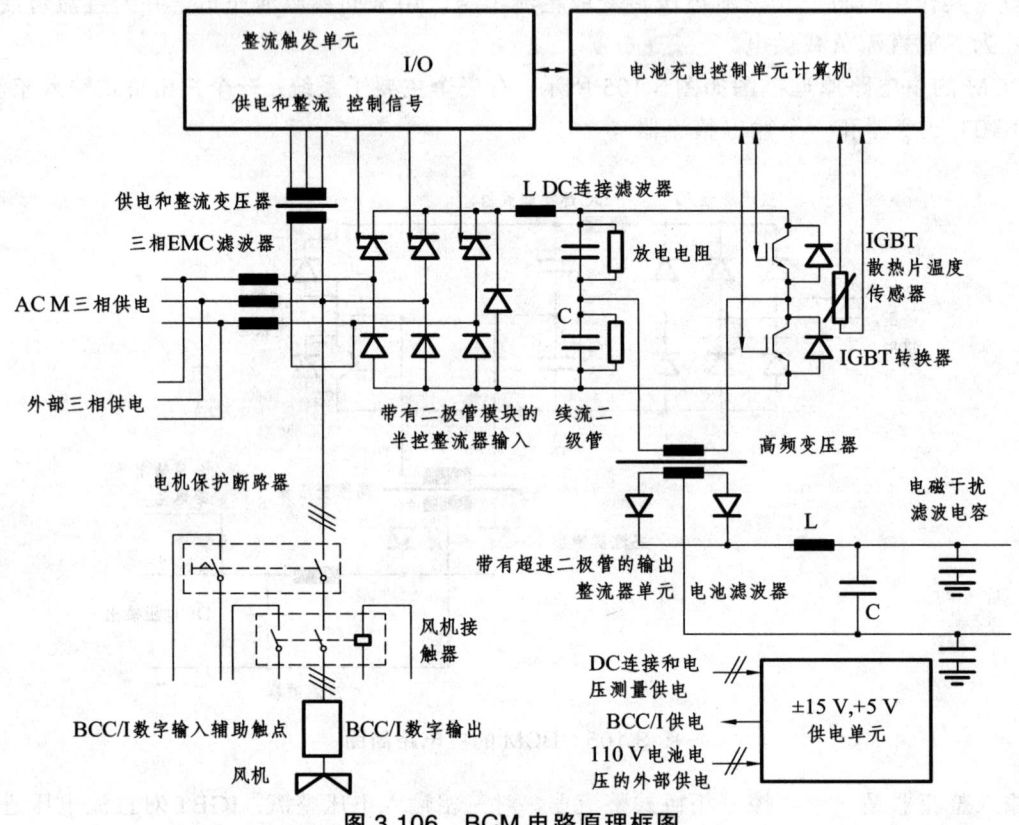

图 3.106　BCM 电路原理框图

BCM 性能的好坏直接由控制计算机决定。BCM 是单机设备，能独立工作，既含有冷却系统，也含有控制系统，该模块安装在车辆的底架中。BCM 外形如图 3.107 所示。

保护传感器和测量传感器 PT100 将 IGBT 散热器温度送给 BCC/I，如果温度不高于预设值，散热器仅通过自然对流冷却即可满足要求；如果温度超过预设值，则必须启动冷却风扇，强迫散热器冷却。冷却空气从 BCM 的后部吸入，通过散热器，从 BCM 顶部和底部的通风孔排出。因为冷却空气来自两个模块间的间隙而非直接来自车身外，故可减少灰尘、雨雪进入。排出的气流也可防止通风孔顶部和底部被颗粒（如塑料袋或树叶等）堵塞。

蓄电池充电器的最大特点是计算机自动检测与控制，通过 BCC/I 实现控制，并挂在 MVB 总线上成为列车整个 MITRAC 控制和通信系统的一个部件，是列车分布式计算机控制系统的一个组成部分。BCC/I 具有强大的监督与控制功能，几乎控制了蓄电池充电器的绝大部分功能，因此，BCM 基本上是一个独立工作的电路单元，通过 MVB 传输的输入、输出信息量非常少。BCC/I 在牵引控制通信体系中的位置如图 3.108 所示，BCC/I 和 MITRAC DCU 以及图中所示其他单元之间的通信信号包括：控制信号、状态信息和故障显示信息，所有的通信是通过 PCU 完成的，DCU 和 BCC/I 之间不能直接进行信息交流。

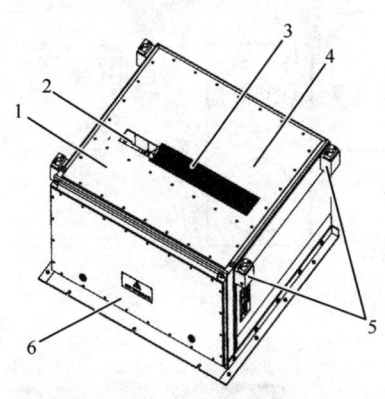

图 3.107　BCM 外形图
1—前部；2—电缆入口；3—空气入口；4—后部；
5—安装点；6—前盖

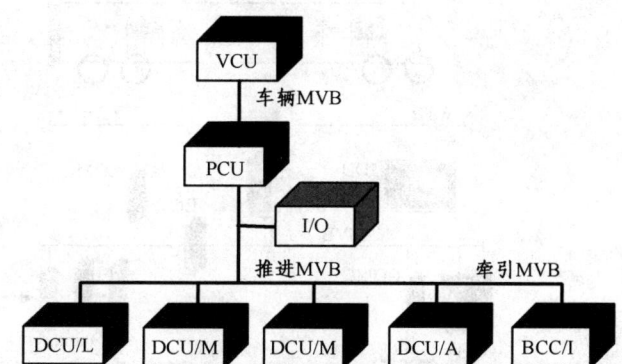

图 3.108　BCC/I 在牵引控制通信体系中的位置

BCC/I 与 MVB 的接口信号如下：

① 从 MVB 输入到 BCC/I 的信号：
- 允许完全充电；
- 电池断开器闭合（不使用）；
- 电池接触器闭合。

② 从 BCC/I 输出到 MVB 的信号有：
- 蓄电池充电器激活；
- 蓄电池电压。

③ 充电器的主要技术参数如下：
- 输入电压：　　三相 AC 400 V；
- 输出电压：　　DC 122（1±5%）V；
- 输出功率：　　22 kW（持续）；
- 蓄电池充电器的电压控制参数：额定电池电压　110 V；最大电池电流　40 A；
- 与 TCMS 接口：MVB；
- 外部尺寸：　　450×900×785（高度×长度×宽度）；
- 重量：　　　　170 kg。

（7）门控单元（DOOR）

CRH_1 的门控单元 DCU（Door Control Unit）指的是对外门进行控制的装置。外门（侧门，entrance door 或 exterior door）是乘务人员和乘客上下车的通道。

① 外门概述：CRH_1 的门控单元（DCU）是一个完整的计算机控制系统，具有本单元的故障诊断和故障显示的功能，该系统直接挂在 MVB 总线上与车辆控制计算机通信。计算机控制的门控装置安装在门柱内部，司机可远程控制；在左侧门柱上安装了一个带照明灯和开关的本地控制面板。外门有自动联锁功能，在车速超过 1 km/h 或 3 km/h 时门就不能打开，在车

速低于 20 km/h 时司机可以按下释放按钮。在低于 3 km/h 速度时自动联锁得到释放；司机也可通过手动方式解除联锁允许外门打开。

图 3.109 所示为司机从按下"开门"按钮到门打开，再到显示单元显示门打开的信息在列车通信网上的传输过程。

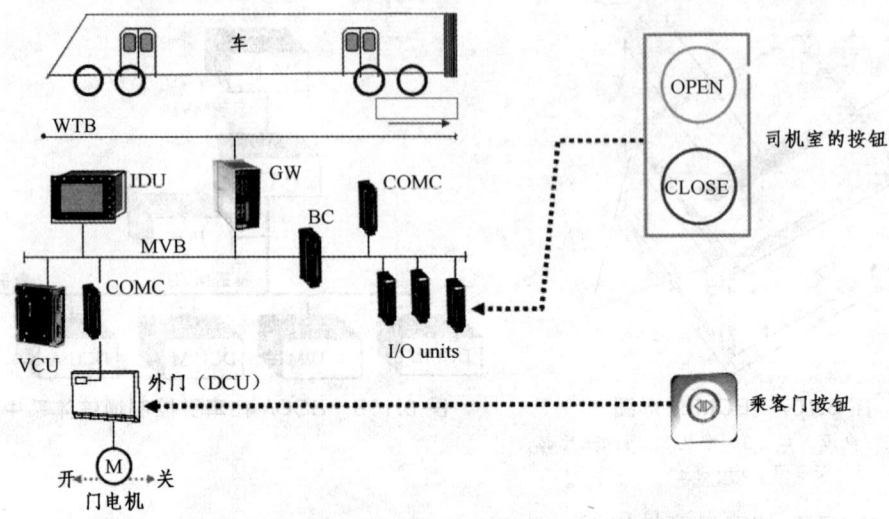

图 3.109　司机打开列车门的信号传输过程

司机按下"OPEN"按钮：
- 司机室的 I/O 单元检测到输入信号，作为一个数据包通过 BC 传递给 VCU（COMC 管理总线通信）；
- VCU 把信息传给 GW；
- GW 决定是哪个门要打开（左边或右边），GW 把这个命令传给所有车辆 VCU 单元；
- 每个车辆 VCU 给本地门控单元发出开门命令；
- 门控单元收集门状态的信息并更新 GW 和 IDU 的信息。

门打开的时间一般是 7~8 s，门打开后产生一个打开信号给 DCU，如果打开命令发出以后比正常时间超出 2 s 还没有接收到门已经打开的信号，DCU 就发出故障报警信号。

乘客门的关闭命令发出后会有声音提示，1 s 后启动关门，关门时间也是 7~8 s，超出这个时间 2 s 还没有接到门已经关闭的信号，DCU 就发出故障报警信号。当设置列车清洗时自动发出关闭所有外门的指令，无论在什么情况下没有关闭的外门都将产生牵引阻塞信号，禁止列车启动。

② 外门的检测及应急装置：
- 门隔离装置（Door isolating device）。门扇上有一个隔离装置连接到门侧的锁机构以保证在异常情况下不能用电气操作。
- 内外应急装置。每个门都配备有外部和内部应急装置，以保证在紧急情况下乘客可及时疏散，内部应急装置安装在插销后面的门柱内侧，外部应急装置安装在插销后面的门裙内侧。转动三角形钥匙，带动一根钢丝，应急装置就把门锁打开。
- 门通道光栅式通过检测（Light barrier for passage indication）。门柱内有光栅板，可避免门夹碰过往乘客，如果检测到有人通过，门重新打开；在预定时间（出厂设为 30 s）后，再次关门。

外门本地控制面板,安装在左侧门柱上,带有照明灯和开关。

(8) 空调控制单元(HVAC)

HVAC 是挂在 MVB 总线上的部件。每个车有一台分体式的 HVAC 客室空调和一个控制器 FPC24,每一个 FPC24 有一个 MVB 接口连接到本地 MVB 总线,受 TC CCU 的控制。

由于一个列车基本单元 TBU 有 2～3 个车,因此就有 2～3 个 HVAC 及其控制器 FPC24 由 TC CCU 控制,所以每一个客室空调控制器有一个地址码,地址码由 FPC24 的 DIP 开关设置。

空调的所有控制和调节功能由安装在数字控制器 FPC24 中的软件来实现,该控制器由 HVAC Faiveley GmbH & Co. 公司开发,基于微控制器来处理所有的控制、调节和报警数据,如开关状态、温度等。数字控制器 FPC24 安装简单,只需 4 个镙丝钉,不需要安装导轨或控制箱(control cubicle)。HVAC 的电器箱及其地址设定如图 3.110 所示。

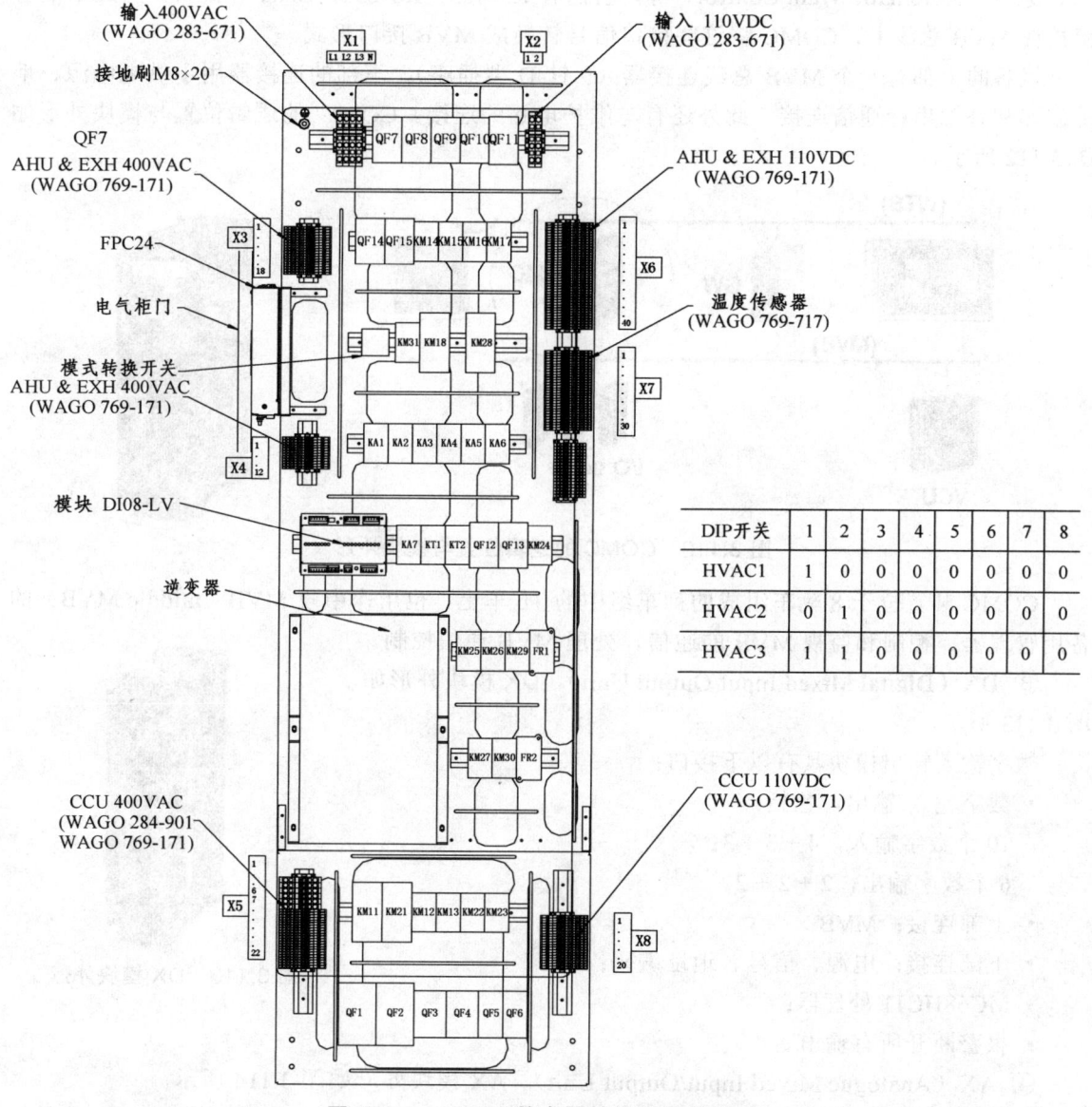

DIP开关	1	2	3	4	5	6	7	8
HVAC1	1	0	0	0	0	0	0	0
HVAC2	0	1	0	0	0	0	0	0
HVAC3	1	1	0	0	0	0	0	0

图 3.110 HVAC 的电器箱及其地址设定

（9）其他网络接口设备（RIOM/DX/AX/KLIP/COMPACTIO）

① AXS（Remote Access）远程访问单元用于列车上的 TCMS 和地面站点之间无线通信（GSM），AXS 硬件由一个 VCU-Lite 和一个安装在 VCU-Lite 顶部的 GSM 无线电设备（包括无线电和天线）组成。AXS 模块外形如图 3.111 所示。

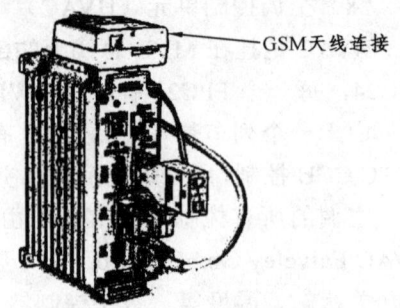

图3.111　AXS模块外形

② COMC（Communication Controller）通信控制器，实现 MVB 与 RS-485、RS-232 总线之间的通信转换。

非 MITRAC（non-Mitrac units）产品单元没有 MVB 接口，例如，PIS（Passenger Information System）系统、ATC 系统（Automatic Train Control）等，它们有 RS-485，RS-232，CAN 等接口，因此不能直接挂在 MVB 总线上，COMC 将这些接口信号转换成 MVB 接口形式。

设备的上部有一个 MVB 总线连接器（9 针 D 型插座），下部的连接器用于供电电源、地址编码和外部串行通信连接，此外还有与维护电脑的连接。COMC 的逻辑位置与模块外形如图 3.112 所示。

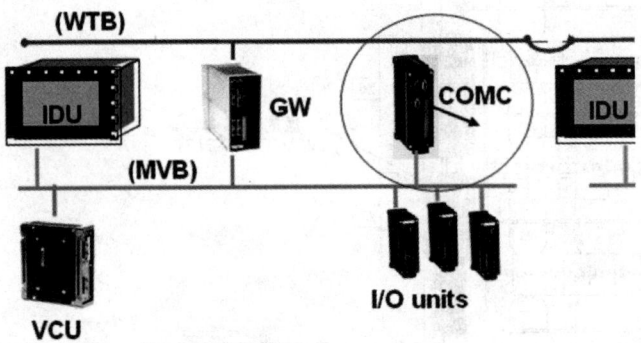
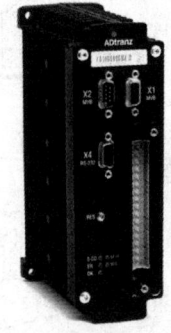

图 3.112　COMC 的逻辑位置与模块外形

COMC 装置位于 8 辆车组成的列车组中的 Tb 车上，也用作中段 MVB（middle MVB）的备用管理器，控制和监视 MVB 的通信，处理 MVB 通信控制。

③ DX（Digital Mixed Input/Output Unit）。DX 模块外形如图 3.113 所示。

数字输入输出模块具有以下接口：
- 数字输入/输出，包括：
  10 个数字输入，4 + 3 + 3；
  6 个数字输出，2 + 2 + 2。
- 上部连接：MVB；
- 下部连接：电源、信号、地址编码；
- MC68HC11 处理器；
- 报警断开所有输出。

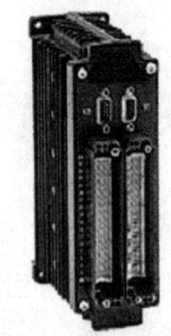

图 3.113　DX 模块外形

④ AX（Analogue Mixed Input/Output Unit）。AX 模块外形如图 3.114 所示。

数字输入输出模块具有以下接口：

- 模拟输入/输出，包括：

  4 个输入，可配置 ±10 V 或 ±20 mA；

  1 个输入，专用于电压测量；

  2 个输出，可配置 ±10 V 或 ±20 mA。
- 上部连接：MVB；
- 下部连接：电源、信号、地址编码；
- MC68HC11 处理器；
- 报警断开所有输出。

⑤ BC（Bus Coupler）。BC 模块外形如图 3.115 所示。

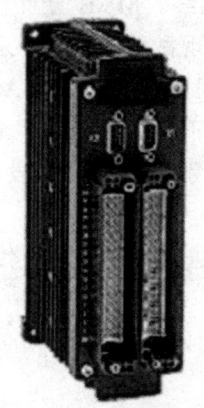

图 3.114　AX 模块外形

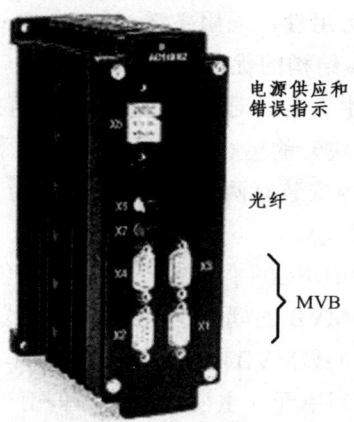

图 3.115　BC 模块外形

其功能主要有：

- 放大（再生）MVB 信号；

当连接了许多单元的时候，在线路和线路（不同总线段）之间，或在线路和光纤之间提供隔离。

- 又称"段"（"segmenting"），将网络分成相对独立的部分；
- 通过 X1+X2 接口，实现 MVB 的冗余。

3.8.2　CRH$_3$ 动车组的通信网络

1. CRH$_3$ 的网络拓扑

CRH$_3$ 是以 Siemens 公司 Velaro 动车组为原型进行生产的 350 km/h 国产高速动车组，由 8 辆编组构成：头车 EC01/EC08，变压器搭载车 TC02/TC07，中间车 IC03/IC06，简餐车 BC04 和头等车 FC05。可以将 CRH$_3$ 的两个动车组连挂成一个 16 辆编组的动车组。如图 3.116 所示。

CRH$_3$ 的列车总体控制系统由列车通信网络、控制系统以及传统电路技术（安全回路、列车控制线路）构成。

列车各控制装置间的通信采用 Siemens 公司的 Siebas_32 通信控制系统，其符合 TCN 标准，同样由列车总线 WTB 和车辆总线 MVB 构成。根据列车网络可将一个动车组分为两个牵引单元，每个牵引单元包括 4 节车：EC01/TC02/IC03/BC04 和 EC08/TC07/IC06/FC05 车分别

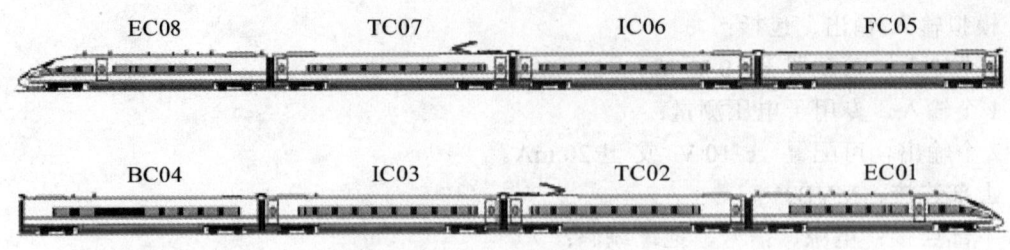

图 3.116　CRH$_3$ 动车组编组

组成一个牵引单元。各牵引单元配有各自的车辆总线 MVB。列车组中的牵引单元通过列车总线 WTB 互相连接。

为了提高可用性，采用主链（backbone）结构实现车辆总线。MVB 分支段通过中继器连接到主链上。该结构的优点在于如果车内一个 MVB 分支段出现故障，通常不会对牵引单元其他车的通信产生影响。对动车组以及输入输出装置（CCU、司机 MMI、SIBASKLIP 和 MVB 紧凑型 I/O 模块）的运行较重要的冗余控制和操作设备均位于 EC01/EC08 车内。因此，在 EC01/EC08 车内安装有两个独立的 MVB 分支段，冗余设备分别挂接各分支段，在必要时可进行列车牵引和制动。

在头车 EC01/EC08 内，WTB 和 MVB 使用冗余双绞线路进行数据传输，传输通道、网关、以及与 WTB、MVB 的耦合也采用冗余方式。

通过车辆总线 MVB 与牵引单元的列车通信网络相连的设备如下：

① 中央控制单元（主/从 CCU）和相应网关。
② 司机显示器（司机 MMI），即进行列车控制和诊断的人机界面。
③ 牵引变流器的牵引控制单元（TCU）。
④ 制动装置箱的制动控制单元（BCU）。
⑤ 电池充电器（BC）控制系统。
⑥ 辅助变流器装置（ACU）控制系统。
⑦ 门控单元（门）。
⑧ 暖通空调控制单元（HVAC）。
⑨ 旅客信息系统（PIS）中央系统控制器。
⑩ 乘务员显示器（乘务员 MMI）。
⑪ 输入/输出装置（SIBAS-KLIP 和 MVB 紧凑型 I/O 模块）。

每个动车组只配有一个乘务员 MMI 和一个旅客信息系统中央系统控制器（PIS-STC）。每个连接至车辆总线（MVB）的控制单元都可完成以下任务：

① 自己子系统控制。
② 处理中央控制单元（CCU）或其他 MVB 参与者的 MVB 控制信号。
③ 评估附属传感器和/（或）附属控制单元（如门控单元）提供的信息。
④ 通过 MVB 将操作模式反馈发送到中央控制单元（CCU）司机 MMI。
⑤ 通过 MVB 实现列车组中央诊断系统的诊断、故障消息的生成和传输。

对于无 MVB 接口的卫生清洁系统、火警系统和烟雾探测器，通过输入/输出装置（SIBAS-KLIP 或 MVB 紧凑型 I/O）连接至列车通信网络上。

CRH$_3$ 通信网络拓扑结构如图 3.117 所示。

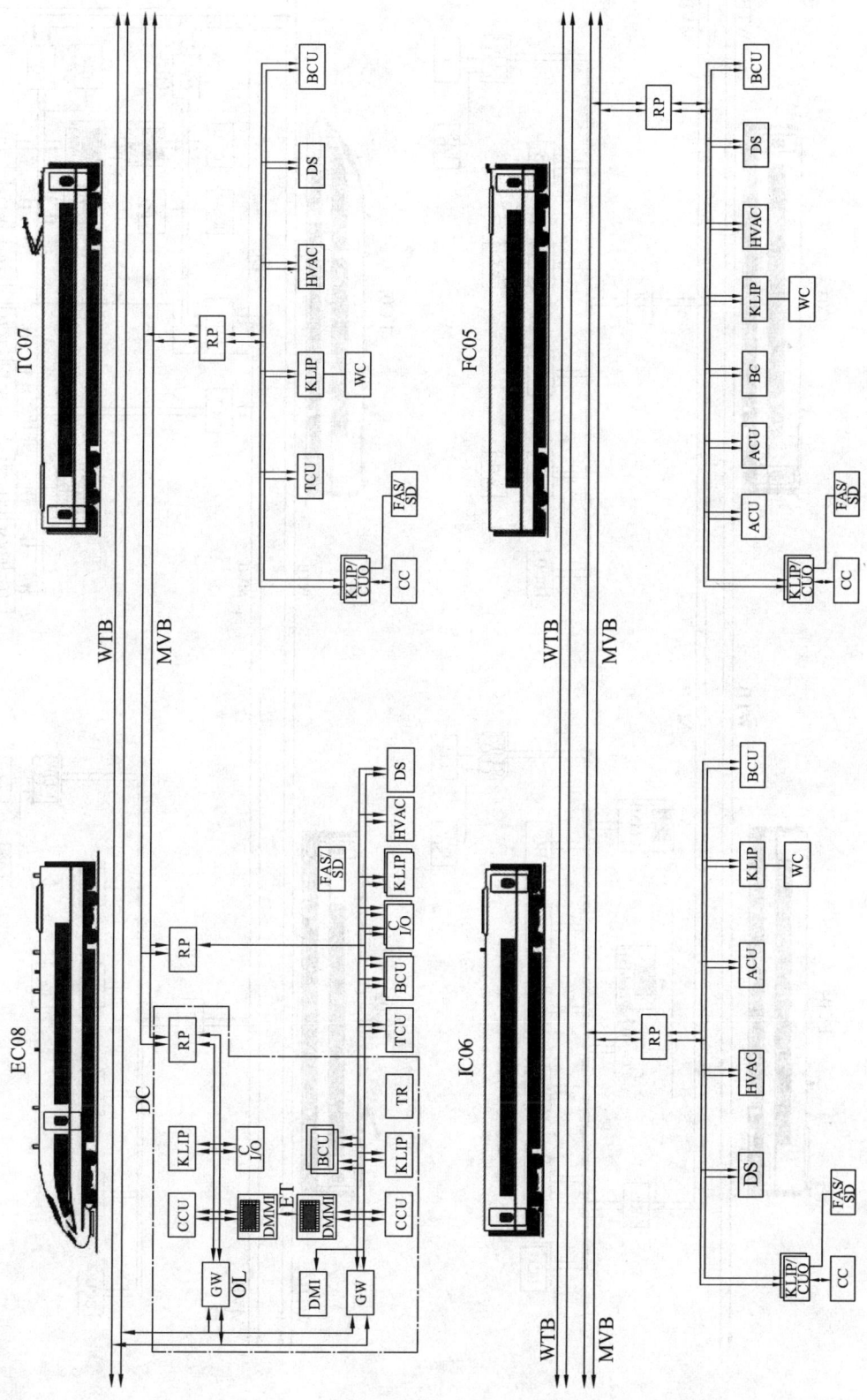

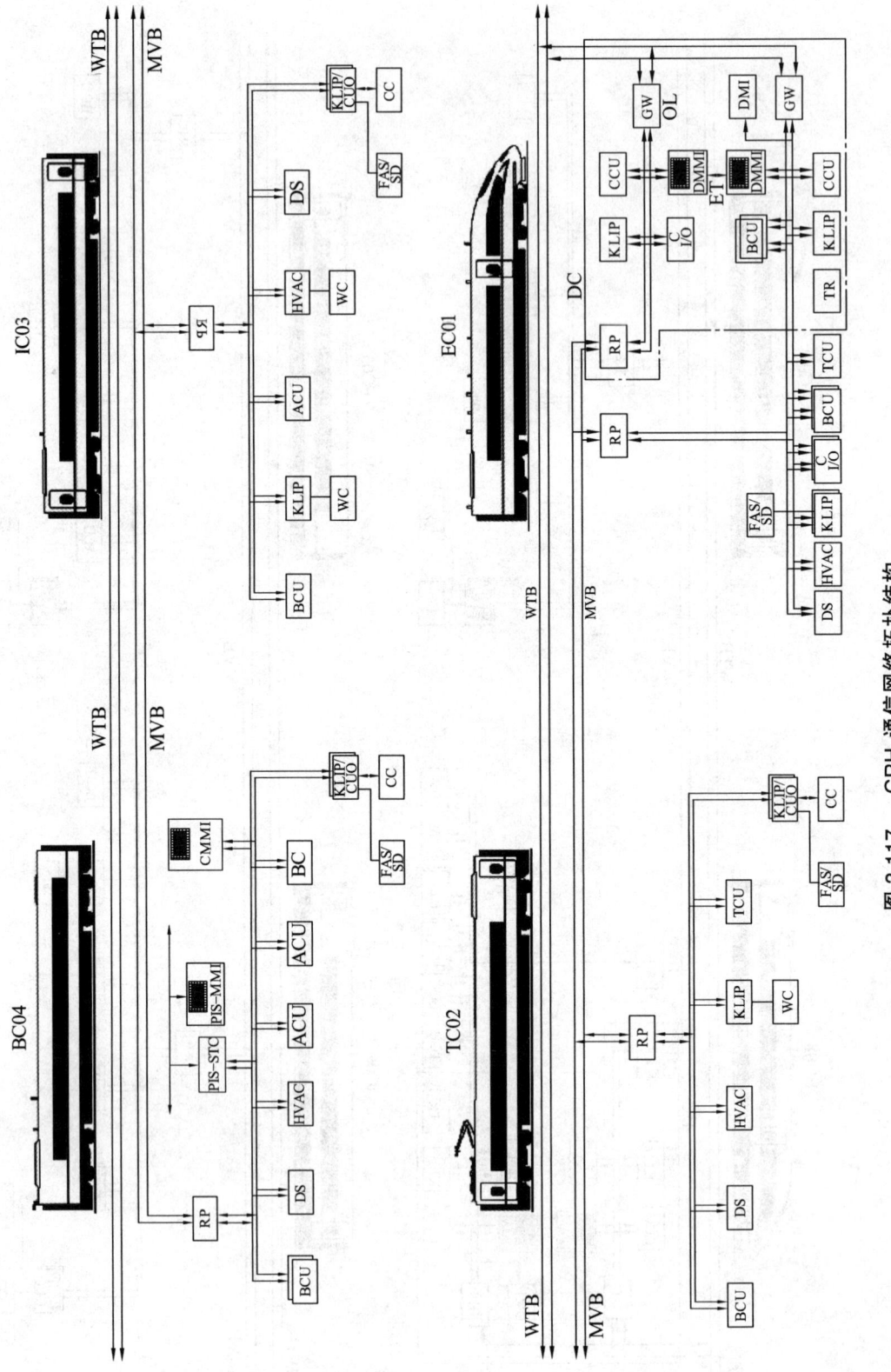

图 3.117　CRH₃ 通信网络拓扑结构

*注：

ACU（Auxiliary inverter Control Unit）辅助逆变器控制装置；	KLIP SIBAS KLIP device　SIBAS KLIP 设备
BC Battery Charger 电池充电器；	MVB Multifunction Vehicle Bus 多功能车辆总线
BCU Brake Control Unit 制动控制单元	PIS-MMI PIS-Display PIS 显示器
CC Car Control Panel 车辆控制面板	PIS-STC Passenger Information System 旅客信息系统
CMMI Conductor's display 乘务员显示器	RP Repeater 中继器
CI/O Input/output device 输入/输出装置	TCU Traction Control Unit 牵引控制单元
DS Doors 门	WC Toilet 厕所
FAS/SD Fire Alarm System/Smoke Detectors 火警系统/烟雾探测器	WTB（Wire Train Bus）绞线式列车总线
GW Gateway 网关	MVB（Multifunction Vehicle Bus）多功能车辆总线
DC Driver's cab 司机室	OL（Operating Level）操作杆
DMI ATP Display ATP 显示器	TR（Train Radio）列车无线电
DMMI Driver's Display 司机显示器	ET（Ethernet）以太网
HVAC Heating, Ventilation, Air Conditioning 暖通空调	

2. 中央控制单元（CCU）

每个头车（EC01/EC08，即每个牵引单元）的司机室中有两个中央控制单元（CCU）。每个 CCU 都与各自的 MVB 分支段相连，即头车有两个 MVB 段。一个 CCU 以主 CCU 模式进行操作，而另一个为从 CCU 的模式。引导司机室中的主 CCU 称为引导主 CCU。除执行主 CCU 的任务外，它还可对整个列车组进行优化控制。在相邻牵引单元中的主 CCU 被称为受引导主 CCU。它负责自身牵引单元的车辆控制。除读取外围设备和列车总线（WTB）发出的指令和消息外，还向这些设备发出控制信号和反馈消息。

除此之外，主 CCU 还执行以下任务：
① 主断路器和受电弓控制。
② 牵引控制单元（TCU）的牵引设定值生成。
③ 变压器保护。
④ 车载电源控制。
⑤ 自动车钩和车钩罩控制。
⑥ 多个控制单元高级指令生成和控制，如，门、HVAC、照明等。
⑦ 安全回路、火警系统和转向架诊断监测。
⑧ 通过输入/输出装置（SIBAS-KLIP、MVB 紧凑型 I/O）实现数字和模拟输入和输出控制。
⑨ 稳定运行控制。
⑩ CCU 单元诊断和列车、车辆总线（WTB 和 MVB）通信诊断。
⑪ 通过相关网关连接至列车总线（WTB）、配置确定及动车组和列车组检查。

从 CCU 与主 CCU 的运行程序相同，但它不会主动地控制网络。从 CCU 监测主 CCU 的状态，并在后者出现故障时随时接管主 CCU 的任务。在主/从 CCU 上都处于激活状态的高压设备的保护硬件功能除外。

正常操作时，EC01/EC08 车内的两个控制单元轮流用作主 CCU，即每次列车电源接通（电池供电）时，角色就更换一次。出现以下情形时，需进行 CCU 故障转换：

① 完全闭锁（如操作系统计算机时间监测功能激活）。
② 主 CCU 重要组件（电源装置/中央处理器和 I/O 模块）出现故障。
③ 主 CCU 的 MVB 接口或 MVB 总线管理器出现故障，MVB 分支段和主 CCU 都出现故障，主 CCU 的网关出现故障。

主/从 CCU 转换会导致动车组中的主断路器断开，即主断路器释放回路被断开（在主断路器释放回路中，主/从 CCU 都有硬件接点）。

除执行主 CCU 的任务外，它还可对整个列车组进行下列优化控制：评估司机控制台上的控制组件，整个列车组的牵引设定值生成，进行自动速度控制、监视列车控制功能，例如，司机安全装置或中心距离和速度记录、高级连挂/解编控制、列车保护系统至列车控制系统的接口连接以及监视稳定运行控制。

3. 网　关

每个 EC01 / EC08 车安装有两个网关。网关作为牵引单元 MVB 通信系统和 WTB 通信系统的接口。只有分配给主 CCU 的网关才与 WTB 和 MVB 的通信有关。从 CCU 网关被禁用。除用作 WTB 和 MVB 通信接口外，网关还执行列车初运行任务。

4. 输入和输出装置

控制单元的数字输入/输出和模拟信号可通过输入和输出装置连接至车辆总线（MVB）。例如牵引单元的输入/输出装置由以下部分组成：

① SIBAS-KLIP：带不同数量的数字 I/O 通道（DC 110 V）的输入/输出装置和模拟输入模块（如将压缩空气压力的模拟信号转换并传输至列车控制系统）。
② MVB 紧凑型 I/O 模块：紧凑型输入/输出装置，带固定数量的输入/输出通道，接收司机室发出的特定信号（如按钮、开关、指示器、断路器、编码插件和主控制器发出的信号）。
③ MVB 紧凑型 PT100：输入装置，接收 PT100 温度传感器的信号。

5. 司机和乘务员显示器（MMI）

每个动车组有 5 个显示器（人机界面，MMI），用于乘务员与列车通信及控制系统之间的信息交换。其中，4 个显示器位于司机室中（每个司机室 2 个司机 MMI），1 个（乘务员 MMI）位于 BC04 车乘务员室客户支持和服务区。

司机和乘务员 MMI 均与车辆总线（MVB）相连。此外，司机室中的两个司机 MMI 还通过内部以太网接口进行互连。

司机和乘务员 MMI（显示器）主要执行下列任务：

① 动车组及列车组双牵引系统的人机界面（MMI）。
② 执行动车组和列车组双牵引系统的诊断系统。

③ 在驾驶室内发出声响，以语音的形式通知司机与列车控制相关的特殊事件。

所有与车辆总线（MVB）相连的列车电气设备均包括在诊断的范围之内。对于未连接至车辆总线（MVB）的系统（如接点、断路器或火警系统）而言，将通过输入/输出装置 KLIP 读取适当的消息，并由 CCU 执行故障诊断。

司机/乘务员 MMI 的子系统和中央诊断系统一直通过车辆总线（MVB）交换数据。此外，还可通过连接的以太网来交换冗余司机 MMI 间的数据以便进行比较。动车组司机室司机 MMI 的诊断系统通过 WTB 列车总线相连。

集成在司机和乘务员 MMI 中的诊断系统包括下列主要组件：
① 中央诊断系统（处理所有子系统的所有诊断事件输入）。
② 消息系统和可视化装置（司机、乘务员和维护人员故障概观）。
③ 手动故障输入。
④ 将诊断事件报告（远程数据传输）通过 GSM 移动无线通信系统传送给维护人员。

6. 制动系统

每辆车中有一个制动控制单元 BCU，通过 MVB 总线连接在一起。制动系统结构如图 3.118 所示。

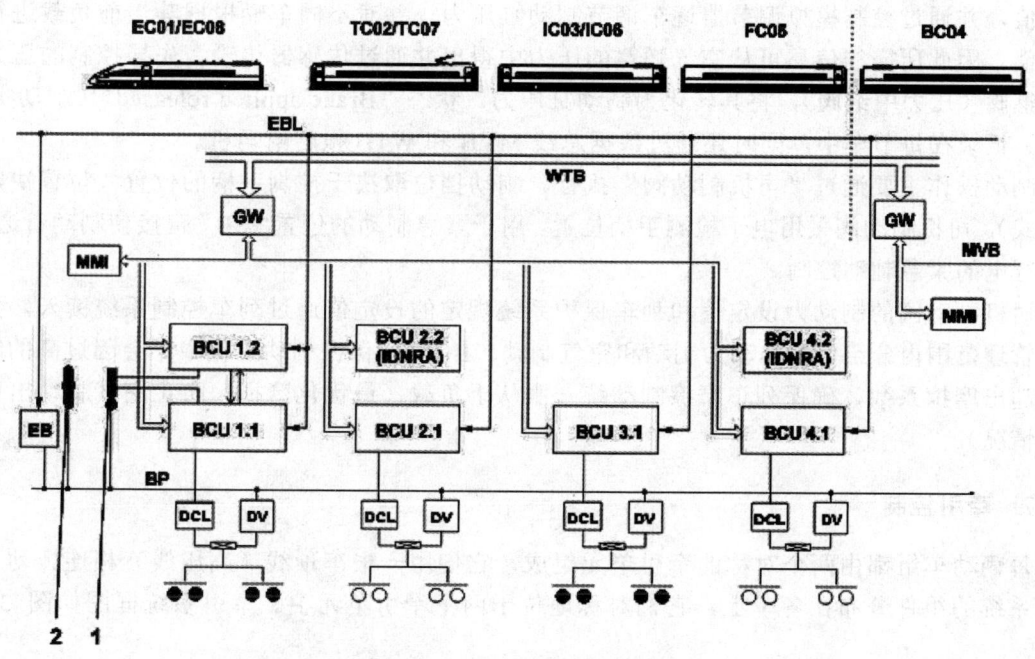

图 3.118 制动系统结构

注：1—司机制动阀（-28-S01）；2—紧急制动阀（C02）；BCU—制动控制单元；BP—制动管/列车管
DCL—模拟控制器（直接制动）；DV—分配阀；EBL—紧急制动回路；EB—紧急制动阀；IDNRA—不旋转轴的独立检测

根据相应的车型，制动控制单元 BCU 具有不同的任务。总的来说，各车辆上 BCU 执行以下功能的几种：
① 制动管理，车内制动装置的控制与诊断。

② 压缩机管理，辅助压缩机控制与诊断。
③ 通过电磁阀进行制动管的充风。
④ 摩擦制动诊断。
⑤ 车轮防滑保护。
⑥ 不旋转轴的独立检测。
⑦ 撒砂。
⑧ 空簧诊断。
⑨ 转向架诊断。
⑩ 停放制动诊断。
⑪ 制动试验：自动制动试验和菜单引导制动试验。
⑫ 制动性能计算。
⑬ 整个列车编组的制动力需求分配。
⑭ 总风缸压力供应控制和诊断。

为了最大程度减少磨损，常用制动主要采用动力制动。气动制动在动力制动不足时使用，或者在动力制动出现故障时用作辅助制动。车辆防滑保护在常用制动时处于有效状态。车轮防滑功能集成在每节车的制动控制单元 BCU 中。制动控制单元 BCU 通过 MVB 总线读入制动设定值，并通过控制模拟调节器逐车调节制动缸压力。并对不同车辆根据其当前负载进行相应补偿。因此所需的信息可从空气弹簧的压力中得出并通过传感器传输。先导控制的压力进入中继阀（压力中继阀），将其转化为制动缸压力。状态"Brake applied/released"（制动实施/缓解）记录在每节车中，同时还通过数据总线 MVB 和 WTB 报告给司机。

制动操作主要通过"司机制动阀"执行。制动挡位取决于控制手柄的位置（位置决定控制模式）。司机制动阀采用电子检测手柄位置。用于紧急制动的位置"SB"直接使制动管通风，并执行电的紧急制动控制。

司机制动阀的制动力设定值和列车保护系统规定的设定值通过列车控制系统读入，并在制动管理范围内分给可用的动力制动和空气制动。BCU 确保在制动过程中不会因过高的制动力而超出摩擦系数，确保列车摩擦制动统一服从于负载（最优化磨损，防止空气制动出现热过载情况）。

7. 牵引控制

每辆动车组都由两个对称的牵引单元组成，它们用一根车顶线（高压线）相连。动车组牵引系统的组件分布在各车上，它们对称地位于两个牵引单元中。牵引系统框图如图 3.119 所示。

牵引控制系统主要包括：

① 安装于头车 EC01/EC08 的设备：牵引变流器（TC）、带冷却装置（CLT）、牵引电动机（TM）和齿轮装置。

② 安装在 TC02/TC07 车辆中的设备：变压器（TF），带冷却装置（CLF）。

③ 安装于 IC03/IC06 车辆中的设备：牵引变流器（TC）、带冷却装置（CLT）、牵引电动机（TM）和齿轮装置。

④ 安装在 BC04/FC05 车辆中的设备：限压电阻器（RMUB）。

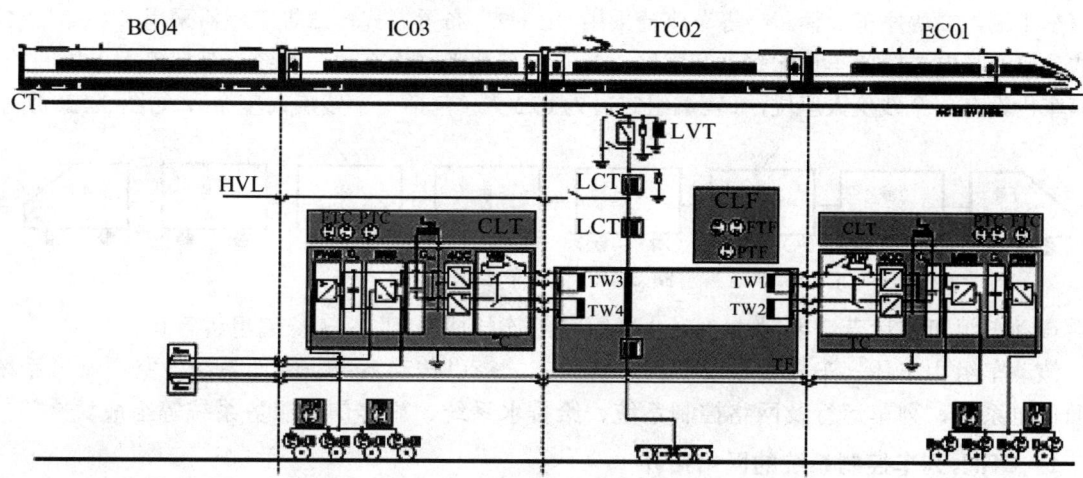

图 3.119 牵引系统框图（所示为牵引单元 1）

8. 门控单元

车门的控制功能分为车辆门控系统和高级门控两部分。

车辆门控系统主要用于完成以下工作：

① 控制外门。
② 输入门传感器和执行机构状态并对其诊断。
③ 监控门滑轮。
④ 将门系统连接至控制系统（MVB）。
⑤ 发车释放（遥控关门）。
⑥ 监控门联锁装置。
⑦ 根据车轮防滑系统发出的硬件驱动速度信号关闭安全锁。
⑧ 维护操作数据。
⑨ 激活关门声报警器。

每个车辆门控系统确保在运行过程中车门的关闭，与高级门控系统相对独立。车门关闭功能的激活与高级门控系统通过总线发出的信号无关，同时与硬件信号发出的"$v>5$ km/h 时车门打开"也无关。如果 $v>5$ km/h（最迟），则车门将关闭并锁定，同时不可再通过"本地开启外门"乘客按钮来开启车门，即使车门已由司机开启。此外，车辆门控系统还具有软件锁定功能，该功能可确保只有在列车停止后外门才会打开。

车辆门控系统将诊断数据发送至中央诊断系统。如果门或门控系统出现故障，则列车司机和乘务员会接收到一条误差信息。

诊断信息例如：与车辆门控系统的通信故障；引入控制和监控元件时出现误差；车辆门控系统的 LSS 已经跳闸等。

高级门控功能由 CCU 执行。在执行此项功能时，CCU 完成对所有门的远程控制，不对各门实施单独控制。CCU 通过 MVB 与车辆门控系统进行通信。

3.8.3 CRH₅ 动车组的通信网络

CRH₅ 型电动车组是法国 ALSTOM 公司在 SM3 动车组基础上全新开发设计的一个新产品。该动车组由 8 辆编组构成。其中，一等座车 1 辆，带酒吧的二等座车 1 辆，带残疾人卫生间的二等座车 1 辆，二等座车 5 辆。一等车座椅采用"2+2"布置方式，二等车座椅采用"2+3"布置方式。带酒吧的二等座车设配餐区和吧区。在一等车和吧区设有娱乐系统。带残疾人卫生间的二等座车内设有一个残疾人座位，8 辆编组定员为 622 人（包括一个残疾人座席），如图 3.120 所示。

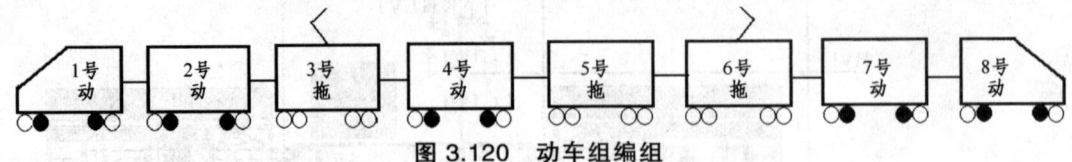

图 3.120　动车组编组

该动车组可在运营需要时由 2 列 8 辆短编组连挂成 1 列 16 辆长编组进行运营。

该动车组由车体、车内设备及装饰、转向架、牵引传动系统、制动系统、空调通风系统、辅助供电系统、列车运行及网络控制系统、给排水系统、旅客信息服务系统等组成。

1. CRH$_5$ 列车控制系统的网络拓扑

CRH$_5$ 的列车网络控制系统的网络架构采用 TCN 标准，通过传输信息和控制命令，对车上的主要设备进行管理。为提高可靠性，对于关键部件采用了冗余设计。信息传输系统通过列车通信网络完成对牵引、制动、辅助供电、转向架、空调、旅客信息系统、门等单元的监视和控制。列车通信网络与不同车辆系统接口，从每个车辆接收一组信息。信息的数量与系统的复杂性和获取与处理诊断信息的容量有关。对于由微处理器控制的主要设备，对系统的每个部件的正确操作进行精确的分析，将处理过的信息发送到命令、控制与诊断系统。除此之外，每个微处理器控制的功率单元具有启动和运行自动测试功能，可以提供与各自控制板卡有关的诊断信息。主要诊断的项目包括列车的牵引、制动及控制系统的状态；走行部件的安全性；旅客安全相关设施的状态（如车门关闭状态等）；各类电子电气设备；影响列车正常运行和使用的其他设施状态。

CRH$_5$ 动车组配有列车网络控制系统（Train Control and Managent System，TCMS），其可控并监控所有列车和车辆的相关功能。TCMS 的结构基于 TCN 标准（IEC 61375-1），具有 WTB（列车总线）和 MVB（车辆总线），使用两个冗余的 MPU（Microprocessor Unit）模块，每个动力单元一个。两个动力单元通过网关进行动力单元间和连挂列车间的通信。此外还有一个 CAN 总线标准的车辆总线，仅用于次要设备的诊断。系统具有完善的冗余和控制、诊断和监视，以及故障存储功能。TCMS 体系结构基于具有高冗余度的标准 TCN，该体系结构使用两个标准的 TCMS 模块，每半列车（称为车组）一个。TCMS 体系结构沿用了 HV 结构（每个牵引变压器有一个 TCMS 模块）。两个模块使用网关，通过列车总线进行通信。网络体系结构、网络总体拓扑结构如图 3.121 和图 3.122 所示。图中各缩写符号的含义如表 3.9 所示。

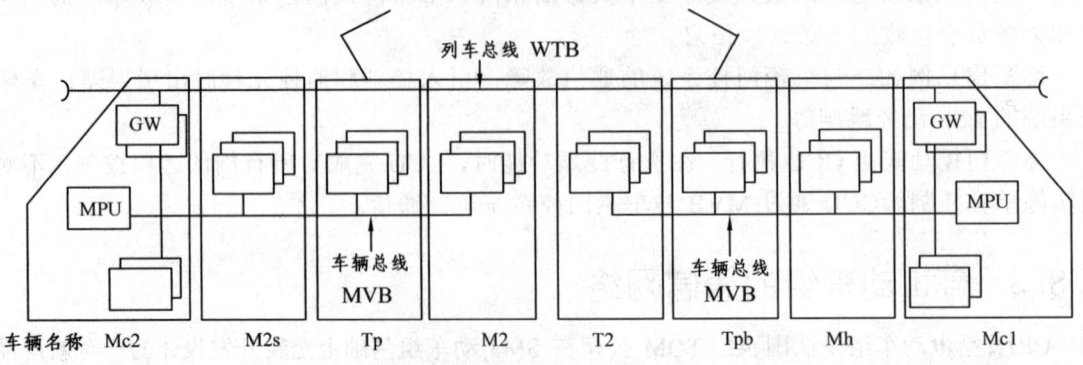

图 3.121　网络体系结构示意图

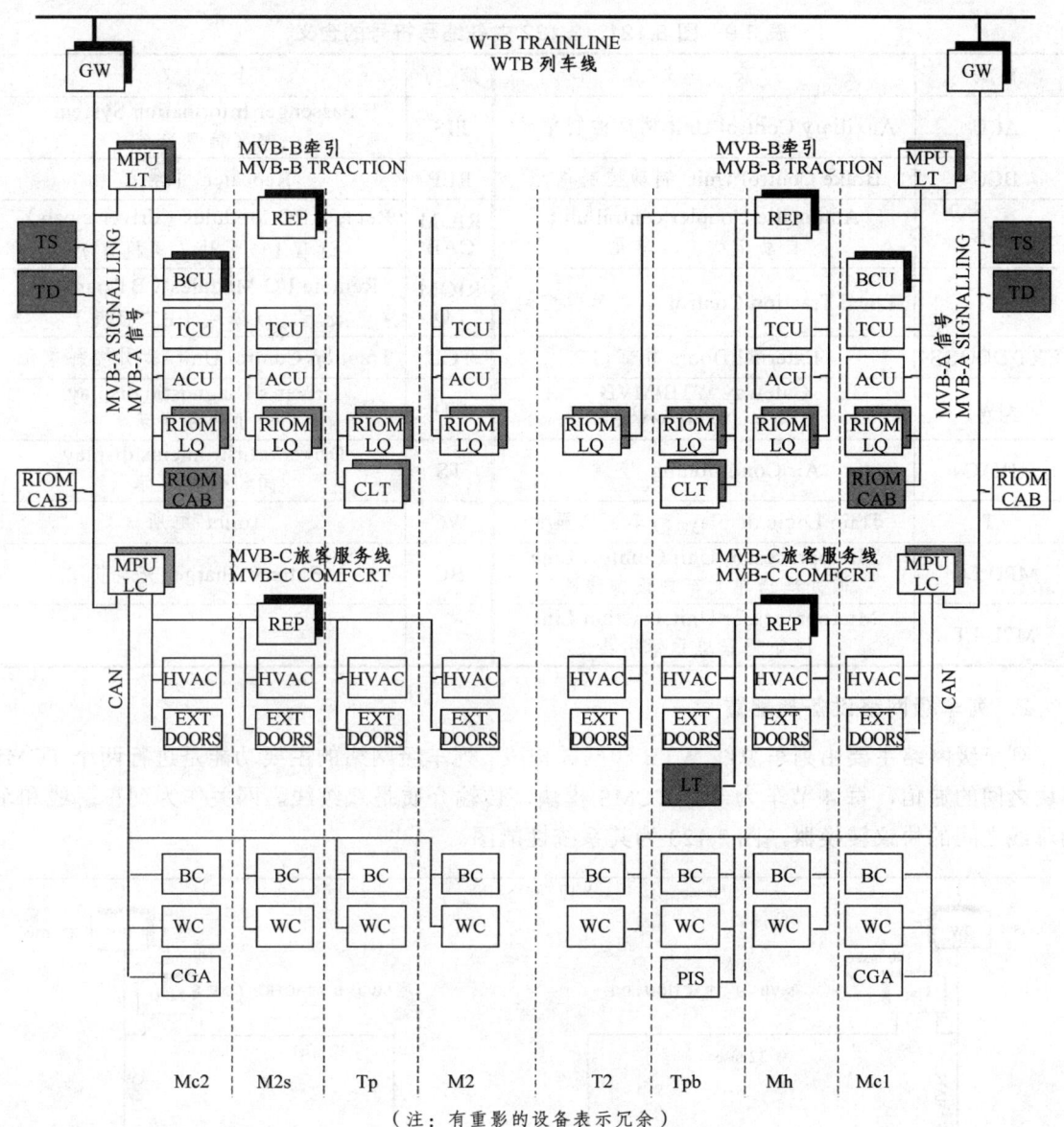

（注：有重影的设备表示冗余）

图 3.122 网络总体拓扑结构

一个标准的 TCMS 模块可以控制 4 辆列车，并且包括两个不同的等级：
- 牵引（主要功能）；
- 支持（次要功能）。

两条 MVB 线通过第三条 MVB 线（信号）连接；此线由 MPU 管理。

通过两个 MPU 对每条总线进行控制。根据设备的数量或线路的长度，可利用"中继器"来增加 MVB 总线的长度。MPU 有两个 MVB 接口。第二个接口将两条总线的 MPU 与 MVB/WTB 网关（冗余设计）和驾驶员监控器连接在一起（如果模块包括一辆尾车）。网关被用于在 TCMS 模块之间交换信息。图中显示的主要设备被连接在 MVB 总线上。非智能设备通过远程输入/输出模块（RIOMS）与 TCMS 系统接口。RIOM 被分布在每辆车中，从而减少配线和相应的重量。在每个重要位置上均预留冗余的 RIOM。

表 3.9 图 3.121、3.122 中各缩写符号的含义

缩写	含 义	缩写	含 义
ACU	Auxiliary Control Unit 辅助控制单元	PIS	Passenger Information System 乘客信息系统
BCU	Brake Control Unit 制动控制单元	REP	Repeater 中继器
CGA	Automatic Coupler central unit 自动车钩中心单元	RIOM CAB	Remote I/O Modules（driver's cab） 远程 I/O 模块（司机室）
CLT	Local Traction Control 本地牵引控制	RIOM LQ	Remote I/O Modules（BT panel） 远程 I/O 模块（BT 面板）
EXT DOORS	External Doors 外部门	TCU	Traction Control Unit 牵引控制单元
GW	Gateway WTB/MVB 网关 WTB/MVB	TD	Driver's Diagnostic display 司机诊断显示
HVAC	Air Conditioning 空调	TS	Driver's Instruments display 司机仪器显示
LT	Train Logic display 列车逻辑显示	WC	Toilet 厕所
MPU LC	Microprocessor Unit Comfort Line 微处理器单元车内设施线路	BC	Battery Charger 充电机
MPU LT	Microprocessor Unit Traction Line 微处理器单元牵引线		

2. 列车级网络设备及配置

列车级网络主要由列车总线 WTB 和网关构成。列车级网络的主要功能是进行两个 TCMS 模块之间的通信，每 4 节车为一个 TCMS 模块，传输介质是双绞线。网关作为列车总线和车辆总线之间的协议转换器，图 3.123 为其系统性能图。

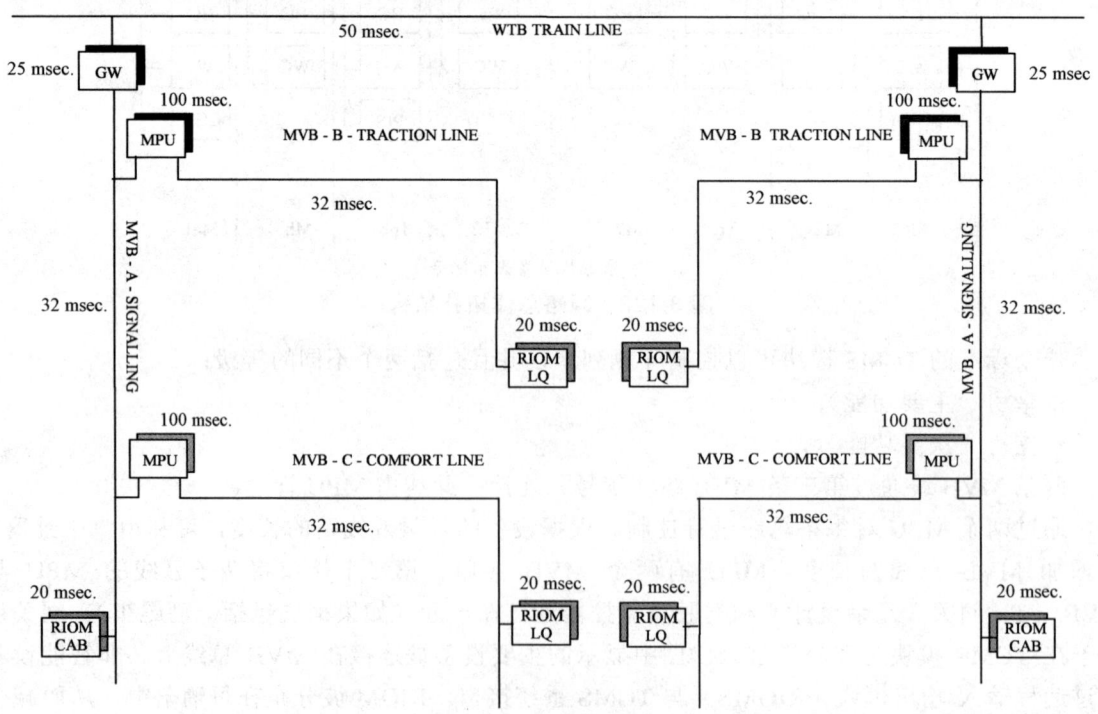

图 3.123 系统性能图

网关可以实现列车总线与车辆总线之间的双向信息交换。每个网关与列车网络之间以 128 字节的报文（周期数据）交换与其车组相关的信息，并接收来自整个列车编组中其他所有网关的同类信息，网关为完全冗余（电路板、连接器、电源等）。

3. 车辆级网络设备及配置

车辆级网络采用车辆总线 MVB，主要对车辆内的设备进行监测和控制。整个 MVB 总线分为三段：MVB-A，MVB-B，MVB-C。车辆总线连接设备的最大数量是 32 个，不带中继器的最大长度是 200 m，最多能有 4 个中继器。每个 MVB 段上的剩余带宽为 20%，剩余节点为 20%。

MVB-A：信号线（总线管理设备：MPU-LT，冗余 MPU_LT）。

MVB-B：牵引线（总线管理设备：MPU-LT，冗余 MPU_LT）。

MVB-C：设施线（总线管理设备：MPU-LT，冗余 MPU_LT）。

（1）微处理单元

Mc1 车和 Mc2 车配置 MPU-LT 和 MPU-LC 各两个，其他车无 MPU。MPU（Main Processing Unit，主处理单元），负责对相应车辆输出指令和控制。在每一车组中（4 辆车）有 2 对 MPU，其中的 2 个 MPU-LT 控制牵引和信号设备总线上的所有设备，而另外 2 个 MPU-LC 则控制车内设施和 CAN 总线上的所有设备。MPU 功能任务周期可认为不超过 100 ms（目标值为 50 ms）。

① 主处理单元（MPU）构成：

· 用于 LT 的主处理单元由 1 个电源模块（POWER），2 个 MVB 模块构成；

· 用于 LC 的主处理单元由 1 个电源模块（POWER），2 个 MVB 模块，一个 CAN 模块构成。其构成图如图 3.124 所示。

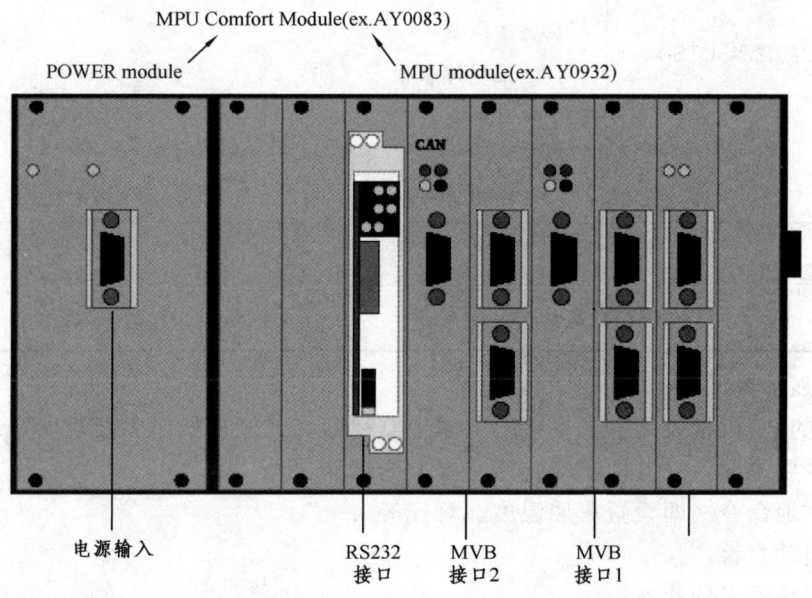

注：只有连接到设施总线（MVB-C）上的 MPU 才有 CAN 模块。

图 3.124 主处理单元构成图

② 主处理单元主要功能和主处理单元性能参数及接口：

- 过程数据采集；
- 逻辑分析与处理；
- 故障诊断。

（2）司机显示单元

驾驶台上有两个分别名为 TS 和 TD 的监视器。监视器为彩色 TFT 显示器，采用中文显示。屏幕尺寸为 10.4 英寸，其分辨率为 800×600（SVGA）。监视器带有加热器和风扇，可在不同环境温度下使用。监视器具备"节电"模式功能，可以延长寿命。

TS 监视器以图形化方式向司机显示主要驾驶信息值（即线电压、线电流、力矩等）。司机可以用屏幕周围设置的一组按键与监视器进行交互，也可以使用这些按键向设备发送全局性或选择性命令，还可以在专门界面中通过监视器手动排除掉某些设备。TD 监视器向司机显示有关整个编组（2组连挂的列车）的全部设备的所有诊断信息以及所有被监视设备和组件的状态（启用、停用、故障、被排除等）。同 TS 监视器相同，司机可以用屏幕周围设置的一组按键与监视器进行交互，也可以使用这些按键向设备发送全局性或选择性命令，还可以在专门界面中通过监视器手动排除掉某些设备。TS 和 TD 互为冗余。当二者之一出现故障时，司机可以通过屏幕周围的按键选择作用模式（TS 或 TD），以便从另一个监视器上获取所有界面及信息。此监视器的冗余性不是自动实现的，需要司机干预。表 3.10 为显示器上的主要信息。

表 3.10　TS 与 TD 主要显示信息

说　明	显示的信息
主监视器（TS）	・列车速度（实际的与设定的） ・牵引力，电力制动（实际的与设定的） ・线电压 ・线电流 ・线电流极限 ・时间 ・电池电压显示器 ・牵引系统配置
诊断监视器（TD）	・相关设备状态 ・给司机的警告 ・维修信息

（3）本地显示单元

在每辆车的 BT 机柜或乘务员室中配有本地监视器，此监视器的主要功能是：

① 显示主要本地信息（即制动缸压力等）的默认界面；
② 发送本地命令（即设置车厢温度、灯光等）；
③ 显示自动报警；
④ 显示车辆设备的状态；
⑤ 显示车辆的故障信息。

本地监视器与驾驶台监视器的技术特性相似。

（4）牵引控制单元

牵引变流器是牵引子系统的主要设备，每个 EMU 有 5 个牵引变流器。每个牵引变流器由一个牵引调节器进行管理（TCU-牵引控制单元），执行控制与诊断功能。诊断数据随后经由 MVB 总线被传送到 TCMS MPU。牵引子系统还包括一个"CLT"单元（牵引系统本地控制），即放置在每个高压箱内中的一个冗余设备。该设备有专用的微处理器单元，有特定的软件和一套模拟与数字输入输出，还提供一个连接到 TCMS MVB 总线的 MVB 接口。

（5）制动控制单元

制动系统有一个专门的总线（制动总线）并且列车上每个制动控制单元（BCU）都与其接口。制动总线可在整列编组上扩展（如两列车连挂 16 辆车）。带司机室的车辆上的 BCU 起到制动主控制的作用（MBCU）且与 TCMS MVB 总线接口；获得来自司机台上制动手柄和信号装置的制动请求（动力制动和气动制动请求）。在编组中的主 BCU 通过司机台钥匙的插入进行定义且每个 BCU 控制本车气动管路。在每个动车上，都有一个牵引控制单元（TCU），与 TCMS MVB 总线接口；每个 TCU 执行本车动力制动功能并且通过硬线连接驱动互锁阀。图 3.125 为制动命令传送图。

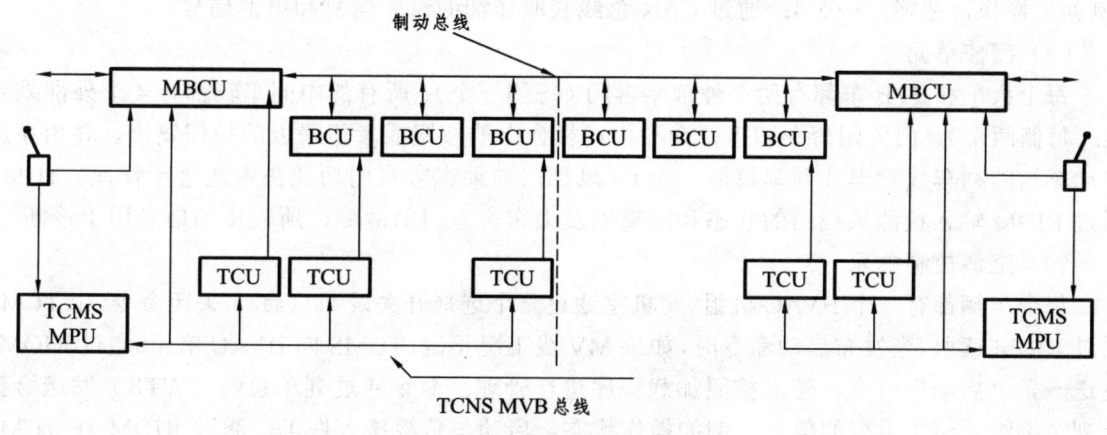

图 3.125　制动命令传输图

主 BCU 直接读取制动手柄位置和信号系统的制动请求并处理这些信息，设定执行制动所需要的动力制动力和电空制动力。电空制动命令通过制动总线发送给列车编组的所有 BCU，相应的执行本地气路的控制，TCMS 不涉及此功能。电制动命令通过 TCMS MVB 总线传送给牵引主控制的 MPU 进行处理并通过列车控制网络（MVB 和 WTB）传送给所有的 TCU。

在每个动车上，制动面板有一个互锁阀。当该阀得电动作时，抑制动轴上的空气制动。在正常操作中，每个 TCU 执行动力制动，在给动轴施加动力制动时，给本地互锁阀通电。如果一个或者更多的 TCU 不能够执行动力制动，则将通过列车控制网络（MVB 和 WTB）通知 TCMS MPU 并释放本地互锁阀。TCMS MPU 通过列车控制网络传送不可用的动力制动端口的信息，以便于 MBCU 可以执行需要的动作。另外，每个 BCU 通过直接读出本地互锁阀的状态来得知本地动力制动故障。在紧急制动过程中，TCMS MPU 切断任何对 TCU 的动力制动或者牵引请求，且所有的互锁阀都被释放，而且每个互锁阀都被旁路。

（6）辅助控制单元

动车组设有 5 台辅助变流器，每辆动车一台，和牵引变流器安装在一起。25 kV 高压电经设置在拖车上的牵引变压器降压成 1 770 kV 后，输入每车动车中的牵引变流器，辅助变流器将牵引变流器的中间直流电压变换成 AC380 V（三相 380 V 50 Hz）后输出，相对于 AC25 kV 的高压和 DC24 V 的低压，此电压为中间等级电压，因此简称中压，即 MV（Middle Voltage）。在正常情况下，5 个辅助变流器通过 MV 接触器共同给 MV 线供电，保证给挂在其上的设备供电。

当编组中的一个或两个辅助变流器出现故障的情况下，仍然工作的那些变流器将通过位于 3、4、5 和 6 车上小箱中的"MV 箱"（T1，MT2 和 MT3）内的 MV 接触器激活作用在中间车辆上的三相线路的正确自动切换来为整个列车的 MV 设备供电。在 TCMS 和辅助变流器之间的主要的功能接口由 RIOM 完成（变流器启动/停止，与牵引变流器启动/停止一样，接触器输出状态）；诊断数据通过 MVB 接口管理。

（7）充电机

每节车辆都配有一个蓄电池和充电机。充电机由 MV 线直接供电，并当 MV 线有电时自动启动，除非启动被 TCMS 通过 RIOM 输出禁止。TCMS 通过 RIOM 读取充电机的相关状态（例如，操作，故障，……）；通过 CAN 总线获取详细的诊断信息和电池信号。

（8）门控单元

每个头车和 TPB 车都有两个外部乘客门（每侧一个）；所有的中间车辆都有 4 个外部乘客门（每侧两个）。门关闭命令和打开命令由司机台上的按钮或者门附近的按钮发出，并由穿过自动车钩的列车线管理（列车每侧一个）。风挡门与乘客客室门功能在本地进行管理。TCMS 通过 RIOM 输入检测风挡门的状态和隔离以及乘客客室门的故障，所收集的信息用于诊断。

（9）空调控制单元

每个车辆都有一个 HVAC 机组。司机室通过一个选择开关发布总启动/关闭命令，由 TCMS 通过 RIOM 读取。当发布启动命令时，如果 MV 线工况正确，TCMS 向 HVAC 单元（通过 RIOM）发送一条"启动"命令，随后按照加载程序进行管理。命令通过列车总线（WTB）发送给整个列车编组。至关重要的信号，例如操作状态，启动与负载接入许可，通过 RIOM 在 TCMS 和 HVAC 之间进行信息交换。

在 TCMS 和 HVAC 之间的 MVB 接口上，其他可用的信息（例如，温度调节、内部和外部温度、诊断数据）将依据子系统功能性要求规范进行管理，以同时满足功能性和诊断的目的。在任何情况下，温度调节功能可以通过 HVAC 控制单元本身进行管理，可以在车长室的本地监视器上以车辆为基础进行选择性操作。TCMS 通过 MVB 采集设定值，并通过列车网络将调节请求传送给有关的 HVAC 控制单元。

列车配有一个压力保护系统（"flaps"）用于保护乘客在列车驶进隧道或者与另外一辆列车交错时不受压力变化的影响。司机可以通过司机台上的按钮控制"flaps"的动作，在进入隧道或者列车交错时，关闭、打开 flaps。按钮由 TCMS 通过 RIOM 检测，当按下启动的司机台上的按钮时，命令通过车辆与列车总线发布给编组列车中的所有 flaps。另外，系统可以借助于压力传感器实现自动管理风道合页的关闭与打开。

所有的车辆都配有一个紧急通风系统，可在没有 MV 进行操作：由司机通过司机座椅后面的柜子上的按钮手动开启，或者由列车员通过车长室中的本地监视器开启。两种情况下，请求都被 TCMS 检测（分别通过 RIOM 或者通过 MVB），且通过 RIOM 发布正确的命令。TCMS 还通过 RIOM 检测每辆车上的紧急通风的状态。

（10）卫生间

厕所配备一个主电子控制单元，与 TCMS 车辆总线有一个 CAN 串行接口用于状态和诊断信息的交换。厕所占用状态（不占用或者占用），可以在有关客室内部的信息屏幕上本地显示。

（11）自动车钩单元

"列车连挂"状态由 TCMS MPU 通过 RIOM 读取 KAC 继电器的状态检测。开闭机构的打开命令受到一个最大速度阈值的限制。这个功能由 TCMS 通过 RIOM 进行管理。如果在正常的列车运行过程中，在未连挂端的开闭机构被忘记关闭而处于打开位置，当超过阈值速度时，开闭机构将会自动关闭。自动车钩和开闭机构的监视和诊断通过由 CAN 接口连接到 TCMS 的专用控制单元来执行。

（12）其他网络接口设备

① RIOM：RIOM（远程输入/输出模块,）为 MPU 执行信号采集并执行由 MPU 发送的输出命令，它们通过车辆牵引总线与 MPU 进行通信。每个 IO 部件可以有不同类型的输入/输出：

- 数字输入（以电池负极为参考的数字信号）；
- 模拟输入（电流或电压模拟信号）；
- 数字输出（继电器触点，用于断开 RIOM 与外部电路的连接）；
- 模拟输出（电流或电压模拟信号）。

② 中继器：中继器是一种主要为硬件的专用设备，用于扩展 MVB 在长度和节点方面的容量。事实上，通过中继器连接的 MVB 总线的两个不同区段在 MPU 层次上看来只是一个有 32+32 个节点、(200 + 200) m 长的一条 MVB 总线。中继器引起的数据传输延时非常微小。

中继器为冗余结构，由两个完全相同的中继器构成，每个中继器由一个 MVB 模块与一个 48 针连接器模块构成。

中继器的功能主要有：

- 可接收复位信号；
- 输出状态信号；
- 接收启动信号；
- 如有一个发生故障，可由外围控制电路切换至另一个。

第4章 其他控制网络

4.1 LonWorks 网络控制技术及其应用

4.1.1 概　述

LonWorks 网络是由美国 Echelon 公司研制并于 1991 年推出的网络控制系统。与现有的几种现场总线技术相比，LonWorks 网络（以下简称 LON 网）以其特有的突出特点：统一性、开放性以及互操作性，成为实际上的现场总线推荐标准之一。

到目前为止，全世界已有 2 500 多家公司利用 LonWorks 技术生产各种各样的 LonWorks 产品，其中包括 ABB，British Telecom，Honeywell，AT&T，Olivetti 和 NASA 等大公司，以满足现代化楼宇、工厂、交通运输系统、城市基础设施（水、电、气等）、家庭等环境自动化系统的分布式控制网络要求。

LonWorks 网络协议已成为诸多组织、行业的标准。消费电子制造协会（CEMA）将 LonWorks 协议作为家庭网络自动化的标准（EIA-709）。在 1995 年，LonWorks 控制网络被美国确定为楼宇自动化控制网络标准的一部分。1999 年 10 月，ANSI 接纳 LonWorks 网络的基础协议作为一个开放工业标准，包含在 ANSI/EIA709.1 中。LonWorks 协议也被美国供暖、空调和制冷工程师协会（ASHRAE）接受，成为建筑物 BACnet 控制标准的一部分，即现在的 ANSI/ASHRAE-135。同时 LonWorks 也是国际 Forecount 联盟（欧洲所有加油站）标准。北美铁路协会 AAR 也选择了 LonWorks 作为其制动系统标准——S4200 标准。1999 年 8 月，LonWorks 协议成为 IEEE 列车通信方面新标准（IEEE1473—1999L）的一部分，这巩固了 LonWorks 在铁路应用方面的地位。国际半导体仪器原料协会（SEMI）明确采纳 LonWorks 网络技术作为其行业标准（SEMIE61-0697）。

北京航天金穗高科技有限公司和航空工业总公司 618 研究所已经成为 LonMark 互操作协会会员。中国南车集团株洲电力机车研究所和北车集团四方车辆研究所也将其应用于列车网络中。

LonWorks 控制网络的特点：

① 开放性：网络协议开放，对任何用户平等。
② 通信介质：可用任何介质进行通信，包括双绞线、电力线、光纤、同轴电缆、无线电波、红外线等，而且在同一网络中可以有多种通信介质。
③ 互操作性：LonWorks 通信协议 LonTalk 是符合国际标准化组织（ISO）定义的开放互联（OSI）模型。任何制造商的产品都可以实现互操作性。
④ 网络结构：可以是主从式、对等式或客户/服务器式结构。

⑤ 网络拓扑：有星形、总线形、环形以及自由型。

⑥ 网络通信采用面向对象的设计方法。LonWorks 网络技术称之为"网络变量"，它使网络通信的设计简化为参数设置，增加了通信的可靠性。

⑦ 通信的每帧有效字节数可从 0~228 个字节。

⑧ 通信速率可达 1.25 Mbit/s，此时有效距离为 130 m；78 kbit/s 的双绞线，直线通信距离长达 2 700 m。

⑨ LonWorks 网络控制技术在一个测控网络上的节点数可达 32 000 个。

⑩ 提供强有力的开发工具平台——LonBuilder 与 NodeBuilder。

⑪ LonWorks 技术核心元件——Neuron 芯片内部装有 3 个 8 位微处理器和 34 种 I/O 对象及定时器/计数器，另外具有 RAM、ROM、E^{2}PROM、LonTalk 通信协议等。Neuron 芯片具备通信和控制功能。

⑫ 改善了 CSMA，采用可预测 P 坚持 CSMA，这样，在网络负载较重的情况下，不会导致网络瘫痪。

4.1.2 LonWorks 技术体系结构概述

LonWorks 的通信协议 LonTalk 支持 OSI 的全部七层模型，这是 LON 网络最显著的特点。LonWorks 技术具有两大基本优势：

① 高性能低成本的网络接口产品。

② 内含 3 个 CPU 的 Neuron 芯片以及固化的 LonTalk 通信协议。

LON 网络控制技术囊括了设计、调度以及支持智能分布控制系统的所有要素。特别要指出的是 LON 网络控制技术还包括各种开发、服务工具和成品组件。

1. Neuron 芯片及通信协议

LON 网上的每个控制点称之为 LON 节点或 LonWorks 智能设备，其包括一片 Neuron 芯片、传感器和控制设备、收发器（用于建立 Neuron 芯片与传输介质之间的物理连接）和电源。如图 4.1 是一种典型的 LON 节点的方框图。

（1）Neuron 芯片

由图可以看出，Neuron 芯片是节点的核心部分，它包括一套完整的通信协议，即 LonTalk 协议，从而确保节点间使用可靠的通信标准进行互操作。因为 Neuron 芯片可直接与其所监视的传感器和控制设备连接，所以一个 Neuron 芯片可以传输传感器或控制设备的状态，执行控制算法，和其他 Neuron 芯片进行数据交换等。使用 Neuron 芯片，开发人员可集中精力设计并开发出更好的应用对象而无需耗费太多的时间去设计通信协议、通信的软件和硬件或系统操作，这样可减少开发的工作量，从而节省大量的开发时间。

Neuron 芯片在大多数 LON 节点中是一个独立的处理器。如果节点需要具备较强的信号处理能力或 I/O 通道，Neuron 芯片还可以用于与其他处理器进行通信，共同构成所需的节点。

（2）LonTalk 协议

LonTalk 协议是遵循 OSI 参考模型的完整的七层协议。由于 Neuron 芯片的协议处理与通信介质无关，因而能支持多种通信介质，如双绞线、电力线、射频、红外线、同轴电缆和光纤等。

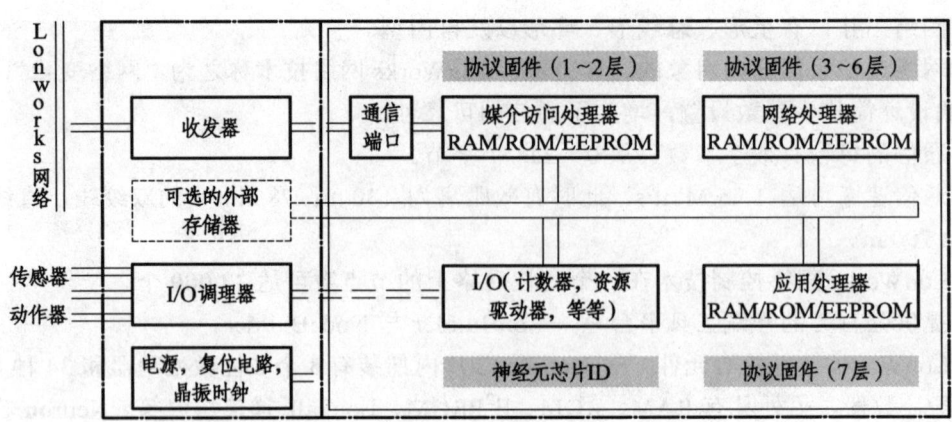

图 4.1　典型 LonWorks 节点方框图

LonTalk 寻址体系由三级构成。最高一级是域（Domain），只有在同一个域的节点才能互相通信，可以说，一个 Domain 即是一个网。第二级是子网（Subnet），每个域可以有多达 255 个的子网。第三级是节点（Node），每个子网可以有多达 127 个节点。节点还可以编成组（Group），构成组的节点可以是不同的子网中的节点。一个域内可指定 256 个组。

Neuron 芯片在制造后即有一个 48 位的比特串，用来唯一且永久的标识每个芯片，用 Neuron ID 表示。

2. LonWorks 产品

LonWorks 拥有开发、制作、安装以及维护 LON 网所需要的所有工具。

（1）LonWorks 收发器

LonWorks 收发器是标准的成品，其简化了 LonWorks 节点的开发，提供了良好的互操作性，减少了项目的开发时间以及开发成本。收发器在 Neuron 和 LON 网间提供了一个物理量交换的接口，适用于各种通信介质和拓扑结构。如图 4.2 所示。

（a）自由拓扑收发器

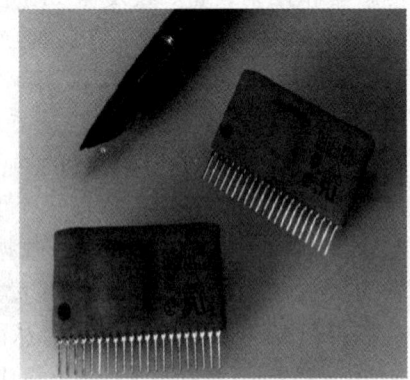
（b）电力线收发器

图 4.2　LonWorks 收发器

（2）LonWorks 路由器

路由器是一个特殊的节点，由两个 Neuron 芯片组成，用来连接不同通信介质的 LON 网络。当然它还能控制网络交通,增加信息通量和网络速度。如图 4.3 所示。

(3) SMX 收发器模块

SMX 插入式模块收发器可使用户在各种 Echelon 的开发工具和 OEM 产品上任意安装和更换不同的双绞线收发器和电力线收发器。SMX 的标准是公开的,允许其他收发器提供者制作 SMX 收发器。

(4) 电力线通信分析器

电力线通信分析器(PLCA)是一种易于使用的成本-效果分析仪器,用于分析应用设备中电力线通信的可靠性。如图 4.4 所示。

图 4.3　LonWorks 路由器

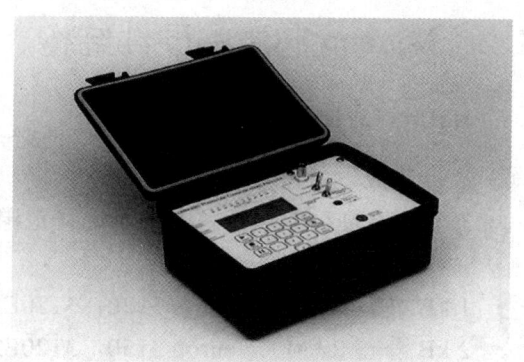

图 4.4　电力线通信分析器

(5) LonWorks 控制模块

与收发器相同,LonWorks 控制模块也是标准的成品,在模块中有一个 Neuron 芯片、通信收发器、存储器和时间振荡器,只需加一个电源、传感器/执行器和写在 Neuron 芯片中的应用程序就可以构成一个完整的节点。

(6) LonWorks 网络接口和网间接口

LON 网的网络接口允许 LonWorks 应用程序在非 Neuron 芯片的主机上运行,从而实现任意微处理器、PC 机、工作站或计算机与 LON 网络的其他节点的通信。图 4.5 所示为应用于笔记本电脑和台式机的网络接口卡。

(7) LON 网服务工具

LON 网服务工具用于安装、配置、诊断、维护以及监控 LON 网络。

 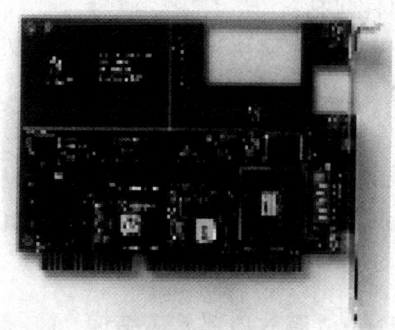

图 4.5　LonWorks 网络接口卡

（8）LonBuilder 和 NodeBuilder 开发工具

LonBuilder 和 NodeBuilder 用于开发基于 Neuron 芯片的应用。NodeBuilder 开发工具可使设计和测试 LonWorks 控制网络中的单独节点变得简单。它用 Windows 开发环境为用户提供易于使用的联机帮助。

LonBuilder 开发平台集中了一整套开发 LON 控制网络的工具。这些工具具有如下功能：
① 开发多节点，调试应用程序的环境。
② 安装、构造节点的网络服务程序。
③ 检查网络交通以确定适当容量和调试改正错误的协议分析器。

4.1.3　Neuron 芯片的硬件结构

1. Neuron 芯片主要性能特点

① 高度集成，所需外部器件较少。
② 3 个 8 位的 CPU，输入时钟可选择范围：625 kHz～10 MHz。
③ 片上存储器：
- 1 kB 静态 RAM（Neuron 3120，3120E1）；
- 2 kB 静态 RAM（Neuron 3150，3120E2）；
- 512 B E^2PROM（Neuron 3120，3150）；
- 1 kB E^2PROM（Neuron 3120E1）；
- 2 kB E^2PROM（Neuron 3120E2）；
- 10 kB ROM（Neuron 3120，3120E1，3120E2）；

④ 11 条可编程 I/O 引脚（有 34 种可选的工作方式）：
- IO_0～IO_7 有可编程上拉电阻；
- IO_0～IO_3 具有高电流吸收能力（20 mA，0.8 V）；

⑤ 2 个 16 位的定时器/计数器。
⑥ 15 个软定时器。
⑦ 休眠工作方式：该工作方式能在维持操作的情况下降低电流损耗。
⑧ 网络通信端口：有三种方式可供选择：单端方式、差分方式和专用方式。发送速率可选范围：610 bit/s～1.25 Mbit/s。
⑨ 固件包括：
- 符合 OSI 七层协议的 LonTalk 协议；
- I/O 驱动器程序；
- 事件驱动多任务调度程序。

⑩ 服务引脚：用于远程识别和诊断。

Neuron 芯片内置 48 位的内部 Neuron ID，用于识别唯一的 Neuron 芯片，同时内置低压保护以加强对芯片内 E^2PROM 的保护。

2. Neuron 芯片内部总体结构

Neuron 芯片的内部构成方框图如图 4.6，其引脚配置图见图 4.7，各引脚功能如表 4.1 所示。

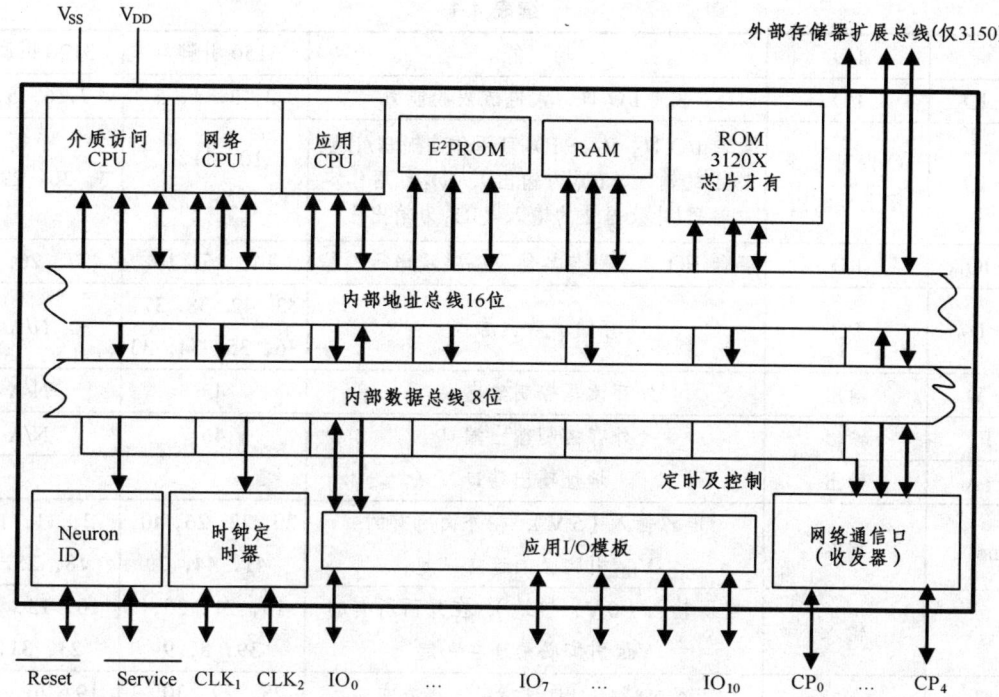

图 4.6 Neuron 芯片内部总体结构

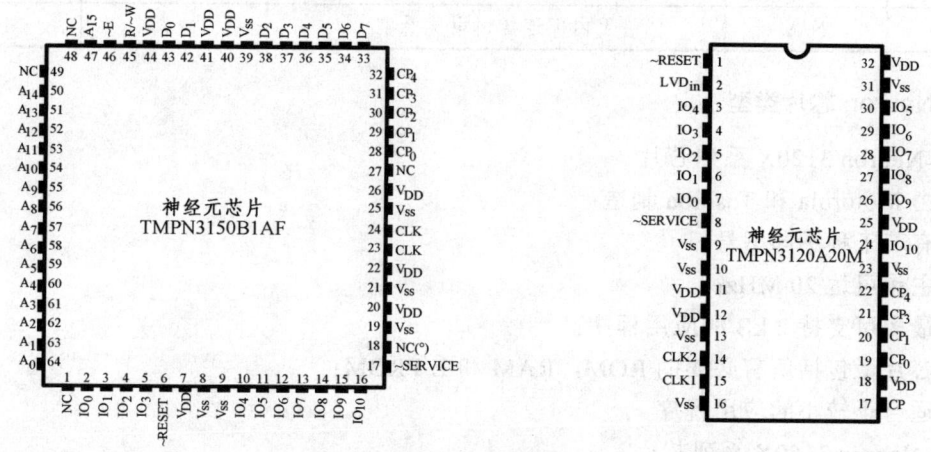

图 4.7 引脚配置图

表 4.1 芯片引脚功能介绍

符号	I/O	功 能	3150 引脚数	3120 引脚数
CLK1	输入	连接振荡器或外部时钟输入	24	15
CLK2	输出	连接振荡器		
~RESET	I/O 内有上拉电阻	复位引脚（低有效）	23	14
~SERVICE	I/O 内有可编程上拉电阻	服务引脚，工作期间指示灯输出	6	1

续表 4.1

符 号	I/O	功 能	3150 引脚数	3120 引脚数
$IO_0 \sim IO_3$	I/O	普通 I/O 口，大电流吸收能力	2, 3, 4, 5	7, 6, 5, 4
$IO_4 \sim IO_7$	IO 内有可编程上拉电阻	普通 I/O 口，$IO_4 \sim IO_7$ 可用作定时器/计数器 1 的输入（IO_0 为输出），IO_4 可用作定时器/计数器 2 的输入（IO_0 为输出）	10, 11, 12, 13	3, 30, 29, 28
$IO_8 \sim IO_{10}$	I/O	普通 I/O 口，可与其他设备实现串行通信	14, 15, 16	27, 26, 24
$D_0 \sim D_7$	I/O	存储器数据总线	43, 42, 38, 37, 36, 35, 34, 33	N/A
R/~W	输出	外存读写控制输出端口	45	N/A
~E	输出	外存控制输出端口	46	N/A
$A_{15} \sim A_0$	输出	地址输出端口		
V_{DD}	输入	电源输入（5 V），在外面所有的 V_{DD} 引脚必须连在一起	20, 22, 26, 40, 41, 44, 7	2, 11, 12, 18, 25, 32
V_{SS}	输入	电源输入（0 V，接地），在外面所有的 V_{SS} 引脚必须连在一起	19, 21, 25, 39, 8, 9	10, 13, 16, 23, 31, 9
$CP_0 \sim CP_4$	网络通信接口	双向端口，通过指定工作方式支持通信协议	28, 29, 30, 31, 32	19, 20, 17, 21, 22
NC	N/A	无内部连接，引脚悬空		N/A

3. Neuron 芯片类型

（1）Neuron 3120X 系列芯片

① 由 Motorola 和 Toshiba 制造；
② 有若干种不同型号；
③ 主频可达 20 MHz；
④ 最多可支持 2 kB 的应用程序；
⑤ 芯片上包括所有必要的 ROM，RAM 和 E^2PROM；
⑥ 适合于较小的应用程序。

（2）Neuron 3150X 系列芯片

① 由 Motorola 和 Toshiba 制造；
② 有若干种不同型号；
③ 主频 10 MHz；
④ 最多可支持 42 kB 的应用程序；
⑤ 芯片上包括 RAM 和 E^2PROM；
⑥ 外部存储器总线；
⑦ 适合于较大的应用程序。

4. Neuron 芯片的 CPU 结构

（1）CPU-1 介质访问控制处理器

处理 LonTalk 协议的第一层和第二层，这包括驱动通信子系统硬件和执行 MAC 算法。CPU-1 和 CPU-2 用共享存储区中的网络缓存区进行通信，正确地对网上报文进行编解码（见图 4.8）。

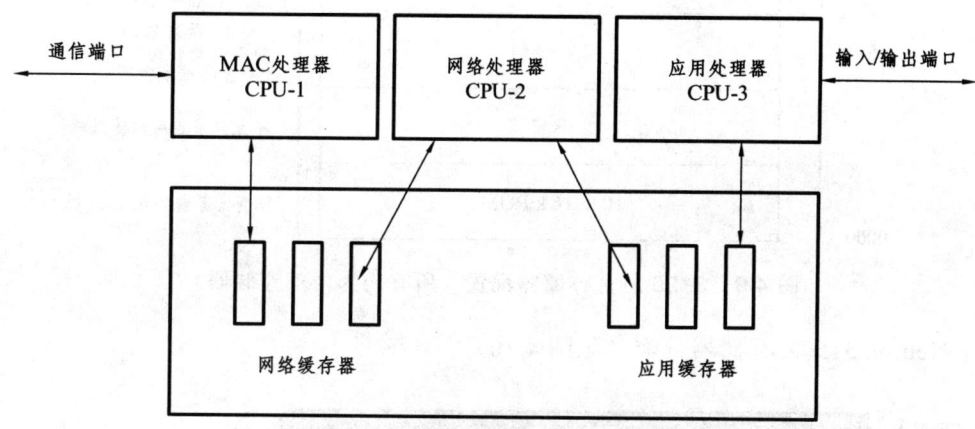

图 4.8 处理器结构及存储区分配

（2）CPU-2 网络处理器

实现 LonTalk 协议的第三层到第六层，这包括处理网络变量、寻址、事务处理、权限证实、背景诊断、软件计时器、网络管理和路由器等。同时，它还控制网络通信端口，物理地发送和接收数据包。该处理器用共享存储区的网络缓存区与 CPU-1 通信，用应用缓存区与 CPU-3 通信。

（3）CPU-3 应用处理器

执行用户编写的代码以及用户代码调用的操作系统命令。在多数应用中，使用的编程语言是 Neuron C。

每个 CPU 都有各自的寄存器设置，但三个 CPU 都可共享数据、地址 ALU 以及存储区访问电路。每个 CPU 最小指令周期等于 3 个系统时钟周期；每个系统时钟周期等于两个输入钟周期，3 个 CPU 的最小指令周期分别间隔 1 个系统时钟周期，这样，每个 CPU 在 1 个指令周期内都能访问存储区和 ALU 一次。系统对 CPU 采用了流水线（管线，pipe line）技术，在不影响性能的情况下降低硬件的需求。3 个 CPU 个并行工作，不会造成耗时和上下文交换中断。

CPU 使用栈结构能够更有效地利用存储区。每个 CPU 有两个栈：1 个 8 比特的栈用于数据访问；另外一个栈用于存储 CALL 指令的返回地址，也可用于临时的数据存储。

1 个 CPU 的指令周期 = 3 个系统钟周期 = 6 个输入钟周期

因此，计算指令时间的公式是：

$$指令时间（\mu s）= \frac{CPU指令周期数 \times 6}{输入时钟频率（MHz）}$$

5. Neuron 芯片存储器配置

（1）Neuron 3120X 存储器分配（见图 4.9）

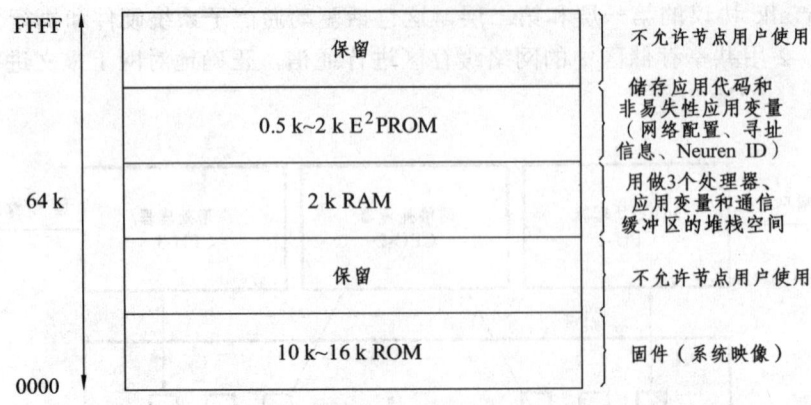

图 4.9　3120 芯片存储器配置（所有均为内部存储器）

（2）Neuron 3150X 存储器分配（见图 4.10）

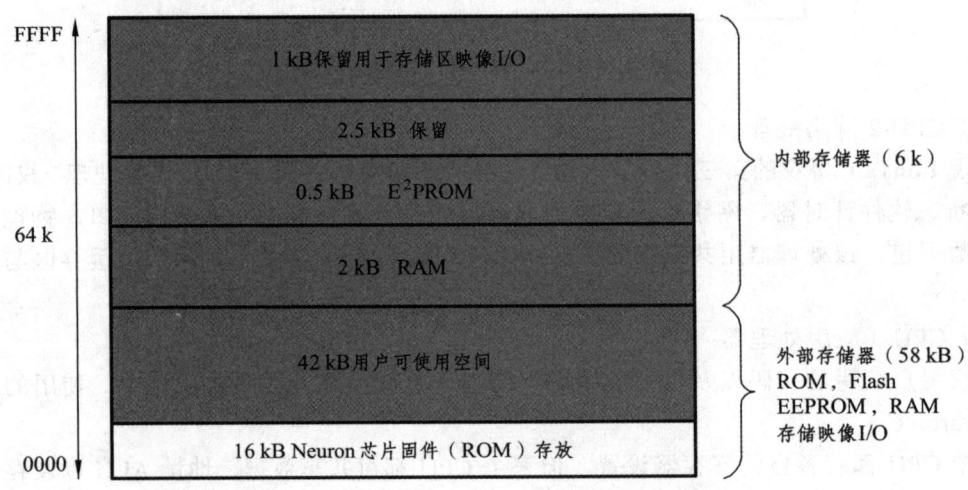

图 4.10　3150 芯片存储器配置

6. 3150 芯片外接存储器接口

3150 芯片无片上 ROM，允许寻址的外接存储区空间高达 59 392 个字节（58×1024）。它主要用于：

① 存储应用程序和数据 [43 008 个字节（42×1 024），该部分也可分配用作 LonTalk 协议需额外添加的网络缓存器和应用缓存器]；

② 存储 Neuron 芯片的固件和预留区 [16 384 个字节（16×1 024）]。

外接存储器可由 RAM、ROM、PROM、EPROM、E^{2}PROM 或闪存组合占用，以 256 字节递增。

3150 芯片的外接存储器总线有 8 根双向数据线，16 根地址线和 2 根 Neuron 芯片驱动的控制输出线。表 4.2 列出了 3150 芯片的外部存储器接口引脚。

使能时钟信号（~E）的周期是系统的时钟周期，即输入时钟的 1/2。当数据在 Neuron 芯片和外部存储器间传输时，使能电平低。3 个 CPU 的任何一个都可在指令周期的合适时期访

表 4.2 3150 芯片外部存储器接口引脚

引脚	方向	功能
$A_0 \sim A_{15}$	输出	地址引脚
$D_0 \sim D_7$	输出/输入	数据引脚
~E	输出	使能时钟信号
R/~W	输出	读/写信号

间所有的存储器（外部和内部）。由于 3 个 CPU 的指令周期互相偏离 1 个系统时钟周期，所以某时只有一个 CPU 访问存储器。

R/~W 表示的是数据总线的方向：读周期高有效，写周期低有效。

7. Neuron 芯片内部网络通信端口、时钟、复位及服务引脚

（1）通 信

Neuron 芯片能支持多种传输介质，最为通用的是双绞线、电力线，其他还有射频、红外光波、光纤以及电缆等。

（2）通信端口

Neuron 芯片拥有一多功能的通信端口，它有 5 个引脚可以配置与多种传输介质接口（网络收发器）相连接，且可实现较宽范围的传输速率。它有三种工作方式，分别是单端、差分以及专用工作方式。表 4.3 是与每种工作方式对应的引脚定义。三种工作方式中最为常用的是单端工作方式。

表 4.3 通信端口三种工作方式引脚定义

引脚	单端工作方式	差分工作方式	专用工作方式
CP_0	数据入	+数据入	RX 入
CP_1	数据出	−数据入	TX 出
CP_2	发送使能	+数据出	比特钟输出
CP_3	休眠输出、低有效	−数据出	~休眠输出或唤醒输入
CP_4	冲突检测输入、低有效	~冲突检测输入	帧时钟输出

对单端、差分工作方式使用差分曼彻斯特编码，两种工作方式可获得的网络比特速率见表 4.4。可以看出，Neuron 芯片的输入时钟频率不同，网络可传播的速率也不同。

表 4.4 网络传播速率与输入时钟的关系

网络传播速率（kbit/s）	单端方式 最小输入时钟（MHz）	差分方式 最小输入时钟（MHz）
1 250	10	10
625	5	10
312.5	2.5	10
156.3	1.25	10
78.4	0.625	10

续表 4.4

网络传播速率（kbit/s）	单端方式 最小输入时钟（MHz）	差分方式 最小输入时钟（MHz）
39.1	0.625	10
19.5	0.625	10
9.8	0.625	10
4.9	0.625	5
2.4	0.625	2.5
1.2	0.625	1.25
0.6	0.625	0.625

（3）收发器

最通用的类型是双绞线收发器。双绞线与 Neuron 芯片接口有以下三种基本类型：

① 直接驱动接口：使用 Neuron 芯片内部收发器外接电阻和二极管以限流和 ESD 保护，如图 4.11 所示。如果网络上最多有 64 个节点且各节点使用普通电源，电路板支持的数据速率最大可达 1.25 Mbit/s。普通方式的电压范围为 0.9 V～V_{DD} – 1.75 V，传输距离最远为 30 m。

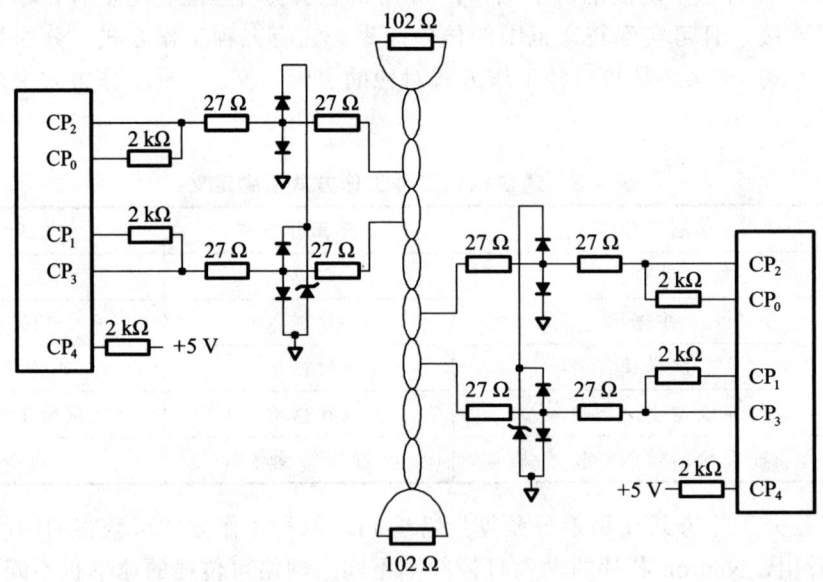

图 4.11 直接驱动的网络接口

② EIA-485：在外部部件参数不变的情况下，能支持多种数据速率（最高 1.25 Mbit/s）以及多种类型的传输线。

通用方式的电压范围是 –7 V～+12 V，可通过添加光电隔离来提高其电压范围。EIA-485 有两种器件：双极性器件、CMOS 器件。CMOS 器件功耗低，无需驱动输出。

要实现 EIA-485 网络，Neuron 芯片通信端口应采用单端工作方式，为确保网络节点的互操作性，LonMark 建议使用 EIA-485 收发器的节点、使用 39 kbit/s 的数据速率。图 4.12 给出了一个典型的电路配置，能支持 32 个节点，节点速率为 39 kbit/s，传输距离最远 600 m。

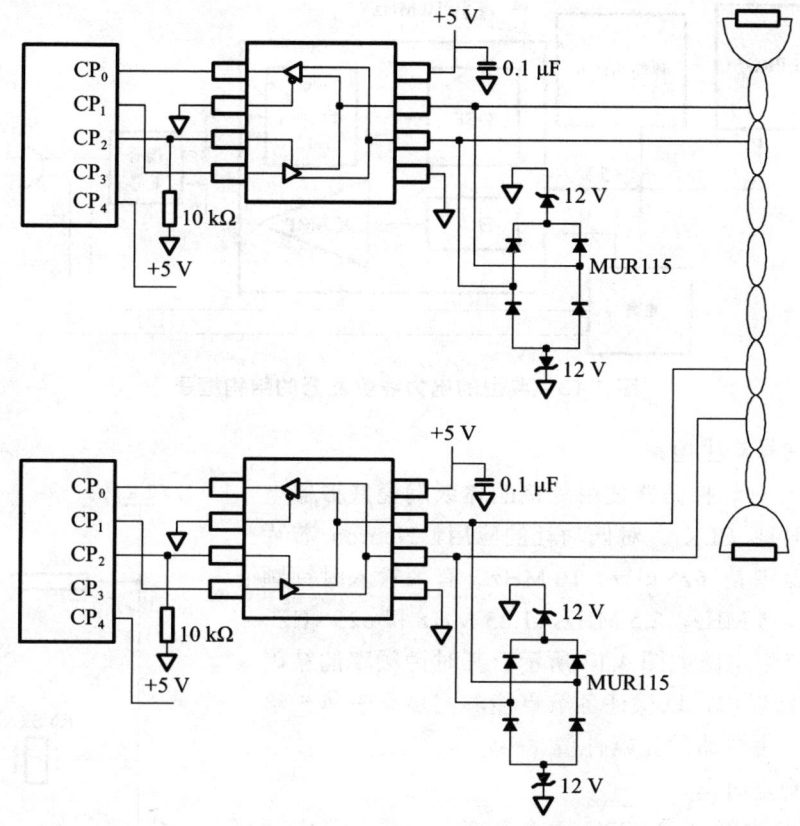

图 4.12　EIA-485 收发器典型电路配置

③ 变压器耦合：对于需要高性能、高隔离度、高抗干扰能力的应用最好使用变压器耦合接口。最高传输速率为 1.25 Mbit/s。目前使用较多的是变压器耦合方式。

④ 电力线收发器：电力线收发器是将通信数据调制成载波信号或扩频信号，然后通过耦合器耦合到 220V 或其他交直流电力线上，甚至是没有电力的双绞线。其优点是利用已有的电力线进行数据通信，大大减少了通信中遇到的繁琐的布线问题。

电力线通信的关键问题是：电力线间隙性噪声较大——某些电器的起停、运行都会产生较大的噪声；信号衰减很快；线路的阻抗经常波动。针对这些问题，Echelon 公司提供了几种电力线收发器，进行了以下改进：

- 每一个收发器包括一个数字信号处理器（DSP），完成数据的接收和发送；
- 短报文纠错技术，使收发器能够根据纠错码，恢复错误报文；
- 动态调整收发器灵敏度算法，根据电力线的噪声动态地改变收发器的灵敏度；
- 三态电源放大/过滤合成器。

图 4.13 是典型的电力线收发器的结构框图。电力线收发器最高通信速率为 10 kbit/s，采用端点工作方式，在铁路货车 ECP 制动系统中得到了很好应用，美国已将其定义为列车内部通信规范——S-4200 标准。

除上面讨论的收发器外，LON 网还支持其他一些收发器，如无线收发器、光纤收发器、红外收发器，甚至是用户自己定义的收发器。

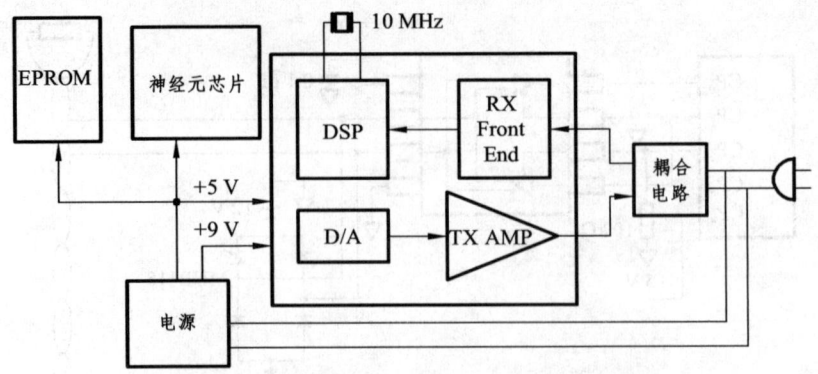

图 4.13 典型的电力线收发器的结构框图

（4）时钟信号产生电路

Neuron 芯片有一振荡器使用外接晶体或陶瓷共振器电路来产生输入时钟 CLK_1。对低功耗的应用，Neuron 芯片输入时钟频率范围是 625 kHz～10 MHz。有效输入时钟频率是：10 MHz，5 MHz，2.5 MHz，1.25 MHz 和 625 kHz。

时钟信号产生电路如图 4.14 所示，其时钟频率的精确度必须在±1.5% 以内，以保证各节点能够同步。表 4.5 给出了构成时钟产生电路的元器件值。

（5）看门狗定时器

Neuron 芯片中的 3 个 CPU 每个都有一个看门狗定时器，其用途是防止存储器故障或软件出错。如果应用或系统软件未能周期复位这些定时器，整个 Neuron 芯片将自动复位。

在输入时钟频率 10 MHz 时，看门狗周期将近 0.84 s。

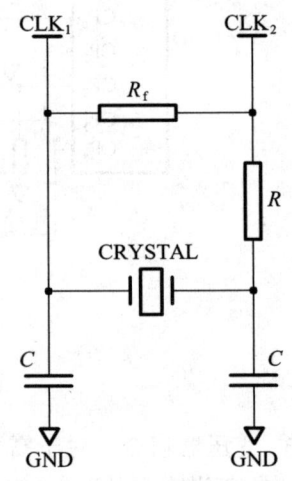

图 4.14 时钟信号产生电路

表 4.5 时钟产生电路的元器件值

输入时钟频率（MHz）	晶 体		陶瓷振荡器	
	R (Ω)	C (pF)	R (Ω)	C (pF)
10	270	30	270	30
5	470	30	270	30
2.5	1.0	36	1.0	36
1.25	1.2	47	1.2	47
0.625	2.7	47	1.2	100

注：·电容值包括寄生电容。晶振及陶瓷振荡器的生产商可建议其他电容值；

·R_f = 100 kΩ，对陶瓷振荡器的 R_f 是必须的，对晶体可不要；

·晶体或陶瓷振荡器的频率 = 输入时钟频率；

·晶体可并联或串联谐振，建议使用 NPO 型陶瓷电容，电阻和电容的精度为±5%。

（6）复 位

Neuron 芯片的复位引脚是漏极开路、双向且低有效，内部有一个电流源充当上拉电阻。

使复位引脚有效的方法有两种：一是外部信号驱动产生低电平输入；二是内部控制产生低电平输出。

引起复位引脚复位的内部控制有以下几种：一是软件（应用程序或网络复位消息）；二是看门狗定时器时间溢出；三是低压检测。

当复位引脚回到高电平，Neuron 芯片开始初始化，初始化程序的启动地址是 0x0001。在设定初值的过程中，所有的输出引脚处在高阻状态，直到初值设定完成才开始处理应用程序。

在加电到电源电压稳定的这个过程中，复位引脚应始终维持低电平，避免启动出故障。另外，在电源掉电至 Neuron 芯片最低工作电压这段时间，Neuron 芯片的复位引脚也应始终维持低电平。

常见的复位电路如图 4.15 所示。

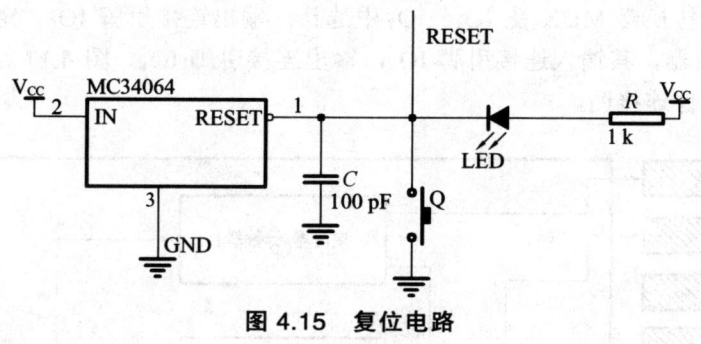

图 4.15 复位电路

上述复位电路的几点说明：
- 可在软件控制下输出有效低电平对外部设备复位；
- 手动按钮实现外部复位；
- LED 显示复位状态；
- MC34064 是 Motorola LVT 集成芯片——LVT 电路的作用是在系统电源出现电压抖动或未完全掉电的情况下，检测电源电压 V_{dd} 是否低于规定的工作电压，若是，该电路将下拉复位线至低电平，Neuron 芯片重新初始化。另外，LVT 电路必须是集电极开路或漏极开路输出。

（7）服务引脚

Service Pin 是 Neuron 芯片里的一个非常重要的管脚，在节点的配置、安装和维护的时候都需要使用这个管脚。该引脚输入和漏极开路输出交替，频率是 76 Hz，波形占空比是 50%。作为输出时，能吸收 20 mA 电流用于驱动一 LED；作为输入时，有一个可选的片内上拉电阻使输入能被拉高为高电平而进入无效状态。

当服务引脚接地时，节点会在网上发送一含有 Neuron 芯片 ID 值的网络管理信息，网络管理设备将使用该信息中包含的信息来安装及配置该节点。

图 4.16 是典型的服务引脚电路，表 4.6 列出了电路上 LED 的状态。复位时，服务引脚的状态不确定，服务引脚的上拉电阻默认是使能。

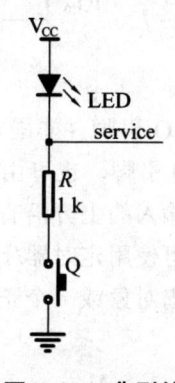

图 4.16 典型的服务引脚电路

表 4.6 服务引脚的 LED 状态

节点状态	状态代码	服务引脚电路 LED
非应用或未配置	3	亮
未配置（有应用）	2	闪烁
已配置，硬件脱机	6	关闭
已配置	4	关闭

8. 定时器/计数器

Neuron 芯片上有两个 16 位的定时器/计数器，即定时器/计数器 1 和定时器/计数器 2。

定时器/计数器 1 又可称为多路复用定时器/计数器，因为该定时器/计数器的输入引脚可通过一个可编程多路转换器 MUX 在 $IO_4 \sim IO_7$ 中选择，输出连接引脚 IO_0。定时器/计数器 2 称为专用定时器/计数器，其输入连接引脚 IO_4，输出连接引脚 IO_1。图 4.17 是定时器/计数器与应用指定的外部硬件连接图。

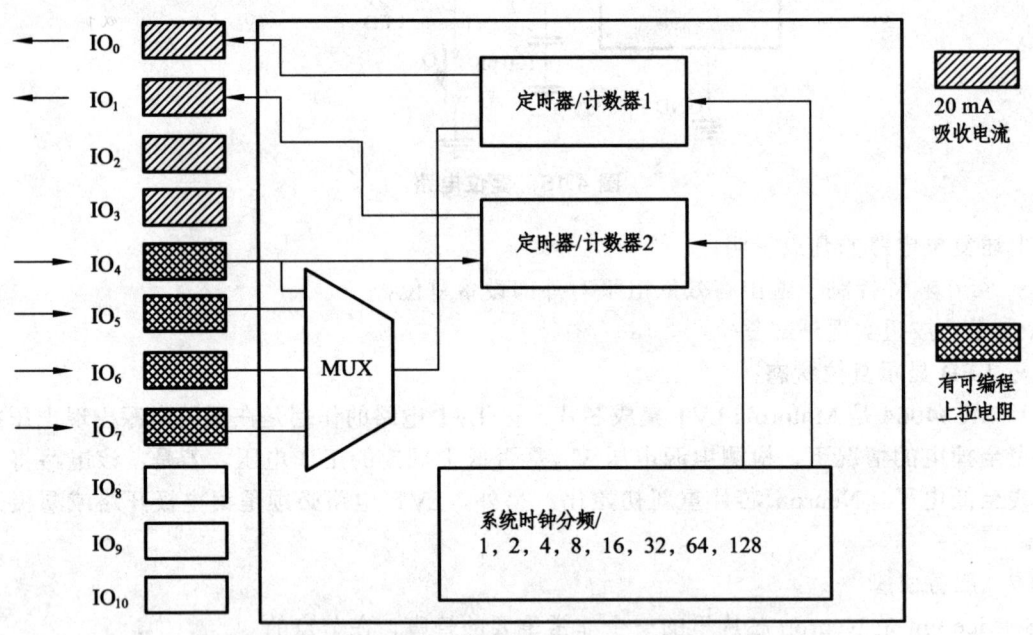

图 4.17 定时器/计数器与应用指定的外部硬件连接图

I/O 引脚并非固定分配给定时器/计数器。定时器/计数器的时钟信号以及使能信号可来自外部 I/O 引脚，也可由系统时钟分频得到。两个定时器/计数器的时钟频率互相独立。外部时钟可选在输入的上升沿有效或下降沿有效，也可上升沿下降沿都有效。通过调用 io-select()，应用程序可使用定时器/计数器 1 来实现 1～4 个输入对象。如果一个定时器/计数器被定义来实现一个输出对象或一个正交输入对象，就不能在同一个应用中被定义为其他的定时器/计数器对象。

4.1.4　Neuron 芯片应用 I/O 对象

Neuron 芯片通过其 11 只引脚（$IO_0 \sim IO_{10}$）与应用指定的外部硬件相连，这 11 只引脚被称为应用 I/O。采用 Neuron C 语言，编程人员可以对这些引脚进行配置，将其一个或多个引脚定义为输入/输出对象。一个 I/O 对象简单讲就是一个定义的输入或输出波形，也可看成是存放在 ROM 中供用户应用程序访问的已编写的固件例程。用户程序可通过 io_in（ ）和 io_out（ ）系统调用来访问这些 I/O 对象，并在程序执行期间完成输入/输出操作。

在 3150 芯片的系统映像（system image）中存放有 34 种不同的 I/O 对象，其可分为以下四组，用于控制各种现场应用对象：
- 直接 I/O 对象；
- 并行双向 I/O 对象；
- 串行 I/O 对象；
- 定时器/计数器输入/输出对象。

表 4.7～表 4.10 列出了 34 种可定义的 I/O 对象，各种不同的 I/O 对象可同时使用。

表 4.7　直接的 I/O 对象

对象	用到的引脚	输入/输出值
比特（bit）输入	$IO_0 \sim IO_{10}$	0，1 二进值数据
比特（bit）输出	$IO_0 \sim IO_{10}$	0，1 二进制数据
字节（B）输入	$IO_0 \sim IO_7$	0～255 二进制数据
字节（B）输出	$IO_0 \sim IO_7$	0～255 二进制数据
电平检测（leveldetect）输入	$IO_0 \sim IO_7$	逻辑 0 电平检测
半字节（nibble）输入	$IO_0 \sim IO_7$ 任意相邻的 4 个引脚	0～15 二进制数据
半字节（nibble）输出	$IO_0 \sim IO_7$ 任意相邻的 4 个引脚	0～15 二进制数据

表 4.8　并行双向 I/O 对象

I/O 对象	应用引脚	输入/输出值
多总线（Muxbus）I/O	$IO_0 \sim IO_{10}$	有着多种寻址选择的并行双向 I/O 端口
并行（parallel）I/O	$IO_0 \sim IO_{10}$	执行令牌传递/握手协议的并行双向 I/O 端口

表 4.9　串行 I/O 对象

I/O 对象	应用引脚	输入/输出值
移位（bitshift）I/O	任意相邻的一对引脚（IO_7、IO_8 除外）	最多 16 比特定时数据
I^2C（需要特许）	$IO_8 + IO_9$	最多 255 字节的双向串行数据
磁卡（magcard）输入	$IO_8 + IO_9 + IO_0 \sim IO_7$	磁卡阅读机输出的数据流编码标准 ISO7811 track 2
磁迹 1（magtrack1）输入	$IO_8 + IO_9 + IO_0 \sim IO_7$	磁卡阅读机输出的数据流编码标准 ISO7811 track 1
半双工异步串行（serial）输入	IO_8	8 比特字符，传输速率可为 600，1 200，2 400 或 4 800 bit/s
半双工异步串行（serial）输出	IO_{10}	8 比特字符，传输速率可为 600，1 200，2 400 或 4 800 bit/s
Dallas 接触（Touch）I/O	$IO_0 \sim IO_7$	最多 2 048 比特的输入或输出
Wiegand 输入	$IO_0 \sim IO_7$ 任意相邻的一对引脚	来自 Wiegand 卡阅读器的编码数据流
全双工同步串行（Neurowire）I/O	$IO_8 + IO_9 + IO_{10} + IO_0 \sim IO_7$	最多 255 比特双向串行数据

表 4.10 定时器/计数器输入/输出对象

I/O 对象	应用引脚	输入/输出值信号
双斜率（dualslope）输入	$IO_0 + IO_1 + IO_4 \sim IO_7$	双积分 A/D 转换电路的比较器输出
边沿记数（edgelog）输入	IO_4	有跳变的输入数据流
红外（infrared）输入	$IO_4 \sim IO_7$	来自红外线解调器的编码数据流
定期（Ontime）输入	$IO_4 \sim IO_7$	脉宽 0.2 μs ~ 1.678 s
周期（period）输入	$IO_4 \sim IO_7$	信号周期 0.2 μs ~ 1.678 μs
脉冲记数（pulsecount）输入	$IO_4 \sim IO_7$	0.839 s 周期 0~65，535 输入边沿
正交（quadrature）输入	$IO_4 + IO_5$ $IO_6 + IO_7$	±16，383 二进制葛莱码转换
总数（Totalcount）输入	$IO_4 \sim IO_7$	0~65 535 输入边沿
分频（Edgedivide）输出	IO_0，$IO_1 + IO_4 \sim IO_7$	输出频率 = 输入频率/用户指定的一个数字
频率（frequency）输出	IO_0，IO_1	0.3 Hz ~ 2.5 MHz 的方波
单步（Oneshot）输出	IO_0，IO_1	脉宽 0.2 μs ~ 1.678 μs
脉冲计数（Pulsecount）输出	IO_0，IO_1	0~65 535 脉冲
脉宽（pulsewidth）输出	IO_0，IO_1	0~100% 占空比脉冲串
可控硅（Triac）输出	IO_0，$IO_1 + IO_4 \sim IO_7$	相对输入边沿输出脉冲的延时时间
触发计数（Triggeredcount）输出	IO_0，$IO_1 + IO_4 \sim IO_7$	计数输入边沿数从而触发输出端输出脉冲

4.1.5 Neuron 芯片固件

所谓固件指的是固化在 Neuron 芯片内的软件，这些软件包括：存储映像、Neuron 芯片的数据结构、LonTalk 通信协议三部分。

1. 存储映像

Neuron 芯片中的存储映像（image），即软件分为三个主要的部分：系统映像、应用映像以及网络映像。

系统映像包括 LonTalk 协议、Neuron C 库函数以及任务调度函数。在 Neuron 3150 芯片中，系统映像存储在片外的 ROM 或闪存中。由于该部分软件不能固化在芯片内，所以只能作为开发工具 LonBuilder 以及 NodeBuilder 随带的软件的一部分，依靠开发工具随带的软件，产生包含系统映像的英特十六进制文件或摩特罗拉 S-record 格式目标文件，编程写入 Neuron 芯片外存的 E^2PROM，ROM 或闪存中。

应用映像由两部分构成：Neuron C 编译应用程序产生的对象代码、应用程序指定的有关参数。要指出的是，这些参数可以经网络管理工具查询。

在 Neuron 芯片中，应用映像通常是编程写入外部的 ROM 中，也可以通过网络下载到外部的 E^2PROM 或闪存中。LonBuilder 或 NodeBuilder 都能创建应用映像。

应用映像的数据结构包括：
① 一个固定只读结构：结构的大小与节点的应用无关。
② 一个网络变量固定表：字节定义的每个网络变量占一条纪录。
③ 可选择的自识别以及自编数据：内含字节以及节点网络变量的信息。

网络映像定义节点与网上其他节点的关系，给定节点在网上的唯一行为，由四部分组成：节点地址分配、网络变量的连接信息以及消息标签的连接信息、安装时要设置的网络 LonTalk 协议的参数以及应用程序的配置变量。当节点安装时，通常由网络管理器负责通过网络将网络映像下载到片内的 E^2PROM 中。对于简单的网络，节点可以修改自己的网络映像。

Neuron 芯片上的应用程序可以通过使用库函数调用来访问网络映像中的内容。

网络映像的数据结构包括：
① 一个域表：节点所在的每个域都占一条纪录。
② 一个地址表：节点能访问的每个网络地址都占一条纪录。
③ 一个网络变量配置表：节点定义的每个网络变量都占一条纪录。
④ 一个通道配置结构：定义节点收发器的接口。

这些数据结构也可以采用网络管理消息来访问。可见在设备的存储映像中，应用映像以及网络映像是用户定义的部分，LON 网络中的许多设备可以有同样的应用映像，如在工厂中的自动化系统，传送带电机设备就可以采用相同的应用映像，同样的应用程序、硬件、I/O 以及收发器配置信息。而网络映像则允许各个电机设备在网络上有不同的行为。

2. Neuron 芯片的数据结构

有关的数据结构包括：固定只读数据结构，域表、地址表、网络变量表、标准网络变量（SNVT）结构以及配置结构。所有这些结构都在 ACCESS.H 和 ADDRDESS.H 两个文件中定义，具体参考 Echelon 公司的《Neuron C Programmer's Guide》有关内容。

固定只读数据结构 —— 定义了节点的识别，同时也定义了应用映像中的某些参数。

域表 —— 定义了节点所在的域，被存放在片内 E^2PROM 中，作为网络映像的一部分在节点安装时写入。

地址表 —— 发送隐式寻址的显式消息和网络变量消息的节点可在地址表中找到隐式寻址的各网络节点地址。表中有效记录在捆绑网络变量或消息标签时，修改空记录获得，也即在网络管理器将网络映像写入节点时获得，各记录实际是经捆绑而指定的接收网络变量消息或显式消息的节点的地址，即目标节点地址。

地址表存放在片内 E^2PROM 中，节点安装时，作为网络映像的一部分写入。地址表的记录数默认是 15 条记录。

网络变量表包括：
• 网络变量配置表 —— 定义节点中网络变量的配置属性，存放在片内 E^2PROM 中，这样节点安装时可修改网络变量表。
• 网络变量别名表 —— 定义节点内别名网络变量的配置属性，实际是网络变量的一个摘要表，也存放在片内 E^2PROM 中，且紧随网络变量配置表后。

网络变量固定表 —— 定义节点网络变量的编译及链接属性，可以存放在只读存储器中并且作为应用映像的部分在应用下载时写入。

配置结构——定义节点的硬件及收发器特性。它被存放在 E^2PROM 中，其中属于应用映像的一部分在节点制造时即写入；而属于网络映像的一部分则在节点安装时写入。

3. LonTalk 协议

Neuron 芯片上所有的 3 个 CPU 共同执行一个完整的七层网络协议 LonTalk。该协议遵循 ISO 的 OSI 标准，支持灵活编址，并且单个网络可存在多种类型的通信媒体构成的多种通道。网上任意节点使用该协议可以与同一网上的其他节点互相通信。

LonTalk 是 ISO 组织指定的 OSI 开放系统互联参考模型的七层协议的一个子集。其包容了 LON 总线的所有网络通信的功能，包含一个功能强大的网络操作系统，通过所提供的网络开发工具生成固件，可使通信数据在各种介质中非常可靠地传输。由于 LonTalk 协议对 OSI 的七层协议的支持，使 LON 总线能够直接面向对象通信，具体实现就是采用网络变量这一形式。网络变量使节点之间的通信只是通过网络变量的互相连接便可完成。表 4.11 为 LonTalk 与 OSI 的七层协议的比较表。

表 4.11 LonTalk 与 OSI 的七层协议比较表

OSI 层次	目的	提供的服务	CPU
7	应用兼容性	LONMARKS 对象，配置特性，标准网络变量类型（SNVTs），文件传输	应用 CPU
6	数据解释	网络变量，应用消息，外来帧传输，网络接口	网络 CPU
5	远程操作	请求/响应，鉴别，网络服务	网络 CPU
4	端对端可靠传输	应答消息，非应答信息，双重检查，通用排序	网络 CPU
3	寻址	点对点寻址，多点之间广播式寻址，路由信息	网络 CPU
2	介质访问以及组帧	组帧，数据，编码，CRC 校验，可预测 CSMA，冲突避免，优先级，冲突检测	介质访问控制 CPU
1	物理连接	特定传输介质的接口，调制方案	介质访问控制 CPU XVCR

LonTalk 协议的分层符合 OSI 的标准术语，图 4.18 为各分层数据单元的标准接口。

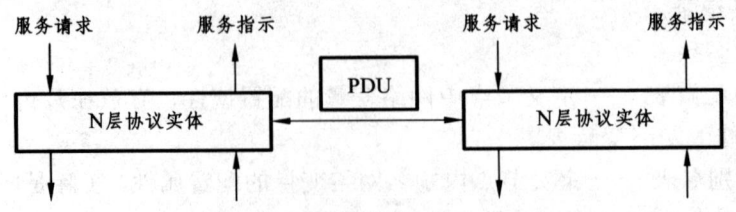

图 4.18 各层数据单元的标准接口

LonTalk 协议数据单元 PDU（Protocol Data Unit）包括 8 个部分：

- MPDU —— MAC 层协议数据单元,数据为帧（Frame）。
- LPDU —— 链路层协议数据单元,数据为帧（Frame）。
- NPDU —— 网络层协议数据单元,数据为报文（Packet）。
- TPDU —— 传输层协议数据单元,数据为消息/应答（Message/ACK）。
- SPDU —— 会话层协议数据单元,数据为请求/响应（Request/Response）。
- NMPDU —— 网络管理协议数据单元。
- DPDU —— 网络检测协议数据单元。
- APDU —— 应用层协议数据单元。

（1）LonTalk 协议物理层及通信协议

LonTalk 协议在物理层支持多种通信协议,也就是为适应不同的通信介质而支持不同的数据解码和编码。由于 LonTalk 协议考虑对各种介质的支持,LON 总线可允许使用非常广泛的通信介质。介质 LonTalk 协议支持路由器以便构成多种传输介质的网络（路由器有两个对应不同通道传输介质的收发器）。

通道通信速率依赖于所使用的传输介质以及收发器的设计。通道可用的比特速率是:4.9,9.8,19.5,39.1,78.1,156.3,312.5,625 和 1 250 kbit/s。通道的吞吐量有赖于比特速率,振荡器频率及精度,收发器特性,消息包的平均长度,以及消息是否使用应答服务,是否使用优先级和鉴别等。

消息包的平均长度为 10~16 个字节,最大不超过 255 个字节,其内容由三部分组成:网络域名对应的字节、采用不同编址方式对应的地址码字节以及网络变量或一个显性消息中数据部分的数据字节。

在较低的比特速率或较长的消息包条件下,传输时间以及平均介质访问延时决定了包吞吐量的范围。在较高比特速率或较短的消息条件包下,Neuron 芯片的处理能力限制了通道的性能。表 4.12 是在数据包为 12 字节时不同传输速率下的最大吞吐量。

表 4.12 LonTalk 协议通道吞吐量（12 字节）

比特速率（kbit/s）	最大包数/s	包数/s
4.883	25	20
9.776	45	35
19.531	110	85
39.063	225	180
78.125	400	320
165.25	625	500
312.5	700	560
625	700	560
1 250	700	560

LonTalk 地址可以唯一地标识一个 LonTalk 包源节点以及目标节点。它有两种寻址方式:一种采用 Neuron ID 寻址;另一种采用逻辑寻址 —— 分层编址方式（域 domain、子网 subnet、节点、组地址）,其示意图如图 4.19 所示。

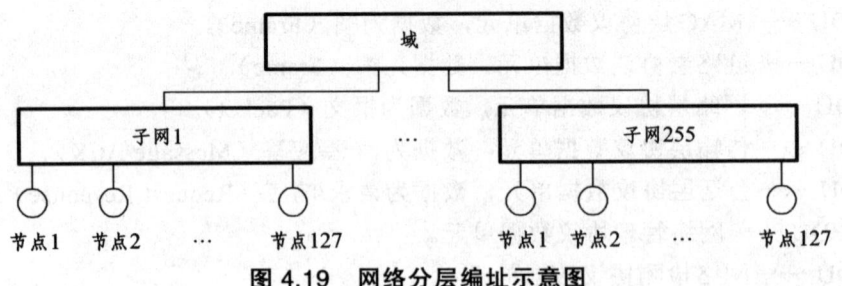

图 4.19 网络分层编址示意图

采用逻辑寻址方式可实现对整个域、某个子网、某个节点的编址。

① 域地址：LonTalk 编址的最顶层是域，是一个或多个通道上的节点的一个逻辑集合。

只有在同一个域中的节点才能互相通信。也就是说，在同一通道上的节点完全可以通过赋予不同的域名而执行不同的网络应用，并可以做到不同的网络应用之间完全独立、互不干扰地运行。所以域又被称为虚拟网络。

某个节点可同时分属于一个或两个域。作为两个域的节点可用作两个域之间的网关。LonTalk 协议不支持两个域之间的通信，但借助网关的程序设计可实现两个域之间的数据传送。

域的标识使用域标识符（Domain ID），域标识符对应的字节数可在 0，1，3，6 个字节 4 个值中选择。6 个字节的域标识符可用来确保域标识符的唯一性。

② 子网地址：编址的第二层是子网，是域中节点的一个逻辑集合。每个子网的节点数最多为 127 个，而每个域最多可有 255 个子网。子网中的所有节点必须是在同一区段上，子网不能跨越智能路由器。如果一个节点分属两个域，则其必须在同一个子网中。

③ 节点地址：编址的第三层是节点。子网中的每个节点都被赋予一个唯一的节点数，该数是 7 位二进制数，这样每个子网最多可配置的节点数是 127 个节点。一个单独的域中可容纳的最多节点数是 255 × 127 = 32 385 个。

④ 组地址：一个组是一个域中节点的一个逻辑集合。不同于子网的是，作为一个组的节点无需考虑它在域中所处的物理位置。一个域中最多可指定 256 个组，单独的一个节点可同属于多个组（最多 15 个）。节点的组不仅可以跨越同一域中的多个子网，而且可跨越多个通道。分组结构可以使一个报文同时为多个节点所接收。

⑤ Neuron ID：Neuron 芯片的标识符 ID 可用作地址，并且这个 ID 值只在网络安装、配置时用作网络寻址。应用消息不使用这种编址格式。

⑥ 编址格式：节点使用的编址格式有五种。不同的编址格式决定了源地址及目标地址将占用的字节数，如表 4.13 所示。

表 4.13 LonTalk 协议编址格式

编址格式	节点寻址	地址长度（B）
域（子网=0）	同一域中的所有节点	3
域，子网	同一子网中的所有节点	3
域，子网，节点	子网中某一指定逻辑节点	4
域，组	同一组中所有节点	3
域，子网，Neuron ID	特指的某一物理节点	9

⑦ 网络管理：网络管理器实际上就是一个特别设计的节点，用来完成网络的管理操作，比如：
- 找到未配置节点以及下载网络地址；
- 访问节点的通信统计表；
- 配置路由器；
- 下载新的应用程序；
- 修改运行网络的拓扑。

在开发环境中，充当网络管理器的是 LonBuilder 网络管理器；可以定义、配置、装载以及控制 LON 网络，其协议分析仪能够监视、收集并显示网络的通信量，对网络性能进行统计分析。

在现场安装时，可使用 LonMaker 安装工具。

⑧ 路由器：是用来连接两通道并在通道之间完成消息包路由的装置。

路由器的种类：
- 中继器（Repeater）——一种最简单的路由器。在两个通道间简单地传送消息包；
- 网桥（Bridge）——选择性传递同一域内的所有数据包；
- 学习路由器（Learning Route）——监视网络通信量并学习域/子网的网络拓扑关系，然后根据所学的知识在通道间有选择地传递数据包；
- 配置路由器（Configured Route）——根据内部路由表（由网络管理器建立的子网地址和组地址路由表）在通道间选择性传递数据包。

路由器的作用：
- 分割网络交通；
- 连接不同的介质类型；
- 提高可靠性；
- 扩展通信距离；
- 允许网络增长超过一个域的限制（32 385 个节点）。

（2）LonTalk 协议的 MAC 子层协议

LonTalk 协议的 MAC 子层是链路层的一部分，它使用 OSI 各层协议的标准接口和链路层的其他部分进行通信，如图 4.20 所示。

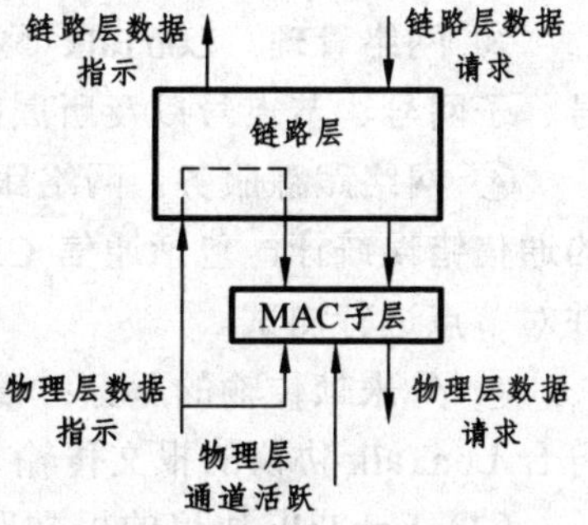

① 传统的 MAC 子层协议。

目前常用的 MAC 子层协议一般是 CSMA（载波监听多路访问）协议，参见 2.1.10 节内容。

② 可预测 P-坚持 CSMA。

LonTalk MAC 子层协议采用改进的 CSMA 介质访问控制协议，P 值能根据网络负载的情况自适应地调整，即在网络轻载的情况下，P 值增大，减小了媒体的访问延时；在重载的情况下，P 值减小，降低了网络冲突的可能性，避免网络拥塞现象。

图 4.20 MAC 子层与链路层其他部分进行通信的框图

（3）LonTalk 协议的链路层

LonTalk 协议的链路层提供在子网内实现 LPDU 帧顺序的无响应传输。具有错误检测能力，但不提供错误恢复能力，当一帧数据 CRC 校验错误，该帧被丢掉。

在直接互联模式下，物理层和链路层接口的编码方式为曼彻斯特编码；在专用模式下根据不同的电气接口采用不同的编码方式。CRC 校验码加在 NPDU 帧的最后，CRC 采用的多项式为标准的 CCITT CRC-16 编码。

（4）LonTalk 协议的网络层

在网络层，LonTalk 协议提供给用户一个简单的通信接口，定义如何接收、发送、响应报文等，在网络管理上有网络地址分配、出错处理、网络认证、流量控制，路由器的机制也是在这一层实现。

对于 NPDU 地址格式，根据网络地址分为五种，可参见表 4.13。

（5）LonTalk 协议的传输层和会话层

LonTalk 协议的核心部分是传输层和会话层。一个传输控制子层管理着报文执行的顺序、报文的二次检测。传输层是无连接的，可提供 1 对 1 节点、1 对多节点的可靠传输。信息认证（authentication）也是在这一层实现的。

会话层主要提供了请求/响应的机制，并通过节点的连接进行远程数据服务，因此使用该机制可以遥控实现远端节点的过程建立。LonTalk 协议的网络功能虽然是在应用层来完成，但实际上也是通过提供会话层的请求/应答机制来完成。

（6）LonTalk 协议的表示层和应用层

LonTalk 协议的表示层和应用层提供 5 类服务。

① 网络变量的服务：在 LonTalk 协议表示层的数据项被称为网络变量。当定义为输出的网络变量改变时，能自动地将网络变量的值变成 APDU（应用层协议数据单元）下传并发送，使所有把该变量定义为输入的节点收到该网络变量的改变。当收到信息时，能根据上传的 APDU 判断是否是网络变量，以及是哪一个输入网络变量并激活相应的处理进程。

② 显示报文的服务：将报文的目的地址、报文服务方式、数据长度和数据组织成 APDU 下传并发送，将发送结果上传并激活相应的发送处理进程。当收到信息时，能根据上传的 APDU 判断是否显示报文，并能根据报文代码激活相应的处理进程。

③ 网络管理：LonTalk 网络管理提供地址分配服务。分配所有的节点地址单元，包括域号、子网号、节点号以及所属的组名和组员号，值得注意的是 Neuron ID 是不能分配的。

④ 网络跟踪服务：网络跟踪提供对节点的查询和测试。查询节点工作状态以及一些网络的通信错误统计，包括通信 CRC 校验错误、通信超时等。LonTalk 协议还发送一些测试命令并对节点进行测试。

⑤ 外来帧传输的服务：该服务主要针对网关，将 LON 网总线外其他的网络信息转换成符合 LonTalk 协议的报文传输，或反之进行。

（7）LonTalk 协议的报文服务

LonTalk 协议提供了四种类型的报文服务，这些报文除请求/响应是在会话层实现外，其他三种都在传输层实现。

① 应答服务（ACKD）：应答服务也被称为端对端的应答服务，是最可靠的服务类型。当一消息发送到一个或一组节点时，发送节点将等待所有应收到该消息的节点发回应答。如果发送节点在预定的某个时间内未收到所有应收应答，则发送节点时间溢出，并重发该消息。重发消息的次数及时间溢出值可选择设定。应答由网络处理器产生，应用处理器不必

过问。

② 请求/响应（REQUEST）：请求/响应亦是最可靠的服务类型。当一请求消息发送到一个节点或一组节点时，发送节点将等待所有应收到该消息的节点发回响应。同样，重发消息的次数及时间溢出值可选择设定。响应可包括数据，所以这种服务类型特别适合于远程过程调用或客户/服务器应用。

③ 重发服务（UNACKD_RPT）：重发服务也被称为非应答服务，其可靠性较应答服务低。某个消息被多次发往一个或一组节点，无应答或响应。这种方式适合于节点较多的分组广播发送方式，可避免因节点响应或应答而使网络过载。

④ 非应答服务（UNACKD）：非应答服务可靠性最差。某个消息一次性发往一个或一组节点，无应答或响应。这种方式适合对可靠性要求不高，但需要速度较高、报文长度较长的报文。

LonTalk 协议能够检测重复发送的同一消息，从而避免某个应用重复接收同一个消息。

4.1.6 Neuron C 编程

1. Neuron C 简介

Neuron C 是专门为 Neuron 芯片设计的编程语言。它是从 ANSI C 中派生出来的，并对 ANSI C 进行了增删。对 ANSI C 的扩展直接支持 Neuron 芯片的固件，使之成为开发 LonWorks 应用的强有力工具。

对 ANSI C 的扩展包括以下几点：

- 一个内部多任务调度程序：它允许程序员以自然的方式描述事件驱动的任务，同时控制这些任务的优先级的执行。
- 将 I/O 对象直接映射到处理器的 I/O 能力。
- 网络变量对象定义：提供一种简单的实现节点之间的数据共享的方法。
- when 语句：引入事件并定义这些事件的临时排序。
- 显式消息（explicit message）传递：用于直接对 LonTalk 协议的底层进行访问。
- 秒及毫秒级软件定时器对象：可随意激活用户的任务。
- 函数库：当调用时，可以执行事件检查、管理输入/输出、网上发送或接收消息以及控制各种 Neuron 芯片的功能。

有经验的 C 编程人员一定能发现 Neuron C 扩充部分对所熟悉的 C 语言有一种很自然的衔接感。Neuron C 提供有内嵌的类型检查为编程人员编出高效率的分布式 LonWorks 应用程序提供了保证。

Neuron C 非常接近 ANSI C 语言标准，但又不完全遵守 Standard C 的标准。其不同之处表现在以下方面：

① Neuron C 不支持 C 的浮点运算或浮点运算符，但是提供有浮点库来使用浮点数。

② Neuron C 只定义了 8 位的短整型和 16 位的长整型，默认的是短整型，对 32 位的数只能使用 32 位的有符号整型库。

③ Neuron C 在自动变量定义时不赋初值。

④ 不支持指向定时器、消息标签以及 I/O 对象的指针变量。

⑤ 网络变量名及消息标签名最多由 16 个字符组成。

⑥ 宏展开后宏参数才能被扫描，这样嵌套在宏展开中的宏运算符"#"和"##"不能像在 ANSI C 标准中定义的那样得出结果。

⑦ Neuron C 中如果在函数定义之前调用函数必须对函数进行说明。

⑧ 不需要 main（）。

⑨ Neuron C 中附加有 ANSI C 没有的保留字及语法。

⑩ Neuron C 不仅支持十进制数、十六进制数，还支持二进制数。

Neuron C 支持的变量类型有以下几种：

整型：整型变量是没有分数部分的所有的数。它可以有正负之分。其类型有以下几种：

- [signed]　long　　int　　16 位有符号长整型；
- unsigned　long　　int　　16 位无符号长整型；
- [signed]　[short]　int　　8 位有符号短整型；
- unsigned　[short]　int　　8 位无符号短整型。

字符型：字符型变量最主要有两种：一种是有符号字符，另一种是无符号字符。无符号字符可用来表示一个字节或 0～255 之间的整数，有符号字符可用来表示一个 ASCⅡ字符或一个 -128～127 之间的整数。该种变量在内存中占一个字节，关键字为 char，如：

　　　　signed char　　　　8 位数
　　　　[unsigned] char　　8 位数

枚举类型：如果一个变量有几种可能值，则可以把它定义为枚举类型，所谓"枚举"是指把变量的值一一列举出来，变量的值只限于列举出来的值的范围。定义枚举类型用 enum 开头。如：

　　　　enum（int 型）　　　　8 位数
　　　　typedef enum {FALSE, TRUE} boolean；

Neuron C 中还为 I/O 对象以及 SNVTS 预定了许多变量类型。在此不再详细叙述。

Neuron C 支持的 ANSI C 存储类别以及类型限定：

- auto（自动）　　　　局部变量默认的存储类别；
- Const（常数）　　　应用程序不能修改的存储类别；
- Extern（外部）　　　在其他模块里定义的变量或函数，如函数库或系统映像；
- Static（静态）　　　链接时其他模块不能引用的变量或函数。

Neuron C 增加的类别有：

- config（配置）　　　该关键字只能在输入网络变量定义时加入，配置网络变量主要用于应用配置，当应用映像第一次装载时被初始化；
- Network（网络）　　引入网络变量；
- System（系统）　　仅用于访问 Neuron 芯片的固件函数库；
- Uninit（不初始化）　该类别关键字与 E^2prom 关键字结合使用，用于指定 E^2PROM 变量在程序装载时或网络上再次装载时不用初始化或修改。

不同类别的 Neuron C 变量初始化发生在不同的时间：

- const 变量——初始化发生在应用映像第一次装载时；
- E^2prom、config 变量——装载时被初始化；

- 全局 RAM 变量——在节点复位时被初始化，初始化默认值为"0"；
- I/O 对象、输入网络变量（不包括 E^2prom、config 或 const 网络变量）以及定时器——初始化均发生在复位时。网络变量的默认初始值也是"0"。
- 非静态局部变量——不会自动初始化，当程序运行离开该局部变量定义的函数范围或 when 任务范围，其值不保留。

2. Neuron C 编程元素

一个 Neuron C 程序一般包括以下部分或全部的编程元素：
- Include 文件；
- 编译指令#Pragmas；
- I/O 设备驱动器；
- LonMark 对象和网络变量定义；
- 应用定时器；
- 任务和 C 语言函数。

（1）Include 文件

在开发工具中提供了若干 include 文件，具体用法和位置参见《Neuron C 参考手册》。另外用户可根据需要生成自己的 include 文件，Neuron C 编译器必须知道这些文件的路径。

例如：#include <control.h>
　　　#include <float.h>
　　　#include "myInclude.h"

（2）Neuron C 编译器#Pragmas

#Pragmas 是针对 Neuron C 编译器的指令。它可以用来设置某一个 Neuron 芯片的系统资源以及节点参数。具体可参看《Neuron C 程序员手册》的详细列表。

例：#pragma enable_io_pullups　　//内部引脚 $IO_4 \sim IO_7$ 的上拉电阻使能。在 I/O 初始化时有效。

　　　#pragma scheduler_reset　　//在非优先级 when 执行周期内、每个事件处理后，调度程序复位。

（3）I/O 设备驱动器

Neuron 芯片有 11 个 I/O 管脚，这 11 个 I/O 管脚在 Neuron C 程序中被定为 $IO_0 \sim IO_{10}$。

在程序中通过设备驱动器可将这 11 个管脚配置为输入或输出，或将其 I/O 管脚设定为具有高的输出漏电流，或使用存储映像 I/O 来扩展 I/O。

具体参看《Neuron C 程序员手册》，可以得到 I/O 设备驱动器的全部列表。

I/O 设备驱动器定义格式及示例如下：

pin　input　　　deviceType[options]　deviceName;
pin　output　　deviceType[options]　deviceName[=initialValue];
pin　　　　　　deviceType[options]　deviceName[=initialValue];

例：IO_4 input period ioTempSensor;　　//IO_4 定义为定时/计数器对象的周期输入方式
　　IO_9 output bit ioRelay=1;　　//IO_9 定义为直接 I/O 对象的 bit 输出方式初始值为 1

（4）网络变量定义

应用程序可以定义一个特殊的静态对象类——网络变量。网络变量的概念大大简化了复杂分布程序的编程。网络变量提供了一个非常灵活的由系统中节点操作分布数据的方法，编程人员不需要处理报文的缓冲器、节点寻址、请求/响应和重发处理，以及其他低级编程细节。网络变量是一个对象，可定义为输入，也可定义为输出。网络变量可以与一个或多个其他节点的网络变量互联，类型可以是整型、字符或结构型等。一个运行 Neuron C 应用程序的基于 Neuron 芯片的主机节点可定义多达 62 个网络变量，而对于非 Neuron 芯片的主机节点，可定义 4 096 个网络变量。

网络变量在使用前需要定义，网络变量的定义语法如下：

network input   type nvName;   //输入网络变量
network output type nvName[=initialValue];   //输出网络变量

网络变量的使用可参看图 4.21。

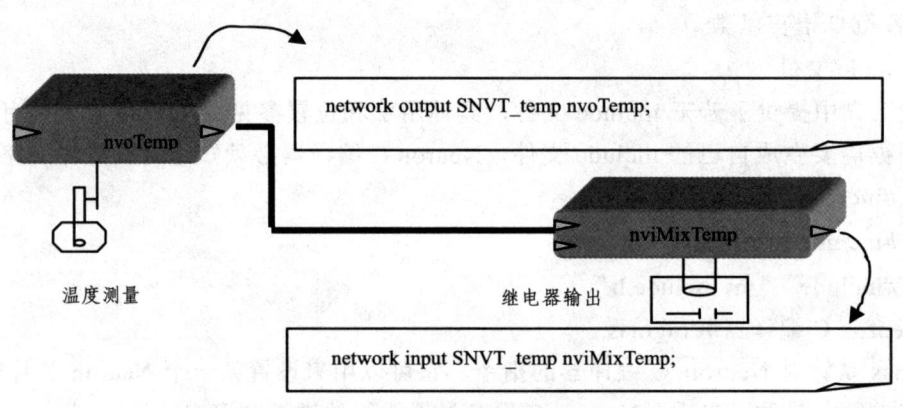

图 4.21　网络变量定义实例

（5）软件定时器定义

Neuron C 应用程序可以使用两种类型的软件定时器：毫秒定时器和秒定时器。毫秒定时器可提供定时范围为 1～64 000 ms 的定时器，秒定时器可提供定时范围为 1～65 535 s 的定时器，它们与 Neuron 芯片上的两个硬件定时器无关。

在一个程序中最多有 15 个定时器对象。用于产生基于软件定时器的事件。定时器的定义如下：

mtimer   [repeating] tmrName[=initial_value];
stimer   [repeating] tmrName[=initial_value];

例：mtimer repeating tmrPIDCalc=500;   //定义 tmrPIDCalc 为自动重复的毫秒定时器，定时值为 500 ms

（6）when 语句定义

when 语句的构成包括：when 关键词、事件（Event，用来检测真假）以及任务（Task，当判断为真时所要执行的内容）。

Neuron 芯片使用合作式的多任务方式，任何任务，一旦进入便执行到完。

when 语句不能嵌套，在一个单独的 Neuron C 程序中最多可以使用 25 个 when 语句。

例：

```
when（event）
{
//task to be executed
}
when （another event）
{
//another task to be executed
}
```

Neuron 芯片的任务调度是由事件驱动，当一个给定的条件判断为"TURE"时，与该条件有关的代码体（任务）即执行。事件由 when 子句来定义。

Neuron 芯片的任务调度器运行用户提交的任务，以响应应用程序中 when 子句指定的事件或条件。当指定的事件或条件为"TRUE"时，其相应的任务被执行。用户可以指定具有优先级的 when 子句，任务调度器检查所有 when 子句的优先权。如果一个优先级的 when 子句判断是 TURE，对应的任务执行，调度程序又返回有优先级的 when 子句；如果优先级的 when 子句判断是 False，调度程序才会转到非优先级的 when 子句判断。优先级的调度过程如图 4.22 所示。

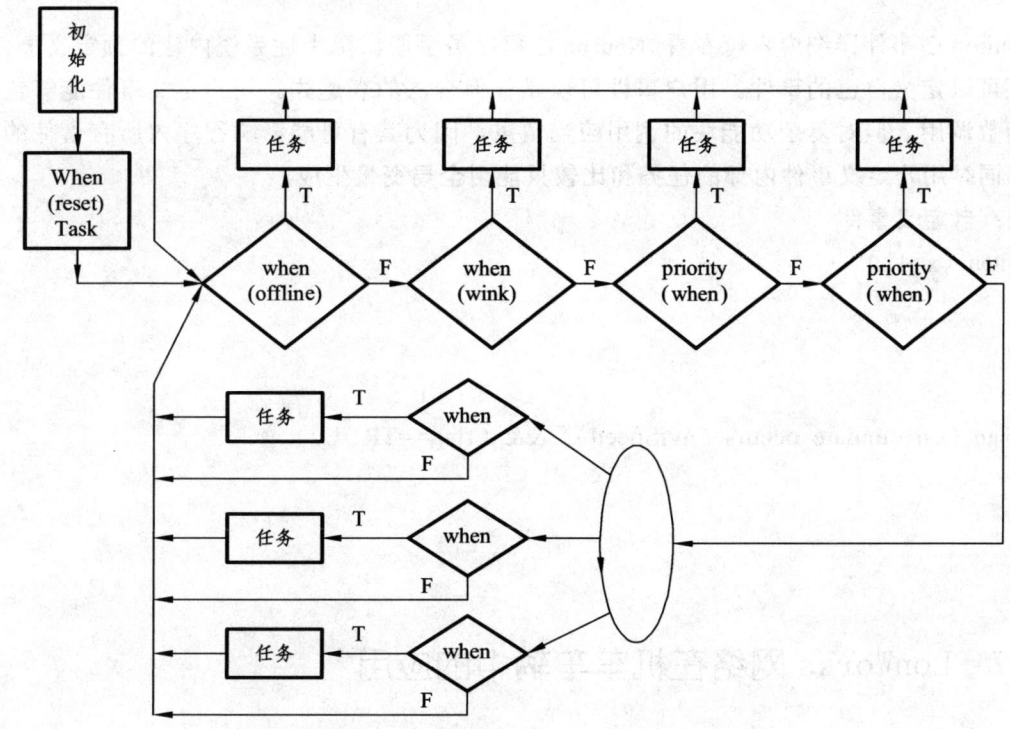

图 4.22　有优先级的 when 子句的调度过程

（7）函数定义

在编写应用程序时，可以使用函数。函数包括 Neuron C 编译器所含函数、Neuron 芯片的系统映像所含函数,以及用户自己定义的函数。函数可以被 when() 语句和下列函数调用。函数能带有参数(args),并能返回计算结果和状态信息。

例:Void doStartup(void)
{
// startup code
}
unsigned int doCalc(long value)
{
//use passed value to calculate
//a return value
return(returnValue);
}

(8)预定义事件

预定义事件是 Neuron C 在编译器内建的关键字,主要包括以下几种类型:复位事件(reset)、闪烁事件(wink)、输入输出事件(io_changes、io_in_ready、io_out_ready)、定时器溢出事件(timer_expires)、报文收到事件(nv_update_occurs、nv_update_completes、nv_update_fails、nv_update_succeeds、msg_arrives、msg_completes、msp_fails、msg_succeeds)等。

Neuron C 事件详细内容可参看《Neuron C 程序员手册》。除上述系统内建的预定义事件外,用户还可以定义自己的事件。用户事件可以是任何合法的表达式。用户定义事件能够包括任务和函数调用。但对复杂功能块的调用应当慎重,因为其有可能影响程序内所有事件的响应时间。同时用户定义事件内部的任务和比较只能用全局变量生成。

例:自定义事件
When(x>12)
{
...
}
when((nv_update_occurs(nviSpeed)) &&(flag==TRUE))
{
...
}

4.1.7 LonWorks 网络在机车车辆中的应用

1997 年 5 月,美国铁路协会 AAR 将 LON 作为其列车内部通信规范,编号为 S-4230。1999 年 8 月,IEEE 将 LON 作为其制订的列车通信协议标准 IEEE1473—1999 的一部分,即 IEEE1473-L。2002 年 7 月,我国铁道部制订了列车通信网络标准:TB/T 3034—2002,其中也将 LonWorks 网络作为列车通信网络的一部分,并已开始正式在我国机车车辆上进行应用。

1. 在机车车辆重联中的应用

在1999年10月LonWorks技术首次在"新曙光号"2M9T内燃动车组上进行使用。LonWorks网络完成首尾动车的通信重联,LonWorks网络的网卡插在内燃机微机控制装置EXP机箱中,EXP机箱内的主机CPU通过机箱背部的并行总线访问网卡上的双口RAM实现信息交换。2001年"神州号"2M10T内燃动车组也采用LonWorks技术实现重联控制,采用双通道、热备份工作方式,提高了系统可靠性。

重联系统的结构如图4.23所示。头车将司机控制指令及机车状态信号传送给尾车,控制尾车运行,可实现尾车无人驾驶。尾车检测机车状态信号,传送给头车,以便司机了解列车运行情况,确保列车工况一致。

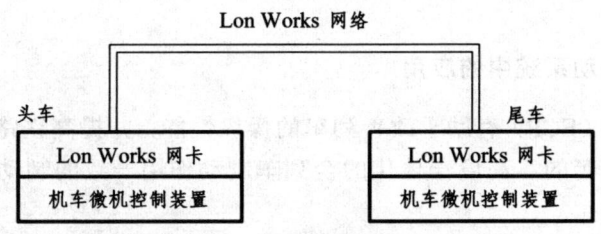

图4.23 动车组网络重联结构图

首尾车实时检测机车及柴油机的速度、电流、电压、温度、压力等信号,通过网络传递给对方车供显示器显示,以便司机及时了解运行信息,确保正常运行。

2. 在客车运行安全监控系统中的应用

客车安全运行监测系统是铁道科学研究院研制的应用于铁道车辆运行过程中状态实时检测的系统。通过对每辆客车的制动系统、转向架系统和防滑系统的工作状态的监测,各编组客车通过车间的通信连接器连接,由列车网络汇集各车辆的监测诊断信息,然后集中到工程师车,由工程师车发出报警信息,提示乘务人员及时采取相应措施。

列车网络必须能够收集网络上各车辆的所有监测信息,各车辆必须能够汇总车厢内所有监测设备的信息,因此系统采用了两级总线式拓扑结构,上层为列车级网络,连接同一列车中的不同车辆;下层为车厢级,连接同一车厢内的不同功能的监测子系统。

列车网络系统具有以下功能:

(1) 列车级网络的终端自动投入

为了适应网络对客车灵活编组的要求,采用半自动组网技术,实现了网络终端的自动识别,列车级网络终端匹配电阻自动投入。

(2) 列车级总线双网冗余工作

列车级总线采用双网冗余,分别为A网和B网,在车厢的两侧平行布置,解决车辆换向的问题。列车级主机包含两个LonWorks网卡,分别管理A,B网络。当CPU发现一侧网络中有一辆或多个车辆级代理节点出现问题,自动从另一侧网络中选取相应的代理节点发送信息,保证列车级数据的完整性。

（3）网络实时性强

利用对等式网络结构，采用轮询机制，使正常情况下网络工作有序且带宽利用率高，同时在异常情况下也能发送或接收受阻的节点能够将数据发送出去。

（4）车厢级网络扩展方便

车厢级网络采用背板总线方式，各功能控制板可带电插拔。

（5）采用嵌入式实时操作系统

列车级主机采用 QNX 实时操作系统，系统运行内核很小，系统可随时掉电而不会伤害系统。

（6）具有数据存储和诊断功能

在列车级主机具有数据存储功能，可将各车辆功能节点的事件信息和故障信息进行存储，并在车厢级过程数据的基础上，在列车级对全列车数据进行分析和对比，形成列车级的故障诊断和故障报警。

3. 在货车 ECP 制动系统中的应用

电控空气制动系统（ECP）有助于改善列车的操纵性能，并提高铁路运输与其他运输方式的竞争力。它是一种完善的、高度一体化的全列车制动作用一致的制动系统，从而改善了纵向动力学性能。

采用 ECP 制动系统装备车辆，能够有望实现延长车轮、闸瓦、车钩及缓冲器等部件的寿命。

ECP 制动系统不仅能够检测和记录基础制动装置、间隙调整问题、制动缸泄漏和车轮擦伤，降低维护费用，而且也能够检测和记录作用力过大故障，如转向架摇摆和脱轨。

南非 Spoornet 公司计划试验的列车正在 Ermelo-Richards Bay 25 kV 的电气化运煤线路上运营。它不仅是世界上首次采用完全集成化 ECP、分散电源控制系统（DPC）和机车电空集成控制系统（EPIC）的列车，也是第一列在电气化铁路上运行的 ECP 列车，并且是最长的有线式 ECP 列车（共 200 辆编组）。迄今为止，其是符合 AAR 的 S-4230 信息标准的第一列 ECP，也是第一列配有 S-4200 标准 EOT 的 ECP 列车，并且是第一列使用 Wabtec 公司 ECP-4201 系统控制的运营列车。

图 4.24 是应用于机车的 ECP/DPC 系统结构图，图 4.25 是列车 ECP 的结构框图。

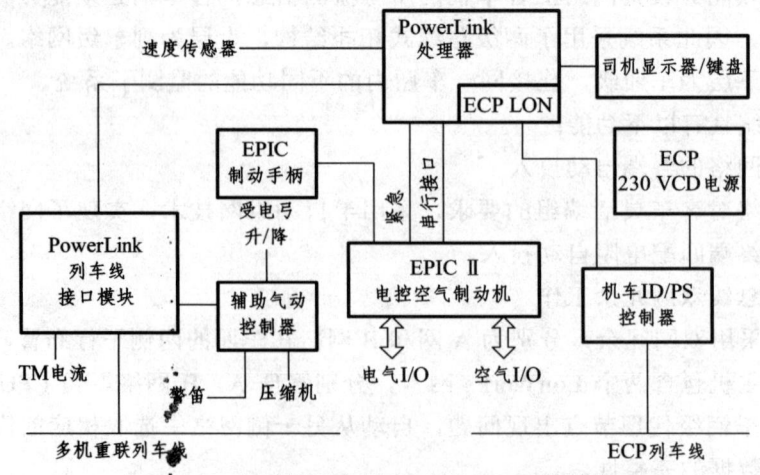

图 4.24　应用于机车的 ECP/DPC 系统结构图

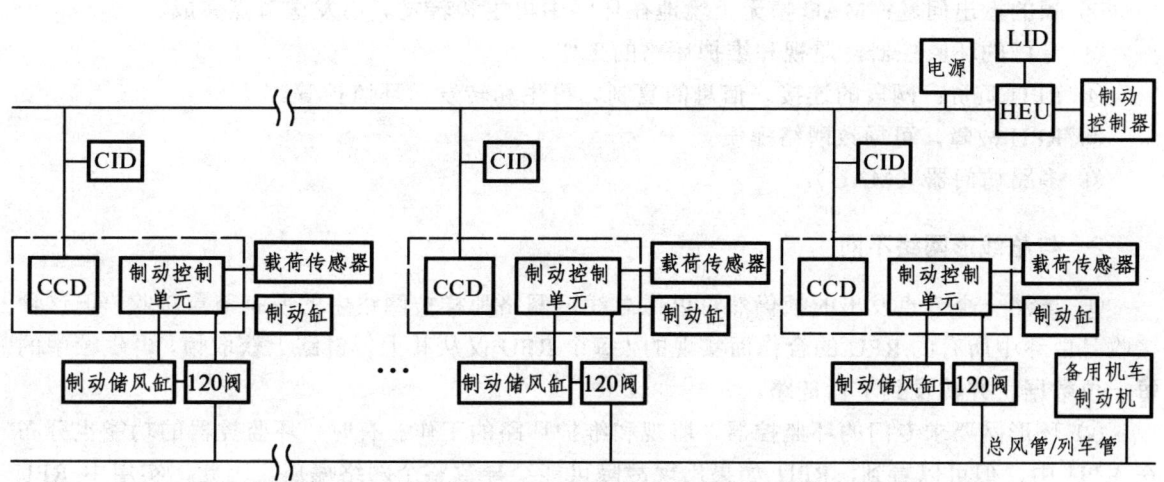

图 4.25 列车 ECP 的结构框图

注：CCD—车辆控制装置（ECP-4201） HEU—头端设备
CID—车辆 ID 接线盒 LID—机车 ID 接线盒

4.2 ARCNET 网络

ARCNET（Auxiliary Resource Computer Network）是一种基于令牌传递（token passing）协议的现场总线，它最初是美国 Datapoint 公司在 20 世纪 70 年代末作为办公自动化网络发展起来的，由于其具有快速性、确定性、可扩展性和支持长距离传输等特点，非常适合过程实时控制，近年来被广泛应用在各种自动化领域，是一种理想的现场总线技术。下面先介绍令牌环网络和令牌总线的基本知识。

4.2.1 令牌环（token-ring）网络简介

环形网络的所有节点通过环接口设备（又称环中继转发器 RPU）接入环路，整个环路由一系列的环段（传输介质，也称链路）和 RPU 组成。

1. 环形局域网的结构

环形局域网的一般结构如图 4.26 所示。

① 环中继转发器（RPU）。主要负责网段的连接、信息的复制、再生和转发、环监控等。从其中的一个环段（称为上行链路）上获取帧中的每个位信号，再生（整形和放大）并转发到另一环段（称为下行链路）。如果帧中宿地址与本节点地址一致，复制 MAC 帧，并送给附接在本 RPU 的节点。

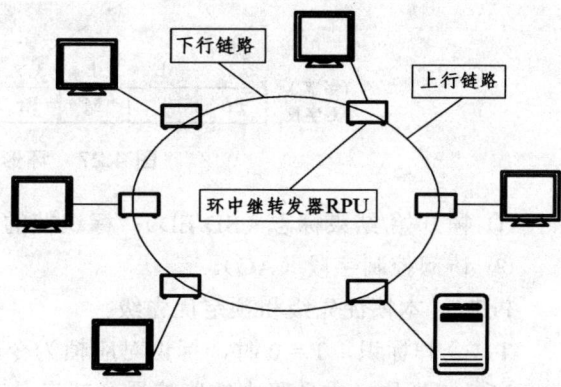

图 4.26 环形局域网一般结构示意图

② 帧的撤出问题：MAC 帧无止境地在环路中再生和转发。由发送节点完成。
③ 专门的环监控器，监视和维护环路的工作。
④ RPU 负责：网段的连接、信息的复制、再生和转发、环监控等。
⑤ RPU 故障，可导致网络瘫痪。
⑥ 多路访问器（MAU）。

2. 与总线形网络不同

① 虽然一个节点发出的帧仍然可以像总线形网络那样被网络中的所有节点接收，但这种接收是由环中所有的 RPU 的合作而实现的，每个 RPU 仅从其上行链路上获取帧，再生帧中的每一位数据，并转发到下行链路。

② 环形网要求专门的环监控器，监视和维护环路的工作。有时，环监控器的功能也分布在 RPU 中，但可以看到，RPU 如果出现故障可能会导致整个网络瘫痪，因此，实用中 RPU 常用多路访问器（MAU）代替。

3. 令牌环网工作原理

① 具有特定格式的令牌帧绕环行驶，将访问介质的权利从一个节点传递到物理连接的另外一个节点（从一个 RPU 传递到物理链路另一端的 RPU）。
② 希望发送信息的节点将数据组成 MAC 帧，并仅在获得令牌之后，才可进行发送动作。
③ 每个节点均执行环内数据的再生和转发。
④ 只有接收节点（帧中的宿地址为本节点地址）进行数据帧的复制和接收。
⑤ 发送数据的节点在收到绕环一周的帧后，撤出该帧并释放令牌。

4. 令牌环的 MAC 帧格式

令牌环的 MAC 帧格式如图 4.27 所示。

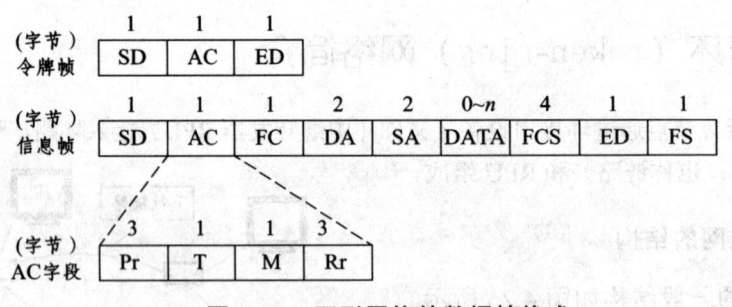

图 4.27 环形网络的数据帧格式

① 帧开始/结束标志（SD/ED）：标识帧的开始和结束。
② 访问控制字段（AC）。
Pr/Rr：本帧优先级和预定优先级。
T：令牌标识，T = 0 时，标识对应帧为令牌帧，T = 1 时，标识对应帧为信息帧。
M：监视位，由环路中的监控器（或者具有监控功能的 RPU）填写，发送节点发送该帧（或令牌）时，M 置为 0，当该帧经过监控器时，监控器将该位置为 1。如果监控器发现监视位已经被置为1,则认为发送节点出现故障,未能按规定撤出该帧,此时监控器负责撤出该帧,并发出令牌帧。

③ 帧控制字段(FC)。

④ 帧状态标志(FS)。

5. 令牌环网的特点

① 同一时刻,环上只有一个数据帧在传输(一个节点在传输数据)。

② 网上所有节点共享网络带宽。

③ 有最小的传输延迟时间(令牌传输需要时间)。

④ 数据从一个节点传到另一个节点的时间是可计算的,可用于实时控制。

⑤ 遵循标准:IEEE 802.5。

4.2.2 令牌总线(token-passing bus)简介

1. 令牌总线拓扑

令牌总线采用总线拓扑,通过在网络节点之间按照一定顺序传递令牌来分配各节点对共享型总线的访问权利,形成闭合的逻辑环路。

采用半双工的操作方式,只有获得令牌的节点才能发送信息,其他节点只能接收信息,或者被动地发送信息(在拥有令牌的节点要求下,发送信息)。

为了保证逻辑闭合环路的形成,每个节点都动态地维护着一个连接表,该表记录着本节点在环路中的前继、后继和本节点的地址,每个节点根据后继地址确定下一占有令牌的节点,如图4.28所示。

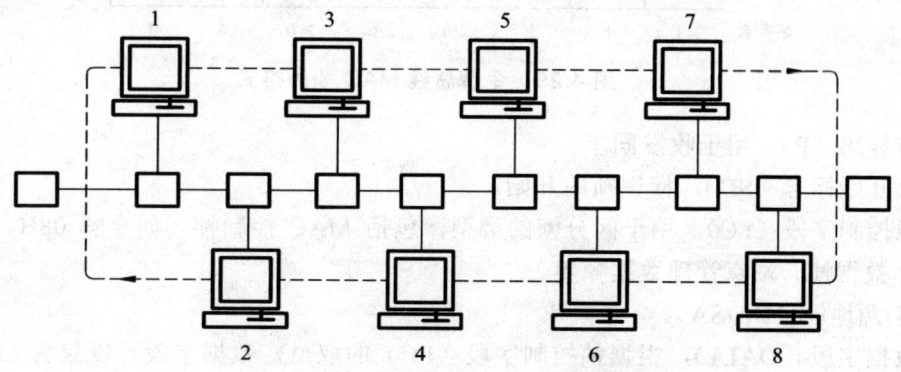

图 4.28 令牌总线网络拓扑

令牌传递总线介质访问控制应具有的功能:

① 令牌传递算法:逻辑环按递减的站地址次序组成。

② 逻辑环的初始化。

③ 站插入算法:应周期性的允许新的站点插入逻辑环中。

④ 退出环路:一个站点能从环路上退出来,并将先行站和后继站连接起来。

⑤ 恢复:对丢失令牌能恢复;对多重令牌能识别等。

该方式已列入 IEEE802.4 标准协议。

2. 令牌总线的基本原理

令牌总线的基本原理是：用令牌控制对介质的访问，持令牌的站暂时控制了介质，并可以发送数据；令牌按一定的规则在网上的各站之间循环地传递，从而形成了一个逻辑环。图 4.28 中的逻辑环为 1→3→5→7→8→6→4→2。除总线拓扑网络外，树状网、星状网等其他拓扑网也可组成逻辑环路。实际上，网络中令牌的传送按虚线逻辑环路进行，而数据帧的传送仍在两站点间直接进行，这种结构叫做逻辑环网。一个站点要发送数据，必须持有令牌，持有令牌的站发完数据帧或发送的数据帧到达规定的个数，必须将发送控制权传送给逻辑环的下游站。这样，网上各站都有平等的发送数据帧的机会，网上允许只有一个令牌，没有发送时的竞争现象。

逻辑环网与物理环网（IEEE802.5 标准）相对比，由于物理环网传送数据必须按环路进行，而逻辑环网传送数据有直接通路，所以逻辑环网延迟时间短。逻辑环网与一般争用总线网相比，在网络通信量增加的情况下，争用总线网冲突增加，系统开销随之增大，系统效率迅速下降。逻辑环网传送令牌的时间为常数，不用解决冲突问题，效率依然很高；另外采用 CSMA 方式的总线网在访问竞争中各站平等，访问和响应具有随机性，不具备时间确定性，不符合实时要求，而逻辑环网可实现有优先级的数据传送，且访问和响应时间有确定值，符合实时应用要求。因此在列车通信网络中可以采用 ARCNET 类型的令牌总线网络。

3. 令牌总线帧的一般格式

令牌总线 MAC 帧的格式如图 4.29 所示。

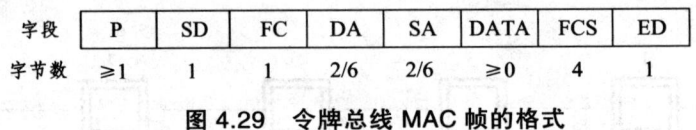

图 4.29 令牌总线 MAC 帧的格式

① 前导码（P），用于收发同步。
② 帧开始标志（SD），标识帧的开始。
③ 帧控制字段（FC），用于区分帧的类型，包括 MAC 控制帧（如令牌 08H、设置后继等）、LLC 数据帧、站点管理数据帧等。
④ 宿/源地址（DA/SA）。
⑤ 数据字段（DATA），根据帧控制字段（FC）的取值，数据字段可以包含 LLC 协议数据单元、MAC 管理数据、MAC 控制帧的数据。
⑥ 帧校验序列（FCS），对 SD 和 ED 之间的所有字段进行 CRC 校验。
⑦ 帧结束标志（ED），标识帧的结束，也标识了帧中 FCS 的位置。

4. 令牌总线帧的发送和接收

① 令牌传递：有令牌的节点在发送完信息后，执行环路维护工作，将令牌传递给后继节点。并继续监听介质上合法帧的传递，直到后继节点已获得令牌，并正常工作；如果在规定时间内未监听到信息在介质上的传输，执行一次令牌重传。如仍然未能监听到合法帧的传输，原

后继节点已撤出环路，开始寻找后继和环路重构过程。

发送"寻找后继命令帧"（原后继节点的地址为数据字段），原节点的后继节点用"设置后继命令帧"予以响应。

双方修改各自连接表中的后继/前继地址，传递令牌，恢复正常工作。

② 令牌丢失的处理：

令牌环网中各节点设有"环不工作计时器"。在规定的时间内，未能监听到介质上有信号传输，环不工作计时器超时，则环路中令牌丢失，或者环路处于初始工作状态。

如果任一节点判断出环上有不工作的节点，将采用竞争总线的方法争夺生成令牌的权利。

a. 各节点根据本节点地址信息和一定的规则，形成不同长度的"要求令牌命令帧"，发往介质并监听介质。

b. 不同的地址形成不同长度的帧几乎"同时"发往介质时，会产生冲突。

c. 节点在发送帧之后，监听介质时，发短帧的节点会"监听"到其他节点的帧正在发送。发最长帧的节点感觉不到介质上有信号的节点，赢得生成令牌的权利，执行环路重构的过程。

③ 多个令牌的处理：

a. 令牌重复：环路中同时具有多个令牌，由获得令牌的节点进行处理。

b. 判断令牌重复：获得令牌的节点，如果仍然感知介质上有信号在传输，表示有其他节点也掌握着令牌（令牌重复）。

c. 解决办法：简单地丢弃令牌，回到原接收状态（目的在于减少环路中令牌的个数）。

d. 可能产生的后果：令牌丢失。

5. 令牌环路的维护

（1）环路重构

① 目的：各节点填写连接表，重新构造逻辑环。环路不工作后，获得生成令牌权利的节点进行环路维护。

② 发出"请求后继命令帧"：寻找可能的后继节点。

③ 限定响应节点的范围，在此范围内的节点用"设置后继命令帧"响应。

④ 若有多个适合的节点予以响应（出现冲突），用"解决冲突命令帧"进一步限定范围，直至有且仅有一个节点予以响应。

⑤ 置连接表中的后继地址，并传递令牌给该后继节点。

⑥ 后继节点接收令牌，将令牌中的源地址置为连接表中的前继地址，如果本节点维护的连接表中没有指定后继节点，则重复上述"寻找"后继的动作。

⑦ 最终，环路形成，并且令牌返回原生成令牌的节点，完成环路重构动作，开始正常的工作。

（2）增加新节点

新节点加入，需等待机会。

① IEEE 802.4 规定：每个节点具有占用令牌的最大时间。

② 节点在信息传输完毕之后，如果时间允许，应执行必要的环路维护工作。

③ 询问是否有新节点希望加入。如果有，则进行环路重构。

④ 若新节点符合后继的要求，用"设置后继命令帧"响应。
⑤ 部分节点修改连接表，容纳新节点入网。

（3）节点撤出环路

有两种方法可将节点撤出环路：

① 节点可以在任意时刻、不采取任何动作地撤出环路。该节点的前继会自动开始寻找新后继的过程（令牌维护）。

② 指定时刻退出环路。希望撤出环路的节点仅在收到令牌之后，用"置后继命令帧"，将其后继节点地址告诉前继节点，并传递令牌，撤出环路。

6. 令牌总线的特点

① 令牌传递方式可使所有节点对传输介质进行公平和有序的访问。
② 可传输多种类型的帧，无最小帧长的限制（数据字段 data>=0），控制方式多样。
③ 整个网络具有最小的传输延时。无数据可传输的节点，仍然需要处理令牌的传递和进行环路维护工作。
④ 可以估算整个网络具有的最大发送延时。知道帧的长度、最大令牌占有时间和入网的节点个数之后，即可估算出每个节点的最大发送延时。
⑤ 非常适合具有一定实时性要求的环境。

优点：结构简单灵活、可靠性较高、网络响应速度快、硬件设备量少、造价低、安装使用方便，共享能力强，适合于一点发送、多点接收的场合。

缺点：维修不便，一个链路故障，将会破坏网络上所有节点的通信，探测电缆故障时，需要涉及整个网络。在网络中增加节点时，需要断开节点，网络将停止工作，故其网络扩展性较差。

4.2.3 ARCNET 令牌总线

ARCNET 是典型的令牌总线网络，1999 年成为美国国家标准 ANSI/ATA-878.1。从 OSI 参考模型来看，ARCNET 定义了 ISO/OSI 七层网络体系模型中的数据链路层和物理层，其开放底层接口，允许用户自行开发嵌入式设备。

1. ARCNET 的节点及地址

每个 ARCNET 物理节点包括一个数据链路层的通信控制器芯片和一个物理层的收发器芯片。每个节点有一个网络地址，令牌以递增的节点地址序号，从一个节点传递到另一个节点，形成逻辑环路。节点使用唯一的 MAC 地址标识自己，单个 ARCNET 子网最多可有 255 个节点，ARCNET 支持点对点的定向消息和单点对多点的广播消息。在数据链路层，采用令牌环机制，各节点通过传递令牌来协调网络使用权。

2. ARCNET 的物理层

在物理层，ARCNET 支持总线形、星形以及分布式星形拓扑结构。ARCNET 速率为 2.5 Mbit/s，传输的介质有同轴电缆、双绞线、光纤，可满足绝大多数自动控制应用对速度、抗干扰性和物理介质的要求。新型的 ARCNET plus 速率已从原来的 2.5 Mbit/s 增加到 100 Mbit/s（使用光纤时）。

3. ARCNET 的帧类型

虽然 ARCNET 遵从 IEEE 802.4 的协议，但是在具体帧结构上还是存在着差异。ARCNET 有令牌帧、空闲缓冲区询问帧、确认帧、否认帧及数据传输帧等多种信息帧，其各帧结构如图 4.30 所示。

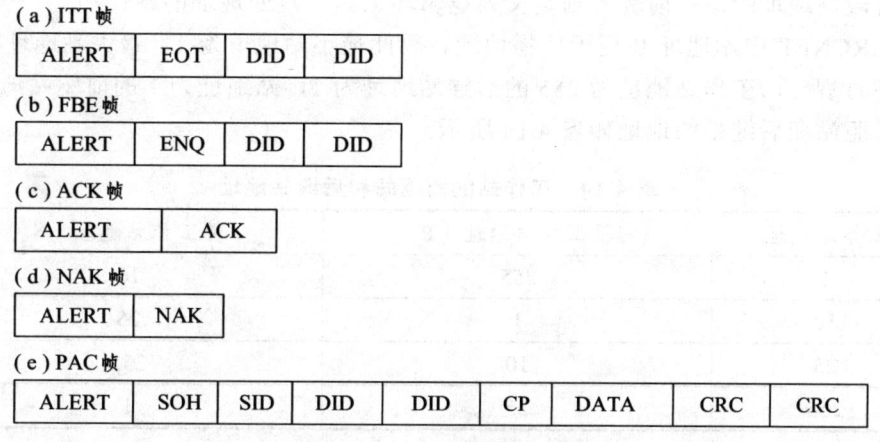

图 4.30 ARCNET 帧结构

ARCNET 帧不管是哪种帧，都由 ALERT 引导，类似于 HDLC 中使用的标识符。ALERT 由 6 比特间隔的传号（1）组成。传号（1）由正脉冲后跟负脉冲组成的双脉冲表示。空号（0）由无脉冲表示。

（a）邀请发送令牌帧（ITT）总是传递给其后继工作站。EOT 是 ASCⅡ码中的传输结束控制符（04hex）。后跟的两个字节都是 DID（终点标识符），即后继工作站的地址。重复使用 DID 的目的是增加可靠性。

（b）空闲缓冲器询问帧（FBE）。ENQ 是 ASCⅡ字符集中的询问字符（05hex）。随其后的两个字节 DID 是想通过询问了解空闲缓冲器状态的工作站标识。DID 重复使用也是为提高寻找终点工作站的可靠性。

（c）确认帧（ACK）由 ALERT 和 ACK 组成。ACK 是 ASCⅡ字符集中的确认字符（06hex）当响应 FBE 帧而发送 ACK 时，表示接收工作站具有可供使用的缓冲器空间。ACK 帧之所以没有 DID 字段，是因为这种帧是作为广播方式发送的。

（d）否认帧（NAK）是 ASCⅡ字符集中的否认字符（15hex）。当响应 FBE 帧而发送 NAK 时，表示接收工作站不具有可供使用的缓冲空间。NAK 帧也没有 DID 字段，其原因与 ACK 帧相同。

（e）数据帧（PAC），帧中 SOH（标题开始）是 ASCⅡ字符集中的标题开始字符（01hex）。SID（源点 ID）和（终点 ID）表示源点和终点工作站的地址。CP（连续指针）字段指示工作站在存储器中找到的传输数据的起点。数据字段 DATA 具有可变长度，处于 1 字节和 508 字节之间，用以携带用户数据。2 字节的 CRC 字段由发送站添加，用来保护 DATA 字段。

4. ARCNET 工作机制

ARCNET 的地址由 8 bit 组成，其中地址 0 作为广播地址。因此 ARCNET 网络上最多可以容纳 255 个节点。ARCNET 网络节点之间的数据传输像总线形 LAN 一样是广播式的，但对总线的访问决定于令牌。为说明这种网络的操作机制，假定在一条总线上有 4 个节点，其地址分别为 1，10，25 和 255。在启动网络时，这 4 个工作站形成一个逻辑环，每个站都跟踪两个信息：① 谁是后继者；② 谁是前驱者。

这两种信息分别由字母 S（后继者）和 P（前驱者）代表。一个工作站的后继者定义为逻辑环上具有较高地址的站；前驱者则定义为逻辑环上具有较低地址的站。

由于 ARCNET 中站地址 0 用于广播地址，因此最小站地址为 1，最大站地址为 255。在构成逻辑环时规定，工作站地址为 255 的后继站地址为 1，站地址为 1 的前驱站地址为 255。工作站的前驱站和后继站的地址如表 4.14 所示。

表 4.14 工作站的前驱站和后继站地址

工作站地址	前驱工作站地址（P）	后继工作站地址（S）
1	255	10
10	1	25
25	10	255
255	25	1

5. 帧的发送与接收

在启动时，首先要构成逻辑次序，即逻辑环，每个站都不断跟踪保持其前驱工作站和后继工作站的站标识。每个工作站将其自身的后继者（NID）设置为自身站地址（ID）加 1，并按下述公式设置超时值（Time Out）。

Time Out = $146 \times (255 - ID)$ μs，具有最大地址值的工作站首先超时，开始创建 ITT 帧，并将该令牌帧发送给后继站。如果在 74 μs 后没有响应，最大地址值的工作站便认为具有后继 NID 地址的站不存在，随后便将 NID 值增加 1，再次发送 DID 为新值的 ITT。这种过程重复直至该最大地址值的工作站找到自己的后继站为止。被找到的后继工作站像前驱工作站一样，重复此过程。

一旦找到所有活动工作站，正常的令牌传递操作便可开始。配置时间在 24～61 μs 范围，取决于活动站的数目和工作站地址的值。为使 TimeOut 初始值为 0 和将配置时间减至最小，ARCNET 建议将一个工作站地址设置为 255。

具有 ITT 帧的工作站在将令牌帧传递给后继站之前最多发送一帧。在数据帧被发送到终点节点之前，必须询问是否有足够的缓冲空间来接受帧。执行这种询问功能的是 FBE 帧。被询问的站如果有缓冲器可用，便发回 ACK 帧，否则发回 NAK 帧。

发送 FBE 帧后一旦收到 ACK 帧，便可发送数据帧 PAC。

6. 令牌维护

如果由于故障破坏了令牌的正确传递，网络必须进行重新配置。产生重新配置的情况是在令牌传递环上增加工作站或去掉工作站。因此重新配置是难以避免的事情。

如果一个活动工作站在 840 ms 后未接收到 ITT 帧，由 8 个传号间隔组成的重新连接时序，后跟一个空号便发送 765 次。重新连接时序持续 2 754 μs，以确保破坏传输中的任何令牌帧，其结果是使令牌帧丢失。78 μs 无活动后，所有工作站都会认识到，网络的重新配置正在发生。于是每个站都将其自身的后继站设置为自身地址（ID）加 1，并设置超时值。以后的过程与启动时一样。

在 ARCNET 技术中，删除一个工作站是一个较简单的过程，不需调用全部重新配置机制。如果地址为 10 的工作站从环上已撤离，而且只要对其前驱工作站 1 发来的 ITT 帧不响应的时间超过 74 μs，工作站 1 便认为工作站 10 不再存在。工作站 1 便对其 NID 值增加 1（新值为 11），并将 ITT 发到工作站 11。如果在 74 μs 后还是没有响应，则重复上述过程。下一个站地址为 25，工作站 1 需要 $(25 − 10) × 74$ μs $= 1.1$ ms 的时间，才能发现它的后继工作站为 25。

如果工作站 10 想重新进入环，它必须等待令牌的时间为 840 ms。如果它还未被 ITT 帧邀请，则它必须调用全部重新配置机制才能进入环。

4.2.4 CRH$_2$ 动车组信息网络系统概况

CRH$_2$ 型动车组（简称 CRH$_2$）是通过引进日本 E2-1000 动车组技术进行生产，为了适应我国的线路和运用要求，在引进过程中对原型车技术进行了适应性改进设计。

CRH$_2$ 运营速度 200 km/h，列车编组为 4M4T，由 2 个动力单元组成。每个动力单元由 2 个动车和 2 个拖车（T-M-M-T）组成，列车总功率为 4 800 kW。CRH$_2$ 动车组的编组如图 4.31 所示。

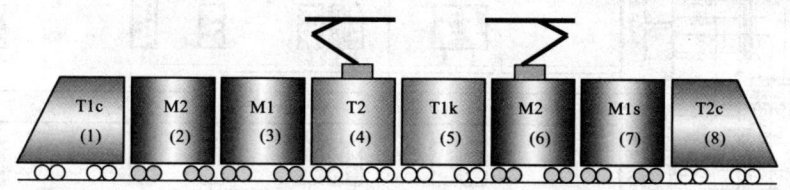

图 4.31 CRH$_2$ 动车组的编组

CRH$_2$ 动车组列车网络控制系统是采用日本三菱公司基于 ARCNET 协议开发的 TIS 系统。该网络控制系统通过贯穿列车的总线来传输信息，通过对列车运行以及与车载设备动作相关的信息进行集中管理，可以有效地帮助司机和乘务员操纵列车，加强车载设备的维护保养，提升对乘客的服务质量。

列车信息网络系统具有如下三大功能：

① 控制指令传送功能：动车组牵引、制动、辅助电源等设备分散布置于列车各车辆，司机操纵台布置在头车，控制指令也可通过硬连线传达各车辆，但需要大量电缆，通过信息网络，可减少大量硬连线，实现列车的集中控制，减轻列车重量。

② 监视器功能：将列车信息显示在司机操纵台的显示器上，使乘务员了解列车运行状态。

③ 车载检测功能：使列车检测自动化，实时检测记录列车设备状态，及时切除故障设备，避免故障扩大，记录的状态数据还可作为维修依据，减轻维护保养工作。

1. 列车网络的总体结构

CRH$_2$ 列车信息控制系统采用列车级和车辆级两级网络结构。列车级网络为连接编组各车辆的通信网络，以列车运行控制为目的，连接各中央装置和终端装置，采用双重环网结构。车辆级网络为连接车厢内设备的通信网络。列车信息控制系统结构图如图 4.32 所示。

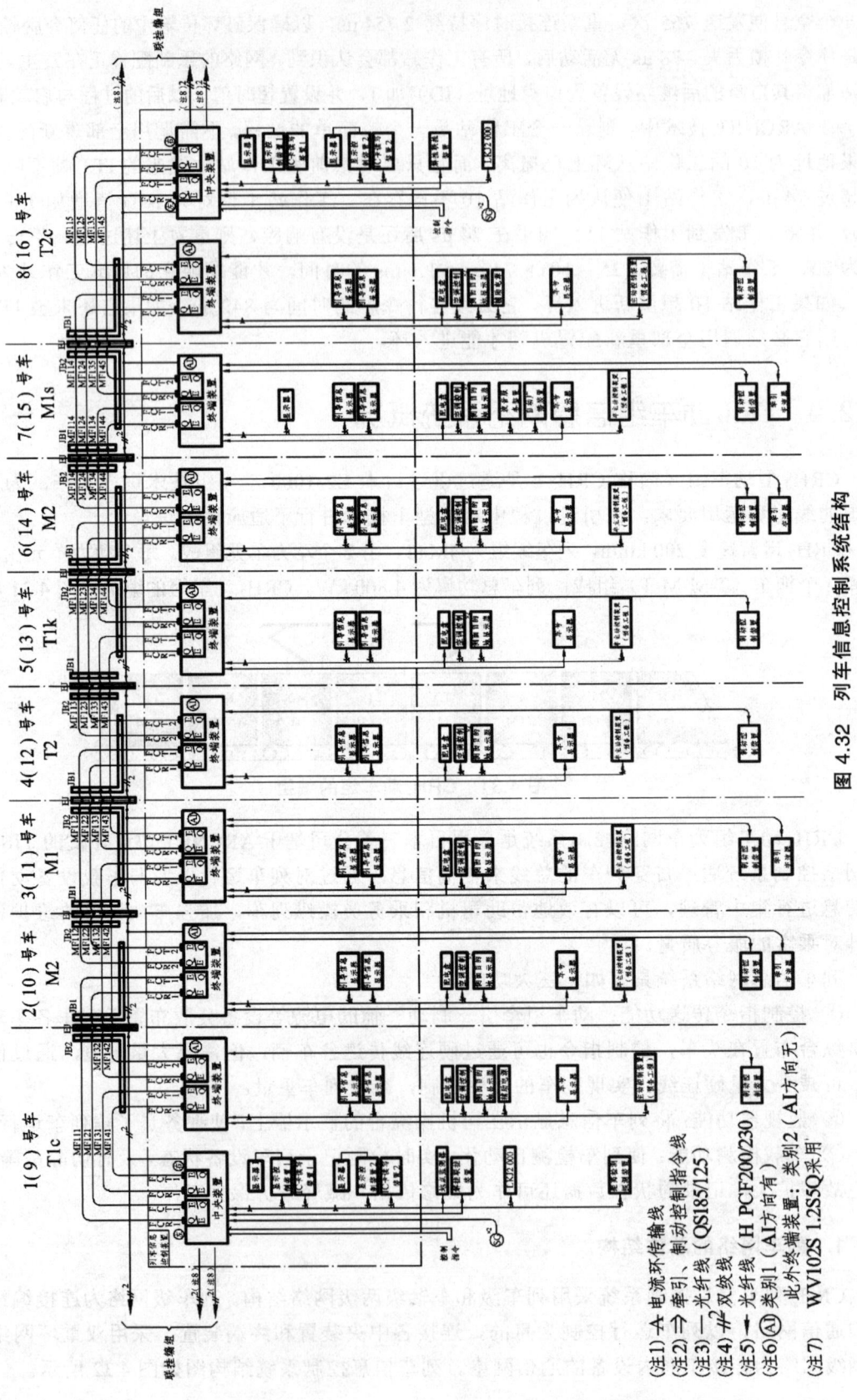

图 4.32 列车信息控制系统结构

(1) 列车总线

列车级总线有两种类型，其一为光纤环网，连接所有中央装置与终端装置，采用 ARCNET 协议；其二为自我诊断传输网，以总线方式连接中央装置与终端装置，采用 HDLC 作为通信协议。

构成列车总线的设备有中央装置、终端装置、显示器、显示控制装置、IC 卡架以及车内信息显示器构成。各装置在列车内的配置情况如表 4.15 所示。

表 4.15　信息控制系统设备配置

车辆编号	T1c-1	M2-2	M1-3	T2-4	T1k-5	M2-6	M1s-7	Tc2-8
中央装置	1							1
终端装置	1*¹	1*¹	1	1*¹	1*¹	1*¹	1	1*¹
显示器	2						1	2
显示控制装置	2						1	2
卡　架	2							2
车内信息显示器	2	2	2	2	2	2	2	2

注：*¹ 为有模拟输入（AIN）卡。

在光纤环网中如果在一个方向的环绕中，检测到无应答的情况，就向另一个方向的环绕传送，能够避开故障部位。

另外，当两列车联挂编组时，车辆的中央装置之间由两对电线（双绞屏蔽线）连接，在此条件（联挂车辆的两个中央装置之间，MCR 是 OFF）下，打开环线回路，将联挂前独立的环线回路结合在一起，就能够保持编组环线回路的构成。

列车总线结构如图 4.33 所示，其性能如下：

光纤环网：

① 采用双重环形光纤网络拓扑结构；
② 令牌传递方式（传送监视器状态）；
③ 传送周期以 10 ms 为标准；
④ 适用光纤为 QSI85/125；
⑤ 传送速率为 2.5 Mbit/s。

自我诊断的传送线：

① 通过多站结合进行的单向传送（控制发送部→控制接收部）；
② 以固定长度的循环传送方式；
③ 传送周期以 10 ms 为标准；
④ 符号化基带方式 $24V_{P-P}$，（120 Ω 平衡电路）；
⑤ HDLC 方式 38.4 kbit/s；
⑥ Dual-CPU 方式保证安全传输。

(2) 车辆总线

车辆总线指中央装置/终端装置与车辆内设备之间信息交换的通道。中央装置/终端装置与设备之间采用点对点通信方式，牵引变流器、制动控制单元与终端之间采用光纤连接，其他设备与中央装置、终端装置再采用电流环连接，如图 4.34 所示。

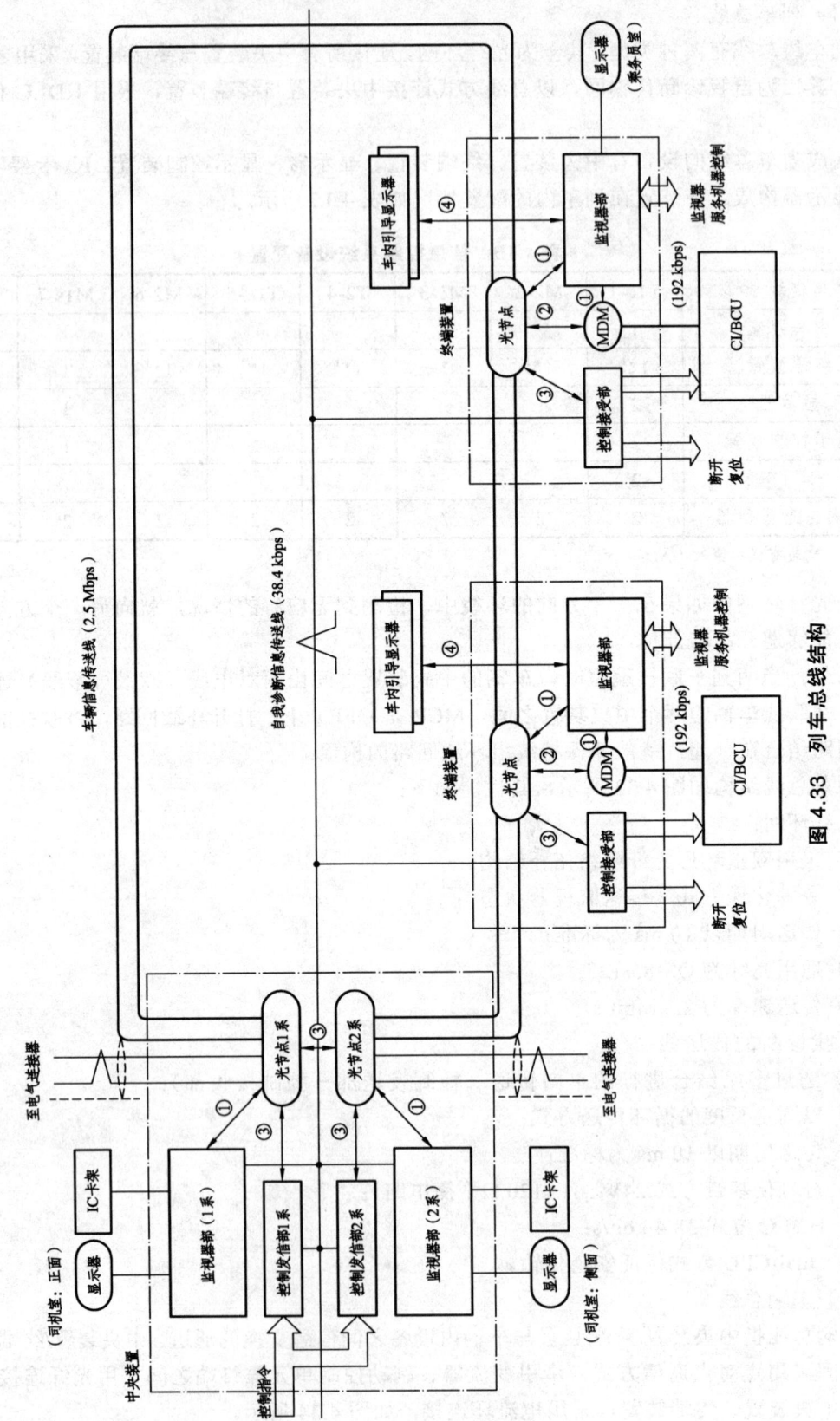

图 4.33 列车总线结构

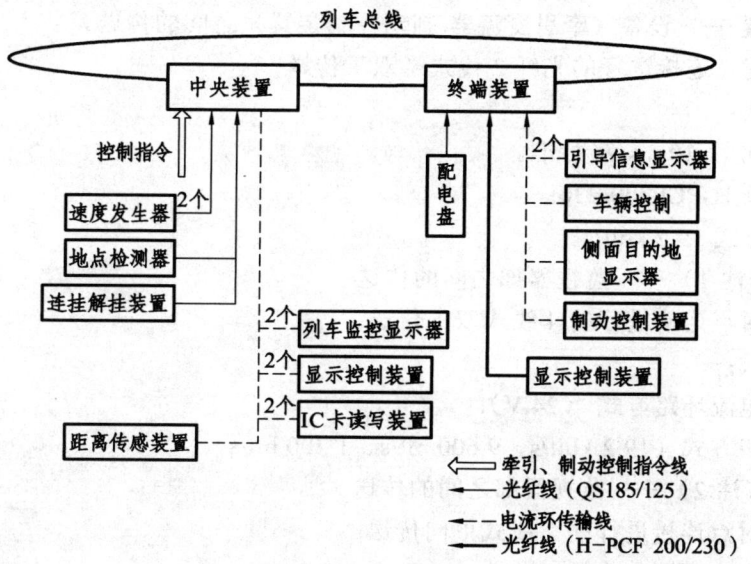

图 4.34 车辆总线结构

车辆内部设备与列车网络节点（中央装置/终端装置）之间的通信协议有多种，包括 20 mA 电流环、30 mA 电流环以及 HDLC 方式。

对各车的中央装置、终端装置和接口对象设备总结如表 4.16 所示。

表 4.16 监视器中央装置/终端装置和接口设备

	Tc1-1	M2-2	M1-3	T2-4	T1k-5	M2-6	M1s-7	T2c-8
	中央	终端	终端	终端	终端	终端	终端	中央
显示控制装置	○						○	○
卡架	○							○
信息显示器		○	○	○	○	○	○	
SG	○							○
解编与联挂装置	○							○
LKJ2000 装置	○							○
距离检测 sensor 装置	○							
配电盘		○	○	○	○	○	○	
空调控制		○	○	○	○	○	○	
侧面目的地显示器		○	○	○	○	○	○	
辅助电源		○						○
车号显示器		○	○	○	○	○	○	
brake 控制装置		○	○			○	○	
牵引变流器			○			○	○	
radio service 装置							○	
自动播放装置							○	

车载设备与信息网络系统节点之间采用点对点通信方式，有多种通信规格：

① 终端装置——设备（牵引变流器/制动控制装置）之间的传送。
- 通过点对点连接进行的光纤 2 线式半双工传送；
- 轮询方式；
- 传送周期以 10 ms 为标准。
- 适用光纤 H-PCF200/230；
- HDLC 方式 19.2 kbit/s。

② 设备 1（注 1）——监视器部之间的传送。
- 通过点对点连接进行的 4 线式双工传送；
- 轮询方式；
- 20 mA 电流环路方式（24 V）；
- 起止同步方式（19.2 kbit/s、9 600 bit/s、1 200 bit/s）。

③ 设备 2（注 2）——监视器部之间的传送。
- 通过点对点连接进行的 2 线式单向传送。
- 20 mA 电流环路方式（24 V）；
- 起止同步方式（9 600 bit/s）。

④ 设备 3（注 3）——监视器部之间的传送。
- 通过点对点连接进行的 2 线式单向传送。
- 30 mA 电流环路方式（24 V）；
- HDLC 方式（9 600 bit/s、4 800 bit/s、1 200 bit/s）。

（注 1）设备 1（19.2 kbit/s）：ATC 检查记录部；设备 1（9 600 bit/s）：车内引导显示器、空调显示设定器、自动播放装置、辅助电源装置。（注 2）设备 2（9 600 bit/s）：侧面到达目的地显示器（发送信号）。（注 3）设备 3（9 600 bit/s）：距离检测装置（接收信号）。

（3）中央装置

中央装置外形如图 4.35 所示，由铝合金箱体组成，最上部为外部连线插座 CN-M1～CN-M8，中间部分安装电路板，下部为通风空间。箱体后部有两层印刷电路板，最后一层安装

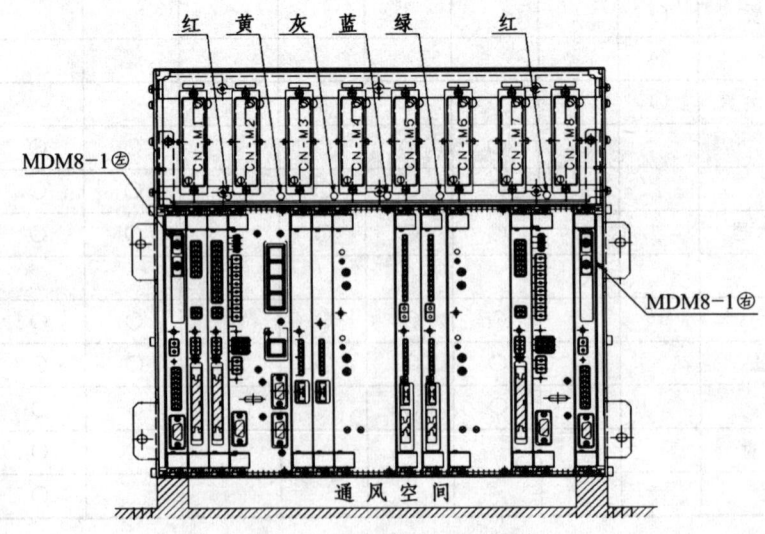

图 4.35 中央装置外形图

外部连线插座,另一层作为各印刷电路板底板,电路板通过连接器与底板连接,构成中央装置。

中央装置由 13 块电路板组成,由左至右分别命名为 MDM8-1 左,TRC,TRC,CPU,DIS,DIO,PS,TXC,RXC,PS,TRC,CPU,MDM8-1 右。其基本功能简述如下:

MDM8-1 板:中央装置的光信号传输卡。中央装置用该卡收发光信号,它是信息网络系统的主要传输电路。

TRC 板:信号传输卡。该卡有 8 个传输通道,包含 20 mA 电流环与 HDLC 同步通信电路。

CPU 板:中央装置主处理板。板上 CPU 字长 32 位(相当于 MC68360),具备 4 MB ROM 存储器、2MBRAM 存储器。该板实际上是为中央装置设计的专用嵌入式计算机,用于信息的处理、计算及信息记录。

DIS 板:光电隔离数字信号输入卡。用于处理 24 V、100 V 开关输入信号。

DIO 板:光电隔离或继电器隔离数字信号输出卡。用于处理 24 V、100 V 开关输出信号。

PS 板:电源卡。该卡为 DC/DC 电源调整卡,输入压为 DC 100 V,输出电压为 DC 24V 与 DC 5 V。输出电流有两种规格,其中 PSB 型容量较大,24 V 输出 2 A,5 V 输出 8 A,作为中央装置供电电源;PSA 型容量较小,24 V 输出 2 A,5 V 输出 3 A,作为终端装置供电电源。

TXC 板:控制指令传送卡。中央装置用该卡可将控制指令传送到车辆设备。

RXC 板:控制指令接受卡。中央装置用该卡接受终端装置传送的指令。

中央装置第二块 CPU 卡(右边)上装有四个选择开关,用来选择信息网络系统的运行模式:正常、检修、诊断与备用。

(4)终端装置

终端装置由 10 块电路板组成,如图 4.36,但有 11 个插卡位置,由左至右分别命名为 MDM8-2、MDM9,保留,CPU,TRC,DIS,DIO,PS,AIN,PS,RXC,PS,其中 CPU,TRC,DIS,DIO,PS,RXC 卡的功能与中央装置同类卡相同,其他卡基本功能简述如下:

MDM8-2 板:光信号传输卡。终端装置用该卡收发光信号,它是信息网络系统的主要传输电路。

MDM9 板:光信号传输卡。终端装置用该卡与制动控制器及牵引变流器交换信息。

AIN 板:模拟信号输入卡。中端装置用该卡采集模拟信号,模拟信号输入范围为 0~100 V。

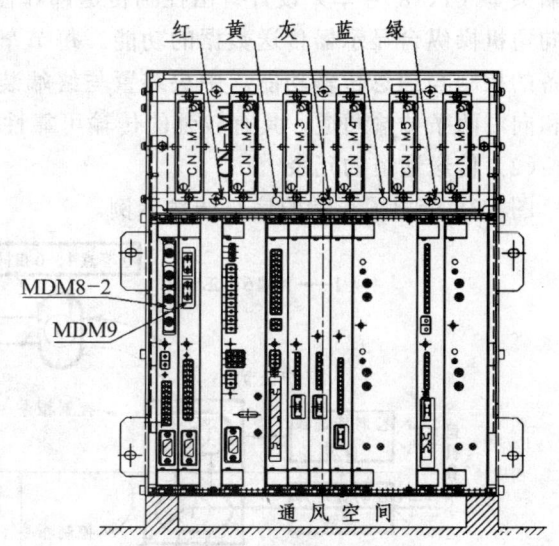

图 4.36 终端装置外形图

2. 信息传输及其冗余特性

(1)信息传输路径

列车网络系统通过贯穿列车的双重光纤环形网络及由多股绞合线组成的备份传送线传输系统。控制指令传送则采用独立于监视器部分的双重 CPU 方式,具有故障导向安全的功能。

图 4.37 给出了列车网络的信息传输途径。

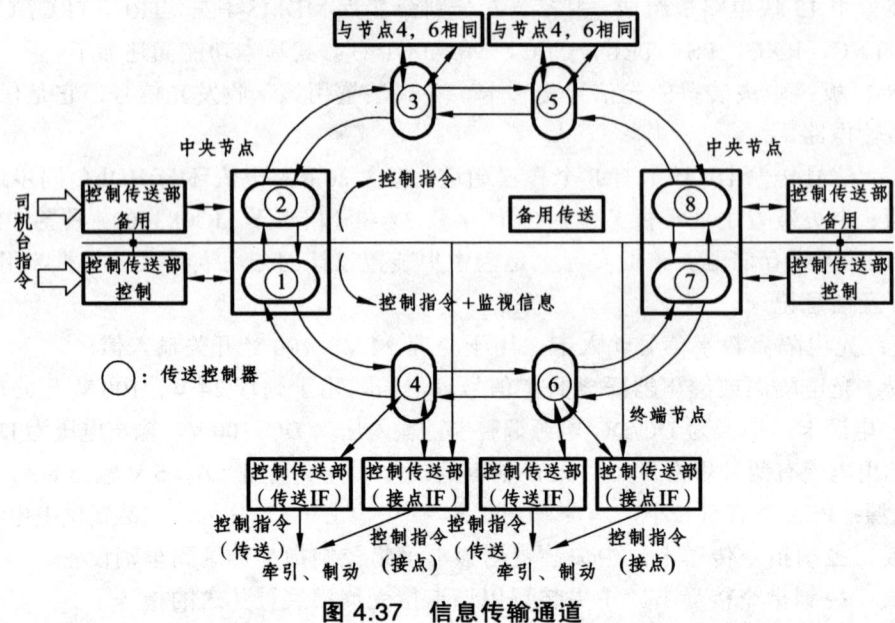

图 4.37 信息传输通道

传送通道包括环形光纤网络及备份传送线（多股胶合线构成，也称为自我诊断传送线）。两端头车（1、8 号车）设置有由控制传送部和监视器构成的中央装置，具有全列车整体管理和向司机操纵台显示器传送数据的功能。每节车辆分别设置有一台终端装置，实现车辆车载设备的控制与信息传输功能。中央装置与终端装置之间由环形网络及备份传送线连接，有向左和向右两条传输通道，具有较强的传输可靠性。

（2）传送通道的冗余

图 4.38 给出了正常的信息传输示例。

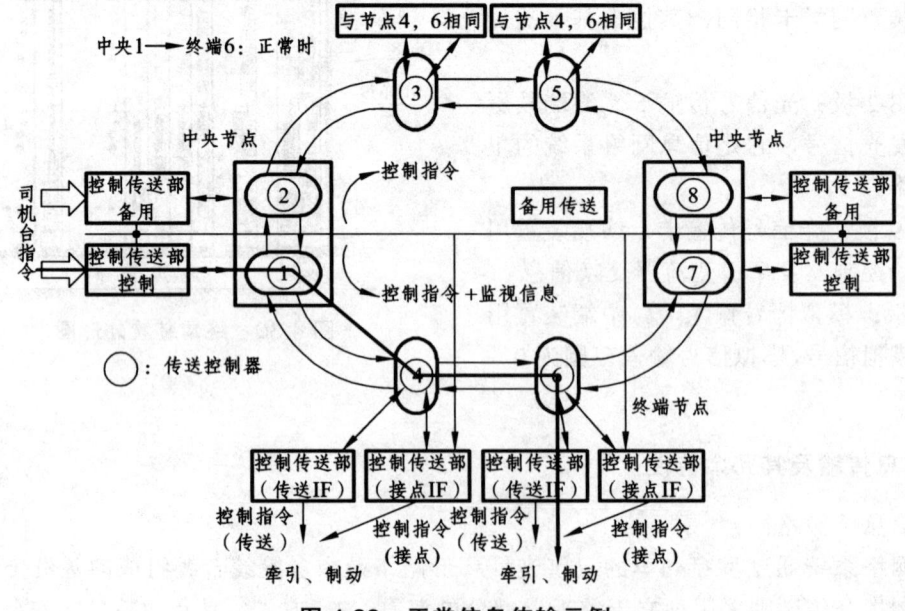

图 4.38 正常信息传输示例

发生传输故障时，信息传输会切换传输路径以避开故障发生点。

① 切换信息系统传输路径：因传输路径具有左右两个方向，对于控制指令等具有应答性要求的信息，通常两个方向同时传送，可实现回避故障点，不会产生信号切换延迟；对于其他信息，发送方在无法收到接收方的应答时，可从发送方的光传输节点重新获取信息，用其他方向的通道传输信息以避开故障点。图 4.39 给出了一个故障实例。

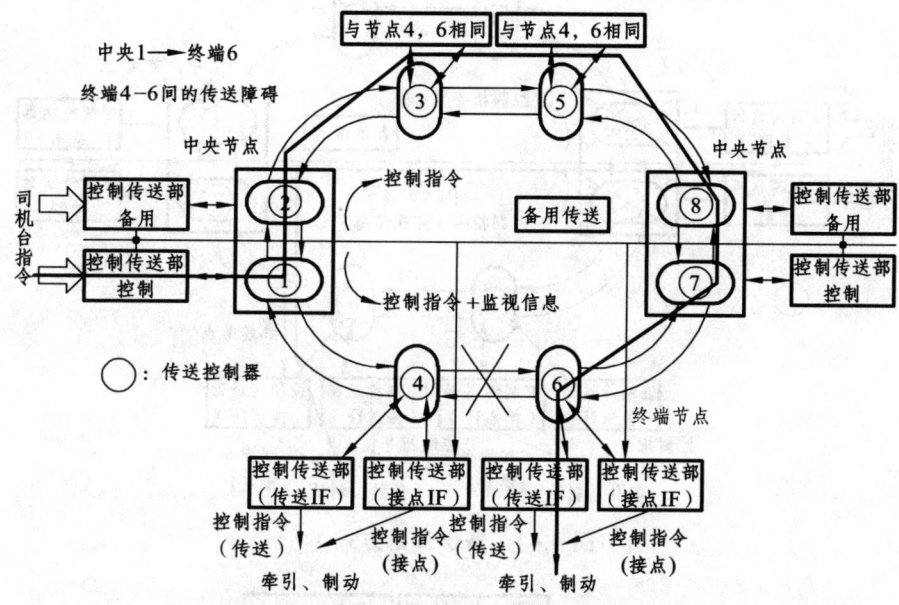

图 4.39　终端 4-6 节点间出现故障

② 中央装置内部的控制部切换，如图 4.40 所示。控制传输部 1，2 采用双 CPU 结构，运行时有内部冗余措施，当 1 发生故障时，才使用 2 的数据（异常检测及切换在 50 ms 内完成）。

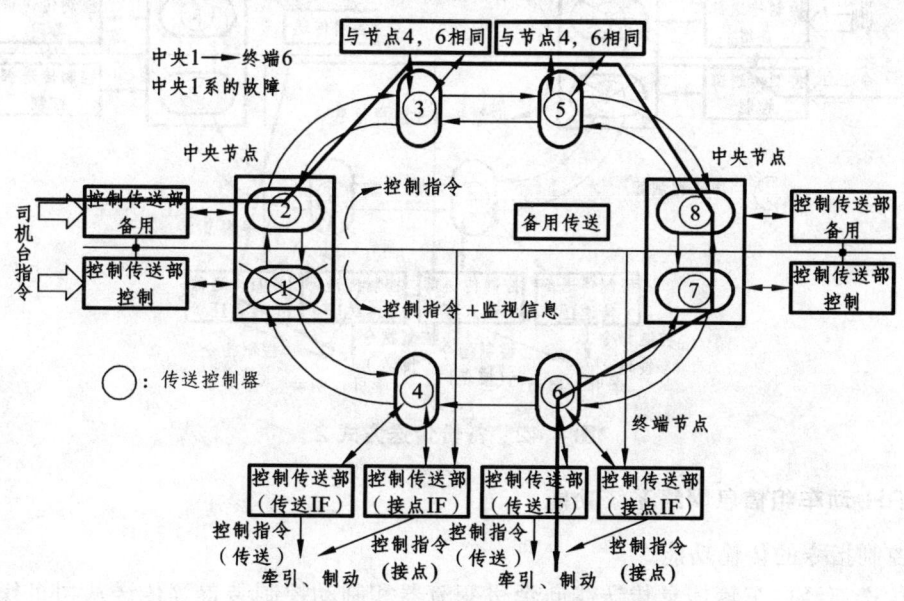

图 4.40　中央装置内部控制部切换

③ 备份传送：备份传送线为独立结构，正常运行时对传送系统进行实时监视。一旦光纤网络出现故障，可不通过光传输系统实现控制传送部之间的数据通信（这是最后的备用手段）。图 4.41、图 4.42 示出了备份传递。

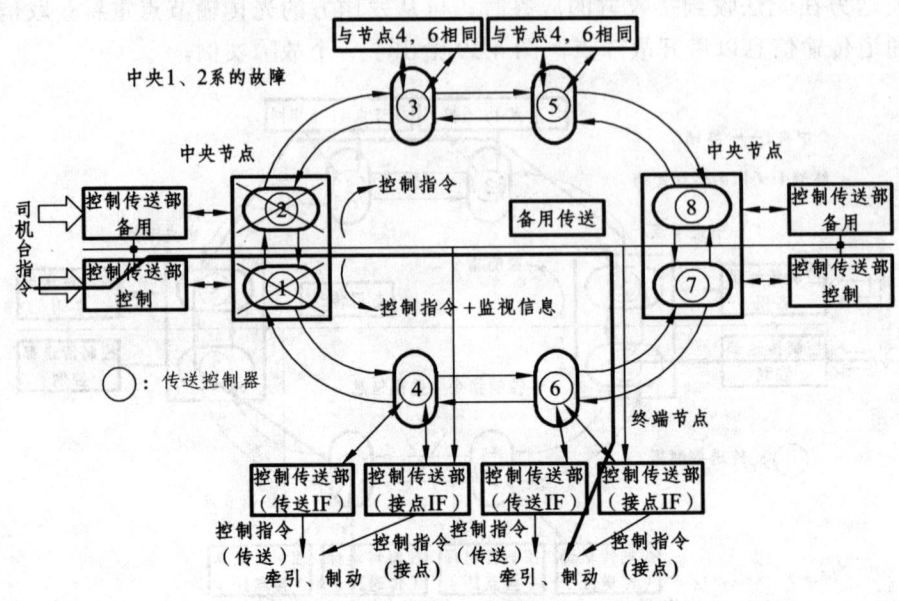

图 4.41　备份传送方式 1

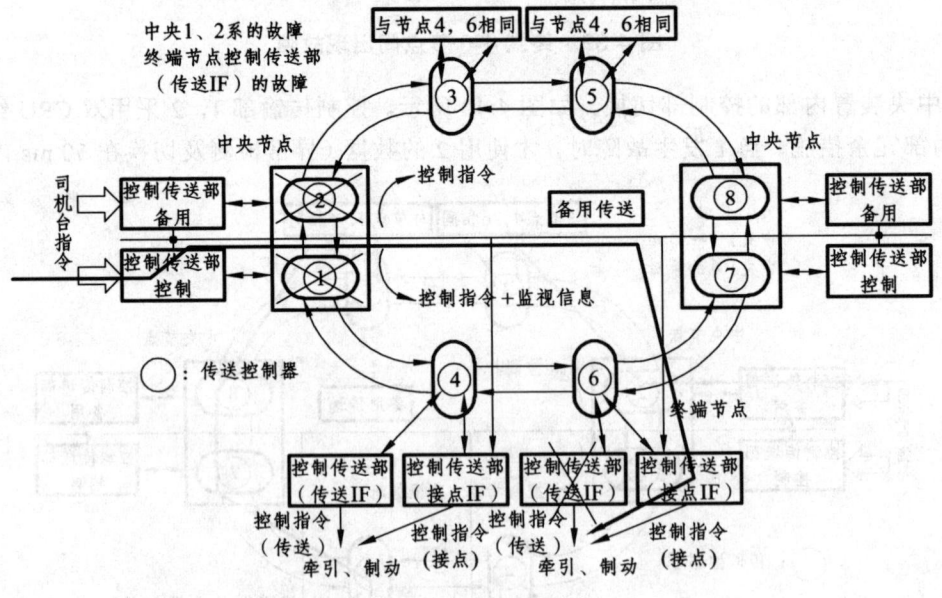

图 4.42　备份传送方式 2

3. CRH₂ 动车组信息网络系统功能

（1）控制指令的传输功能

控制传送部经由车辆信息传送线向牵引变流器和制动控制装置等传送从司机操纵台输入的控制指令。另外，在监视器部的动作模式为检修模式时（车上试验执行模式），可根据从监视器部接收的指令发出控制指令（见表 4.17～表 4.20）。

表 4.17 光传送的运行控制指令项目

线编号	指令	光传送 CI	光传送 BCU	中央接点	终端接点	用途
61~67	常用制动器		○		（61M）（A, B）	61M 线接点信号用于踏面清扫装置（配电盘）常用制动器 A, B 用于 BCU 传送的备用
157	耐雪制动器		○			
4	前进牵引	○			○	接点信号用于 CI 传送的备份
5	后退牵引	○			○	接点信号用于 CI 传送的备份
9/11/13/15/17/19/12	牵引/牵引挡位	○	（9）		（A, B）	BCU 传送信号用于防止空转时的滑行误检测 牵引 A, B 用于 CI 传送的备份
10	电制动	○				
23	定速	○				
79	空挡	○	○			
M601	车上试验					
6	复位	○			（6M）	接点信号用于 ACOCRRI/GRR3 复位和 CI 传送的备份，还可，用于辅助电源复位
18	高加速	○				
1A	接通制动设定器					发出运行指令信号条件
58	救援					发出救援指令信号条件，发出运行指令信号条件

表 4.18 光传送的设备远程控制指令项目

线编号	指令	光传送 CI	光传送 BCU	中央接点	终端接点	用途
80M/81M	受电弓下降/受电弓上升				○	
82M/83M	VCB 切断/VCB 接通				○	
84M/85M	电源感应/电源感应复位				○	
86M/87M	压缩机断开复位/压缩机断开				○	
88M/89M/90M	M2 断开/复位/M1 断开				○	
71M~76M	单元选择				○	

表 4.19 光传送的指示灯控制指令项目

线编号	指令	光传送 CI	光传送 BCU	中央接点	终端接点	用途
130M	准备未完			○		根据各车监视信息通过 S/W 编程逻辑
131M	紧急制动器			○		根据各车监视信息通过 S/W 编程逻辑

续表 4.19

线编号	指令	光传送 CI	光传送 BCU	中央接点	终端接点	用途
132M	电气设备			○		根据各车监视信息通过 S/W 编程逻辑
133M	转向架			○		根据各车监视信息通过 S/W 编程逻辑
134M	VCB			○		根据各车监视信息通过 S/W 编程逻辑
137M	设备断开			○		根据各车监视信息通过 S/W 编程逻辑
121M	单元显示（RLP1）			○		从监视器部输出
122M	单元显示（RLP2）			○		从监视器部输出
123M	单元显示（RLP3）			○		从监视器部输出
124M	单元显示（RLP4）			○		从监视器部输出
125M	单元显示（RLP5）			○		从监视器部输出
126M	单元显示（RLP6）			○		从监视器部输出
79M	空挡					从监视器部输出

表 4.20 光传送的其他控制指令项目

线编号	指令	光传送 CI	光传送 BCU	中央接点	终端接点	用途
91N/91D	供电条件/受电条件成立				○	辅助电源感应控制用
92M	ACK2 接通				○	辅助电源感应输出
93M2	BKK（3 相 AC400 V 线间）断开				○	BKK 断开输出
93M1	BKK（3 相 AC400 V 线间）接通				○	BKK 接通输出
M205	ACVR1				○	BKK 控制用
M206	ACVR2				○	BKK 控制用

(2) 诊断信息的传输功能

诊断信息主要有以下内容：

① ROM 诊断：显示中央装置（监视器部 1 系、2 系）/终端装置（监视器部）/监视显示器/牵引变流器的 ROM 形式（2 进制字节）。

② RAM 诊断：显示中央装置（监视器部 1 系、2 系）/终端装置（监视器部）/监视显示器/的 RAM 检查结果（OK/NG）。

③ DI/DO 诊断：显示各车的从中央装置及终端装置上输入输出的数字信息的状态。

④ AI/PI 诊断：显示各号车的从中央装置及终端装置上输入的模拟以及脉冲信息的状态。

⑤ 光传送诊断：显示车辆信息传送线（各中央/终端装置光节点之间）及各脉冲设备之间的传送线（牵引变流器/制动控制装置之间）的光传送状态信息。

⑥ 设备传送诊断：显示车辆信息控制装置和以下所示的各设备之间的过去 10 s 中的传送出错次数（0～255）。

   a. 控制传送部 1 系；
   b. 控制传送部 2 系；
   c. 控制接收部；
   d. 牵引变流器；
   e. 制动控制装置；
   f. 空调显示设定器；
   g. 辅助电源装置；
   h. ATC 检查记录部分；
   i. 自动播放装置；
   j. 车内引导显示器 1/2：
   - 距离检测装置 1 系/2 系；
   - 监视显示控制装置；
   - 卡夹……显示 OK/NG。

⑦ 传送信息的诊断：显示车辆信息控制装置和以下所示各设备之间的传送数据（SDR/SD）。

   a. 控制传送部 1 系；
   b. 控制传送部 2 系；
   c. 控制接收部；
   d. 牵引变流器；
   e. 制动控制装置；
   f. 空调显示设定器；
   g. 辅助电源装置；
   h. 自动播放装置；
   i. 车内引导显示器 1/2：
   - 距离检测装置 1 系/2 系；
   - 监视显示控制装置；
   - 卡夹……显示 OK/NG。

⑧ LCD 诊断：进行监视显示器的画面的检查。

⑨ DSW 确认：显示车辆信息控制装置的开关设定。

⑩ 故障数据收集功能：跟踪数据收集的对象设备（跟踪方法、取样间隔、跟踪时间）。

   a. 牵引变流器（通过监视器跟踪）；
   b. 牵引变流器（通过设备自我跟踪）；
   c. 制动控制装置（通过监视器跟踪 100 ms、10 s 间）；
   d. 辅助电源装置（通过监视器跟踪 200 ms、10 s 间）；
   e. 辅助电源装置（通过设备自我跟踪、0.347 ms、250 ms 间）。

故障记录次数：

   a. 监视器取样的跟踪数据 3 次/设备（记录最初的 1 次和最后的 2 次）；

b．检测记录数据 100 次/监视器部。

4．信息显示功能

显示器有下面三种显示模式：
① 一般模式：营业运行用的或试运行数据收集用的动作模式。
② 诊断模式：监视器部安全检查用的动作模式。
③ 检修模式：检修车辆用或车上试验用的动作模式。

通常接通电源后的模式为一般模式，可通过操作中央装置前面的模式切换开关切换到其他模式。但在以下项目的动作过程中，禁止使用切换工作模式。

- 正在向 IC 存储卡写入或读取时；
- 正在进行车上试验时；
- 正在清除存储的记忆数据时。

一般模式下，显示界面采用分层式结构，通过显示器上相应的触摸按键进入相应的显示页面，下面给出一些典型的页面，如图 4.43～图 4.46 所示。

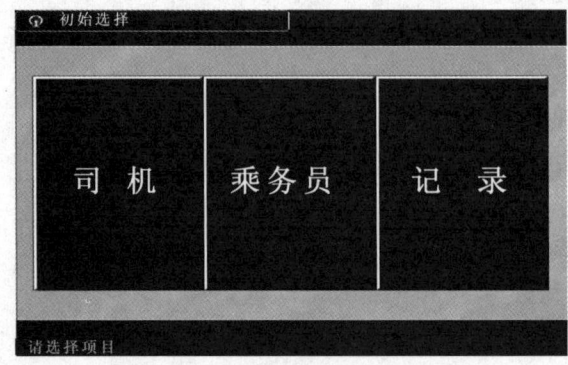

图 4.43　一般模式初始选择页面

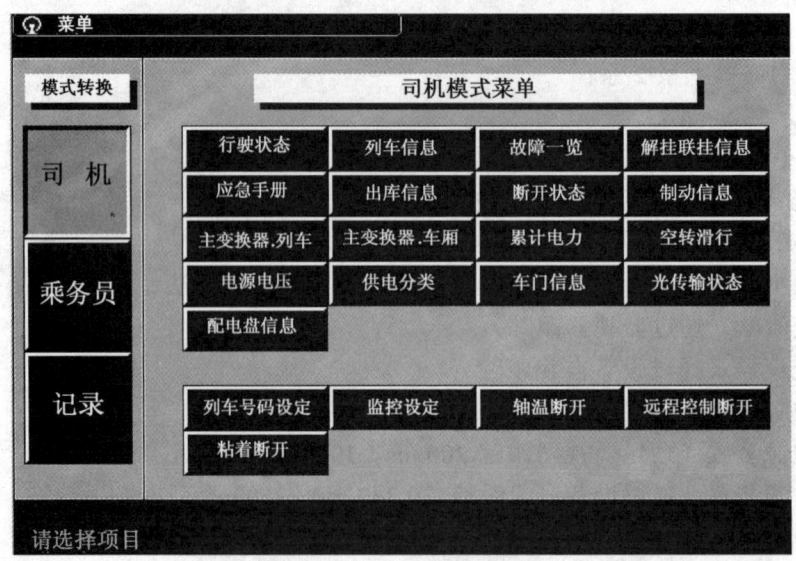

图 4.44　司机方式菜单页面

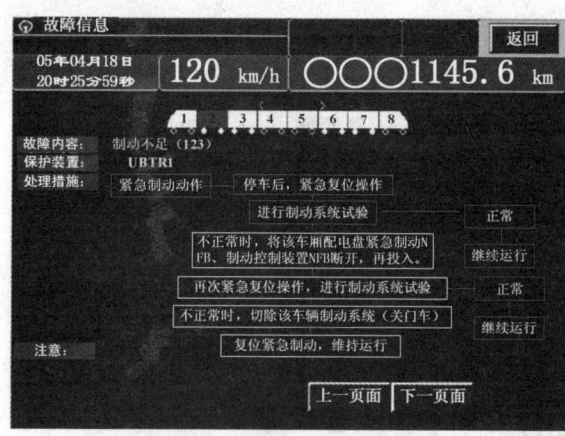

图 4.45 制动信息页面　　　　图 4.46 主变换信息页面

诊断模式和检修模式下的菜单页面如图 4.47、图 4.48 所示，同样通过触摸屏的按键选择进入各页面。

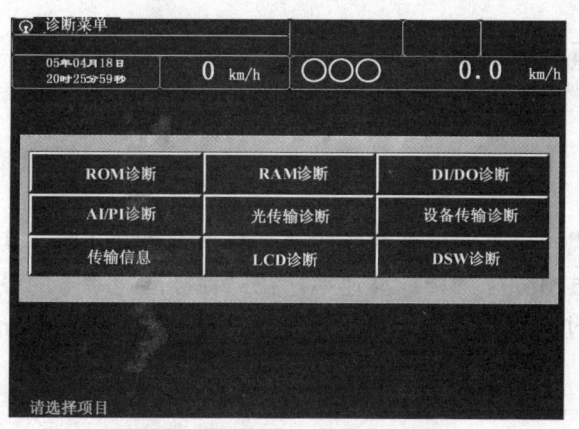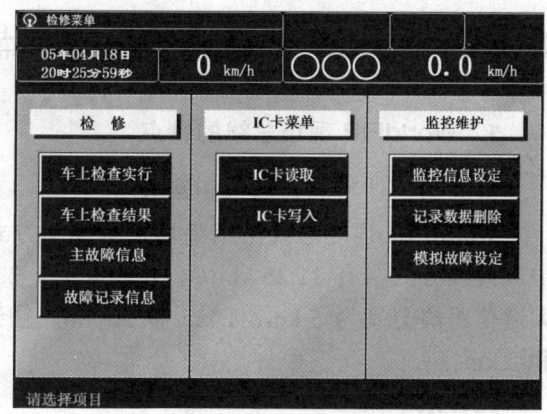

图 4.47 诊断方式下菜单页面　　　　图 4.48 检修方式下菜单页面

4.3　WorldFIP 总线

1987 年 3 月成立的 WorldFIP 组织以法国几家大公司为主要成员，开发了 FIP（Factory Instrumentation Protocol）现场总线技术。

FIP 最初为法国标准 EIP-C46-601/C46-607，后经 WorldFIP 组织推荐于 1999 年被采纳为现场总线国际标准 IEC61158-2，后来采纳了现场总线国际标准 IEC61158-2，改名为 WorldFIP。现在 WorldFIP 是欧洲现场总线标准 EN50170-3 和国际标准 IEC61158-type7。

WorldFIP 组织是一个非赢利、中立性国际组织，不附属于任何工业集团，致力于推动 WorldFIP 技术在世界范围的开发和应用，与其他一些现场总线组织不同的是，成员半数来自用户。目前已有一百多个成员，其中许多是工业控制领域的世界著名大公司，如 Honeywell、Cegelec、ALSTOM、Schneider 等。

WorldFIP 主要应用于过程控制，图 4.49 给出了其一般的应用方式。随着我国引进法国

ALSTOM 公司的机车车辆的增多,铁路行业对于 WorldFIP 总线的研究也日益增加。

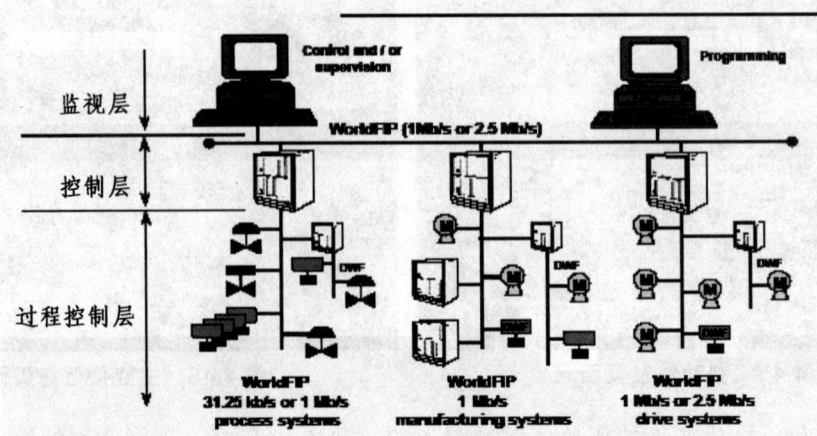

图 4.49 WorldFIP 的应用方式

4.3.1　WorldFIP 现场总线的特点和性能

1. WorldFIP 现场总线的特点

(1) 通信速率高,通信距离长

WorldFIP 现场总线采用曼彻斯特编码方式,以工业屏蔽双绞线或光纤作为传输介质,其中双绞线方式具有 31.25 kbit/s、1 Mbit/s 及 2.5 Mbit/s 三种标准速率,在三种标准速率下的最大通信距离分别为 5 km、1 km 和 500 m,通过网络中继器,总线可分别扩展到 20 km、5 km 和 2 km。

(2) 效率高

WorldFIP 现场总线最长支持 128 字节变量报文或 256 字节消息报文,根据计算,其最大通信效率能达到 88.99%。

(3) 实时性强

WorldFIP 现场总线对传输介质的调度使用方式类似于令牌网,各通信站的数据可以在预先确定的时间内通过网络传输。由于这种方式不存在介质使用碰撞问题,因而非常适合于对于传输时间具有严格要求的场合,如各种分散式控制系统、分散式数据采集系统等。

(4) 误码率低

WorldFIP 现场总线报文自带 CRC 校验功能,数据校验功能由通信控制器完成,报文不可检错概率小,据统计采用 1 Mbit/s 速率,其误码在 20 年中不会超过一帧。

(5) 介质冗余

通信控制器连接两路独立的传输介质,在双介质运行时,两路介质相互备用。当某一介质发生断线、短路等故障而造成通信中断时,通信控制器会自动将通信数据无缝切换到另一条无故障介质上,并能保证数据的完整性及正确性,不需要应用程序的干预,极大地增强了通信可靠性。

(6) 抗电磁干扰性强

WorldFIP 现场总线采用曼彻斯特编码方式并利用磁性变压器隔离,具有良好的抗电磁干扰能力,根据测试,在 EMC Ⅲ 级干扰条件下,能保证正常通信。

2. WorldFIP 的性能

(1) 实用性

WorldFIP 采用 IEC 物理层标准,支持电缆冗余,大部分协议固化在硬件上,稳定性强。

(2) 同步性

生产者/使用者模式和总线仲裁器的调度方式保证了在一条总线上的传递大量信息的同时,不会干扰实时变量的通信。

(3) 实时性

通信模式支持后台传输消息、周期和事件变量,保证诊断信息传输不影响实时控制。

(4) 较好的抗干扰能力

能完全满足 IEC 关于电磁兼容性 EMC 标准,提高了可靠性。

(5) 通信协议单一

WorldFIP 现场总线不论低速还是高速,只有一套通信协议,所以不需要任何网桥和网关,低速与高速网络的衔接只用软件完成。

4.3.2 WordFIP 总线的体系结构

WorldFIP 采用了三层结构:物理层、数据链路层和应用层,如图 4.50 所示。

1. 物理层

物理层的传输介质为屏蔽双绞线或光纤。物理层有专用线路驱动芯片管理介质冗余。在一条通道出现故障的情况下,另一条能自动切入。物理层具有信号检错并通知网络管理和杂音侦听并中断链路层服务的机制。

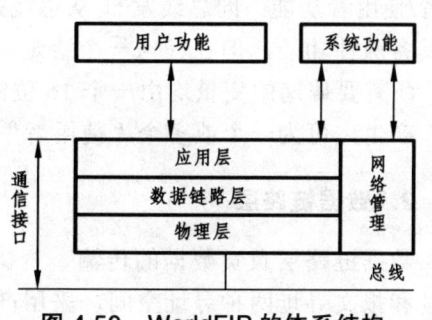

图 4.50 WorldFIP 的体系结构

传输速率与传输距离的关系如表 4.21 所示。

表 4.21 传输速率与传输距离的关系

传输速率	双绞线介质传输最大距离	光纤介质传输最大距离
31.25 kbit/s	5 km ~ 20 km	
1 Mbit/s(典型值)	1 km ~ 4 km	
2.5 Mbit/s	500 m ~ 1.5 km	40 km
5 Mbit/s	300 m ~ 700 m	
25 Mbit/s	80 m ~ 200 m	

双绞线介质的拓扑结构和介质冗余时的拓扑结构如图 4.51 和图 4.52 所示。

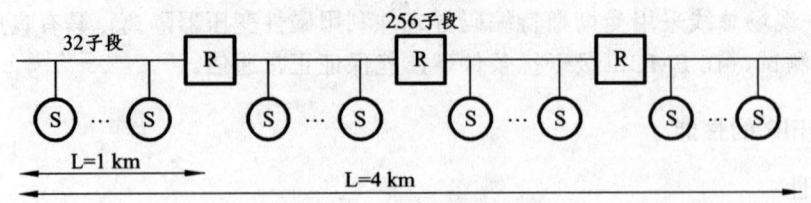

图 4.51 双绞线介质的拓扑结构

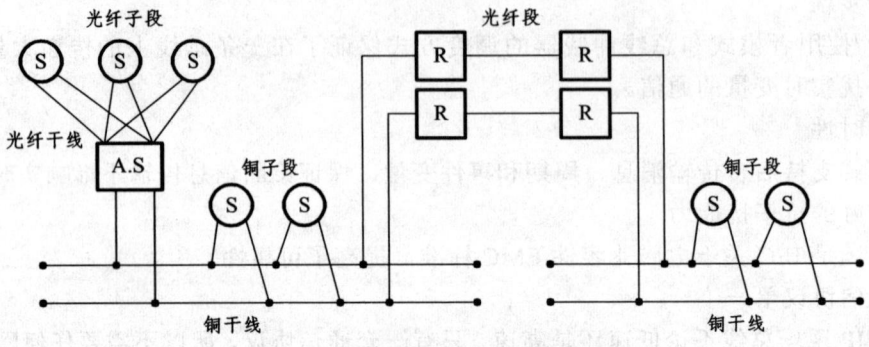

图 4.52 介质冗余时的拓扑结构

每个子段最多可有 32 个物理连接点,通过使用分线盒可以连接 256 个站点,整个网络最多使用 3 个中继器连接 4 个子段。连接到 WorldFIP 总线上的设备从网络角度看,称为"站点",执行两种功能:① 总线仲裁器:管理对传输介质的访问(只调度通信,不调度进程);② 产生者/使用者功能:向总线发布/从总线接收信息,也称"工作站"功能。任何一个站点可以同时具备两种功能,但在任何一个给定的时刻,整个网络上只能有一个站点执行总线仲裁器功能。所有要传递的变量均由一个 16 位的逻辑地址来标识。每一个变量的值只能由一个"产生者"产生,可为一个或多个"使用者"所使用。

2. 数据链路层

数据链路层负责数据的传输、查错、访问控制,具有周期和非周期两种数据交换,变量寻址和报文寻址两种寻址空间,采用产生者/使用者、单播和多播等通信模式,基于总线仲裁器(BA)的集中式介质访问控制。

WorldFIP 使用两种类型的帧:询问帧(ID-DAT)和响应帧(RP-DAT)。

WorldFIP 使用曼彻斯特码进行编码和解码,可以同时传递数据和时间同步信号。

每帧由三部分组成:帧起始序列(FSS)、数据和控制段(CAD)、帧结束序列(FED)。WorldFIP 的帧格式如图 4.53 所示。

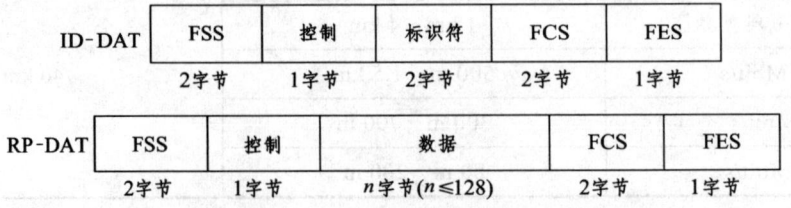

图 4.53 WorldFIP 的帧格式

3. 应用层

WorldFIP 应用层提供变量和消息两种访问服务。

4.3.3 WorldFIP 的数据类型

WorldFIP 现场总线定义了物理层、数据链路层和应用层三层通信协议，结构相对简单。在数据链路层 WorldFIP 协议提供了变量及消息两种传输机制，在 WorldFIP 总线上允许三种类型的数据同时传递，如表 4.22 所示。

表 4.22　WorldFIP 的数据类型

数据类型	场合	特点
周期变量	时间严格的闭环控制	总在传递，针对控制
事件变量	显示、报警	有要求或状态改变时传递
消息报文	诊断、维护	非临界时间，针对信息服务

变量是指周期性地在网络上传输的数据包，每一个变量有一个唯一的 16 位数据标识，这种周期性报文根据预先设定的时间周期性地在网络上传输。在实际应用中通常被用于传输实时状态及控制信息，如控制现场 I/O 实时状态、各种现场遥测值等。

消息主要用于传输一些诸如配置信息、诊断信息及事件信息等非周期性数据，消息只有在应用程序提出传输申请后一次性地在网络上传输。

4.3.4 WorldFIP 的介质访问

图 4.54 给出了 WorldFIP 介质访问控制，其具有基于总线仲裁器（BA）的集中式介质访问控制功能，总线仲裁器和产生者分别具有时空唯一性。

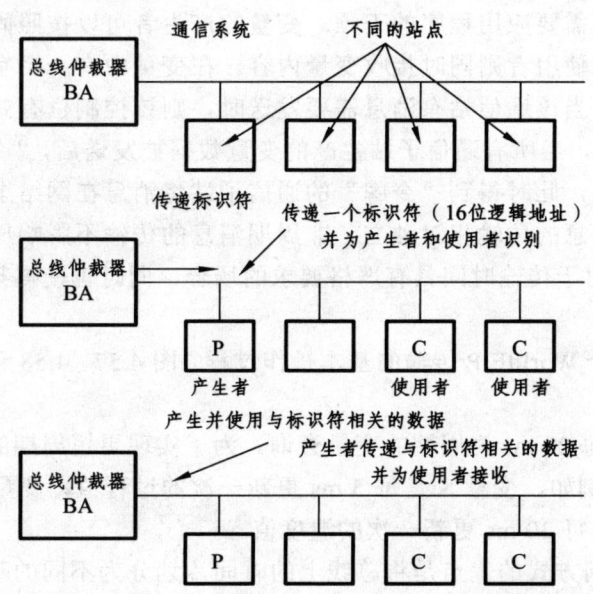

图 4.54　基于总线仲裁器（BA）的集中式介质访问控制

总线上的通信由总线仲裁器（BA）管理。它根据应用程序所要求的服务来规定总线上信息的传送次序，执行三种功能：扫描周期性变量、扫描非周期性变量、传输消息。

总线仲裁器发布带标识符的查询帧，在预定时间内收到响应帧后发布下一个查询帧。周而复始，循环进行。其设计思想是，按一定的时序，为每个信息生产者分配一个固定的时段，通过总线仲裁器逐个呼叫每个生产者，如果该生产者已经上网，应在规定时间内应答，为生产者提供必要的信息。

WorldFIP 的传输模式称为"产生者/使用者"传输模式，如图 4.55 所示。简单地说，产生者指的是变量或消息报文的发送者，使用者指的是报文的接收者。一个变量或消息只能有一个产生者，但可以有一个或多个使用者。

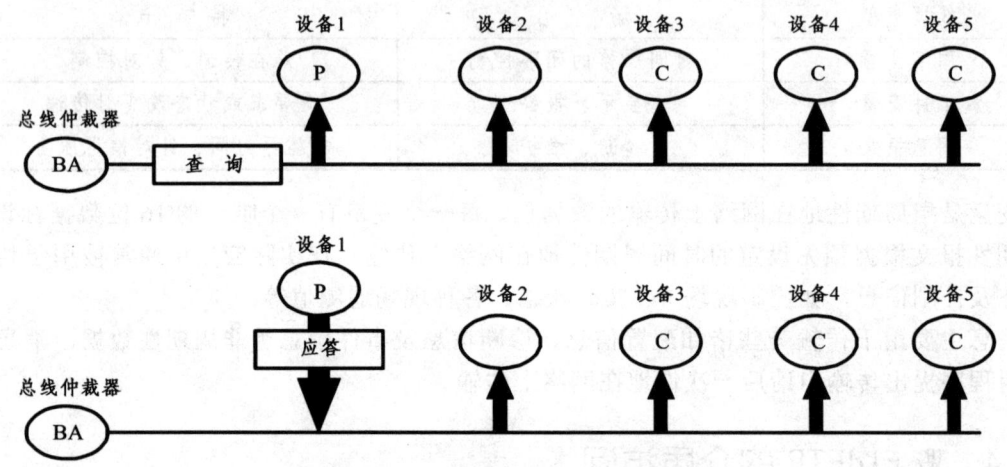

图 4.55 "产生者/使用者"传输模式

在 WorldFIP 现场总线中，对传输介质的访问控制类似于"令牌"网，"令牌"是对介质的访问权，"令牌"按照预先确定的时间在多个通信子站之间传递。"令牌"的传递过程由通信控制器自动完成，不需要应用程序的干预。变量的产生者可以按照固定的时间间隔将变量在网络上广播，变量的使用者则同时接收变量内容。在变量中有一个字节的控制信息，其中一位为消息发送请求，当该通信站有消息需要发送时，则该控制位有效，向总线申请消息发送。在固定的时间窗内，当所有通信子站生产的变量数据被发送后，"令牌"被传递给提出发送消息请求的通信子站，此时得到"令牌"的通信子站将消息在网络上广播。这种介质访问控制方式使得变量与消息的传输相对独立，非周期消息的传输不影响周期变量的传输，因此 WorldFIP 非常适合于对于传输时间具有严格要求的场合，同时也使得某些突发数据能够尽快在网络上传输。

图 4.56 给出了一个 WorldFIP 传输的基本操作过程。图 4.57、4.58 分别给出了传输的轮回时间和沉默时间。

图 4.59（a）是以每 20 ms 为周期的变量查询。为了实现更短周期的变量查询，可以采用图 4.58（b）的方式，例如，变量 S 是每 5 ms 更新一次的过程值，变量 P 是每 10 ms 更新一次的压力值，变量 T 是每 20 ms 更新一次的温度值。

WorldFIP 介质访问方式的优点是将总线上的时间片划分为不同的基本周期。而每个基本周期又分为周期变量和非周期变量的传送区段，既可以传送对时间有确切要求的数据，同时也可以处理突发的紧急数据。

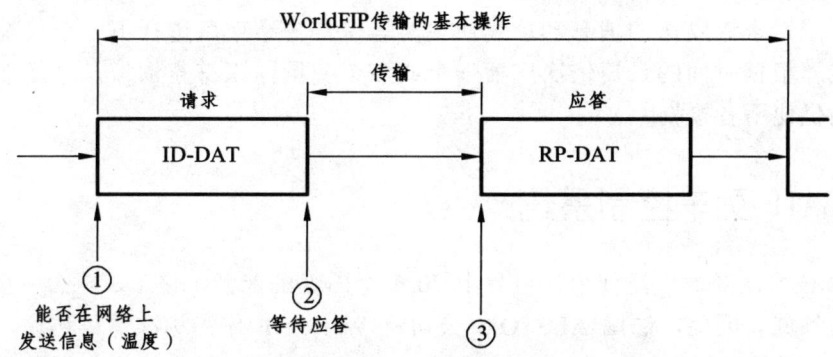

图 4.56　WorldFIP 传输的基本操作过程

图 4.57　传输的轮回时间

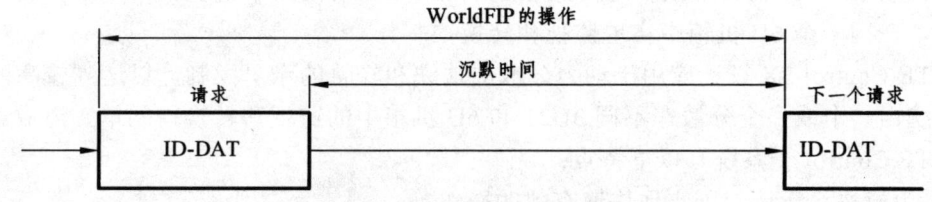

图 4.58　传输的沉默时间

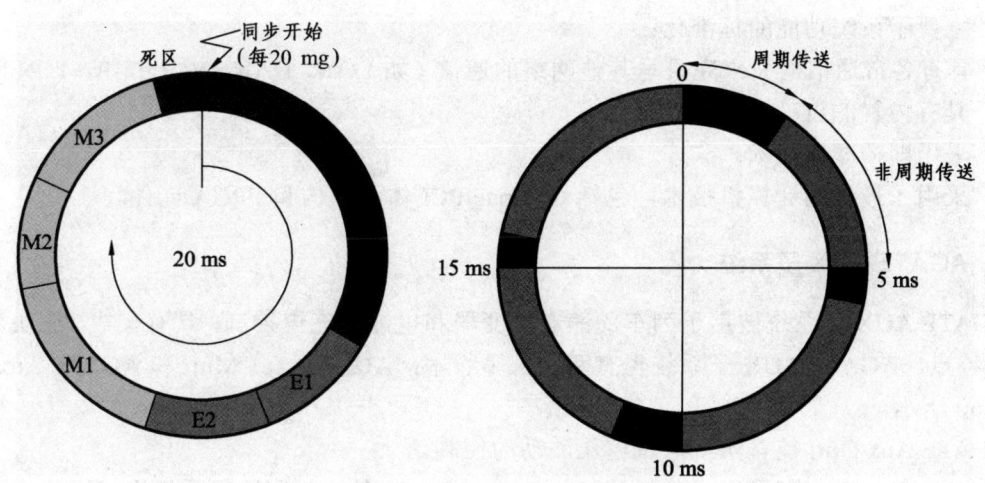

图 4.59　WorldFIP 的周期变量查询

对于非周期传送请求，某一周期变量的产生者在响应帧的控制字段中设置变量传送请求位（RQ）或消息传送请求位（MSG）。在非周期窗口中，总线仲裁器指示请求者传送请求或传送消息，请求者以一列要传送的变量的标识符作为响应帧，总线仲裁器则在另一列中记下该列标识符，或请求者发送的消息，总线仲裁器等待传输结束后进行下一个查询帧的发布，之后总线仲裁器根据时间的长短依次广播一个或多个变量标识符查询帧，这是唯一的产生者响应，其他的供使用者接收。

4.3.5 AGATE 列车控制系统

WorldFIP 技术已经被广泛使用在世界上 70 多个国家的能源、化工、电力、空间技术、汽车制造等工业领域。因此，法国 ALSTOM 公司将 WorldFIP 作为标准通信协议，在其基础上开发了 AGATE 列车控制系统，成功地应用于 TGV 高速列车、城市轨道交通等领域，并且有速度为 574.8 km/h 的世界最高轮轨车辆的运行记录。

AGATE 列车控制系统包括 AGATE Control，AGATE AUX，AGATE Link，AGATE e-Media 4 个子系统，分别应用于列车控制的不同领域。

1. AGATE Control 子系统

AGATE Control 子系统应用于列车牵引电机和制动的实时控制，有两种不同的应用版本：AGATE Control 3 和 AGATE Control 3X，能够与 AGATE 列车控制系统的其他产品完全兼容。

AGATE Control 3 设计应用于电力机车和双层 EMU 的高压牵引变换（high power traction inverters），在同一个 6U 机箱中实现监视和转换控制。

AGATE Control 3X 设计应用于动力分散的地铁和轻轨的牵引控制，以达到较高的牵引加速度。系统由一个或多个分散在不同 3U21 和 6U 机箱中的监视和转换控制单元组成。

AGATE Control 子系统有以下特点：
- 采用模块化设计，可实现快速有效的操作；
- 使用了成熟可靠的模块；
- 主要子系统功能的标准化；
- 具有各自通信网关来完成与其他网络的通信（如 LON，CAN，WorldFIP，TCN 网络）；
- 具有内置的自动测试功能；
- 采用即插即用技术；
- 采用了最新的计算机技术，包括 CompactPCI 体系结构和 FPGA 元件。

2. AGATE AUX 子系统

AGATE AUX 子系统被用于列车的静态逆变器和电池的充电控制，具有集成、模块化和低成本的特点。AGATE AUX 子系统也有两种应用版本：AGATE Aux Mini 和 AGATE Aux Opt，如图 4.60 所示。

AGATE Aux Opti 能够实现对宽电压波动的控制。

AGATE Aux Opti 配上网卡，能够与 AGATE Link 列车控制和监视系统进行通信。

AGATE Aux Mini 是一种十分集成化的产品，用于一个逆变器或一个电池的控制，它有具有 CPU 或无 CPU 两种版本。

AGATE Aux 具有以下特点：

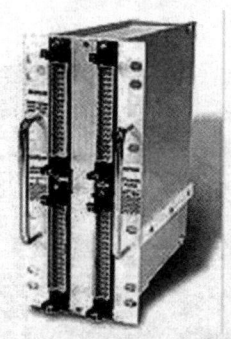

图 4.60　AGATE Aux Mini 和 AGATE Aux Opti

- 能够方便地根据用户的需求进行功能与软件的修改；
- 噪声小；
- 操作温度范围：−25℃～+70℃；
- 平均无故障时间：40 000 h；
- 快速保护时间：30 μs。

3. AGATE Link 子系统

AGATE Link 是列车控制与监视系统，它具有监视和管理列车上所有电气设备的功能。因此，通过监视列车的各个子系统，它能够快速、准确地提供列车出现的故障，它是列车维护的一种非常有效的工具，其形式如图 4.61 所示。

AGATE 技术平台的其他产品：AGATE Control，AGATE Aux 和 AGATE e-media 都被设计成与 AGATE Link 集成在一起。AGATE Link 产品范围包括各种基本模块，能够满足不同的应用需要。AGATE Link 的特点：

图 4.61　AGATE Link 的形式

- 计算；
- 远程输出模块；
- 司机驾驶台；
- GPS 定位模块；
- 无线数据传输；
- 车载网络通信系统；
- 具有与其他系统连接的扩展能力，以满足车载设备的需要。

4. AGATE e-Media 子系统

AGATE e-Media 是旅客信息系统，它用于列车实时的多媒体信息和娱乐系统。

现在，车载旅客信息和娱乐功能不再被视为是一种可选或奢侈的功能，对于长途旅客列车，长时间的商业通信中断早已被证明是相当浪费的，这就是无线通信和互联网飞速发展的原因。随着竞争的加剧，旅客列车不仅期望也非常需要实现实时通信和娱乐。

AGATE e-Media 旅客信息系统能够增加乘客的旅行舒适性。AGATE e-Media 能够提供到站信息、广播实时的重要信息和新闻，也能够发布各种广告。图 4.62 为 AGATE e-Media 的显示器形式。

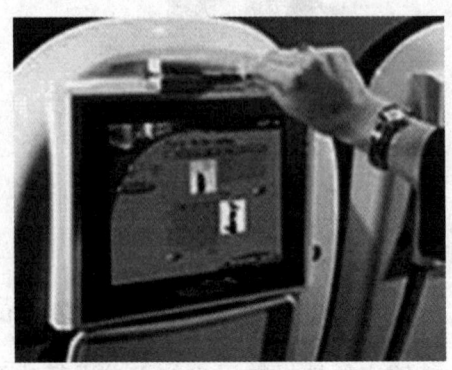

图 4.62 AGATE e-Media 的显示器形式

4.4 CAN 总线

4.4.1 概　述

CAN，控制器局域网（Controller Area Network），是国际上应用最广泛的现场总线之一。最初，是由德国 Bosch 公司在 20 世纪 80 年代初期，为汽车监测、控制系统而设计开发的一种串行数据通信总线。CAN 被设计作为汽车环境中的微控制器通信，在车载各电子控制装置 ECU 之间交换信息，形成汽车电子控制网络。比如：发动机管理系统、变速箱控制器、仪表装备、电子主干系统中，均嵌入 CAN 控制装置。据资料介绍，世界上一些著名的汽车制造厂商，如 BENZ（奔驰）、BMW（宝马）、PORSCHE（保时捷）、ROLLS-ROYCE（劳斯莱斯）和 JAGUAR（美洲豹）等都已开始采用 CAN 总线来实现汽车内部控制系统与各检测和执行机构间的数据通信。

由于 CAN 总线本身的特点，其应用范围目前已不再局限于汽车行业，而向过程控制、机械工业、纺织工业、农用机械、机器人、数控机床、医疗器械及传感器领域发展，在众多现场总线中最早成为国际标准，并于 1993 年成为国际标准 ISO11898（高速应用）和 ISO11519（低速应用）。

CAN 总线是分布式、实时控制的串行通信网络，即通过简单的协议，实现在电磁干扰环境下远距离实时数据的可靠传输。CAN 总线与一般的通信总线相比，具有以下一些特点：

① 通信方式灵活。CAN 为多主方式工作，网络上任一节点均可在任意时刻主动向网络上的其他节点发送信息，而不分主从，且无需站地址等节点信息。利用这一特点可方便地构成多机备份系统。

② CAN 网络上的节点信息分成不同的优先级，可满足不同的实时要求。

③ CAN 采用非破坏性总线仲裁技术，当多个节点同时向总线发送信息时，优先级较低的节点主动退出发送，而最高优先级的节点可不受影响的继续传输数据，从而大大节省总线冲

④ CAN 只需通过报文滤波即可实现点对点、一对多及全局广播等几种传送接收数据，无需专门的"调度"。

⑤ CAN 的直接通信距离最远可达 10 km（传播速率 5 kbit/s 以下）；通信速率最高可达 1 Mbit/s（此时通信距离最长为 40 m）。

⑥ CAN 总线上的节点数主要取决于总线驱动能力，目前可达 110 个；报文标识符可达 2 032 种（CAN2.0A），而扩展标准（CAN2.0B）的报文标识符几乎不受限制。

⑦ 采用短帧结构，传输时间短，受干扰概率低，具有很好的检错效果。

⑧ CAN 的每帧信息都有 CRC 校验及其他检错措施，使得数据的出错率极低。

⑨ CAN 的通信介质可为双绞线、同轴电缆或光纤，选择灵活。

⑩ CAN 节点在错误严重的情况下具有自动关闭输出功能，以使总线上其他节点的操作不受影响。

另外，CAN 具有丰富廉价的 CAN 总线器件，例如，INTEL，PHILIPS，MOTOROLA，Siemens，NEC 及 SILIONI 等公司推出的各种系列 CAN 通信控制器和带有 CAN 总线接口的微控制器和 I/O 器件。美国 TI 公司推出了集成有 CAN 控制器的系列 DSP 芯片 TMS320F2xxx。这些都极大地推动了 CAN 总线技术的应用和发展。

4.4.2 CAN2.0 总线规范

1. CAN 的分层结构和通信协议

（1）CAN 的分层结构

为使设计透明和执行灵活，遵循 ISO/OSI 标准模型，CAN 协议分为数据链路层和物理层，其中数据链路层又包括逻辑链路控制子层 LLC 和媒体访问子层 MAC。而在 CAN 技术规范 2.0A 中，数据链路层的 LLC 和 MAC 子层的服务和功能被描述为目标层和传输层。图 4.63 解

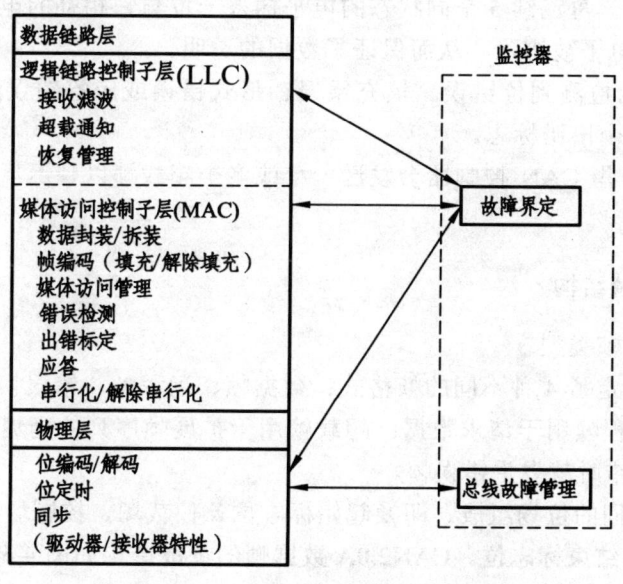

图 4.63 CAN 的分层结构和功能

释了 CAN 的分层结构和功能。

CAN 技术规范 2.0B 定义了数据链路层中的 MAC 子层和 LLC 子层的一部分，并描述了与 CAN 有关的外层接口。物理层定义了信号怎样进行发送，因而，涉及位定时、位编码和同步的描述，在这部分技术规范中，未定义物理层中的驱动器/接收器特性，以便允许根据具体应用，对发送介质和信号电平进行优化。MAC 子层是 CAN 协议的核心，其功能是描述由 LLC 子层接收到的报文和对 LLC 子层发送的认可报文。MAC 子层可响应报文帧、仲裁、应答、错误检测和标定。MAC 子层由称为故障界定的一个管理实体监控，具有识别永久故障或短暂扰动的自检机制。LLC 子层的主要功能是报文滤波、超载通知和恢复管理。

(2) CAN 的通信协议

CAN 总线是基于下列 5 条基本规则进行通信协调的。

① 总线访问：CAN 是共享介质的总线，其访问机制采用载波监听多路访问（Carrier Sense Multiple Access，CSMA）的方式。CAN 控制器只能在总线空闲时开始发送，并采用硬同步，所有 CAN 控制器同步都位于帧起始的前沿。所谓总线空闲，就是网络上至少存在 3 个空闲位（隐性位）时网络的状态，也就是 CAN 节点在侦听到网络上出现至少 3 个隐性位时，才开始发送。

② 仲裁：当总线空闲时呈隐性电平，此时任何一个节点都可以向总线发送一个显性电平作为一个帧的开始。如果有两个或两个以上的节点同时发送，就会产生总线冲突。CAN 总线解决总线冲突的方法比以太网的 CSMA/CD 方法有很大的改进。CAN 是按位对标识符进行仲裁：各发送节点在向总线发送电平的同时，也对总线上的电平进行读取，并与自身发送的电平进行比较，如果电平相同则继续发送下一位，不同则说明网络上有更高优先级的信息帧正在发送，即停止发送，退出总线竞争。剩余的节点则继续上述过程，直到总线上只剩下一个节点发送的电平，总线竞争结束，优先级最高的节点获得了总线的使用权，继续发送信息帧的剩余部分直至全部发送完毕。

③ 编码/解码：帧起始域、仲裁域、控制域、数据域和 CRC 序列均使用位填充技术进行编码。在 CAN 总线中，每连续 5 个同状态的电平插入一位与它相补的电平，还原时每 5 个同状态的电平后的相补电平被删除，从而保证了数据的透明。

④ 出错标注：当检测到位错误、填充错误、形式错误或应答错误时，检测出错条件的 CAN 控制器将发送一个出错标志。

⑤ 超载标注：一些 CAN 控制器会发送一个或多个超载帧以延迟下一个数据帧或远程帧的发送。

2. CAN 报文的帧结构

(1) CAN 报文的帧类型

CAN 通信协议规定了 4 种不同的帧格式：数据帧、远程帧、错误帧和超载帧。其中数据帧用于传送数据；远程帧用于请求数据；超载帧用于扩展帧序列的延迟时间；错误帧是当任何节点检测到总线出错时就发生错误帧。

数据帧由 7 个不同的位场组成，即帧起始标志位、仲裁场、控制场、数据场、CRC 校验场、ACK 应答场和帧结束标志位。CAN2.0A 数据帧的组成结构如图 4.64 所示。

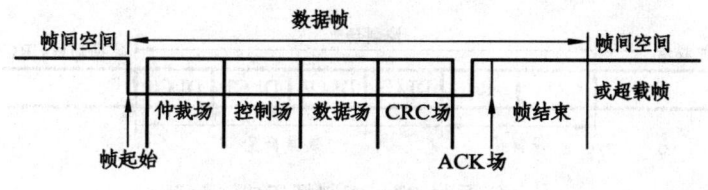

图 4.64 数据帧的组成结构

在 CAN2.0B 中存在两种不同的帧格式,其主要区别在于标识符的长度,具有 11 位标识符的帧称为标准帧,而包括 29 位标识符的帧称为扩展帧,其格式如图 4.65 所示。

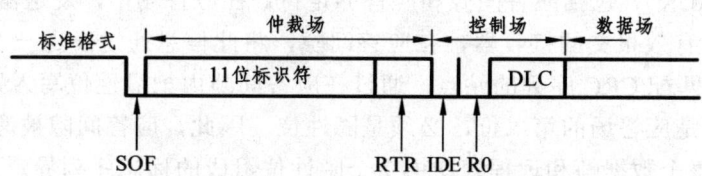

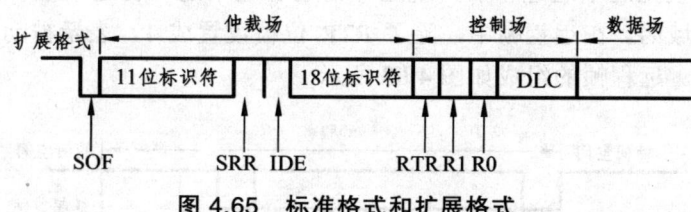

图 4.65 标准格式和扩展格式

① 帧起始标志位(SOF)标志着数据帧和远程帧的起始。以一个比特的显性位出现,只有在总线处于空闲状态时,才允许站点开始发送,这个状态将结束总线空闲状态(被动状态),表明有某个节点设备开始发送消息,并且所有站点都必须同步于首先开始发送的那个站点的帧起始前沿。

② 仲裁场(Arbitration Field)由标识符(Identifier)和远程发送请求位(RTR)标志组成,如图 4.66 所示。对于 CAN2.0A 标准,标识符的长度为 11 位,以从高位到低位的顺序发送,最低位为 ID.0,其中最高 7 位不能全为隐性位。在数据帧中,RTR 位总是设成 0,而在远程帧中必须为 1。对于 CAN2.0B,标准格式和扩展格式的仲裁场的格式不同。在标准格式中,仲裁场由 11 位标识符和远程发送请求位(RTR)组成,标识符为 ID.28~ID.18,而在扩展格式中,仲裁场由 29 位标识符、替代远程请求位(SRR)、标识位(IDE)和远程发送请求位(RTR)组成,标识符位为 ID.28~ID.0。IDE 位对于扩展格式属于仲裁场,对于标准格式属于控制场。IDE 在标准格式中以显性电平发送,而在扩展格式中以隐性电平发送。

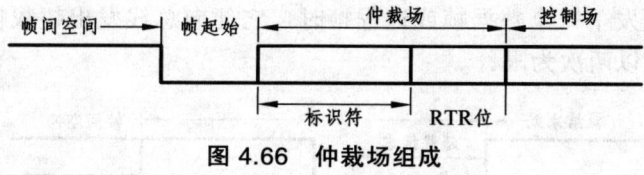

图 4.66 仲裁场组成

③ 控制场包括数据长度码和两个保留位,该保留位必须发送显性位。数据长度码(DLC)为 4 位,指出了数据场的字节数目。控制场的组成如图 4.67 所示。

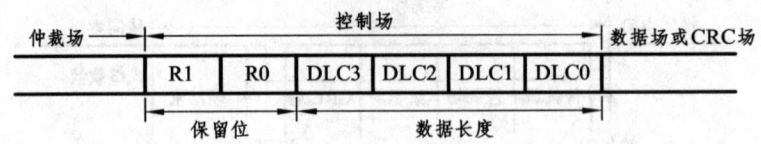

图 4.67 控制场组成

④ 数据场由数据帧中被发送的数据组成,它可包括 0~8 个字节。

⑤ CRC 场包括 CRC 序列,后随 CRC 界定符。

⑥ 应答场(ACK),包括应答间隙和应答界定符。在应答场中,发送器送出两个隐性位。一个正确的接收到有效报文的接收器,在应答间隙,将此信息通过发送一个显性位报告给发送器。所有接收到匹配 CRC 序列的站点,通过在应答间隙内把显性位写入发送器的隐性位来报告。应答界定符是应答场的第二位,必须是隐性位,因此,应答间隙被两个隐性位包围。

⑦ 帧结束:每个数据帧和远程帧均由 7 个隐性位组成的标志序列界定。

远程帧被用来请求总线上某个远程节点发送自己想要接收的某种数据,具有发出这种远程消息能力的节点收到这个远程帧后,就应尽力响应这个远程传送请求。所以对远程帧本身来说,是没有数据域的。在远程帧中,除了 RTR 位被设置成 1,表示被动状态外,其余部分与数据帧完全相同。远程帧的组成如图 4.68 所示。

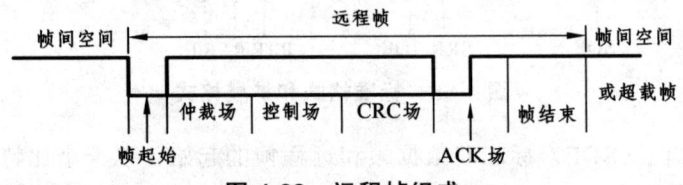

图 4.68 远程帧组成

错误帧由两个场组成,如图 4.69 所示,第一个场由来自各站点的错误标志叠加得到,随后的第二个场是出错界定符。报文传输过程中,检测到任何一个节点出错,即于下一位开始发送错误帧,通知发送端停止发送。

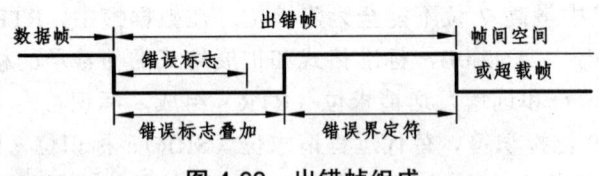

图 4.69 出错帧组成

超载帧和错误帧一样由两个场组成:超载标志和超载界定符,如图 4.70 所示。当某接收端因内部原因要求缓发下一个数据帧或远程帧时,它便向总线发出超载帧。超载帧还可以引发另一次超载帧,但以两次为限。

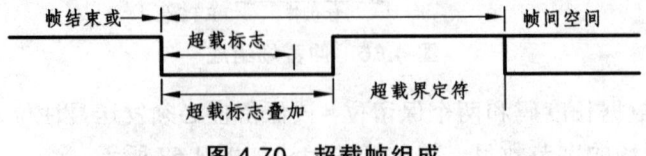

图 4.70 超载帧组成

数据帧和远程帧同前面的帧相同，不管是何种帧，均以称之为帧间空间的场位分开。相反，在超载帧和出错帧前面没有帧间空间，并且多个超载帧前面也不被帧间空间分隔。

（2）CAN 报文的帧格式

在这里，以 CAN2.0B 协议为代表，简单地介绍一下在常用的 CAN 控制器寄存器中，CAN 数据帧的格式。

① CAN2.0B 标准帧：CAN 标准帧信息为 11 个字节，包括信息和数据两部分。前 3 个字节为信息部分，如表 4.23 所示。

表 4.23　CAN2.0B 标准帧

	7	6	5	4	3	2	1
字节 1	FF	RTR	X	X	DLC（数据长度）		
字节 2	（报文标识符）ID.10～ID.3						
字节 3	ID.2～ID.0			RTR			
字节 4	数据 1						
字节 5	数据 2						
字节 6	数据 3						
字节 7	数据 4						
字节 8	数据 5						
字节 9	数据 6						
字节 10	数据 7						
字节 11	数据 8						

注：① 字节 1 为帧信息。第 7 位（FF）表示帧格式，在标准帧中，FF＝0；第 6 位（RTR）表示帧的类型，RTR＝0 表示为数据帧，RTR＝1 表示为远程帧；DLC 表示在数据帧时实际的数据长度。
② 字节 2、字节 3 为报文标识符，11 位有效。
③ 字节 4～字节 11 为数据帧的实际数据，远程帧时无效。

② CAN2.0B 扩展帧：CAN 扩展帧信息为 13 个字节，包括两部分：信息和数据部分。前 5 个字节为信息部分，如表 4.24 所示。

表 4.24　CAN2.0B 扩展帧

	7	6	5	4	3	2	1
字节 1	FF	RTR	X	X	DLC（数据长度）		
字节 2	（报文标识符）ID.28～ID.21						
字节 3	ID.20～ID.13						
字节 4	ID.12～ID.5						
字节 5	ID.4～ID.0			X	X	X	
字节 6	数据 1						
字节 7	数据 2						
字节 8	数据 3						
字节 9	数据 4						
字节 10	数据 5						

续表 4.24

	7	6	5	4	3	2	1
字节 11	数据 6						
字节 12	数据 7						
字节 13	数据 8						

注：① 字节 1 为帧信息。第 7 位（FF）表示帧格式，在标准帧中，FF = 1；第 6 位（RTR）表示帧的类型，RTR = 0 表示为数据帧，RTR = 1 表示为远程帧；DLC 表示在数据帧时实际的数据长度。
② 字节 2 ~ 字节 5 为报文标识符，29 位有效。
③ 字节 6 ~ 字节 13 为数据帧的实际数据，远程帧时无效。

3. 位定时与位同步

（1）位定时与位同步的概念及原理简述

CAN 总线的数据传输速率最高可达 1 Mbit/s，通常用石英晶振作为时钟发生器，可以独立进行位定时的参数设置，这样即使网络中节点之间的时钟周期不一样仍可获得相同的位速率。但网络中晶振的频率不是绝对稳定的，温度、电压以及器件的异常都会导致微小的差别，但只要将其稳定在振荡器容差范围之内，总线上的节点会通过重同步进行弥补。

与 CAN 总线有关的位定时和位同步包括以下的一些基本概念。

① 正常位速率：在非重同步情况下，借助理想发送器每秒发送的位数。

② 正常位时间：正常位速率的倒数。也就是传送一位数据的时间，它可被分为几个互相没有重叠的时间段。其中包括同步段（SYNC-SEG）、传播时间段（PROP-SEG）、相位缓冲段 1（PHASE-SEG1）和相位缓冲段 2（PHASE-SEG2），具体结构如图 4.71 所示。

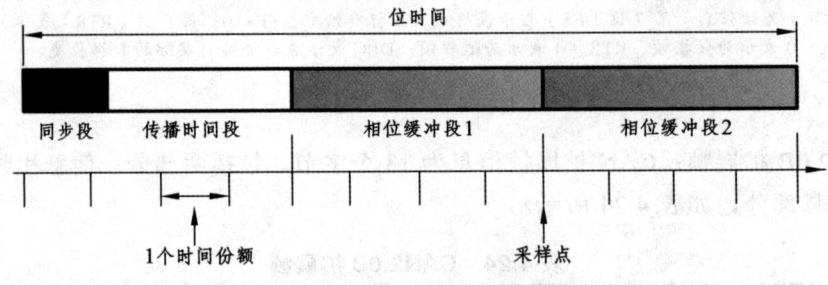

图 4.71 位时间的各组成部分

③ 同步段：同步段用于同步总线上的各个节点，在此段内期望有一个跳变沿出现。如果跳变沿出现在同步段之外，那么沿与同步段之间的长度叫做沿相位误差。采样点位于相位缓冲段 1 的末尾和相位缓冲段 2 开始处。传播时间段用于补偿总线上信号传播时间和电子控制设备内部的延迟时间。因此，要实现与位流发送节点的同步，接收节点必须移相。CAN 总线非破坏性仲裁规定，发送位流的总线节点必须能够收到同步于位流的 CAN 总线节点发送的显性位。

④ 传播时间段：用于补偿网络内部的传输延迟时间，其是信号在总线上传播的时间、输入比较器延迟和驱动器延迟之和的两倍。

⑤ 相位缓冲段 1 和相位缓冲段 2：用于补偿沿的相位误差，通过重同步，这两个时间段可被延长或缩短。

⑥ 采样点：在该时间点上，仲裁电平被读取，并被理解为各位的数值，位于相位缓冲段1的终点。

⑦ 信息处理时间：由采样点开始，保留用于计算子序列位电平的时间。

⑧ 时间份额：由振荡器周期派生出的一个固定时间单元，存在一个可编程的分度值，其整体数值范围为1～32，以最小时间份额为起点。时间份额可表示为：

$$时间份额（tq）= m × 最小时间份额$$

其中，m 为分度值。

正常位时间中各时间段长度数值分别为：同步段为一个时间份额；传播时间段长度可编程为1～8个时间份额；相位缓冲段1可编程为1～8个时间份额；相位缓冲段2长度为相位缓冲段1和信息处理时间的最大值；信息处理时间长度小于或等于2个时间份额。在位时间中，时间份额的总数必须被编程为8～25个。

⑨ 硬同步：硬同步后，内部位时间从同步段重新开始。因而，硬同步强迫由于硬同步引起的沿处于重新开始的位时间同步段之内。

⑩ 重同步跳转宽度：由于重同步的结果，相位缓冲段1可被延长或相位缓冲段2可被缩短。这两个相位缓冲段的延长或缩短的总和上限由重同步跳转宽度给定。重同步跳转宽度可编程为1～4个。

时钟信息可由一位数值到另一位数值的跳转获得。由于总线上出现连续相同位的位数的最大值是确定的，这提供了在帧期间重新将总线单元同步于位流的可能性。可被用于重同步的两次跳变之间的最大长度为29个位时间。

a．沿相位误差。沿相位误差由沿相对于 SYNC-SEG 的位置给定，以时间份额度量。相位误差的符号定义如下：

如果沿处于同步段之内，则 $e = 0$；

如果沿处于采样点之前，则 $e > 0$；

如果沿处于前一位的采样点之后，则 $e < 0$。

b．重同步。当引起重同步沿的相位误差小于和等于重同步跳转宽度编程值时，重同步的作用与硬同步相同。当相位误差大于重同步跳转宽度且相位误差为正时，相位缓冲段1延长总数为重同步跳转宽度。当相位误差大于重同步跳转宽度且相位误差为负时则相位缓冲段2缩短总数为重同步跳转宽度。

c．同步规则。硬同步和重同步是同步的两种形式，其遵从下列规则：

- 在一个位时间内仅允许一种同步；
- 只要在先前采样点上监测到的数值与总线数值不同，沿过后立即有一个沿用于同步；
- 在总线空闲期间，当存在一个隐性位至显性位的跳变沿时，则执行一次硬同步；
- 所有履行以上规则和其他隐性位至显性位的跳变沿都将被用于重同步。例如，对具有正相位误差的隐性位至显性位的跳变沿，只要隐性位至显性位的特别沿被用于重同步，发送显性位的节点将不执行重同步。

位同步各组成部分的比较如表 4.25 所示。

（2）位定时与位同步的作用

在 CAN 总线中，位定时有一微小的偏差就会导致总线性能严重下降。虽然在许多情况下，

表 4.25 位时间各组成部分比较

参　数	范　围	说　明
分频段	[1, 2, ~, 32]	规定时间份额的长度
同步段	1tq	固定长度，同步总线节点
传播时间段	[1, 2, ~, 8]tq	补偿总线物理延迟
相位缓冲段 1	[1, 2, ~, 8]tq	重同步时可以暂时延长
相位缓冲段 2	[1, 2, ~, 8]tq	重同步时可以暂时缩短
同步跳转宽度	[1, 2, ~, 4]tq	长度小于相位缓冲段

位同步会修补由于位定时设置不当而产生的错误，但不能完全避免出错情况，并且在遇到两个或多个 CAN 节点同时发送的情况时，错误的采样点会使节点启动错误认可标志，使节点不能赢得总线上的任何活动。

传播时时间段≥延迟 A 至 B + 延迟 B 至 A

传播时间段≥2×[节点 A 的输出延迟 + 总线上的传输时间 + 节点 B 的输入延迟]

在这个例子里，节点 A 和节点 B 都是发送节点，因此总线要对两个节点进行仲裁。节点 A 比节点 B 提前发送不到 1 个位时间，当节点 B 收到延迟后的跳变沿时，B 节点要同步于 A 节点，对位时间进行移相。移相后节点 B 发送的标识号有较高优先级，因此节点 B 赢得总线的使用权，如图 4.72 所示，节点 B 发送的显性位经过延迟后到达节点 A。

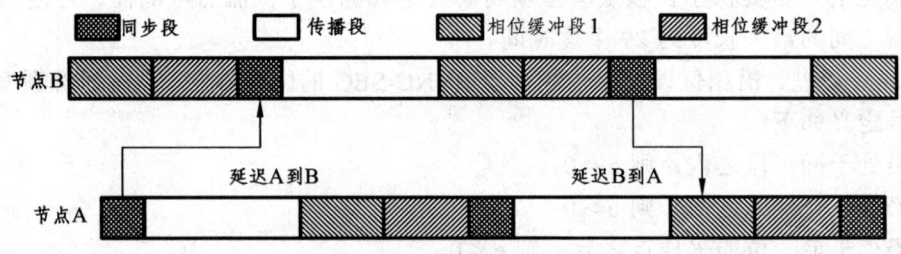

图 4.72 网络时延对仲裁的影响

因为存在振荡器容差，节点 A 的采样点在相位缓冲段的位置是不能确定的，所以节点 B 发送的位流必须在节点 A 的相位缓冲段 1 开始之前到达，传播时间段的长度将受到该条件的限制。如果节点 B 发送一个隐性到显性的跳变沿，节点 A 在相位缓冲段 1 开始之后收到，那么节点 A 就有可能采样到一个隐性位，导致产生一个位错误。这样的错误只有当两个节点都参与总线仲裁，且总线比较长，节点的振荡器频率相差较大时才会出现。另外，CAN 总线还提供一种采样方式，即采样 3 次，在相位缓冲段首尾以及相位缓冲段 1，2 的交界处各采样一次，并通过位定时逻辑确定位的正确值，这样就会要求额外的一个时间份额的延迟，因而需要更长的传播时间段。

同步跳转宽度规定了重同步发生时采样点在相位缓冲段内移动的距离。相位缓冲段和同步跳转宽度用来补偿振荡器容差，发生重同步时，相位缓冲段会被加长或缩短。当总线发生从隐性到显性跳变时，会产生同步，其作用是控制沿与采样点之间的距离。总线节点在每个时间份额都会采样总线，并与前一次采样值进行比较，如果前一次采样值是隐性而当前的采样值是显性，那么总线节点就会发生一次同步。如果跳变沿出现在同步段的前面，沿相位错误就是负的，反之就是正的。

在帧起始时，总线会进行一次硬同步。硬同步后，位时间由每个位定时逻辑单元在同步段之后重新启动，强迫引起硬同步的边沿处于重新启动位时间的同步段内。

当引起重同步的沿相位错误幅值小于或等于同步跳转宽度的数值时，重同步导致位时间的延长或缩短，使采样点处于适当的位置。当沿相位误差幅值大于重同步跳转宽度时，如果相位误差为正，相位缓冲段 1 延长数值等于同步跳转宽度；如果相位误差为负，相位缓冲段 2 缩短数值等于同步跳转宽度。

通过同步，总线可以有效地滤除长度小于传播时间段与相位缓冲段 1 长度之和的噪声。但在一个位时间里只允许一种同步发生。除了噪声以外，绝大多数的同步都是由仲裁引起的，总线上的所有节点都要同步于最先开始发送的节点，但是由于总线延迟，节点的同步不可能达到理想的要求。如果最先发送的节点没有赢得总线仲裁，那么所有的接收节点都要重新同步于获得总线仲裁的节点。应答场的情况也是如此，总线上的接收节点都要同步于最先发送显性位的节点。但由于发送节点与接收节点的时钟周期不同并经过多次同步累加，振荡器容差会导致同步在仲裁场之后出现。图 4.73 列举了沿相位误差为正、负的两种情况，中间的图作为参考，说明了相位缓冲段如何弥补沿相位错误。

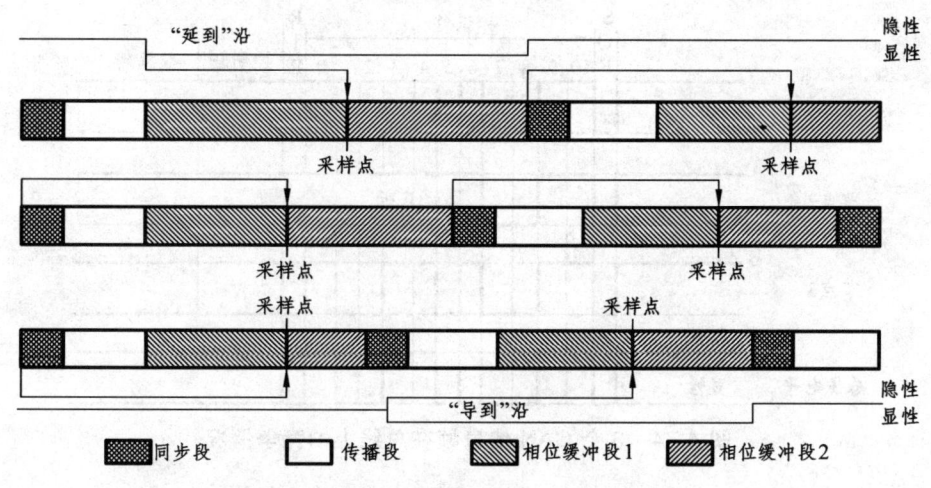

图 4.73　相位缓冲段对沿相位误差的弥补

4. 位仲裁技术

（1）位仲裁的技术及原理概述

CAN 总线使用"载波监听/冲突避免"（CSMA/AC）的通信模式，允许在总线上的任一设备有一定的机会取得总线的控制权来向外发送信息。如果在同一时刻有两个以上的设备欲发送信息，就会发生数据冲突，CAN 总线能够实时地检测这些冲突情况并做出相应的仲裁，而使得获得仲裁的信息帧不受任何损坏的继续传送。

当总线空闲时呈隐性电平，此时任何一个节点都可以向总线发送一个显性电平作为一个帧的开始。如果有两个或两个以上的节点同时发送，就会产生竞争。CAN 总线解决总线竞争的方法和以太网的 CSMA/CD 方法比较类似，并且 CAN 做了改进，是按位对标识符进行仲裁。各发送节点在向总线发送电平的同时，也对总线上的电平进行读取，并与自身发送的电平进行比较,如果电平相同则继续发送下一位,不同则停止发送,退出总线竞争。剩余的节点则继续上述过程,直到总线上只剩下一个节点发送的电平,总线竞争结束,优先级最高的节点获得了总线的使用权。

CAN 总线以报文为单位进行数据传送,报文的优先级结合在 11 位标识符中(扩展帧是 29 位标识符),具有最低二进制数的标识符具有最高的优先级。这种优先级一旦在系统设计时被确立后就不能再被更改。总线读取中的冲突可通过位仲裁解决。图 4.74 是 3 个 CAN 信息帧同时发送,在总线上的竞争情况。在前 5 位,它们都是相同的,因此 3 个节点侦听到的信息和它们发出去的信息都相同。到第 6 位,节点 2 发送一个"1",但是,从总线上接收到的却是"0",说明有优先级比它高的信息帧在发送,这个节点即退出发送,而变成只听模式,余下的 2 个节点继续发送。到了第 9 位,节点 1 发送"1",而接收到"0"即退出发送状态,而转成只听模式。只有节点 3 成功地发送完全部仲裁域位,而获得总线的控制权,继而发送完它的全部信息。注意,总线中的信号被持续跟踪最后获得总线读取权的站的报文。在此例中,节点 3 的报文被跟踪,这种非破坏性位仲裁方法的优点在于,在网络最终确定哪一个站的报文被传送以前,报文的起始部分已经在网络上传送了。所有未获得总线读取权的站都成为具有最高优先权报文的接收站,并且不会在总线再次空闲前发送报文。

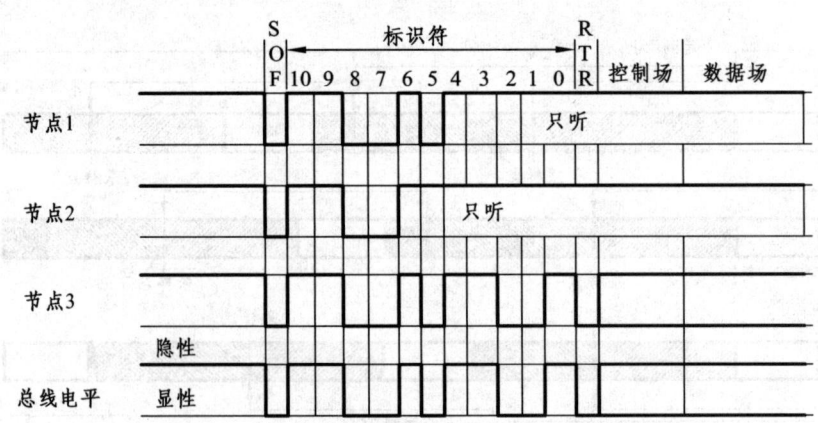

图 4.74 3 个 CAN 信息帧在总线上的竞争情况

CAN 具有较高的效率是因为总线仅仅被那些请求总线悬而未决的节点利用,这些请求是根据报文在整个系统中的重要性按顺序处理的。这种方法在网络负载较重时有很多优点,因为总线读取的优先级已被按顺序放在每个报文中,可以保证在实时系统中较低的个体隐伏时间。

对于主节点的可靠性,由于 CAN 协议执行非集中化总线控制,所有主要通信,包括总线读取(许可)控制,在系统中分几次完成,是实现有较高可靠性通信系统的唯一方法。

(2)位仲裁的作用

载波监听的意思是指在总线上的每个节点在发送信息报文前都必须监听到总线上有一段时间的空闲状态。一旦此空闲状态被监听到,那么每个节点都有均等的机会来发送报文,这被称作多主掌握。冲突避免是指在两个以上节点同时发送信息时,节点本身首先会检测到出现冲突,然后采取相应的措施来解决这一冲突情况。此时优先级高的报文先发送,低优先级的报文发送会暂停。在 CAN 总线协议中是通过一种非破坏性的仲裁方式来实现冲突检测。这也就意味着当总线出现发送冲突时,通过仲裁后原发送信息不会受到任何影响。所有的仲裁判别都不会破坏优先级高的报文信息内容，也不会对其发送产生任何的延时。

为了达到这种"非破坏性的位仲裁方式"，CAN总线协议必须满足一些前提条件。首先，必须定义两种逻辑状态，在这里叫做"显性位"（Dominant）和"隐性位"（Recessive）；然后，节点在发送过程中必须检测刚刚发出的状态是否就是信息中所描述的内容。在CAN总线的定义中，逻辑0为显性位，逻辑1为隐性位。

显性位一定会在和隐性位的判别过程中获胜，从这个角度来看，CAN总线系统就相当于一个大的与门。换句话说，报文标识区（报文仲裁专用区域）的值越小，其优先级就越高。假定有两个节点在同一时刻发送一个报文，每个节点都会监听总线以便了解欲发送的信息状态是否确实出现在总线上。一个优先级较低的报文在某一时刻会发送一个"隐性位"但是检测回来的却是"显性位"。此时这个节点被仲裁为发送权取消，立刻停止发送报文的工作。优先级较高的报文继续发送直到完整的报文发送完毕。在刚才冲突仲裁中被取消发送权的节点将等待总线的下一个空闲期并自动地再次尝试发送。

虽然上述的仲裁方式有着许多的优点，但是它也存在一些不足和局限性。显而易见，由于CAN总线采用的是固定的优先级，所以当总线上的数据量较大时，由前面介绍的仲裁方法可知：当所有的节点都随机的向总线上发送数据时，具有低优先级的节点总是比具有高优先级的节点有较大的发送失败的几率。换言之，当具有高优先级的节点以足够高的频率向总线上发送数据时，如果考虑一种最坏的情况，那么具有较低优先级的节点可能每次要求向总线上发送数据的时候都有一个具有更高优先级的节点同时也要求发送，那么每次具有较低优先级的节点都会在总线竞争中失败，从而导致它一个数据都发送不出去，或者发送的数据都有较大的延时。对采样或控制而言，当延时超过某个预定值时，接收到的数据就已经失去了实际的意义。这种情况在实际的工业应用中是可能出现的，并且是不利于采集数据和控制过程的。在采样或控制过程中，希望各个节点无论是采样还是执行控制，都应该是平等的，也就是说它们发送的数据对控制而言具有同等的重要性，在许多的环境中实际情况都是这样。所以要找出一个合理的解决方案，使得所有的节点都能在它们发送的数据还有效的时候把数据发送出去，使所有的节点公平地享有总线的使用权。

5. CAN的报文滤波技术

（1）报文滤波的原理及其用途

在CAN总线中，存在多种传送和接收数据的方式，比如点对点、一点对多点及全局广播等几种方式。这几种方式的选择和转换就是通过CAN总线中的报文滤波技术实现的，而无需专门的调度。

下面以SJA1000为例简单地介绍一下报文滤波的原理和用途。

在SJA1000中，无论是何种模式，都是CAN的某一地址存在验收滤波器中。在验收滤波器的帮助下，CAN控制器能够允许RXFIFO只接收标识符和验收滤波器中预设值相一致的信息。只有当接收信息中的标识符和验收滤波器预定义的值相等时，CAN控制器才允许将已接收信息存于RXFIFO中。验收滤波器由验收代码寄存器（ACRn）和验收屏蔽寄存器（AMRn）定义，要接收信息的位模式在验收代码寄存器中定义，相应的验收屏蔽寄存器允许定义某些位为"不影响"（即可为任意值）。

有两种不同的过滤模式可在模式寄存器中选择：① 单滤波器模式；② 双滤波器模式。

（2）单滤波技术

单滤波器配置可以定义一个长滤波器（4 字节）。滤波器字节和信息字节之间位的对应关系取决于当前接收帧的格式。

① 标准帧：如果接收的是标准帧格式的信息，在验收滤波中只使用前两个数据字节来存放包括 RTR 位的完整的标识符。如果由于置位 RTR 位而导致没有数据字节，使设置相应的数据长度代码没有或只有一个数据字节，信息也会被接收的。为了成功接收信息，所有单个位比较后都必须发出接收信号。接收标准帧时的单滤波器配置如图 4.75 所示。

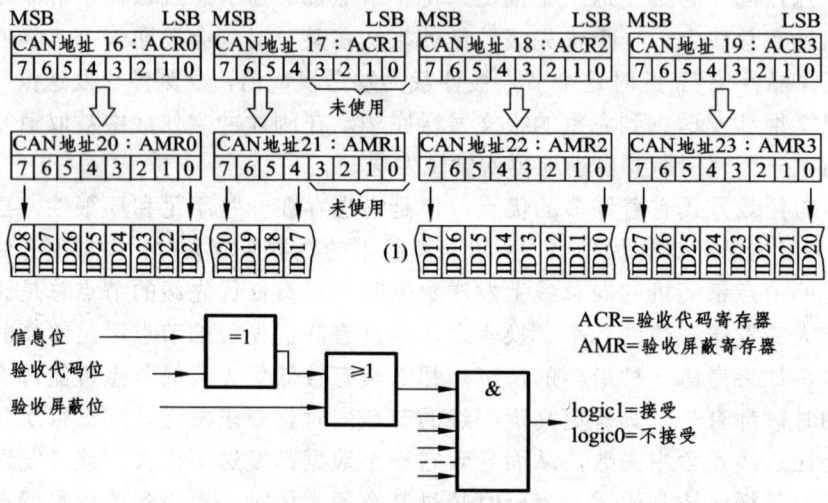

图 4.75 接收标准结构信息时的单个滤波器配置

为了和将来的产品兼容，AMR1 和 ACR1 的低四位一般不使用，这些位可将 AMR1.3，AMR1.2，AMR1.4 和 AMR1.0 设置为 1，确定为"不影响"。

② 扩展帧：如果接收的信息是扩展帧格式的，包括 RTR 位的全部标识符将被接受过滤使用。为了成功接收信息，每个位的比较后都必须发出接收信号。接收扩展帧信息时的单滤波器配置如图 4.76 所示。

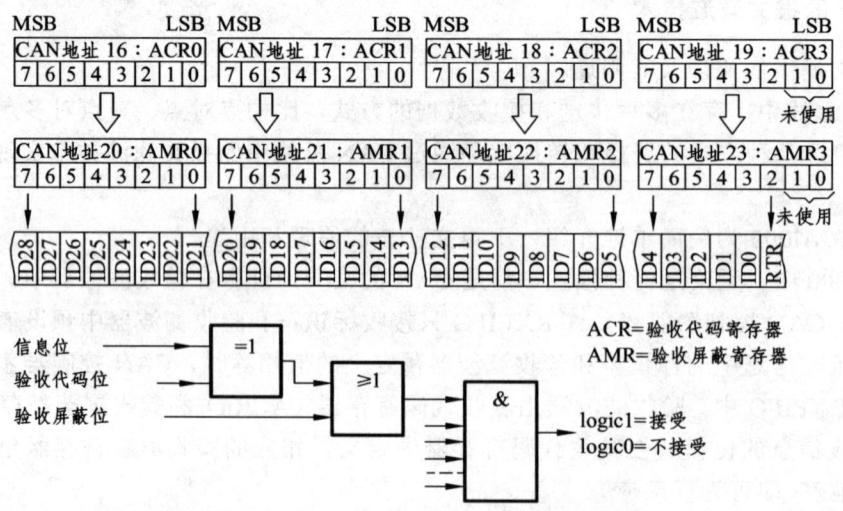

图 4.76 接收扩展帧时的单个滤波器配置

必须注意的是，为了和将来的产品兼容，AMR3 的最低两位和 ACR3 是不用的，这些位应该通过置位 AMR3.1 和 AMR3.0 来定为"不影响"。

（3）双滤波技术

双滤波器的配置可以定义两个短滤波器，一条接收的信息须与两个滤波器比较来决定是否放入接收缓冲器中。至少有一个滤波器发出接收信号，接收的信息才有效。滤波器字节和信息字节之间位的对应关系取决于当前接收的帧格式。

① 标准帧：如果接收的是标准帧信息，被定义的两个滤波器是不一样的。第一个滤波器的比较包括 RTR 位的整个标准标识符和信息的第一个数据字节，第二个滤波器只比较 RTR 位的整个标准标识符。接收标准帧信息的双滤波器配置如图 4.77 所示。

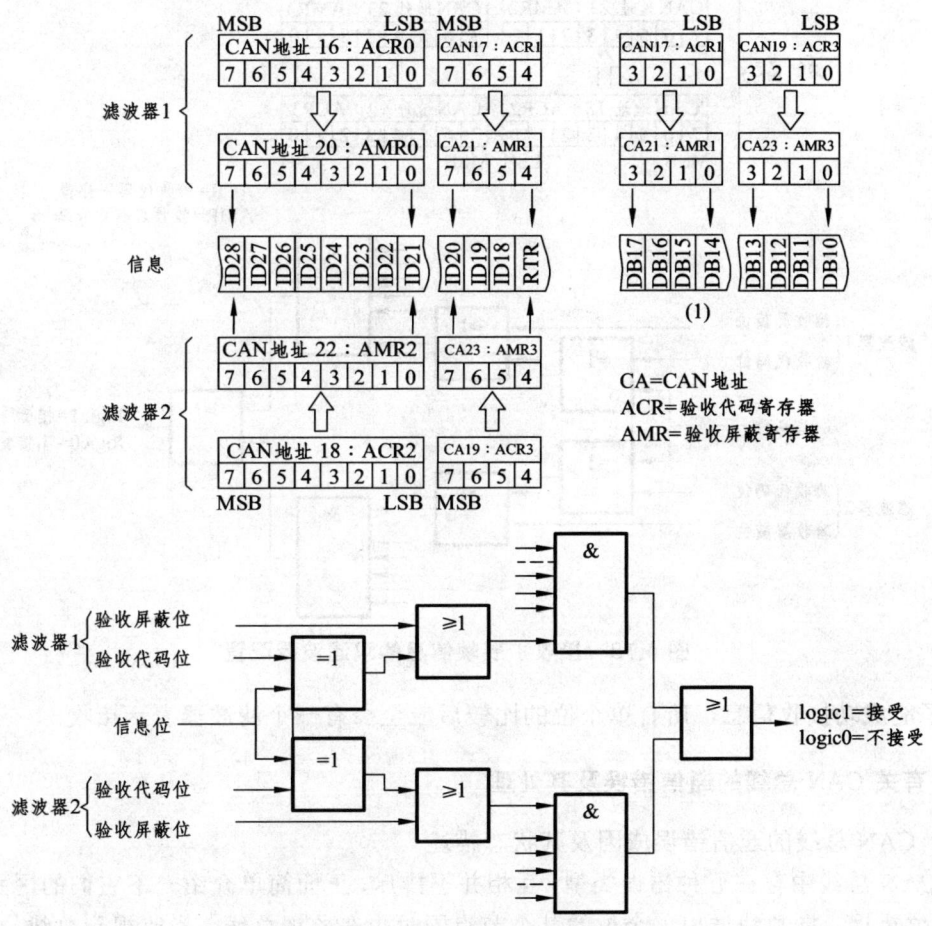

图 4.77 接收标准帧信息的双滤波器配置

为了成功接收信息，所有单个位的比较后应至少有一个滤波器表示接受。RTR 位或数据长度代码是 0 时表示没有数据存在。无论怎样，只要从开始到 RTR 位的部分都被表示接收，信息就可以通过滤波器 1。

如果没有向滤波器请求数据字节过滤，AMR1 和 AMR3 的低四位必须被置为 1（不影响）。当使用包括 RTR 位的整个标准标识符时，两个滤波器都能同样工作。

② 扩展帧：如果接收到扩展帧信息，定义的两个滤波器是相同的。两个滤波器都只比较

扩展标识符的前两个字节。接收扩展帧信息的双滤波器配置如图 4.78 所示。

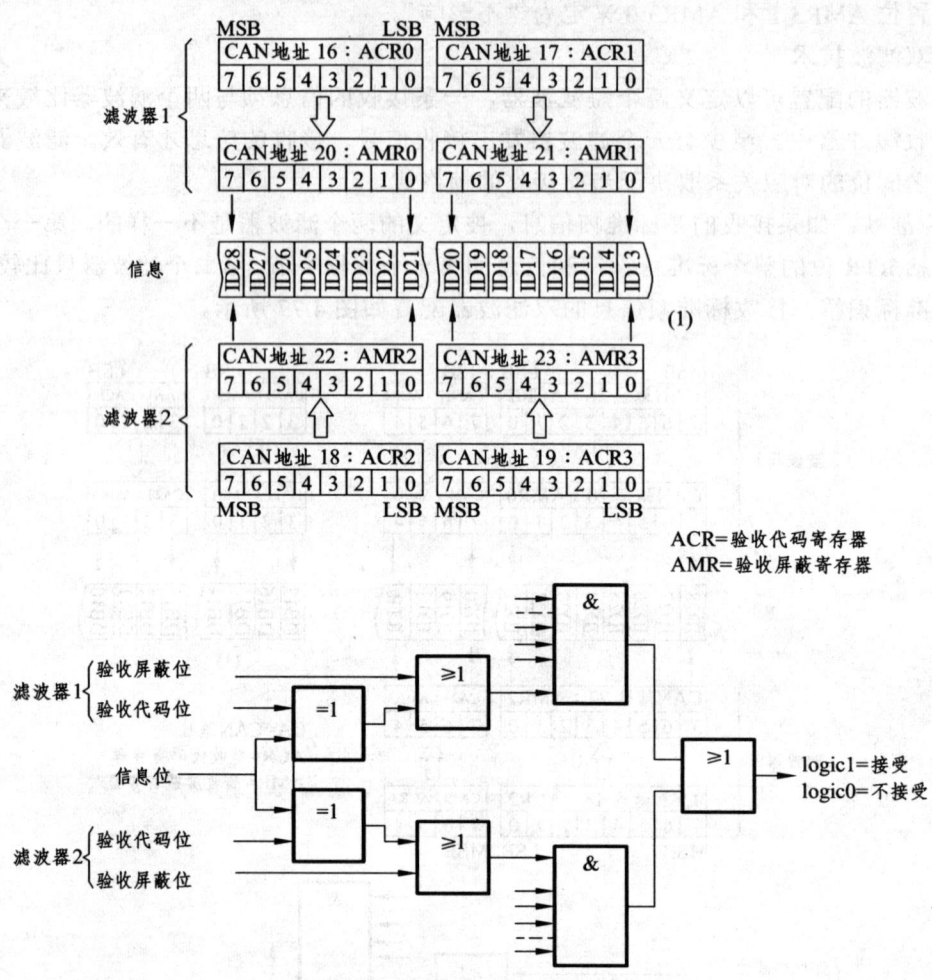

图 4.78 接收扩展帧信息的双滤波器配置

为了能成功接收信息，所有单个位的比较后应至少有一个滤波器表示接收。

6. 有关 CAN 总线的通信错误及其处理

（1）CAN 总线的通信错误成因及其状态描述

在 CAN 总线中存在五种错误类型，互相并不排斥，下面简单介绍一下它们的区别和成因。

① 位错误：向总线送出一个位的某个节点同时也在监视总线，当监视到总线位数值与送出的位数值不同时，则在该位时刻检测到一个位错误。例外情况是，在仲裁场的填充位流期间或应答间隙送出隐性位而检测到显性位时，不视为位错误。送出认可错误标注的发送器，在检测到显性位时，也不视为位错误。

② 填充错误：在应使用位填充方法进行编码的报文中，出现了第 6 个连续相同的位电平时，将检出一个位填充错误。

③ CRC 错误：CRC 序列是由发送器 CRC 计算的结果组成的。接收器以与发送器相同的方法计算 CRC。如果计算结果与接收到的 CRC 序列不相同，则检出一个 CRC 错误。

④ 形式错误：当固定形式的位场中出现一个或多个非法位时，则检出一个形式错误。

⑤ 应答错误：在应答间隙，发送器未检测到显性位时，则应检出一个应答错误。

（2）错误检测及处理

检测到出错条件的站通过发送错误标志进行标定。当任何站检出位错误、填充错误、形式错误或应答错误时，由该站在下一位开始发送出错标志。

当检测到 CRC 错误时，出错标志在应答界定符后面那一位开始发送，除非其他出错条件的错误标志已经开始发送。

在 CAN 总线中，任何一个单元可能处于下列三种故障状态之一：错误激活状态（Error Active）、错误认可状态（Error Passive）和总线关闭状态。

检测到出错条件的站通过发送出错误标志进行标定。对于错误激活节点，该标志为活动错误标志；而对于错误认可节点，该标志为认可错误标志。

错误激活单元可以照常参与总线通信，并且当检测到错误时，送出一个活动错误标志。错误认可节点可参与总线通信，但是不允许送出活动错误标志。当检测到错误时，只能送出认可错误标志，并且发送后仍为错误认可状态，直到下一次发送初始化。总线关闭状态不允许单元对总线有任何影响。

为了界定故障，在每个总线单元中都设有两种计数：发送出错计数和接收出错计数。这些计数按照下列规则进行：

① 接收器检出错误时，接收器出错计数器加 1，除非所检测错误是发送活动错误标志或超载标志期间的位错误。

② 接收器在送出错误标志后的第一位检出一个显性位时，接收器错误计数器加 8。

③ 发送器送出一个错误标志时，发送器错误计数器加 8。其中有两个例外情况：一个是如果发送器为错误认可，由于未检测到显性位应答或检测到一个应答错误，并且在送出其认可错误标志时，未检测到显性位；另一个是如果由于仲裁期间发生的填充错误，发送器送出一个隐性位错误标志，但发送器送出隐性位而检测到显性位。在以上两种例外情况下，发送器错误计数不改变。

④ 发送器送出一个活动错误标志或超载标志时，检测到位错误，则发送器错误计数器加 8。

⑤ 接收器送出一个活动错误标志或超载标志时，检测到位错误，则接收器错误计数器加 8。

⑥ 在送出活动错误标志、认可错误标志或超载标志后，任何节点都最多允许 7 个连续的显性位。在检测到第 11 个连续的显性位后，或紧随认可错误标志检测到第 8 个连续的显性位后，以及附加的 8 个连续的显性位的每个序列后，每个发送器的发送错误计数都加 8，并且每个接收器的接收错误计数也加 8。

⑦ 报文成功发送后，发送错误计数减 1，除非已经为 0。

⑧ 报文成功接收后，如果接收错误计数处于 1～127 之间，则其值减 10，如果接收错误计数为 0，则仍保持为 0；如果大于 127，则将其值记为 119～127 之间的某个数值。

⑨ 当发送错误计数器等于或大于 128，或接收错误计数器等于或大于 128 时，节点进入错误认可状态，导致节点变为错误认可的错误条件，使节点送出一个活动错误标志。

⑩ 当发送错误计数器大于或等于 256 时，节点进入总线关闭状态。

当发送错误计数和接收错误计数均小于或等于 127 时，错误认可节点再次变为错误激活节点。

在监测到总线上 11 个连续的隐性位发生 128 次以后,总线关闭节点将变为两个错误计数器均为 0 的错误激活节点。

当错误计数数值大于 96 时,说明总线被严重干扰。

如果系统启动期间仅有一个节点在线,此节点发出报文后,将得不到应答,检出错误并重复该报文,此时该节点可以变为错误认可节点,但不会因此关闭总线。

4.4.3　CAN 应用层协议

CAN 的基本协议只有物理层协议和数据链路层协议。实际上 CAN 的核心技术是它的 MAC 应用层协议,即它解决数据冲突的 CSMA/AC 协议。按照 ISO 的 OSI 模型,整个的上面五层协议都有待定义。然而,现场总线一般是一个小型的局域控制网络,如果结构过于复杂,如模型的七层都用上,信息在网络中的处理速度就会很慢,因此,一般现场总线系统只用这七层模型的三层:物理层、数据链路层以及应用层,而其他被省略的四层协议的功能一般都由应用层来实现。

对于比较简单的应用,如系统比较小,网路中包含的节点比较少,在网络中传送的信息远没有达到拥塞的程度,可以直接应用 CAN 的多主发送的模式,再适当地定义每个节点所发送信息帧的标识/优先级,这样结合上层应用,就可以形成一个实际的基于 CAN 总线的应用系统了。这样的系统由于没有复杂的上层协议,结构比较简单,成本低,且易于实现。缺点是:由于其是根据自己的应用定义的,故上层协议没有通用性,和其他的系统不能相互兼容。

如前所述,CAN 最早是由德国 Bosch 公司为解决现代汽车中的控制与测试仪器之间的数据交换而开发的一种数据通信协议。近年来,由于其独特的设计思想、优良的性能和高的可靠性越来越受到工业界的青睐,CAN 已经被广泛用于汽车、铁道机车车辆、轮船、机器人、智能楼宇、机械制造、数据机床、纺织机械、医疗机械、农用机械、液压传动、消防管理、传感器、自动化仪表等领域。在不同的应用领域,人们也制定了不同的上层协议,如 CANopen,DeviceNet,CANKingdom 以及 SAEJl939 协议都定义了 CAN 在不同领域应用的上层协议,并且取得了业界的认可,在相应的领域得到广泛的应用。

其中,DeviceNet 协议和 CANopen 协议是真正占领市场的两个应用层协议,但市场定位不同。DeviceNet 协议适合于工厂自动化控制,CANopen 协议适合于所有机械的嵌入网络。因此 CANOpen 协议占领着欧洲市场的汽车电子领域,而 DeviceNet 协议已成为美洲、亚洲地区工业控制领域中的领导者。

1. DeviceNet 协议

1990 年,美国 Allen-Bradley 公司即开始从事基于 CAN 总线的通信与控制方面的研究。研究的成果之一就是应用层:"DeviceNet 协议"。1994 年 Allen-Bradley 公司将 DeviceNet 协议移交给专职推广的独立供应者组织"Open DeviceNet Vendor Association(ODVA)"协会由 ODVA 协会管理 DeviceNet 协议并进行市场的推广。

DeviceNet 协议特别为工厂自动控制而定制,因此使其成为类似 Profibus-DP 和 Interbus 协议的有力竞争者。

目前 DeviceNet 已经成为美国自动化领域中的领导者,也正在其他适合的领域逐步得到推广、应用。

DeviceNet 是一个非常成熟的开放式网络，其根据抽象对象模型来定义。该模型是指可用的通信服务和一个 DeviceNet 节点的外部可见行为。相应设备子协议（DeviceProfile）规定同类设备的行为。DeviceNet 允许多个复杂设备互联，也允许简单设备互换。

基于 CAN 技术的 DeviceNet 是一种低成本的通信总线。其将工业设备（如限位开关、光电传感器、阀组马达启动器、过程传感器、变频驱动器、面板显示器和操作员接口等）连接到网络，从而消除了昂贵的硬接线成本，直接互联性改善了设备间的通信，并同时提供了相当重要的设备级诊断功能，这是通过硬接线 I/O 接口很难实现的。同时，DeviceNet 是一种简单的网络解决方案，在提供多供货商同类部件间的可互换性的同时，减少了配线和安装工业自动化设备的成本和时间。

DeviceNet 是一个开放的网络标准。规范和协议都是开放的：供货商将设备连接到系统时无需为硬件、软件或授权付费。任何对 DeviceNet 技术感兴趣的组织或个人都可以从 ODVA 协会获得 DeviceNet 规范，并可以加入 ODVA 协会，参加对 DeviceNet 规范进行增补的技术工作组。

DeviceNet 在中国的发展速度迅速，至 2003 年 7 月，ODVA 协会在中国的会员已经达到 41 个。DeviceNet 也在中国建立了许多行业的应用，众多大型企业均开始将 DeviceNet 应用到自己主流产品的生产中。据 Rockwell Automation 市场部提供的数据，上海通用汽车有一条 DeviceNet 的生产线，另外生产可口可乐的上海申美饮料公司也部分采用了 DeviceNet 技术。随着 CAN 总线技术的进一步完善和推广，DeviceNet 将有相当可观的应用前景。

2. CAL 协议

CAL（CAN Application Layer）发布于 1993 年，是 CiA 首批发布的条款之一。CAL 为基于 CAN 的分布式系统的实现提供了一个不依赖于应用，面向对象的环境，为通信、标识符、分布式网络和层管理提供了对象和服务。CAL 主要应用在基于 CAN 的分布式系统，这个系统不要求标准化的设备建模。CAL 的其中一个子集是作为 CANopen 的应用层，因此 CANopen 的设备可以用在指定应用的 CAL 系统中。

3. CANopen 协议

1993 年由 Bosch 主导的欧洲 CAN 总线协会开始研究基于 CAN 总线通信、系统、管理方面的原型，由此发展成为 CANopen 协议。这是一个基于 CAL 的子协议，用于产品部件的内部网络控制。其后 CANopen 协议被移交给 CiA 协会，由 CiA 协会管理维护与发展。1995 年 CiA 协会发布了完整的 CANopen 协议。至 2000 年，CANopen 协议已成为全欧洲最重要的嵌入式网络标准。CANopen 不仅定义了应用层和通信子协议，也为可编程系统、不同器件接口、应用子协议定义了页/帧状态，这也是工业领域决定使用 CANopen 的一个重要原因。

CANopen 协议中，设备建模是借助于对象目录而基于设备功能性的描述。这种方法广泛地符合于其他现场总线（Interbus-S、Profibus 等）使用的设备描述形式。标准设备以"设备子协议 Device Profile"的形式规定。

DeviceCiA（CAN in Automation）协会成立于 1992 年，是为促进 CAN 以及 CAN 协议的发展而成立的一个非赢利的商业协会，用于提供 CAN 的技术产品以及市场信息。到 2002 年 2

月,共有约 400 家公司加入了这个组织,协作开发和支持各类 CAN 高层协议。

在 CiA 的努力推广下,CAN 技术在汽车控制系统、电梯控制系统、安全监控系统、医疗仪器、纺织、机械、船舶运输、城市轨道车辆等方面均得到了广泛的应用。

4.4.4 CAN 组网

CAN 规范 2.0 主要对数据链路层和物理层中位编/解码、位定时等进行了描述,而未定义物理层中的驱动器/接收器特性、传输介质和信号电平等内容,以便于在具体应用中根据实际情况进行选择和优化。目前比较常用的 CAN 总线传输介质为双绞线。在 1993 年形成的国际标准 ISO11898[道路车辆-数字信息交换-高速通信控制器局域网(CAN)]中,对基于双绞线的 CAN 总线传输介质特性进行了建议。

典型的 CAN 网络如图 4.79 所示。这里将连接于总线的每个节点称为电子控制装置(ECU),ECU 应包括通常所说的 CAN 控制器(或带 CAN 内核的微控制器)和 CAN 驱动收发器。总线两端的电阻为终端电阻,用以抑制反射回波,典型值为 120 Ω。

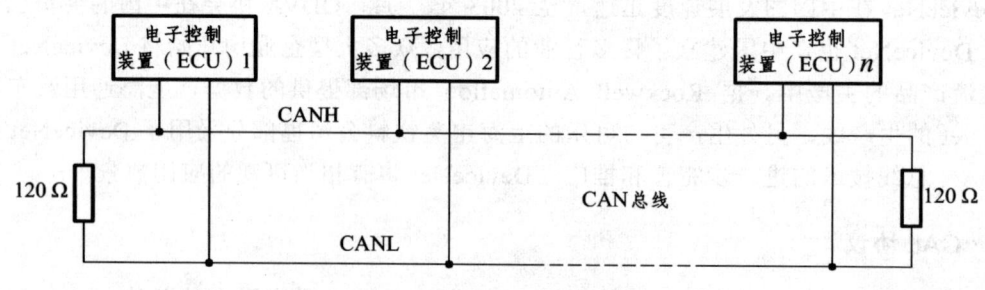

图 4.79 典型 CAN 网络

传输距离与传输速率密切相关。表 4.26 列出了 CAN 节点间最大传输距离与位速率的关系,可供参考。实际应用中传输距离还将受电磁环境和传输介质特性等因素的影响。在某些基于 CAN 的现场总线协议(如 DeviceNet)中,有关传输距离、传输电缆、连接器、分接头和位速率等方面都有更详细、更严格的规定和说明。

表 4.26 CAN 总线任意两节点间最大距离与位速率

位速率(kbit/s)	最大总线距离(m)	位速率(kbit/s)	最大总线距离(m)
1 000	40	50	1 300
500	130	20	3 300
250	270	10	6 700
125	530	5	10 000
100	620		

为了提高总线在恶劣电气环境下的可靠性和传输速率,总线采用差分传输的方式。双绞线中的一根称为 CANH,另一根称为 CANL。总线只有一对互补的逻辑值:显性或隐性。可以定义,当总线值为隐性时,CANH 与 CANL 的电压值 V_{CANH}、V_{CANL} 被固定在电平 2.5 V 上,差分电压值 V_{diff} 近似为 0 V;当总线值为显性时,V_{CANH} 为 3.5 V,V_{CANL} 为 1.5 V,差分电压值

V_{diff} 达到 2 V，如图 4.80 所示（以上电压值均为典型值）。

根据 CAN 收发器的内部结构特点，如果总线上所有驱动收发器的输出晶体管对均关闭，则总线处于隐性状态；只要总线上有一个收发器的输出晶体管对被导通，则总线值为显性。

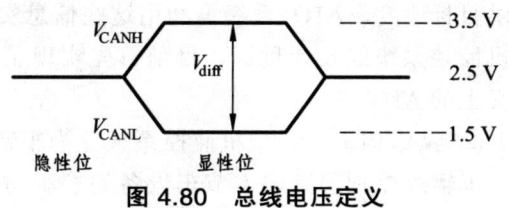

图 4.80 总线电压定义

显然，如果一个显性位和一个隐性位被同时发出的话，那么总线值将为显性，此特性符合 CAN 技术规范中的要求。

目前符合 ISO11898 标准的 CAN 驱动收发器有很多，如 82C250/82C251 和 TJA1041 等产品。

4.4.5 应用实例

1. 磁悬浮列车车载微机监控系统

磁悬浮列车车载微机监控系统是列车安全、准点运行的重要保证，是整个磁悬浮列车系统的中枢，是计算机技术、控制技术、网络技术、检测与诊断技术以及显示技术等多门技术的综合应用。与一般的传统轮轨列车相比，磁悬浮列车是一种动力分散的运输系统，即一列车中每辆车都是动车，并且每辆车的电气设备相当分散，也相对较多。为实现整个列车的安全运行，充分发挥磁悬浮列车的优越性，各辆车之间必须通过网络连接起来，以达到信息共享、减少布线、降低成本和提高总体可靠性的目的。下面介绍国防科技大学研制的 CMS-3 型中低速磁悬浮列车车载微机监控系统及其通信网络。

（1）微机监控系统功能和要求

① 列车首尾驾驶车功能：首、尾车均能完成整列车车载设备的控制，包括牵引、制动、悬浮、各种电源设备管理以及气路和车门控制等，且具有首尾互锁、热备份等功能。在首、尾车还留有单个设备的调试接口。

② 列车自动驾驶功能：通过速度闭环控制，最终实现列车自动运行，准确停靠站，以减少人为操作的失误。

③ 列车安全防护功能：主要对与安全有关的设备或系统进行监控，实现列车间隔保护、超速保护、进站保护等功能。

④ 列车运行监测与显示系统：主要对列车运行进行监督，辅助驾驶员、行车调度人员对全线列车运行进行显示、记录、报警等。分车载部分和地面部分。

⑤ 列车设备监测和故障诊断系统：通过网络和部分硬连线检测全列车设备的运行状态，并进行集中显示和管理；对设备的故障进行记录、分析、处理并分级报告。

⑥ 列车的定位测速和数据传输系统：列车定位包括相对定位和绝对定位。数据传输系统主要实现车载与地面之间的数据传输，该系统是列车微机监控系统的基础。

（2）微机监控系统的架构

① 从功能上分，微机监控系统包括列车超速防护系统（ATP）、ATP 支持下的列车自动驾驶系统（ATO）、测速定位系统和数据传输系统。

其中 ATP 系统主要负责对列车驾驶的防护，并形成列车运行的牵引速度曲线，实现列车间隔保护、停站保护以及超速保护等功能。ATP 系统根据列车运行的牵引速度曲线实时向 ATO

提供目标速度，ATO 系统再利用这些信息实现列车的自动牵引和制动控制。这是磁悬浮列车微机监控系统的设计目标，目前首先实现了人工驾驶，待完成速度闭环控制后，再实现真正意义上的 ATO。

② 从结构上分，微机监控系统分为车辆级控制层和列车级控制层。

车辆级控制层完成本节车设备的控制与监测，每节车设备通过车辆总线互连，与安全有关的重要控制信号采用硬连线，如悬浮控制、牵引、制动和电源开关等，而有关设备的详细工况通过总线传递。所有的控制信号也可通过总线下发，但一般正常情况下不用。车辆总线采用 CAN 总线，考虑车载的部分设备只有 RS-485 或 RS-232 通信接口，为此，专门开发了 CAN 与 RS-485 和 RS-232 的总线转换接口板。车辆级监控计算机由 PLC 和车辆总线控制器组成。

列车级控制层主要由首尾的列车级监控计算机系统（完成 ATO 的功能）、安全监控计算机系统（完成 ATP 的功能）、液晶显示微机以及列车总线和总线设备组成，如图 4.81 所示。图中只给出了首尾车的专有设备，考虑到可靠性和开发的方便，列车级监控计算机、安全监控计算机、车辆级监控计算机均采用 SIEMENS 的 PLC（S7-300 系列的 314.ZDP），显示微机采用株洲电力机车研究所的车载液晶显示微机。为提高可靠性，选用宽温度范围 PLC 产品，并增加减振措施。

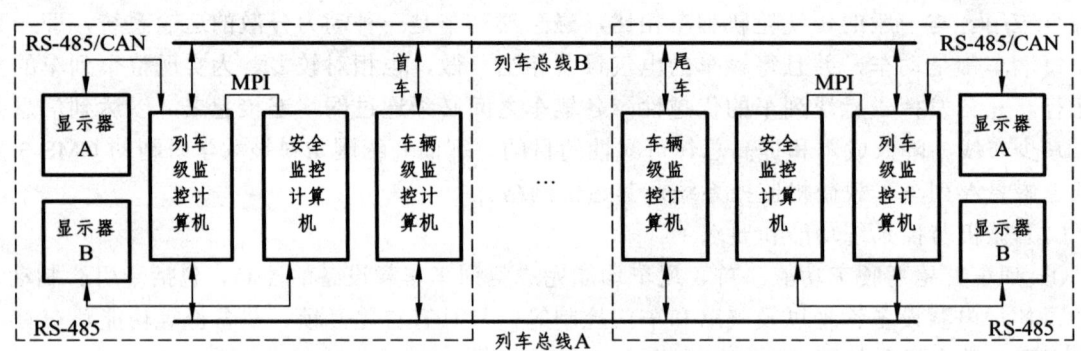

图 4.81 基于 CAN 总线的微机监控系统框图

首尾车的列车级监控计算机通过列车总线完成全列车的控制。CAN 总线方案的列车总线采用了双线冗余。

在首尾车各有 2 台液晶显示微机，其中一台与 ATP 连接，主要完成列车运行监测、运行速度曲线显示、操作和运行记录以及语音报警等功能；另一台液晶显示微机与 ATO 相连，主要完成列车设备监测和故障诊断等。如果其中一台液晶显示微机故障，另一台液晶显示微机通过页面切换可以完成发生故障显示微机的主要功能。

车辆总线是用以连接车辆内各个设备的，CAN 总线用作车辆总线时要考虑到 CAN 总线的通信距离与波特率的关系，需要详细规划车辆总线的总体布置，以缩短通信连线的距离，提高波特率。CAN 总线采用的是短帧结构，为此应尽量压缩数据帧的长度。在每节车辆中，它的 16 个悬浮控制器中都嵌入了 CAN 总线接口，一辆车中减少布线近 200 余根，从而提高了整体系统可靠性。通过压缩和组合，把每个悬浮控制器向上发送的数据确定为 1 帧，因此，简单的 CAN 总线协议可不加修改地应用到车辆设备的互连中。在本节车上，车辆级 CAN 总线节点达 21 个，传输速率为 100 kbit/s。对于连接各车辆节点的列车总线，要求传输的数据量很大，不但要传送过程数据，而且也要传送消息数据。因此，相对简单的协议显然不太适合在列车总线通信网上应用。为解决此问题，重新定义了 CAN 总线的应用层协议。该协议基于对称型多主网络结构，支持广播和点对点，可传送命令和数据。为了便于列车总线的冗余，布置了两条贯穿全列车 CAN 总线通信线，设计了考虑冗余且基于 CAN 总线的列车总线通信控制器，两条列车总线采用热备份工作方式，并且每个挂在列车总线的设备都有 2 个 CAN 总线控制器，以保证通信的可靠性，其中一条线故障或某个节点的一个 CAN 控制器出现故障，都会自动进行切换。

2. 在机车重联中的应用

2001 年大连机车车辆工厂生产的"神州号"2M10T 内燃动车组有 5 列采用了 LonWorks 技术实现重联控制，其余 5 列采用了 CAN 总线来实现双通道、热备份工作方式的动车重联。

重联系统的结构与图 4.23 相同，只不过 LonWorks 网卡换成了 CAN 网卡。完成的功能相似，只是 CAN 由于采用短帧结构，因而必须采用多个短包来完成重联信息的传输。

第 5 章 主动控制技术

5.1 主动控制的基本原理

5.1.1 主动控制的基本概念

现有的机车车辆悬挂系统由各种弹性元件和阻尼元件组成,如弹簧、液压减振器。这些元件的工作特点是在衰减振动时并不需要外界提供能量,仅仅是耗散或暂时存储系统内部能量,是一种被动的工作方式,故称为"被动悬挂"。

主动控制就是在一个已存在的机械系统中增加传感器、控制器以及作动器,如图 5.1 所示,使其成为一个状态可控的悬挂系统,因此也称为主动悬挂系统。

被动悬挂系统在系统构造完成之后,其悬挂特性在车辆运行过程中是不能调节的。被动悬挂系统对于轨道输入或其他干扰的响应,由该系统的参数(质量、弹簧刚度、阻尼系数、几何特性等)来决定。对应于不同的

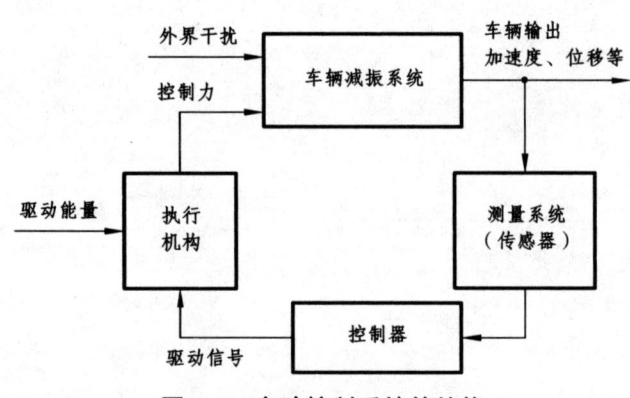

图 5.1 主动控制系统的结构

线路激扰,车辆系统的输出是不一样的。但对于主动悬挂系统而言,车辆系统对任何线路激扰输入的响应都可由控制器的控制策略所决定。换言之,就是具有主动悬挂系统的车辆在不同线路激扰下都可以达到同样的乘坐舒适性。

从悬挂系统有无外界能量提供来看,主动控制或主动悬挂系统区别于被动悬挂系统的外部特征是需要外部能量提供,例如,主动控制系统所必需的各种作动器、传感器、控制器需要外部供给能量。从控制理论的角度来看,被动悬挂系统属于一种开环控制方式,而主动悬挂系统是引进负反馈的闭环控制方式。

5.1.2 主动悬挂系统的组成和基本特征

1. 组 成

主动悬挂系统采用有源或无源可控硬件组成一个闭环控制系统,根据车辆系统的运动状态和当前的激励大小主动作出反应,以抑制车体的运动,使车辆悬挂始终处于最佳减振状态。

一般来讲，主动悬挂系统包括外部动力源、作动器、传感器、进行信号调理的处理器（即计算机）四部分。

2. 基本特征

主动悬挂系统能够连续地提供和调节能量大小和方向，而被动悬挂系统只能消耗或暂时存储能量，随后将剩余能量返回系统。

主动悬挂系统中，力的产生不依靠系统先前储存的能量，需要依靠外部动力源提供。

借助于适当的测量和信号调节器，主动悬挂系统产生的力可以是许多变量的函数，其中一些可以是遥测变量，如主动悬挂系统可以产生与质量绝对速度成比例的力，而被动悬挂系统只能产生两个相对运动的质量的力。因此，主动控制系统能够产生相对于许多变量的力，使系统能够适应各种外力激扰和轨道不平顺。

5.1.3 主动控制系统基本原理

下面以单自由度主动悬挂模型来阐述主动控制的基本原理。

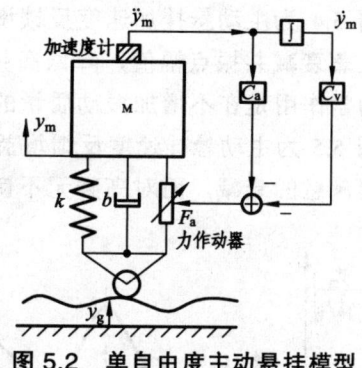

图 5.2 单自由度主动悬挂模型

首先建立如图 5.2 所示的单自由度主动悬挂模型。模型的测量值为簧上质量绝对加速度 $\ddot{y}_m$，通过积分可得到绝对速度 $\dot{y}_m$，设它们对应的各自放大增益分别为 C_a，C_v。则主动悬挂力输出为：

$$F_a = -C_a \ddot{y}_m - C_v \dot{y}_m \quad (5.1)$$

相对应的动力学方程为：

$$(M + C_a)\ddot{y}_m + (b + C_v)\dot{y}_m + Ky_m = Ky_g + b\dot{y}_g \quad (5.2)$$

对于输入 y_g，输出 $\ddot{y}_m$，有如下传递函数：

$$|H_{(\omega)}| = \omega^2 \sqrt{\frac{1 + 4\xi^2\gamma^2}{(1-\gamma^2)^2 + 4\xi^2\gamma^2}} \quad (5.3)$$

其中频率比：

$$\gamma = \frac{\omega}{\omega_n} \quad (5.4)$$

阻尼比：

$$\xi = \frac{b + C_v}{2\sqrt{(M + C_a)K}} \quad (5.5)$$

固有频率：

$$\omega_n = \sqrt{\frac{K}{M + C_a}} \quad (5.6)$$

当 $C_a = 0$，$C_v = 0$ 时，即为传统的被动悬挂，被动悬挂系统的加速度传递函数如图 5.3 实线所示（$\xi = 0.1$，0.707 时）。

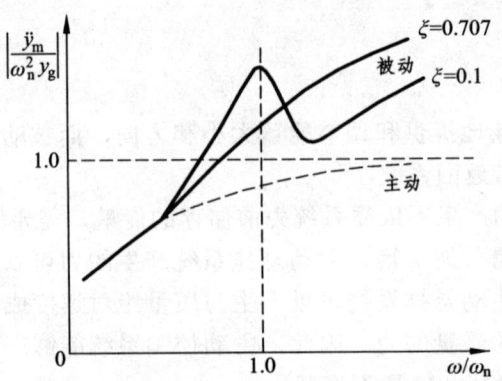

图 5.3　加速度传递函数的主动与被动悬挂对比

从图中可以看出，共振点的衰减与高频放大是相互矛盾的，也即增大阻尼可以衰减共振点的幅度但高频特性变得更为恶劣。

图 5.4 为主动悬挂加速度反馈增益对加速度传递函数的影响，从图中可以看出，增大 C_a 可以显著衰减共振点幅值，降低高频渐近线同时也降低系统固有频率。增加加速度反馈增益的动力学作用是在不增加振动质量的情况下，增加了系统的簧上质量。

图 5.5 为主动悬挂速度反馈增益对加速度传递函数的影响。如图所示，增大 C_v 可在共振点获得满意的衰减，而对高频无不良影响。

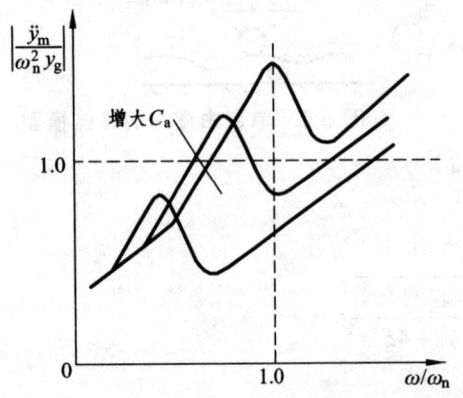 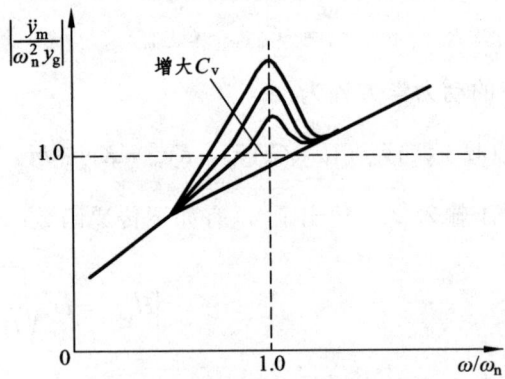

图 5.4　C_a 变化时加速度传递函数对比　　　图 5.5　C_v 变化时加速度传递函数对比

对于单自由度主动悬挂选取合理的性能指标，可以获得如图 5.3 中虚线所示的理想主动悬挂曲线。通过以上分析可以理解主动悬挂的基本思路。

从控制理论观点出发，主动悬挂系统是带负反馈的控制系统。设单自由度被动悬挂振动系统的输出（振动位移）为 Y_s，输入（激扰）为 X_s，则输入、输出传递函数 F_s 为：

$$F(s) = \frac{Y(s)}{X(s)} = \frac{1}{s^2 + 2\xi\omega_n s + \omega_n^2} \tag{5.7}$$

式中，ξ、ω_n 为阻尼系数和固有频率。

显然 $F(s)$ 为一典型的二阶振荡系统，其动态特性完全由 $F(s)$ 在复平面上的零极点所决定，众所周知，当 $\xi = 0.707$ 时是该典型系统的最佳动态过程。而对于主动悬挂设反馈增益为 $G(s)$，则有主动悬挂的系统传递函数 $F'(s)$ 为：

$$F'(s) = \frac{F(s)}{1 + G(s) \cdot F(s)} \tag{5.8}$$

因而可以通过调整反馈增益 $G(s)$ 使主动悬挂系统有更优的动态特性，可见主动悬挂系统在系统动态特性配置上有更大的灵活性。

5.1.4 主动控制系统的优缺点

与传统的机车车辆被动悬挂系统相比，采用主动控制在机车车辆悬挂系统中有以下一些特点：

1. 优　点

① 主动控制系统能够向车辆悬挂系统连续提供能量并能够调节能量的大小，因此主动控制系统产生的悬挂力不依赖于先前存储在车辆悬挂系统中的能量，从而可以有效地衰减振动；被动悬挂系统只能消耗或暂时存储车辆悬挂系统中的能量，在系统振动减小时将能量释放回原悬挂系统，其衰减振动的能力受到一定限制。

② 主动控制系统有优良的动态特性，可以衰减系统的振动模态，减低系统的固有频率，在保持小静挠度的同时得到较好的舒适度。而被动悬挂系统在衰减共振与高频遏制方面是互相冲突的。

③ 主动控制系统有较强的协调性。主动控制系统如果采用适当的测量和信号装置，则可以产生与系统多个变量相关的悬挂力，这些变量可以通过遥测得到，因而在考虑机车车辆运行性能的各个方面有较大的灵活性，尤其适用于多变量振动系统各变量之间的协调，从而避免了顾此失彼的矛盾；而被动悬挂系统产生的悬挂力只能是与对应局部零部件之间的相对运动有关。

④ 主动控制系统有较好的适应性。主动控制系统是带负反馈的闭环控制系统，因而可以采用不同的控制策略使车辆悬挂系统对于不同线路激扰有更好的适应能力。这一特点特别适用于瞬态激扰激烈变化的场合，对任何输入都能够快速响应，对不同振型的振动都能抑制。而被动悬挂系统的响应几乎与线路激扰成线性关系。

以上特点简化车辆结构设计，使具有主动控制系统的车辆能够适应各种不同的线路运行，并可保证同样好的乘坐舒适性。

2. 缺　点

① 成本高：由于增加了传感器、作动器、控制器，不可避免地增加了机车车辆成本。例如，摆式列车，由于增加倾摆机构，要使车辆购置成本增加约 40%。

② 结构复杂：在机车车辆结构空间内加装作动器等装置，导致机车车辆结构更复杂。同样，摆式列车由于车体需要倾摆，在转向架和车体之间增加了倾摆机构，也使结构更复杂，空间加大。

③ 能量消耗大：对于全主动控制系统而言，无论采用何种形式的作动器，都要消耗能量。

④ 维护成本高：主动控制系统一般采用液压伺服系统，其维护费用较高。

对于实际工程应用来说，低能耗、低成本、结构简单、可靠性高是主动控制系统能够在机车车辆上投入应用的关键。

5.1.5 主动控制系统的分类

机车车辆主动控制系统可以按照多种方法进行划分，如控制范围、控制程度以及控制技术来进行分类，下面分别进行说明。

按照控制范围可分为：一系主动控制、二系主动控制或垂向主动控制、横向主动控制等。

按照控制程度可分为：全主动控制、半主动控制或高频、低频控制。

按照控制技术可分为：液压、气动、机电控制系统等。

当然，可以把几种技术综合起来进行分类，以便将主动控制系统描述得更清楚，例如，我们可以说有一个二系横向液压全主动悬挂系统，或对于摆式列车，可以说是二系机电式全主动悬挂系统。

5.1.6 一系悬挂主动控制

铁道机车车辆一系悬挂主要解决曲线通过和稳定性之间的矛盾。对于传统转向架而言，如图 5.6 所示，轮对是通过一系定位装置连接在转向架构架上，可将定位装置简化为垂向、横向和纵向三个方向上的弹簧约束。提高弹簧横向刚度，有利于提高车辆的稳定性，提高临界速度，但会造成曲线通过性能的降低；相反，如果减小刚度，可提高曲线通过性能，但又会带来车辆稳定性的降低。为了解决这个问题，采用了径向转向架技术。但是其径向机构一般采用杠杆机构，其比例是固定的，对应于不同曲线半径，其值无法改变，不能有效适应各种线路。

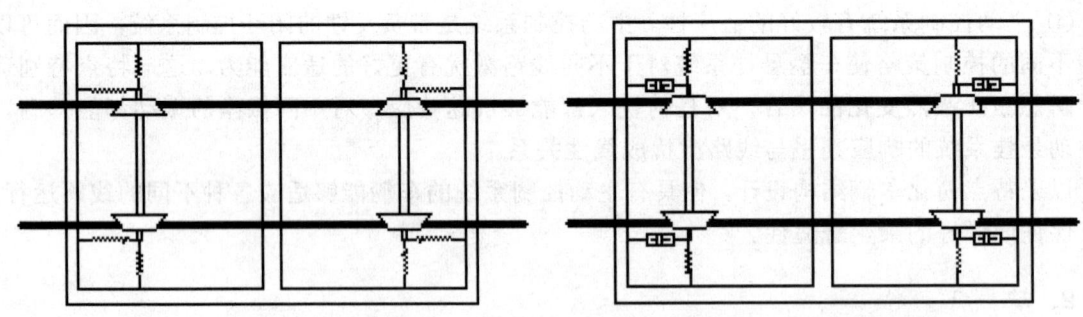

图 5.6 轮对与构架的关系　　　　　图 5.7 一系主动控制形式

采用一系悬挂主动控制技术可有效解决这个矛盾。从理论上讲，可以实现在转向架处于曲线上时有较好的通过性能，在直线上同样有较高的稳定性。可能采用的控制方式如图 5.7 所示。它采用作动器（液压或机电式）直接代替定位弹簧装置，根据转向架在线路上的状况实时改变刚度，或是使轮对随着曲线变化处于适当的径向位置。

主动控制技术除了可以在传统固定轮对转向架上应用之外，在独立旋转车轮车辆的控制方面也有应用，如图5.8所示。

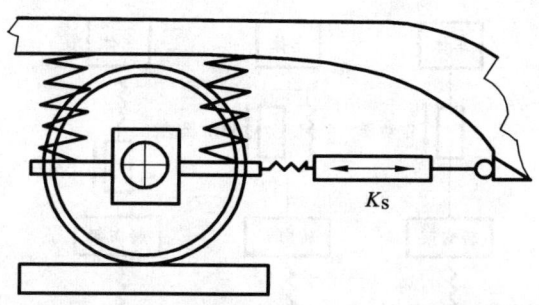

图5.8 独立旋转车轮转向架的主动控制形式

一系悬挂直接关系到车辆的运行安全性，因此，对一系悬挂主动控制技术的研究主要集中于两个方面：在理论上继续研究轮轨黏着和蠕滑机理，寻求一种实用的控制规律；在工程实践上，立足于作动器的可靠性研究，高集成度和安全设计的控制器的研究以及精确可靠的测量系统的研究。

图5.9是目前一系主动控制技术在铁道机车车辆上的几个应用例子。图5.9（a）是奥地利JENBACH公司的Integral动车组，其通过测量在曲线上相邻车辆的转动角度，控制安装于车体与转向架之间的作动器动作，推动构架，使转向架的轮对形成径向。图5.9（b）是德国利渤海尔（Liebherr）公司与DUEWAG公司生产的应用于多特蒙德的轻轨车的主动径向转向架的原理图。其利用作动器测量相邻车辆间的转动角度，通过安装于车体与转向架之间的作动器控制轮对径向。由于采用迫导向的原理，避免了直接测量轨道曲率带来的测量误差而导致行车安全的问题。图5.9（c）是主动控制的另外一种应用，是西门子SGP400转向架上应用的半主动垂向减振器，它能够根据车辆在直线和曲线上运行时不同的振动特性来改变减振器的刚度，保证在直线上运动时有较高的刚度，而在曲线上运动时刚度较小。它在西门子摆式列车的SF600转向架上也有应用。

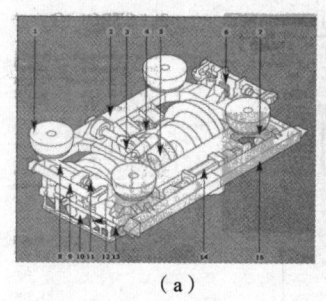
（a）

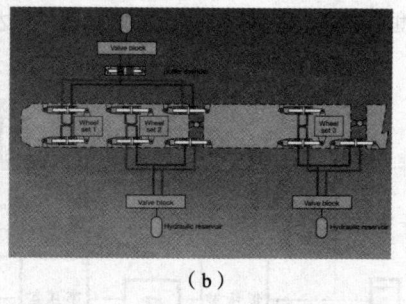
（b）

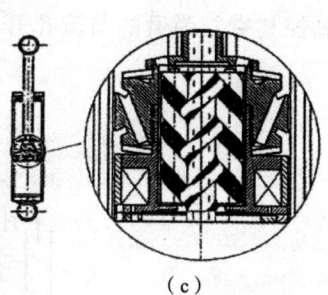
（c）

图5.9 一系主动控制的应用实例

5.1.7 二系悬挂主动控制

二系悬挂系统主要是提高车辆的乘坐舒适性。对于被动悬挂系统来讲，增加乘坐舒适性和减小悬挂系统挠度（deflection）是一对矛盾的问题。增加悬挂系统行程有利于提高乘坐舒适性，但会造成悬挂系统结构设计困难。采用二系悬挂主动控制系统，即可解决乘坐舒适性和悬挂系统的最大挠度之间的矛盾，保证在较小的悬挂系统行程的条件下提高乘坐舒适性。

以垂向为例，二系悬挂主动控制系统主要有以下三种形式，如图5.10所示。

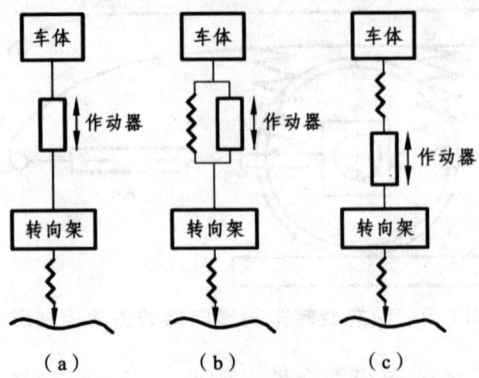

图5.10 二系悬挂主动控制系统的形式

图5.10（a）为直接支承结构形式，其控制简单，但要求作动器功率较大，作动器要能够将车体直接支承起来，需要的能量大，同时作动器故障之后就会使车辆失去二系减振功能，因此实际中较少采用。图5.10（b）为并联方式，采用弹簧和作动器共同支持车体，作动器功率可以较小，只需要提供主动控制力。在作动器故障之后仍然可以依靠弹簧工作。图5.10（c）为串联形式，其乘坐舒适性最好，在作动器失效后仍然有弹簧支承车体，安全性好，但由于作动器也需要支持车体质量，作动器功率也不能太小。同时，由于减振弹簧串联安装，空间要求较大。所以，在实际应用中，图5.10（b）的并联方式最常用。

随着人们对乘坐舒适性要求的不断提高，二系悬挂主动控制系统的研究也得到进一步加强，在实际中得到了较大的应用。目前主要集中在二系横向主动减振控制和空气弹簧的垂向主动控制。意大利ETR470摆式列车、日本新干线E500系列高速动车组、西门子ICT摆式列车都采用了主动、半主动的二系横向减振系统，其原理将会在后面介绍我国引进的横向半主动控制系统时介绍。图5.11是空气弹簧垂向主动控制的应用实例。它根据车辆的振动情况，通过控制空气弹簧的节流孔开度来控制空气弹簧的垂向刚度，达到良好的减振效果。

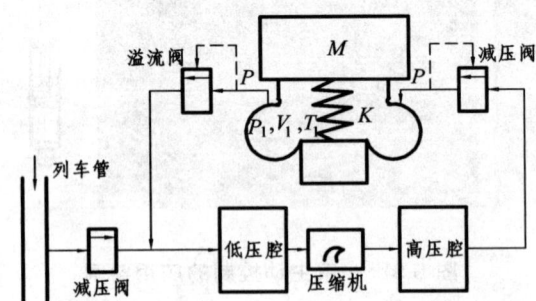

图5.11 空气弹簧垂向主动控制系统应用

5.2 主动控制和半主动控制

对于主动控制技术的工程应用来说，低能耗、低成本、结构简单、可靠性高是主动控制系统能够投入应用的关键。

半主动控制系统采用状态可控的元件组成控制系统，不需要大量消耗能量，越来越受到重视。随着研究的深入，由系统匹配性、适应性和不同的控制规律及其特点而发展出了不同的实现形式。图 5.12 反映了被动悬挂、主动悬挂及半主动悬挂三种基本悬挂形式。三种类型的悬挂系统是在车辆高速化进程中，随着人们对舒适性和安全性等要求的提高及现代科学技术的发展，经过科学研究及实践而依次出现的。

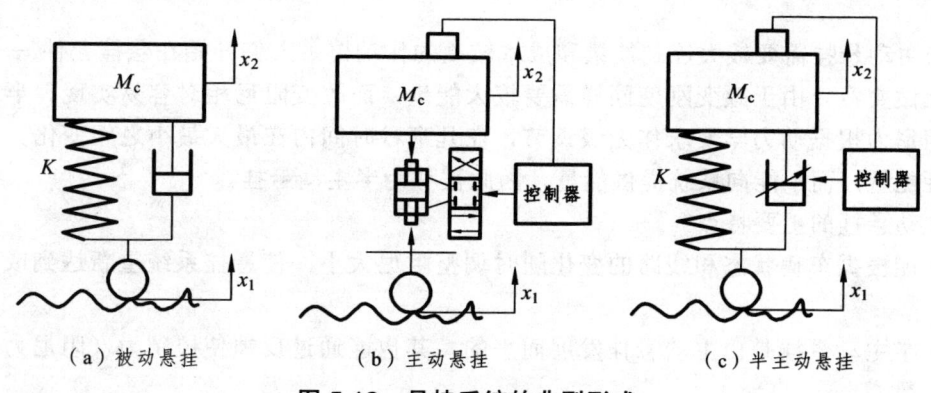

（a）被动悬挂　　　　　（b）主动悬挂　　　　　（c）半主动悬挂

图 5.12　悬挂系统的典型形式

5.2.1　被动悬挂系统

悬挂系统由弹簧和减振器组成，由于减振器的阻尼力与振动速度成正比，因此随着激振频率的增加，等效刚度增大，对高频振动衰减能力差。被动悬挂的设计，主要是确定弹簧和减振器的参数，使悬挂系统满足平稳性、车辆结构参数在运行速度下达到性能最优。

被动悬挂系统只能根据部件间如车体与转向架间的相对速度产生阻尼力，而实际所需阻力应由速度、位移及加速度多种因素决定，而且被动悬挂系统只能在一定条件下衰减振动能，难以适应在复杂多变线路上高速运行的列车对动力学性能的要求。

被动悬挂的主要特点：

（1）悬挂参数对应了确定的车辆模型和固定的激扰谱，即经优化确定的悬挂参数只对应特定的车辆状态和激扰特征，一旦偏离，系统性能就不再是最佳的。

（2）悬挂力由相邻悬挂质量的相对运动而被动产生，它的作用力是局部的，只反映局部的运动状态，无法对其他运动或状态作出响应。

（3）悬挂系统阻尼值的大小是兼顾高低频响应的折中，如为衰减抑制共振峰应选取较大阻尼，但这会导致高频时振幅衰减很慢，产生很大的加速度；小阻尼有利于高频时的隔振，但低频时的共振峰值过大。在设计时要兼顾这两方面的影响，折中选择阻尼系数，通常阻尼比取 0.2～0.4。

5.2.2　主动悬挂系统

主动悬挂系统又称全主动悬挂，即在悬挂系统中加入作动器，按给定的控制规律产生连续可控的悬挂力，使车体加速度减小。这种装置需要一套能量供给设备。

主动悬挂系统无论采用何种形式的作动器，都将大量消耗外界附加能量。虽然设备及结构的复杂性可通过技术的日益成熟来解决,成本高昂也可通过大批量生产来解决,但能量消耗过大是主动悬挂固有的缺陷,唯有通过原理的改进来解决,因而在推广上尚有困难。目前,在国外主要用于高速列车,国内列车主动悬挂系统还处于试验阶段。

5.2.3 半主动悬挂系统

针对主动悬挂需要较大控制能量和成本较高的作动器,人们开始在悬挂元件——弹簧和减振器上做文章。由于改变刚度同样需要较大能量,而改变阻尼相对容易实现。半主动悬挂要求其阻尼力根据动力学要求作无级调节,在几毫秒时间内在最大最小之间变化。由于阻尼器只消耗能量,而不能向系统提供能量,因此被称为半主动悬挂。

半主动悬挂的主要特点:

(1) 能根据车辆状态和线路的变化随时调整阻尼大小,使悬挂系统重新达到或向最优点靠近。

(2) 半主动悬挂是由主动悬挂发展而来的,其也能通过反馈使控制力(阻尼力)反映其他状态参数。

(3) 半主动悬挂可以采用较大的阻尼来衰减低频振动,不会导致高频振动的恶化,即不需要在高、低频的隔振性能之间进行折中。

1974 年,美国加州大学戴维斯分校机械工程系(University of California, Davis, Calif)D.E.Karnopp 教授等人提出了半主动悬挂,旨在采用接近被动悬挂的成本,达到主动控制的效果。即利用可控的阻尼器,根据预定的阻尼控制规律,实时调节阻尼力。

车辆主动、半主动悬挂系统由传感器测量车辆系统的输出信号,如车体绝对速度、车体对转向架的相对速度、车体的加速度等信号,经微处理器发出指令执行实时控制,由执行机构调节阻尼力(半主动)或控制力(主动)。对于主动悬挂控制系统来说,采用的执行机构有液压伺服作动器、机电作动器、气动伺服作动器等几种方案。

车辆主动、半主动悬挂系统都可以利用天棚控制来计算控制力,二者都是通过产生减少车体绝对速度所需的控制力而达到减振目的,故减振效果相近,其中,主动悬挂系统的控制力是根据传感器提供的信息由外部能量直接产生,半主动悬挂系统的控制力是通过调整系统本身结构而近似得到。

有文献对主动和半主动控制系统的效果进行了试验研究。研究表明,半主动控制系统在振动控制的效果方面与主动控制基本接近。

与主动悬挂系统相比,半主动悬挂系统通过改进系统的结构来衰减振动,所以,除了驱动电磁阀或施加电(磁)场需要耗能外,并不需要向悬挂系统提供额外的能量,因此所需的能耗与主动悬挂系统相比很小,而且远不止一个数量级。Spencer 采用半主动控制方案,设计了能产生 200 kN 力的磁流变减振器,其行程为±8 cm,所需提供电量小于 50 W,试验中测得 5 cm/s 的速度时,磁流变减振器产生 201 kN 的控制力,如果该控制力直接由主动控制方式产生,则功率为 10 kW,由此可见,主动控制能耗至少是半主动控制的 2 000 倍以上。表 5.1 示出了被动、半主动、主动悬挂系统特征对比。

半主动悬挂系统因为需要传感器、控制器等,仍然比被动悬挂系统要复杂;但与主动悬挂系统相比,因为其不需要油泵(或空气压缩机)、过滤器、蓄能器、冷却器及输油管(输气

表 5.1 被动、半主动、主动悬挂系统特征对比

悬挂类型	被动悬挂	半主动悬挂	主动悬挂
执行元件	普通减振器	可变阻尼减振器	液/电/气作动器
改善系统性能原理	系统结构不能调 阻尼力不可控	通过改进系统结构来 调节阻尼力	通过外部能源来 调节作动力
控制方式		自动调节	自动调节
能耗	无	较少	多
改善悬挂性能		较好	好
自适应性	无	有	有
系统复杂程度		较复杂	最复杂
制造成本	最低	较低	高
可维护性		稍高	较高
对现有车辆改造的难度		较容易	困难或较困难
铁路领域应用情况	普及	横向、垂向控制	横向、垂向控制

管)等大能量的辅助器件,因而结构简单、价格相对便宜得多。

对于半主动悬挂系统来说,阻尼特性的调整较刚度特性的调整在技术上更容易实现。因此半主动悬挂控制研究的重点落在可变阻尼减振器(也称半主动减振器)上。

5.3 半主动减振器的基本原理

液压减振器的原理如图 5.13 所示,是通过液体流过节流孔产生节流作用,产生阻尼力,消耗振动能量,以实现减振作用。减振器的阻尼力来自活塞阀的压差 ΔP,这一压差通过活塞杆截面和活塞环表面转换成力。在理想情况下,压差 ΔP 和产生的阻尼力成正比,流量 Q 和速度成正比。

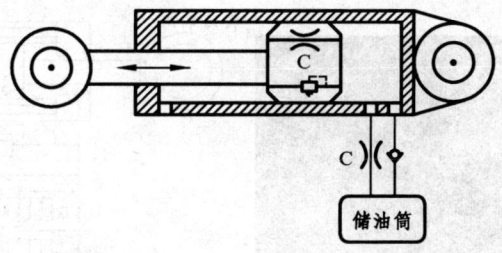

图 5.13 液压减振器的基本原理

根据流体力学的小孔流量方程:

$$Q = C_i \times A \times \sqrt{\frac{2}{\rho} \Delta P} \tag{5.9}$$

式中 C_i —— 节流口流量系数;

A —— 节流口通流面积;

ΔP——节流口前后压力差；

ρ——流体黏度。

由于 C_i 与节流口结构有关，在减振器节流口确定之后是一个常数。因此要调整阻尼大小，只有从两个方面入手：

（1）改变通流面积 A

通过可变节流孔装置（如伺服阀、比例阀、数字阀）来控制节流孔流通面积 A，达到调整阻尼力的目的。

（2）改变流体的黏度 ρ

采用电流变、磁流变液体，通过对电场或磁场的控制来调节液体的黏度，以调整阻尼力。因此，半主动减振器可分为两种类型：节流型和流变型（电流变、磁流变）：

节流型半主动减振器的阻尼力调节通过调节减振器的节流孔大小来完成，分为连续可调液压减振器、有级可调节流孔液压减振器等。

流变型半主动减振器是基于电液/电磁技术和功能材料技术而设计的，其阻尼力的调节通过液体黏度大小来完成。

5.3.1　节流型半主动液压减振器

图 5.14 是日本研制的有级可调的节流型半主动液压减振器，其结构与普通减振器相似，只增加了高速开关阀和一个溢流阀及相应的油路。该可变阻尼减振器的节流孔通过 4 个高速开关阀并联布置，或开或闭，形成不同节流面积，得到不同阻尼。例如，选择开关阀 1~4 所对应的节流口通流面积 A_1~A_4，同时有：$A_1 = 2 \times A_2 = 4 \times A_3 = 8 \times A_4$，则可通过开关组合得到 16 种通流面积：$1 \times A_4$~$16 \times A_4$。即可得 16 种不同的阻尼。为了使该减振器能在没有控制的时候转入被动控制，只要使某几个开关阀处于常开而其他为常闭即可实现（即不通电时的状态）；这样该减振器可以在故障时和非动作时切断电源，也就可以作为被动减振器使用，阻尼特性则为被动悬挂时的阻尼特性。选择哪个阀为常开则可根据车辆动态特性的优化而确定的被动阻尼值来设置。

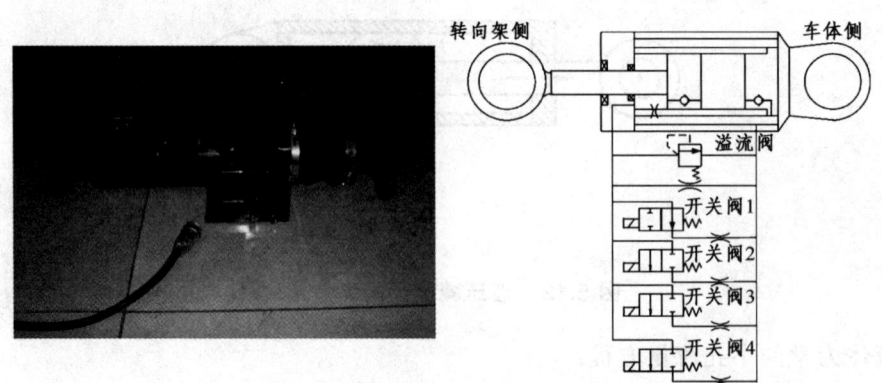

图 5.14　有级可调的节流型半主动液压减振器及原理图

图 5.15 是连续可调的节流型半主动减振器的原理图，其工作原理与普通减振器一样，采用一个电液比例阀控制节流孔大小，在其底部有一个限压阀。

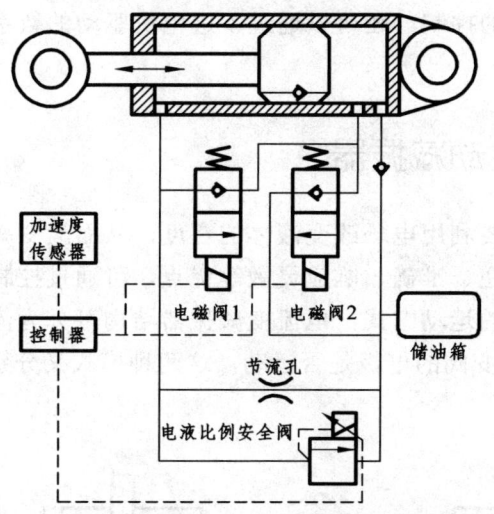

图 5.15 连续可调节流型半主动减振器原理图

通过电液比例阀和限压阀的控制,可以得出一簇减振器特性曲线,如图 5.16 所示。

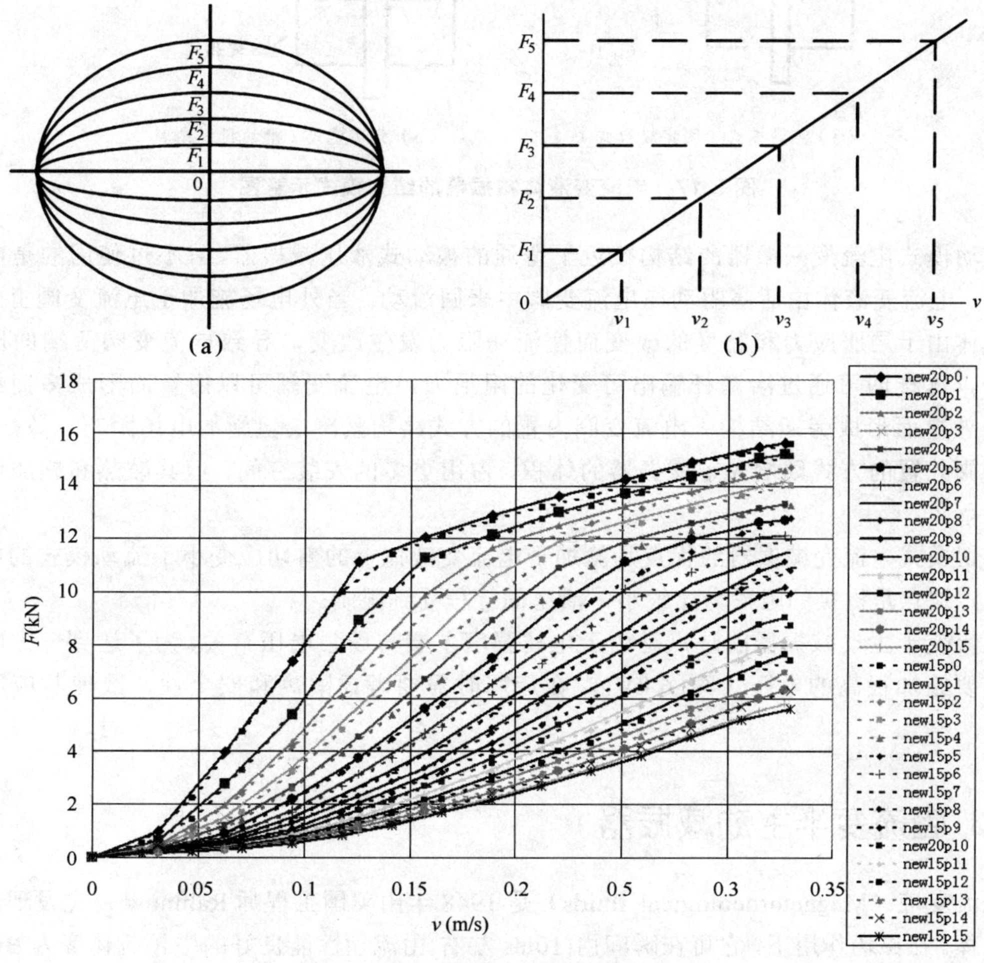

图 5.16 减振器的速度特性

对于节流孔开口面积的控制，还可以通过步进电机驱动的数字阀、伺服阀等以各种形式来进行。

5.3.2 电流变半主动减振器

电流变液体减振器主要利用电场改变液体的黏度，从而改变减振器的阻尼。由于它具有黏度可调，控制连续、可逆、准确，响应灵敏等优点，可通过控制系统来主动调节阻尼。按照电流变液体在减振器中的运动方式，电流变减振器结构可分为流动模式和剪切模式，如图 5.17 所示。根据构成电流变阀的电极是否运动，这两种模式又分别称为固定极板式和滑动极板式。

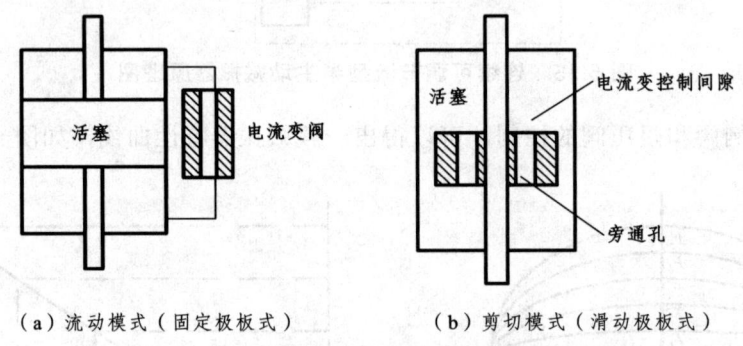

(a) 流动模式（固定极板式）　　(b) 剪切模式（滑动极板式）

图 5.17　电流变液体减振器的结构模式示意图

流动模式电流变减振器的结构接近于普通的被动式液压减振器，只不过使用的是电流变控制阀。电流变液体由活塞驱动在电流变阀中来回流动。当外电场施加于电流变阀上时，电流变液体由于屈服应力和黏度的改变而使流动阻力发生改变，导致电流变阀两端的压差发生改变，这样即可通过活塞杆输出可变化的阻尼力。电流变阀可以内置而形成多筒结构，也可以外置而形成旁通结构。电流变阀内置的方式结构紧凑，但施加电场困难，散热不利。电流变阀外置的方式则增大了减振器的体积，占用更多的安装空间，但其散热和施加电场较为容易。

剪切模式电流变减振器的优点是施加于电流变液体上的剪切应变小于流动模式的电流变减振器，缺点是提供的阻尼力比较小，活塞的行程受到限制。

电流变半主动减振器的缺点是由于电场强度主要与场强电压有关，为了达到一定的力密度，需要施加很高的电压（约 6 kV），在应用时需要考虑隔离和安全性，致使其应用受到制约。

5.3.3 磁流变半主动减振器

磁流变液（Magnetorheological fluids）是 1948 年由美国工程师 Rabinow 首先发现的一种可控流体。在磁场作用下，它可在瞬间内(10ms 左右)由流动性能良好的牛顿流体变为 Bingham 半固体，如图 5.18 所示，且这种变化连续、可控、可逆。

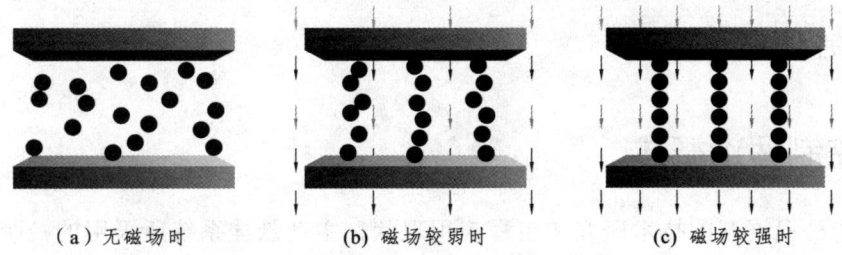

(a) 无磁场时　　　(b) 磁场较弱时　　　(c) 磁场较强时

图 5.18　磁场作用下磁流变液的特性

磁流变液是一种智能材料，主要是由非导磁性液体和均匀分散于其中的高磁导率、低磁滞性的微小磁性颗粒组成，为了保证磁流变液的悬浮稳定性，通常还包括适量的外加剂。虽然磁流变液(MRF)的问世仅比电流变液(ERF)迟一年，但由于 MRF 一直存在着悬浮稳定性差、应用装置磁路设计复杂的缺点，因此在 20 世纪 80 年代中期以前，应用和研究相对 ERF 来说都比较滞后。由于 ERF 存在剪切强度太低以及所需电源电压过高等缺陷，越来越多的学者开始转而研究 MRF。1995 年后，MRF 逐渐成为智能材料的研究热点。

与电流变半主动减振器相似，磁流变半主动减振器主要利用磁场改变液体的黏度，从而改变减振器的阻尼，其同样具有黏度可调，控制连续、可逆、准确，响应灵敏等优点。

磁流变半主动减振器通常采用活塞缸结构，磁流变液的通路由位于活塞上的阻尼孔或单独的旁路构成，在磁流变液的通路上施加磁场。图 5.19 是目前磁流变半主动减振器常见的几种结构形式。一般减振器的缸体被节流环缝和上下活塞分为上下两腔，腔内装有磁流变液。电磁铁装在缸体外部，产生的磁场有效地加在全部磁流体上，以控制磁流体的黏度。缸体、活塞和端盖均为非导磁性材料。

当活塞杆受到外部冲击载荷时，活塞杆带动上下活塞往复运动产生阻尼力，使振动得以衰减。由于磁流体黏度可随着磁场强度的改变而改变，因此，通过加在电磁线圈上的电流，改变磁场强度来调节磁场体黏度，从而达到控制阻尼大小的目的。

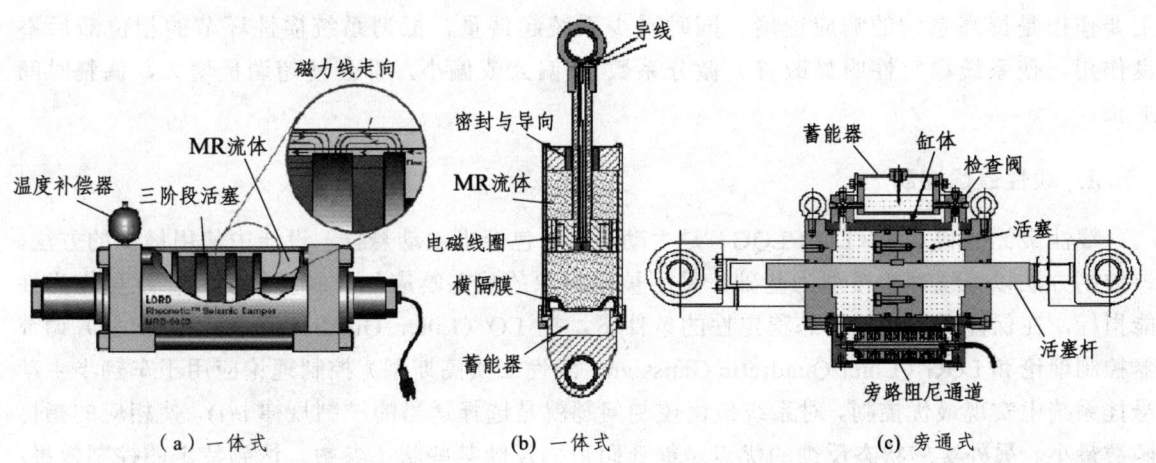

(a) 一体式　　　(b) 一体式　　　(c) 旁通式

图 5.19　磁流变半主动减振器结构图

5.4 控制理论

5.4.1 控制理论概述

根据国内外已展开的技术研究和工程应用现状，主动悬挂系统所采用的控制策略可归纳如下：

1. PID 控制

PID 控制是工业过程控制中应用最广泛的一种控制规律，PID 控制即比例、积分、微分控制。其工作原理是：由于来自外界的各种扰动不断产生，要想达到现场控制对象值保持恒定的目的，控制作用就必须不断进行。若扰动出现使得现场控制对象值（即被调参数）发生变化，现场检测元件就会将这种变化记录并传送给 PID 控制器，改变过程变量值，经变送器送至 PID 控制器的输入端，并与其给定值（简称 SP 值）进行比较得到偏差值（简称 e 值），调节器按此偏差并以预先设定的整定参数控制规律发出控制信号，去改变调节器的开度，使调节器的开度增加或减少，从而使被调参数发生改变，并趋向于给定值（SP 值），以达到控制的目的。

① 比例环节能及时成比例的反应控制系统的偏差信号 $e(t)$，偏差一旦产生，调节器立即产生控制作用以减少偏差。比例系数 K_p 增大等价于系统的开环增益增加，会引起系统响应速度，稳态误差减小，超调量增加。当 K_p 过大时，会使闭环系统不稳定。

② 积分环节主要用于消除静差，提高系统的无差度。积分作用的强弱取决于积分时间常数 T_I。T_I 越大，积分作用越弱，反之则越强。增大 T_I，相当于增加系统积分环节，主要作用是消除系统的稳态误差。

③ 微分环节能反应偏差信号的变化局势（变化速率），并能在偏差信号的值变得太大之前，在系统中引入一个有效的早期修正信号，从而加快系统的动作速度，减少调节时间。主要作用是提高系统的响应速度，同时减少系统超调量，抵消系统惯性环节的相位滞后不良作用，使系统稳定性明显改善。微分系数 T_d 偏大或偏小，都会使超调量增大，调整时间加长。

2. 线性最优控制

线性最优控制方法（LQR/LQG）是主动悬挂（包括半主动悬挂）设计中使用最多的方法。该控制方法以系统理想模型为基础，采用被控对象的状态响应与控制量的加权二次型作为性能指标，在保证受控结构动态稳定性的条件下，把 LQ（Liner Quadratic，线性二次型）调节器控制理论和 LQG（Liner Quadratic Gaussian，线性二次高斯型）控制理论应用于车辆半主动悬挂系统中实现最优控制。对系统最优控制问题就是选择适当的控制规律 $u(t)$，使相应的指标函数最小。另外实施状态反馈的优点是能让阻尼力反映某些状态参数，达到特定的控制效果；缺点是需要对涉及的状态参数进行实时检测或在线进行参数估计。

在采用 LQR 控制策略实施控制时，需将列车系统作为确定系统，而忽略其固有的不确定性，即忽略随机激扰，因此不需要计算机在线进行计算。

采用 LQG 比采用 LQR 控制更为完善,其充分考虑了在确定的系统模型的条件下环境的不确定性,这种不确定性包括轨道随机激扰和测量噪声。

缺点:控制依赖于系统模型的准确性,系统的鲁棒性差。

3. 统计最优控制

该方法是最优控制中的一种特例,其不对系统瞬间振动特性作出反应,而是根据一段时间内控制目标的统计值,采用逐步寻优的迭代式控制方法或基于神经网络的自适应控制方法对阻尼力加以控制。显然,这是连续型阻尼控制方案,有的场合把这种控制策略称为慢调节半主动控制。从对线路激扰、车辆结构参数、车速变化的适应能力的角度看,可以把采用这种控制方法的悬挂系统称为自适应悬挂,视其为介于被动悬挂和半主动悬挂之间的一种方案。以车体加速度和悬挂系统行程的方差为控制目标函数,根据线性系统模型确定出的车体加速度响应方差与路面激励特征系数的关系、最优阻尼控制规律曲线,以及在线估计路面激励特征系数,进而确定最优阻尼。由于采用线性模型,导出的最优阻尼曲线对于非线性模型存在模型误差,只适于垂向线性模型。以车体加速度的均方根值为目标函数,采用梯度原理进行在线步进式寻优控制方法调节阻尼;控制量计算简单,能满足实时要求,但在线确定最优步长具有一定困难。

4. 鲁棒控制

鲁棒控制是在保证闭环系统各回路稳定的条件下,利用所设计的控制器使干扰噪声对系统输出影响最小的一种控制方法。

鲁棒控制在设计中综合考虑了系统的建模误差、非线性、抗干扰等因素,利用鲁棒控制方法设计的控制器保证车辆悬挂系统有较强的稳定鲁棒性和性能的鲁棒性。采用鲁棒控制方法,将半主动悬挂系统的控制转化成线性系统的抗干扰控制问题,通过频域整形及抗干扰设计等手段设计控制器,给出连续控制率,期望在 3~6 Hz 的范围内有效地衰减振动。该方法假设系统的状态处在一定范围内。

由于鲁棒控制强调不确定性对悬挂系统的影响,要在稳定性和性能鲁棒性之间进行折中选择,控制效果较保守。

5. 预测控制

利用安装在机车或控制车上的信号采集装置来预测轨道的输入,并把所采集到的状态变量反馈到各车辆控制器以实施最优控制的一种控制策略。

预测控制对列车速度的测量精度要求较高,很小的误差将会导致性能的急剧恶化。

6. 自适应控制

该方法是一种拥有实时调节控制器的控制算法,能够处理小范围缓变系统问题,对于悬挂系统表现出来的非线性和老化问题,采用自适应控制十分合适。由于车辆悬挂系统含有众多的不确定性因素和非线性环节,常规的定参数反馈控制很难达到预期的控制效果,采用自适应控制方法解决半主动悬挂这样的非线性系统,能达到更好的效果。

自适应控制的特点是,在系统数学模型不确定的情况下,求解控制规律,使设定的性能指标达到并保持最优。要实现这样的控制，要求在运行过程中不断地认识被控对象的状态、参数或性能，根据预定的性能指标作出决策，自动改变控制器的参数、结构或控制作用。自适应控制一般分为模型参考自适应控制和自校正控制两种类型。

模型参考自适应控制需要一个参考模型，用系统的实际动态响应与参考模型动态响应之间的误差来修改控制器参数，使误差趋于零。由于车辆悬挂系统的工作空间覆盖了各种线路激扰、车辆结构和运行速度等参数，要获得一个这样的参考模型几乎是不可能的，况且这些因素都在变化。仅就线路激扰来说，随着列车通过对数的增加，在轨道的抄平、拨道、捣固等养护作业前后及养护周期中间，线路的状况不是固定不变的，即激扰特征参数在变，因此很难使用这种方法。自校正控制基于控制对象数学模型的在线辨识，在此基础上给出控制力，使给定的性能指标最优（或次优），相当于在线求解最优控制律，本质上其是解决系统模型不确定时最优控制问题的延伸。所需辨识的是被控对象的动态模型，是局部的，可以用于实时控制。

自校正控制是一种将受控对象在线识别与控制器参数实时调整相结合的控制方法。模型参考自适应控制是当外界激励条件和车辆自身参数变化时，被控车辆的输出仍能跟踪理想的参考模型，获得预期性能控制方法。

7. 神经网络控制

人工神经网络是一个大量处理单元组成的高度并行的非线性动力系统，能对非线性特性进行学习和记忆，并以任意精度反映被学习对象的特征。采用神经网络控制无需对实际的悬挂系统作线性化处理，所控制的悬挂系统具有较强的适应能力。

8. 模糊控制

基于模糊集合理论、模糊逻辑，并同传统的控制理论相结合，模拟人的思维方式，对难以建立数学模型的对象实施的一种控制方法。其基本思想是在被控对象的模糊模型的基础上，用机器去模拟人对系统控制的一种方法。模糊控制中模糊控制器的设计理论和控制算法的研究是当今控制领域研究的热点。其中，设计模糊控制器的关键是针对控制对象设计相应的模糊控制算法，即寻找合适的模糊控制规则。

模糊控制特点：
① 模糊控制规律是确定性的、定量的条件语句。
② 不需要根据机理与分析建立被控对象的数学模型。
③ 模糊控制系统依赖于行为规则库。
④ 模糊控制与计算机密切相关。

5.4.2 控制理论的实例分析

例 5-1：单自由度的主动控制系统分析。单自由度的主动控制系统的模型如图 5.20 所示。模型的测量值为质量块绝对加速度 $\ddot{x}$，该加速度可由质量块

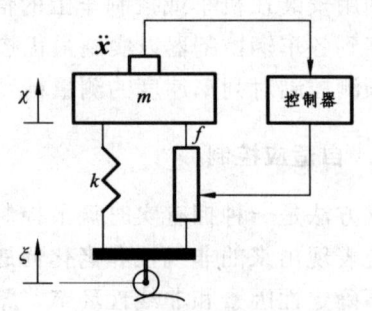

图 5.20 单自由度主动悬挂系统模型

上的加速度传感器测出，通过绝对加速度的积分可以得到质量块的绝对速度 $\dot{x}$ 和绝对位移 x。图中 ξ 为基础激励，m 为质量块质量，k 为弹簧刚度。

控制对象 m 的运动方程为：

$$m\ddot{x} = -k(x-\xi) + f \tag{5.10}$$

将（5.10）式进行在全零初始条件下的拉氏变换，得：

$$(ms^2+k)X(s) - F(s) = k \times \xi(s) \tag{5.11}$$

（1）在未控制条件下，$F(s)=0$，则控制对象的响应为：

$$X_0(s) = \frac{k}{ms^2+k} \times \xi(s) \tag{5.12}$$

（2）按控制对象位移控制，即：

$$F(s) = -W(s)X(s) \tag{5.13}$$

式中，$W(s)$ 为传感器、控制器与作动器之间的传递函数，将其代入（5.11）式，整理得：

$$\frac{X(s)}{X_0(s)} = \frac{1}{1+\dfrac{W(s)}{ms^2+k}} = K_1(s) \tag{5.14}$$

若用 $j\omega$ 代替（5.14）式中的 s 后所得的 $K_1(j\omega)$ 表示主动减振有效性指标，则可以通过选择合适的传递函数 $W(s)$，即计算机中的控制策略，使主动减振系统稳定，并且 $|K_1(j\omega)|<1$，$\omega \in [\omega_1, \omega_2]$，其中 ω_1、ω_2 为减振系统的上下限工作频率。只要 $|K_1(j\omega)|<1$，悬挂系统就具有减振效果。

如果选择 $W(s)$ 具有如下形式：

$$W(s) = as^2 + bs - c \tag{5.15}$$

将（5.15）式代入（5.11）式，得：

$$\frac{X(s)}{\xi(s)} = \frac{k}{(m+a)s^2 + bs + (k-c)} \tag{5.16}$$

从式（5.16）可以看出，具有式（5.14）所示的控制律的主动减振系统与（5.12）所示的被动悬挂系统相比具有下列特点：

- 能提供与减振系统绝对速度成正比的阻尼力，类似悬空式阻尼器；
- 能使整个闭环系统在振动时的实际质量增加，而弹簧的静变形仍为 mg/k；
- 能使整个系统在振动时的弹性系数变小，而弹簧的静变形仍不变。

如果选择 $W(s)$ 具有如下形式：

$$W(s) = \frac{\omega_n^2}{s^2 + \omega_n^2} \tag{5.17}$$

且有：

$$K_1(s) = \frac{X(s)}{X_0(s)} = \frac{1}{1+\dfrac{\omega_n^2}{s^2+\omega_n^2} \cdot \dfrac{1}{ms^2+k}} \quad (5.18)$$

则：

$$\lim_{\omega \to \omega_n} |K_1(j\omega)| = 0 \quad (5.19)$$

因此，采用式（5.17）所示的控制律，可使频率为 ω_n 的扰动的传递率为零，从而使该频率下的减振效果十分显著，这就是反共振减振的原理。

（3）如果按照基础激励控制，即：

$$F(s) = -W(s)\xi(s)$$

代入式（5.11）、（5.14），有：

$$\frac{X(s)}{X_0(s)} = \left(1 - \frac{W(s)}{k}\right) = K_1(s) \quad (5.20)$$

同样，通过选择合适的传递函数 $W(s)$，即计算机中的控制策略，使 $|K_1(j\omega)| < 1$，$\omega \in [\omega_1, \omega_2]$，其中 ω_1、ω_2 为减振系统的上下限工作频率，只要使主动减振系统稳定，悬挂系统就能够取得有效的减振效果。

例 5-2：采用 AMESim 系统仿真软件分别对被动悬挂系统、天钩悬挂系统采用天钩原理的半主动悬挂系统进行分析，如图 5.21 所示。

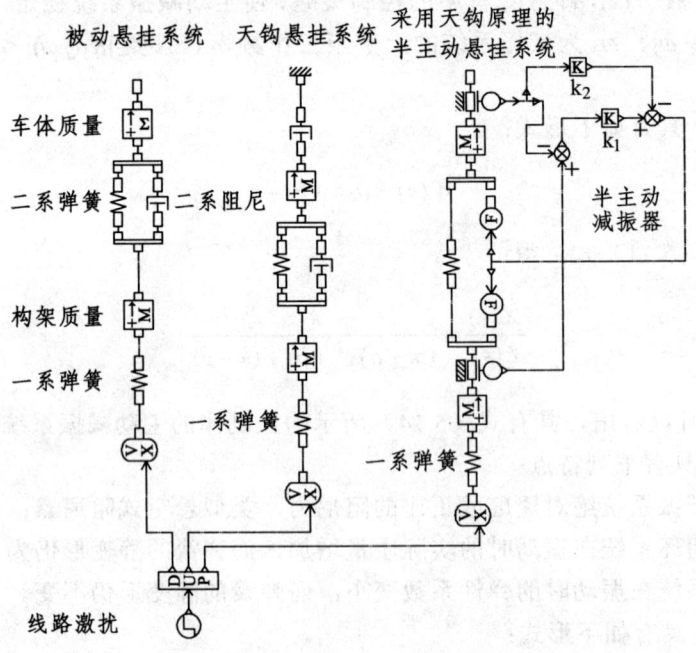

图 5.21 被动悬挂、天钩悬挂、半主动悬挂系统的仿真模型

悬挂系统采用两级悬挂，为便于比较，各系统中的弹簧参数一致，两个液压减振器的参数

也相同。系统输入为阶跃信号,同时分别输入到 3 个系统中,模拟车轮碰到一个障碍物时的车体的振动情况。

AMESim 软件是系统工程高级建模和仿真平台,采用图形化界面仿真方法使得用户可以通过在完整的应用库中选择需要的模块来构建复杂系统的模型,并能方便地进行优化设计。通过对仿真模型中的每个图形模块设置实际参数,即可进行系统仿真。模型中各参数值以 1/4 客车车辆为对象,如表 5.2 所示,被动悬挂、天钩悬挂、半主动悬挂系统阶跃响应仿真结果如图 5.22 所示。

表 5.2 仿真参数设置

子模型	单位	数值
车体质量	kg	13 000
二系弹簧刚度	N/m	350 000N/m
二系液压减振器阻尼	Nm/s	650 000
构架质量	kg	1 500
一系弹簧刚度	N/m	2 000 000
线路激扰	阶跃后稳态值/null	0.1
	阶跃时间/s	1
天钩阻尼器阻尼	Nm/s	60 000
主减振器的增益 $\Omega1$	增益值	750 000
天钩减振器增益 $\Omega2$	增益值	60 000

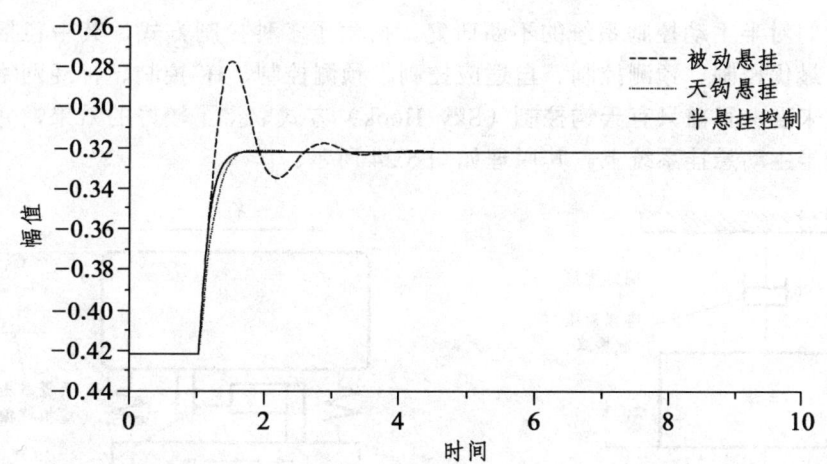

图 5.22 被动悬挂、天钩悬挂、半主动悬挂系统阶跃响应仿真结果

从三种系统的仿真结果可以看出,采用半主动控制方法,可以达到天钩控制的效果,可以使车辆遇到外部激扰时尽快稳定下来,提高乘坐舒适性。

5.5 半主动控制技术的应用实例:"蓝箭"动车的二系横向半主动悬挂系统

5.5.1 概述

"蓝箭"动车组是株洲电力机车厂 1999 年为广深铁路开发研制的时速为 200 km/h 的高速动车组,其最高试验速度达到 236 km/h。2001 年 1 月 8 日起,在广深线投入正式运营,商业营运速度为 200 km/h。它属于动力集中式,编组为 M(动车)+5T(拖车)+Tc(控制车),动车为 DDJ1 型交流传动电力机车,座位总数为 420 左右。

随着速度的提高,"蓝箭"动车组特别是动车表现出横向平稳性性能不佳的问题。为了改善动车组的横向动力学性能,"蓝箭"动车组引进了应用于日本新干线高速动车组,由日本 KAYABA 公司生产的半主动横向减振系统,如图 5.23 所示。它包括半主动减振器、加速度传感器以及控制器。

图 5.23 KAYABA 公司生产的半主动横向减振系统

5.5.2 天钩控制基本概念

随着人们对半主动控制系统的不断研究,衍生了多种控制方式,其中包括:慢速控制、天钩控制、最优控制、预测控制、自适应控制、预测控制、H^∞ 控制、神经网络控制等。但从工程的角度来看,目前只有天钩控制(Sky Hook)方式取得了较好的效果,并已应用于高速列车的横向半主动悬挂系统上。其原理如图 5.24 所示。

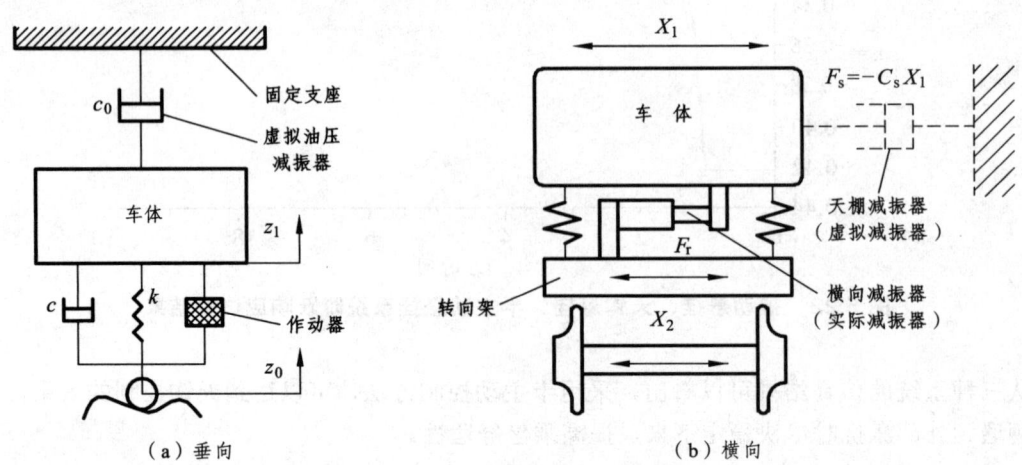

(a)垂向　　　　　　　　　　　(b)横向

图 5.24 天钩控制方式的原理图

1. 垂向天钩控制的基本原理

假设沿着列车运行线路上方有一个虚拟的固定天棚,在虚拟天棚与车体之间有一个虚拟的减振器来减少车体的垂向振动。在车辆运行过程中,当受到地面的不平顺 z_0 的激扰,通过悬挂系统,车体将会产生上下振动。此时,如果存在一个前面所述的虚拟减振器,它将始终处于工作状态:当车体有上升趋势时它将提供一个向下的力来抵御车体向上运动;当车体有下降趋势时,它将提供一个向上的力使车体不会向下运动。从理论上讲,只要这个虚拟的减振器有足够快的动态响应,无论地面的激振有多大,它总可以保持车体始终处于平衡位置不动。它好像从天而降的一个巨大的钩子将车体悬挂起来,因此称为"天钩"控制,虚拟减振器成为天钩减振器。由于这个虚拟的减振器是安装在虚拟的天棚上,因此,天钩控制也称为天棚控制。

2. 横向垂向天钩控制的基本原理

假设列车沿一道虚拟的刚性墙移动,在虚拟墙与车体之间通过一虚拟减振器的作用来减小车体横向振动。同样此虚拟减振器即为天钩减振器。天钩减振器在铁道车辆运行时需始终处于工作状态以提供横向减振力。在车辆运行过程中,当受到地面的不平顺 z_0 的激扰,通过悬挂系统,车体将会产生左右振动。此时,如果存在一个前面所述的虚拟减振器,它将始终处于工作状态:当车体有向左移动趋势时它将提供一个向右的力来抵御车体向左运动;当车体有向右移动趋势时,它将提供一个向左的力使车体不会向右运动。从理论上讲,只要这个虚拟的减振器有足够快的动态响应,无论横向的激振有多大,总可以保持车体始终处于轨道中间平衡位置不动。

由于天钩减振器是虚拟的,对于垂向虚拟天钩减振器其实际应提供的减振力只能由安装于车体与转向架间的实际垂向减振器来模拟实现;对于横向虚拟天钩减振器其实际应提供的减振力只能由安装于车体与转向架间的实际横向减振器来模拟提供。

以横向天钩减振控制来讲,假设车体的绝对速度 X_1 为正(设向右为正),相对速度也为正时(车体相对转向架向右运动),虚拟的"天棚减振器"应产生一向左的力,实际中的横向减振器也产生一向左的力,此两力的方向相同,即 $F_r = F_s$。

仍假设车体的绝对速度 X_1 为正,而相对速度为负时(车体相对转向架向左运动),虚拟的"天棚减振器"应产生一向左的力,但实际中横向减振器却产生一向右的力,希望值与实际值方向相反。若此时仍让横向减振器提供向右的力,则会加速车体的振动。可见,这种情况下则不能实现天棚原理,最好的方法是将横向减振器切换为关状态——不提供减振力,使其值为零。

同样可推理车体在绝对速度 X_1 为负时的两种状态。

由上可知,对于可调阻尼的横向减振器的基本控制逻辑是要求减振器提供的阻尼力满足下式:

$$\left. \begin{array}{ll} F_r = -C_s X_1 & \text{当 } X_1(X_1 - X_2) > 0 \text{ 时} \\ F_r = 0 & \text{当 } X_1(X_1 - X_2) \leq 0 \text{ 时} \end{array} \right\} \quad (5.21)$$

按照这种逻辑设计的半主动悬挂系统称"连续变化式半主动悬架",这是因为实际中减振器能提供的阻尼力为 $C_r(X_1 - X_2)$,而要达到的"天棚减振器"的阻尼力为 $C_s \times X_1$,由于 X_1 和

$X_1 - X_2$ 是连续变化的,所以实际减振器的阻尼系数 C_r 也要连续变化,使得 $C_r = C_s X_1/(X_1 - X_2)$。但当 $X_1 - X_2$ 趋向零时,要求 C_r 趋于无穷大,这是这种控制方式的缺陷之一,也是这种减振器不能达到理想悬挂性能的原因之一。对此问题的一般解决方法是限制 C_r 的大小,使其不超过上限值 C_{max} 和下限值 C_{min} 的范围。

$$C_r = \begin{cases} C_{max} & \dfrac{C_s X_1}{X_1 - X_2} > C_{max} \\ \dfrac{C_s X_1}{X_1 - X_2} & C_{min} < \dfrac{C_s X_1}{X_1 - X_2} < C_{max} \\ C_{min} & \dfrac{C_s X_1}{X_1 - X_2} < C_{max} \end{cases} \quad (5.22)$$

由于采用天棚控制原理半主动悬挂以牺牲一定的行车安全裕度为前提(全主动悬挂亦是如此),所以有必要保留悬挂质量与非悬挂质量间的常规阻尼,且阻尼应比被动悬挂的略小。

除"连续变化式半主动悬架"外,目前还有一种"开/关式半主动悬架",其目的是将"连续变化式半主动悬架"简化。方法是取消阻尼孔(阻尼系数)连续的变化,仅用固定大小的阻尼孔产生阻尼力,其控制逻辑如下:

$$\left.\begin{array}{l} F_r = -C_s(X_1 - X_2) \quad \text{当 } X_1(X_1 - X_2) > 0 \text{ 时} \\ F_r = 0 \quad \text{当 } X_1(X_1 - X_2) \leq 0 \text{ 时} \end{array}\right\} \quad (5.23)$$

这种减振器的阻尼系数与天棚减振器的阻尼系数 C_s 是相同的,为定值。此类半主动减振器的优点是实现结构较简单,但在高频时它比连续变化的减振器的减振效果要差,在低频时则反之。

5.5.3 半主动减振器工作原理

1. KAYABA 公司半主动减振器结构原理

KAYABA 公司半主动减振器结构原理图可参看图 5.15,由图可看出半主动减振器与被动式减振器不同之处在于多了一套控制系统,此控制系统由加速度传感器、控制器、两个电磁阀和一个电液比例安全阀及相应的油路组成。天棚控制所需提供减振力的大小、方向及状态的转换均是由电磁阀和电液比例安全阀通过不同的状态组合而得到的。图中所示为各阀非控制(失效)状态的情形。

2. LIEBHERR 公司的半主动减振器结构原理

图 5.25 所示的半主动减振器结构原

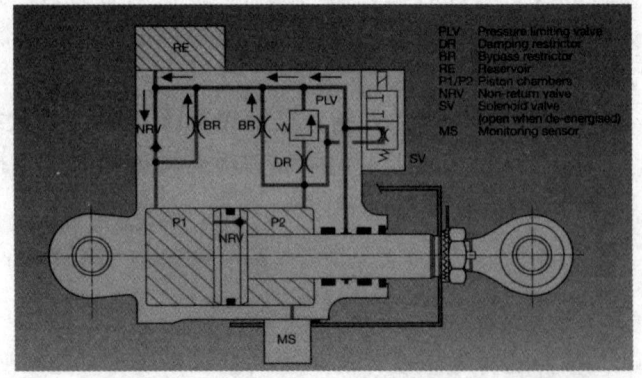

图 5.25 LIEBHERR 公司的半主动减振器结构原理图

理与减振器基本原理差不多,不同之处在于 LIEBHERR 的半主动减振器采用了固定减振力的开关方式控制方式,通过电磁阀的通断来提供固定的减振力。

5.5.4 "蓝箭"动车的二系横向半主动悬挂系统的工作原理

1. 半主动悬挂系统配置

半主动悬挂系统的配置形式如图 5.26 所示,每个转向架上对称布置两个半主动减振器,每个转向架上方安置一个加速度传感器。一台动车配置四个半主动减振器、两个加速度传感器和一台控制器。

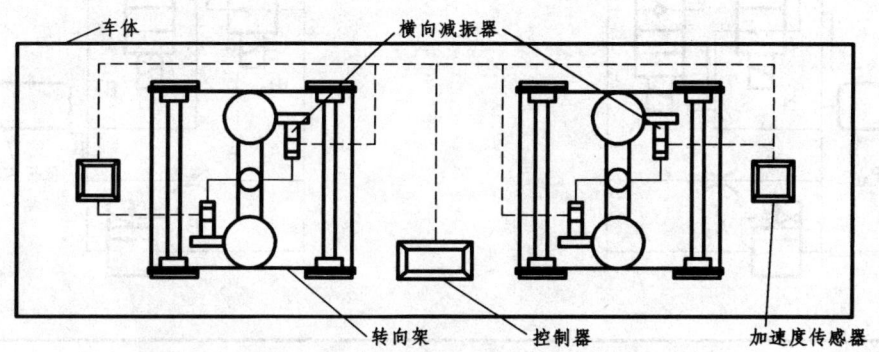

图 5.26 半主动悬挂系统的配置形式

2. 半主动减振器减振力方向的控制

如图 5.27 所示,半主动减振器 A,B 作用在车体与转向架之间,其对应的控制阀分别为 A_1,A_2,A_3,A_4,A_5,A_6,B_1,B_2,B_3,B_4,B_5,B_6。

当 $X_1 > 0$、$X_1 - X_2 = X_3 > 0$ 时,阀 A_1,B_2 得电动作,其对应的控制油路被接通。此时减振器 A 的活塞相对缸体向右运动(拉出),其右腔油液通过节流阀 A_4 和电液比例溢流阀 A_5 流向左腔。同时,油箱中储蓄的油液流进左腔,用于补偿有杆腔(右腔)对无杆腔(左腔)在运动时体积差而所带来的供油流量不足。由于 A_4,A_5 具有节流作用,故此时右腔为高压腔、左腔为低压腔(压力约为 0)。减振器 A 的活塞承受的合力 F_{rA} 向右,此力作用在车体上,阻止车体向右运动。

同时,减振器 B 的活塞相对缸体向左运动(收缩),由于单向阀 B_5 的截止作用,右腔油液只能通过阀 B_6 流入左腔,并通过节流阀 B_4 和电液比例溢流阀 B_5 流向油箱,并产生高压,此时回路中的流量等于无杆腔(右腔)对有杆腔(左腔)在运动时产生的体积差。由于提动阀 B_2 得电打开,使得减振器 B 的左、右腔的压力相等,均为高压腔,而右腔(无杆腔)活塞有效面积为左腔(有杆腔)活塞有效面积的 2 倍,所以,液压力作用在活塞上的合力 F_{rB} 向左,并与 F_{rA} 一起作用在车体上,阻止车体向右运动。

当 $X_1 > 0$、$X_1 - X_2 = X_3 < 0$ 时,各阀的状态保持不变,如图 5.28 所示。

减振器 A 活塞相对缸体向左运动(收缩),左腔的油液分两路流动,一路通过单向阀 A_6 流入右腔,补充活塞移动带来的油腔体积增大所需油液;多余的油量通过另一油路由单向阀 A_1 流向油箱。由于单向阀 A_6 和单向阀 A_1 不产生流动阻力,油路及左、右腔均不产生压力,活塞

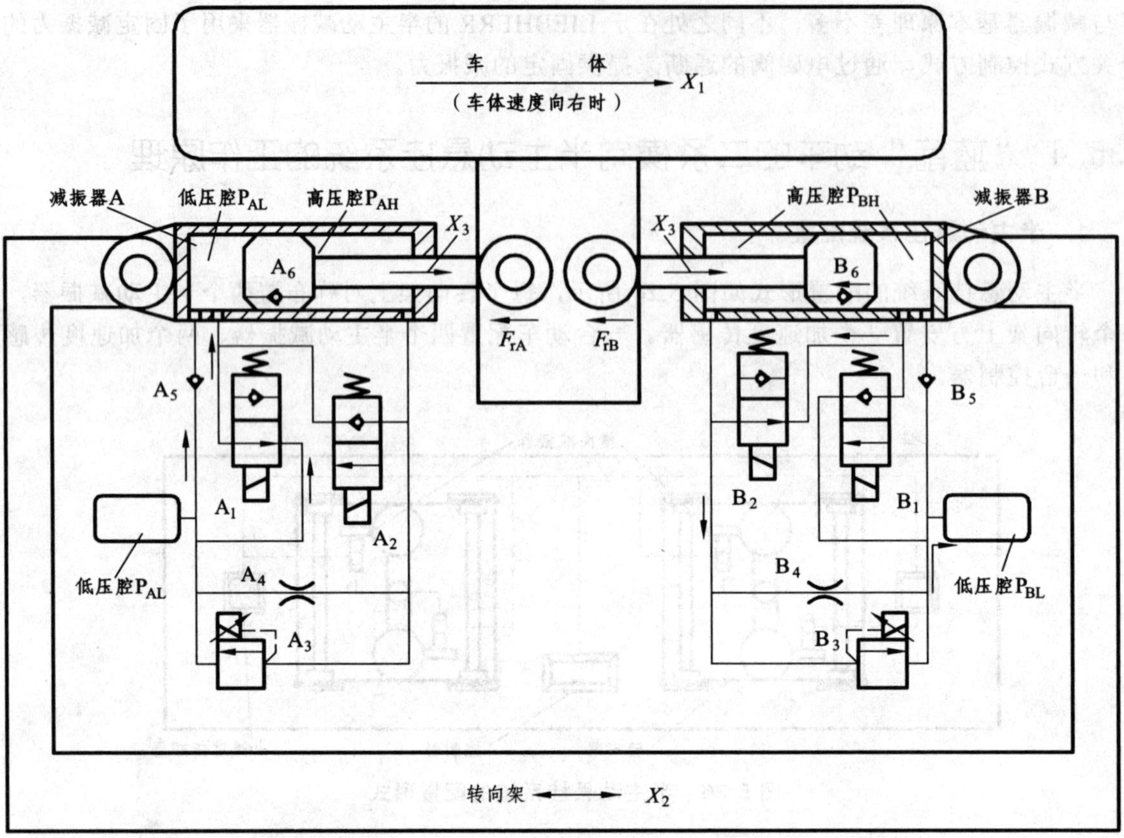

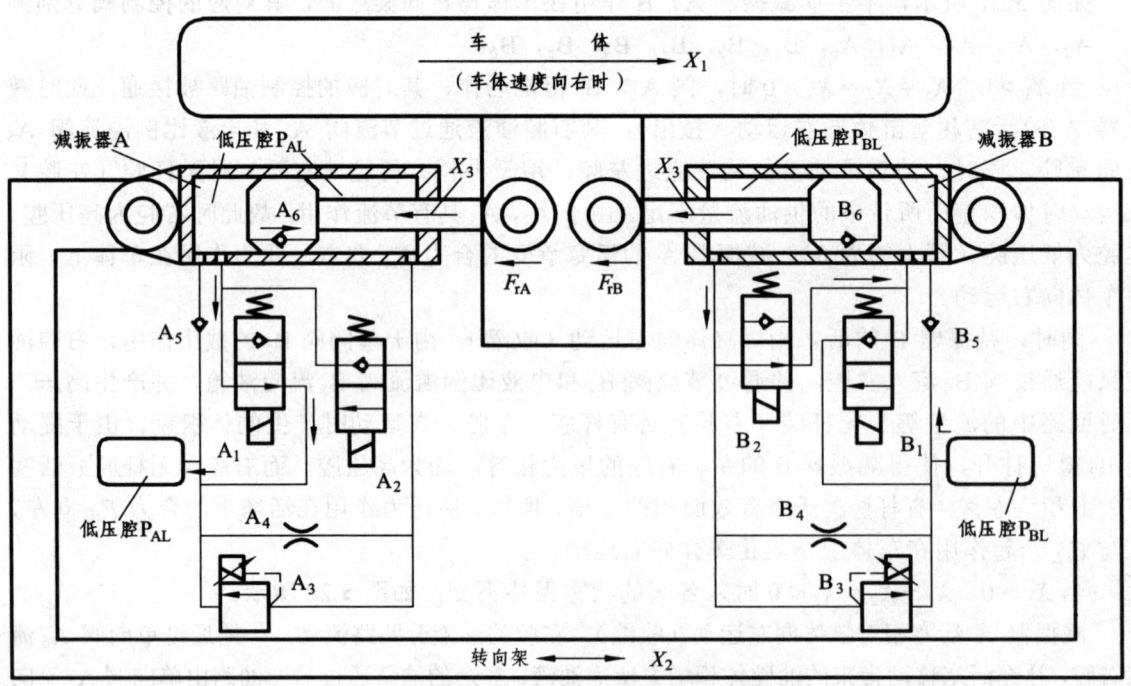

图 5.27　$X_1>0$、$X_1-X_2=X_3>0$ 时半主动减振器工作状态

图 5.28　$X_1>0$、$X_1-X_2=X_3<0$ 时半主动减振器工作状态

所受的合力 F_{rA} 为 0。此状态下减振器 A 不提供减振力。

同时，减振器 B 活塞相对缸体向左运动（拉出），由于单向阀 B_6 的截止作用，左腔油液只能通过阀 B_2 流入右腔，其不足部分由油箱供油来补充。由于提动阀 B_1 不产生流动阻力，油路及左、右腔均不产生压力，活塞所受的合力 F_{rB} 为 0。此状态下减振器 B 也不提供减振力。

由以上分析可知，当 $X_1 > 0$、$X_1 - X_2 = X_3 > 0$ 时减振器 A，B 可提供向左的减振力，实施减振作用；当 $X_1 > 0$、$X_1 - X_2 = X_3 < 0$ 时减振器 A，B 不提供减振力。从而可在 $X_1 > 0$ 时实现天棚原理对减振力方向的控制要求。

同理，可推出当 $X_1 < 0$、$X_3 < 0$ 时减振器 A，B 可提供向右的减振力，当 $X_1 < 0$、$X_3 > 0$ 时减振器 A，B 不提供减振力。由此也可在 $X_1 < 0$ 时实现天棚控制原理对减振力方向的控制要求。不同速度状况下，各阀的动作状态如表 5.3 所示。

表 5.3　不同速度状况下，各阀的动作状态

		A_1	A_2	A_3	A_4	A_5	A_6	B_1	B_2	B_3	B_4	B_5	B_6
$X_1 > 0$	$X_3 > 0$	通（得电）	断（失电）	通（得电调整）	通（产生阻尼）	通	断	断（失电）	通（得电）	通（得电调整）	通（产生阻尼）	断	通（连通左右）
	$X_3 < 0$	通（得电）	断（失电）	无效	无效	断	通	断（失电）	通（得电）	无效	无效	通	断
$X_1 < 0$	$X_3 > 0$	断（失电）	通（得电）	无效	无效	通	断	通（得电）	断（失电）	无效	无效	断	通
	$X_3 < 0$	断（失电）	通（得电）	通（得电调整）	通（产生阻尼）	断	通（连通左右）	通（得电）	断（失电）	通（得电调整）	通（产生阻尼）	通	断

3. 半主动减振器减振力幅值的控制

半主动阻尼器减振力的幅值大小可通过调整节流阀和比例安全阀的参数来实现。

节流阀工作时流量与压力的关系可参见式 5.9，成指数关系，其特性曲线如图 5.29 所示。

电液比例安全阀的工作特性曲线如图 5.30 所示，当油路中的压力高于某一设定压力时，安全阀开启。开启后，由于存在调压偏差，被控压力随流量的增加而略有上升。电液比例安全阀的安全压力设定值可由电压信号成比例地控制，所以，其特性曲线为相互平行的一簇曲线。

半主动阻尼器在实际控制时是由节流阀与安全阀组合控制的，其组合后系统压力控制特性可由图 5.31 来表示。理论上，在曲线与水平轴间的任一位置对应的压力均可通过改变阀的参数而获得，实现系统压力的无级调节。

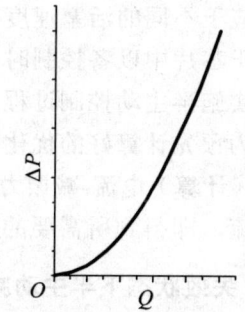

图 5.29　节流阀的流量特性曲线

在图 5.31 中，若改变节流阀的孔径大小，可使得指数曲线变得陡峭或平缓，从而使得整个曲线左右移动。若改变电液比例阀的开启压力设定值可使得整个曲线上下移动。

由于组合阀的过流量与活塞的运动速度成比例关系，所以图 5.31 也可以理解为活塞速度与减振力的关系图。

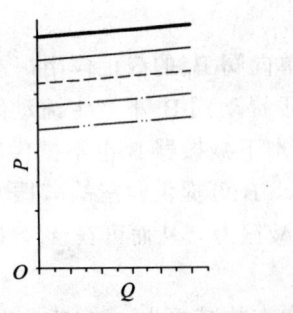
图 5.30 电液比例安全阀的与工作特性曲线

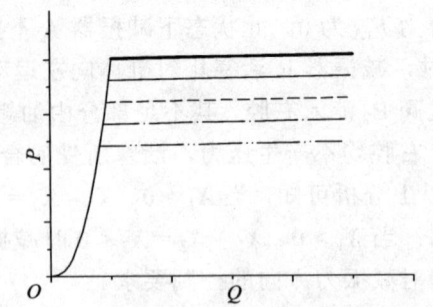
图 5.31 基于节流阀与电液比例安全阀组合控制油路的工作特性曲线

减振器工作的大多数情况下，安全阀处于开启状态，如何调整电压（电流）从而调整开启点、控制输出压力是控制过程中十分重要的问题。

通过理论推导和实验可获得在不同活塞运动速度下的控制电流与减振力的关系图。图 5.32 为某一减振器活塞速度为 5 cm/s 时的电流-减振力关系图。

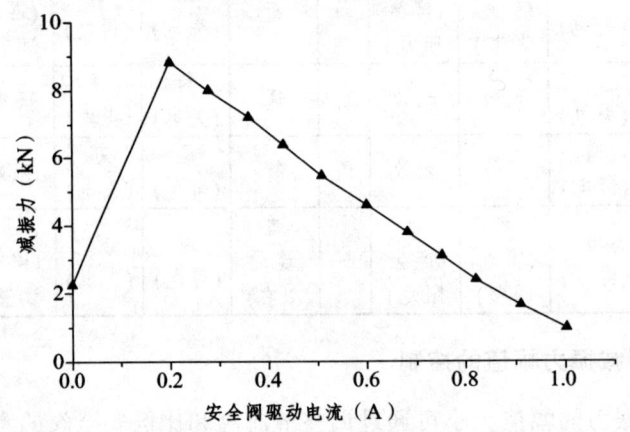
图 5.32 某半主动减振器电流-减振力关系图（活塞速度为 5 cm/s）

对应于不同的活塞速度，可获得相应的一簇曲线。由此可得到相应的函数关系式或表格，并储存于芯片中以备控制时计算或查询。

在实施半主动控制过程中，为了获得理想的减振力 F_R，须先根据 $F_R = C_s X_1$ 计算出其理想值（C_s 为预先计算好的优化值、X_1 可由对车体加速度的积分获得），并依此计算值和车体速度来查询（计算）电流-减振力表格（函数），得到相应的电流值，再依此电流值来设定安全阀的驱动电流，即得到所需要的减振力。

4. 失效状态下半主动减振器的工作原理

由于结构上的不同，失效状态的半主动减振器与普通的被动式减振器的控制方式存在差别。图 5.33 为某一半主动减振器的控制特性曲线，其中 B，C，E，F 为非失效状态下比例阀设定电压为 5 V、4 V、2.9 V、1.5 V 时的特性曲线，而 D 为被动状态下的特性曲线。图中可见，曲线 D 被设定在各正常控制曲线族的中间。在安全阀打开时仍可根据不同速度进行减振力的调整，但普通被动式减振器仅用节流阀来调整压力，除非在过载情况下，一般状况下安全阀不打开。

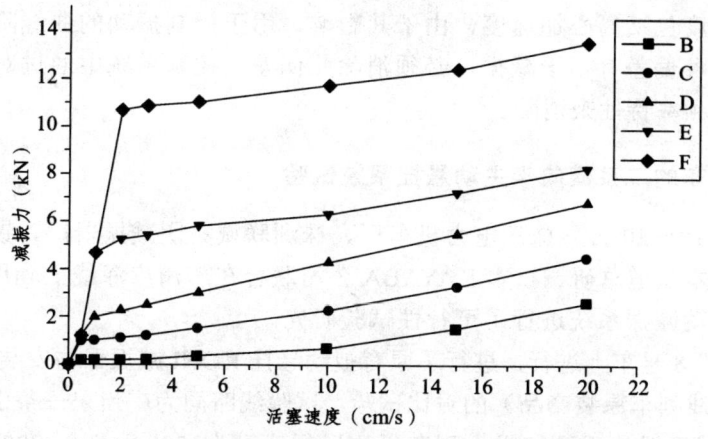

图 5.33　某一半主动减振器的控制特性曲线

由于被动式减振器控制曲线被设定在各正常控制曲线的中间，使得在图 5.33 中采用普通的电液比例阀不能满足要求，需采用较为特殊的电液比例阀。这种特殊电液比例阀的功能要求可分为两部分：普通电液比例安全阀和普通安全阀。正常控制时，普通电液比例阀起作用、普通安全阀不起作用（关闭）；失效状态时，普通安全阀起作用（开启）、普通电液比例阀不起作用（失效）。由于减振器的体积、安装空间、油路的限制要求将此两部分功能集中于同一比例安全阀中，此特殊结构要求的电液比例阀有待于进一步的研究。

5. 控制系统流程

图 5.34 为控制器流程图。半主动控制系统中加速度传感器起到测量车体振动加速度的作用，控制器则将加速度信号处理后变成各控制信号用于控制相应的阀的动作。

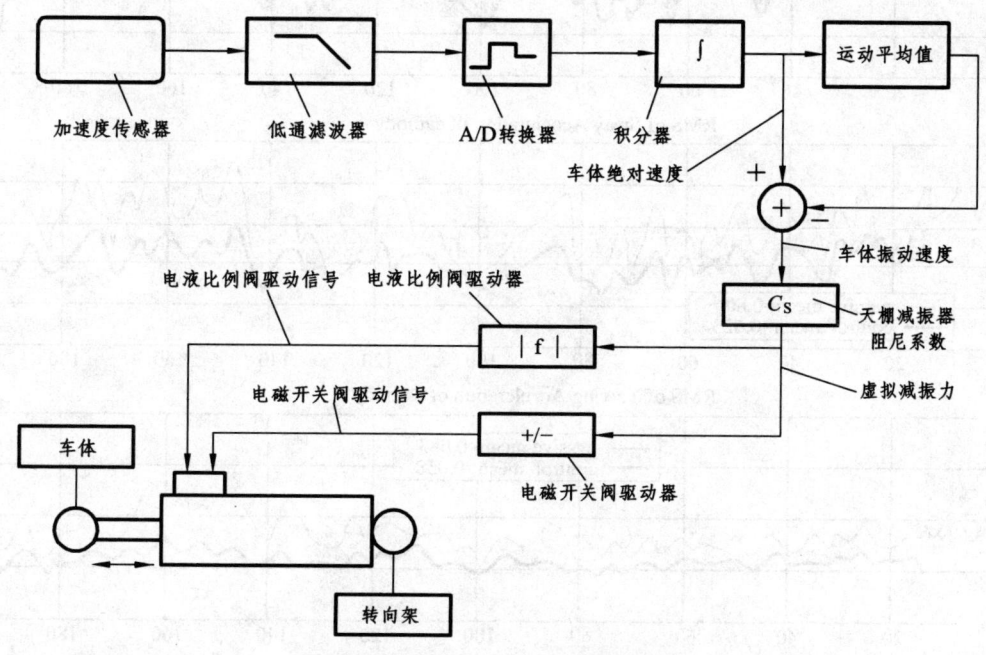

图 5.34　半主动系统控制器流程图

车体横向加速度包括离心加速度，由于其影响，用于控制振动的曲线阶段的绝对速度会出现较大偏差，这种偏差有损于减振，必须消除此偏差。控制系统中通过对速度的平滑滤波以及利用滤波器的频率特性来消除。

6. "蓝箭"动车的二系横向半主动悬挂系统试验

2001年11月18～20日，株洲电力机车厂、株洲联诚集团减振器厂、铁道科学研究院、广州中车公司、日本铁道总研、日本KAYABA公司联合在广州广深线上利用"蓝箭"动车组对日本提供的半主动减振系统进行了可行性试验研究。

试验在"蓝箭"8号车上进行，进行了原有被动悬挂KONI减振器与安装KAYABA横向半主动减振器（新干线列车原装产品）的对比试验，试验线路同为广州东—茶山，t204数据代表原有被动KONI减振器的试验结果，列车平均运行速度为200 km/h，t208数据代表安装了KAYABA半主动减振器的试验结果，列车运行速度为206 km/h。试验结果如图5.35、5.36所示。

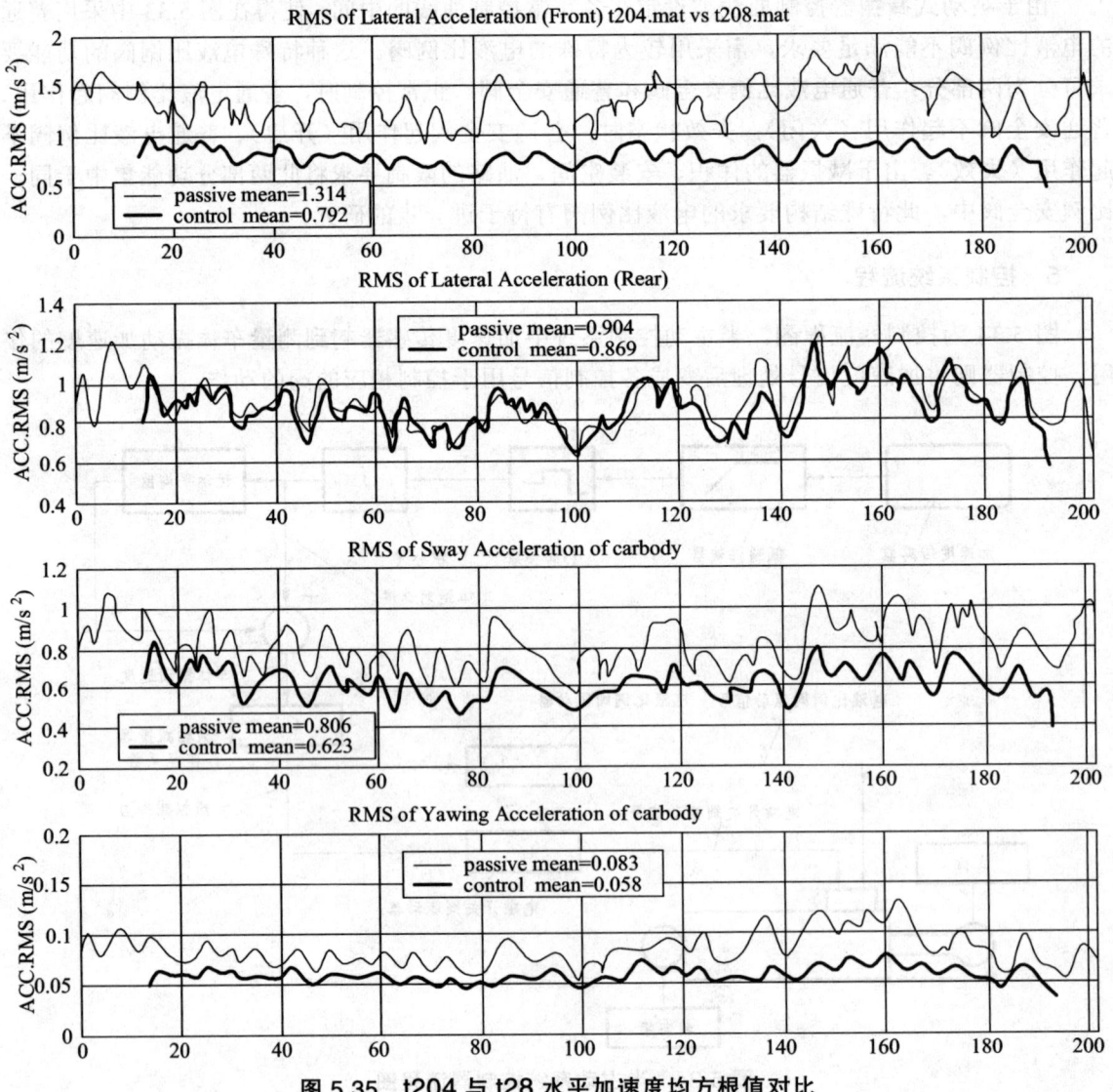

图5.35　t204与t28水平加速度均方根值对比

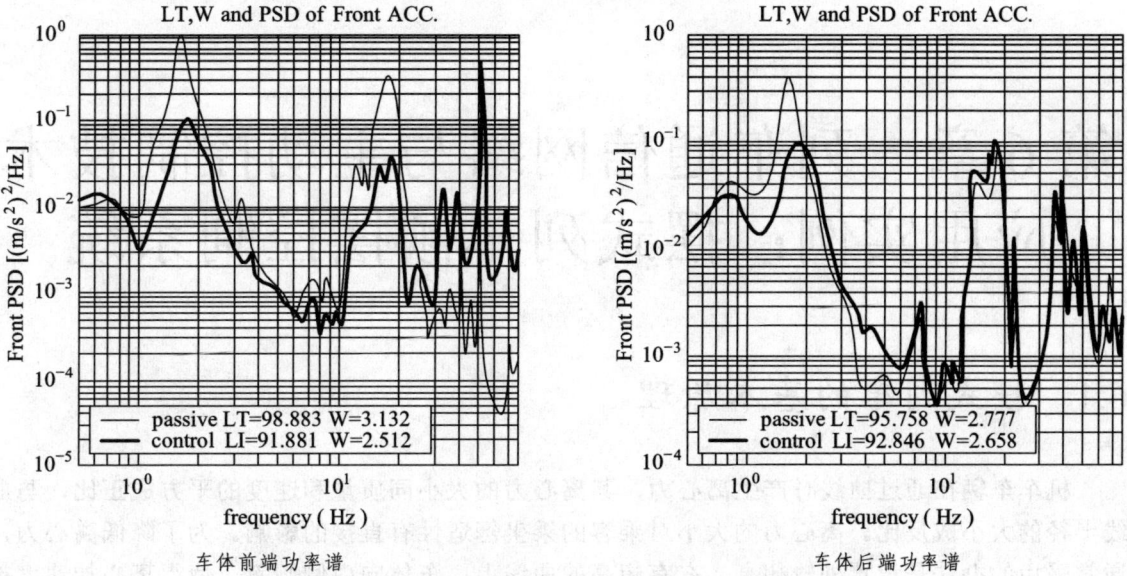

车体前端功率谱　　　　　　　　　　　　车体后端功率谱

图 5.36　t204 与 t208 水平加速度功率谱对比

由图 5.35、5.36 可知，机车横向振动的控制采用半主动控制方式比采用被动控制方式，动力学性能有较好的改善，特别是对司机室（前端）。

第6章 列车通信网络与主动控制技术应用实例：摆式列车倾摆控制系统

6.1 摆式列车的基本原理

机车车辆在通过曲线时产生离心力，其离心力的大小同质量和速度的平方成正比，与曲线半径的大小成反比。离心力的大小对乘客的乘坐舒适性有直接的影响。为了降低离心力，通常采用的办法是设置外轨超高。在有超高的曲线上，车体向内侧倾斜，使得离心加速度被重力加速度的横向分量抵消一部分。由于这个分量的作用，乘客所受到的横向离心力将有所减小，如图6.1（a）所示。

超高的大小是根据曲线半径和列车通过曲线的速度来确定的，考虑到列车的运行安全性，最大超高的设置与线路的运输性质和列车速度有关，受横向倾覆安全条件、轨道横向稳定条件、曲线停车舒适条件和防止轴油外流等因素控制。

按《铁路线路设计规范》（GB50090—2006），实设超高一般不大于150 mm。为改变这种状况，可以在列车进入曲线时，让车辆的车体向轨道内侧除超高倾斜角外再附加一个倾摆角度。这实际上相当于增加外轨的有效超高，以提高抵消离心加速度的重力加速度的横向分量，从而提高列车通过曲线的速度，这就是摆式列车的基本原理，如图6.1（b、c）所示。

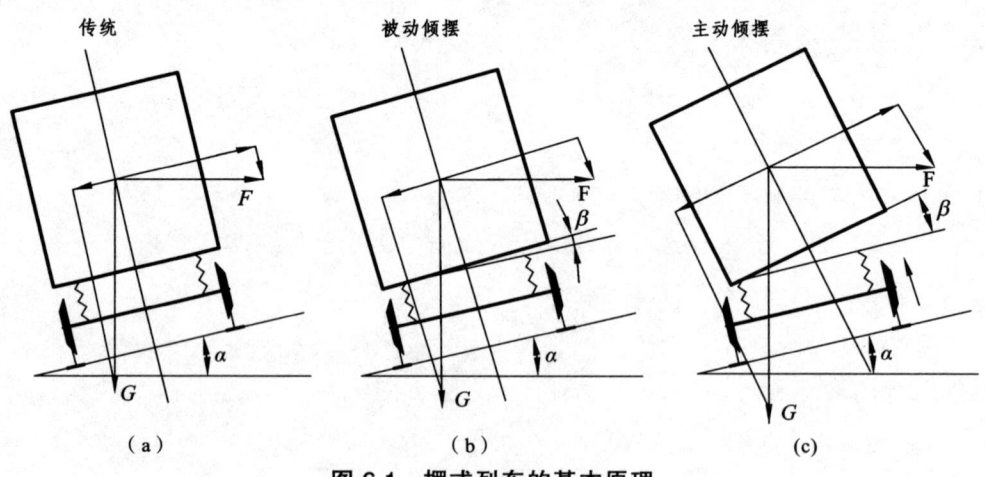

图 6.1 摆式列车的基本原理

从理论上讲，普通列车通过曲线路段时的限制速度计算公式为：

$$v_0 = \sqrt{\frac{(h_\text{实}+h_\text{欠})}{11.8} \times R} \qquad (6.1)$$

式中 v_0 —— 列车曲线通过速度（km/h）；
$h_实$ —— 线路实设超高（mm）；
$h_欠$ —— 允许欠超高（mm）；
R —— 曲线半径（m）。

对于摆式列车，其通过曲线路段时的限制速度计算公式为：

$$v_0 = \sqrt{\frac{(h_实 + h_欠 + h_{附加})}{11.8} \times R} \tag{6.2}$$

式中 $h_{附加}$ —— 车体倾摆所获得的附加超高值，取 170 mm，相当于车体倾摆 8° 时，有 6.5° 的车体倾摆有效值。

图 6.2 为不同曲线半径条件下，由上两式计算出的普通列车与摆式列车曲线通过时的速度对比情况。从图中可以看出，摆式列车能够提高 30% 左右的曲线通过速度。

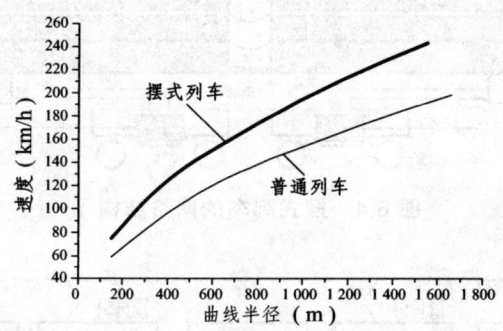

图 6.2 普通列车与摆式列车曲线通过的速度对比

6.2 摆式列车的倾摆控制系统结构与功能

摆式列车在运行过程中通过曲线时，由安装在头车前转向架上的检测传感器实时测量未平衡离心加速度的大小，并将此信息传送给头车上倾摆控制计算机，通过倾摆控制计算机计算出此时车体需要倾摆的角度，控制车体倾摆作动系统使车体倾摆，并使重力加速度的分量能够抵消未平衡的离心加速度，保证乘客的乘坐舒适性。

由于列车中各车辆是依次进入曲线，因此，倾摆控制系统必须将头车上的倾摆控制计算机计算出的倾摆角度通过列车网络传输给各车辆上的倾摆控制计算机，车辆上的倾摆控制计算机根据当前列车运行速度，进行适当的延时，分别控制各车辆上的倾摆作动系统，以使各车辆在进入曲线时及时倾摆，达到最佳的乘坐舒适性。

图 6.3 是倾摆控制系统的原理图，从图中可以看出，要完成列车的倾摆控制，倾摆控制系统必须包括检测子系统、倾摆控制子系统和倾摆作动子系统，并

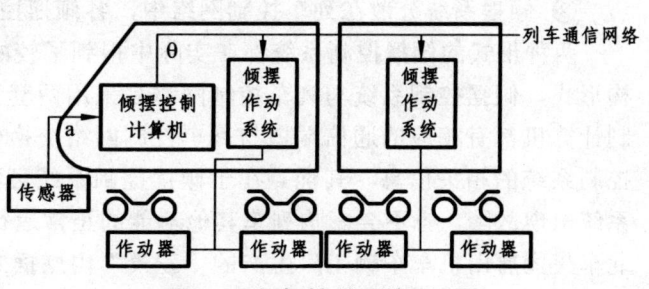

图 6.3 倾摆控制系统原理图

采用列车通信网络将三个子系统连成一个分布式列车智能控制系统。

6.2.1 倾摆控制系统结构

摆式列车的网络结构如图 6.4、6.5 所示。

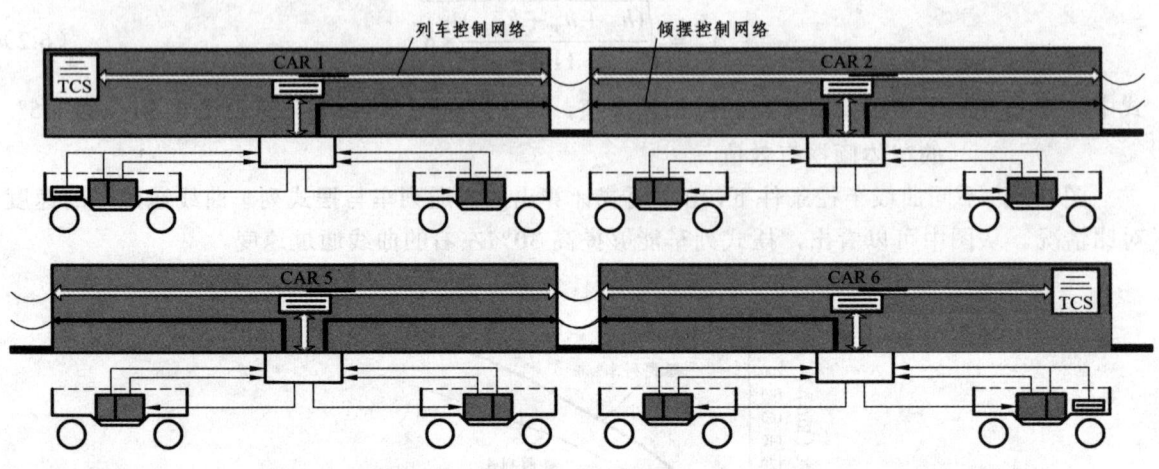

图 6.4 摆式列车的网络结构 1

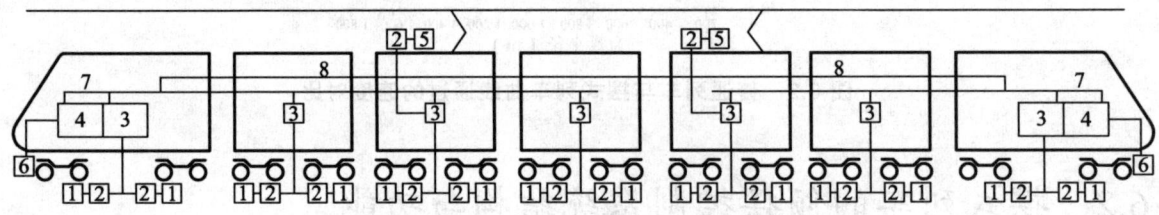

1——机电作动器；2——驱动单元；3——车辆倾摆控制计算机；
4——列车倾摆计算机；5——机电式受电弓作动器；
6——传感器单元（陀螺仪与加速度传感器）；
7——MVB；8——WTB

图 6.5 摆式列车的网络结构 2

目前在摆式列车中倾摆控制系统与列车控制网络的连接关系有两种形式：

① 各自独立，有信息交换端口。

② 倾摆系统分散在列车控制网络中，各倾摆控制计算机作为网络中的一个站点。

两种形式的倾摆控制系统都在实际中得到了较好应用，有各自的特点。图 6.4 为第一种结构形式，倾摆控制系统与列车控制网络是采用两套独立的控制网络，但每节车辆上的倾摆控制计算机都有相应的通信端口与列车控制网络交换信息，在列车控制网络中也可以得到倾摆控制系统的相关信息。其优点在于倾摆控制系统可独立工作，调试维护方便，即使倾摆控制系统出现故障，也不会影响列车其他功能的正常运行。德国 VT611、ICE-DT 摆式列车和我国北车集团唐山机车车辆工厂生产的"三茂"内燃摆式动车组采用的就是这种形式。

在图 6.4 中，倾摆控制系统采用 RS422 总线构成通信网络。为了实现列车编组的自动排序，系统采用了一个很巧妙的方法，利用每节车辆倾摆控制计算机上的两个通信端口（1号和2号端口），通过一系列的握手应答来实现，如图6.6所示。

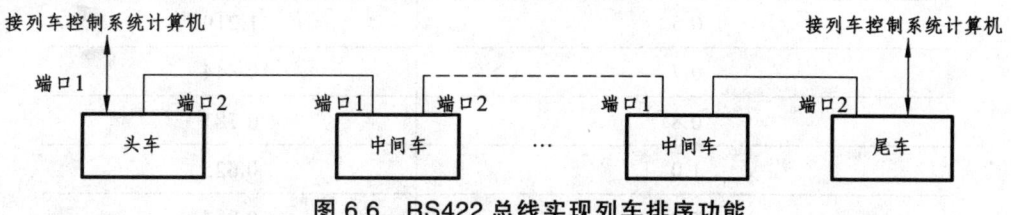

图 6.6　RS422 总线实现列车排序功能

在系统上电时，位于头车上的倾摆控制计算机（通过头车上安装的检测系统来确定，有检测系统的转向架一定是朝前进方向的一端）首先用 1 号通信端口与列车控制网络在头车上的控制计算机联系，而其他车辆上的倾摆控制计算机不停地从自己的左右两个通信端口接收信息。如果头车上的倾摆控制计算机与列车控制网络建立握手信息后，就确认自己是 1 号车。同时从自己的另外一个通信端口（2 号端口）向后发送查询信息。在上电后处于不断接收信息的其他车辆上的倾摆控制计算机要判断自己是从 1 号还是 2 号通信端口接收到其他车辆（如 1 号车）的查询信息，如果从 1 号端口接收到信息，首先根据信息内容将自己置为 2 号车，同时又从自己的 2 号通信端口向后发出查询信息，如此反复，直到找到最后一个倾摆控制计算机（即尾车上的计算机，也是通过安装有检测系统来判断）。如果编组数量与实际不符，则向列车控制网络发出报警。这样，只能进行点对点通信的 RS422 总线就构成了一个能够识别列车方向及车辆编号的列车网络了。

图 6.5 是将倾摆系统分散在列车控制网络中，各倾摆控制计算机作为网络中的一个站点，依靠列车控制网络来传递相应的倾摆控制信息。这种结构的好处在于可简化系统，充分发挥列车通信网络的优点，实现整个列车车载设备的信息共享。意大利 Fiat 公司的 ETR460、德国西门子公司的 ICT-ET 等摆式列车都采用了这种结构形式。我国铁道部在 1999 年研制摆式列车时采用的也属于这种结构。

6.2.2　检测子系统

检测系统的功能在于测量列车通过曲线时的未平衡离心加速度。理论上讲，检测系统只需要加速度传感器测量横向的离心加速度即可。然而，列车在线路上运行时，由于线路轨道不平顺等因素影响，机车车辆将会受到激振，使安装在转向架构架上的加速度传感器检测到的信息除了离心加速度外，还包含了大量车辆车体及转向架的横向振动信息。为了消除各种随机振动对倾摆控制所需要的未平衡横向加速度信号的影响，必须对加速度传感器测出的信号进行滤波处理。然而由于车辆本身几个主要振型的固有频率在 1～10 Hz 的范围内，因此为了消除车体横向振动的低通滤波器的截止频率范围不得不设置在 0.5～1 Hz 内。

采用低通滤波器对加速度信号进行处理，将导致加速度信号的延迟。表 6.1 给出了一个标准正弦波信号在通过不同截止频率的 6 阶巴特沃斯低通滤波器后的时间延迟值。从表中可以看出，如果采用 1 Hz 截止频率的低通滤波器，信号延迟时间大约为 0.625 s，以摆式列车 160 km/h（44 m/s）计算，延迟距离大约为 27 m，很明显，第一节车（一般长约 26 m）将不能够及时倾摆。

表 6.1 不同截止频率低通滤波器的时间延迟值

低通滤波器的截止频率（Hz）	时间延迟值（s）
0.5	1.219
0.7	0.844
0.8	0.781
1.0	0.625
6.0	0.094

为了及时获得未平衡离心加速度，目前世界上有四种检测方式：

（1）线路数据预置方式

预先测量好线路的曲线半径、超高、圆曲线长度和缓和曲线长度，并存入计算机中。同时在列车和线路上安装应答器，当列车在线路上运行时，通过地面应答器通知列车运行前方曲线信息，车载计算机根据存储的曲线信息，结合当前运行速度即可计算出车体所需倾摆角度和倾摆角速度，从而驱动伺服作动系统实现车体倾摆，如图 6.7 所示。

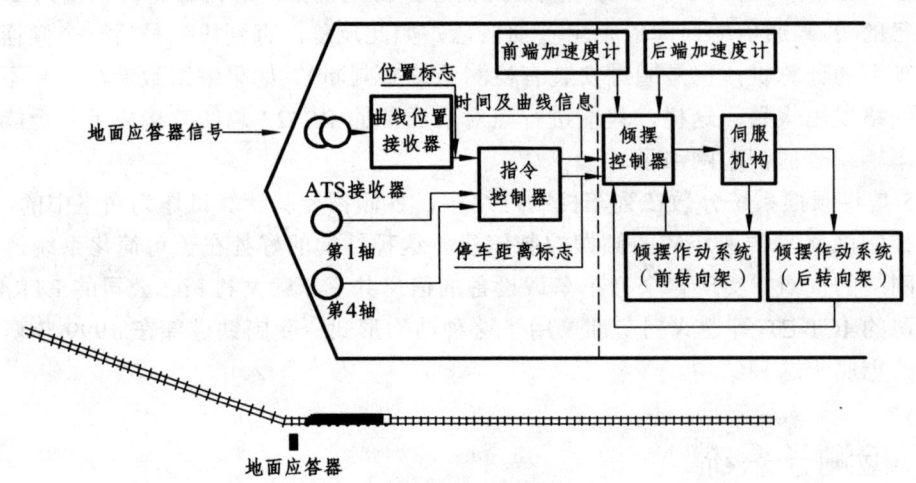

图 6.7 线路数据预置方式

采用该方式的优点在于控制简单，可以通过确定列车在运行线路上的准确位置，在列车进入曲线时及时倾摆，并可消除控制系统响应的滞后，达到较好的舒适性。日本的摆式列车都采用该方式，这是与日本的线路都安装有轨道电路及应答器等设施相适应的。其缺点在于在线路上都必须设置有应答器，在线路状态改变时，必须修改车载计算机中的线路数据库。

（2）GPS 线路定位方式

GPS 线路定位方式原理与线路预置方式相似，它在机车上安装 GPS 定位系统，通过接收天空中的定位卫星信号，判断列车在线路上的实际位置，倾摆控制计算机可根据存储的线路信息（超高值、曲线半径等），结合列车运行速度，控制列车在进入曲线时及时倾摆，如图 6.8 所示。该方式的优点在于不再需要在线路上设置应答器，定位精度可达到 4 m，完全可以满足倾摆控制要求。缺点是摆式列车常常应用于山区铁路提速，当列车在峡谷或隧道中运行时，有可能接收不到定位卫星的 GPS 信号，必须采取一定的措施才能保证定位系统的正常工作。

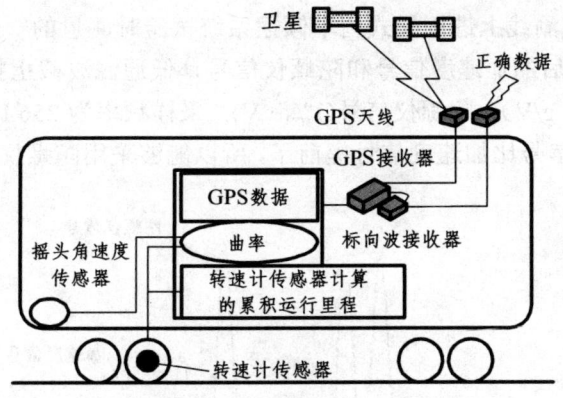

图 6.8　GPS 线路定位方式

（3）加速度传感器附加车体角度检测方式

为了在列车进入曲线时及时倾摆，瑞典 X2000 摆式列车采用了加速度传感器附加车体角度检测方式。它通过测量头车前后转向架进入直缓点时车体的扭曲角度来判断是否进入了曲线，一旦判断进入曲线，触发倾摆作动系统开始动作，使车体开始倾摆一定的角度，减少由于离心加速度滤波延迟而导致的乘坐舒适性下降。当然车体倾摆角度的大小仍然是由离心加速度来确定的。

X2000 摆式列车的倾摆控制延迟时间大约是 350 ms，按照 200 km/h 速度，滞后距离大约 19 m，相当于大半个车体不能及时倾摆。另外，由于 X2000 采用动力集中牵引方式，动力车不倾摆，动力车牵引前进时滞后不会造成乘坐舒适性降低，但当动力车作为尾车推进时，前面控制车的乘客的舒适性将受到影响。

（4）加速度传感器附加陀螺仪实时检测方式

意大利 Fiat 公司的摆式列车采用了加速度传感器与陀螺仪的实时检测方式。它通过陀螺仪测量列车进入曲线时的转弯角速率，以此补偿经过滤波处理后有延迟的加速度信号，得到不延时的倾摆控制指令，如图 6.9 所示。

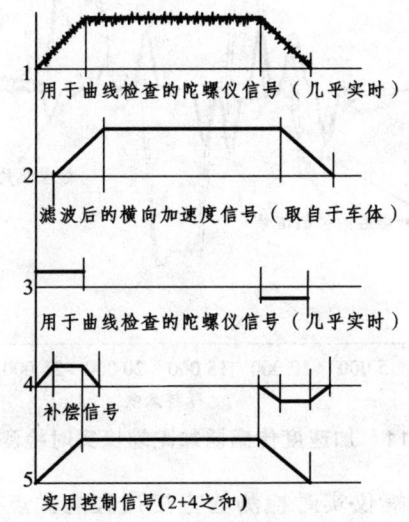

图 6.9　加速度传感器附加陀螺仪实时检测方式的原理

下面以 1999 年在成渝线上进行摆式列车倾摆系统试验时测量的一组数据来说明这种方法。图 6.10 是经过滤波处理后的加速度信号和陀螺仪信号，低通滤波截止频率为 0.8 Hz，其标定值分别为加速度传感器（1 g/V），陀螺仪信号(1°/s·V)，采样频率为 256 Hz。从图中可以看出，经过滤波处理后的陀螺仪信号比加速度信号提前了，所以能够采用陀螺仪信号来补偿加速度信号。

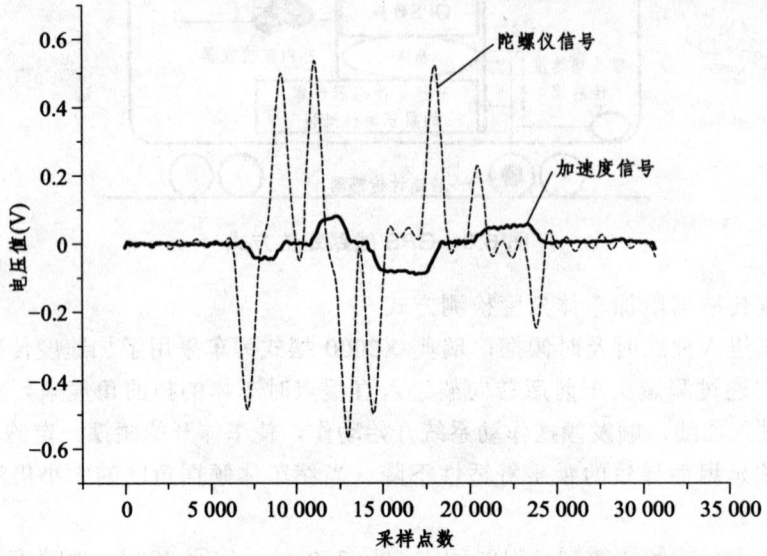

图 6.10　经过滤波处理后的加速度信号和陀螺仪信号

采用这种方法，需要根据列车运行速度，将陀螺仪的角速率信号乘以一个系数（与列车速度有关），然后与滤波后的加速度信号进行叠加，即可得出经陀螺仪信号补偿后的倾摆控制信号，如图 6.11 所示。

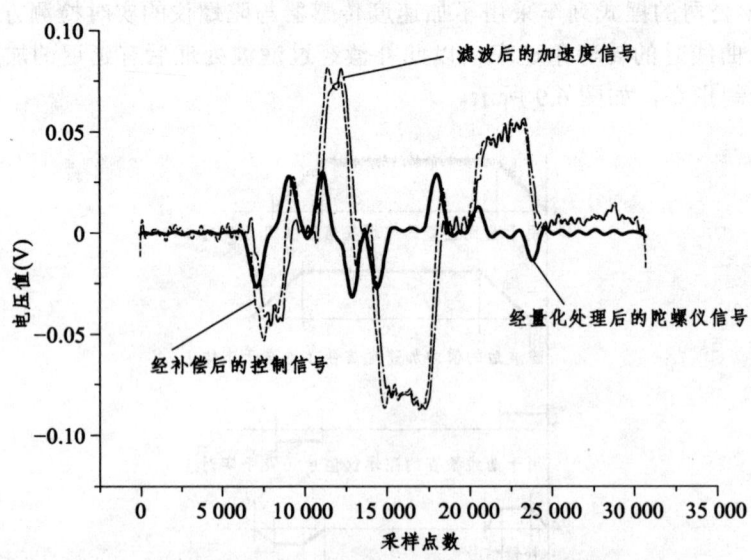

图 6.11　加速度传感器加陀螺仪实时检测实例

采用加速度传感器附加陀螺仪实时检测的方法最大的优点是对线路的要求低，不需要设置信号应答器，适应性强，缺点是处理方法复杂，延迟时间大约是 0.15 s。

6.2.3 控制子系统

倾摆控制系统中的控制计算机主要指安装在头车上的倾摆控制计算机,其主要功能是根据检测系统提供的信息,按照一定的控制算法,如前面所讲的滞后补偿,计算出车体需要的倾摆角度,然后通过通信子系统即网络传输给各后续车辆的倾摆控制计算机,并对各车辆倾摆控制计算机回送的状态信息进行故障诊断及管理。例如,控制计算机在接收到表6.2中的车辆倾摆控制计算机状态信息后,根据状态信息内容,控制计算机将进行相应的处理。

① 0 = standby:车辆倾摆控制计算机离线,整个列车倾摆控制系统处于非激活状态。
② 1 = 正常操作:车辆倾摆控制计算机连接到通信系统上,整个列车倾摆控制系统处于激活状态。
③ 2 = 一般故障:通知列车控制系统减速。
④ 3 = 倾摆故障:通知列车控制系统减速。
⑤ 4 = 倾摆严重故障:通知列车控制系统停车处理。

表6.2 倾摆控制系统的状态信息

序号	名 称	类 型	范 围
1	生命信号	8 bit unsigned	每个通信周期加1
2	倾摆控制计算机状态信息	8 bit unsigned	bit 0:倾摆计算机的安全信息; 0 = 倾摆系统 READY 1 = 倾摆系统 not READY bit 1:保留; bit 2:倾摆系统状态; 0 = standby; 1 = 正常操作; 2 = 一般故障; 3 = 倾摆故障; 4 = 倾摆严重故障; 5~7:保留
3	实际倾摆角度	16 bit signed	−10°~+10° 1LSB = 0.00030518° 例如,+6° = 4CCCh,−6° = B334h
4	倾摆角度指令	16 bit signed	−10°~+10° 1LSB = 0.00030518° 例如,+6° = 4CCCh,−6° = B334h
5	车 号	8 bit unsigned	车辆编组中的位置

6.2.4 通信子系统

通信子系统的主要作用是传递倾摆控制指令,由于列车编组中的车辆是依次进入或驶出曲线。在头车进入一个新曲线时，后续车辆有可能还在另外一个曲线上（有可能还是相反的曲线）。因此，通信系统还需要将当前列车速度等相关信息一起随着倾摆角度指令向后面传输，用于计算延时时间。另外，各车辆的倾摆控制计算机也将各自系统的状态信息回送到头车的倾摆控制计算机上。倾摆控制系统的指令和状态信息如表 6.3 所示。

表 6.3 倾摆控制系统的指令和状态信息

序号	名　称	类　型	范　围
1	生命信号	8 bit unsigned	每个通信周期加 1
2	列车控制系统给倾摆控制系统的指令	8 bit unsigned	bit 0：保留； bit 1：倾摆系统的开关； 0 = 关闭倾摆系统； 1 = 打开倾摆系统
3	列车运行速度	16 bit unsigned	1LSB = 0.015 625 km/h（1/64 km/h）； 例如，100 km/h = 6 400 = 1 900 h
4	倾摆角度	16 bit signed	−10° ~ +10° 1LSB = 0.000 305 18° 例如，+6° = 4CCCh，−6° = B334h

6.2.5　倾摆作动子系统

倾摆作动子系统主要完成车体的倾摆控制，由作动器和倾摆控制计算机组成。目前，在摆式列车上安装使用的作动器有气动作动器、液压作动器、机电式作动器，随着技术的发展，又出现了一种新型的作动器——机电液式作动器。

1. 气动作动器

气动作动器使用压缩空气作为动力，如图 6.12 所示，主要应用于日本的摆式列车中。采用气动伺服倾摆作动器，其优点是可以利用目前列车上的压缩空气气源，不会增加附加的设备，对环境无污染。缺点是由于气体的可压缩性，致使倾摆系统的响应有一点滞后。但通过相应的措施，如日本的摆式列车结合线路数据预置的曲线检测方式，系统的倾摆可以在列车进入曲线前一定位置提前动作，即可有效地减小系统的滞后。

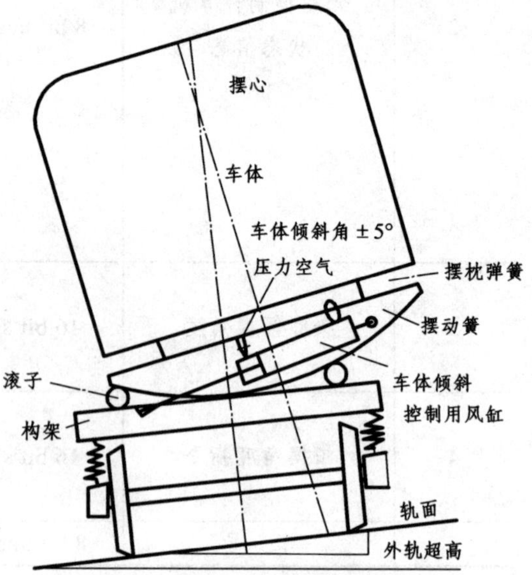

2. 液压作动器

液压作动器是应用最广的一种倾摆作动器，如图 6.13 所示，其采用液压伺服系统实现车体的倾摆，具有响应迅速，控制精度高的特点。由于液压油具有一定的可压缩性，因此液压

图 6.12　气动作动器

作动器很适合于安装在具有强烈振动的转向架上。所以目前大约 80% 的摆式列车采用了液压作动器，如意大利 ETR450、ETR460、ETR470，德国 VT610，瑞典 X2000，美国 Acela，英国 APT 摆式列车都采用了液压作动器。图 6.14 是 ETR460 摆式列车的液压伺服系统原理图。

图 6.13　液压作动器

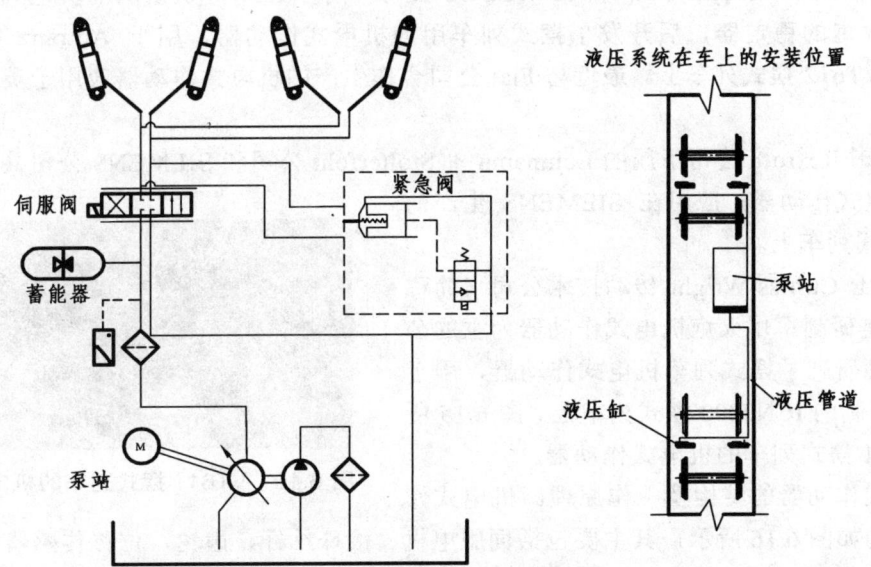

图 6.14　液压伺服倾摆系统原理图

液压作动器主要的缺点是需要液压油源系统，特别是考虑到在系统供电故障时，必须保证倾摆系统能够进行 3 次倾摆动作，致使液压泵站的体积较大，重量也大。ETR460 摆式列车的液压倾摆系统的全部重量约为 2.3 t。

3. 机电式作动器

随着交流变频技术的发展，交流变频传动系统的开发已十分成熟。目前，无刷交流伺服调速电机、变频控制器均有性能可靠的成品，加上无间隙、大推力、高精度的行星滚柱丝杠的研制成功，使机电伺服系统开始应用于其他行业的机械运动动态控制，如坦克等军事设备的火炮控制，机械加工设备中的进给运动，工业设备中的往复运动等。

机电伺服系统主要包括机电式作动器、VVVF 变流控制器及电源，实际上是一个 IPM（或 IGPM）智能模块电源和数字控制器的合成。

倾摆系统采用机电式作动器具有以下优点：

① 具有较高的动态特性，频响快，控制精度高。

② 驱动介质为电力，不需要高压油源或空压机那样的动力装置，可直接利用列车供电驱动，十分方便。

③ 由于在工作时不需要像液压和压缩空气系统那样保压，加上机电式作动器可采取再生制动来补充电力，故平均消耗量小。

④ 系统（变流器、控制器、作动器）体积小，重量轻。

⑤ 由于采用电力，不会出现像渗油那样对环境造成的污染问题。

由于采用机电式作动器的倾摆系统具有诸多的优点，加上其相应器件的开发日趋成熟、运行状况也越来越可靠。因此，从 20 世纪 90 年代后期开始，机电式作动器形式的摆式列车已成为新一代摆式列车的发展方向，尽管机电式摆式列车研制起步较晚，但有关机电式作动器的研制却开展很好，已有一些成熟的产品出现。比较有代表性的机电作动器有：

① 德国 ESW-EXTEL SYSTEMS WEDEL 公司（简称 ESW）所研制的机电式作动器主要用于坦克火炮的稳定器，后开发了摆式列车用的机电式作动器，用于 Adtranz 公司研制的 VT611 和 VT612 摆式列车上。最近与 Fiat 公司合作生产的机电式作动器应用于英国西海岸摆式列车上。

② 德国 Rexroth 公司下属的 Lohmamn + Stolterfoht 公司和 SIEMENS 公司共同开发了摆式列车机电式作动器，应用在 SIEMENS 生产的 ICT-ET 摆式列车上。

③ 瑞士 Curtiss-Wright 传动技术公司（简称 CWAT）也是研制军用火炮机电式作动器为主的公司，后成功研制了摆式列车机电式作动器，用于 SIG 公司研制的 ICN2000 摆式列车上。图 6.15 所示为 VT611 摆式列车的机电式作动器。

图 6.15　VT611 摆式列车的机电式作动器

机电式作动器的结构及工作原理。机电式作动器的结构如图 6.16 所示，其主要包括伺服电机、滚珠丝杆、齿轮、位移传感器和机体。

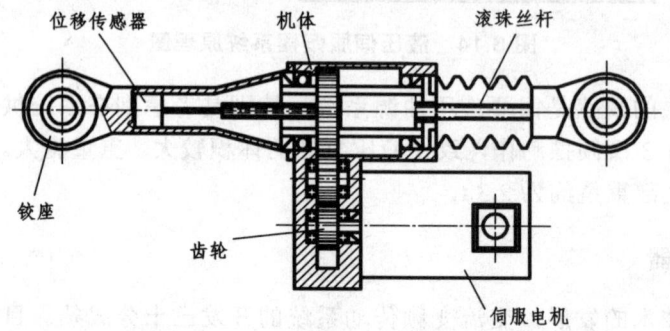

图 6.16　机电式作动器的结构简图

伺服电机的旋转运动带动安装在电机轴上的齿轮转动，通过齿轮减速，传递到滚珠丝杆传动副的螺母，通过滚珠丝杆的螺母旋转，转化为丝杆的伸缩运动。丝杆的实际运动位置由位移传感器测出。作动器的前后两个铰座一个安装在转向架构架上，另外一个安装在摆枕上。通过倾摆机构，即可实现车体的倾摆。车体倾摆的角度与作动器的行程有关。

由于摆式列车的作动器必须应用于 $-45 \sim +50°C$ 的温度范围内，保持合适的齿轮传动间隙是一个关键问题，同时，由于机电式作动器采用纯机械传动，传动件之间为刚性连接，安装在振动激烈的转向架上，作动器受到的冲击较大。目前，在实际应用中，已有机电式作动器出现"卡死"的现象。因此，国外已开始研制下一代的新型作动器——机电液一体化的作动器。

4．机电液作动器

机电液作动器同样是交流变频传动技术在液压伺服控制领域中的应用成果。

液压传动以其传动平稳，调速方便，功率体积比大等优良特性在许多领域获得了广泛的应用。近代液压技术与微电子技术密切结合，使得电液伺服技术得到迅速发展。在摆式列车的倾摆控制系统中也得到了较好应用。但是，传统的电液伺服控制系统在工作中能量损失较大、对介质的污染非常敏感、制造精度要求很高、造价昂贵、出现故障时不易查找原因、管理维修费用高、对温度的变化也比较敏感。这些弊端极大地限制了传统系统的应用和普及。近年来，伺服比例控制、数字控制等技术取得了许多新成就，但大都没有从根本上克服以上弊端。

电机变频调速技术依靠改变供电电源的频率就可实现对执行机构的速度调节，电机始终处在高效率的工作状态。将电机变频调速技术用于液压系统，可以克服液压系统的一些缺点。结合交流伺服电动机调速系统快速发展，国内外在近十年来发展了一种新型电动液压伺服系统——直驱式容积控制电液伺服系统，其结构原理如图6.17所示。

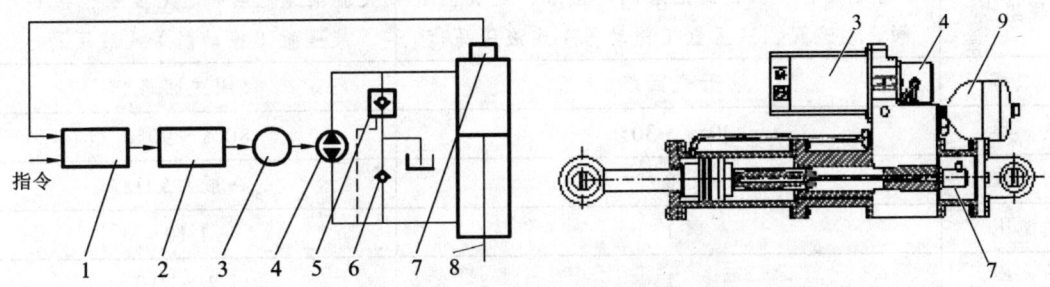

图 6.17　直驱式容积控制电液伺服系统组成结构及原理图
1—计算机控制系统；2—交流伺服系统控制器；3—PMS 电机；4—双向定量泵；
5—液控单向阀；6—单向阀；7—位移传感器；8—液压缸；9—蓄能器

直驱式容积控制电液伺服系统是用交流伺服电动机、可双向转动的定量泵取代了电液伺服系统中的电液伺服阀和变量泵（因此也称为无阀电液伺服控制系统）。该系统的最大特点是充分发挥交流伺服电动机的特性而不用电液伺服阀，交流伺服电动机驱动可双向转动的定量泵，定量泵直接驱动液压缸（作动器）。通过改变电动机的正反转、电动机的速度和运转时间来控制液压缸（作动器）的正反向、液压缸（作动器）的速度快慢和位置。

直驱式容积控制电液伺服系统的优点：

① 节能效果显著，有效降低生产成本。直驱式容积控制电液伺服系统避免了节流损耗和

溢流、卸荷损耗。

② 提高了系统的寿命和可靠性。直驱式容积控制电液伺服系统的液压泵可以选用价格低廉、可靠性高的定量泵，从而对传动介质及过滤要求可适当降低，减少了泵的磨损和系统的噪声，提高了使用寿命和系统可靠性。

③ 直驱式容积控制电液伺服系统中的电动机与执行元件的液压缸（作动器）可做到较为理想的功率匹配，油箱的体积也可以很小。

④ 系统元件数目少，可实现集成一体化，且体积小、重量轻、效率高。

⑤ 管道布置减少，极大地消除管道对伺服系统的影响，不存在系统高压引起管路振动的问题。

直驱式容积控制电液伺服系统具有高效节能、小型集成化、操作与控制简单、价格便宜，又具有环保的优势，因此发展相当迅速。

世界上最早研究直驱式容积控制电液伺服系统的国家是日本、德国、美国和瑞典。日本是世界上能源最匮乏的国家之一，所以，日本对节能技术方面的研究比较深入。

日本第一电气公司对直驱式容积控制电液伺服系统有着近十年的研究，取得领先的研究成果，并已经达到实用的阶段。其研制的直驱式容积控制电液伺服系统已经在精密锻压机、船用舵机、连铸设备、印刷机、六自由度平台、2 500 t 液压成型机等装置上得到了应用。采用传统的电液伺服系统和直驱式容积控制电液伺服系统驱动负载的对比情况如表 6.4 所示。直驱式容积控制电液伺服系统是交流伺服技术和液压技术的学科交叉产生的技术革新成果，使用时既有液压大出力的特点，又有电气传动能耗低和控制灵活的优势。

表 6.4　两种电液伺服系统对比

系统类型	传统电液伺服系统	直驱式容积控制电液伺服系统
系统组成	普通交流电动机、变量泵或定量泵、电液伺服阀、溢流阀、液压缸（作动器）或液压马达	交流伺服电动机、定量泵、单向阀、液压缸（作动器）或液压马达
回　路	开式回路	闭式回路
效　率	20%～30%	80%～90%
响　应	高	一般 ≤ 5 Hz
耗能比	1	1/10
功　率	1	1/2～1/10
质　量	1	1/2～1/5
空间占用	1	1/8～1/15
介质容积	1	<1/20
操作与维修	复杂	简单
环　保	噪音大、废油处理困难	噪音小、废油少易处理
成　本	1	1/2～1/3

图 6.18 是日本第一电气生产的直驱式容积控制电液伺服机构。

2004 年，德国 Liebherr 公司采用直驱式容积控制电液伺服系统技术为摆式列车倾摆控制

图 6.18　日本第一电气生产的直驱式容积控制电液伺服机构

系统研制了一种新型的作动器，其原理及实物外形如图 6.19 所示。其具有液压伺服系统响应迅速的优点，克服了原来液压作动器重量大的缺点，与机电式作动器相比，能够更好适应转向架上激烈振动，完全能够替代机电式作动器。目前已在实验室完成了全部的试验测试工作。相信它是下一代摆式列车倾摆作动器技术的发展方向。

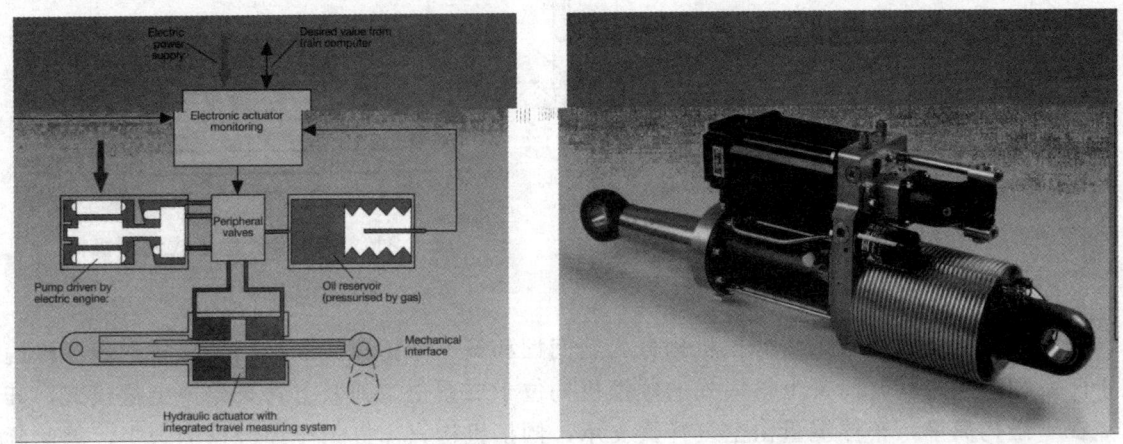

图 6.19　Liebherr 公司为摆式列车倾摆控制系统研制的新型机电液作动器

6.3　摆式列车的相关技术

摆式列车除了倾摆控制系统之外，还需要综合考虑其他一些相关技术，才能够使倾摆系统以及摆式列车的应用达到最佳的效果。

6.3.1　倾摆机构模式

倾摆机构是倾摆控制系统实现车体倾摆的机构。倾摆机构是实现车体倾摆的关键技术之一，其直接影响倾摆系统设计参数的选择以及车体倾摆后的回复刚度。目前国外摆式列车的倾摆机构有如下四种模式：

（1）四连杆式倾摆机构

车体及摆枕通过四连杆机构吊挂在转向架上。如意大利 Fiat 公司 ETR 系列摆式列车、瑞典 X2000 摆式列车、德国 VT611，VT612 摆式列车。

（2）滚动导轨式倾摆机构

车体及摆枕上设置滚动导轨，转向架上设有对称安装的转动滚子，车体通过在滚子上的滚动实现车体倾摆，如 Fiat 公司为英国提供的 WCML 摆式列车、日本 381 系列摆式列车。

（3）抗侧滚扭杠式倾摆机构

通过控制车体左右两端抗侧滚扭杠的长度差实现车体倾摆，如德国 Talbot 公司研制的 VT614 摆式列车，如图 6.20 所示。

（4）空气弹簧差压式倾摆机构

通过控制车体左右两个空气弹簧高度差实现车体倾摆的空气弹簧倾摆机构模式，如日本早期的摆式列车，如图 6.21 所示。

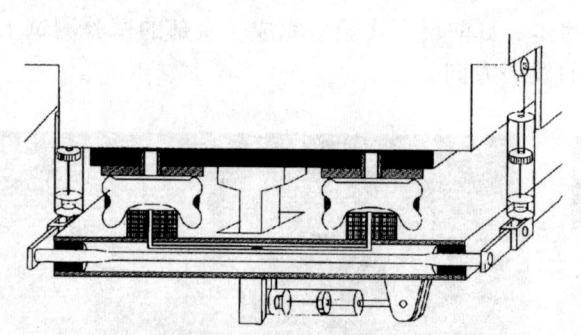

图 6.20 德国 Talbot 公司的抗侧滚扭杠倾摆机构模式

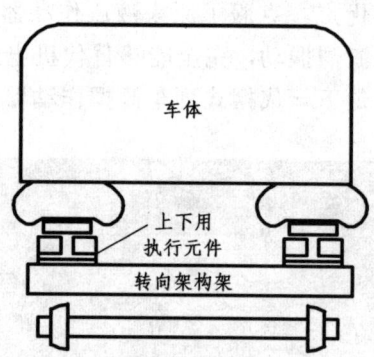

图 6.21 空气弹簧差压式倾摆机构

根据车体的支承方式可将倾摆机构分为簧间摆和簧上摆的模式。簧间摆模式的倾摆机构位于一系和二系之间，而簧上摆模式的倾摆机构位于二系空气弹簧上。采用簧上摆模式，其优点在于结构简单，车体重量由空气弹簧支承，倾摆机构只需提供车体倾摆的力矩，因此倾摆作动器功率要求较小，可与抗侧滚扭杠集合成一体。簧上倾摆模式的缺点是车体在倾摆过程中横移量较大，因此采用了横向对中装置来保证在车体倾摆过程中车体始终位于轨道中心，使系统控制复杂。由于倾摆过程中弹簧刚度的变化，车体倾摆的轨迹不是唯一的。

目前世界上除 Talbot 公司研制的摆式列车和 Fiat 公司的 ETR450 摆式列车外，广泛采用的都是簧间摆模式。簧间摆模式可保证倾摆机构的轨迹唯一，缺点是由于二系弹簧的变形，导致车体实际倾摆角度比倾摆机构的角度小，影响提速效果。下面将从理论上对目前广泛采用簧间摆模式的两种倾摆机构——四连杆倾摆机构和滚动导轨倾摆机构进行分析。

1. 四连杆式倾摆机构

如图 6.22 所示，摆枕通过呈"八"字形的四连杆机构吊在转向架的构架上，车体通过空气弹簧坐落在摆枕上。A、B 点位于构架上，C、D 点位于摆枕上。P 点为车体倾摆中心（摆心）。车体的运动轨迹就由四连杆倾摆机构尺寸所决定，假设摇枕与车体间无相对运动，即 C、

D 点相当于车体上点，可通过四连杆运动分析求出。

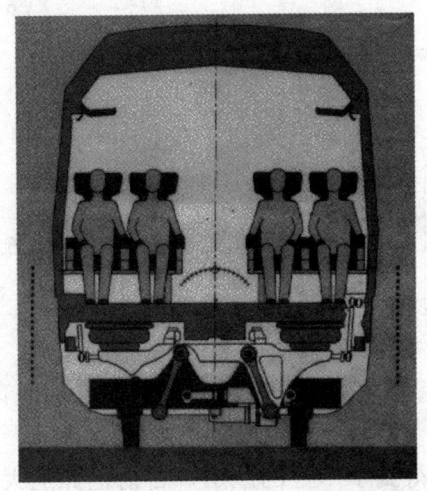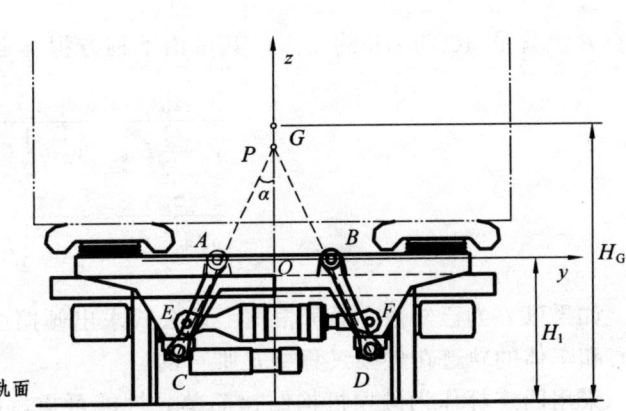

图 6.22　VT611 摆式列车四连杆倾摆机构

以 AB 点中心为原点建立 yoz 直角坐标系，则初始位置时倾摆机构各点的坐标为：

$$\begin{cases} A\left(-\frac{1}{2}L_{AB},\ 0\right) \\ B\left(\frac{1}{2}L_{AB},\ 0\right) \\ C\left(-\frac{1}{2}L_{CD},\ -\frac{1}{2}L_{AB}-\frac{1}{2}L_{AC}\cdot\cos\alpha\right) \\ D\left(\frac{1}{2}L_{CD},\ \frac{1}{2}L_{AB}+L_{AC}\cdot\sin\alpha\right) \\ P\left(0,\ \frac{1}{2}L_{AB}\cos\alpha\right) \\ G\left(0,\ H_G-H_1\right) \end{cases}$$

在倾摆过程中根据 AC，BD，CD 长度不变原理，可得方程：

$$\left.\begin{aligned} \left(y_C+\frac{1}{2}L_{AB}\right)^2+z_C^2 &= L_{AC}^2 \\ \left(y_D-\frac{1}{2}L_{AB}\right)^2+z_D^2 &= L_{AC}^2 \\ (y_C-y_D)^2+(z_C-z_D)^2 &= L_{CD}^2 \end{aligned}\right\} \qquad (6.3)$$

摆角 θ 与 C，D 点坐标值的关系为：

$$\frac{z_C-z_D}{y_C-y_D}=\tan\theta \qquad (6.4)$$

重心 G 的位置可根据 GC，GD 长度不变由下式求出：

$$\left.\begin{array}{l}(y_G - y_C)^2 + (z_G - z_C)^2 = \frac{1}{4}L_{CD}^2 + (H_G - H_1 - y_C)^2 \\ (y_G - y_D)^2 + (z_G - z_D)^2 = \frac{1}{4}L_{CD}^2 + (H_G - H_1 - y_D)^2\end{array}\right\} \quad (6.5)$$

摆心 P 位置是 AC 与 DB 的交点，其可由下列方程确定：

$$\left.\begin{array}{l}\dfrac{z_P}{y_P + \frac{1}{2}L_{AB}} = \dfrac{z_C}{y_C + \frac{1}{2}L_{AB}} \\ \dfrac{z_P}{y_P + \frac{1}{2}L_{AB}} = \dfrac{z_D}{y_D + \frac{1}{2}L_{AB}}\end{array}\right\} \quad (6.6)$$

如果以 θ 为已知量，即可根据上述公式求出倾摆过程中重心 G、摆心 P 位置坐标的变化。摆心和车体的轨迹在倾摆过程中是唯一的。

采用四连杆作为倾摆机构结构简单、性能可靠，故得到了广泛的应用，目前世界上大部分的摆式列车倾摆机构都采用了该模式。

2. 滚动导轨式倾摆机构

图 6.23 是 Fiat 公司 2001 年为英国西海岸公司提供的 WCML 摆式列车的倾摆机构示意图。在转向架上安装有一对转动的滚子，摆枕上有一对滚动导轨，直接坐落在转向架的滚子上，摆枕就可在转向架滚子上来回滚动。车体通过空气弹簧安装于摆枕上。车体的倾摆可通过摆枕在转向架滚子上的滚动来实现，车体的运动轨迹由摆枕上的导轨形状决定。通过设计导轨轮廓形状，即可实现对车体倾摆运动轨迹的控制。

图 6.23 滚动导轨结构的倾摆机构

为了防止在运行过程中由于垂向振动引起的摆枕脱离转向架滚子，还必须设有其他限制机构，因此该模式的结构相对四连杆机构来讲较复杂。

为了更好了解各种倾摆机构的特点，下面对倾摆机构进行受力分析。倾摆机构受力分析同时可确定作动器需要的功率。

根据能量守恒定律，车体倾摆系统在倾摆过程中能量的增加等于外力所做的功，即：

$$Ms \times \theta = \frac{1}{2} \times Is \times \omega^2 + ms \times g \times \Delta h \quad (6.7)$$

两端对时间 t 求导，消去 $\dfrac{d\theta}{dt} = \omega$，得：

$$Ms = Is \times \varepsilon + ms \times g \times \frac{dh}{d\theta} \quad (6.8)$$

$$Is = I_0 + ms \times R^2 \quad (6.9)$$

式中 M_s —— 作动器提供的外力矩；
m_s —— 车体倾摆系统及所有摆动部件质量；
θ —— 车体倾摆角度；
ω —— 车体倾摆角速度；
ε —— 车体倾摆角加速度；
I_s —— 车体倾摆系统转动惯量；
I_0 —— 车体倾摆系统在零位时转动惯量；
R —— 车体倾摆系统摆心与重心的距离。

在车体倾摆系统基本参数（如四连杆尺寸）确定之后，车体倾摆系统的质量、转动惯量、重心及摆心位置都是已知的。运动角度、角速度、角加速度由倾摆系统性能要求确定，也是已知的。

以四连杆倾摆机构为例，作动器的输出力矩可进行计算求出。根据车体倾摆四连杆机构运动分析式（6.5）能够计算出车体倾摆系统重心的轨迹，在任意倾摆角度时重心的位置都是已知的，故可得：

$$\frac{dh}{d\theta} = \frac{\Delta h}{\Delta \theta} = \frac{h_G[i] - h_G[i-1]}{0.01°} \tag{6.10}$$

采用单位倾摆角度内（如 0.01°）的重心变化量来代替 $dh/d\theta$。对于四连杆机构而言，在倾摆到 8°时，单位倾摆角度内 Δh 最大。

另外，计算作动器力矩时还应考虑风力、车辆通过曲线时的离心力、车端连接装置、四连杆机构的转动幅的传动效率等因素。

编制计算程序，即可将任意倾摆角度时作动器所需提供的外力矩 M_s 计算出来，由此得出作动器的出力大小。如图 6.24 所示是为某客车厂开发的四连杆倾摆机构计算出来的作动器在倾摆过程中所需的力与倾摆角度的关系。图 6.25 是倾摆过程中重心变化量与倾摆角度的关系。

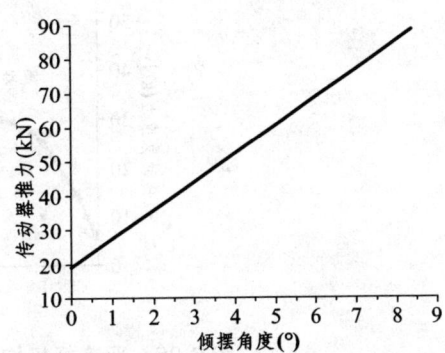

图 6.24 四连杆倾摆机构作动器推力与倾摆角度的关系

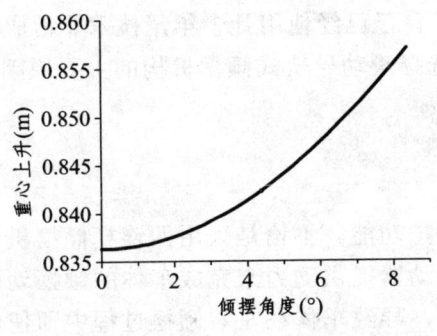
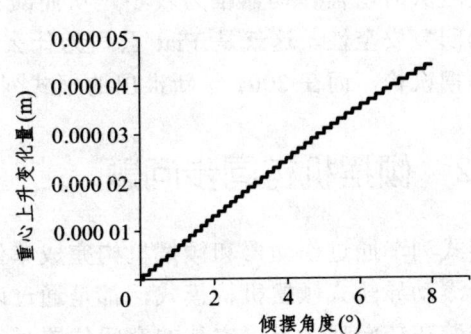

图 6.25 倾摆过程中重心变化量与倾摆角度的关系

从图中可以看出，重心上升量 $dh/d\theta$ 的大小对所需作动器出力的大小影响最大。对于四连杆机构来讲，重心随倾摆角度的上升而逐渐增加，因此所需作动器的推力也是逐渐增加的，在 8°时为最大。

从式（6.8）可以看出，要减小作动器出力，可以从两方面进行考虑：一方面是减小车体转动惯量和减小转动加速度，转动加速度是对倾摆系统的性能要求，是不能改变的，车体转动惯量在轴重确定的条件下，通过优化布置设备，其减小量也是有限的，因此最好的方法就是：在车体质量一定的条件下减小重心的上升量 $dh/d\theta$。

对于四连杆机构而言，在摆动过程中，重心上升量 $dh/d\theta$ 总是逐渐增加的，并且在四连杆尺寸确定的条件下，$dh/d\theta$ 是确定的，即图 6.25 的形状就确定了，要改变 $dh/d\theta$ 的大小，除非改变四连杆机构的尺寸。

因此，如果能够采用分段式 $dh/d\theta$ 的思路就自然而然得出，设计倾摆机构时可以在初始摆动阶段有较大的 $dh/d\theta$，这样可保证较大回复刚度。而在倾摆较大角度时，可采用较小的 $dh/d\theta$，得到较小的作动器推力需求，这就是采用滚动导轨的倾摆机构模式的理论依据。该模式可以优化组合导轨形状得到不同倾摆角度时的 $dh/d\theta$，使初始倾摆时有较大的回复刚度，在倾摆角度较大时所需作动器推力较小。图 6.26 是根据此思路设计的一种滚动导轨倾摆机构与四连杆倾摆机构作动器推力的比较图（未考虑风力及离心力作用）。

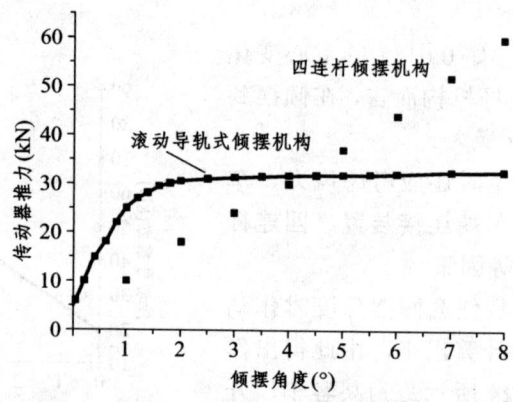

图 6.26　四连杆机构与滚动导轨倾摆机构作动器推力比较

通过对倾摆机构的理论分析，得出了采用分段式组合导轨作为倾摆机构的理论根据。采用该模式，通过合理设计导轨形状，可以使倾摆机构在初始倾摆时有较大的回复刚度，在倾摆角度较大时所需作动器推力较小，从而减小了作动器的功率和重量，且能够更好保证列车运行的回复安全性。这就是 Fiat 公司为什么放弃了自己已经使用几十年，技术非常成熟的四连杆倾摆机构，而在 2001 年新推出的摆式列车时选择滚动导轨式倾摆机构的主要原因。

6.3.2　倾摆机构同步问题

摆式列车通过作动器和倾摆机构完成车体的倾摆功能。不论是采用四连杆倾摆机构，还是采用滚动导轨式倾摆机构模式，都是通过两个作动器提供动力来完成车体的倾摆动作。作动器安装在转向架之上，安装的空间位置受到限制，导致车体在左右倾摆过程中即使倾摆相同的角度，作动器的伸出和缩回的行程也会不一致；另外，为了保证转向架的互换，同一车辆两个转向架上的作动器采用相对安装的方式，如图 6.27 所示，即在倾摆过程中一个作动器处于伸出状态而另外一个作动器是处于缩回状态。因此，如果不解决两个作动器的同步问题，必然会造成车体扭曲，影响车辆安全，同时对作动器也会造成不利影响（负载太大），给转向架传递更大的作用力。

图 6.27　作动器在转向架上的安装方式

如何保证倾摆机构的同步作用，是研制摆式列车倾摆机构的关键技术之一。本节将对倾摆机构同步问题进行分析，并介绍在试验室完成倾摆机构同步控制的方法。

1. 倾摆机构及作动器行程分析

四连杆倾摆机构如图 6.22 所示，摆枕通过呈"八"字形的四连杆机构吊在转向架的构架上，车体通过空气弹簧坐落在摆枕上。作动器安装在构架与摆枕之间，E 点位于构架上，F 点位于摆枕上。四连杆机构 A, B 点位于构架上，C, D 点位于摆枕上。P 点为车体倾摆中心（摆心）。车体的运动轨迹就由四连杆倾摆机构尺寸所决定，摆枕上 F 点的轨迹可通过四连杆运动分析求出。有了 F 点在倾摆过程中的轨迹，即可求出作动器在车体倾摆过程中的行程。以国产的摆式列车倾摆机构为例，可计算出作动器在倾摆过程中的行程，其结果如图 6.28 和表 6.5 所示。

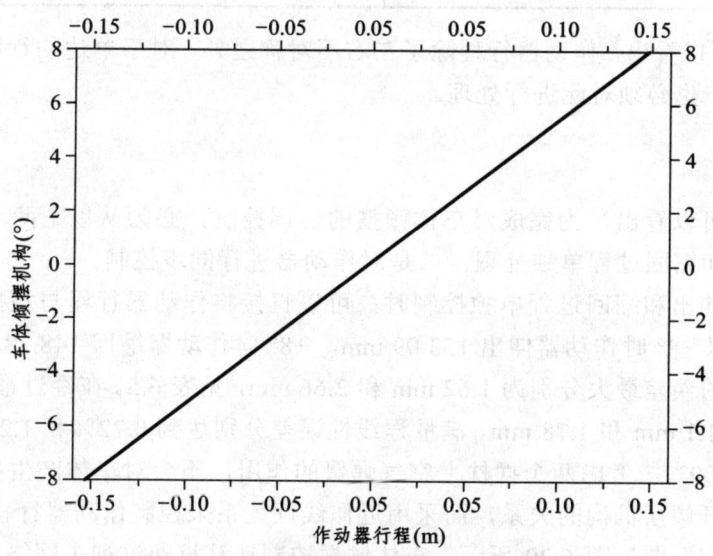

图 6.28　倾摆角度与作动器行程的关系

从图 6.28 中可以看出，在车体倾摆 −8° 时，作动器伸出 153.09 mm，在车体倾摆 +8° 时，作动器缩回 148.38 mm，相差 4.71 mm。如果直接以 +8° 为倾摆控制指令让两个作动器动作，考虑两个作动器相对安装,将会造成车体扭曲。

表 6.5 倾摆角度与作动器行程的关系

车体倾摆角度(°)	作动器理论行程(m)	以线性关系处理时作动器行程(m)	作动器行程误差(mm)	经最小误差法则处理的作动器行程(m)	作动器行程误差(mm)
−8	−0.153 09	−0.153 09	0	0.154 128	−1.04
−7	−0.134 86	−0.133 95	0.91	0.134 862	0
−6	−0.116 24	−0.114 82	1.42	0.115 96	0.64
−5	−0.097 3	−0.095 68	1.62	0.096 33	0.97
−4	−0.078 1	−0.076 55	1.55	0.077 064	1.04
−3	−0.058 7	−0.057 41	1.29	0.057 8	0.9
−2	−0.039 17	−0.038 27	0.9	0.038 532	0.64
−1	−0.019 58	−0.019 14	0.44	0.019 266	0.31
0	0	0	0	0	0
1	0.019 5	0.018 55	0.95	0.018 77	0.73
2	0.038 85	0.037 10	1.79	0.037 54	1.33
3	0.057 99	0.055 64	2.35	0.056 31	1.68
4	0.076 85	0.074 19	2.66	0.075 08	1.77
5	0.095 37	0.092 74	2.63	0.093 85	1.52
6	0.113 49	0.111 29	2.21	0.112 62	0.87
7	0.131 18	0.129 83	1.35	0.131 39	−0.21
8	0.148 38	0.148 38	0	0.150 16	−1.78

从表 6.5 中可以看出,作动器行程除了左右不对称之外,对于单边的行程,其角度与行程之间存在非线性,也必须对此进行处理。

2. 同步控制

从上面分析可以看出,为完成对车体倾摆的协调控制,必须从以下两个方面考虑:一是作动器要分伸出和缩回过程单独处理;二是对作动器进行同步控制。

在作动器分伸出和缩回过程单独控制时,可以直接将作动器行程与倾摆角度按照比例关系进行处理,如以 −8° 时作动器伸出 153.09 mm,+8° 时作动器缩回 148.38 mm 作为比例,在倾摆过程中产生的误差最大分别为 1.62 mm 和 2.66 mm,见表 6.5。在经过最小误差处理之后,最小误差减小为 1.1 mm 和 1.78 mm,满量程线性误差分别达到 0.72% 和 1.2%(相当于最大倾摆角度误差为 0.09°),考虑两个摆枕上空气弹簧的作用,不会对车体产生扭曲作用。因此不用严格根据四连杆倾摆机构的关系,而采用近似线性关系来控制作动器行程是可行的。

同步控制系统框图如图 6.29 所示,车体倾摆控制计算机通过列车网络接收头车上主控计算机的倾摆指令,同时控制前后转向架上的两个作动器的动作。假设以 1 位转向架上的作动器为主作动器,则要求 2 位转向架上的作动器为随动作动器,其动作必须与 1 位转向架上的主作动器相反,同时其位移即摆枕倾摆角度必须与 1 位转向架上的摆枕相同,才能保证倾摆机构的同步。

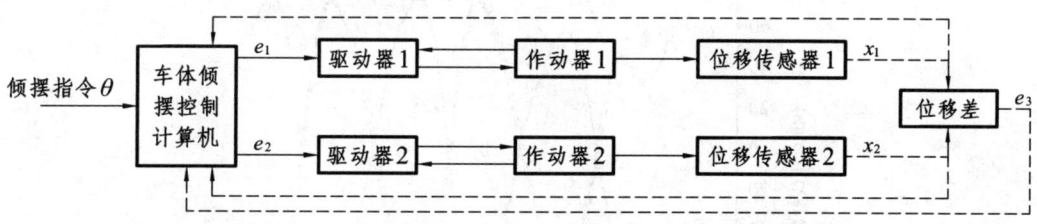

图 6.29　同步控制系统框图

为了保证两个作动器的同步协调，车体倾摆控制计算机要采集两个作动器的位移信号。除完成两个作动器的位置伺服控制外，必须实时检测两个位移传感器的差值。除去两个作动器在伸缩工作阶段的因素，两个位移传感器的差值必须保持在一定范围之内。倾摆系统一般规定在 4 mm 之内，超过时将产生报警信号，以此来保证不在前后转向架摆枕间出现扭曲现象。

实现同步闭环控制系统的形式有很多，最常用的两种控制策略是：同等控制方式和主从控制方式。两种控制方式相比，为了获得高精度的同步控制精度，同等控制方式要求同步控制系统的各控制元件、检测及反馈元件、执行元件的性能有严格的匹配关系，在工业应用中会增加许多难度；而主从控制方式是将其中一个作动器的输出作为理想输出，其余的作动器受到控制来跟踪这一选定的理想输出并达到同步。这种主从控制方式具有灵活、快速和准确的输出响应的特点。

从车辆应用的角度，其载荷经常有较大变化。因此，在倾摆机构的同步控制中采用主从控制策略是一种最佳的选择。可将 1 位转向架上的作动器作为理想输出作动器，2 位转向架上的作动器作为随动的作动器，使其始终跟随 1 位转向架上的作动器动作，将两个位移传感器的差值（经过伸缩行程处理后）叠加在作动器 2 的控制信号上，即可使作动器 2 始终以与作动器 1 相匹配的行程动作，使倾摆机构既有较好的稳态同步精度，又有较高的动态同步精度，保证车辆运行的安全。

图中各部分误差为：

$$e_1 = \theta \times k_1 - x_1 \tag{6.11}$$

$$e_3 = \frac{x_1}{k_1} + \frac{x_2}{k_2} \tag{6.12}$$

$$e_2 = (\theta \times k_2 - x_2) + e_3 \times k_2 \tag{6.13}$$

θ 为倾摆角度指令，k_1，k_2 分别对应作动器输出和缩回阶段角度与作动器行程的比例系数。由于位移传感器的反馈为双极型信号，因此式（6.12）中计算 e_3 时采用了相加。在控制时必须对作动器所处的行程状态作出正确判断，采用相应的比例系数。整个控制系统采用 PID 控制策略，由车体倾摆控制计算机完成。

根据此控制框图在中国船舶总公司重庆华渝电气厂摆式列车试验台上进行了试验。该试验台是 1∶1 实车模型试验台，可按照车辆满轴重进行模拟试验。作动器为机电式作动器，最大推力为 100 kN。试验台及试验结果如图 6.30 所示。可以看出，采用此控制方法之后，即使在满轴重负载下，也能够保证倾摆机构同步动作，并保证了车辆的安全。

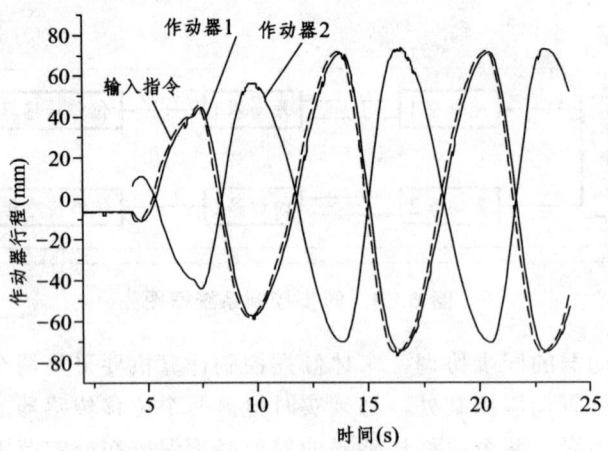

图 6.30　同步控制试验结果

6.3.3　受电弓倾摆系统

摆式列车主要运用于山区、多曲线的铁路区段提速，因此采用动力分散牵引模式可有效减小轴重、降低轮轨横向力，更适合于摆式列车在曲线上的高速运行，同时也有利于列车小编组运行，满足客运灵活多变的要求，是当今摆式列车发展的趋势。

铁路电气化是我国铁路发展的既定方针，电力牵引的机车运输量大，运营成本低，对环境无污染，在坡道地区更能发挥其爬坡的优点。因此，摆式电动车组也是摆式列车一个重要的发展方向。

然而动力分散牵引模式也带来一个新问题，即由于动力车也要倾摆，车顶上的受电弓系统也必须作出相应的倾摆，才能保证受流的连续性和列车运行的安全性。目前国内对摆式列车倾摆受电弓系统的研究尚未深入开展，严重制约了电动摆式动车组技术的发展。随着铁路电气化水平的提高及对电动摆式动车组的需求日趋增加，对倾摆受电弓系统进行研究具有十分重要的理论和实际意义。

1. 受电弓倾摆系统分类及其结构特点

国外对于摆式电动车组受电弓倾摆系统的研究已进行了很多年，研制了多种类型的受电弓倾摆系统。同摆式列车的车体倾摆控制模式一样，按照有无倾摆作动器，受电弓倾摆系统也有两种控制模式：被动摆（又称自然摆或无源摆）和主动摆（又称强迫摆或有源摆）两种。

（1）被动摆模式

被动摆式受电弓系统在其倾摆过程中，系统没有外加动力作用，可分为三种模式。

第一种模式是支承台架式。受电弓通过支承台架直接安装在转向架构架上。受电弓、支承台架与转向架构架无相对运动，相当于将受电弓直接安装在转向架上。受电弓在倾摆过程中与普通机车受电弓一样，不受车体倾摆的影响。意大利的 ETR450，ETR460 摆式电动车组和日本的 351，883 系列摆式电动车组采用了该模式，其结构如图 6.31 所示。

这种模式的最大特点是结构简单，受电弓支承装置与转向架保持同样的位置，受电弓不受车体倾摆的影响，与传统的受电弓系统一样。缺点则是在车体部位要通过支承装置，减小了乘客的有效使用空间，一般要占用一排座位的空间。

第二种模式是滑动导轨式。受电弓安装在一个带滑动导轨的支承台上，由连接在转向架上的钢丝绳拉动，使支承台在车体倾摆过程中保持在轨道中心线上的中立位置。受电弓支承台用滑动阻力非常小的轴承导向，能相对车顶作左右滑动。左右两对钢丝绳从转向架侧梁起沿车体侧墙延伸到车顶，通过张紧机构连接到支承台上，以约束受电弓支承台，使受电弓一直保持在轨道中心线上的中立位置。该装置的关键部分是钢丝绳的张紧机构，左右两对钢丝绳按相同方向绕在张紧机构的滚筒上，滚筒通过轴承安装在支承台下面，直径约 100 mm。张紧机构的盘形弹簧给卷绕的钢丝绳一定张力。当车体产生左右、上下振动时，将使钢丝绳的张力发生变化，张紧机构的滚筒利用盘形弹簧力，或弹簧阻力进行正、反转，使左右钢丝绳卷绕和松开同样的长度，这样就使转向架构架左右侧至滚筒的钢丝绳总长保持不变，从而使受电弓不受车体振动的影响而保持中立位置。日本的 8000 系列摆式电动车组采用了该模式，其结构如图 6.32 所示。

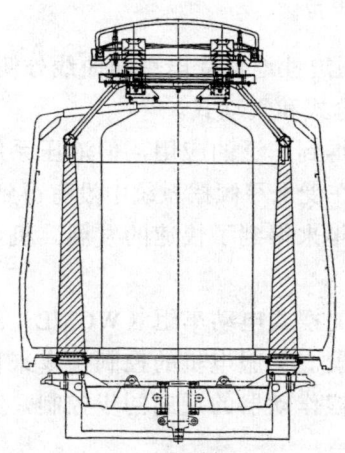
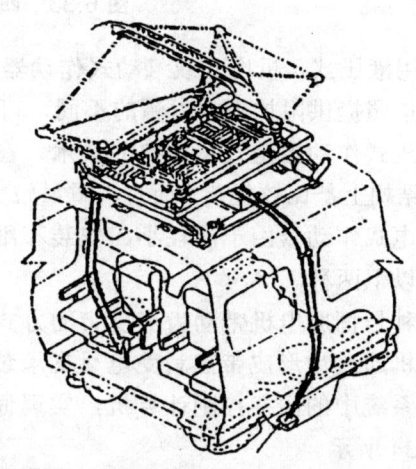

图 6.31 ETR460 摆式电动车组电弓支承装置图　　图 6.32 8000 系列摆式电动车组电弓支承装置

采用这种模式，连接转向架构架与受电弓滑动支承平台之间的钢丝绳是在车体外部安装，不占用车体空间，但必须解决由于车体振动引起的钢丝绳张力的变化，因此采用了一个盘形弹簧装置，使左右钢丝绳卷绕和松开同样的长度，结构相对复杂。另外，滑动支承平台的轨迹设计必须与车体倾摆系统相适应。

第三种模式是四连杆式。受电弓支承装置安装在一对四连杆构成的一个摆动平面上，由曲臂杠杆带动四连杆摆动。曲臂杠杆一端与转向架相连，另一端连接受电弓底座，曲臂杠杆的支点固定在车体上，车体的左右倾摆运动带动曲臂杠杆转动，从而拉动支承底座与受电弓一起运动。受电弓支承底座通过吊杆连接在车顶上，四连杆各转动关节采用了转动轴承约束，其结构原理如图 6.33 所示。

采用这种方式，与从转向架直接安装受电弓支承装置相比，由于该杠杆不承担受电弓重量，只提供四连杆摆动的力，杠杆可以做得很小，结构简单，然而也要占用一个乘客座位的空间。

（2）主动摆模式

主动摆受电弓倾摆模式是通过在车体顶部安装的作动器使受电弓倾摆。在列车通过曲线

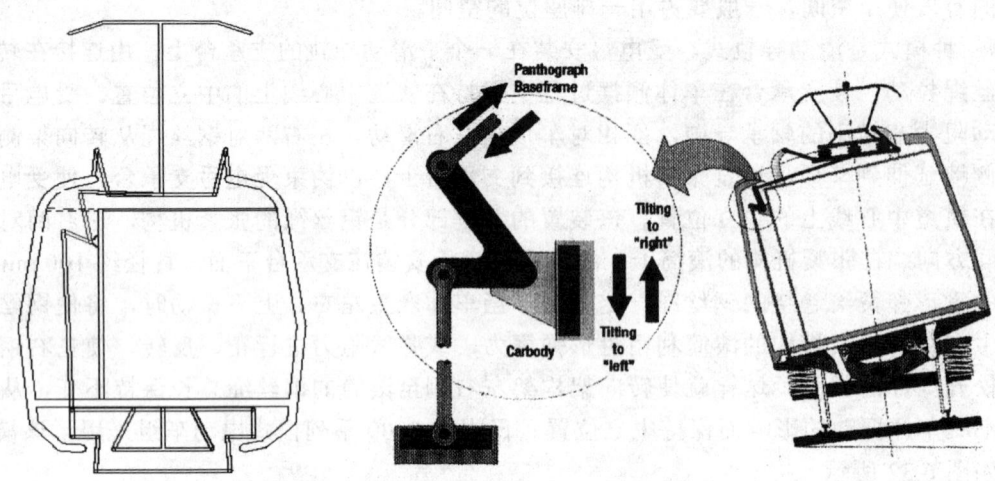

图 6.33　四连杆式被动倾摆受电弓

时，利用液压式、机电式或气动式作动器产生的附加外力强迫性地使受电弓向曲线外侧倾摆。主动摆按照提供附加力的力源的不同，可分为液压式、机电式和气动式。

液压式作动器是较早成熟的技术，在车体倾摆系统中得到广泛的应用，但液压系统在技术上、结构上都比较复杂，而且其重量较大，检修不方便，在受电弓倾摆系统中没有得到应用。

机电式作动器由于能耗小，安装和维修保养方便，近年来得到了快速的发展。机电式作动器有以下两种。

一种是伺服电机带动齿形皮带的方式，如英国西海岸的摆式电动车组（WCML）的一个伺服电机通过齿形皮带控制受电弓支承装置在导轨上的位置。伺服电机的控制指令来自于车体倾摆系统中的倾摆控制计算机，实现伺服电机与车体倾摆作动器的反向同步控制，其结构如图 6.34 所示。

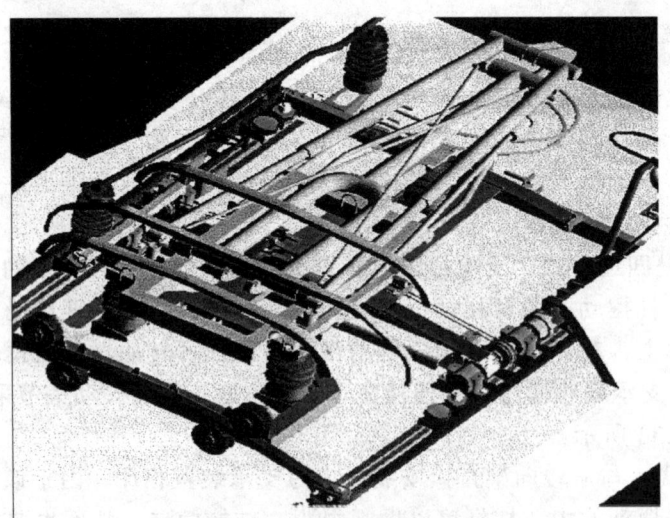

图 6.34　伺服电机带动齿形带式受电弓倾摆系统

另一种机电式作动器采用与车体倾摆系统相似的线性作动器，线性作动器由伺服电机通过齿轮箱带动螺母，螺母带动滚柱丝杠将旋转运动转化为直线运动。典型结构如西门子公司的 VT605 电动摆式车组，受电弓倾摆机构采用与车体倾摆机构相反的倒四连杆机构，受电弓支承平台通过四连杆安装在车顶上，四连杆的倾摆运动采用与车体倾摆作动器相似的线性作动器控制。受电弓上四连杆的运动与车体下四连杆的运动方向相反，保证了受电弓在车体倾摆过程中能够始终处于轨道中心线上的中立位置。作动器指令同样来自于车体倾摆系统中的倾摆控制计算机，其结构如图 6.35 所示。

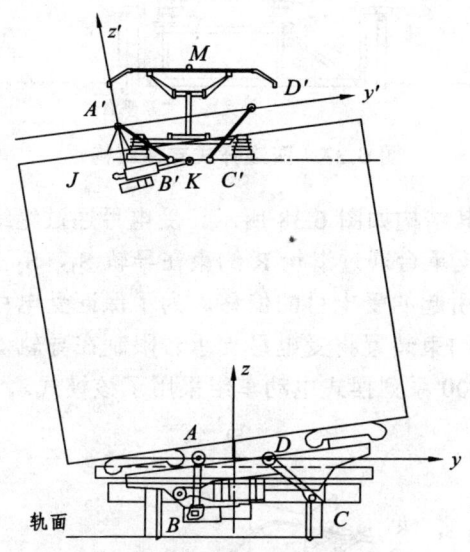

图 6.35　线性作动器驱动模式

气动式主动摆受电弓系统由于气体的可压缩性以及可能对主风管压力的影响，造成动作时迟较大，且驱动力小，还容易发生低频振荡，只有日本在其 591 试验车上试用过，但存在控制可靠性问题，没有成功应用，结构原理如图 6.36 所示。

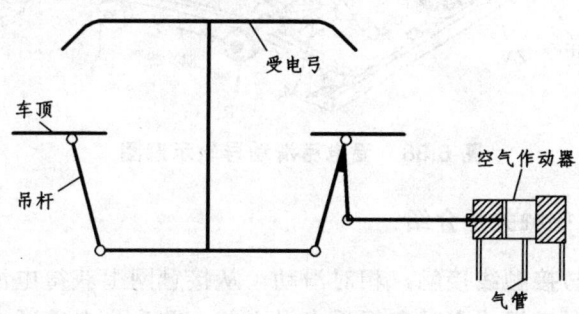

图 6.36　气动式受电弓倾摆系统

2. 受电弓支承结构形式

常见的摆式电动车组受电弓支承结构形式有三种。

第一种支承结构形式是支承台架式。受电弓通过支承台架安装在转向架构架上。如意大利 ETR450，ETR460 摆式电动车组以及日本 351，883 系列摆式电动车组，各个公司的支承台架结构略有差别，其结构如图 6.31 所示。

第二种为四连杆形式。采用四连杆式时，受电弓通过绝缘子安装在一个支承平台上，支承平台通过四根吊杆连接在车顶上，四连杆各转动关节采用了转动轴承约束，即使列车运行时车体会产生各个方向的振动，受电弓支承平台也不会跳离四连杆的约束，如图 6.37 所示。

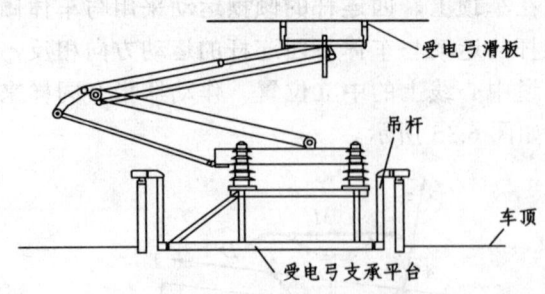

图 6.37　四连杆式支撑结构

第三种是滑动导轨式，其结构如图 6.38 所示。受电弓通过绝缘子安装在 M_1，M_2，M_3 三点所在的框架式支承台上，支承台通过滑轮 R 约束在导轨 S_1，S_2 上，导轨的表面按一定的形状设计，以便补偿车体倾摆引起的受电弓的偏移。为了保证受电弓支承台在列车运行过程中不脱离导轨，采用了特殊的约束装置将受电弓支承台限制在导轨上。英国西海岸的摆式电动车组（WCML）和日本的 8000 系列摆式电动车组采用了该模式。

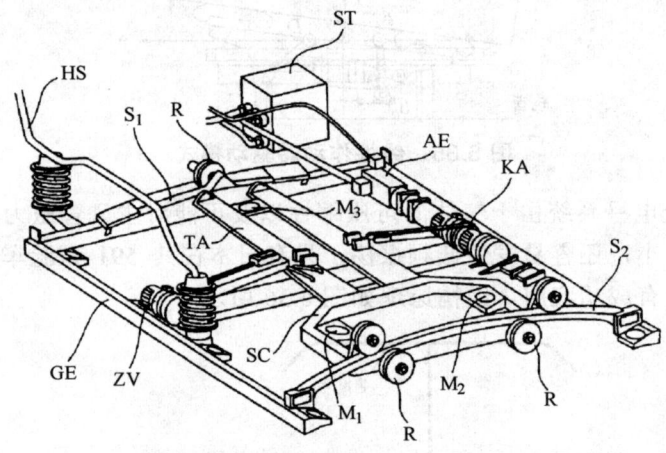

图 6.38　受电弓滑动导轨示意图

3. 普通机车弓、网接触关系介绍

受电弓弓头的滑板与接触线接触，相对滑动，从接触网上获得电流，输送给电力机车，这一过程称之为受流。研究摆式电动车组受电弓之前，首先参考普通电力机车的弓网接触关系。以我国 SS_8 型电力机车上安装的 $TSG_3630/25$ 型受电弓为例，SS_8 型电力机车上安装有两架 $TSG_3630/25$ 型单臂受电弓，其是以法国 Faiveley 公司的 AM51UF 型受电弓为基础的国产化产品，受电弓额定工作电压 25 kV，额定工作电流 630 A，最大运行速度 170 km/h，工作高度 500～2 250 mm，最大升弓高度 2 600 mm，静态接触压力（70 ± 10）N，滑板长度 1 250 mm，有效工作长度为滑板中点 ±500 mm。

接触线是接触网的主要组成部分，在电气化铁路上，为了延长受电弓的使用寿命，使滑板磨损均匀，接触线在直线区段时呈"之"字形，在曲线区段布置时呈折线的形式，而且此折线一般与受电弓滑板中心的行迹相切或相割。这种折线在定位点处接触线距受电弓中心线行迹的距离成为拉出值（或称伸出值）。在直线区段上，接触线在定位点处相对于线路中心的偏移距离，称为之字值。为简便起见，通称为接触线拉出值（或称为偏拉）。拉出值的大小是由受电弓的工作长度决定的，拉出值在直线区段一般取 ±300 mm，在曲线区段上根据曲线半径大小来决定。

以我国哈（尔滨）—大（连）线接触网为例，哈（尔滨）—大（连）线正线采用 Re200C 型全补偿弹性链形悬挂，站线、机走线和段管线采用 Re100C 型全补偿简单链形悬挂。接触网可以满足列车双弓 200 km/h (单弓运行时，适于列车最高运行时速 220 km) 的运营时速和接触线 ≥200 万（受电）弓架次的使用寿命。根据哈（尔滨）—大（连）线的气候条件，在直线区段四平以北采用风速为 35 m/s，最大跨距为 62 m，四平以南采用风速为 30 m/s，最大跨距为 65 m，曲线处按计算递减。直线区段之字值为 200 mm，标准结构高度为 1.8 m，站场和跨线桥处结构高度有可能增减，但最小值不小于 0.5 m，接触线标准高度为 6 000 mm，最低高度为 5 700 mm，低净空跨线桥下不低于 5 150 mm。

车体的振动将影响弓、线间接触条件，车辆运行中的振动与车辆的结构形式、弹簧装置参数、装载状态、运行速度以及不同的线路结构、等级和线路状态有关。车体的振动形式包括沉浮、伸缩、摇头、仰伏、横摆和侧滚，横摆和侧滚不能独立出现而是合成其他两种形式：下心滚摆及上心滚摆。经过理论分析和运营实践表明，在影响受电弓滑板中心横向偏移的因素中，起决定性影响的是车体侧滚振动，而且最为严重的是发生下侧滚振动。

风的作用也将影响弓、线间接触条件，要使接触线良好地工作，就要保证在受风作用时，接触线对受电弓中心线的受风偏移值不超过其规定的最大许可值。根据受电弓滑板的最大工作宽度，铁路工程技术规范规定，在计算风速最大条件下，接触线对受电弓中心的最大水平偏移值不超过 500 mm，从而避免在强风的作用下，造成受电弓脱离接触线而发生刮弓事故。

4. 摆式电动车组受电弓倾摆运动的标准

在受流过程中，接触网和受电弓在机械和电气上密切相关，只要其中之一出现问题，都会破坏正常的受流特性。受电弓和接触网一旦发生事故，将会带来十分严重的后果，直接造成很大的经济损失。为此，高速电气化铁路必须解决好接触网与受电弓高速受流这一关键问题。

对于摆式电动车组，若只是车体倾摆而受电弓不倾摆，设接触线的工作高度为 6 000 mm，摆心高度 1 500 mm，车体最大倾摆角为 8°，如图 6.39 所示，图（a）为正常状态，图（b）为倾摆状态。

在车体倾摆 8° 时，受电弓滑板中心的水平偏移：
$$d = 4\ 500 \times \tan 8° = 632.4 \quad (\text{mm}) \tag{6.14}$$

在车体倾摆 8° 时，受电弓滑板中心的垂向偏移：
$$h_1 = 4\ 500 \times (1 - \cos 8°) = 43.8 \quad (\text{mm}) \tag{6.15}$$

由式（6.14）、（6.15）可见，由于车体的倾摆引起的受电弓中心水平横向偏移是很大的，超过了受电弓滑板的有效工作宽度，必须设计受电弓倾摆系统来补偿。

摆式电动车组受电弓倾摆系统的基本功能是通过倾摆动作，实现受电弓与接触网的接触条件与普通车基本相同。普通车的受电弓固定在车顶上，受电弓底部安装平面与转向架构架平行，受电弓滑板中点为各种振动引起的偏移的中位。为了实现与普通车相同的弓网接触条件，在倾摆过程中，摆式电动车组受电弓底座应与转向架构架保持平行，同时，滑板中点的垂向位移及水平横向位移相对普通车为零。

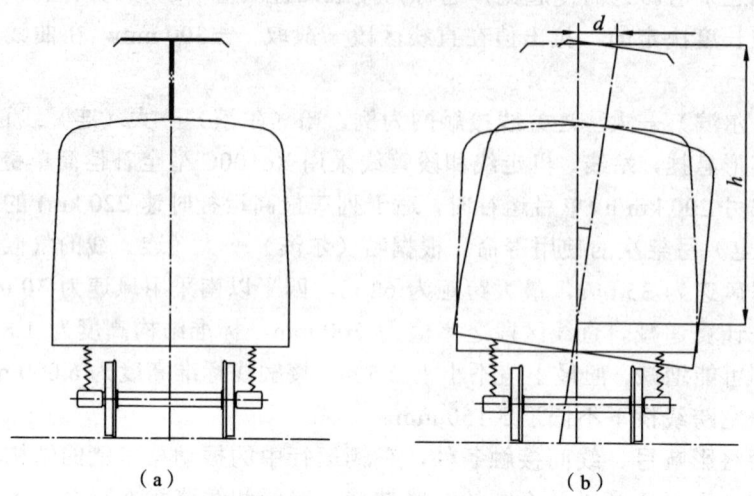

图 6.39　受电弓中心的水平偏移

实际上，同时满足受电弓底座与转向架构架平行和滑板中点的相对位移为零是很难实现的。为了满足受电弓滑板与接触线有与普通车相同的接触角度以及接触力的方向，应该将受电弓底座与转向架构架平行作为首要的目标。

在相对位移方面，根据国外摆式列车的技术条件，车体最大倾摆角加速度 $\varepsilon = 15°/s^2$，最大倾摆角速度 $\omega = 5.5°/s$，平均角速度为 3.94°/s，车体在 2.03 s 达到 8°。由式（6.14）和式（6.15）可以看出，车体倾摆过程中，滑板中点垂向位移在 2.03 s 内的变化范围为 43.8 mm，而受电弓的工作范围较大，工作高度一般为 500～2 250 mm，因此将垂向位移视为次要考虑因素。在车体倾摆过程中，水平横向偏移较大，尤其在倾摆极限位置即 ±8° 附近，再加上振动和风的作用，可能造成受电弓脱离接触线而发生刮弓事故，因此倾摆极限位置即在 ±8° 附近，受电弓滑板中点的位移相对于普通机车尽可能小，而且优先考虑水平方向的横向偏移。

目前，我国还没有摆式电动车组受电弓的相关标准，根据摆式电动车组受电弓的特点，对摆式电动车组受电弓的倾摆运动提出如下标准：

① 摆式电动车组受电弓底座与转向架构架在车体倾摆过程中始终保持平行。

② 倾摆极限位置时即倾摆到 −8° 和 +8° 附近，受电弓滑板中点的位移相对于普通机车尽可能小，优先考虑水平方向的横向偏移。

5. 受电弓倾摆机构计算实例

目前，国内引进的摆式列车项目的车体倾摆模式都为四连杆主动摆模式，对于基于四连杆的被动式受电弓倾摆系统，根据车体倾摆四连杆的尺寸及位置，可以得到车体的倾摆运动规律，在此基础上，拟订受电弓到四连杆的尺寸及位置，根据受电弓底座在倾摆过程中保持与转向架构架平行的原则，可以得到受电弓的倾摆规律。在一定范围内，对上四连杆位置尺寸进行优选，选择水平横向偏移较小的参数，就可以得到较符合要求的受电弓上四连杆机构。

受电弓倾摆机构的数学模型如图 6.40 所示。车体下四连杆机构主要由吊杆 AB 和 CD 组成，A 点和 D 点铰接在转向架构架上，B、C 点铰接在摆枕上。受电弓上四连杆机构主要由吊杆

A_1B_1 和 C_1D_1 组成，A_1，D_1 点铰接在车体上，B_1，C_1 点铰接在受电弓底座上，P 点为受电弓滑板中点，AB 与水平线的夹角为 θ_1，BC 与水平线的夹角为 θ_2，θ_2 等于车体的倾摆角。A'，B'，C'，D'，A_1'，B_1'，C_1'，D_1'，P' 为车体转动 θ_2 角后上下四连杆各点对应的位置。L_1，L_2，L_3，L_4 为下四连杆各杆的长度，LL_1，LL_2，LL_3，LL_4 为上四连杆各杆的长度。

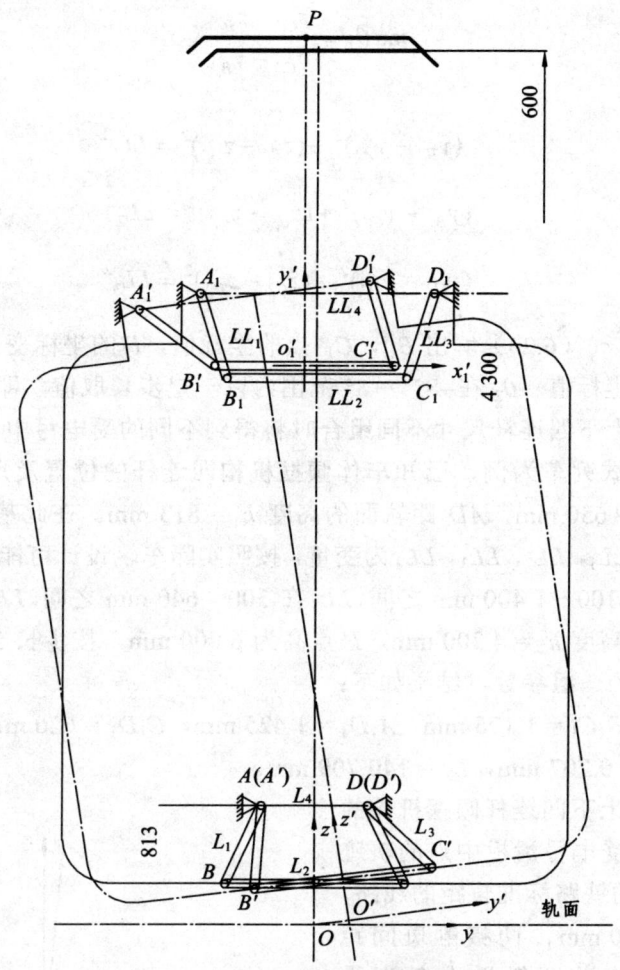

图 6.40 受电弓倾摆机构数学模型

以轨面中心为坐标原点 O，建立 yoz 坐标系，根据几何关系，可以建立如下方程：

$$\tan\theta_2 = \frac{z_{C'} - z_{B'}}{y_{C'} - y_{B'}} \tag{6.16}$$

$$(y_{B'} - y_{A'})^2 + (z_{B'} - z_{A'})^2 = L_1^2 \tag{6.17}$$

$$(y_{B'} - y_{C'})^2 + (z_{B'} - z_{C'})^2 = L_2^2 \tag{6.18}$$

$$(y_{C'} - y_{D'})^2 + (z_{C'} - z_{D'})^2 = L_3^2 \tag{6.19}$$

解方程（6.10）～（6.19），可以得出对应不同 θ_2 所对应的 $B'C'$ 的坐标值，从而得到 O' 的坐标值，以 $y'o'z'$ 建立新的坐标系，车体上任意点与 O' 的位置关系保持不变，利于坐标变换公式,可求出任意点倾摆后的位置。即可得到车体倾摆后受电弓上四连杆与车体铰接点 A_1', D_1' 的坐标值。

根据受电弓倾摆运动特性要求。在倾摆过程中,受电弓底座与转向架构架保持平行,即 $B_1'C_1'$ 的转动角等于 $0°$。根据四连杆的几何关系,同理,可以建立如下方程:

$$\tan\theta_2' = \frac{z_{C_1'} - z_{B_1'}}{y_{C_1'} - y_{B_1'}} \tag{6.20}$$

$$(y_{B_1'} - y_{A_1'})^2 + (z_{B_1'} - z_{A_1'})^2 = LL_1^2 \tag{6.21}$$

$$(y_{B_1'} - y_{C_1'})^2 + (z_{B_1'} - z_{C_1'})^2 = LL_2^2 \tag{6.22}$$

$$(y_{C_1'} - y_{D_1'})^2 + (z_{C_1'} - z_{D_1'})^2 = LL_3^2 \tag{6.23}$$

根据方程(6.20)~(6.23)解出 B_1', C_1' 点的坐标值,P' 的坐标变化量与 B_1', C_1' 相同,可得到受电弓中点的坐标值。θ_2 在 $-8°\sim+8°$ 范围内以一定步长取值,即可得到受电弓中点的运动规律。显然,在上下四连杆尺寸不同组合时将得到不同的受电弓中点运动轨迹。

以一新研制的摆式列车为例,已知车体倾摆机构四连杆的位置及尺寸,$AB=570$ mm,$BC=1\,100$ mm,$AD=650$ mm,AD 距轨面的高度 $h_1=813$ mm。在此基础上,编制四连杆机构尺寸优化程序,以 LL_1, LL_2, LL_3, LL_4 为变量,按照实际车辆设计可能的尺寸,LL_1 在 $300\sim640$ mm 之间,LL_2 在 $1100\sim1\,400$ mm 之间,LL_3 在 $300\sim640$ mm 之间,LL_4 在 $1\,300\sim1\,600$ mm 之间,A_1D_1 距轨面的高度 $h_2=4\,300$ mm,P 点高为 $6\,000$ mm,按步长 5 mm 进行计算。选择 P 点坐标值变化最小的一组参数,结果如下:

$A_1B_1=620$ mm,$B_1C_1=1\,175$ mm,$A_1D_1=1\,425$ mm,$C_1D_1=620$ mm;此时,P 点在倾摆 $8°$ 时的位移为:$L_Y=0.707$ mm,$L_Z=140.709$ mm。

在车体及受电弓上下四连杆倾摆机构的尺寸和位置确定后,受电弓滑板中点的轨迹也就确定。按照我国的铁路标准轨距的线路,轨道最大超高为 150 mm,两接触斑间距 $1\,493$ mm,计算得轨道倾斜最大角度为 $5.73°$。以通过较低端钢轨接触点的水平线为 y 轴,以过轨面中心的铅垂线为 z 轴,轨面中点为 O 点,建立 yoz 坐标系。以通过两钢轨接触点的连线为 Y' 轴,以过轨面中心的垂直于轨面的线为 z' 轴,轨面中点为 O' 点,建立 $y'o'z'$ 坐标系,如图 6.41 所示。可以得到各种条件下受电弓滑板中点的运动轨迹。

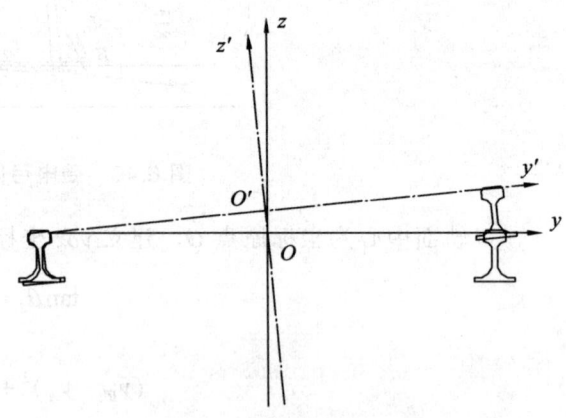

图 6.41 坐标系示意

普通机车在通过曲线时,由于轨道超高,在图 6.41 所示 yoz 坐标系下,受电弓中点 P 的运动轨迹如图 6.42 所示。水平方向最大位移 $y_{\max}=602.77$ mm,垂向最大位移 $z_{\max}=44.55$ mm。由于接触线在曲线处随滑板中点的轨迹布置成折线的形式,拉出值在曲线区段上根据曲线半径大小来决定,而受电弓有效工作长度为滑板中点 ±500 mm,故受电弓与接触线在正常的接触范围内。

在列车通过曲线时，若车体倾摆，受电弓不倾摆，在图 6.41 所示 yoz 坐标系下，受电弓中点 P 的运动轨迹如图 6.43 所示。水平方向最大位移 $y_{max} = 1\ 220.65$ mm，垂向最大位移 $z_{max} = -40.82$ mm。与普通车相比，水平方向的最大位移减去由于超高引起的最大位移为：

$$\delta_y = 1\ 220.65 - 602.77 = 517.88\ (\text{mm})$$

δ_y 为 517.88 mm，大于滑板的工作范围为 ±500 mm，可见摆式电动车组车体倾摆时受电弓必须反向倾摆。

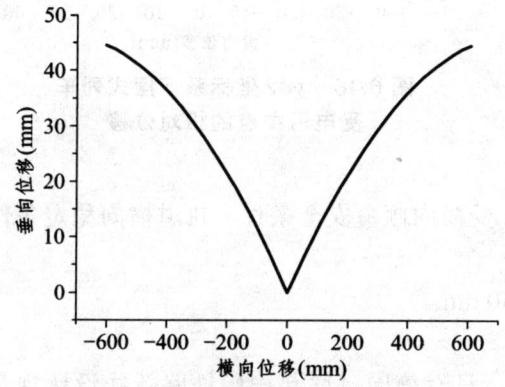

图 6.42 普通车滑板中点的运动轨迹

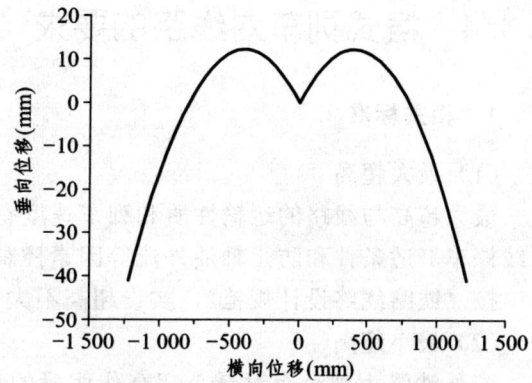

图 6.43 车体倾摆受电弓不倾摆时滑板中点的轨迹

摆式电动车组通过曲线时，车体随超高逐渐倾摆到 8° 时，受电弓底座保持与转向架构架平行，在图 6.41 所示 yoz 坐标系下，受电弓滑板中点 P 的运动轨迹如图 6.44 所示。水平方向最大位移 $y_{max} = 617.32$ mm，垂向最大位移 $z_{max} = 184.47$ mm。由于接触线在曲线处随滑板中点的轨迹布置成折线的形式，拉出值在曲线区段上根据曲线半径大小来决定，而受电弓有效工作长度为滑板中点 ±500 mm，故受电弓与接触线在正常的接触范围内。

在图 6.41 所示的 $y'o'z'$ 坐标下，摆式电动车组与普通机车的受电弓滑板中点的相对位移如图 6.45 所示。在车体倾摆到极限位置时，水平位移较小，$y_{\pm 8} = \pm 0.717$ mm，$z_{\pm 8} = 140.7$ mm。

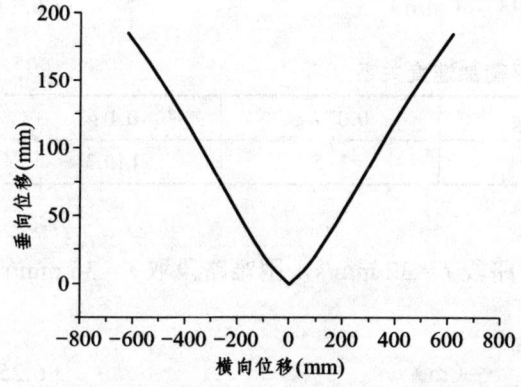

图 6.44 摆式电动车组滑板中点运动轨迹

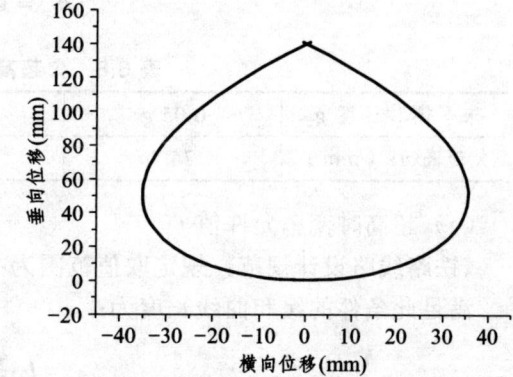

图 6.45 在 $y'o'z'$ 坐标系下受电弓中点的相对位移

在图 6.41 所示的 yoz 坐标下，摆式电动车组与普通机车受电弓滑板中点的相对位移如图

6.46 所示。$y_{\pm 8} = \pm 13.33$ mm，$z_{\pm 8} = 140.07$ mm。

根据上下四连杆的尺寸和位置，计算出受电弓滑板中点在各种条件下的运动轨迹。在受电弓倾摆机构的作用下，摆式电动车组受电弓滑板中点相对于普通机车在垂向的最大位移为 140.7 mm，水平方向的最大位移为 35.31 mm，车体倾摆到极限位置时，水平位移较小，$y_{\pm 8} = \pm 0.717$ mm。

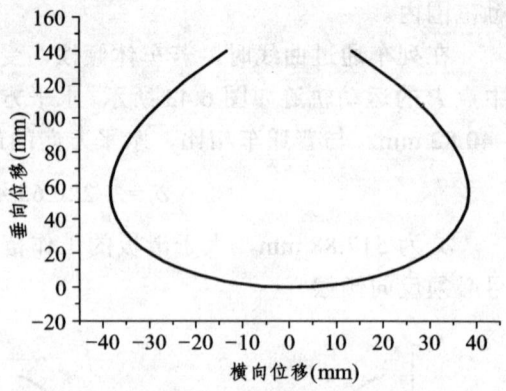

图 6.46 yoz 坐标系下摆式列车受电弓中点的相对位移

6.3.4 摆式列车对线路的要求

1. 相关标准

（1）最大超高

最大超高与线路的运输性质和列车速度有关，受横向倾覆安全条件、轨道横向稳定条件、曲线停车舒适条件和防止轴油外流等因素控制。

按《铁路线路设计规范》，实设超高不大于 150 mm。

（2）最小超高

国外铁路大都没有对最小超高作明确的规定，只有德国《联邦德国铁路新线设计规范》（DS800 02）中规定不能设置小于 20 mm 的超高。我国规定按超高取整至 5 mm，最小超高为 5 mm。

（3）允许欠超高

允许欠超高决定旅客乘车舒适程度，也反映外股钢轨磨耗。它与客车结构、转向架构造及其悬挂方式有关。《铁路线路设计规范》规定，一般路段取 70 mm，困难路段取 90 mm，既有线改造时取 110 mm。

广深线多年运营经验表明，当 $h_欠 < 60$ mm 时，线路易于维护，当 $h_欠 = 90 \sim 110$ mm 时，曲线线型养护维修的难度加大。

欠超高 $h_欠$ 与未平衡离心加速度 g_c 的关系见表 6.6 及下式：

$$h_欠 = g_c \times 1493 \quad (\text{mm}) \tag{6.24}$$

表 6.6 欠超高与未平衡加速度关系

未平衡加速度 g_c	0.05 g	0.073 g	0.077 g	0.1 g
欠超高 $h_欠$（mm）	74.7	109.0	115	149.3

（4）超高时变率允许值 f

《铁路线路设计规范》规定取值范围为：一般路段 $f = 32$ mm/s，困难路段取 $f = 36$ mm/s。满足此条件的缓和曲线长度为：

$$l_{02} \geqslant \frac{hv_0}{3.6f} \quad (\text{m}) \tag{6.25}$$

（5）欠超高时变率允许值 β_0

旅客列车通过缓和曲线，欠超高逐渐增加，其时变率不应大于旅客舒适的允许值，《铁路线路设计规范》采用值为：一般路段 $\beta_0 = 45$ mm/s，困难路段 $\beta_0 = 52.5$ mm/s，计算式为：

$$l_{03} = \frac{h'_{欠} \times v_0}{3.6 \times \beta_0} \quad (\text{m}) \tag{6.26}$$

式中 β_0 —— 欠超高时变率。

提速铁路的缓和曲线长度由公式（6.25）、（6.26）控制，取大值。

（6）道岔

正线道岔列车直向通过速度不应低于路段旅客列车设计行车速度，使道岔与线路速度相匹配，满足使用要求。

国家现行标准《铁路道岔容许通过速度》（TB/T — 2477）规定了9号、12号、18号单开道岔直侧向容许通过速度，如表6.7所示。

表6.7　9号、12号、18号单开道岔直侧向容许通过速度（km/h）

轨型（kg/m）	道岔号数	道岔结构	直向容许通过速度	侧向容许通过速度
50	9	普通断面尖轨，跟端活接头，钢轨组合辙叉	85	30
		AT尖轨，跟端活接头，高锰钢整铸辙叉	90	
	12	普通断面尖轨，跟端活接头，高锰钢整铸辙叉	110	R300时40；R350时50
		AT尖轨，可弯式跟端结构，高锰钢整铸辙叉	120	
	18	AT尖轨，跟端活接头，高锰钢整铸辙叉	100	75
		AT尖轨，可弯式跟端结构，钢轨组合辙叉	120	
60	9	普通断面尖轨，跟端活接头，高锰钢整铸辙叉	95	30
		AT尖轨，跟端活接头，高锰钢整铸辙叉	95	
	12	普通断面尖轨，跟端活接头，高锰钢整铸辙叉（过渡型）	110	50
		AT尖轨，可弯式跟端结构，高锰钢整铸辙叉	120	
		AT尖轨，可弯式跟端结构，可动心轨辙叉	160	
	18	AT尖轨，可弯式跟端结构，可动心轨辙叉	160	75

（7）轨道类型

正线轨道类型有：特重型、重型、次重型、中型和轻型等。设计时应本着由轻至重逐步加强的原则，根据近期运量及路段旅客列车设计速度等主要运营条件按表6.8规定采用。

表6.8　正线轨道类型

项　　目			特重型	重型	次重型	中型	轻型
运营条件	年通过总质量（Mt）		> 50	25～50	15～25	8～15	< 8
	路段旅客列车设计行车速度（km/h）		≤140	140	≤120	≤120	≤100	≤80
轨道构造	钢　轨（kg/m）		75/60	60	60	50	50	43
	轨枕	混凝土枕	型号	—	Ⅲ	Ⅱ/Ⅲ	Ⅱ	Ⅱ	Ⅱ
			铺枕根数（根/km）	1 680～1 720	1 680	1 480～1 680	1 680～1 760	1 600～1 680	1 520～1 640

续表 6.8

项	目			特重型	重型	次重型	中型	轻型
轨道构造	轨枕	防腐木枕	型号	—	—	Ⅰ	Ⅰ	Ⅱ
			铺枕根数（根/km）	—	—	1 840	1 760~1 840	1 680~1 760	1 600~1 680
	碎石道床厚度	非渗水土路基	双层 道渣（cm）	30	30	30	25	20	20
			底渣（cm）	20	20	20	20	20	15
		岩石,渗水路基	单层 道渣（cm）	35	35	35	30	30	25

2. 摆式列车的缓和曲线长度

采用摆式列车提高速度，缓和曲线长度需要加长，以保证旅客必要的舒适度。

西南交通大学根据广深线调研，对在广深线运营的 X2000 摆式列车进行了分析，与工务、机务部门得出的共同结论是：

① 最大有效倾摆角度约 6.5°，最大倾摆角速度不应超过 2.8°/s，保证旅客舒适的客车倾摆角速度不宜超过 2.5°/s，相当于 65 mm/s 的欠超高时变率。

② 提速后在缓和曲线和圆曲线上，产生的未被外轨超高所平衡的欠超过，大约有 70% 为车辆摆动所克服，有 30% 为旅客所承受。旅客所承受的欠超高不宜大于 70~80 mm。

③ 外轨超时率以 36 mm/s 左右为宜。

因此，推荐缓和曲线方法如下，式（6.27）系根据广深线摆式列车倾摆角速度不超过 2.5°/s，以保证旅客舒适度的运营实践建立的计算公式。式（6.27a）适用于曲线限制行车速度的情况，式（6.27b）适用于曲线不限制行车速度的情况。式（6.28）系摆式列车的外轨超高时变率不大于允许值 f 的计算式：

$$l_{04} = \left(\frac{11.8v_0^2}{R} - h_{实} - h_{允欠}\right) \times \frac{v_0}{3.6\beta} \quad \text{(m)} \qquad (6.27a)$$

$$l_{04} = \left(\frac{11.8v_0^2}{R} - h_{实}\right) \times \frac{0.7 \times v_{设}}{3.6\beta} \quad \text{(m)} \qquad (6.27b)$$

式中　v_0 —— 摆式列车通过曲线的速度（km/h）；

　　　$h_{实}$ —— 外轨实设超高（mm）；

　　　R —— 曲线半径（m）；

　　　$h_{允欠}$ —— 旅客舒适度允许的欠超高，取 110 mm；

　　　β —— 车辆摆动角速度为 2.5°/s 时折算的欠超高时变率，$\beta = 65$ mm/s。

$$l_{05} = \frac{h_{实} \times v_0}{3.6f} \quad \text{(m)} \qquad (6.28)$$

式中　v_0 —— 摆式列车通过曲线的速度（km/h）；

f —— 摆式列车允许的超高时变率，$v_0 > 160$ km/h 且 $v_0 \leq 200$ km/h 时，取 $f = 36$ mm/s；$v_0 > 140$ km/h 且 $v_0 \leq 160$ km/h 时，取 $f = 40$ mm/s；$v_0 \leq 120$ km/h 时，取 $f = 42$ mm/s。摆式列车所需要的缓和曲线取 l_{04} 与 l_{05} 中较大者作为采用值。

3. 夹直线与圆曲线长度

《铁路线路设计规范》规定，从维护方面要求夹直线与圆曲线的最小长度不应小于 20 m。从行车平稳性方面，夹直线和圆曲线长度根据下式进行计算：

$$L_j \geq \tau \times v_0 \tag{6.29}$$

其中，在 120 km/h 条件下，一般路段时 $\tau = 0.6$，困难路段 $\tau = 0.4$。在 120 km/h 条件下，一般路段时 $\tau = 0.8$，困难路段 $\tau = 0.5$。

式（6.29）是从列车行车稳定性出发规定，对于摆式列车的倾摆系统而言，车体的倾摆控制是由一个高性能的机电式伺服随动系统控制，车体倾摆动作是在缓和曲线上进行（必须在缓和曲线上完成倾摆及回摆动作），缓和曲线长度影响乘坐舒适性及倾摆角度的大小。只要夹直线与圆曲线长度大于 20 mm，夹直线和圆曲线长度的大小才不会影响车体倾摆性能，因此，在转向架性能和车辆动力学性能能够满足的条件下，建议夹直线和圆曲线长度不用进行限速。

4. 计算实例

（1）已知条件：两个 S 形曲线，曲线半径都为 $R = 600$ m，超高 $h = 100$ mm，缓和曲线长度 $L = 110$ m，两曲线之间夹直线长度 $X = 38$ m。计算摆式列车的曲线通过速度。

解 先进行曲线通过速度计算，按照公式 6.2，得：

$$v_0 = \sqrt{\frac{(h_{实} + h_{欠} + h_{附加})}{11.8} \times R} = 139 \quad (\text{km/h})$$

然后按照式（6.27a），(6.28) 计算摆式列车对缓和曲线的要求：

$$l_{04} = \left(\frac{11.8 v_0^2}{R} - h_{实} - h_{允欠}\right) \times \frac{v_0}{3.6\beta} = 101 \text{ (m)} < 110 \text{ (m)}$$

$$l_{05} = \frac{h_{实} \times v_0}{3.6 f} = 96 \text{ (m)} < 110 \text{ (m)}$$

根据式（6.27），圆曲线和夹直线长度应该大于 70 m。但从前面分析可知，夹直线和圆曲线长度不用进行限速。所以，线路满足摆式列车通过要求，摆式列车可以 139 km/h 的速度通过曲线。

（2）已知条件：曲线半径都为 $R = 300$ m，超高 $h = 125$ mm，缓和曲线长度 $L = 70$ m。

解 先进行曲线通过速度计算，按照公式（6.2），得：

$$v_0 = \sqrt{\frac{(h_{实} + h_{欠} + h_{附加})}{11.8} \times R} = 101.4 \quad (\text{km/h})$$

然后按照式（6.27a）、(6.28) 计算摆式列车对缓和曲线的要求：

$$l_{04} = \left(\frac{11.8 v_0^2}{R} - h_{实} - h_{允欠}\right) \times \frac{v_0}{3.6\beta} = 73.4 \text{ (m)} > 70 \text{ (m)}$$

$$l_{05} = \frac{h_{实} \times v_0}{3.6f} = 83.9 \text{ (m)} > 70 \text{ (m)}$$

所以，线路不能满足摆式列车通过要求，如果要满足舒适性要求，根据缓和曲线 70 m 的长度，摆式列车只能以 85 km/h 的速度通过曲线。

6.4 摆式列车倾摆作动系统设计实例

下面为了进一步说明倾摆作动系统的工作原理，以西南交通大学主动悬挂实验室的摆式车体模拟试验台为例说明摆式列车的伺服倾摆作动系统的设计过程。

6.4.1 摆式列车倾摆控制试验台介绍

西南交通大学主动悬挂实验室的摆式车体模拟试验台建于 1997 年，当初是以 X2000 为研究对象，采用液压伺服系统作为倾摆作动系统。在铁道部科技发展项目的资助下，1999 年，将其车体倾摆作动系统改造为机电式倾摆作动系统，线路激振仍然保持原来的液压伺服系统，车体模拟试验台如图 6.47 所示。

图 6.47 摆式车体模拟试验台

6.4.2 机电伺服系统设计及其仿真

1. 机电式倾摆系统结构原理

机电式倾摆系统的核心是机电式作动器和电机伺服驱动器。机电式作动器主要由无刷伺服电机、行星齿轮减速箱、滚珠丝杆构成。如图 6.48 是我们依试验台所设计的机电式作动器。伺服电机在控制指令作用下通过驱动器可正反向转动，通过行星齿轮箱减速带动滚珠丝杆螺旋副，将电机的旋转运动转变为螺母的直线运动，从而使作动器产生伸缩运动，通过摇枕使车体倾摆。

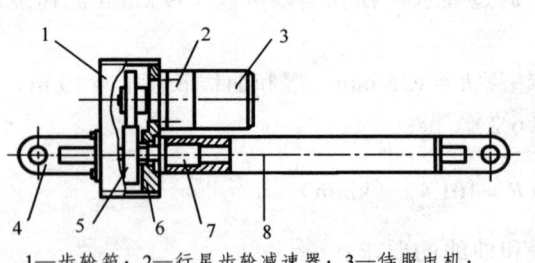

1—齿轮箱；2—行星齿轮减速器；3—伺服电机；
4—铰接吊环头；5—齿轮；6—轴承；
7—滚珠丝杆螺旋副；8—套筒

图 6.48 试验台所用的机电式作动器及其结构简图

2. 机电式倾摆系统数学模型

机电式倾摆控制系统结构如图 6.49 所示。计算机完成信号采集及控制指令产生，同时监控伺服驱动器的状况。由于车体倾摆角度与作动器行程有对应关系，车体角度的测量可转换为测量机电式作动器的位移。

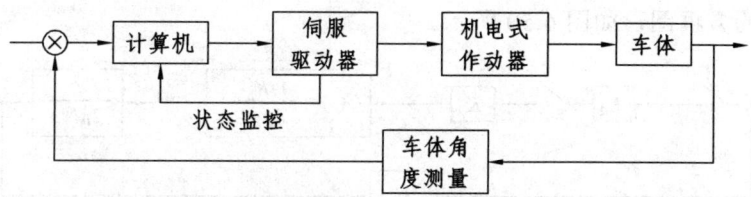

图 6.49　机电式倾摆控制系统结构

数学模型的建立一般经过以下步骤：
① 系统受力分析，计算作动器最大载荷。
② 根据螺旋进给系统方式进行作动器受力计算。
③ 根据倾摆机构倾摆要求设计机械传动链。
④ 将车体倾摆力及重量折算成电机扭矩和惯量。
⑤ 选择电机及驱动器。
⑥ 根据系统结构建立各部分传递函数。

下面建立图 6.49 所示各部分传递函数如下：

① 计算机采用 PID 控制策略。在实际应用中首先应保证倾摆控制器的可靠性与安全性，而车体倾摆的控制精度要求是次要的，只要求抵消 60%～70% 的未平衡横向加速度。在国外摆式列车如 X2000 中，其倾摆控制器只采用了 P 控制，既简单又可靠。另外在液压伺服倾摆机构中对 PID 控制策略也进行过试验，在采用 PI 控制时易引起滞后，而采用 PD 控制时如果微分作用过大，系统超调及振动明显增大，在只采用 P 控制时如果比例系数调整合适，可以保证系统的跟随性和稳定性，与 PD 控制作用没有大的差别。因此，在机电式伺服倾摆系统中也只对 P 控制进行研究。计算机控制系统采样频率为 250 Hz，可以把 P 控制看做是比例环节。

② 伺服驱动器传递函数 $K_v = \dfrac{K_2}{T_s + 1}$，通常，时间常数 T_s 很小，可以把 K_v 看成是比例环节 K_2，$K_2 = 80$。

③ 机电式作动器中伺服电机传递函数为：

$$G(s) = \dfrac{1/k_E}{T_m s + 1} \tag{6.30}$$

式中　s —— 拉斯常数；

T_m —— 伺服电机时间常数，其值为 $T_m = \dfrac{J \times R}{K_M \times K_E}$。

上式根据电机产品样本参数（Rexroth 公司 MKD041 交流伺服电机）可以计算。其中，J 为电机转子及等效负载转动惯量，$J = 2.55 \times 10^{-4}$ kg/m²；R 为电机电枢阻抗，$R = 1.8$ Ω；K_E 为感应电压常数，$K_E = 0.346$ V·s/rad；K_M 为电机转矩常数，$K_M = 0.4$ Nm/A。故电机时间常数 $T_m = 0.003\ 3$ s。

④ 机电作动器中机械传动部分与车体安装的空气弹簧刚度相比，可看做比例环节，$i = 10$（总传动比），而丝杆与螺母的导程为 $L = 10$ mm，可以看做一个积分环节 $\frac{1}{s} \times \frac{1}{2\pi i}$，从试验结果看，这种简化是合理的。

⑤ 反馈环节采用 LVDT 位移传感器，位移传感器反馈系数 $K_f = 16.33$ V/m。

建立该系统的方框图，如图 6.50 所示。

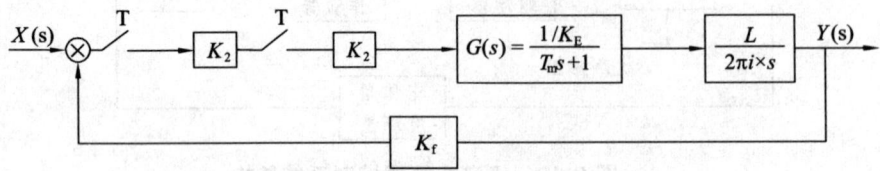

图 6.50 机电式倾摆系统方框图

则系统传递函数为：

$$G(s) = \frac{Y(s)}{X(s)} = \frac{K_1 K_2 L}{(2\pi i K_E T_m)s^2 + (2\pi i K_E)s + K_1 K_2 K_f L} = \frac{446.304}{s^2 + 303.052s + 7\,288.145}$$

式中　K_1——控制器比例系数。设 $K_1 = 40$，则系统的极点为 $P_1 = -26.338$；$P_2 = -276.714$，位于左半平面，系统稳定。

3. 系统仿真

依据图 6.50 方框图对倾摆系统进行仿真，数字控制器采用 P 控制，比例系数 K_1 分别采用 15 和 40，仿真结果如图 6.51 所示。与系统阶跃响应试验结果（图 6.53）相比，仿真结果与系统阶跃响应试验结果比较接近，说明系统模型基本正确。

从仿真结果可以看出，机电式倾摆系统是一个二阶系统，系统稳定。

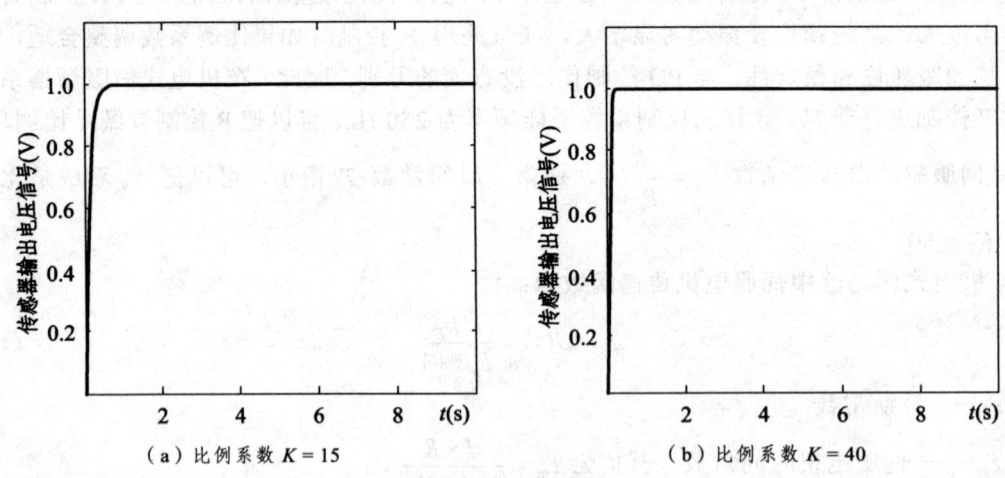

图 6.51 仿真结果

4. 机电式倾摆系统试验

（1）作动器性能试验

① 开环试验：将系统反馈环节断开，系统开环增益为 1。给系统输入一个单位阶跃信号，

测量其输出。测试结果如图 6.52 所示。传感器标定为 0.016 3 V/mm（下同）。

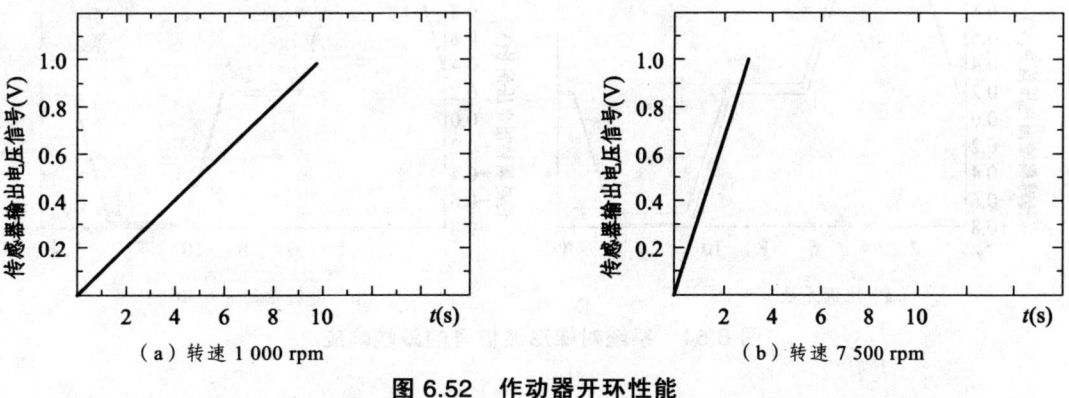

图 6.52 作动器开环性能

从试验结果可以看出，系统响应迅速，随着电机转速增加，作动器伸缩速度也增加。在设定电机转速为 1 000（r/min）/5 V，输入 1 V 指令时，传感器输出达到 0.98 V 时，时间为 9 s。相当于作动器运动速度为 6.67 mm/s；当电机最大转速设定为最大 7 500 (r/min) / 5 V，输入 1 V 指令时，传感器输出达到 0.98 V 时，时间为 2.4 s，相当于作动器伸长 60 mm，速度为 25 mm/s，对应车体倾摆 4°，倾摆角速度为 1.67°/s。根据车体倾摆角度与作动器行程的关系，机电式作动器可以达到的最大平均车体倾摆角速度为 8°/s，能够满足车体倾摆角速度小于 5°/s 的要求。

② 闭环性能测试：接好系统反馈环节，给系统输入一个单位阶跃信号，测量其输出。测试结果如图 6.53 所示。图 6.54、6.55 分别为系统对于梯形波及正弦波的响应。

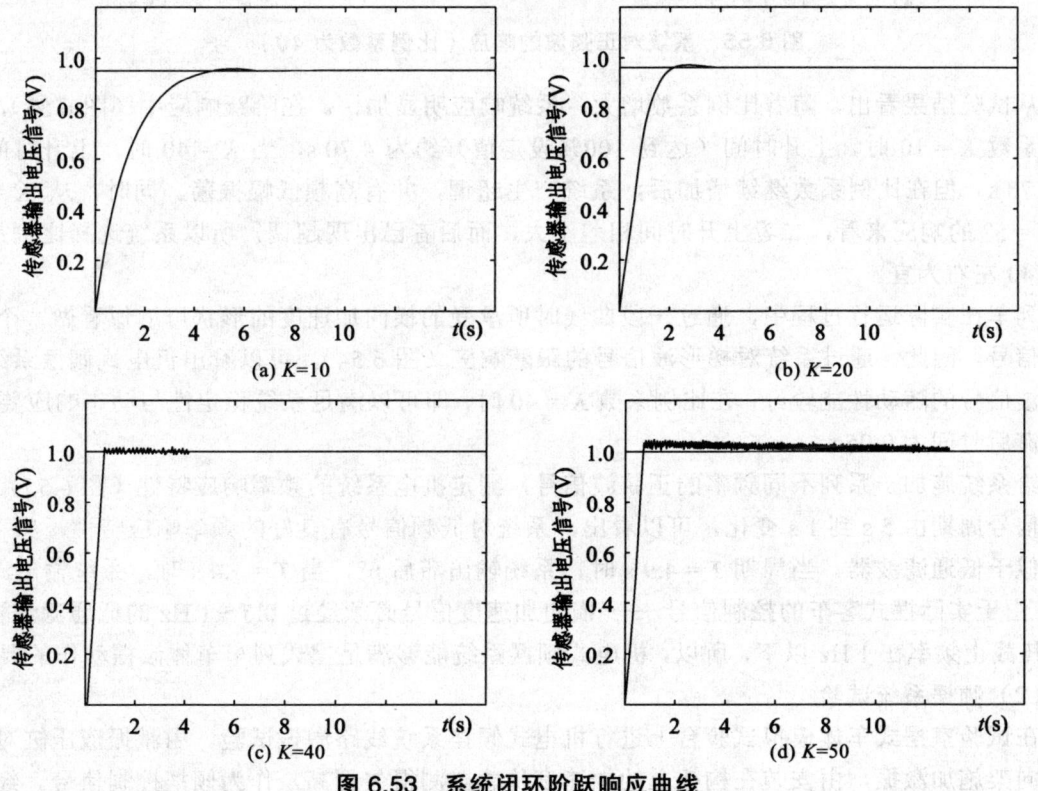

图 6.53 系统闭环阶跃响应曲线

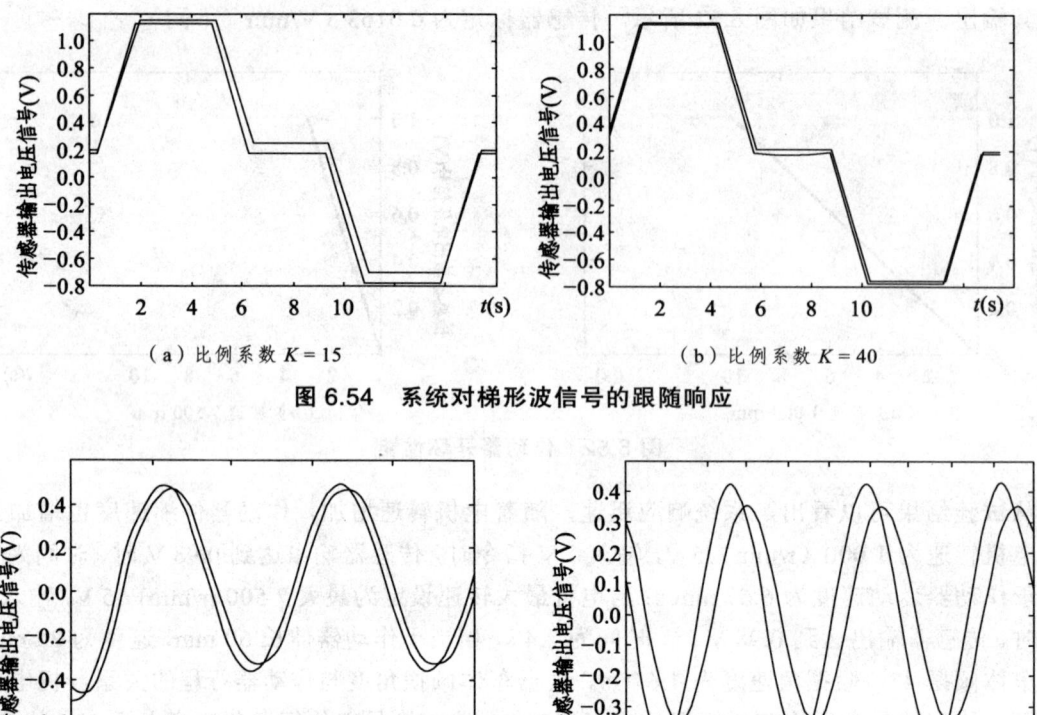

(a) 比例系数 $K = 15$　　　　　　　　(b) 比例系数 $K = 40$

图 6.54　系统对梯形波信号的跟随响应

(a) 正弦波周期 $T = 4.9$ s　　　　　　(b) 正弦波周期 $T = 1.4$ s

图 6.55　系统对正弦波的响应（比例系数为 40）

从试验结果看出，随着比例系数增大，系统响应明显加快。在阶跃响应中（图 6.53），当比例系数 $K = 10$ 时，上升时间（达到 100% 设定值）约为 4.70 s，当 $K = 40$ 时，上升时间约为 0.78 s。但在比例系数继续增加后，系统产生超调，并有高频低幅振荡。同时，从 $K = 40$ 和 $K = 5°$ 的响应来看，二者上升时间相差不大，而后者已出现超调，所以系统选择比例系数应以 40 左右为宜。

列车在实际运行过程中，通过一段曲线时所承受的横向加速度的形状可近似看做一个梯形波信号。因此，通过系统对梯形波信号的跟随响应（图 6.54），可以看出机电式倾摆系统对梯形波信号的随动性能较好，在比例系数 $K = 40$ 时，即可以满足系统稳定性与动态响应要求。最大滞后时间为 0.05 s。

给系统施加一系列不同频率的正弦波信号，测定机电系统的频率响应特性（图 6.55）。正弦波信号周期由 5 s 到 1 s 变化。可以看出，系统对低频信号有良好的频率响应特性，频率特性类似于低通滤波器。当周期 $T = 4.9$ s 时，系统输出滞后 6°，当 $T = 1.4$ s 时，系统输出滞后 37°。由于实际摆式客车的控制信号——横向加速度信号必须经过 0.5～1 Hz 的低通滤波器处理，其截止频率在 1 Hz 以下，所以，机电式倾摆系统能够满足摆式列车车体倾摆动作的要求。

（2）倾摆系统试验

在试验室摆式车体模拟试验台上进行机电式倾摆系统线路激振试验。由激振液压缸对模拟转向架施加激振，由安装在构架上的加速度传感器测得欠超高，作为倾摆控制信号。经过滤波处理进入控制计算机。控制计算机进行数据计算,控制机电式作动器动作,使车体倾摆,抵消欠超高,保持车体水平。

根据阶跃响应分析的结果,直接取比例系数为 40 进行试验。由试验曲线可以看出,由于采用了低通滤波器,使计算机得到的加速度信号明显滞后于激振信号,滞后约 0.7～0.8 s,但系统跟随加速度传感器信号的性能非常好,加速度信号与反馈信号几乎重合。说明该系统能够及时响应加速度信号,使车体倾摆而使其平衡。

图 6.56(b) 采用了时间常数为 0.1 的数字滤波器,与图 6.56(a) 相比,响应曲线更平滑。

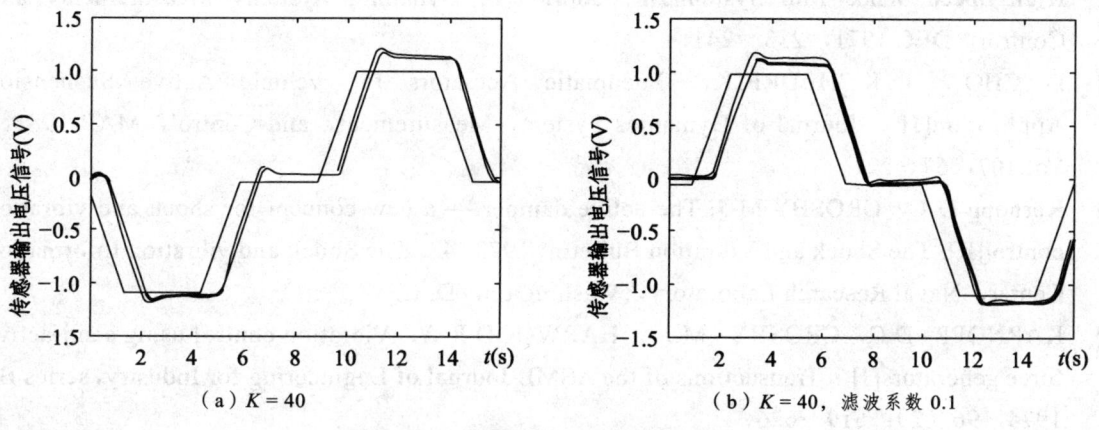

图 6.56 梯形波信号激振试验结果

参 考 文 献

[1] 顾仲权，马扣根，陈卫东著．振动主动控制[M]．北京：国防工业出版社，1995．

[2] G N SARMA，F KOZIN. An Active Suspension System Design for the Lateral Dynamics of High Speed Wheel-Rail System[J]．Journal of Dynamics System，Measurement，and Control，DEC.1971，233~241．

[3] D CHO，J K HEDRICK．Pneumatic Actuators for Vehicle Active Suspension Application[J]．Journal of Dynamics System，Measurement，and Control，MAR.1982，Vol.107，67~72．

[4] Karnopp D C，CROSBY M J. The active damper — a new concept for shock and vibration control[R]. The Shock and Vibration Bulletin，1973，43，The Shock and vibration Information Center，Naval Research Laboratory，Washington，D. C.

[5] KARNOPP D C，CROSBY M J，HARWOOD R A．Vibration control using semi-active force generators[J]．Transactions of the ASME Journal of Engineering for Industry，series B，1974，96（2）：619~626．

[6] DONALD L，MARGOLIS. Semi-active Control of Wheel hop in Ground[J]．Vehicle System Dynamics 1983（28）：317~330．

[7] DONALD L，MARGOLIS. The response of active and semi-active suspensions of realistic feedback signals[J]．Vehicle System Dynamics 1982，11（4）：267~282．

[8] VALASEK M，NOVAK M，SIKA Z. Extended ground-hook—new concept of semi- active control of truck's suspension[J]. Vehicle System Dynamics，1997，27（6）：5~6.

[9] TOYOFUKU K. Study on dynamic characteristic analysis of air spring with auxiliary chamber[J]．JSME Review，1999，20（3）：349~355．

[10] 小泉智志．日本住友金属主动控制技术[J]．国外铁道车辆，2004，41（1）：34~37．

[11] 张汉全，戴焕云．H_∞与μ鲁棒控制方法在车辆悬挂中应用[J]．铁道学报，1997，19（5）：121~128．

[12] 彭忆强，张汉全．车辆悬挂系统的辨识建模[J]．西南交通大学学报，1999，34（5）：512~517．

[13] 戴焕云，张汉全．车辆主动悬挂的鲁棒稳定性及鲁棒性能研究[J]．铁道车辆，1998，20（4）：50~55．

[14] 杨名利．摆式列车的H_∞鲁棒控制研究[J]．铁道学报，1999，21（1）：19~22．

[15] 张开林，金鼎昌．车辆横向主动悬挂试验对比研究[J]．铁道学报，1998，20（5）：35~39．

[16] 张开林，金鼎昌．采用主动控制技术提高铁路车辆横向平稳性[J]．西南交通大学学报，1997，32（4）：413~418．

[17] 杨明辉．半主动悬挂机车横向动力学性能研究[D]．成都：西南交通大学，2005．

[18] 杨礼康．基于磁流变技术的车辆半主动悬挂系统理论与试验研究[D]．杭州：浙江大学，2003．

[19] 饶大可. 基于车辆模型的铁道车辆主动悬挂预见控制研究[D]. 长沙：中南大学，2003.
[20] 王月明. 高速客车半主动悬挂控制技术研究[D]. 成都：西南交通大学，2002.
[21] 嘎尼. 用主动控制技术改善提速机车车辆的横向振动性能[D]. 北京：铁道科学研究院，2000.
[22] 陆正刚. 铁道车辆柔刚体系统动力学及结构振动控制研究[D]. 上海：同济大学，2005.
[23] 杨建伟. 高速车辆横向振动半主动控制系统研究[D]. 北京：铁道科学研究院，2006，65～112.
[24] 冈本勋，石田弘明. 液压控制技术在机车车辆上的应用[J]. 国外内燃机车，1995（10）：12～18.
[25] 张元林. 列车控制网络技术的现状与发展趋势[J]. 电力机车与城轨车辆，2006（4）：1～5.
[26] P K SINHA，D N WORMLEY，J K HEDRICK. Rail Passenger Vehicle Lateral Dynamic Performance Improvement Through Active Control[J]. Transaction of the ASME Vol. 100，Dec. 1978，271～283.
[27] G W CELNIKER，J K HEDRICK. Rail Vehicle Active Suspensions for Lateral Ride and Stability Improvement[J]. Transaction of the ASME Vol. 104，Mar. 1982，100～106.
[28] KARNOPP D ，CROSHY M I J，HARWOOD R A. Vibration Control Using Semi-Active Force Generations[J]. ASME Journal of Engineering for Industry，Vol. 96，Series B，No. 2，May 1974，619～629.
[29] G N Sarma，F Kozin. An Active Suspension System Design for the Lateral Dynamics of a High-Speed Wheel-Rail System[J]. Journal of Dynamic Systems，Measurement，and Control，Dec. 1971，233～241.
[30] 西义和，村井谦一，坂本元，等. 机车车辆主动减振控制和车体倾斜控制系统的开发[J]. 国外内燃机车，1995（12）.
[31] 钱立新主编. 世界高速铁路[M]. 北京：中国铁道出版社，2002.
[32] 李芾，付茂海，倪文波. 摆式列车及其相关技术研究[J]. 交通运输工程学报，No.4，Dec. 2001，9～14.
[33] 二川正康. 车辆控制与信息服务的新型宽带网系统[J]. 变流技术与电力牵引，2006（1）.
[34] 马云双，周希德，吴复生. 基于LonWorks网络控制技术的内燃动车组控制系统研究[J]. 铁道学报，2002（2）.
[35] 杨志仁，王雪梅，倪文波. 基于LonWorks技术的列车通信网络[J]. 测控技术，2000（6）：13～15.
[36] 李常贤，谢步明. TCN通信技术的自主研发[J]. 机车电传动，2006（2）：10～13.
[37] 刘增华. 铁道车辆空气调簧动力学特性及其主动控制研究[D]. 成都：西南交通大学，2007.
[38] 雷霖编著. 现场总线控制网络技术[M]. 北京：电子工业出版社，2004.
[39] 李正军编著. 现场总线及其应用技术[M]. 北京：机械工业出版社，2005.
[40] 阳宪惠主编. 现场总线技术及其应用[M]. 北京：清华大学出版社，2001.
[41] 阳宪惠编著. 工业数据通信与控制网络[M]. 北京：清华大学出版社，2003.
[42] 潘新民主编. 计算机通信技术[M]. 北京：电子工业出版社，2000.
[43] 谢希仁编著. 计算机网络[M]. 4版. 北京：电子工业出版社，2006.

[44] 樊昌信等编著．通信原理（第 5 版）．北京：国防工业出版社，2001．

[45] IEC61375-1：1999，part 1：Train Communication Network[S]．

[46] 杨育红编著．LON 网络控制技术与应用[M]．西安：西安电子科技大学出版社，1999．

[47] 凌志浩编著．从神经元芯片到控制网络[M]．北京：北京航空航天大学出版社，2002．

[48] 杨育红等编著．LON 网络程序设计[M]．西安：西安电子科技大学出版社，2001．

[49] 马莉编著．智能控制与 LON 网络开发技术[M]．北京：北京航空航天大学出版社，2003．

[50] 夏继强等编著．现场总线工业控制网络技术[M]．北京：北京航空航天大学出版社，2005．

[51] 史久根等编著．CAN 现场总线系统设计技术[M]．北京：国防工业出版社，2004．

[52] 则直久．500 系列动车的半主动悬挂系统[J]．国外内燃机车．1998（5）（总第 335 期）：8～12．

[53] 刘少军，蔡丹，朱浩．高速列车横向半主动减振器的天棚阻尼控制仿真研究[J]．机床与液压，2006（10）：70～73．

[54] 丁问司，刘少军，卜继玲．高速开关阀控制的高速列车横向半主动减振器[J]．机床与液压，2003．

[55] 佐佐木君章．改善高速列车的横向乘坐舒适度-半主动悬挂减振装置的应用[J]．铁道学报，2004，26（1）：105～115．

[56] 中里雅一等．铁道车辆用半有源减振器的开发[J]．高魁源译．国外铁道车辆，2003，40（4）：33～38．

[57] 丁问司，卜继玲，刘友梅．我国高速列车横向半主动悬挂系统控制策略及控制方式[J]．中国铁道科学，2002，23（4）：1～7．

[58] 丁问司．博士后报告：半主动减振器工作原理及控制方式，2003．

[59] PER-AXEL BOTH，MAGNUS LIZELL．列车横向半主动减振系统[J]．电力机车与城轨车辆，2003，45（4）：43～49．

[60] R M GOODALL ，W KORTUEM. Active Transportation-A Review of the Controls in Ground State-of-the-Art and Future potential[J]．VSD．1983（12）：225～257．

[61] 柳仁川．基于电流变和 DSP 技术的轨道车辆减振器研究[J]．西安：西北工业大学，2004．

[62] 陈旭．电流变液体减振器及其阻尼介质特性研究[D]．重庆：重庆大学，2003．

[63] 杨建伟．高速车辆横向振动半主动控制系统研究[D]．北京：铁道科学研究院，2006．

[64] 倪文波，李芾．摆式列车倾摆机构选型模式研究[J]．机车电传动，2003（6）：9～12．

[65] 何清华，曾益昆．基于模糊 PID 的液压同步控制[J]．机械与电子，2001（1）．

[66] 倪文波，刘荣，王雪梅．摆式列车机电式作动器试验研究[J]．铁道学报，1998（5）．

[67] 江上正，谭跃刚．位置差反馈最优同步控制系统的研究[J]．控制与决策，1997（6）．

[68] 管杨新等．电液位置同步伺服系统的模糊控制研究[J]．机床与液压，2002（1）．

[69] KIMIAKI SASAKI．用 GPS 定位系统控制车体倾摆[J]．国外铁道车辆，2006，43（3）．

[70] 黄方平，徐兵，杨华勇．一种新型变频液压动力单元的设计与应用[J]．液压与气动，2004（10）：14～16．

[71] 田原，吴盛林．无阀电液伺服系统理论研究及试验[J]．中国机械工程，2003，14（21）：1822～1823．

[72] 倪文波，李芾，钱青青．摆式列车车体倾摆机构同步问题研究[J]．机车电传动，2005（1）：

43~45.
[73] 倪文波,严隽耄.摆式客车液压伺服系统性能试验[J].铁道车辆,1998(7):13~15.
[74] 徐灏.机械设计手册(5)[M].北京:机械工业出版社,1993.
[75] 刘荣.摆式列车机电式作动器研究[D].成都:西南交通大学,1999.
[76] 冈本勋.摆式车体车辆的最近动向(1~5)[J].电力牵引快报,1993(8~12).
[77] 倪文波,李芾.摆式电动车组受电弓倾摆系统的模式研究[J].机车电传动,2002(6).
[78] 赵叔东,刘友梅.韶山$_8$型电力机车[M].北京:中国铁道出版社,2001.
[79] 于万聚.高速电气化铁路接触网[M].成都:西南交通大学出版社,2003.
[80] 于万聚.接触网设计及检测原理[M].北京:中国铁道出版社,2005.
[81] 郝瀛,严隽耄,刘学毅.我国摆式列车铁路设施的配套措施[J].西南交通大学学报,2000(6).
[82] 菅晓利.摆式列车倾摆控制网络试验研究[D].成都:西南交通大学,1999.
[83] 王雪梅,菅晓利.基于LonWorks技术的摆式列车倾摆测控网络试验研究[J].西南交通大学学报,2000,35(6):633~636.
[84] 张易红,倪文波,李芾.摆式列车受电弓倾摆机构运动学分析[J].电力机车与城轨车辆,2003,26(3).
[85] 戴小文,倪文波,卜继玲.高速摆式列车机电式倾摆机构的容错控制[J].重庆工业高等专科学校学报,1999(3):212~214.
[86] 戴小文,何正友,倪文波.摆式列车倾摆机构的故障检测和容错控制研究[J].铁道学报,2000(6):32~35.
[87] 倪文波,耿标.摆式列车倾摆控制系统[J].西南交通大学学报,2002(6):642~646.
[88] 倪文波,卜继玲,王雪梅.流体技术在现代机车车辆中的应用[J].重庆工业高等专科学校学报,2000(1):5~7.
[89] 李芾,倪文波.摆式列车倾摆控制系统研究[J].中国铁路,2001(10):25~28.
[90] 倪文波,王开文.一种评定摆式列车回复安全性的方法[J] 西南交通大学学报,2000(1):67~70.
[91] 王雪梅,倪文波.基于单轴陀螺平台的摆式列车倾摆检测系统[J].西南交通大学学报,2002(4):425~429.
[92] 吴厚才,赵科,倪文波,等.摆式列车倾摆控制系统维护软件设计[J].电力机车技术,2002(6):10~13.
[93] 卜继玲,付茂海,倪文波.倾摆控制系统对摆式列车动力学性能的影响[J].交通运输工程学报,2002(3):30~33.
[94] 赵科,倪文波.液压摆式列车倾摆调试系统的设计与应用[J].机床与液压,2003(2):109~110.
[95] 张易红,倪文波,李芾.基于PC/104的摆式列车控制器设计[J].计算机测量与控制,2003,11(10):791~792.
[96] 王晓华,倪文波,王开文.基于PC104的摆式列车的倾摆控制系统的设计[J].中国测试技术,2003(1):34~36.
[97] 王雪梅,倪文波.用Labview基于LonWorks网络的摆式列车倾摆控制系统的可视化在

线监测[J]. 中国测试技术，2003（6）：45~46.
[98] 王雪梅，倪文波，李芾. 基于陀螺平台的摆式列车线路信息检测系统研究[J]. 中国铁道科学，2004（1）：41~45.
[99] 王雪梅，倪文波，李芾. 基于非线性神经网络的摆式列车检测系统动态补偿方法研究[J]. 宇航计测技术，2004（4）：54~57.
[100] 王雪梅，倪文波，李芾. 摆式列车过曲线时的圆锥运动效应及其补偿算法研究[J]. 铁道学报，2005（1）：32~35.
[101] 陈琳奇，倪文波，李芾. 受电弓主动倾摆系统的研究[J]. 电力机车与城轨车辆，2005（4）：27~29.
[102] 王雪梅，林建辉，李芾，等. 摆式列车线路信息检测系统动态补偿[J]. 西南交通大学学报，2005（5）：628~632.
[103] 王雪梅，倪文波，李芾，摆式列车线路检测信号的动态自适应滤波研究[J]. 中国铁道科学，2005（6）：76~81.
[104] 倪文波，王雪梅，张济民. 摆式列车倾摆机构动力方式试验研究[J]. 西南交通大学学报，2000（6）：674~678.
[105] 付永领，祁晓野. AMEsim 系统建模和仿真[M]. 北京：北京航空航天大学出版社，2006.
[106] 刘建军. 新型磁流变阻尼器及其智能控制方法研究[D]. 天津：天津大学，2008年1月.